중앙유럽 왕국사

중앙유럽 왕국사

서유럽과 러시아 사이, 들끓는 민족들의 땅

THE
MIDDLE
KINGDOMS

마틴 래디
박수철 옮김

THE MIDDLE KINGDOMS : A New History of Central Europe
by Martyn Rady
Copyright © Martyn Rady, 2023
Korean translation rights © 2025 by Kachi Publishing Co., Ltd.
All rights reserved.

This edition is published by arrangement with Peters, Fraser and Dunlop Ltd.
through Shinwon Agency Co.

이 책의 한국어판 저작권은 신원 에이전시를 통해서 Peters, Fraser and Dunlop Ltd.와의 독점계약으로 (주)까치글방에 있습니다. 저작권법에 의하여 한국 내에서 보호를 받는 저작물이므로 무단 전재와 무단 복제를 금합니다.

역자 박수철(朴秀哲)
고려대학교 서양사학과를 졸업했으며, 현재 번역 에이전시 엔터스코리아에서 출판기획 및 전문 번역가로 활동하고 있다. 옮긴 책으로는『합스부르크, 세계를 지배하다』,『부다페스트』,『빛의 시대, 중세』,『메트로폴리스』,『맥락으로 읽는 새로운 한국사』,『역사를 바꾼 위대한 장군들』,『합리적 보수를 찾습니다』,『문자의 역사』,『언어의 역사』,『미국의 아킬레스건』,『사담 후세인 평전』,『1434 중국의 정화 대함대』,『시카고학파』,『사진으로 기록된 20세기 전쟁사』,『Great Design 세계의 디자인』,『하우스 스캔들』,『대통령은 없다』 등 다수가 있다.

편집, 교정 _ 김미현(金美炫)

중앙유럽 왕국사 : 서유럽과 러시아 사이, 들끓는 민족들의 땅

저자 / 마틴 래디
역자 / 박수철
발행처 / 까치글방
발행인 / 박후영
주소 / 서울시 용산구 서빙고로 67, 파크타워 103동 1003호
전화 / 02 · 735 · 8998, 736 · 7768
팩시밀리 / 02 · 723 · 4591
홈페이지 / www.kachibooks.co.kr
전자우편 / kachibooks@gmail.com
등록번호 / 1-528
등록일 / 1977. 8. 5
초판 1쇄 발행일 / 2025. 10. 20

값 / 뒤표지에 쓰여 있음
ISBN 978-89-7291-883-7 93920

앤에게 이 책을 바친다.

THE MIDDLE KINGDOMS

차례

서론 | 개 인간과 베레호베의 떡갈나무숲　011

제1장　로마 제국, 훈족, 니벨룽의 노래 · 023

제2장　프랑크족과 카롤루스 마그누스 | 보덴 호에서 본 풍경 · 038

제3장　아바르족과 슬라브족 | 파괴와 개종 · 055

제4장　훈족의 귀환, 노예 국가, 중앙유럽의 형성 · 070

제5장　신성 로마 제국의 성립과 중앙유럽의 동쪽 황무지 · 088

제6장　몽골-타타르족, 새로운 도시들, 새로운 기사들 · 108

제7장　보헤미아의 카를 4세와 적그리스도의 예언자들 · 123

제8장　평의회, 소집의회, 법의 혼란 · 142

제9장　도시, 촌락, 자유 | 프리슬란트에서 트란실바니아까지 · 158

제10장　고프로이센, 헨리 볼링브로크의 모험,

　　　　폴란드-리투아니아 연방 · 176

제11장　상인들, 한자 동맹, 푸거 가문 · 196

제12장　도자기 가게 안의 용과 합스부르크 가문의 상상력 · 213

제13장　까마귀 왕의 도서관과 중앙유럽의 르네상스 · 232

THE MIDDLE KINGDOMS

제14장　루터의 종교개혁과 작센의 궁정화가 · 252

제15장　오스만인들과 중앙유럽의 긴 변경 · 272

제16장　관용, 마술사, 그리고 연금술에 빠진 황제 · 291

제17장　가톨릭교의 복원과 중앙유럽의 30년전쟁 · 310

제18장　농촌의 상태 | 농민, 집시, 유대인, 그밖의 사람들 · 331

제19장　관방학자들의 인간 실험실 · 350

제20장　큰 국가의 등장과 발바소르 시대의 황혼 · 365

제21장　프로이센 방식 | 공동묘지 꼭두각시와 기계 국가 · 382

제22장　절단된 유럽의 오랑우탄 | 폴란드와 리투아니아의 분할 · 403

제23장　나폴레옹과 중앙유럽의 지도 · 421

제24장　수고양이 무어의 화려한 세상
　　　　| 낭만주의와 그림 형제, 하노버 편람 · 440

제25장　1848년과 혁명의 도래 · 459

제26장　장군들의 복수와 민족의 형성 · 476

제27장 비스마르크의 독일과 쿠엔-헤데르바리의 크로아티아 · 494

제28장 동화, 생물학, 그리고 두개골 측정자 · 514

제29장 1914-1918년 | 대중앙유럽 전쟁 · 534

제30장 폭력, 도시, 그리고 "푸른 천사" · 555

제31장 제2차 세계대전, 평범한 중앙유럽인, 산업 살인 · 577

제32장 스탈린주의 중앙유럽과 들끓는 불만 · 597

제33장 공산주의 중앙유럽과 그 붕괴 · 615

제34장 탈공산주의 | 슬라보예 지젝, 그리고 라이바흐의 교훈 · 633

결론 651
감사의 말 661
더 읽어볼 만한 책 665
약어 676
주 677
인명 색인 728

서론
개 인간과 베레호베의 떡갈나무숲

필사본에 삽화를 그린 중세 필경사들은 지루함을 달래거나 독자의 흥미를 돋우려고 여백에 조그마한 그림을 더하고는 했다. 주로 구불구불한 덩굴, 꽃, 가축, 평범한 사람 등이었지만, 전설 속의 생물도 종종 등장했다. 전설 속의 생물로는 유니콘이나 인어뿐만 아니라, 화염을 뿜는 용, 이끼로 덮인 야만인, 가슴에 얼굴이 있는 생물 같은 괴물도 있었다. 그중에서 가장 많이 등장한 것은 사람의 몸에 개의 머리가 달린 "개 인간cynocephalus, dogman"이었다. 인간과 마찬가지로 사회성은 있지만 할 수 있는 일이라고는 짖기뿐인 개 인간은 흔히 어딘가를 가리키는 모습으로 그려졌다.

 필사본의 여백을 차지한 개 인간은 고전 문학에서 차용된 개념이자, 실제로 문명의 변방에서 사는 생물로 여겨졌다. 초기 기독교 학자들은 개의 속성과 인간의 속성 간의 균형을 둘러싸고 논쟁을 벌였다. 만약 개 인간이 인간에 더 가깝다면 영혼이 있을 것이고, 그렇다면 개종의 대상일 터였다. 그러나 개 인간들은 항상 기독교 왕과 통치자의 군대,

그리고 선교사들의 손길이 미치지 않는 곳에 있었기 때문에 눈에 잘 띄지 않았다. 그럼에도 개 인간들이 저 지평선 너머에서 저지르는 짓— 사제들을 죽이고, 포로들을 잡아먹고, 손톱이 긴 여전사들이나 아마조네스 전사들과 어울린다—에 대한 이야기는 꾸준하게 이어졌다. 털투성이 개 인간은 실제로 한 번도 사로잡힌 적이 없지만, 기독교를 믿지 않는 불신자들을 상대할 때에는 조심하는 편이 좋았다. 9세기의 어느 기록에 따르면, 오늘날의 오스트리아에 해당하는 곳의 한 선교사 주교는 자신을 찾아온 이교도 족장들에게 식탁에 앉을 자리를 마련해주는 대신 바닥에 그릇을 놓아주었다고 한다.[1]

개종의 물결이 동쪽을 향하면서 한때 이교도 민족들의 터전이었던 곳에 기독교 왕국들이 생기자, 개 인간들은 유럽으로부터 완전히 밀려나서 세상의 가장자리에 자리 잡게 되었다. 영국의 헤리퍼드 대성당에 소장된 13세기 말의 "세계 지도Mappa Mundi"에는, 천사들이 저 아득한 동쪽에 있는 한 무리의 개 인간들을 에덴 동산에서 쫓아내는 모습이 담겨 있다. 다른 무리의 개 인간들은 쫓겨나면서 북쪽 끝의 어느 곳에서 어떤 몸짓을 하고 있다. 세상의 끝에는 동굴에 사는 사람들, 머리가 없는 사람들, 거대한 자신의 발을 머리 위로 올려 그늘을 만든 뒤 드러누워 잠자는 외발 인간들도 있다. 그러나 나중에 드러났듯이, 개 인간들을 멀리 북쪽으로 추방했다고 해서 그것이 영구적인 것은 아니었다. 헤리퍼드 대성당의 수도사들이 세계 지도를 그리고 있을 무렵에도 이미 개 인간들은 새롭고 더 끔찍한 모습으로 유럽 본토에 돌아와 있었다. 이번에 그들은 상상이 아닌, 현실에 있었다.

중앙유럽의 서쪽 경계는 북해와 알프스 산맥을 잇는 라인 강이지만, 동쪽 경계에는 뚜렷한 물리적 표지가 없다. 오늘날의 슬로바키아에 속하는 빈의 북동쪽에서 시작하는 카르파티아 산맥은 헝가리와 트란실바니아를 휘저으며 남동쪽 경계를 이룬다. 하지만 더 북쪽으로 올라가면 탁 트인 땅이 펼쳐진다. 땅이 평평한 북유럽은 저지대 국가에서부터 러시아의 우랄 산맥까지 3,000킬로미터 넘게 이어진 유럽 대평원에 걸쳐 있다. 유럽 대평원은 그 남쪽 측면에서 오늘날의 우크라이나와 중앙아시아를 관통하는 스텝 지대, 즉 한때 "야생 평원"으로 알려졌던 지대와 뒤엉켜 들어간다.

  1241년, 중앙아시아에서 불쑥 나타난 "개 인간"들이 야생 평원을 건너 폴란드와 헝가리를 휩쓸었다. 그들은 몽골족과 타타르족으로 자처했는데, 두 번째 이름인 타타르족은 그리스 신화에서 지옥의 심연을 의미하는 명칭인 타르타로스에서 유래했다고 여겨졌다. 그들의 지도자도 개로 간주되었는데, 그를 가리키는 "칸khan"이라는 명칭이 개를 뜻하는 라틴어 "카니스canis"를 연상시켰기 때문이다. "그들은 희생자의 시체를 빵처럼 먹었다"라는 어느 프랑스인의 목격담대로, 몽골인의 행동은 그들과 개를 연관시키게끔 했다. 그 모든 사실을 믿은 당대의 저자들은 몽골인이 개의 머리가 달린 고대인이라고 자신 있게 말했다. 그들에 의하면 몽골인은 옛날에 알렉산드로스 대왕이 이런저런 거인들, 타락한 종족들, 그리고 쥐와 파리를 먹는 더러운 사람들과 함께 캅카스 산맥에 가둬놓았던 곡과 마곡Gog and Magog(구약성서에 나오는 말로, 악의 세력을 가리킨다. 여기서는 알렉산드로스 대왕의 전설과 합쳐졌다/역주)의 백성에 속했다. 틀림없이 무엇인가가, 또는 누군가가 거기에 갇혀 있던 몽골인들을 풀어준 것이었다.[2]

  당대인들에 따르면 몽골인은 타르타로스의 개 인간들, 혹은 지옥의 사냥개들이었다. 몽골 제국은 급속도로 무너졌지만, 그 후계 국가들

중 하나는 제국의 명맥을 이어나갔다. 15세기부터, 크림 반도의 타타르족 칸들은 잇달아 서쪽의 기독교 왕국을 습격했다. 그들은 노예라는 전리품, 특히 크림 반도의 카파(오늘날의 페오도시아) 항구에서 첩이나 환관으로 팔아버릴 젊은 노예를 원했다. 여러 세기에 걸쳐 카르파티아 산맥 주변에 살았던 민족들의 민간전승에서는 "개 주둥이가 달린 타타르인들"의 사악한 행위가 열거되었고, 그 악행 이야기는 악마나 악령이 나오는 다른 이야기들과 뒤섞였다. 헝가리인들이 남긴 기록은 타타르인들과 개 인간들을 너무 완벽하게 연관시켰고, 그 결과 20세기 이전에 타타르인들에게는 "개 대가리"라는 별칭이 붙지 않는 경우가 드물 정도였다.[3]

 개 인간으로 여겨진 대상은 타타르족만이 아니었다. 오스만인들은 14세기 말과 15세기에 지금의 튀르키예 본토인 아나톨리아로부터 발칸 반도를 침략해 점령했고, 1453년에 콘스탄티노폴리스(오늘날의 이스탄불)를 함락했다. 이후 1세기도 채 지나지 않아서 헝가리 중부를 점령했고, 그 이웃나라들을 깊숙이 쳐들어갔다. 당연히 오스만인은 피를 향한 끝없는 갈증을 품은 사탄의 앞잡이로 묘사되었다. 서양의 저술가들은 오스만인이 수간獸姦과 물고기와의 성관계를 비롯한 온갖 터무니없는 짓을 저지른다고 비난했다. 그러나 애초부터 오스만인과 연관된 것은 역시 개 인간이었다. 개신교 개혁가인 마르틴 루터에 따르면, 오스만인은 개와 결혼해서 잡종을 낳았다. 모든 이슬람교도는 잠재적인 개 인간으로 여겨졌고, 예언자 무함마드조차 개로 일컬어지고 가끔은 개의 머리가 달린 모습으로 묘사되었다.[4]

 개 인간의 역사는 중앙유럽이 겪은 곤경을 상징적으로 드러낸다. 실제든 상상이든 개 인간들은 약탈을 일삼는 자들이며, 침략은 중앙유럽의 역사에서 반복되는 주제이다. 장차 중앙유럽을 정복할 민족의 명단은 4세기의 고트족과 훈족으로 시작하여 7세기와 9세기의 아바르족과 슬라브족, 헝가리인을 거쳐 중세 말의 몽골족과 오스만인에 이른다. 1500년 이후에는 그림이 더 복잡해지는데, 서쪽에서는 프랑스인, 북쪽에서는 스웨덴인, 북동쪽에서는 러시아인 등 사방팔방에서 침략자들이 나타났기 때문이다. 그중 러시아인이 가장 집요했다. 그들은 18세기 말에 중앙유럽으로 쳐들어왔고, 1945년 이후에는 중앙유럽의 대부분을 점령했다.

그러나 역사적으로 중앙유럽은 결코 수동적인 희생자에 머물지 않았다. 중앙유럽의 왕국과 제국들은 주변국으로부터 영토를 빼앗으며 약탈자의 면모를 드러내기도 했다. 중앙유럽 지역에서 발생한 갈등은 종종 외부로 표출되었다. 1618년부터 1648년까지 중앙유럽에서 벌어진 30년전쟁은, 아프리카와 카리브 해, 심지어 저 멀리 떨어진 타이완에까지 부차적인 영향을 끼치며 유럽 전체를 집어삼키다시피 했다. 1740년에는 프로이센의 프리드리히 2세(재위 1740-1786)가 오스트리아령 슐레지엔을 빼앗으면서 20년 넘게 이어질 전쟁이 시작되었는데, 영국과 프랑스도 뛰어든 그 전쟁은 7년전쟁(1756-1763)의 와중에 북아메리카와 인도 아대륙에서도 일부분 벌어졌다. 한편 독일의 통일은 1871년에 프로이센의 정치가인 오토 폰 비스마르크(1815-1898)가 프랑스를 무찌르고 파리를 점령했기 때문에 이루어질 수 있었다. 20세기에 중앙유럽은 양차 세계대전의 출발점이었고, 21세기에는 지난 70여 년 동안 유럽에서 일어난 전쟁 가운데 가장 파괴적인 전쟁의 현장이 되었다.

지금까지 중앙유럽은 종종 실제와 다르게 특징지어졌다. 독일어로 미텔오이로파Mitteleuropa로 알려진 중앙유럽에 대한 최초의 개념 규정은,

나폴레옹 전쟁으로 빚어진 정치 상황에 좌우되었다. 게오르크 하셀의 논문 「유럽 각국의 통계 개요」(1805)는 철저할 만큼 정확했다. 중앙유럽은 유럽의 일부분이면서 프랑스도 러시아도 아니었다. 따라서 중앙유럽에는 나폴레옹에 힘입어 권력을 유지했던 독일 통치자들의 영토와 프로이센, 그리고 오스트리아 제국만이 남게 되었다. 중앙유럽은 지리적으로나 정치적으로나 유럽의 중심에 있었기 때문에, 유럽이 프랑스의 전제정치와 러시아의 전제정치라는 이중의 위협에서 벗어나기 위한 관건은 중앙유럽의 생존에 달려 있었다. 중앙유럽이 유럽의 중심에 있다는 견해는 19세기 내내 여행 서적과 지명 사전에 등장했다. 비록 중앙유럽 여행 안내서 출판업자들이 판매량을 늘릴 속셈으로 런던과 파리 유람 여정도 끼워넣기는 했지만 말이다.

정치적 경계는 바뀌기 마련이고, 정치적 경계가 바뀔 때마다 중앙유럽의 개념도 바뀌었다. 독일은 언제나 중앙유럽의 일부였지만, 독일을 제외한 중앙유럽 국가들의 면면은 중앙유럽에 관한 글을 누가, 언제, 어디서 쓰는가에 따라서 달라졌다. 그 결과 벨기에는 알자스, 로렌과 함께 이따금 중앙유럽에 포함되었고, 폴란드는 해당 시기에 폴란드라는 국가가 실제로 존재했는가에 따라서 포함되거나 제외되었다. 제2차 세계대전까지, 독일의 지리학자들과 역사가들은 어디가 중앙유럽인지를 기꺼이 선언할 각오가 되어 있었다. 그러나 그들의 중앙유럽 개념은, 동쪽에 있는 나라들이 예전부터 문화적으로 독일풍을 띠었다거나 독일 경제에 특별히 유익한 상품을 생산해왔다며 독일이 그곳을 상업적으로나 정치적으로 장악하는 현실을 감추는 데에 쓰였다. 1945년 이후에는 유럽이 동서로 양분되면서 "중앙유럽"이라는 용어의 쓰임새는 사라졌다. 공산주의가 몰락한 뒤 역사가와 정치학자들은 공산권 붕괴

이전의 동유럽을 중동유럽으로 부르고는 했지만, 중서유럽이 어디인지는 좀처럼 설명하지 않았다.

이 책에서 다루는 중앙유럽의 역사는 중앙유럽을 이루는 2개의 절반을 하나로 합친다는 점에서 독특하다. 일반적으로 역사가들은 중앙유럽을 독일과 중동유럽으로 나눠 논의하고, 오스트리아는 독일과 중동유럽 사이에서 불확실하게 오락가락하며 다룬다. 이 책은 중앙유럽 각국의 역사를 앞세우지 않는다. 대신에 민족 국가를 출발점으로 삼는 역사 서술 때문에 한때 위대했으나 이제는 그 기억이 희미해진 왕국과 공국들로 향하는 과거의 샛길을 누빈다. 대체로 이 책은 지금의 독일, 폴란드, 헝가리, 오스트리아, 슬로베니아, 루마니아 서부(즉, 트란실바니아에 속한 지역)를 다루지만, 이 책의 시야는 중앙유럽의 역사적 역할만큼이나 유동적이고, 때때로 오늘날의 우크라이나, 크로아티아, 스위스, 발트 3국의 영토까지 확대된다.

이 책의 목표는 중앙유럽의 역사를 폭넓게 살펴보는 것이다. 그러나 중앙유럽의 특수성을 탐색하고, 중앙유럽이 단순한 경쟁의 현장 그 이상이라는 점을 보여주는 것도 목표로 삼고 있다. 중앙유럽의 역사는 서유럽의 역사와 공통점이 많다. 두 지역은 동일한 중세 문명을 공유했다. 영국과 프랑스처럼, 유럽의 중심에 자리한 왕국과 공국에도 성城과 기사, 가톨릭교의 성당과 수도원, 번영하는 도시와 부유한 상인이 있었다. 중앙유럽도 르네상스라고 불리는 고전 학문의 재발견, 종교개혁 기간의 종교를 둘러싼 투쟁, 제국의 성장, 계몽주의, 낭만주의, 근대 민족주의, 산업화와 양차 세계대전을 경험했다.

그러나 중앙유럽은 종종 그 대규모의 움직임들에 특별한 개성이나 뜻밖의 격렬함을 부여하며 그것을 다르게 수용했다. 중앙유럽의 기사들은 비교적 인구가 적은 동쪽 지역에 새로운 정착지를 조성하고 촌락과 도시를 세우는 식민지 개척자이기도 했다. 중세의 중앙유럽 곳곳에서, 귀족과 도시민과 촌락민은 서유럽의 대다수 지역보다 훨씬 더 큰 규모로 의회parliament와 총회asembly, 자치 공동체를 만들어냈다. 중앙유럽의 르네상스는 이탈리아에서 벌어지고 있던 일로부터 영향을 받았지만, 그와는 별개로 깊은 영성, 죽음과 구원에 대한 관심도 품고 있었다. 중앙유럽에서는 종교개혁을 계기로 종파와 교파가 우후죽순처럼 생겨났고, 그 여러 종파와 교파는 상대적 관용 속에서 17세기까지 살아남았다. 프랑스나 스페인이나 영국과 달리, 중앙유럽의 대다수 지역에서는 사람들이 신념 때문에 화형을 당하지 않았다.

  농촌의 상황도 달랐다. 유럽 도처에서 인구의 대부분은 농지를 빌리는 대가로 영주에게 지대를 내야 하거나, 때로는 영주를 위해서 일해야 하는 농민이었다. 그러나 중앙유럽의 여러 지역, 특히 동부에서는 지주들이 더 많은 것을 요구했고, 지주들의 성가신 요구 때문에 농민들은 흔히 매주 며칠씩이나 지주의 들판에서 일해야 했다. 게다가 중앙유럽 동부의 많은 농민은 영주에게서 벗어나고자 마을을 떠날 수도 없었다는 점에서 결국 땅에 묶여 있는 처지였다. 19세기까지도 중앙유럽 대부분의 지역에서는 이미 서유럽에서 대체로 사라진 일종의 농노제가 남아 있었다.

  중앙유럽은 관료제가 초기의 계몽주의와 최초로 융합된 곳이며, 최초로 근대 국가를 탄생시킨 곳이기도 하다. 그러나 영국, 프랑스, 북아메리카 등지에서는 계몽주의가 개인의 자유를 촉진한 반면, 중앙유럽의 계몽주의는 국가를 옹호하고 법령에 의한 정부의 통치권을 지지했다. 아울러 서유럽 국가들은 해외에 제국을 건설한 반면, 중앙유럽의 제국들은 중앙유럽의 지역들을 완전히 집어삼키며 오스트리아의 합스부르크 왕가와 러시아, 그리고 훗날 새로운 독일 제국의 핵심을 이루는 프로이센 간의 패권 경쟁을 초래했다. 18세기 말, 제국들은 폴란드와 리투아니아를 분할했다. 그러고 나서 서로 싸웠고, 결국 제1차 세계대전을 통해서 상대를 파멸의 구렁텅이로 몰아넣었다. 20세기에는 민족주의와 인종 생물학이라는 사이비 과학이 합쳐지면서 더 극심한 파멸을 낳았고, 이는 결국 민족 전체를 말살하려는 시도로 이어졌다.

중앙유럽의 역사적 경험은 서유럽과 다르다. 그 경험의 추세는 대체로 서유럽에서 벌어진 일의 상당 부분을 그대로 흉내 내는 듯하지만, 더 자세히 살펴보면 서유럽의 경우보다 더 힘차게 고동치거나, 마치 뒤틀린 거울에 비치는 모습처럼 다른 특성을 띠고 있다. 그것은 언어의 측면에서도 중앙유럽이 다른 듯 보이는 이유이다. 실제로 중앙유럽은 언어 때문에 접근하기 어려운 곳으로 구별된다. 독일어는 문장 끝부분까지 동사를 추측하며 들어야 해서, 중앙유럽에서 독일어를 듣는 방문객은 곤란에 처할 수 있다. 한편 중앙유럽의 저 동쪽 지역을 방문하는 사람들은 많은 자음과 이상한 발음 구별 부호가 쓰이고, 심지어 다른 문자 체계로 표기되는 언어들 때문에 당황하기 마련이다.

일단 언어의 벽을 조금씩 넘어서거나 언어를 이해하면(더 나은 방법이다), 친숙함과 낯섦이 뒤섞인 중앙유럽 그 자체로 쉽게 진입할 수 있다. 카르파티아 산맥의 가장자리, 그러니까 오늘날 우크라이나 도시인 베레호베에 있는 어느 15세기 귀족 지주의 재산 목록을 읽어보자.

나룻배 물에서 시작해 독수리 횃대 옆의 길까지 올라가는 떡갈나무숲과 잡목림과 과수원. 다음은 "잔물결", "작은 늪", "둥근 연못", "보루"

따위에 자리한 떡갈나무숲, 그리고 "큰 도토리"에 있는 양어지養魚池와 "느릅나무숲"으로 부르는 숲, "큰 올빼미 시내"가 검은 강으로 흘러가는 곳. 그리고 청둥오리 목초지에서 출발해 "긴 모래밭"으로 부르는 방목장과 토지로 이어지는 길까지 올라가는……[5]

이 문장을 읽어보면 베레호베의 풍경과 지명은 마치 프랑스의 시골 어딘가일 수 있다는 느낌이 든다. 그러나 베레호베는 20세기에 중앙유럽을 가로지른 변화의 축소판이다. 몽골-타타르족이 유럽을 침공하면서 1240년대에 처음 언급된 이곳은 1918년까지는 헝가리 영토의 일부였다. 20세기 초, 이 도시에는 웅장한 장식용 파사드를 갖춘 위풍당당한 네오바로크 양식의 건물들이 넓은 가로수 길로 이어지는 중심가가 떡갈나무숲과 너도밤나무숲과 옥수수밭과 포도밭으로 뒤덮인 높고 낮은 언덕을 배경으로 세워져 있었다. 주민들은 대부분 헝가리인과 우크라이나인이었지만, 유대인 상점 주인과 하시드(18세기 우크라이나에서 시작된 종파로, 보수적이고 엄격한 교리를 강조한다/역주) 랍비, 집시 악사, 튀르키예인 아이스크림 장수 같은 여러 민족들이 섞여 살았다.

제1차 세계대전 이후 베레호베는 체코슬로바키아에 속했다가 1939년에 잠시 헝가리로 반환되었고, 1944년에 독일에 점령되었다. 나치의 지배를 받는 동안 베레호베와 인근 지역에서 최소 3,600명의 유대인이 살해되었다. 1944년 말에 소련군이 베레호베를 차지했고, 곧이어 이 도시는 소련의 마수에 휩쓸려갔다. 소련인들은 유대교 본당을 공산주의 "문화 센터"로 개조하는 등 베레호베의 유대인 문화를 완전히 파괴했다. 그들은 히브리어 명문銘文과 유대교의 상징을 숨기기 위해서 유대교 본당의 외벽에 두꺼운 시멘트를 발랐다. 이로써 베레호베에서 가장 인상적이었던 파사드 중 하나가 가장 추한 모습으로 전락했다. 소련인들은 일단 베레호베 교외의 농촌을 약탈한 뒤 그곳을 여러 개의 집단 농장으로 쪼개버렸다.

지도가 바뀔 때마다 베레호베의 이름도 베레그사스에서 베레호보로, 베르크자스로, 다시 베레호보로, 결국에는 베레호베로 바뀌었다. 베레호베는 지금 농촌의 떡갈나무숲과 느릅나무숲과 함께 우크라이나 서부에 자리를 잡고 있다. 베레호베의 지평선 너머에서는 새로운 세대의 개 인간들이 서성이고 있는데, 이번에는 칼라시니코프 자동소총으로 무장한 개 인간들이다. 그들은 지금까지 2,000년에 걸쳐 중앙유럽에 쳐들어왔던 여러 침략자와 정복자들 중 가장 최근에 나타난 자들로, 중앙유럽 문명의 취약성을 새로 상기시킨다. 이제 본격적으로 중앙유럽의 이야기가 펼쳐지겠지만, 그 이야기는 유럽의 중심에도 변방에도 속하는 베레호베 같은 여러 사소한 장소들에 대한 탐험기이기도 하다.

제1장

로마 제국, 훈족, 니벨룽의 노래

로마의 시인 오비디우스는 불운했다. 제1천년기가 시작될 무렵, 아우구스투스 황제는 불분명한 범죄를 이유로 들며 오비디우스를 로마에서 추방했다. 오비디우스는 모든 것이 오해라고 주장했지만, 결국 흑해 연안의 변경 도시인 토미스(오늘날의 루마니아 도시 콘스탄차)로 보내졌다. 토미스로 추방된 오비디우스는 포도주 항아리에 금이 가고 포도주가 얼어붙을 만큼 매서운 겨울을 불평했고, 미개한 사르마티아 부족민들이 토미스와 인근의 시골을 습격한 일에 불만을 터트렸다. 그는 사르마티아 기병들이 로마의 방어 시설을 뚫고 들어와 농장을 약탈하고 사람들을 독화살로 마구 죽인 과정을 묘사했다. 본인이 흐느끼며 말했듯이, 큐피드의 화살에 더 익숙했던 오비디우스는 야만인들이 독을 묻혀 날리는 무기를 피해야 하는 신세였다.

로마의 변경에 있는 최악의 장소 중 하나로 추방된 일은 오비디우스의 불행이었다. 로마 제국 초반의 몇 세기 동안만 해도 변경은 대체로 평온했기 때문이다. 기원후 2세기에 최대의 판도를 자랑한 로마 제국은 국경이 5,000킬로미터였고, 영토는 500만 제곱킬로미터에 달했다. 50만 명이 넘는 군인들이 제국을 방어하고 내륙의 질서를 유지했다. 기원후 300년경에 작성된 목록에 따르면, 그들은 먼 북쪽의 픽트족에서 동쪽의 아르메니아인과 아프리카의 무어인에 이르기까지 무려 50개의 적대적인 민족과 마주했다.[1]

북아프리카와 중동에서 사막은 방어선 역할을 했다. 중앙유럽에서 로마의 국경은 대체로 라인 강과 도나우 강의 줄기와 일치했지만, 그 너머의 영토 깊숙이 밀고 들어간 돌출부도 있었다. 가장 주목할 만한 돌출부는 트란실바니아와 카르파티아 산맥 동부를 에워싸는 로마 속주인 다키아, 그리고 라인 강 상류와 도나우 강 상류 사이의 삼각형 영토를 포함하는 상上게르마니아(게르마니아 수페리오르)였다. 전성기의 로마 제국은 오늘날의 라인란트와 독일 서부, 스위스, 독일 남부와 바이에른의 대부분, 오스트리아, 헝가리 서부, 슬로베니아, 루마니아 서부를 비롯한 중앙유럽의 대부분을 차지했다. 3세기에 로마인들은 다키아와 상게르마니아의 여러 부분을 포기했다. 이후 중앙유럽의 중요한 2개의 강인 라인 강과 도나우 강의 줄기가 국경이었다.

로마의 순찰선이 라인 강과 도나우 강을 지켰다. 농담조로 "유람선"으로 불린 순찰선에는 각각 30명의 노병櫓兵이 배치되었다. 2세기에는 약 1,000척의 군선이 정기적으로 도나우 강을 오갔다. 장애물을 제거하고 망루로 시작해 점차 도랑, 말뚝 울타리, 돌담, 누대 등으로 증강된 방어 시설은 변경의 자연 지형을 보강했다. 바타바(오늘날 독일의 파사우/역주)에서 빈도보나(오늘날 오스트리아의 빈에 있었던 군영/역주)에 이르기까지 도나우 강의 남쪽 기슭에는 수비군이 배치된 약 60개의 보루와 소규모 요새가 있었다. 로마 제국 쪽 라인 강과 도나우 강가에는

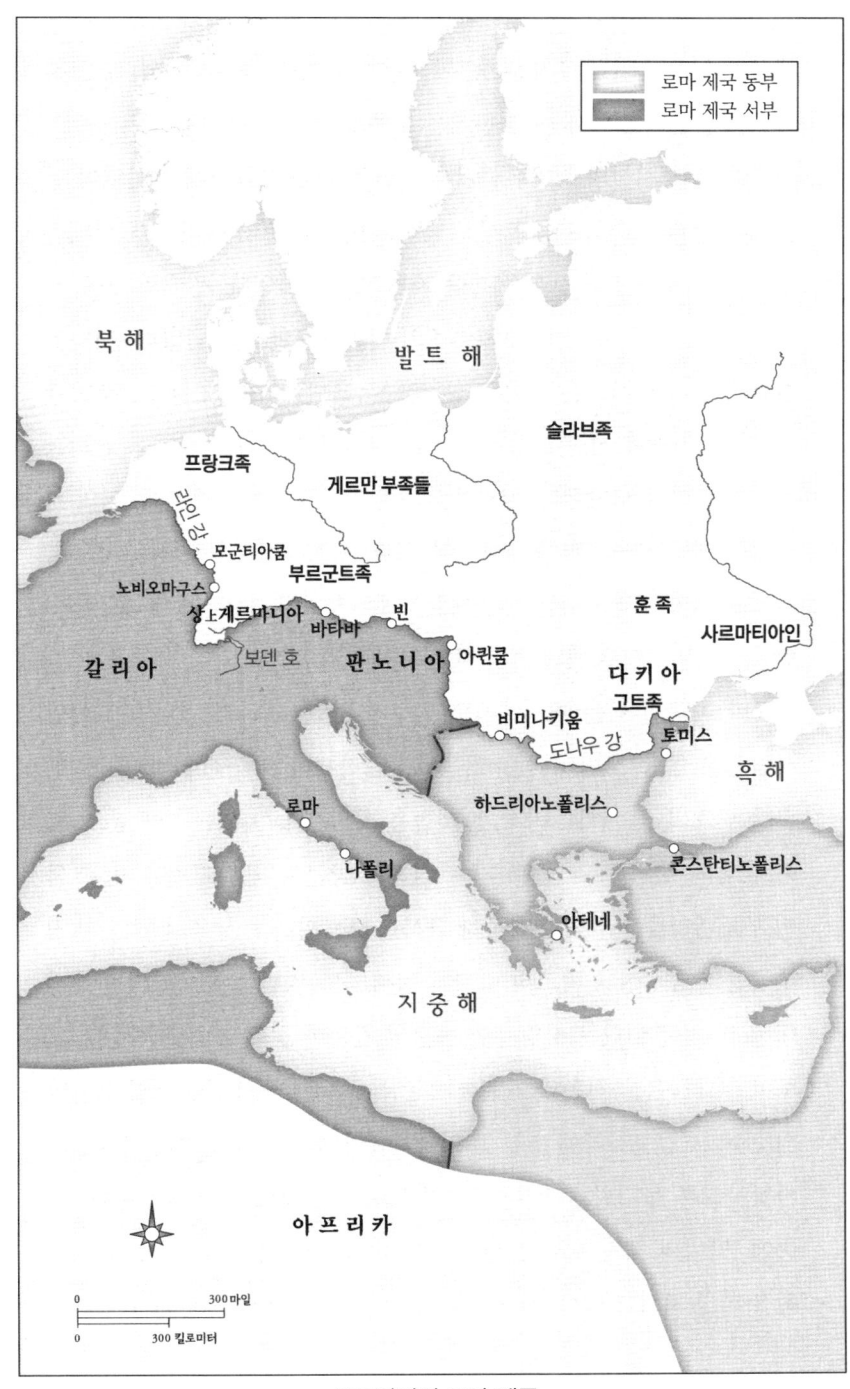

378년경의 로마 제국

켈트족 원주민들, 이주해온 농부들(군단 퇴역병인 경우가 많았다), 국경 너머를 급습한 로마 군에 붙잡혀온 노예들이 섞여 살았다.

로마 제국 시절의 중앙유럽에서 살던 사람들은 태생에 상관없이 언어와 복장과 풍습의 측면에서 급격히 로마화되었고, 율리우스, 티베리우스, 클라우디우스 같은 이름을 재빨리 받아들였다. 원래의 부족 조직은 그 조직을 흡수한 로마 속주의 이름으로만 살아남았다. 변경을 따라 형성된 도시들은 원형 극장, 공중목욕탕, 수도교水道橋, 위풍당당한 건물, 정방형 신전을 통해, 그리고 4세기 초부터는 기독교 교회를 통해서 로마를 모방했다. 시골에서는 모자이크와 벽화를 갖춘 교외 저택들이 대규모 농업과 포도주 생산업과 목축업의 중심지였다. 고고학자들은 로마의 판노니아 속주(대략 현재의 헝가리 서부 지방에 해당한다) 한 곳에서만 약 600채의 교외 저택 부지를 확인했다.[2]

로마 제국의 힘은 변경에서도 멈추지 않았다. 국경 건너편에 살던 사람들은 종종 로마의 정치적, 외교적, 경제적 세력권에 편입되었다. 그들은 호박琥珀, 염료, 곡식, 베갯속용 거위 깃털 따위를 매매했고, 로마 군단에 신병으로 입대하거나 심지어 장군이 되기도 했으며, 그들의 우두머리들은 넉넉한 선물과 군사적 보호라는 보상을 받았다. 변경 부족들의 충성심을 확고히 다지기 위해, 군사령관들은 국경의 안전지대 훨씬 너머에 있는 중앙유럽 농촌의 깊숙한 곳에 보루를 만들었다. 로마 부대들은 북서쪽의 아퀸쿰(오늘날 부다페스트의 일부)에서 오늘날의 베오그라드 동쪽에 있는 비미나키움의 보루까지 헝가리 대평원의 가장자리를 둘러싸는 500킬로미터 길이의 토벽도 쌓기 시작했다. 나중에 "악마의 제방"으로 불린 그 토벽은 많이 침식되었을지언정 여전히 자리를 지키고 있다. 현재의 헝가리와 루마니아와 세르비아를 가로

지르는 악마의 제방은 규모 측면에서 브리타니아의 하드리아누스 방벽에 버금가는 군사 업적이었다.³

국경의 평화는 그 너머로 폭력을 수출함으로써 달성되었다. 국경 건너편의 게르만 부족들과 사르마티아 유목민들은 로마 제국에 더 근접한 위치, 즉 로마 제국이 누리는 부에 더 쉽게 다가갈 기회를 노리며 다투었다. 100년 직전에, 로마의 역사가인 타키투스는 게르만 부족들의 폭력적인 성향과 젊은 게르만인의 호전성과 약탈적 경향을 특별히 언급했다. 그는 게르만 부족의 목록을 작성했는데, 역사가들은 타키투스가 그 부족들을 일컬은 이름(우비아족, 카탄족, 텐크테리족 등)을 두고 오랫동안 골머리를 앓아왔다. 왜냐하면 그로부터 60년 뒤 제작된 프톨레마이오스의 위대한 세계 지도(사실 이 지도는 명칭과 지리적 좌표의 목록이다)에 재등장하는 부족들이 소수에 불과했기 때문이다. 일부 부족은 몇 세기에 걸쳐 그 존재를 추적할 수 있지만, 대다수 부족은 타키투스가 각 부족의 이름을 언급하자마자 거의 사라진 듯싶다. 타키투스가 다음과 같이 빈정댔듯이, 아마 경쟁 부족에 패배해 흡수되었을 것이다. "기도하노니, 외부 민족들이 우리를 사랑하지는 않더라도 최소한 계속 서로를 미워하기를……이제 우리 운명에서 적들의 불화보다 더 나은 선물은 없기 때문이다."⁴

청년기에 경쟁에 몰두하는 젊은 부족들이라는 타키투스의 이미지는 국경 너머의 민족들에 대한 로마인의 고정관념과 일치했다. 당시 로마인은 그 민족들을 외모가 흉측한 사람들이나, 로마의 보호와 본보기가 필요한 장난기 넘치면서도 제멋대로이고 천진난만한 사람들로 바라보았다. 로마인이 보기에 게르만족은 두 번째 범주에 속했다. 그들은 시골의 조그만 마을에서 생활하며 제대로 된 정부나 산업도, 심지어 각자의 성별도 모른 채 미개한 수준의 농사만 지었고, 순진하게도 남녀가 함께 나체로 목욕을 한다고 여겨졌다. 남자들은 습관적인 게으름에서 깨어나 어떤 기능이 필요한 일에 종사할 수 없었고, 로마인이 알려줄 때까지는 돈에 대한 지식도 전혀 없었다. 반면에 오비디우스가 토미스에서 마주친 사르마티아인들은, 당대의 어느 묘사에 의하면, "도적 떼……이 지역들의 모든 야만인 민족 중 가장 고립된 사람들"이었다. 타키투스는 사르마티아인들의 양손잡이 검, 그리고 쇠와 가죽 미늘을 겹쳐 만든 갑옷을 언급했다. 로마의 예술가들은 사르마티아인을 도마뱀 모양으로 조각했다.[5]

  로마의 변경 너머 중앙유럽에 대한 이질감은 가장 이른 시기의 묘사에서도 발견된다. 로마의 작가들이 보기에 중앙유럽은 떡갈나무가 드넓은 숲을 이루는 곳이었다. 그 떡갈나무숲은 더 추운 날씨를 유발할 만큼 울창하고, 기병 1개 대대가 충분히 지나갈 만큼 넉넉한 아치형 통로를 만들었다. 기원전 1세기에 율리우스 카이사르는 그 떡갈나무숲의 실제 범위를 아는 사람을 찾지 못했지만, 숲의 폭이 군대가 몇 달간 행군할 수 있는 거리일 것이라고 추측했다. 1세기 뒤, 타키투스는 중앙유럽을 "살거나 바라보기 흉한 풍경과 모진 기후"가 두드러지는 곳으로 묘사했다. 그는 중앙유럽의 토양이 너무 메말라 과일나무를 키울 수 없고, 그곳의 양과 소는 말라빠진 데다가 못생겼다고 설명했다. 다른 저자들은 여행에 걸림돌이 되는 강과 산과 늪을, 그리고 부족한 도로와 석조 건물을 강조했다. 고대 로마의 저술가들에 따르면 그곳은 북쪽으로 올라갈수록 지형과 기후가 나빠졌고, 끝까지 가면 "야만스러움과 상스러움이 믿기 힘들 만큼 역겨운" 핀족이 거주하는 황량한 발트 해에 이르렀다.[6]

중앙유럽의 부족들에게 "게르만"이라는 명칭을 최초로 부여한 것은 로마인이었다. 당시 그 부족들에게는 스스로를 지칭할 단어나 공동의 정체성이 없었다. 사실, 그들이 쓴 방언들이 단번에 소통이 가능했는지도 의심스럽다. 그 초기 게르만족은 일종의 대규모 정치 연맹으로 통합되었을 수도, 그렇지 않았을 수도 있는 촌락과 친족 집단에서 살았다. 그 부족 집단 중 어떤 집단은 왕이, 다른 집단은 우두머리들의 총회가, 그리고 몇몇 집단들은 사제가 통치했다. 몇몇 곳에서는 갓난아이의 머리를 천 같은 것으로 묶어두는 관습이 있었는데, 그 결과 아이가 어른이 되면 두개골이 길게 늘어났다. 다른 곳의 주민들은 소속의 표시로 옆머리를 묶었다. 이처럼 부족 집단이나 지역에 따라 통치 방식과 풍습이 다른 상황에서, 특정 부족을 선호하는 로마의 정책은 게르만 부족들의 정치적 합병을 유발했다.[7]

로마 제국은 폭력을 알았다. 폭력은 대개 내부에서 발생했고, 노예 반란, 식량 폭동, 지역 단위의 봉기, 야심이 지나친 장군들이 일으킨 내전에서 비롯되었다. 국경을 넘는 침입도 폭력이었다. 2세기 말, 게르만 부족인 마르코만니족은 사르마티아족 무리들과 연합해 도나우 강에서 로마의 방어선을 뚫고 들어왔다. 침입자들은 격퇴되었지만, 그것은 이미 그들이 이탈리아 북부를 습격한 뒤의 일이었다. 3세기 중엽에도 게르만 부족들은 로마에서 오래 이어진 내전을 틈타 국경 너머를 약탈했다. 그러나 대부분의 침입은 소규모였고, 신속히 저지되었다. 3세기 말의 어느 유명한 삽화에는, 라인 강의 로마 순찰선들이 노비오마구스(오늘날의 슈파이어) 근처에서 짐마차 몇 대 분량의 노획품을 싣고 돌아가던 약탈자 무리를 가로막자 그 도적 떼가 은그릇과 요리 기구와 농기구를 남겨둔 채 달아나는 모습이 묘사되어 있다.[8]

4세기 말에 도적질은 훨씬 심각해졌다. 이제 국경은 전리품을 노리는 약탈자들만이 아니라 아이와 환자와 노인들을 동반해 이동 중인 민족 전체에게 공격을 당했다. 그 민족들은 "이전에는 본 적 없는……이 세상의 어느 비밀스러운 구석에서 생겨났고, 앞길을 가로막는 모든 것을 휩쓸어버리고 부수는 종족"을 피해서 목숨을 걸고 도망치는 중이었다. 로마의 저술가들은 흑해 북쪽에 사는 민족들에 관한 더 오래된 이야기를 자랑스레 되풀이했지만, 피난민들은 마녀와 늪에 사는 불결한 망령의 결합으로 태어난 전혀 새로운 적을 만났다고 주장했다. 피난민들은 그들을 훈족이라고 불렀다.[9]

  고대 로마의 저자들은 훈족을 묘사할 때 결코 분별력을 발휘하지 못했다. 다른 민족들을 언급하는 과거 저자들의 구절을 노골적으로 차용하고, 거기에 나름의 수사학적 미사여구만 가미했다. 예컨대 훈족은 호메로스의 외눈박이 거인족인 키클롭스처럼 식물의 뿌리를 먹고, 건축물을 낯설어했으며, 켄타우로스처럼 절반만 인간이었고, 고대 마사게타이족처럼 동족인 노인을 잡아먹었다고 했다. 로마의 저술가들은, 훈족이 시인 베르길리우스가 나무의 줄기에서 태어난 사람들로 묘사한 원시인들의 자손이라고, 혹은 구약성서에 나오는 곡과 마곡의 백성에 속한다고 자신 있게 결론을 내렸다. 사실, 로마인들이 훈족이라고 부른 사람들은 여러 부족이 뒤섞인 민족이었다. 훈족의 핵심부는 오늘날 카자흐스탄에서 기원했고, 주로 튀르크어를 쓰는 사람들이었다. 하지만 훈족의 정예 전사 집단에는 훈족에 패배한 무리의 구성원들도 있었고, 심지어 로마 제국 내부에서 모집한 용병들도 있었다. 훗날 훈족의 궁중 광대는 훈족어, 고트어, 라틴어 등을 섞어 잡담을 지껄이며 관객을 웃겼다고 한다.[10]

훈족은 유목민이자 목축민이었지만, 금을 공물로 바치고 부족한 물품을 조달해줄 정주 인구를 필요로 했다. 돈 강 서쪽의 정착민들은 훈족의 명백한 표적이었다. 4세기부터 훈족은 중앙아시아의 본거지에서 스텝 지대를 따라 서쪽으로 팽창했다. 그들은 도중에 동맹을 규합한 뒤, 370년대에 고트족을 습격했다. 고트족은 언어적으로 중앙유럽 부족들과 관련이 있는 게르만족이었다. 6개의 개별 집단으로 나뉜 고트족은 지금의 우크라이나에 속한 카르파티아 산맥 동쪽 지역을 차지하고 있었다. 흑해 북쪽과 서쪽에 살던 고트 부족들은 훈족을 상대로 헛된 저항에 나섰다. 그들의 마지막 왕이 백성들을 대신해 스스로 신들의 제물이 되었지만, 소용없었다. 침략자들을 저지하기 위한 (그야말로) 최후의 시도가 실패하자 고트족은 도나우 강 기슭에 모여들었고, 거기서 훈족을 피해 도망친 다른 부족들과 합류했다.

그 무렵 로마 제국은 로마와 콘스탄티노폴리스(지금의 이스탄불)를 수도로 삼은 채 동서로 양분되었다. 난민들은 동로마의 발렌스 황제에게 피난처를 제공해달라고 간청했는데, 도나우 강 하류 남쪽의 발칸반도가 양분된 로마 제국의 동쪽에 속해 있었기 때문이다. 그들을 군대의 잠재적인 인력 공급원으로 여긴 발렌스 황제는 청을 들어주었다. 그러나 고트족의 정착은 실패로 돌아갔고, 고트족은 굶주리다가 앙심을 품은 채 떠났다. 발렌스는 고트족을 무력으로 복종시키려 했지만, 고트족은 378년에 하드리아노폴리스 전투에서 그의 군대를 격파했다. 황제는 전사했다고도 하고, 상처를 치료하려고 쉬고 있던 어느 오두막에서 불에 타 죽었다고도 한다. 승전 후 고트족은 발칸 반도를 철저히 약탈했다. 로마의 출전出典에 따르면 발칸 반도에는 지평선 외에 아무것도 남지 않았다고 한다.

고트족 지도자들과 발렌스의 후계자인 테오도시우스 1세는 382년에 조약을 맺었다. 테오도시우스는 그 조약을 "그들의 왕과 함께 고트족 전체가 로마인에 항복한 것"이라고 선전했지만, 실상은 달랐다. 그 조약으로 고트족은 제국에 편입되고, 세금을 면제받으며, 경작할 토지를 얻고, 매년 공물을 받게 되었다. 게다가 고트족 제후들은 계속 고트족 백성들을 통치할 수 있었다. 고트족 병사들은 로마 군대에 복무할 것으로 예상되었지만, 동족인 고트족 족장에 직속되었다. 당연하게도, 이후 로마 제국에 침입한 새로운 무리들도 자신들에게 고트족처럼 폭넓은 권리를 부여해달라고 요구했다. 사태는 406년 12월 31일에 절정에 치달았다. 훈족의 옛 동맹들과 게르만인과 사르마티아인이 뒤섞인 무리가 모군티아쿰(오늘날의 마인츠)에서 라인 강을 건너 로마령 갈리아로 밀고 들어온 것이다. 그로부터 4년 뒤 서고트족으로 불린 고트족 부족들의 군사 동맹이 로마를 함락하고 약탈했다.[11]

한편 헝가리 대평원에 진을 치고 있던 훈족 무리는 연이어 이탈리아와 발칸 반도를 습격하고 게르만 부족을 괴롭히며 그들을 국경 너머로 밀어내는 동시에 로마인들의 동맹군으로 복무하기도 했다. 가장 악명 높은 사건은, 로마의 군사령관 아에티우스가 라인 강 서쪽 보름스 주변의 땅을 점령하고 있던 게르만 부족인 부르군트족을 무찌르기 위해서 훈족의 족장 루길라와 그 부족을 동원한 일이었다. 기원후 437년에 루길라가 부르군트족을 학살한 그 사건은 지나치게 끔찍한 나머지 부족 전체를 없애버리려는 훈족의 거리낌 없는 태도와 포악함을 보여주는 소름 끼치는 전설로 회자되었다.[12]

그러나 훈족은 로마인의 문지기 역할에 만족하지 않았다. 440년대에 훈족의 통솔권은 루길라의 조카 아틸라에게 넘어갔다. 아틸라는 훈족과 그 동맹들을 충성스러운 연합으로 규합하며 신앙 없는 자들은 십자가에 못 박고, 정도正道를 걷지 않는 부족은 절멸해버렸다. 훈족의 지휘권은 관습적으로 2명의 친족이 나눠 가졌지만, 아틸라는 그런 관습을 인정하지 않았다. 445년, 그는 공동 통치자인 형을 죽이고 단독 권력을 쟁취했다. 당대에는 그를 다음과 같이 묘사했다. "작은 키에 가슴이 넓고 머리가 컸다. 눈은 작고, 턱수염은 가늘고 희끗희끗했다. 납작한 코와 가무잡잡한 피부에서 태생의 흔적이 드러났다." 이후의 기록에서 아틸라는 개의 머리가 달린 모습으로, 그의 아버지는 사냥개로 묘사되며, 결국 저 동쪽의 개 인간들에 관한 전설과 결합했다.[13]

단독 통치기 초반 몇 년간, 아틸라는 주로 도나우 강 국경에서 동로마 황제들로부터 전리품을 우려낼 심산으로 공포의 전쟁을 벌였다. 그러다가 450년경 서쪽으로 눈을 돌렸다. 이전부터 아틸라는 막후에서 서로마 황제 발렌티아누스 3세의 교활한 누나인 호노리아와 협상을 진행하고 있었는데, 호노리아의 부추김으로 아에티우스를 대신해 서로마의 군사령관을 맡거나 심지어 그녀와 결혼해서(불가능해 보이는 일이었다) 황제에 오르려는 야심을 품게 되었다. 아틸라의 입장에서는 그 두 가지 전략 모두 이치에 맞았다. 더는 외부에서 제국을 압박할 필요 없이 제국을 완전히 접수하면 되는 것이었다.

451년 초엽, 아틸라는 전역戰役(서로 연관된 전투나 교전이나 군사 작전의 집합/역주)을 치르기 시작했고, (당대의 묘사에 의하면) "대격변으로 찢어진 야만의 세계가 갑자기 북쪽 전체를 갈리아로 쏟아냈다." 이후 그의 군대는 이탈리아 반도에 들이닥쳤다. 아틸라가 거느린 군대는 50만 명 규모로 추산되는데, 물론 의심스러운 수치이기는 하지만, 이 숫자는 당시 그의 군대가 야기한 공포가 어느 정도였는지 짐작할 수 있게 한다. 다수의 게르만 부족들로 구성된 아틸라 휘하 군대의 규모가 상당했음은 분명하다. 아틸라의 군대에는 고트족 부족들의 잔존 세력도 있었는데, 이제 그들은 80년 전 스스로를 제물로 삼은 고트족 왕의 후손에 의해서 "동고트족"이라는 이름으로 결속되었다. 아틸라의 군대에는 프랑크족의 일파도 있었다. 훗날 프랑크족 족장들은 결국 중앙유럽 지역 대부분에서 훈족의 지배력을 물려받게 된다.[14]

결말은 금방 찾아왔다. 아마 452년 말에 아틸라는 교황 레오 1세와 만났겠지만, 그렇다고 그가 그 신앙심 깊은 로마 주교에게 설득되어 평화로운 인물로 탈바꿈하지는 않았을 것이다. 아틸라의 철수는 더운 여름 날씨 때문에 말의 사료가 부족하다는 세속적인 이유에서 비롯되었다. 아틸라는 헝가리 대평원의 본거지로 돌아갔지만, 이듬해에 잠을 자다가 코피에 숨이 막혀 죽었다. 그의 아들들이 후계를 두고 다투며 내전이 벌어지자 훈족의 지배력은 유럽에서도, 흑해의 스텝 지대에서도 무너지고 말았다. 오늘날 역사가들은 훈족의 강점을 과장하고 훈족의 제국을 국가로 묘사하지만, 이는 전혀 사실이 아니다. 실상 훈족의 제국은 무자비하고 야심만만한 통치자에 의해서 결속된, 훈족 부족과 게르만족 부족과 고트족 부족의 느슨한 집합체였다. 그리고 통치자가 사라지자 무너졌다.[15]

그래도 훈족은 중앙유럽을 재구성했다. 훈족은 로마의 지배력을 무너트렸고, 로마는 지금의 독일, 오스트리아, 헝가리 등에 해당하는 지역의 속주들을 포기할 수밖에 없었다. 게르만 부족들은 훈족 덕택에 중앙유럽의 남쪽과 서쪽 지역에서 로마의 역할을 대신했다. 그 풋내기들의 지도자들이 독자적으로 세금을 부과하고, 추종자들에게 토지를 할당하고, 속주의 로마 귀족들을 추방하면서 문명의 흔적은 옅어졌다.

성벽으로 둘러싸인 숙영지와 방비가 강화된 언덕 꼭대기가 시골의 대저택을 밀어냈고, 대규모 농지는 폐허로 전락했다. 당대의 어느 로마인은 "양 떼가 사라졌고, 과일의 씨앗이 사라졌으며, 포도나무나 올리브 나무가 자랄 자리도 없다. 해로운 불과 비가 농장의 건물까지 앗아갔다"라고 한탄했다. 알프스 산맥 북쪽에서는, 가정생활의 편의를 보장하는 뜨거운 수돗물이 1,000년이나 자취를 감추었다. 훈족은 중앙유럽의 광범위한 지역에 문화적, 경제적 빈곤이라는 유산도 남겼다.[16]

훈족이 대대적인 파괴의 상흔을 남기고 간 뒤, 고트족 부족들은 양분된 로마 제국의 서쪽 부분으로 쳐들어와 독자적인 왕국들을 세웠다. 서고트족은 프랑스 남부를, 뒤이어 스페인을 차지했고, 동고트족은 이탈리아를 접수했다. 머지않아 그들이 언어 측면에서 문화변용을 겪자, 훗날의 프랑스와 스페인과 이탈리아에 해당하는 지역에서 라틴어에 기반한 다수 언어인 로망스어가 득세하게 되었다. 그러나 상대적으로 게르만족의 정주 밀도가 높은 중앙유럽에서는 라틴어가 밀려나고 대부분 지역에서 독일어가 쓰였다. 이로써 과거 로마의 국경이었던 라인 강은, 동쪽의 게르만어 사용자들과 서쪽의 로망스어 사용자들로 구성된 2개의 신흥 언어권에 걸치게 되었다. 한편 서로마 제국은 476년에 마지막 황제가 원로원으로부터 연금을 받고 네아폴리스(오늘날의 나폴리)의 궁전에 머무르는 대가로 퇴위하면서 소멸했다.

5세기 이후, 원래 프랑스 북부에 정주하며 게르만어를 쓰던 프랑크족이 옛 로마의 갈리아 속주로 세력을 확장하더니 라인 강을 건너 동쪽으로 나아갔다. 7세기부터 프랑크족은 중앙유럽의 슬라브 부족들과 이웃하게 되었다. 프랑크족은 새로운 중앙유럽의 탄생을 주도했다. 프랑크족 주도하의 중앙유럽은 언어의 측면에서 서로 뒤섞여 있었다. 게르만어 사용자들과 슬라브어 사용자들이 함께 살았기 때문이다. 게다가 9세기 말에는 게르만어나 슬라브어와 무관한 언어를 쓰는 헝가리인이 카르파티아 산맥에 당도했다. 이후 세월이 흐르면서 프랑크족과 게르만족, 슬라브족, 헝가리인들은 왕정, 가톨릭 기독교, 법률, 기사제도, 기사도 같은 공통의 문화 코드를 채택했다.

흥미롭게도 그 문화 코드에는 훈족에 대한 기억도 함께 배어 있었다. 공통의 문학적 전통은 훈족의 침략을 자신들의 발전에 결정적인 순간으로 회고하는 중앙유럽의 여러 민족을 통합했다. 그리스와 로마의 저술가들은 훈족을 악당으로 묘사했고, 대다수의 초기 기독교 기록 또한 훈족에게 살해된 순교자들을 강조했다. 반면 중앙유럽에서는 다른 역학이 작동했다. 중앙유럽에서는 다수의 게르만 부족이 아틸라의 편에서 싸웠고, 그 후손들은 훈족의 위업과 자신들이 훈족을 위해서 복무하며 쌓은 공적을 담은 낭만적인 이야기를 만들어갔다.

그런 역사적 파편들은 다른 이야기들로 뒤덮였다. 허구의 인물인 지크프리트의 업적과 죽음 이야기, 그리고 전설 속에서 아틸라의 아내가 된 부르군트족 미망인인 크림힐트가 복수를 궁리한 이야기가 그런 사례이다. 노래와 구비전승을 통해서 전해진 그 이야기들은 훗날 『니벨룽의 노래Nibelungenlied』라는 서사시로 합쳐졌다. 2,000개가 넘는 연으로 구성된 『니벨룽의 노래』는 바이에른 지방 파사우 출신의 어느 무명 시인 덕택에 13세기에 이르러 최종 형태를 갖추게 되었다. 『니벨룽의 노래』는 보물을 지키는 난쟁이들, 투명 망토, 용 죽이기, 사람을 먼지로 만들어버리는 마법의 반지 등과 더불어 배신과 질투와 한탄의 결과를 묘사하는 비극이다.

『니벨룽의 노래』의 최종 형태를 이루는 가닥들은 (종종 "발터 전설"을 통해서) 훗날의 체코와 폴란드의 기록과 엮였는데, 그 기록 중 일부는 사람들의 이목을 의식해 『니벨룽의 노래』의 서사 형식을 본보기로 삼았다. 여기에서도 다수의 기록은 훈족의 업적을 찬양하고 훈족과 훈족의 적인 로마인 간의 영웅적인 대결을 묘사했다. 또 어떤 기록은 줄거리의 윤곽을 유지하면서 장소와 배역을 독자들에게 친숙한 것으로 바꾸며 토막 이야기들을 고쳐 썼다. 가령 티롤 판에는 산이 많은 배경이 등장했고, 슈타이어마르크 판에는 현재의 오스트리아에 속한 곳을 통치하는 공작 가문의 선조들이 포함되는 식이었다. 훈족에 대한 기억은 헝가리인의 기원을 둘러싼 설명에도 기여했다. 이름의 유사성에 도움을 받은 그 설명에 의하면 훈족은 헝가리인의 조상이고, 아틸라는 헝가리 통치 가문의 선조였다. 훈족과 그들의 제국에 대한 기억은 중앙유럽 최초의 전설들에 스며들었다.[17]

『니벨룽의 노래』는 더 폭넓은 유럽 문학 장르의 전형이기도 했다. 기사도적 분투와 복수, 호전적인 박력과 짝지어진 궁정풍의 이상理想, 혈족과 주군 사이에서 부딪히는 충성심 등에 대한 수사적 비유는 프랑스의 서사시, 스칸디나비아의 영웅담, 스페인과 프로방스의 담시에서 흔히 볼 수 있다. 신붓감을 물색하는 기사, 의례적인 방문과 선물 교환, 그리고 근심으로 초췌해진 통치자의 이미지(『니벨룽의 노래』의 아틸라 겸 에첼, 『원탁의 기사』의 아서 왕, 트리스탄 전설의 마크 왕)도 마찬가지이다. 중앙유럽의 아직 미숙한 사회들은 『니벨룽의 노래』를 받아들이고 그 내용을 재구성함으로써, 더 광범위한 문화적 공동체(성격상 명백히 기독교적인 공동체였다)의 일원이 되었다는 사실을 보여주었다. 그 사회들이 애초에 어떻게 기독교 사회가 되었는지, 그리고 어떤 유형의 기독교를 받아들였는지는 앞으로 이어질 장들의 주제이다.

제2장
프랑크족과 카롤루스 마그누스
보덴 호에서 본 풍경

로마 기독교는 개종을 진지하게 여기지 않았다. 기독교는 도시와 대저택의 종교였고, 선교사들은 농촌에서는 좀처럼 복음을 전파하지 않았다. 그 선입견은 주교와 교황이 게르만 부족들을 대하는 태도에 영향을 미쳤다. 한 부족이나 통치자가 개종한 뒤에야 사제들을 파견한 것이다. 그 결과 게르만인들이 정착한 옛 로마 제국의 지역들은 이교도 지역으로 남거나 아리우스주의라는 이단적인 기독교 형태를 고수하게 되었다. 4세기 초의 신학자인 아리우스의 이름을 딴 아리우스주의는 그리스도가 영원한 하느님과 본질이 같은 존재라는 견해를 거부했고, 하느님이 그리스도를 창조했기 때문에 "그리스도가 계시지 않을 때가 있었다"라고 주장했다(아리우스주의는 아리우스의 이름을 딴 기독교 신학으로, 아리안주의의 인종 이론과는 아무 관련이 없다). 아리우스파는 삼위일체를 부정했고, 하느님이 가장 높은 곳에 있고 그 아래에 창조된 그리스도와 성령을 상징하는 천사가 있는 계서제를 제시했다.[1]

가톨릭교도들과 아리우스파의 갈등은 격렬하고 지독했다. 아리우스파 폭도들은 로마 제국의 도시들에서 길길이 날뛰었다. 그러나 모호한 정체에도 불구하고 아리우스주의는 4세기와 5세기에 대부분의 고트족과 다수의 게르만 부족이 받아들인, 중앙유럽 최초의 기독교였다. 아리우스주의의 품 밖에 머문 것은 족장들이 이교도를 고수한 프랑크족과 프리슬란트족과 작센족뿐이었다. 아리우스주의의 매력은 예배가 가톨릭교 사제들이 선호하는 라틴어가 아니라 토착어로 열린다는 점에 있었다. 최초로 구약성서 일부와 신약성서를 고트어로 번역하는 작업 또한 4세기 중엽에 아리우스파 주교인 울필라스(작은 늑대)에 의해 이루어졌는데, 그는 자신이 창안한 문자로 성서를 번역했다. 아리우스파가 받아들여진 또 하나의 중요한 이유는 천사의 계급이 있다는 관념이 여러 신 가운데 가장 높고 우월한 신이 있다는 오래된 이교적 신념과 들어맞았다는 사실에 있다.[2]

  프랑크족은 원래 로마 국경 양쪽의 라인 강 중류와 하류 가까운 곳에 거주하는 여러 부족으로 이루어져 있었다. 우리가 명확히 아는 최초의 프랑크족 왕은 킬데리쿠스 1세(?-481)로, 그는 이른바 메로베우스 왕조 통치자들의 계보에 속했다(메로베우스라는 명칭은 그 시조가 되는 바다뱀의 자식들을 기리는 의미로 붙여졌다). 투르네에 있는 킬데리쿠스 1세의 범상치 않은 무덤은 부족 지도자이자 로마의 행정관이라는 그의 이중적인 역할을 보여주는 증거이다. 왜냐하면 그는 프랑크 왕족의 상징인 어깨까지 닿는 기다란 머리카락, 애마의 잘린 머리, 300마리의 황금 벌 장식이 달린 망토, 그리고 콘스탄티노폴리스의 동로마 제국 황제만이 하사할 수 있었을 선물과 함께 묻혔기 때문이다. 킬데리쿠스 1세의 아들인 클로도베쿠스 1세(466-511)의 치세에 프랑크족은 북서쪽에서부터 세력을 확장해 옛 로마 제국의 갈리아 속주 대부분을 접수하는 한편, 라인 강 상류와 도나우 강 사이의 지역도 정복했다.

전하는 바에 따르면, 클로도베쿠스 1세가 496년경 이교 신앙에서 가톨릭교로 개종하자 이후 휘하의 여러 지도급 인사들도 새로운 신앙을 받아들였다고 한다. 그것은 가톨릭의 관점에서 다행스러운 일이었다. 클로도베쿠스 1세는 이미 가톨릭 신자였던 부인의 영향으로, 또 그녀가 섬기는 하느님이 전투에서 그를 도왔다는 이유로 가톨릭교도가 되었다. 그러나 갈리아의 로마화된 인구의 대다수가 이미 가톨릭교도이거나 가톨릭교와 로마의 이교가 뒤섞인 것을 믿고 있었기 때문에 개종은 정치적으로도 의미가 있었다. 클로도베쿠스 1세는 로마의 신앙을 수용한 최초의 게르만 통치자였고, 동로마 황제는 그 보상으로 (비록 의미 없는 직함이기는 했지만) 집정관 지위를 내렸다.

개종한 지 얼마 되지 않았음에도 클로도베쿠스 1세는 자신을 하느님의 일꾼이라고 선전했다. 그것은 이교도와 아리우스파에 맞선 전쟁을 정당화하고 정복 활동을 용인하기 위함이었다. 하지만 프랑크 왕국의 농촌 지역에서는 개종의 속도가 느렸다. 오래된 관습이 버티고 있었다. 6세기의 어느 법전에 따르면, 그런 관습에는 "성탄절과 부활절에 술에 취해 상스러운 농담을 지껄이고 노래하며 보내는 밤"뿐 아니라 인신 공양과 길게 늘어난 남근이 달린 그리스도의 형상을 숭배하는 행위도 포함되었다. 그러나 프랑크족 주교들은 선교 활동에 매력을 느끼지 못했다. 그들은 각자의 교구에 틀어박힌 채 교구의 성도들을 돌보고 아리우스주의와 그밖의 이교 신앙에 맞서는 사려 깊은 설교문을 썼다. 프랑크족이 라인 강 동쪽에서 펼친 정복 활동에 비해서 이교 신앙을 신봉하는 현지인들이나 아리우스주의를 따르는 그들의 족장들을 개종시키는 일은 성과가 미미했다.[3]

도움의 손길은 뜻밖의 곳에서 찾아왔다. 아일랜드 섬, 즉 히베르니아는 로마 제국에 속한 적이 없는 땅이었지만, 로마나 가톨릭 교회와 거의 별개로 활동한 열성적인 성직자들로부터 기독교를 받아들였다. 도시가 없었던 히베르니아에서는 도시 중심가를 근거지로 삼는 주교 간의 조직망을 구축하기가 어려워 수도원이 그 역할을 대신했다. 외부 세계를 외면한 유럽 다른 곳의 수도사들과 달리, 아일랜드의 수도사들은 일반 대중의 개종을 소명으로 삼고, 당대의 어느 시의 구절처럼 "양지나무를 향해 동쪽으로, 드넓고 멀리 떨어진 바다로" 떠나면서 적극적으로 외부세계를 찾아 나섰다. 6세기 말, 아일랜드 수도사들은 유럽 대륙에 수도원을 설립하는 한편 새로운 세대의 선교사들로 하여금 지금의 독일 남부 지역으로 진출하고 싶은 마음이 들도록 유도했다. 그 수도사 중에는 오늘날의 아일랜드 렌스터 출신인 성 콜룸바누스(540-615)도 있었는데, 천사가 그에게 세계 지도를 보여주며 이 세상의 개종이 성도의 소명이라고 설명했다고 한다.[4]

현재 스위스에 있는, 보덴 호 근처의 장크트갈렌 수도원은 성 콜룸바누스의 제자인 성 갈루스의 삶에서 유래한 곳이다. 610년경, 콜룸바누스는 아리우스파인 랑고바르드족에게 복음을 전하고자 수행원들과 함께 이탈리아 북부의 보비오로 가고 있었다. 가는 도중 갈루스가 병에 걸리자 콜룸바누스는 그에게 보덴 호 주변에 머물며 신앙의 모범을 보이라고 일렀다. 갈루스는 폭포 옆 오두막을 집으로 삼았고, 그곳에서 인근의 게르만 부족인 알레만니족에게 설교를 하러 갔다. 그렇게 그 은둔자의 작은 집 주변에 소규모의 종교 공동체가 생겼는데, 이는 650년경에 갈루스가 죽은 뒤에도 명맥을 유지했다. 이후 2세기에 걸쳐 그 조그마한 집은 예배당이, 나중에는 3개의 회중석을 갖춘 수도원 교회가 되었고, 결국에는 기숙사, 학교, 진료실, 부엌, 정원, 문서 작성실, 도서관(9세기에 약 400권의 책을 소장하면서 유럽에서 가장 큰 도서관 중 하나가 되었다) 등이 딸린 수도원 단지로 변모했다.

장크트갈렌 수도원은 기독교를 중앙유럽에 전파하는 아일랜드의 전통에 따라 변경에 세워진 수도원 중 하나였다. 단련되고 강인한 그곳의 수도사들은 머리털을 전부 깎는 대신 앞머리는 밀고 목덜미에 머리털을 길렀고, 흔히 눈꺼풀에 문신을 했다. 문신을 새기는 것은 고통스러운 일이었지만, 고통이 바로 문신의 요점이었다. 아일랜드의 수도원 제도는 9세기에 스칸디나비아의 바이킹족에게서 큰 피해를 입었지만, 아일랜드는 게르만 전설을 통해서 용과 기적을 행하는 여왕, 위험한 "사랑의 약"의 고향으로서 빛나는 명성을 유지했다.

아일랜드 전통에 따라서 교육을 받은 수도사들은 메로베우스 왕조의 기독교 특공대였다. 그러나 클로도베쿠스 1세 이후 메로베우스 왕조의 왕들은 평판이 좋지 못하다. 틀림없이, 몇몇 왕들은 "예배도 전혀 올리지 않았고……어떤 것도 조직할 능력이 없었으며……의심이 많고 잔인하고 변덕스럽고 이기적인 독재자들"이라는 어느 현대 역사가의 설명에 부합할 것이다. 하지만 그들은 로마 제국 시절을 발판으로 삼아 피의 보복 같은 게르만족의 관행을 로마의 사례를 모방한 재판소나 법전과 접목하면서 한 걸음 더 나아갔다. 그들에게는 효과적인 조세 제도와 읽고 쓸 줄 아는 관료들이 있었다. 왕들도 글을 읽을 수 있었고, 어느 왕은 서툴기는 했어도 라틴어 시도 썼다. 우스워 보이기는 했지만, 프랑크족의 왕들은 로마인의 후계자로 자처했다. 그들은 원형 극장을 짓고, 관중으로 북적대는 "구경거리"(보통은 원형 주로走路에서 진행되는 경마)를 로마 황제처럼 주재하고, 조상들의 명단에 로마의 신

이름을 채워넣어 계보를 보강했다.5

그런데 몇 가지 문제점이 있었다. 첫째, 메로베우스 왕조는 아버지가 죽으면 아들들이 왕국을 나눠 가지는 분할상속 때문에 계통이 약화되었다. 게다가 주로 성직자인 민간인 영주들에게 과세권을 넘기는 바람에 통치자의 영향력이 더 줄어들었다. 둘째, 메로베우스 왕조의 군주들은 봉랍에 머리털 몇 가닥을 보태는 것만으로 자신의 명령에 마력 같은 힘을 불어넣을 수 있을 만큼 신성한 존재로 여겨진 탓에 통치라는 속무에서 벗어나 있었다. 행정과 전쟁 같은 일은 "궁재(宮宰)"에게 맡겨졌는데, 이 궁재직이 7세기 말부터 세습되었다. 역사가들은 그 궁재의 계열을 "카롤루스 왕조"라고 부른다. 카롤루스 왕조라는 이름이 군벌 지도자이자 궁재인 카롤루스 마르텔루스(688?-741)를 연상시키듯, 카롤루스 왕조의 궁재들은 서서히 왕권을 잠식해갔다.

그 모든 모습을 지켜보던 장크트갈렌 수도원의 수도사들은 중요한 사건을 연도별로 나열한 연보를 편찬했다. 이 연보에서 왕은 거의 중요하지 않다. 연보에서 상술하는 대상은 궁재들의 업적이다. 예를 들면 카롤루스 마르텔루스가 북해 근처에서 프리슬란트인들과 싸우고, 스페인에서 피레네 산맥을 넘어온 아라비아인들의 공격을 물리쳤으며, 프랑크족의 세력을 동쪽으로 확대했다는 식이다. 그러고 나서 수도사들은 카롤루스의 장남이자 후임 궁재인 카를로만이 알레만니족과의 전쟁을 재개한 뒤 747년에 수도사가 되려고 로마로 떠난 일을 언급한다. 그다음에는 카를로만의 동생이자 후임 궁재인 피피누스(3세)의 업적이 나온다. 여기에서 장크트갈렌 수도원의 연보는 4개의 단어로 피피누스의 지위가 갑자기 변했음을 보여준다. 연보 편찬자는 751년 항목에 다음과 같이 적었다. "피피누스가 왕이 되었다Pippinus in regem elevatur."6

이 대목에서 장크트갈렌 수도원의 연보가 묘사하는 것은 정변政變이다. 그때까지 2세기 동안 궁재는 실질적인 통치자 역할을 해왔다. 그리고 이제 궁재가 왕위를 탈취한 것이다. 피피누스는 "왕권이 없는 사람보다 왕권이 있는 사람을 왕으로 부르는 편이 낫다"라는 명분으로 왕국을 빼앗은 행위를 정당화했다. 왕권 교체는 손쉬웠고, 퇴위를 당한 왕은 긴 머리카락을 잘린 채 소달구지에 실려 수도원으로 쫓겨났다. 피피누스는 자신의 새로운 칭호를 확실히 하고자 일단 마인츠 대주교를 통해, 그리고 754년에는 도유식塗油式을 거행하려고 알프스 산맥을 넘어온 교황을 통해 왕으로 성별聖別되었다. 그것은 유럽의 통치자가 기름으로 축성된 초기 사례 중 하나였다. 구약성서를 근거로 삼은 도유식을 통해서 피피누스는 선지자인 사무엘이 사울 왕을 대신해 왕으로 성별했던 다윗과 같은 전통을 잇게 되었다.[7]

메로베우스 왕조의 통치자들은 라인 강 동쪽으로 세력을 넓혔지만, 그곳에서 권력을 굳건히 다지지 못한 채 토착 부족인 알레만니족과 투링기족을 피지배자들보다는 공물을 바치는 사람들로 대우했다. 그러다가 카롤루스 마르텔루스 치하에서 정책이 바뀌어 현지의 게르만 족장들은 프랑크족 군벌 지도자들에게 종속되었다. 프랑크족 정착민들은 여러 개의 군 단위로 나뉜 새로운 공간으로 이주했고, 라인 강과 마인 강의 합류점 주변 지역에 프랑켄이라는 이름을 붙였다. 이곳에도 새로운 체제가 가차없이 강요되었다. 알레만니족이 반란을 일으킨 746년, 피피누스의 전임 궁재인 카를로만은 반란 수괴들을 법정에 세워 사형에 처했다. 수천 명의 희생자를 낳은 것으로 추정되는 그 대량 학살의 규모는 당시에도 지나친 처사로 여겨졌는데, 아마 이것이 카를로만이 수도사가 되기로 마음먹는 계기로 작용했을 것이다.[8]

라인 강 너머의 동쪽으로 뻗어가던 프랑크족 세력의 움직임은 장크트갈렌 수도원의 초창기 헌장에 포착되어 있다. 수도사들의 명성이 널리 알려지자 평신도들이 수도원에 토지를 기부했고, 장크트갈렌 수도원은 얼마 지나지 않아서 지금의 독일 남부와 스위스에 걸쳐 있는 넓은 땅을 소유하게 되었다. 하지만 토지는 강탈에 취약했다. 장크트갈렌 수도원에 땅을 양도하는 내용이 담긴 최초의 헌장들은 장크트갈렌 수도원의 수도사들이 기증자를 대신해 작성했는데, 그 헌장들에는 있을지 모르는 강탈 시도를 단념시키기 위한 목적으로, 수도원의 땅을 빼앗으려는 모든 자에게 하느님이 어떤 식으로 복수할지에 대한 내용이 포함되었다. 그러나 8세기가 무르익어가면서 강탈 행위에 대한 경고의 유형도 바뀌었다. 치안을 방해한 대가로 왕실 국고에 귀속될 수 있는 금전적 처벌이 새로 추가되었고, 이제 나쁜 짓을 저지르는 자들은 하느님의 복수뿐 아니라 "왕의 분노"도 고려해야 했다.[9]

카롤루스 왕조 통치자들이 내미는 보호의 손길에는 대가가 따랐다. 카롤루스 마르텔루스와 그의 상속자들은 아일랜드의 수도원 제도를 경계했다. 주교들의 감독을 받지 않는 상태에서 아일랜드 수도사들이 이상하거나 심지어 그릇된 교리를 받아들이는 경향이 있었기 때문이다. 당시에 제기된 불만으로는, 아일랜드 수도사들이 성서를 틀리게 설명하고, 일부다처제를 허용하며, 교부들의 가르침을 부정하고, 그리고 (무엇보다) 유대력을 따라 잘못된 날짜에 부활절을 지킨다는 내용 등이 있었다.

임시로 수도원에 머무는 여자 수도사들에 대한 대우도 정도를 벗어나 있었다. 음식이 통과할 수 있는 작은 구멍만 뚫린 방에 갇힌 여자들은 미쳐버리는 경우가 많았는데, 수도사들은 그들이 쏟아내는 헛소리를 신의 계시에 따른 환영幻影 탓으로 여기며 세심하게 살폈다.

결국, 정력적인 마인츠 대주교 성 보니파티우스(재위 745-754)의 지시에 따라서 복음 전도의 임무는 수도사들이 아니라 주교들이 맡게 되었다. 이후 수도사들은 수도원 담장 밖의 모든 목회 책무를 박탈당했고, 기도에 전념하라는 지시를 받았다. 이후 프랑크 왕국 관리들이 장크트갈렌 수도원의 사유지 일부를 인근의 콘스탄츠와 쿠어의 주교들에게 할당해버렸다. 장크트갈렌 수도원장은 이에 항의했으나 체포되어 보덴 호의 어느 섬으로 추방되었고, 얼마 지나지 않은 747년에 거기서 사망했다. 장크트갈렌 수도원이 그때 빼앗긴 사유지를 되찾기까지는 1세기가 넘게 걸렸다.

768년에 피피누스 3세가 세상을 떠난 뒤 두 아들이 프랑크 왕국을 분할해 왕위를 이었다. 장남인 카롤루스는 거의 처음부터 국왕 존칭의 일부인 "마그누스", 즉 "대제大帝"로 불렸다. 카롤루스 마그누스는 곧바로 동생의 권리에 이의를 제기했지만, 771년에 동생이 일찍 세상을 떠난 덕에 형제간의 유혈극은 벌어지지 않았다. 30년 넘는 세월 동안 카롤루스 마그누스는 프랑스 남부, 피레네 산맥, 중앙유럽, 그리고 자신이 774년에 랑고바르드인의 왕으로 즉위한 곳인 알프스 산맥 남부에서 거의 끊임없이 전쟁을 벌였다. 그 모든 곳은 프랑크족의 전통적인 세력 확장의 표적이었다. 그러나 군사 개입의 규모, 훌륭한 전과, 프랑크 왕국의 크기를 2배 늘린 100만 제곱킬로미터의 영토, 무자비한 결단력 등에 힘입은 카롤루스 마그누스는 (어느 역사가의 견해에 따르면) 유럽 역사상 유례가 없을 정도의 군사적 천재였다.[10]

카롤루스 마그누스가 거둔 성공은 그가 불러일으킨 공포에서 비롯된 것이기도 했다. 카롤루스 마그누스는 적들을 상대로 목적을 이루지 못하면 몹시 사나워졌다. 라인 강 동쪽의 작센족과 장기간의 전쟁을 치를 때, 그는 수많은 원주민을 추방했고, 여자와 아이들을 노예로 삼았으며, 약 4,500명의 목숨을 앗아간 것으로 추정되는 유혈극을 통해서 작센족 우두머리들을 죽였다. 그 학살극 직후 나타난 선교사들은 개종을 선택하거나 아니면 "당신들의 땅을 침략해 약탈하고 파멸시키고 전투에서 당신들을 기진맥진하게 할" 카롤루스 마그누스에 맞서 싸워보라며 경고했다. "그는 당신들을 추방하고, 당신들의 땅을 빼앗거나 당신들을 죽이고, 자기가 좋아하는 아무에게나 당신들의 재산을 나눠줄 것이며, 당신들은 그의 노예가 될 것이다." 한결같이 전쟁에 몰두한 카롤루스 마그누스는 전투용 코끼리를 배치한 최초의 유럽 통치자였다. 원래 바그다드의 칼리프가 보낸 선물인 그 불쌍한 코끼리는 804년에 주인인 카롤루스 마그누스가 데인족을 상대로 전역을 치르는 동안 죽고 말았다.[11]

그러나 공포의 이면에는 조직화가 있었다. 당시의 용어에 따르면 카롤루스 마그누스는 전사이자 지휘관이었다. 그는 로마의 군사 교범을 읽어달라고 했고, 지도와 행군로를 그리도록 명령했으며, 보급창과 부교浮橋를 체계화했고, 휘하 장군들에게 태양과 별을 이용해 위도를 표시하도록 지시했다. 그에게는 수백 킬로미터 떨어진 적지敵地의 양 측면에서 공격하는 협공 작전도 전적으로 가능한 일이었다. 그 모든 것은 납세자들, 싸움터에서 호명할 수 있는 성자들, 그리고 프랑크 왕국의 농촌에서 그의 의지를 실행하는 백작들과 순찰사들에 힘입어 지속될 수 있었다. 각각 큰 강당과 교회를 갖춘 120채의 궁전은 그의 통치권을 떠받치는 경제적 중추였다. 각 궁전에 딸린 촌락들이 그의 순회 궁정과 왕실, 무장 수행단을 지탱했기 때문이다. 각 마을에 있는 농

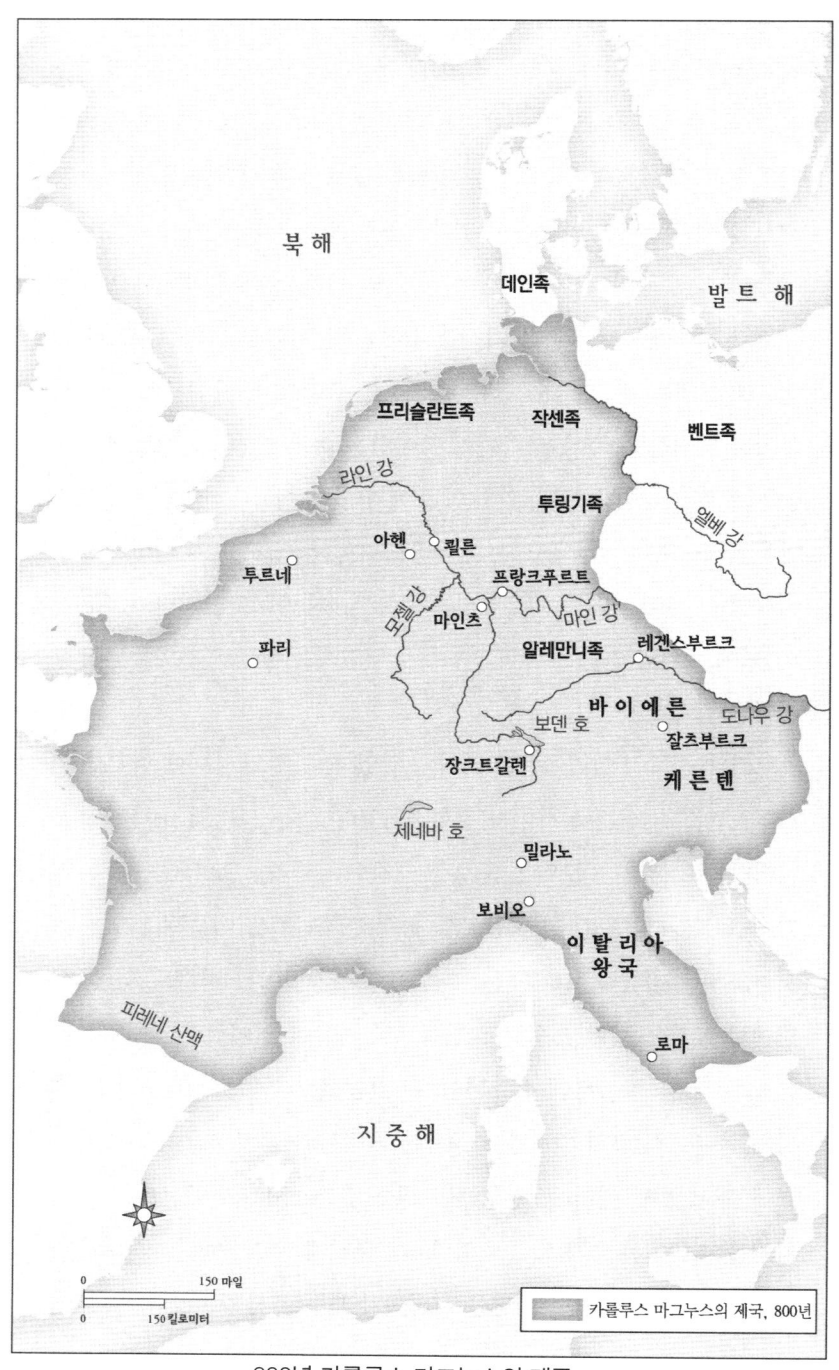

800년 카롤루스 마그누스의 제국

민, 말, 염소 등의 자원들도 수량화되어 목록으로 작성되었다. 카롤루스 마그누스는 복종도 요구했다. 메로베우스 왕조의 모든 왕이 제정한 법조문은 표준판이 총 25쪽에 불과했던 반면, 카롤루스 마그누스의 경우에는 수백 쪽에 이르렀다.

카롤루스 마그누스는 읽는 법을 배우지 못했다. 왕좌 밑에 밀랍 서판과 첨필을 두고 틈날 때마다 글자를 새기려고 애썼지만, 벅찬 일이었다(그가 앓고 있던 류머티즘이 도움이 되었을 리는 만무하다). 그래도 그는 책을 소리 내어 읽어달라고 했고, 서기들은 종종 시와 철학에 대한 그의 비평을 여백에 적기도 했다. 휘하의 장교들도 그에게 직접 보고했는데, 카롤루스 마그누스가 그들에게 내린 지령 중 "이것이 우리가 원하는 것이다"라거나 "그대들은 법이 말하는 대로 해야 한다" 같은 말들이 남아 있다. 심지어 "이미 우리가 친히 일렀는데 그대들은 알아듣지 못했다"라는 지령도 있다. 당시의 문체였던, 단어와 문구를 잔뜩 쌓아 올리는 반복법congeries은 목록 작성에 적합했다. 따라서 카롤루스 마그누스의 궁정 시인들은 왕의 미덕과 그와 견줄 법한 영웅을 열거하는 데 열심이었다. 헤라클레스, 아우구스투스, 솔로몬보다 더 위대한 카롤루스 마그누스는 (그가 최고의 학자로 꼽은 요크의 앨퀸의 말에 따르면) "세상의 황금빛, 땅의 소금, 안전한 피난처, 교회의 영광, 보석으로 찬란히 빛나는 왕관"이었다.[12]

중앙유럽은 카롤루스 마그누스가 세력 확장을 추진한 주요 지역이었다. 이곳은 프랑크인들이 아리우스주의를 이미 근절했음에도 여전히 대부분 이교 지역이었고, 따라서 카롤루스 마그누스는 정복을 통해서 그곳 사람들을 신앙의 길로 인도하는 것이 기독교인의 의무라고 여겼다. 동쪽으로의 확장은 전략적으로도 필요한 일이었다. 카롤루스 마그누스 치세에 프랑크 왕국의 무게 추는 지금의 프랑스 내륙에서 카롤루스 마그누스의 가장 큰 궁전들이 있는 라인 강과 모젤 강 쪽으로 이동했다. 그러나 북쪽에는 이교를 고수하며 프랑크 왕국 영토에 주기적으로 침입해 교회를 약탈하고 프랑크 왕국의 통치에 대한 원주민들의 저항을 유도하는 작센족이 살고 있었다. 카롤루스 마그누스는 도전을 마다하지 않았다.

771년, 카롤루스 마그누스는 작센족의 워덴(북유럽 신화의 최고 신인 오딘에 해당한다/역주) 신전을 훼손했고, 그곳의 거룩한 숲을 벌목하고 보물을 약탈했다. 작센족은 즉각 프랑크푸르트 북쪽의 에더 강 유역을 침공했다. 전쟁은 멈추지 않고 이후 30년간 질질 끌며 이어졌다. 그럼에도 카롤루스 마그누스 휘하의 프랑크인들은 790년대에 국경을 동쪽의 엘베 강까지 밀어붙였다. 새로 확장된 영토에는 교회와 주교, 궁전과 세리稅吏가 나타났고, 이교를 숭배하면 사형에 처하는 무자비한 법이 등장했다. 그러나 승자인 카롤루스 마그누스에게는 관대해질 여유가 있었다. 카롤루스 마그누스는 작센족 족장들이 기독교로 개종하면 목숨을 살려주고 심지어 권력을 되돌려주기도 했다. 그러나 족장들은 그의 부하에 불과했고, 그들의 자식들은 볼모가 되었다.

장크트갈렌 수도원과 오늘날의 독일 남부에 있는 자매 수도원들의 수도사들은 그 모든 과정을 지켜보았다. 그들은 카롤루스 마그누스가 작센족뿐 아니라 더 가까운 곳의 적들, 즉 바이에른족과 벤트족과 아바르족에게 거둔 승리도 연보와 역사서에 기록했다. 바이에른 공작들은 한때 메로베우스 왕조의 지배를 받다가 독자적인 권력을 쟁취한 상태였다. 벤트족은 작센족과 함께 싸우는 경우가 많았다. 유목민인 아바르족은 지금의 오스트리아 동부와 헝가리에 해당하는 지역을 점령하고 있었다. 수도사들은 숨을 죽이며 써 내려갔다. 카롤루스 마그누스의 야심과 군대 배치는 실로 놀라웠다. 예를 들면 다음과 같았다.

> **797년** 카롤루스 마그누스가 한 번 더 작센으로 가서 배를 육로로 옮겨 강에서 띄웠고, 성을 쌓아 작센족을 꼼짝 못하게 했다. 그리고 아들 피피누스(4세)와 또다른 군대를 각각 벤트족과 아바르족에 맞서 싸우도록 보냈고, 또다른 아들 루도비쿠스를 스페인으로 보냈다. 그리고 아헨으로 갔다가 한 번 더 작센으로 갔고, 거기서 겨울을 보냈다.

3년 뒤에는 유럽사의 전환점을 알리는 간결한 언급을 통해서 카롤루스 마그누스가 펼친 전역이 기록되었다.

> **800년** 카롤루스 마그누스는 마인츠에 궁정을 세웠다. 그러고는 이탈리아로 건너갔고, 로마에 도착해 황제가 되었다.[13]

카롤루스 마그누스의 황제 대관식은 800년 성탄절에 로마의 성 베드로 성당에서 교황 레오 3세의 집전으로 거행되었다. 가장 이른 시기에 카롤루스 마그누스의 전기를 쓴 작가는 카롤루스 마그누스에게 대관식이 달갑지 않은 뜻밖의 사건이었다고 평가하면서, 만약 카롤루스 마그누스가 관절염을 앓지 않았다면 교황이 제관을 가져왔을 때 어떻게든 교황을 만나지 않고 피했을 것이라고 추측했다. 하지만 그런 평가와 추측은 무시해도 좋다. 사실, 대관식을 둘러싼 협상은 이미 몇 년 동안 진행되었고, 카롤루스 마그누스는 대관식에 딸들을 데려갔기 때문이다.

그러나 그의 대관식은 분명히 당대인들에게 서로 다른 의미를 지니고 있었다. 교황에게 그것은 새로운 보호자의 임명을 의미했다. 즉 황제 대관식은 카롤루스 마그누스의 군인들이 인기 없는 교황을 복수심에 불탄 폭도들로부터 구해주는 데 긍정적 영향을 미친 것이다. 그러나 비잔티움 제국을 로마의 진정한 계승자로 여긴 비잔티움 제국의 주요 평론가에게 그의 대관식은 말도 안 되는 일이었고, 새로운 황제의 도유식은 그의 예복이 기름에 흠뻑 젖을 정도로 서툴게 거행되었다. 한편 카롤루스 마그누스의 보좌관들에게 대관식은 로마 제국의 부활과 프랑크인이 주도하는 새로운 기독교적 유럽의 탄생을 의미했다. 카롤루스 마그누스의 서기들은 주군의 새로운 칭호의 중요성을 묘사하기 위해서 서신과 인장에 "로마 제국의 재생", "재건", "재창조", "쇄신" 같은 표현을 사용했다.[14]

카롤루스 마그누스는 이 문제에 대해서 견해를 절대 밝히지 않았다. 그러나 그가 자신의 왕권을 우쭐한 눈빛으로 바라봤음에는 의심의 여지가 없다. 사실, 그는 "신의 은총으로Dei gratia"라는 관용구를 국왕 존칭의 일부로 사용한 최초의 통치자였다. 그는 로마의 원주圓柱와 석조물을 궁전에서 쓰려고 사실상의 수도인 아헨까지 운반하는 등 영감을 얻기 위해 로마의 고대 유물에 주목하기도 했다(나중에 그는 프로세르피나를 납치하는 플루톤의 부조浮彫가 새겨진 2세기경의 대리석 석관에 묻혔다). 아헨의 다각형 예배당도 로마의 건축물을 본떠 만든 것이었다. 그러나 제국이라는 것에도 의미가 있었다. 카롤루스 마그누스는 정복을 통해서 세 번이나 왕이 되었다(프랑크인의 왕, 이탈리아의 왕, 그리고 실제로 즉위한 적은 없으나 작센족의 왕). 황제라는 지위는 프랑크인과 랑고바르드인과 게르만인의 개별 영토를 최고의 칭호를 지닌 최고의

군주가 이끄는 새로운 상부 구조 안으로 끌어모았다.[15]

　규칙과 글쓰기와 로마적 요소는 카롤루스 마그누스가 남긴 문화유산의 구체적 사례이지만, 그 세 가지는 아헨의 궁전에 의해, 그리고 성직자들과 고문들로 구성된 카롤루스 마그누스의 보좌진에 의해서만 전파된 것이 아니었다. 이른바 카롤루스 왕조 르네상스에는 여러 개의 중심이 있었고, 그중에서도 수도원은 핵심을 차지했다. 장크트갈렌 수도원은 기보법記譜法, 청소년 교육, 라틴어 문법과 서법書法 등 규칙을 제정하는 작업의 최전선에 있었다. 그곳의 수도사들은 장크트갈렌 수도원의 업무가 표준 형식에 따른 문서로 수행되어야 하고 수도원의 모든 중요한 기록이 번호가 매겨진 서랍이 있는 전용 저장소에 보관되어야 한다고 주장하는 문필 공동체였다. 그들은 고대 로마의 서적을 보존하고, 카이사르, 타키투스, 리비우스, 오비디우스, 호라티우스 등의 몇몇 초기 판본을 필사하고, 오류를 교차 검증하고, 그렇게 완성한 작품을 수도원 도서관에 비치하는 일에 앞장서기도 했다.[16]

　아첨꾼들은 카롤루스 마그누스를 시재詩才가 뛰어난 왕으로, 제2의 다윗으로, 경건함과 도덕적 가치의 본보기로 칭송했다. 그러나 카롤루스 마그누스는 타인이 강요하는 거창한 이미지에 맞춰 살지 않았다. 그는 하느님의 명령을 어기는 사람들에게 참회를 지시했으면서도, 정작 본인은 첩을 두었고 성적 탐닉에 여념이 없었다. 심지어 그는 자기 딸들과도 동침해 자식을 낳은 것으로 보인다. 그가 세상을 떠났을 때, 그를 애도하는 사람은 거의 없었다. 그의 죽음을 슬퍼하는 당대의 기록 역시 하나만 남아 있을 뿐이다. 대신에 저자들은 그가 퍼뜨렸던 공포를 거론했다. 천사가 그의 비밀스러운 악덕을 알리는 두루마리를 그에게 보여준 일을 자세히 말했고, 황제인 그가 내세에서 "어떤 종류의 동물에게 음부를 갉아 먹히며" 고통을 당하는 환영을 본 사람을 언급했다. 카롤루스 마그누스의 명성은 나중에 선전 담당자들이 그를 후계자들의 결점과 대비되는 도덕적 가치와 결혼생활의 가치의 표본으로 삼았을 때에야 비로소 회복되었다.[17]

어떤 개인적 결함을 지녔건 간에, 로마 제국이 유럽에 다시 등장한 것은 카롤루스 마그누스의 치세에 일어난 일이었다. 이후 1,000년 동안 서쪽에는 중앙유럽의 대부분을 다스리는 로마 황제가 존재하게 되었다. 계승 과정에서 빈틈이 생기기도 했고, 훗날 "로마 제국"에 "신성"이라는 칭호도 덧붙여졌다. 당대인들이 카롤루스 마그누스의 대관식의 의미를 각기 다르게 느꼈던 만큼, "로마"와 "제국"이 뜻하는 바도 세월이 흐르며 바뀌었다. 제국의 개념은 결코 제국이 탄생하는 순간에 정의되지 않았고, 후대인들은 나름대로 품고 있는 환상과 행동 계획에 맞춰 제국의 의미를 왜곡할 수 있었다. 따라서 부활한 로마 제국은 시간이 지나면서 통일된 기독교적 유럽, 가톨릭 교회를 수호하고 이교도를 개종시켜야 할 사명, 최후의 심판으로 향하는 디딤돌, 세계적 규모의 정복 계획 같은 개념들, 그리고 이 세상 전체를 하느님의 은총과 조화로운 일치를 이루도록 하는 수단을 상징하거나, 아니면 그저 "독일"을 가리키는 표현이었을 것이다. 그 모든 개념은 카롤루스 마그누스의 대관식 이후 이어지는 1,000년 동안 실현되었고, 중앙유럽은 그 개념들의 무대가 되었다.

제3장

아바르족과 슬라브족
파괴와 개종

카롤루스 마그누스의 제국에서 라인 강 서쪽 지역의 인구는 주로 그와 프랑크인 조상들에게 정복된 게르만 부족들로 이루어져 있었다. 오늘날의 독일 남서부에 해당하는 지역에는 알레만니족(독일을 가리키는 프랑스어 알마뉴Allemagne는 여기에서 유래했다)이, 그 북쪽에는 투링기족과 프리슬란트족과 작센족이, 동쪽에는 바이에른족이 살고 있었던 것이다. 중앙유럽의 나머지 지역에서 프랑크인의 영향력은 비교적 뚜렷하지 않았고, 현지의 족장들이 프랑크인 통치자의 조정에 선물과 공물을 가지고 와서 경의를 표하는 의식을 통해서 간접적으로 행사되었다. 하지만 프랑크인이 정착했던 흔적은 프랑크인 세력의 중심지에서 멀리 떨어진 곳들에서도 일부 발견된다. 가령 비잔티움 제국의 기록에는 지금의 세르비아 북부에 해당하는 곳의 도나우 강 하류 인접 지역이 프랑코코리온Frankochorion이라는 이름으로 일컬어지는데, 이는 프랑크족이 그곳에서 어느 정도 영향력을 미쳤음을 짐작하게 한다. 한편 프랑크족이 트란실바니아의 서쪽 경계 가까운 곳에서 불가르족과 대립했

다는 것도 알려져 있다.[1]

 게르만족이 정착한 지역의 동쪽(그리고 그 지역과 일부분 겹치는 여러 곳)에는 슬라브족이 살았다. 7세기에 이르러 슬라브족은 발트 해와 에게 해 사이, 그러니까 지금의 덴마크 남동쪽 끝에서 스텝 지대에 이르는 공간과 발칸 반도 대부분을 아우르는 드넓은 공간을 차지했다. 슬라브족의 기원은 완전한 수수께끼인데, 슬라브족이 중동유럽의 대부분을 차지하기 전까지는 저술가들이 슬라브족을 많이 언급하지 않았기 때문이다. 가장 이른 시기의 기록 중 하나인 550년의 글에서 슬라브족은 "인구가 많고", 오늘날의 폴란드 남부에 해당하는 곳의 "광활한 땅"을 차지한 것으로 묘사된다. 슬라브인들이 어떻게 아무도 모르게 그곳으로 왔는지는 쉽게 설명할 수 없다.[2]

 역사가들은 모호한 고고학적 유적과 언어의 파편을 바탕으로 최선을 다해왔다. 한때 역사가들은 초기 슬라브인들이 너도밤나무를 가리키는 단어를 독일어에서 빌려왔다는 사실을 근거로 너도밤나무가 없는 곳을 찾아 나서서, 결국 지금의 키이우와 민스크 사이에 있는 프리피야티 습지를 슬라브족의 출발점으로 삼았다. 혹은 초기 슬라브족이 가끔 벤트족으로 알려지기도 했다는 점을 근거로 그들이 베네디족과 일치한다고 생각되기도 했는데, 베네디족은 로마의 지리학자들이 1-2세기에 발트 해 연안에 산다고 서술한 부족이다. 이와 관련한 역사 지도는 여전히 진실을 반영하지 못하고 있으며, 슬라브족의 기원을 둘러싼 두 가설 모두 지금은 학문적 비중이 크지 않다. 다만 슬라브족에 대한 초기의 기록에서는 그들이 비스와 강 상류, 도나우 강 하류, 드네프르 강 사이의 지역(웬만한 추정을 감당할 수 있을 만큼 넓은 지역)에 있다고 서술되었다고만 말하겠다. 어떤 DNA 연구에서는 슬라브족이 지금의 폴란드 서부에 꾸준히 존재했으므로 그들이 저 먼 어느 곳에서 중앙유럽으로 이주한 것이 아니라 늘 중앙유럽의 일부에서 살고 있었다고 볼 수 있다고도 하는데, 이로써 문제는 더 복잡해진다.[3]

중세 초기의 인구 밀도를 추산하는 것은 바보짓이지만, 가끔은 그것이라도 해야 한다. 여러 추정치를 종합해보면 제1천년기에 중앙유럽의 동쪽 지역(지금의 체코 공화국, 헝가리, 폴란드, 루마니아, 슬로바키아 등이 포함된다)은 인구 밀도가 1제곱킬로미터당 1명 미만이었던 것으로 보인다. 반면, 오늘날의 독일 지역은 당시 인구 밀도가 1제곱킬로미터당 무려 8명이었을 것이다. 우리는 이 수치들을 2배로 늘리거나 절반으로 줄이거나 3배로 늘릴 수 있지만, 결국에는 같은 결론에 이르게 된다. 당시 중앙유럽 동쪽 지역의 많은 부분은 인구 밀도가 낮았다는 것이다. 이후에도 현지의 인구 양상이 완전히 바뀔 정도의 인구 이동은 일어나지 않았다. 따라서 중앙유럽 곳곳에 파문을 일으키는 민족 이동의 거대한 물결 대신에, 그보다는 미약하지만 그만큼의 결정적인 의미가 있는 인구 유입을 떠올리는 편이 더 합리적일 것이다.[4]

6세기 말에 슬라브족은 이미 게르만족과 고트족이 떠나고 없는 중앙유럽의 여러 지역에서 우위를 차지했다. 당대의 모든 평론가들은 슬라브족이 미개한 수준의 농사를 짓고, 지저분한 오두막을 안식처로 삼으며, 가장 원시적인 무기(짧은 창, 거추장스러운 칼, 독화살)만을 보유한, 작은 부족들로 이루어져 있다고 설명했다. 그들에 따르면 전투 상황에서 슬라브족은 조직력이 부족해 밀집대형을 이루지 못했고, 숲에 숨어 있지 않을 때에는 오합지졸처럼 적들을 향해 마구 돌진하기를 선호했다. 어느 기록은 8세기 초에 프리울리 근처의 어느 슬라브족 전사 무리가 "전쟁 무기보다는 돌과 도끼로" 공격을 막았다고 전한다.[5]

군사적으로 세련되지 못하고 정치적으로 분열된 슬라브족은 더 조직적인 집단들의 먹잇감이 되었다. 그 집단 중 하나는 프랑크족 모험가인 사모가 이끌었는데, 그는 7세기 전반기에 아마 지금의 슬로베니아에서 폴란드 남부까지 이르렀을 공국을 구축한 인물이다. 사모는 상인이었고, 그가 주로 취급한 품목은 노예였다. 슬라브Slav라는 명칭과 슬레이브slave라는 명칭이 유럽과 중동에서 처음으로 동의어로 취급된 것은 7세기의 일이었다("낱말"이라는 뜻의 슬로보slovo에서 유래한 슬라브라는 명칭은 "말하는 사람들"을 뜻했다). 많은 슬라브족 남자 노예들이 리옹과 베네치아와 베르됭의 거세 시술장으로 향했고, 거기서 환관으로 위탁 판매될 준비를 갖추었다. 그리고 틀림없이 몇몇 슬라브족 여자 노예들은 사모의 결혼 및 생식 욕구를 채워줬을 것이다. 그에게는 최소한 12명의 부인이 있었고, 전해지는 바에 따르면 아들 22명과 딸 15명을 두었다고 한다.[6]

사모의 왕성한 생식 능력에도 불구하고, 그의 노예 국가는 658년에 그의 죽음과 함께 소멸했다. 반면 중앙유럽의 아바르 왕국은 더 끈질겼다. 아바르족의 기원은 슬라브족의 기원만큼 수수께끼이며, 심지어 우리는 아바르족이 어떤 언어를 썼는지도 모른다. 아바르족은 훈족과 마찬가지로 스텝 지대 출신의 유목민들이었다. 아마 그들은 중앙아시아의 트란스옥시아나 지역에서 서쪽으로 쫓겨왔을 것이다. 아바르족은 6세기 말부터 8세기 말까지 옛 로마의 판노니아 속주와 그 근처의 헝가리 대평원을 차지했고, 그들의 영향력은 서쪽과 남서쪽으로, 즉 오늘날의 오스트리아, 바이에른 동부, 트란실바니아, 발칸 반도 서부 등지까지 뻗어나갔다. 비잔티움 제국의 황제들은 도나우 강 하류의 남쪽까지 이르는, 서로 밀접하게 연계된 성과 장벽에 기댔는데, 아바르족은 그 방어선을 뚫어버렸다. 뒤이어 수만 명의 슬라브인이 발칸 반도로 몰려왔고, 그곳의 언어 경관을 근본적으로 바꿔놓았다. 7세기 중엽, 테살로니키는 주로 슬라브어를 쓰는 도시가 되었다.

아바르족은 정치 조직의 공급원이었다. 아바르족의 지배하에서 서로 이질적인 슬라브 부족들은 더 크고, 더 안정적인 집단으로 합쳐지기 시작했다. 아바르족의 국가는 습격, 몸값과 공물 요구 등을 통해 전리품을 모아서 유지되었다. 6세기 말과 7세기 초만 해도, 비잔티움 제국 황제는 아바르인들에게 600만 개 이상의 금화를 바쳤다. 그렇게 약탈한 금화는 아바르족 족장과 우두머리들의 충성심을 유지할 목적으로 분배되었다. 그러나 프랑크족의 세력이 차츰 커지자 서쪽으로 습격을 감행할 기회가 줄어들었고, 남쪽에서는 슬라브족도 살지만 불가르족으로 알려진 옛 스텝 지대 유목민들의 정예 집단이 이끄는 나라가 생기면서 발칸 반도로 이동할 수 없게 되었다.

전리품을 챙길 수 없게 되자 아바르족 족장 혹은 칸의 권력이 약해졌다. 8세기 중엽, 프랑크인 통치자에게 명목상의 충성만 바치던 바이에른 공작들이 동쪽에서 아바르족을 압박하며, 당시 카란타니아로 불린 땅(오늘날의 슬로베니아 북부와 오스트리아 남부)에 살던 피정복민인 슬라브족의 반란을 지원했다. 바이에른족이 승리한 뒤, 잘츠부르크의 아일랜드 수도사들은 중앙유럽의 그 외딴곳에서 슬라브인을 개종시키는 작업에 착수했다. 그러나 바이에른 통치자들의 독자적인 행보를 불쾌하게 여긴 카롤루스 마그누스는 일단 서쪽에서 세력을 확고히 다진 뒤, 바이에른족을 무찔렀다. 그러고는 바이에른의 마지막 공작에게 사형을 선고했고, 그가 수도사가 되고서야 목숨을 살려주었다.

790년대에 일련의 전역을 펼치며 아바르족에 맞선 전쟁을 이끈 사람은 카롤루스 마그누스였다. 아바르족은 흙과 나무 잔가지, 통나무를 공들여 쌓아 만든 원형의 방어선을 구축했지만, 카롤루스 마그누스의 군대는 그것을 뚫고 아바르족의 남은 보물을 차지했다. 장크트 갈렌 수도원의 어느 수도사는 이렇게 적었다. "카롤루스 마그누스는 판노니아에서 발견한 아바르족의 모든 전리품을 각각의 주교 관할구와 수도원에 아주 넉넉하게 분배했다." 이때 교회가 전리품을 전부 차지하지 못했다는 점은 분명한데, 아바르족에게서 뺏은 전리품을 계기로 "그때까지 거의 가난뱅이 같았던" 프랑크족 족장들과 전사들의 운명이 어떻게 바뀌었는지에 대한 기록이 있기 때문이다. 카롤루스 마그누스는 아바르족의 금을 빼앗고 그 유력자들도 없애버렸다. 소수의 유력자들이 그의 봉신이 되어 그의 이름으로 허울뿐인 공작령을 다스리기도 했지만, 기록은 "아바르족의 귀족 전체가 죽었고, 그들의 영광도 모조리 끝나버렸다"라고 전한다. 2세기 넘게 판노니아에서 머물렀던 아바르족이 사료에서 완전히 사라졌다. 러시아의 옛 속담에는 "아바르족처럼 사라졌다"라는 말이 있다.[7]

 5세기부터 9세기까지 중앙유럽을 침략해 점령한 세력으로는 훈족, 동고트족, 슬라브족, 아바르족, 사모의 노예 상인들, 바이에른족, 프랑크족 등이 있다. 하지만 그중에서 아바르족은 그저 왔다가 아무 흔적 없이 가버린 정복자 중 하나가 아니었다. 그들은 약탈적이었지만, 피정복 민족들을 착취하기 위해서 그 민족들을 몇 개의 집단으로 통합해 관리했다. 아마 양 떼를 돌보는 일과 민족을 보살피는 일에는 그리 큰 차이가 없는 듯하다. 아바르족은 혁신을 선보이기도 했다. 등자鐙子는 유럽의 기술에 대한 그들의 기여로, 등자에 힘입어 사람들은 어딘가에 충돌해도 말에서 떨어지지 않은 채 전속력으로 적을 향해 달려갈 수 있었다. 아바르족이 유럽으로 가져온 덜 좋은 것은 이전의 한센병보다 훨씬 치명적인 새로운 종류의 한센병이었다. 아바르족이 중앙유럽에 도착한 시기를 기점으로 중앙유럽의 몇몇 지역에서 발굴된 남성 해골의 무려 4분의 1이 한센병에 감염된 흔적을 지니고 있다. 장크트갈렌 수도원에는 수도원 건물과 학교, 문서 작성실뿐 아니라 8세기의 어느 시점에 설립된 한센병 환자 격리 시설도 있었다.[8]

아마 유목민이라는 배경 때문이겠지만, 아바르족은 휴대할 수 있는 예술품을 소중히 여겼다. 유럽 대륙에서 제1천년기의 가장 위대한 유물은 확실히 아바르족의 것으로, 루마니아의 도시 슨니콜라우 마레에서 1799년에 발굴된 보물이다. 8세기에 이름을 알 수 없는 아바르족 족장을 위해 만들어진 그 비장품은 23개의 황금 그릇(각각 형상과 무늬가 화려하게 조각된 사발과 물병, 그리고 뚜껑 달린 움푹한 접시)으로 이루어져 있다. 도안은 전체적으로 후기 로마와 비잔티움 예술의 중심 제재, 그리고 사자와 바다 그리핀(독수리의 머리와 날개, 발톱에 물고기의 하반신을 가진 상징/역주)과 표범을 비롯한 가톨릭교의 종교 도상화, 중앙아시아와 페르시아 예술의 중심 제재를 활용하고 있다. 몇몇 명문은 그리스 문자로 작성되었지만 무슨 언어인지는 알 수 없고, 2개 단어만 해독이 된다. "족장"을 뜻하는 슬라브어인 "주판župan"과 보통 "고귀한"으로 번역되는 아주 흔한 튀르크어인 "보일라Boila"가 바로 그 단어들이다. 슨니콜라우 마레의 비장품은 아바르족의 부유함을 드러낼 뿐 아니라, 아시아어와 슬라브어가 뒤섞여 있고 비잔티움과 동양과 유럽 대륙의 도안이 융합되어 있는 그들의 진기한 혼합 문화도 생생하게 보여준다. 아바르족은 정복의 흥망성쇠 속에서 잊혔지만, 지금보다 더 많이 알려질 가치가 있다.[9]

아바르족과 슬라브족

아바르족의 칸국을 대체한 것은 도나우 강 양안을 따라 잡다한 세력을 그러모은 슬라브족의 공작령들이었다. 하지만 그 지역의 실력자는 카롤루스 마그누스와 후계자들이 이끈 프랑크족이었고, 저 멀리 동쪽의 실력자는 족장들의 주도하에 소금 광산과 무역로를 장악하고자 트란실바니아로, 또 헝가리 대평원의 수로를 따라 밀려온 불가르족이었다. 822년, 슬라브족의 여섯 부족 출신으로 구성된 사절단이 카롤루스 마그누스의 아들이자 후계자인 루도비쿠스 경건왕(재위 814-840)에게 바칠 선물을 들고 프랑크푸르트로 찾아와 불가르족을 막을 수 있도록 도와달라고 했다. 4년 뒤, 루도비쿠스와 불가르족의 칸인 오무르타크는 헝가리 대평원을 가로지르는 프랑크족 영역과 불가르족 영역 사이의 경계에 합의했고, 이후 루도비쿠스는 그 국경 지역을 체계적으로 정리했다. 그것은 중앙유럽의 대규모 공간이 국제적으로 분할된 최초의 주요 사례였다.[10]

판노니아와 헝가리 대평원 북쪽에는 슬라브족의 잡다한 집단들과 소국들이 있었다. 900년경, 이름을 알 수 없으나 역사가들에게 "바이에른족 지리학자"로 알려진 어느 수도사가 중앙유럽의 약 60개 종족의 명단을 작성했다. 거기에는 앞서 언급한 집단과 소국 같은 초기의 정치 형성체에 속한 여러 민족도 포함되었다. 그는 각 종족이 보유한 요새의 숫자도 기록했다. 그 명단에 실린 종족 중 보헤미아인과 모라비아인과 소르브인 같은 몇몇 부족의 이름은 훗날에도 살아남았다. 그러나 "200개 넘는 요새를 갖춘 타데시족, 400개 이상의 요새가 있는 고플란족, 325개 요새를 지닌 제우이라족" 등과 같은 부족의 이름들은 대부분 흔적도 없이 사라진 덧없는 제후국principality의 유물일 뿐이다. 우리는 그들에게 무슨 일이 일어났는지, 그들이 어디 살았는지 모른다. 그리고 이른바 그들의 요새라는 것도 토벽으로 둘러싼 언덕 꼭대기에 불과했을 것이다. 중앙유럽의 소규모 정치 집단화는 이제 프랑크족의 세력 팽창과 복음 전도의 표적이 되었다.[11]

그러나 경쟁은 기독교와 이교 사이에서만 이루어진 것이 아니었다. 기독교 내에도 로마의 가톨릭교와 콘스탄티노폴리스의 정교회라는 서로 경쟁하는 교단이 있었다. 두 교단 모두 중앙유럽의 영적 식민지화에 관심이 있었지만, 점점 사이가 틀어졌다. 주교들도 경쟁했다. 각 주교는 휘하의 사제들을 중앙유럽에 파견하고 감독 교구의 범위를 넓히며 위신을 높이고자 했다. 따라서, 라인란트 지방 마인츠의 대주교들은 신자들의 영혼과 성직 수여권을 두고 바이에른 지방의 잘츠부르크, 레겐스부르크, 파사우 등지의 선교 주교좌들, 프랑켄 지방의 뷔르츠부르크의 선교사 주교들, 그리고 10세기에는 작센 지방의 마그데부르크의 대주교들을 상대로 경쟁을 벌였다. 로마의 교황들도 독자적인 성향을 지닌 독일 게르만 주교들의 커지는 영향력을 불안한 마음으로 지켜보았고, 그 주교들의 노력을 방해하고자 애썼다. 개종은 **어떤** 종교로 하는가뿐만 아니라 다양한 종교적 경쟁자 중 **누구**에게 하는가와도 연관된 문제였다.

종교적 전쟁터는 판노니아와 북쪽의 카르파티아 산맥 가장자리였다. 아바르족이 패퇴한 뒤, 새로운 슬라브족 통치자들은 반*독립적인 제후국을 세웠다. 우리가 알기로 그중 적어도 4개는 지금의 브라티슬라바 북쪽에 있는 소ᵢ카르파티아 산맥의 보호구역에서 아드리아 해 연안의 크로아티아에 이르는 지역에 있었다(당시 아드리아 해 연안에서는 해적들이 걸핏하면 제후가 되었다). 그 초기 형성체 중 몇몇은 뿌리가 아바르족에 있었고, 공물 납부가 수월하게 수행되도록 설립되었다. 반면 다른 형성체들은 슬라브족이 통솔하는 프랑크족 변경 영주들의 영지였다. 역사가들은 그 형성체들의 위치를 지도에 표시하려고 하지만, 그것들은 고정된 경계로 정의된 공국보다는 대군주와 공작을 인정하는 사람들의 집단, 즉 공작령으로 여기는 편이 낫다.

9세기 초의 수십 년 동안, 당시 "이탈리아인, 그리스인, 독일 게르만인"으로 묘사된 선교사들이 판노니아와 카르파티아 산맥 북부의 슬라브인들 사이에서 활발히 움직였다. 그중에서도 경쟁 관계인 파사우 주교좌와 잘츠부르크 주교좌가 앞서갔지만, 830년대에 파사우 주교좌가 후원한 인물인 모이미르가 잘츠부르크 주교좌에서 내세운 인물인 프리비나를 내쫓고, 지금의 슬로바키아 서부의 도시인 니트라 주변에 펼쳐진 그의 땅을 빼앗으면서 파사우 주교좌가 초반에 유리한 고지를 차지했다. 모이미르는 스스로를 "모라바인의 공작"으로 일컬었는데, 그의 권력 기반 또한 지금도 모라바로 불리는 체코 공화국 동부 지방이었던 것 같다. 846년, 조카인 라스티슬라프가 모이미르의 뒤를 이었다. 그는 확실히 파사우의 사제들에게 불만이 있었다. 기록에 의하면 파사우의 사제들은 "땅 밑에 거대한 머리가 달린 사람들이 살고 있고, 모든 파충류 동물은 악마의 피조물이며, 만약 누군가 뱀을 죽이면 9가지 원죄가 용서될 것이다"라고 설교하며 사명을 저버렸다고 한다. 하지만 라스티슬라프의 불만에는 정치적인 요인도 작용하고 있었다. 독일 게르만인 성직자들은 프랑크인 주교들과 가까웠고, 그들의 이익을 도모했기 때문이다.[12]

862년, 라스티슬라프는 놀라운 행보를 보였다. "참된 기독교 신앙을 우리에게 우리 말로 설명할 수 있는" 사제들을 파견해달라고 비잔티움 제국 황제에게 요청하고자 콘스탄티노폴리스로 사절단을 보낸 것이다. 그러나 다음 구절에서 짐작할 수 있듯이, 라스티슬라프의 제안에는 더 큰 속셈이 있었다. "우리를 바라보는 다른 나라들이 우리를 흉내 내도록 말입니다." 그 무렵, 콘스탄티노폴리스와 로마는 불가리아를 두고, 또 불가리아가 종교적으로 복종할 대상이 비잔티움 제국의 총대주교인지 아니면 로마 교황인지를 두고 다투고 있었다. 이런 맥락에서 사실상 라스티슬라프는 백성들을 로마의 가톨릭에서 비잔티움의 정교회로 인도하겠다고 약속하고 있었다. 그는 둘 중 한쪽을 선택함으로써 발칸 반도의 종교적 균형을 흔들 수 있음을 알고 있었다.[13]

비잔티움 제국의 황제 미하일 3세는 라스티슬라프의 의도를 이해했고, 선교단을 이끌어야 할 사람이 테살로니키의 성 키릴로스임을 알고 있었다. 키릴로스는 중동과 캅카스 지역에서 이슬람교도와 유대인 모두에게 설교하는 등 이미 선교 현장에서 자격을 입증한 바 있었다. 올림포스 산의 대수도원장이자 지방 행정관인 형 메토디오스처럼, 그 역시 노련한 외교관이기도 했다. 그 얼마 전에 키릴로스는 어느 성배聖杯에 새겨진 "기원전 999년"이라는 글귀를 근거로 그것이 구약성서의 솔로몬 왕 시절의 물건임을 알아내 콘스탄티노폴리스에서 극찬을 받은 터였다. 역시나 지혜롭게도, 키릴로스는 신의 인도에 따라서 1세기의 교황이자 성자인 클레멘스 1세의 시신을 수습한 뒤 그 유해의 일부를 상대방의 정치적 호의를 이끌어내는 수단으로 삼았다.

키릴로스와 메토디오스는 테살로니키에서 살 때부터 슬라브어를 할 줄 알았는데, 이로 미루어 보아 우리는 당시 발칸 반도에서 쓰인 슬라브어가 라스티슬라프의 백성들이 쓴 언어와 가까웠다고 추측해야 한다. 그런 배경 속에서 키릴로스는 성서와 전례서(전례에 대하여 교황이 공인한 책/역주)와 종교 수업 교본을 제작하기 위한 첫 단계로 슬라브어를 표기할 문자를 고안했다. 훗날 글라골 문자로 불린 그 문자는 시리아 문자와 히브리 문자, 그리고 아마 아르메니아 문자로 표현된 소리가 추가된 그리스어 소문자를 일부 근거로 삼았다(여기서 글라골은 대략 "말해질 무엇인가"를 의미한다). 무려 41개에 이르는 개별 글자는 영원함을 나타내는 원圓과 삼위일체를 나타내는 삼각형 같은 종교적 상징으로 한층 더 멋지게 장식되었다.

863년에 모라바에 당도한 키릴로스와 메토디오스의 선교단은 장애물을 만날 수밖에 없었다. 너무 많은 문제가 라스티슬라프에게 달려 있는데, 그의 정치적 지위가 굳건하지 않았기 때문이다. 870년, 결국 라스티슬라프는 주요 경쟁자를 교살하려다 실패하고 권력을 잃었다. 그러나 키릴로스와 메토디오스 형제는 뜻밖의 협력자인 교황 하드리아누스 2세(재위 867-872)를 만났다. 하드리아누스 2세는 선교 활동과 글라골 문자를 써서 슬라브어로 번역한 종교 문서를 승인했고, 메토디오스를 모라바와 판노니아의 슬라브인을 관할하는 주교에 임명했으며, 그 대가로 성 클레멘스 1세의 유해를 건네받았다. 하드리아누스 2세가 메토디오스를 수족으로 삼고자 했음은 분명하다. 그러나 메토디오스는 870년에 모라바로 돌아오자마자 모라바의 새로운 친親프랑크 왕국 성향의 통치자 스바토플루크에게 체포되고 말았다. 스바토플루크는 평소 메토디오스에게 반감을 품고 있던 성직자들에게 그를 넘겼고, 성직자들은 주교의 권한을 침해했다는 이유로 재판을 거쳐 메토디오스를 투옥했다(한편 키릴로스는 869년에 세상을 떠났다).[14]

메토디오스는 873년에 석방되었는데, 우리는 그후에 메토디오스와 스바토플루크의 관계를 회복시킨 요인이 교황의 압력인지, 아니면 정치적 방향의 변화인지 알지 못한다. 이후 12년 동안, 메토디오스는 사제들에게 슬라브식 전례를 가르쳤으며, 글라골 문자를 써서 그리스어 종교 문헌을 슬라브어로 번역했고, 라틴어와 그리스어와 슬라브어로 미사를 올렸다. 또한 그는 보헤미아와 현재의 폴란드 남부 지방에서 설교하며 성직자들을 선교 현장에 보내기도 했다. 그러나 스바토플루크의 궁정에서 활동한 프랑크인 성직자들은 라틴어가 아닌 슬라브어로 미사를 드렸다는 이유로 메토디오스를 이단이라고 비난하면서 그의 영향력에 끊임없이 이의를 제기했다. 885년, 메토디오스의 삶은 혼란 속에서 막을 내렸다. 메토디오스가 적들을 파문하고, 교황이 슬라브어로 미사를 올리는 행위를 금지한다며 기존의 견해를 바꾼 와중이었다. 스바토플루크는 메토디오스가 세상을 떠난 직후 그의 추종자들을 모라바에서 추방했다.

키릴로스와 메토디오스의 유산은 오랫동안 지속되었다. 콘스탄티노폴리스 총대주교가 이끄는 정교회는 그 두 사람이 이룩한 언어적 혁신을 포용했다. 나중에 그 두 성자의 제자들이 그리스어 대문자를 기반으로 삼아 글라골 문자를 더 간편한 문자, 즉 오늘날 키릴로스를 기리는 의미에서 키릴 문자로 부르는 문자로 수정했고, 그렇게 교회 슬라브어의 외형이 바뀌었다. 세르비아인과 러시아인, 불가리아인이 결국 기독교 교리를 배우고 기독교 신앙을 알게 된 것은 바로 그 문자 덕택이었다. 그러나 중앙유럽에서는 라틴어가 전례 언어와 예배 언어로 쓰였고, 로마 쪽을 바라보는 가톨릭 신앙이 널리 퍼져 있었다. 슬라브어로 미사를 올리는 곳은 크로아티아의 달마티아 지방이 유일했다. 호기심 차원을 제외하면 중앙유럽에서 슬라브어 미사와 정교회 신앙을 고수하는 관행은 실패로 돌아갔다.[15]

중앙유럽에서의 가톨릭 선교 사업은 이후에도 활발히 전개되었다.

보헤미아와 크로아티아는 9세기에 가톨릭의 품에 안겼고, 10세기에는 폴란드와 헝가리도 가톨릭 국가가 되었다. 그 모든 나라에서 라틴어는 미사의 언어, 종교적 숭배의 언어가 되었다. 가톨릭교 성직자 사회에서 대다수의 사무원과 행정관과 교사가 배출되었기 때문에, 라틴어는 18세기까지 통치와 입법의 언어, 문학과 학문의 언어로도 쓰였다. 반면 러시아와 발칸 반도 지역 대부분에서는 정교회와 슬라브식 전례가 번창하면서 서쪽과는 전혀 다른 종교적 문화와 지적 풍경이 펼쳐졌다. 그리고 얼마 지나지 않아 예배에서 토착어가 쓰이자, 애국심을 자극해 종교적 충성을 강화하는 불가리아 정교회와 러시아 정교회 같은 국민 교회가 발생했다.

정교회는 로마의 가톨릭 신앙과 전혀 다른 원리들을 기반으로 삼기도 했다. 그리스어를 가장 중시했던 정교회의 지적 전통은 고대 그리스의 형이상학, 초기(1세기부터의) 그리스 교부들의 저작, 성서 본문과 그리스어 종교 문헌의 비판적 해석 등에 집중하면서 라틴어 기반의 로마 가톨릭교와 다른 길을 걸었다. 새로 개종한 슬라브인들은 교회 슬라브어로 번역된 그리스어 문헌을 통해서 그 과정에 동참했다. 슬라브인들은 그리스인들과 마찬가지로 가톨릭 기독교에 불신을 품고 있었다. 다른 신학적 주안점에서 비롯된 그 불신은 라틴어 사용자들을 "다른 언어를 쓰는 사람들"로, 심지어 "다른 종족의 사람들"로 바라보는 우월감 때문에 더 깊어졌다.[16]

이처럼 다른 종교적, 문화적 궤적들은 중앙유럽의 발전 과정에서 결정적인 역할을 했다. 통치자들이 하느님의 종이자 하느님의 형상으로서 거의 무한한 권력을 휘두르며 다스리던 비잔티움 제국에서 형성된 정교회는 전례와 의식을 통해서 군주의 권위를 강조했다. 비잔티움 제국에는 대의기관과 의회가 없었다. 전능한 군주가 있으니, 그런 것들은 아예 존재할 여지가 없었다.

가톨릭 학자들과 서구 학자들은 흔히 정교회를 보수적이고 고립적이라고 묘사하지만, 사실 정교회는 그저 달랐을 뿐이다. 그러나 중앙유럽에서는 그 차이가 중요했다. 가톨릭 교회에 편입된 중앙유럽은 가톨릭 유럽과 이후의 개신교 유럽을 이끈 바로 그 충동과 움직임을 겪으면서 가톨릭 문명의 결실을 공유하게 된다. 정교회 유럽에서도 대학교와 의회, 르네상스와 종교개혁, 그리고 계몽주의가 없지 않았지만, 희미하고 미약했다. 중앙유럽은 가톨릭교를 수용하고 정교회를 거부함으로써 문화적으로 서쪽을 향하게 되었다. 러시아와 발칸 반도는 전혀 다른 방향으로 떠나버렸다. 슬라브족의 공통 기원과 서로 연관된 그들의 언어에도 불구하고, 슬라브 세계는 둘로 쪼개졌다.

제4장

훈족의 귀환, 노예 국가, 중앙유럽의 형성

중앙유럽에서 집필된 가장 이른 시기의 역사서들은 중앙유럽의 나라들을 하느님이 각 민족에게 내려준 집으로 바라봤다. 중세의 연대기 작가들은 자신이 속한 민족이 성조(聖祖)의 인도를 받을 때까지 세상 곳곳을 떠돌아다녔다고 언급했다. 전능하신 하느님이 약속한 땅으로 그들을 이끌고 최초의 통치자들을 임명한 구약성서의 모세처럼 말이다. 그 민족에게 주어진 땅은 넉넉한 목초지와 맑은 개울, 그리고 보석이 박힌 강기슭 등 모든 것이 하나같이 풍요로웠다. 그런 주제를 변주한 경우에는, 그 연대기의 민족이 트로이 출신이라거나 한때 알렉산드로스 대왕과 함께 싸웠다는 내용이 포함되었고, 전설적인 어원, 교활한 여성 예언자, 싸우기 좋아하는 용이 등장하기도 했다. 그렇지만 초창기 연대기 작가들이 가정한 바는 대체로 동일했다. 그들이 묘사한 나라들은 예로부터 늘 존재했고, 신의 뜻에 따라서 그 나라들이 차지할 영토와 최초의 지도자들이 정해졌으며, 통치권과 백성과 땅은 하느님의 계획의 일부분으로서 하나가 되었다는 것이다.[1]

그러나 현실에서 경계는 유동적이었고, 통치권은 다툼의 대상이었으며, 민족을 이루는 요소는 여전히 불분명했다. 9세기에서 11세기 사이에 중앙유럽은 반복적으로 분리되고 재편되고 다시 해체되었다. 그때도 당대인들은 지구의 창자에서 쓸데없이 튀어나오는(당시에는 내장과 관련한 비유가 성행했다) 여러 소국의 왕들이 "모두 탐욕에 이끌린 채 자기 이익만 좇았다"라며 한탄했다. 하지만 그 여러 조각은 차츰 안정되었다. 850년경의 중앙유럽 지도에는 잡다한 소규모 공국과 공작령이 나온다. 그중 몇몇은 익숙한 이름이겠지만, 그 이름들은 아마 오늘날의 우리에게 낯선 곳에 붙어 있는 경우가 많았을 것이다. 그로부터 1세기 반이 흐르면 경계와 명칭은 더 쉽게 알아볼 수 있고, 정치적 분계선은 더 일정해진다.[2]

프랑크 제국은 해체되었다가 재건된 최초의 거대 세력이었다. 해체는 카롤루스 마그누스가 세상을 떠나고 나서 곧바로 시작되었다. 카롤루스 마그누스의 유일하게 살아남은 후계자는 생전에도 "경건왕"으로 불린 루도비쿠스였다. 경건왕은 루도비쿠스 본인이 "가장 경건한 황제 루도비쿠스"라는 의미로 선택한 별칭이었다. 당시 경건함은 독실함과 전혀 무관했으며, 공익을 위해서 기꺼이 개인적 이익과 친구와 가족을 배제하는 태도를 의미했다. 하지만 루도비쿠스는 그런 태도와 거리가 먼 인물이었다. 그는 이미 공동 황제 자리에 앉았음에도 814년에 아버지가 세상을 떠났다는 소식을 듣고는 다시 대관식을 치르려고 아헨에 있는 아버지의 옛 궁전으로 급히 달려갔다(그의 세 번째 대관식은 이듬해에 랭스에서 교황의 집전으로 거행되었다). 그 장엄한 의식들에도 불구하고 당대의 평론가들은 루도비쿠스에게 아버지의 모습이 전혀 없고 "미소를 지을 때 하얀 이를 드러낸 적이 없다"라며 서둘러 지

적했고, 그가 유산을 낭비하리라고 점쳤다.³

프랑크인의 전통에 따라서 루도비쿠스는 자신이 죽은 뒤 세 아들이 프랑크 제국을 나눠 가져야 한다고 생각했다. 하지만 그는 본인의 유산을 터무니없이 다룸으로써 참혹한 결과를 초래했다. 817년에 마련한 분할안에서 일찍이 카롤루스 마그누스가 이탈리아의 왕으로 삼았던 자신의 조카를 배제하여 조카가 즉시 반란을 일으키게 만든 것이다. 루도비쿠스는 조카의 눈알을 뽑아 장님으로 만들라고 지시했으나, 이를 서툴게 수행한 부하들 탓에 결국 조카는 후유증으로 고통스럽게 죽었다. 이후 첫 번째 부인이 사망하자 루도비쿠스는 왕의 신붓감을 간택하는 행사에서 직접 낙점한 두 번째 부인을 맞이했다.

루도비쿠스의 두 번째 부인인 바이에른의 유디트는 난잡한 생활과 마법사들과 어울려 지내는 것으로 유명했다. 823년, 그녀는 아들을 출산하여 프랑크 제국의 정치를 격랑에 빠트렸다. 그녀의 득남은 후계 계획을 조정해야 함을 의미했다. 그녀가 낳은 아들의 아버지가 누구인지 확실하지 않다는 것도 문제였다. 미심쩍은 막냇동생이 후계 계획에 추가되면 손해를 볼 것이 틀림없던 3명의 형들은 아버지를 상대로 전쟁에 나섰다. 루도비쿠스는 한 사람씩 회유하려고 했지만, 그때마다 나머지 아들들이 동맹을 맺어 합의를 뒤집어버렸다. 그 혼란 속에서 루도비쿠스는 두 번 폐위되었고, 몇 번의 공개 참회 의식에서 본인의 무능함과 왕의 직분을 저버린 점, 그리고 "살인, 위증, 신성 모독, 간음, 약탈, 교회를 비롯한 여러 장소에 불을 지른 점, 가난한 사람들의 재산을 빼앗고 그들을 억압한 점"을 고백해야 했다.⁴

840년에 세상을 떠나기 직전, 루도비쿠스는 그때까지 살아남은 세 아들(아들 하나는 이미 죽고 없었다)에게 제국을 나누어 맡겼다. 그의 세

아들은 땅과 수입의 균형을 맞춰가며 분할 작업을 꽤 잘해냈다. 프랑크 제국은 그렇게 남북으로 이어지는 선을 따라서 3개의 왕국으로 나뉘었다. 서쪽에는 오늘날의 프랑스의 많은 부분을 차지하는 영역이 있었다. 동쪽에는 오늘날의 덴마크에서 알프스 산맥까지 펼쳐지다가 남동쪽으로 바이에른을 거쳐 헝가리 대평원까지 이어지는 초승달 모양의 영역이 있었다. 두 영역 사이에는 "중프랑크 왕국"이 있었다. 중프랑크 왕국은 세 왕국 가운데 가장 높은 지위에 있었는데, 이는 로마와 카롤루스 마그누스가 제1의 중심지로 삼았던 아헨이 여기에 포함되었기 때문이다. 중프랑크 왕국은 황제 칭호와 함께 맏아들인 로타리우스 1세의 차지가 되었다.[5]

분열은 몇 세대에 걸쳐 반복되었다. 중프랑크 왕국은 후계자들 사이에서 몇 번이고 분할되었고, 그렇게 나뉜 땅을 두고 싸움이 벌어졌다. 9세기 말에 중프랑크 왕국은 이탈리아, 프로방스, 고지 부르군트와 저지 부르군트, 로타링기아 등으로 나뉘었는데, 870년 이후에는 로타링기아도 분할되었다. 루도비쿠스 경건왕의 손자인 로타리우스 2세의 이름에서 명칭을 본뜬 로타링기아는 얼마 뒤 훨씬 더 작은 로트링겐(로렌)으로 축소되었고, 20세기까지 쟁탈전의 현장이 되었다. 한편 중프랑크 왕국의 서쪽과 동쪽에는 별개의 언어 공동체가 확립되었다. 한쪽은 로망스어를 쓰고, 다른 한쪽은 게르만어를 쓴 것이다. 따라서 842년에 형이자 황제인 로타리우스 1세에 맞서 함께 싸울 것을 맹세하며 조약을 체결할 때 동프랑크의 왕 루도비쿠스 2세(독일왕)와 서프랑크의 왕 카롤루스 2세(대머리왕)는 고대 프랑스어(갈리아로망스어)와 고대 고지 독일어를 함께 썼다.

카롤루스 마그누스의 혈통은 활기를 잃었다. 한때 여러 아들을 두고 번창했던 가계家系는 9세기 말에 대가 끊기고 후손들이 일찍 죽은 탓에 위세가 꺾였다. 제국 관념도 사라지기 직전인 듯했다. 로마의 교황을 통해 제관을 쓰면 황제가 되었기 때문에, 이탈리아에서 유리한 고지를 차지하고 있고 여차하면 그 성도聖都를 공격해 교황을 움직일 수 있는 사람이라면 누구나 황제 칭호를 쉽게 얻을 수 있었다. 따라서 소군주들이 잇달아 황제로 인정을 받았고, 급기야 915년에는 긍정적인 기록이 전혀 없는 베렌가리우스 1세 포로이울리엔시스라는 모호한 인물이 황제로 즉위하기에 이르렀다. 924년에 세상을 떠날 때 그는 딸들만 남겨두며 끝까지 세상에 폐를 끼쳤다. 아무도 그의 후계자로 나서지 않았기 때문에 황제의 직책과 칭호는 빛이 바랬다.

이러한 상황은 헝가리인이 등장하면서 모조리 바뀌었다. 헝가리인의 기원은 거의 슬라브인만큼 모호하다. 언어적, 문헌적, 고고학적, 유전학적 증거가 모두 엇갈리고, 그 때문에 비현실적인 추측의 여지가 생겼다. 학자들 사이에서 폭넓게 합의된 의견은 헝가리인이 시베리아 서부에서 기원했고 핀란드어의 먼 친척인 언어를 쓴다는 사실이다. 수천 년에 걸쳐 헝가리인들은 스텝 지대로, 또 그 너머로 이동했지만, 그들이 한곳에 정주해 농사를 짓는 사람들이었는지, 아니면 여름 초지와 겨울 초지를 오가며 "유목생활"을 한 사람들이었는지는 알 수 없다. 성 키릴로스가 860년경에 헝가리인과 마주친 곳은 크림 반도에서 그리 멀지 않은 스텝 지대의 가장자리였다. 그때 헝가리인들은 늑대처럼 울부짖으며 그에게 덤벼들었다. 그러나 성 키릴로스의 거룩함에 부끄러워진 그들은 키릴로스를 놓아주었다.[6]

스텝 지대에서 살 때 헝가리인들은 튀르크계 유목민 부족들에게 연이어 지배받았는데, 그중 오노구르족은 헝가리인에게 자기 부족의 이름을 붙였다. "헝가리인"이라는 명칭은 여기서 나왔다. 튀르크적 요소는 오늘날 마자르어나 헝가리어로 불리는 언어의 초기 형태를 사용하던 다수 언어 인구에 금방 동화되었다. 그러나 현대 헝가리어에는 아직 고대 튀르크어에서 유래한 약 300개의 차용어가 남아 있다. 가령 일요일을 가리키는 헝가리어 vasárnap는 "장을 보는 날"이라는 뜻으로, "시장"을 의미하는 튀르크어 vasar에서 유래했다. 이에 더해 가장 이른 시기의 모든 헝가리인 지도자들은 11세기까지 튀르크어 이름을 썼다. 그들은 카프탄caftan(소매와 양옆이 길게 트여 있는 튀르키예의 전통 의상/역주)을 입고 기다란 언월도偃月刀를 차고, 머리를 땋았기 때문에 튀르크인처럼 보이기도 했다.[7]

훗날의 헝가리 연대기 작가들은 895년이나 896년에 헝가리인들이 로마의 옛 판노니아 속주로 의기양양하게 진입했다고, 또 헝가리인들이 그곳에 살고 있던 슬라브족과 불가르족을 내쫓아버렸다고 말하고는 했다. 그러나 사실 헝가리인들은 또다른 튀르크계 유목민 집단인 페체네그인에 의해 서부 스텝 지대에서 쫓겨나 도망치는 와중에 카르파티아 산맥을 넘은 것이다. 이 사건을 서술할 때 초기의 헝가리 역사가들은 페체네그인들을 그들의 토템인 독수리로 묘사하면서 그들이 카르티아 산맥의 안전한 보금자리와 둥지에서 갑자기 내려와 헝가리인들을 덮쳤다고 얼버무렸다. 또 하나 명백한 사실은 당시 헝가리인들이 파도처럼 밀려왔다는 점이다. 이미 860년대에 프랑크 왕국과 모라바의 지도자들은 전쟁에서 헝가리인을 보조군으로 활용하고 있었다. 놀랍게도 일부 헝가리인은 초기의 기독교 개종자들이었다.[8]

중앙유럽에 헝가리인이 정착하자 광범위한 습격이 동반되었다. 헝가리인의 공격은 10세기 초에 한층 더 심해졌다. 그들은 모라바를 휩

쓴 뒤 중앙유럽의 대부분을 쑥대밭으로 만드는 한편, 저 멀리 스페인과 이탈리아까지 군인 무리를 보냈다. 당시의 어느 연대기에는 헝가리인의 연도별 침입 사례가 다음과 같이 기록되어 있다.

907년 바이에른인들이 헝가리인들과 싸웠고, 많은 사람이 칼에 베여 죽는 학살이 일어났다.
908년 헝가리인들이 다시 국경을 넘어와 작센과 튀링겐을 유린했다.
909년 헝가리인들이 알레만니아로 쳐들어왔다.
910년 프랑크인들이 바이에른과 프랑크 왕국의 국경에서 헝가리인들과 싸웠으나 가련하게도 달아나거나 격파되었다.[9]

당대의 저술가들은 헝가리인을 묘사할 때 주로 아바르족이나, 더 흔하게는 훈족에 대한 과거의 기록을 차용했다. 서로 이름이 비슷한 점이 유리하게 작용했다. "헝가리인, 다시 말해 훈족"과 "헝가리인으로도 불리는 훈족" 등의 표현도 여기서 나왔다. 따라서 훈족처럼 헝가리인도 알렉산드로스 대왕이 캅카스 산맥에 가둬놓았던 곡과 마곡의 백성으로 묘사되었다. 그리고 역시나 훈족처럼, "그들"도 "동족의 생고기를 먹고, 피를 마시고, 포로들의 심장을 잘게 썰어 마치 약이라도 되는 양 조금씩 삼킨다"라고 서술되었다. 훈족과 헝가리인은 차츰 공동의 이야기 속으로 뒤섞여 들어갔고, 훗날 어느 크로아티아인의 기록에서는 훈족과 헝가리인 모두 그 뿌리가 부모를 잡아먹는 마사게타이족이라고 서술되기에 이르렀다. 가장 이른 시기의 헝가리 연대기 작가들은 헝가리 최초의 지도자인 아르파드 대공을 아틸라의 후계자로 묘사하고, 연대기의 내용에 살을 붙이려고 훈족에 대한 과거의 기록을 마구잡이로 발췌하면서 훈족과 헝가리인의 동일한 기원이라는 주제를 펼쳐나갔다. 하지만 그런 식의 서술은 본질적으로 저자가 고전 시대의 작가들에 대한 지식을 과시하는 문학 활동이었고, 현장에서의 관계는 확실히 더 복잡했다. 903년, 바이에른의 족장들이 헝가리인 지도자들을 잔치에 초대한 뒤 함께 잔치를 즐기던 중 그들을 살해하는 기이한 사건이 벌어졌다. 그 소름끼치는 결말에도 불구하고, 그들이 함께 모여 식사를 했다는 사실은 그들 사이의 문화적 차이가 전혀 극복할 수 없는 수준은 아니었음을 암시한다.[10]

동프랑크는 헝가리인의 도전을 감당할 처지가 아니었다. 이미 중앙 권력이 소멸한 그곳에서 주도권을 쥔 것은 지방 유력자들이었다. 본디 통치자가 임명한 군사 지도자들이었던 게르만족 공작들은 지역 기반을 토대로 권력을 손에 넣었다. 그들은 결혼과 선물 증정(특히 역사적 유물이 높이 평가되었다)과 우정과 추모의 약속을 통해서 동맹 관계를 다졌다. 권력 관계를 중개할 제도가 사라진 빈틈을 애정의 징표와 연대의 의례가 메운 것이다. 동프랑크의 공국들은 정치적 통합의 정도 측면에서 서로 달랐다. 둘 다 한때 알레만니족의 근거지였던 프랑켄과 바벤 등을 비롯한 몇몇 공국은 족장들의 느슨한 연맹체였던 반면, 작센과 바이에른 같은 공국들은 각각 현지의 최고 가문 출신의 공작 밑에서 통합되어 있었다.

카롤루스 마그누스의 가계가 단절되자 공작들은 동프랑크의 왕위를 누가 이을지를 두고 점점 더 입김을 불기 시작했다. 왕위 계승의 일정한 규칙은 없었다. 유망한 통치자 후보의 관점에서 볼 때, 전임자의 지명이나 공작들과 거물들의 투표, 그리고 군인 무리의 만장일치 찬성은 모두 왕위에 오를 수 있는 편리한 길이었다. 그러나 누가 왕관과 대관식 예복을 물리적으로 소유하고 있는가 역시 중요했다. 비참한 치세 이후, 후계자가 없던 콘라트 1세(재위 911-918)는 임종을 앞두고 주요 정적인 작센의 하인리히 공작을 후계자로 선택해 왕의 예복과 보석을 보냈다. 그랬는데도 하인리히는 동프랑크 왕국의 거물들 앞에 모습을 드러냈다. 그들이 자신에게 열렬한 환호를 보내고 자신의 왕권을 인정하도록 하기 위해서였다.

하인리히 1세는 타고난 강골에서 우러나오는 자연스러운 권위를 지니고 있었다. 따라서 감히 그의 장난스러운 조롱을 받아치는 사람은 드물었다. 그는 최전방에서 앞장서고, 전리품을 공평하게 나눠주며, 출중한 사냥 솜씨를 보여주는 등 전사에게 기대되는 모든 일을 해냈다. 불과 1세기 전까지 이교도였던 조상의 후손인 하인리히는 사제들에게 깊은 반감을 품고 있었다. 그는 대관식도 거부했는데, 성직자가 씌워주는 왕관을 쓰기 싫었기 때문이다. 같은 이유로 그는 성직자들에게 필사를 맡기고 싶지 않아서 문서 작성실도 두지 않았다. 따라서 그의 치세에 작성된 문서는 거의 없지만, 남아 있는 연대기에는 하인리히가 헝가리인들을 상대로 끊임없이 벌인 전투와 그들의 군인 무리를 무찌른 일, 그가 피난처와 저항의 중심지 역할을 동시에 하도록 토성을 쌓은 일, 그가 적진에 배치한 장갑 기사들의 이야기가 담겨 있다.[11]

그러나 헝가리인들을 가장 크게 무찌른 인물은 하인리히의 아들이자 후계자인 오토 1세(재위 936-973)였다. 955년, 오토 1세는 아우크스부르크 인근의 도나우 강과 레히 강이 합류하는 지점 근처에 헝가리 군대를 가두었다. 축축하고 나무가 많은 레히펠트에서 헝가리 군은 평소와 달리 적의 측면으로 돌아 화살을 퍼붓는 전술을 구사할 수 없었다. 헝가리인들이 전사자들의 유품을 훔치려고 꾸물대자, 오토 휘하의 장갑 기병대가 적들을 짓밟았다. 헝가리인들은 육박전을 벌일 수밖에 없었다. 이러한 백병전에서 경무장한 헝가리 경기병들은 게르만 철갑 기사들의 상대가 되지 못했다. 그들은 후퇴하고자 했으나 오토의 군대는 적의 퇴각을 막고 헝가리의 군사령관과 공작 몇 명을 사로잡았다. 오토는 그들을 교수형에 처했다. 오토의 협력자인 크레모나의 주교는 전투에서 패배한 헝가리인들이 감히 중얼거리지도 못할 만큼 겁을 먹었다고 환호했다. 그러나 사실 헝가리 지도자들이 서둘러 주변국들과 화해하고 기독교를 받아들인 데에는 10세기 말에 발칸 반도를 거쳐 북쪽으로 진출한 비잔티움 제국의 영향도 있었다.[12]

  비록 패배로 막을 내렸지만, 반세기에 걸친 헝가리인들의 맹공격은 중앙유럽의 지도를 바꿔놓았다. 헝가리인들에게 짓밟힌 모라바는 프라하를 거점으로 새로 등장한 보헤미아에 영토의 많은 부분을 빼앗기며 독립국의 지위를 잃고 사라졌다. 그곳의 새로운 통치자 가문인 프르셰미슬 왕조는 경쟁자들의 공국을 서서히 제거했다. 10세기에는 크로아티아도 헝가리인들에게 멸망해버린 판노니아 공작령의 빈자리를 차지하고자 아드리아 해 연안에서 북쪽으로 진격했다. 925년 이후, 이미 가톨릭교로 개종한 크로아티아의 통치자 토미슬라브는 왕이라는 칭호를 도입했다. 바이에른도 케른텐, 크라인, 이스트라 등을 합병하며 동쪽으로 세력을 확장했다. 그 새로운 영토의 일부분은 차후에 재편성되어 동부 변경주, 즉 오스트마르크가 되었다(오스트리아는 원래 오스트마르크를 가리키는 라틴어 명칭이었다).

  북쪽에서는 아마도 폴라니에로 불리던 땅이나 민족을 기반으로 삼은 듯한, 전혀 새로운 제후국이 출현했다. 10세기 이전의 폴라니에족에 관해서는 그들이 커다란 둔덕을 쌓았다는 사실 외에 알려진 바가 전혀 없지만, 이것이 훗날의 폴란드의 출발점이었다. 중세 최초의 폴란드 통치자로 알려진 미에슈코(930?-992)는 발트 해의 그단스크(단치히)에서 카르파티아 산맥 사이에 펼쳐진 거의 모든 땅을 접수하며 공국의 범위를 사방으로 확대했다. 미에슈코의 가문은 자신들이 전설 속 수레 수리공 피아스트의 후손이라고 주장했지만, 그 가문의 발상지는 불확실하다(현재의 폴란드 중부 지역 도시인 그니에즈노가 가장 유력하다). 미에슈코가 남쪽의 크라쿠프 지역으로 진격하고 그의 아들이자 후계자인 볼레스와프 1세 흐로브리(재위 992-1025)가 모라바 북부를 점령한 것은, 헝가리인의 침략으로 그 여러 영토에서 지도자들이 사라진 뒤 빚어진 전반적인 교란 상태 덕분이기도 했다.[13]

그러나 중앙유럽에 새로운 정치 단위들이 갑자기 등장한 데에는 헝가리인들이 초래한 정치적 대혼란의 영향이 더 컸다. 9-10세기에 발트 해와 흑해 사이의 무역로가 발달한 데 힘입어 중앙유럽 전체의 경제가 탈바꿈했다. 그 새로운 무역의 주요 중개자들은 스칸디나비아의 바이킹이었다. 그들은 유럽의 해안 지대를 약탈했을 뿐 아니라 장거리 상업에 필요한 하천 수로도 열었다. 바이킹이 지나간 자리에 나타난 상인들은 은을 거래했고, 추후에 중앙아시아와 중동까지 배로 운반할 노예와 더불어 중앙유럽의 내수를 충족시킬 노예도 물색하고 있었다. 사실, 당시 로마에도 기독교인 포로를 판매하는 노예 시장이 있었다. 인신매매로 거둘 수 있는 수익은 상당했다. 9세기의 유럽에서 금 35그램에 해당하는 가격으로 사들인 노예 1명은 바그다드에 가면 금 150그램 정도의 가격으로 팔 수 있었을 것이다.[14]

미에슈코가 다스렸던 폴란드 땅에는 (오늘날의 스칸디나비아를 제외한 유럽에서) 아라비아 주화 무더기가 가장 집중적으로 발견된 장소 중

몇 곳이 있다. 교환하거나 선물하거나 과시할 목적으로 은을 모으려는 충동은 미에슈코의 정복 활동을 부추겼다. 그니에즈노와 포즈난을 중심으로 한 미에슈코의 핵심 영토의 밖에서는, 이웃 민족이 노예 상인들에게 잡혀 족쇄를 찬 채 바이킹과 아라비아인과 유대인 상인들에게 팔렸다. 11세기까지 농촌의 인구 감소는 그 버려진 지역들의 특색이었다. 반면 이웃의 프라하는 오히려 무역 중심지로 평가되었다. 스페인은 프라하에서 성행한 노예 무역의 주요 행선지였는데, 우리는 어느 스페인계 유대인 여행자 덕분에 프라하에 대한 가장 이른 시기의 기록을 만날 수 있다. 그는 960년경에 프라하를 다음과 같이 묘사했다.

> 프라하라는 도시는 돌과 석회로 지어졌고, 그 땅에서 가장 큰 상업 중심지이다. 바이킹과 슬라브인은 크라쿠프에서 자기들 물건을 들고 오고, 튀르크인의 땅에서는 이슬람교도와 유대인과 튀르크인이 역시 물건과 화폐를 가지고 와서 노예와 주석과 모피를 산다.[15]

동프랑크 땅도 인신매매의 보고이기는 마찬가지였다. 8세기 말의 어느 저자에 의하면, 당시 발트 해 이남의 중앙유럽은 "게르마니아 Germania"로 불렸는데, 그곳이 너무 많은 사람을 "생기게 만들기 germinate" 때문이었다. "그리고 이 때문에 수많은 노예들이 인구가 많은 이 게르마니아에서 쫓겨나 남쪽의 민족들에게 팔리는 경우가 많다." 그러나 프랑크 통치자들과 게르만 통치자들은 일반적으로 노예 거래를 피했던 것 같다. 그들은 기껏해야 몇 명의 여자 노예를 소유했을 텐데, 그 노예 가운데 일부는 첩의 구실도 했을 것이다.[16]

동프랑크 왕국은 레히펠트에서 헝가리인들을 격파함으로써 중앙유럽의 주요 세력으로 부상했다. 주변의 통치자들은 서둘러 오토 1세와 타협했다. 설령 그 타협이 이교 신앙의 포기를 의미하더라도 말이다. 선두 주자는 966년에 세례를 받은 폴란드의 미에슈코였다. 당시 폴란드 남쪽에는 보헤미아인들이 살고 있었는데, 보헤미아의 공작들은 메토디오스의 선교단이 모라바에서 활동할 무렵에(또는 그전에) 기독교에 귀의한 것으로 보인다. 그들은 오랫동안 오토 1세의 동맹이기도 했다. 미에슈코의 부인이 보헤미아 출신의 기독교인이라는 점도 그의 개종에 영향을 미쳤다. 남편이 개종을 약속할 때까지 그녀가 동침을 거절한 것이다. 헝가리인들을 판노니아로 이끌었던 전설 속 인물 아르파드의 후손인 헝가리의 게저 대공도 970년대에 가톨릭교로 개종했다. 그러나 게저 대공은 열성이 없는 개종자였다. 그는 자신의 부와 권력이 여러 신을 섬긴 덕택이라고 여겼다. 기독교가 헝가리 땅에 굳건히 이식된 것은 게저 대공의 아들로 훗날의 성 이슈트반(재위 997-1038, 시성諡聖 1083)(이슈트반 1세의 별칭/역주)인 버이크의 치세 때였다.

　노예들에게는 보헤미아와 폴란드와 헝가리의 통치자들이 기독교를 수용했다는 점이 전혀 중요하지 않았다. 인간 무역은 여전히 기승을 부렸고, 그리스인과 슬라브인 여자와 아이들을 활발히 거래하는 관행은 헝가리에서 최소 1200년경까지 이어졌다. 1240년대까지, 폴란드에서는 "처녀들과 가축"이 포함된 거래가 기록되었다. 놀랄 일이 아니다. 당시 중앙유럽의 신생 국가들은 노예 무역에 의존했고, 그 통치자들은 권력의 물적 토대를 포기하기를 꺼렸다. 주화 무더기에서 알 수 있듯이, 노예는 돈을 의미했다. 아라비아의 디르함 주화가 폴란드의 조폐창에서 만들어질 정도로 돈은 생산과 교환의 윤활유였다. 통치자들이 보기에 돈은 곡물과 가축보다 쉽게 과세할 수 있는 자원이었다. 노예 무역이 활발할수록 더 많은 현금이 왕과 제후의 금고로 굴러왔다. 중앙유럽 도처에서 국가 형성과 노예제는 불가분의 관계였다.[17]

헝가리인의 침입으로 가장 큰 수혜를 입은 사람들은 작센족 왕들이었다. 연대기에는 933년에 하인리히가 헝가리 군대를 물리친 뒤 휘하의 전사들이 그를 황제로 선포했다고 나오지만, 하인리히는 로마에서 대관식을 치르지 않았다. 교황이 집전하는 대관식이라는 전통을 재개한 것은 하인리히의 아들인 오토를 필두로 한 그의 후계자들이었다. 이와 관련해서는 헝가리 군대를 격파한 레히펠트 전투가 결정적인 계기로 작용했다. 오토 1세가 집권하고 10년이 되지 않았을 때, 공작 몇 명이 그를 권좌에서 끌어내리려는 음모를 꾸몄다. 그러나 오토 1세가 레히펠트 전투에서 승리한 뒤 불만이 잦아들었고, 왕국의 주요 인물들이 협조하면서 그는 962년에 마음놓고 로마의 대관식에 참석할 수 있었다. 이후 그는 이탈리아 남부로 영향력을 확대할 기회를 잡았다. 비잔티움 제국 황제가 오토 1세의 아들과 자기 조카인 테오파누의 혼인에 동의한 것은 오토 1세의 국제적 위신을 나타내는 징표였다.[18]

오토 1세는 재위 마지막 해인 973년에 치세의 절정을 맞았다. 작센의 크베들린부르크 요새에서 열린 부활절 축하 의식에서 그는 자신의 명성을 인정하고자 찾아온 여러 인접국의 대표단을 맞이했다. 당대 기록을 살펴보면 보헤미아인, 폴란드인, 헝가리인, 데인인, 그리고 여러 슬라브 부족을 대표하는 사절들과 지도자들이 어떻게 본인들과 오토의 차이를 해소하고 그 대가로 후한 선물을 챙겼는지 알 수 있다. 하지만 그것은 동등한 사람들의 평화회담이 아니었다. 폴란드의 미에슈코는 오토가 두려운 나머지 아들을 대신 보냈고, 데인인들은 밀린 공물을 가지고 왔다. 의식이 거행되는 동안, 오토는 프라하와 미심쩍은 게저 대공의 근거지인 헝가리의 에스테르곰에 주교 관할구를 설치하도록 지시하면서 가톨릭적인 중앙유럽의 미래를 설계했다. 레히펠트 전투와 로마에서 치른 대관식 이후 오토 1세는, 그의 필경사가 묘사했듯이 그야말로 "거의 모든 유럽의 지배자"였다.[19]

오토의 아들과 손자인 오토 2세(재위 973-983)와 오토 3세(재위 983-1002)는 둘 다 로마에서 대관식을 치렀고, 차츰 이탈리아의 정치 상황에 휘말렸다. 이탈리아 반도는 부유했다. 그리고 통치자의 관점에서 동프랑크의 주요 인물들이 전사로 활동하는 현실을 고려할 때 그들이 국내에서 싸우는 편보다 국외에서 싸우도록 하는 편이 합리적이었다. 로마와 교황청에서 벌어지는 혼란스러운 사건들은, 그 성도의 질서를 유지하려면 군사 개입이 필요하다는 점을 의미하기도 했다. 게다가 이탈리아에는 알프스 산맥 이북의 건물들을 꾸밀 수 있는 고대 이탈리아의 석조물도 있었고, 유물로 나눠줄 만한 성자들의 유해도 많았다. 그러나 오토 2세와 오토 3세에게 이탈리아는 그저 전투를 치르고 장식품과 유골을 수집하기 위한 곳이 아니었다. 로마는 "세계의 머리caput mundi"였고, 로마의 풍경은 세계의 통치자로서, 고대 황제들의 후계자로서 공연을 펼칠 수 있는 극장이었다.

979년부터 4년 뒤 세상을 떠날 때까지 오토 2세는 로마에 머물며 제국을 경영하고 싸움을 벌였다. 그의 아들인 오토 3세는 한술 더 떴다. 그는 로마의 팔라티노 언덕의 방비를 강화한 건물인 셉티조니움에 궁전을 만들었고, 단독 통치자가 된 994년 이후에는 거의 이탈리아에만 머물렀다. 그는 교황을 보호했을 뿐 아니라 어느 교황을 내쫓고 팔다리를 잘라 불구로 만들고 다른 교황을 앉히는 등 마음대로 교황을 해임하고 임명하기도 했다. 998년 이후 그의 인장에는 "로마 제국의 부활"이라는 위엄 넘치는 명문이 새겨졌고, 그는 "원로원과 로마 인민의 집정관"으로 자처했다. 로마나 황제와 관련한 자신의 자격을 더하기 위해, 오토는 고대 로마의 관습에 가장 가깝다고 생각한 비잔티움 제국의 의례를 차용했다. 말년에 그는 비잔티움 제국의 공주 중 제일 적합한 인물과 결혼할 예정이었지만, 1002년에 말 그대로 부두에서 기다리던 예비 신부를 남겨둔 채 세상을 떠나고 말았다.

오토 3세는 로마인일 뿐 아니라 프랑크인이기도 했다. 1000년에 게르만인의 땅을 방문했을 때 그는 급히 아헨에 있는 카롤루스 마그누스의 무덤으로 향했다. 지하 매장실에서 그는 코가 일부분 떨어져나간 것 외에는 온전한 황제의 시신을 발견했다. 오토는 훼손된 부분을 금으로 수선하도록 했고, 카롤루스 마그누스의 치아 하나를 슬쩍했다. 그러고는 필경사들에게 카롤루스 마그누스의 시신이 부패하지 않았으며 무덤에서 향기가 퍼졌다고 적도록 단단히 일렀다. 그 두 가지 점이 카롤루스 마그누스가 성자임을 나타내는 표시였기 때문이다. 오토는 카롤루스 마그누스를 성자의 반열에 올리고, 그의 유산을 자신의 원대한 제국 개념에 집어넣고자 했음이 분명하다. 그러나 그는 미처 뜻을 이루지 못한 채 숨을 거두었다.[20]

오토 3세의 제국 개념은 로마적, 프랑크적, 비잔티움적 개념이나 주제와 뒤섞여 있었다. 하지만 그는 황제인 자신이 기독교 세계의 중심에 서 있다고 확신했다. 복음서 필사본에 포함된 놀라운 채식彩飾은 그의 미래상과 당시 떠오르던 새로운 중앙유럽을 보여준다. 1000년경에 보덴 호의 라이헤나우 수도원에서 완성된 복음서 필사본에서 오토는 제관을 쓰고 황제의 지휘봉을, 그리고 당시로서는 특이하게도 그와 하느님의 권능이 온 세상에 미친다는 점을 의미하는, 십자가가 새겨진 보주寶珠를 쥔 채 옥좌에 앉아 있다. 오토 앞에는 여자 4명이 선물을 든 채 서 있다. 그 필사본을 아름답게 채식한 사람에 따르면 그 여자들은 각각 갈리아와 로마와 게르마니아, 그리고 슬라브인의 땅을 가리키는 스클라비니아를 뜻한다. 이 복음서 필사본의 채식은 오토가 친히 주문한 것으로 보이는데, 중앙유럽의 슬라브인 영역이 그가 재건한 로마 제국에 편입되었으며, 그들이 이제 가톨릭 기독교 세계를 구성하는 민족들의 협력 관계에 동참했음을 선언한다. 어떤 지역이 출생 증명서를 가질 수 있다면 중앙유럽의 출생 증명서는 바로 오토 3세의 복음서일 것이다.

생애 막바지인 11세기 초에 오토 3세는 그런 의도를 현실 정치에 반영했다. 중앙유럽을 여행하던 1000년과 1001년, 그는 10년 전에 미에슈코를 계승한 폴란드의 볼레스와프 1세 흐로브리를 만났다. 그리고 교황의 동의하에 그니에즈노를 대주교 관할구로 만들었다. 우리는 그 폴란드의 통치자가 황제인 오토에게 낙타 한 마리를 주고 성창聖槍을 받았다는 사실 외에는 오토와 볼레스와프 사이에 무슨 일이 있었는지 알지 못한다. 훗날의 일부 기록에 따르면 그때 오토는 볼레스와프에게 왕관을 줬다고 하지만, 아마 그는 단순히 볼레스와프와 친분을 다졌을 가능성이 더 크다. 그러나 오토는 헝가리 통치자에게는 다른 태도를 보였다. 오토는 헝가리 통치자인 이슈트반에게 일종의 고리 장신구를 전달했다. 당시 이슈트반은 여전히 이교를 고수하거나 이미 정교회를 선택한 경쟁 관계의 족장들로부터 사방에서 공격을 당하면서 헝가리를 가톨릭적인 나라로 간신히 유지하고 있는 형편이었다. 미래의 성 이슈트반에게 왕관을 수여함으로써, 오토는 그가 권력을 유지하고 신생 헝가리 왕국이 가톨릭교의 품 안에 머물 수 있도록 힘을 보탰다. 나

머지는 이슈트반의 몫이었다. 이슈트반은 자신의 주요 정적을 산 채로 매장해 저승길로 보냈다.[21]

역사가들은 10세기를 "참혹한" 시기, 혹은 "유럽의 도가니"로 표현하고는 하는데, 이 두 표현은 서로 모순되지 않는다. 카롤루스 제국의 해체와 헝가리인들의 격발은 새로운 중앙유럽, 노예 무역이 물질적으로 떠받치는 중앙유럽을 낳았다. 훈족이 로마 제국을 무너트려 유럽의 지도를 다시 그렸듯이, 훈족에서 그 명칭이 유래한 헝가리인들은 중앙유럽의 정치 지형을 바꿔놓았다. 헝가리인들이 저지른 파괴 행위와 그것이 촉발한 대응을 통해서 이 시기의 중앙유럽은 특유의 역사적 형태를 갖추기 시작했다. 중앙유럽의 서부에는 오토 1세와 그의 후계자들이 재건한 로마 제국의 대부분을 차지하는 게르만인의 땅이 펼쳐져 있었다. 중앙유럽의 동부에는 폴란드와 헝가리 같은 신흥 왕국들과 보헤미아 공국(훗날의 보헤미아 왕국)이 있었는데 모두가 가톨릭 세계의 품으로 인도된 상태였다. 향후 몇 세기에 걸쳐 그 나라들의 국경이 아무리 많은 우여곡절을 겪게 되어도, 중앙유럽의 기본적인 윤곽은 그대로였다.

제5장
신성 로마 제국의 성립과 중앙유럽의 동쪽 황무지

 독일의 왕은 이탈리아의 왕이기도 했다. 이탈리아 왕위는 실권이 거의 없는 자리였지만, 파비아나 밀라노에서는 이른바 랑고바르드의 철관이 등장하는 대관식이 열렸다. 금과 은으로 만들어진 그 왕관에는 성십자가에서 가져온 것으로 전해지는 납작하고 구부러진 쇠못이 들어 있었다. 그러나 화려한 구경거리와는 별개로, 랑고바르드의 철관이 등장하는 대관식은 별로 중요하지 않았다. 더 중요한 것은 독일 군주를 최고 통치자이자 기독교 세계의 수장으로 탈바꿈시키는 황제 칭호였다. 그러나 동프랑크 또는 독일인의 땅(동프랑크는 세월이 흐르면서 독일인의 땅으로 알려졌다)의 통치자들은 로마의 교황이 그들에게 제관을 씌워주어야만 황제로 여겨졌다. 따라서 그 최고 직위에 오르기 위해서 그들은 알프스 산맥을 넘어 이탈리아로 가야 했고, 대부분은 그렇게 했다. 11-12세기에 독일인의 땅을 다스린 왕 10명 중 9명은 모두 황제가 되기 위해서 알프스 산맥 남쪽으로 향했다.
 이탈리아로 가는 길에 즐비한 수도원들은 독일 통치자들에게 숙박을 제공했다. 수도사들은 도로 수리에 신경을 썼지만, 황제 후보자들은 어김없이 군대를 총동원해서 끌고 왔다. 일단 이탈리아에 도착하면 그들은 평원 위의 번창한 도시 간의 분쟁을 재판하고 세금을 짜냈고, 가능하면 하급 관리를 새로 앉혔다. 대관식을 통해서 관을 쓰고 나면 황제들은 당연히 교황을 보호해야 했고, 교황청을 지배하고자 애쓰는 경쟁 가문들에 맞서서 교황의 권력을 유지해주어야 했다. 11세기와 12세기에는 각각 6명과 10명의 대립교황對立敎皇이 부적절하고 잘못된 방식으로 선출되었다. 그 대립교황 중 상당수가 황제들의 작품이었다는 점에서 당시에 이루어진 교황 정치의 복잡성을 엿볼 수 있다.

  1002년에 오토 3세가 세상을 떠나면서 국왕 칭호는 그와 가장 가까운 친척인 육촌형 하인리히 2세에게 넘어갔지만, 하인리히가 1024년에 자식 없이 세상을 떠나면서 독일 통치자들의 작센 왕조는 막을 내렸다. 작센 왕조 국왕들의 권력은 그들의 영지 대부분이 있는 작센 공국에 일부분 기대고 있었다. 잘리어 왕가(고대의 조상을 환기시키려는 의도가 담긴 명칭이다)의 땅은 주로 프랑켄과 라인란트에 있었는데, 작센 왕가에 비하면 좁았다. 그럼에도 독일 왕들이 이용할 수 있는 그밖의 자원들은 엄청나게 많았다. 독일인의 땅 곳곳에 왕이 왕이라는 이유로 소유한 약 1,000개의 장원과 사유지와 촌락이 그물처럼 얽혀 있었다. 그 장원과 사유지와 촌락의 주민들을 모두 합치면 아마 400만 미만의 총인구 중 50만 명 정도를 차지했을 것이다. 보수적으로 잡아도 그 장원과 사유지와 촌락에서 거두는 연간 수익은 2만 톤 이상의 곡물, 수레 2만 대 이상 분량의 포도주, 10만 마리 이상의 돼지, 1.5톤 이상의 은으로 추정할 수 있다.[1]

  독일 통치자들은 기독교 성직자들에게도 기댈 수 있었다. 통치자의 순회 궁정에는 통치자의 예배당이 포함되었다. 선택의 여지가 있을 때도 있었지만, 궁정 사제들은 군주와 함께 순회했다. 그들은 예배를 거행하고, 유물 장식장을 관리하고, 싸움터에서 죽은 사람들의 영혼을 위해서 기도했다. 또한 그들은 왕을 위해 서신을 작성하고, 외교적 사안을 처리하며, 정책에 대해서 진언하는 행정관이기도 했다. 왕의 신임을 얻은 궁정 사제들은 대부분 나중에 주교나 대수도원장 자리에 올랐고, 따라서 대지주가 되었다. 그들이 순회 궁정의 예배당에서 벗어나 고위직에 오른 뒤에도 왕은 여전히 그들을 통치기구의 일부로 여겼다. 그들은 왕을 대신해서 도시를 건설하고, 국경 너머에서 선교 활동을 이끌며, 농촌 지역의 질서를 유지했다.

성직자들은 전사이기도 했다. 주교들과 대수도원장들에게는 원정을 떠나는 군주와 함께할 무장 수행단을 제공하고 감독 교구와 수도원을 군사적으로 방어할 책무가 있었다. 오토 2세를 위해서 작성된 것으로 추정되는 10세기 말의 어느 목록에는 성직자의 기여도가 드러나 있다. 그 명부에는 다음 원정에 2,000명에 살짝 미치지 못하는 수의 장갑 기사가 필요하다는 사실이 상세히 담겨 있다. 소수의 공작과 백작이 500여 명을 제공해야 하고, 나머지 1,500명의 기병은 주교들과 대수도원장들이 책임져야 했다. 성직자들은 파견 부대를 이끌고 싸우다가 전사하기도 했다. 마인츠의 어느 대주교는 이탈리아 원정에서 날이 3개 달린 전투용 도끼로 적 8명을 죽인 뒤 명문가 태생의 포로 수십 명의 두개골을 돌로 내리쳐 깨트렸다.[2]

통치자들은 성직자들의 충성심에 대한 보답으로 교회와 대수도원에 넓은 영지를 기증했고, 그런 선물이 내세에 중요한 구실을 하리라는 혜택도 누렸다. 결과적으로 왕권의 물적 토대가 위태로울 만큼 소진되기 시작했지만, 군주들은 성직자에게 기증하는 선물을 문제로 생각하지 않았다. 교회와 국가가 워낙 밀접하게 엮여 있어, 성직자에 대한 토지 증여를 손실이 아니라 가장 믿을 만한 신하에게 재산을 하사하는 행위와 비슷한 자원 재배분으로 본 것이다. 제국의 거물과 대지주들도 마찬가지였다. 그들은 교회와 수도원을 세우는 데 재산의 일부를 기부하고는 사제나 대수도원장을 임명하고, 수입을 나눠 가지고, 자신의 영혼을 위해서 올리는 미사를 당연시했다. 교회는 그들 소유의 어느 성이나 촌락이나 제분소와 마찬가지로 그들의 것이었다.[3]

독일 군주제의 기반은 1070년대에 서임권 투쟁으로 알려진 극적인 사건을 계기로 뒤흔들렸다. 그 다툼의 핵심에는 성직자 관리와 성직자 임명방식이라는 문제가 있었다. 독일 통치자들은 성직자와 사제를 개인의 자산으로, 자신이 많은 것을 기증한 교회를 본인의 소유로 취급했고, 따라서 자신들이 사제들의 부임지를 결정하는 데 아무 문제가 없다고 생각했다. 그들은 교황에 대해서도 같은 태도였다. 독일 통치자들은 교황보다 우위에 있었고, 교황을 마음대로 임명하고 해임할 수 있었다. 하인리히 3세는 1046년 한 해에만 교황 3명을 해임했다(1명은 "여러 가지 역겨운 간음 행위와 직접 저지른 살인" 혐의로, 또 1명은 교황 칭호를 사들였다는 이유로, 마지막 1명은 적대적인 로마의 어느 파벌의 앞잡이라는 구실이었다). 하인리히 3세는 이후 10년에 걸쳐 4명을 교황 자리에 앉혔는데, 4명 모두 독일인이었다.[4]

하인리히 3세가 임명한 교황들은 꼭두각시가 아니라 활동적이고 소신 있는 개혁가들이었다. 그들의 주요 관심사는 부인을 두는 사제들과 공직을 사들이는 성직자들을 단속하는 일이었는데, 그들이 시작한 이 운동은 금세 엄청난 규모로 비화했다. 교회의 개혁이란 교회 관행의 합법성 회복을 의미했고, 결국 적절한 방식의 성직자 임명을 뜻했다. 이런 맥락에서 통치자들이 주교와 대수도원장, 심지어 교황을 선택할 수 있도록 하는 것은 원칙에 위배되었다. 가장 거슬리는 부분은 서임 의식이었다. 왕이나 황제는 주교좌 성당 참사회원들과 짧게 토의한 뒤(가끔은 그런 절차조차 없이) 신임 주교를 결정하고 그에게 주교 직무를 나타내는 반지나 지팡이를 건넸다. 반면, 개혁가들은 주교좌 성당 참사회가 모든 주교를 적절한 방식으로 선출해야 한다고, 또 교회와 국가 사이에 분명한 선을 그어야 한다고 요구했다.

황제들의 생각은 달랐다. 그들은 스스로가 교황이나 주교와 다름없으며 자신들에게 교회 사무를 관리할 동등한 권리가 있다고 여겼다. 로마의 황제 대관식도 그만큼 중요했다. 비록 교황이 씌워주는 관이라도 황제는 제관 밑에 주교관主教冠을 썼고, 교황과 마찬가지로 붉은 가죽신을 신었으며(붉은색은 그리스도의 피를 의미했다), 주교 반지도 꼈다. 부하들의 선전에 따르면, 그는 사제이면서 왕이기도 한 구약성서 속 멜기세덱의 화신이었다. 이런 이유로 12세기 황제들은 로마 제국이라는 명칭에 "신성한"을, 심지어 "가장 신성한"이라는 수식어를 추가했고, 그때부터 지금까지 역사가들이 신성 로마 제국이라는 용어를 쓰게 되었다. 19세기 초까지도 대다수 사람들은 그저 로마 제국으로 불렀지만, 신성 로마 제국이라는 명칭은 결국 굳어졌다. 그러나 의식과 용어 이상의 이유도 있었다. 대주교들과 주교들과 대수도원장들은 왕정의 일부였다. 그들은 왕정을 작동시키는 사람들이었다. 만일 군주가 성직자 임명권을 잃으면, 통치수단이 없어지는 것이었다.

하인리히 3세의 아들인 하인리히 4세(재위 1054–1105)의 치세에는 위기가 고조되었다. 하인리히 4세는 개인적으로는 독실한 인물이었을지 몰라도 자신의 부하들을 밀라노와 콘스탄츠의 주교좌를 비롯해 가장 넉넉한 부를 누릴 수 있는 교회 직분에 임명했고, 교황의 항의를 묵살했다. 이는 마침 작센에서 일어난 반란과 때가 맞물리며 심각한 결과를 초래했다. 1076년, 교황 그레고리오 7세는 하인리히 4세를 파문하고는 신민들이 하인리히에게 충성을 바칠 필요가 없다고 선언했다. 작센의 반란은 다시 불붙었고, 그 불길은 더 널리 퍼졌다. 그러자 하인리히 4세는 시간을 벌려고 했다. 1077년 1월, 그는 교황이 머물고 있는 카노사 산성의 안뜰에 나타나 용서를 빌었다. 며칠 시간을 끈 뒤, 교황은 그를 따뜻하게 끌어안고 죄를 용서해주었다(하인리히가 맨발에 속옷 차림으로 사흘 동안 눈 속에서 기다렸다는 이야기는 지금으로부터 150년 전에 이미 논파되었지만, 아직도 교과서에 남아 있다).[5]

그러나 하인리히 4세가 참회했다고 문제가 해결된 것은 아니었다. 하인리히는 성직자들을 계속 임명했고, 교황의 독일인 추종자들을 압박했다. 1077년에 포르히하임에서 열린 모임에서, 작센 반란군은 하인리히의 대항마로 독일 역사상 최초의 대립왕對立王을 선출했다. 그레고리오 교황이 왕위를 노리는 대립왕과 동맹을 맺고 하인리히를 다시 파문하자, 하인리히는 독일인 주교들에게 그레고리오의 퇴위를 선언하도록 조처한 뒤 공의회를 열어 새로운 교황을 뽑았다. 1084년에 로마에서 하인리히 황제에게 관을 씌워준 교황이 바로 대립교황인 클레멘스(3세)이다. 하인리히의 대관식은 미수에 그친 암살 기도만 빼면 모든 면에서 화려한 의식이었는데, 당대인들은 범인의 배후에 그레고리오 교황이 있다고 생각했다.[6]

하인리히 4세가 그레고리오 7세와 후임 교황들을 상대로 벌인 충돌은 12세기까지 이어졌다. 하인리히는 여전히 파문된 상태였고, 대립교황을 임명해서 보복했다. 양 진영에서 광기, 찬탈, 악마와의 공모, 수녀와의 타락한 교접, 강령술, 살인 등등의 이유를 거론하며 황제와 교황을 비난하는 소책자와 설교와 노래가 유포되었다. 그것은 중앙유럽 최초의 선전전이었다. 그러다가 마침내 하인리히 4세의 아들이자 후계자인 하인리히 5세(재위 1105-1125) 치하에서 타협이 이루어졌다. 이제 통치자는 주교와 대수도원장을 선출하는 현장에 참석할 수는 있어도 해당 성직자의 직무를 나타내는 지팡이와 반지를 넘겨주지는 못하게 되었다.

군주들은 간접적이기는 해도 여전히 성직자 임명에 영향을 미칠 수 있었다. 그렇지만, 군주의 권력은 상처를 입었다. 이전에도 반란은 많이 일어났지만, 독일인의 땅의 지도급 인사들이 주권자를 타도하기 위해서 궐기한 것은 1070년대가 처음이었다. 게다가 그들은 대립왕을 선출해서 선거 원칙을 되살리기까지 했다. 그때까지 150년에 걸쳐 아들들이 꾸준히 권좌를 계승하면서 선거 원칙은 무색해진 상태였다. 하인리히 4세는 권력을 유지하기 위해서 보상과 유인의 수단으로 왕령지를 양도하기도 했는데, 그 결과 권력의 물적 토대가 더 약해졌다. 그가 넘긴 소유지 중 다수는 정방형 석조 아성牙城으로 뒤덮이고, 문장紋章이 그려진 방패로 장식된 새로운 영주령의 핵심이 되었다.

하인리히 4세는 위엄 있는 칭호도 나눠주었고, 승인도 질책도 받지 않은 채 그런 칭호를 차지할 수 있도록 했다. 이전에는 백작이 일종의 공직이었지만 이제는 대체로 명예직과 세습직이 되어버렸다. 백작 칭호의 몇 가지 이형異形은 해당 칭호의 소지자를 더 빛나게 했으니, 이 칭호의 소지자는 자신의 땅이 국경에서 멀리 떨어져 있어도 변경백이 되기를 갈망하거나, 지킬 왕궁이 없어도 궁정백이 되고 싶어했을 것이다. 유력자들이 어떤 칭호를 얻었든 간에 결과에는 별 차이가 없었다. 이전에 백작과 변경백과 궁정백 등이 통치자를 대신해서 수행했던 권력이 (당시의 어느 설명에 의하면) 이제 그들 "고유의 권한"에 의해 행사되는, 그들의 것이 된 것이다.[7]

영주들이 권력을 다지는 전형적인 방법은 교회와 수도원에 "보호"를 약속하는 것이었다. 실제로 그들이 제공하는 보호 조치는 매우 진실한 경우가 많았지만, "사기"라는 단어가 추가되는 경우도 있었다. 적의 두개골을 깨트린 마인츠의 대주교 같은 전사 겸 고위 성직자는 스스로를 지킬 수 있었지만, 대다수 성직자에게는 도움이 필요했다. 그들의 땅은 여기저기 흩어져 있는 경우가 많았고 절도에 취약했다. 더구나 그들은 종교적인 이유로 재판을 열어 사형이나 손 절단형을 선고할 수 없었기 때문에, 소작인에게 마음껏 권력을 행사하지 못했다. 그들에게는 가혹한 정의를 집행하고, 세금을 강요하며, 군인 무리를 이끄는, 남이 하기 싫어하는 일을 처리하는 보호자가 필요했다. 난감한 처지의 종교 공동체를 방어하기 위한 더 나은 수단인, 성을 만드는 일에도 마찬가지로 보호자가 필요했다.

보호자, 즉 폭트Vogt("도움을 주는 사람"이라는 뜻의 라틴어 advocatus에서 유래했다)는 보호의 대가로 벌금과 세금의 일부를 따로 챙겼고, 다양한 수입을 마음껏 누렸다. 그들은 길 잃은 가축을 몰수할 권리가 있었고 교회 종지기의 보수도 빼앗을 수 있었다. 아울러 가신家臣을 교회 수입에 대한 동등한 요구권이 있는 대리인으로 임명할 수도 있었다. 이후 세월이 흐르고 영주들이 폭트 직책을 사고팔면서 각각 400여 개에 이르는 교회와 대수도원과 수녀원을 차지했다. 영주들은 그것들을 본인 사유지의 가장 중요한 부분으로 간주했다. 일단 자리를 잡은 폭트를 물러나게 하기는 힘들었다. 무엇보다 대다수 영주가 그 직책을 세습직으로, 상속자에게 넘겨줄 혜택으로 여겼기 때문이다.[8]

영주들이 자기만의 개인적인 통제 장치도 구축했다는 점에서 볼 때, 폭트는 권력의 한 형태일 뿐이었다. 영주들은 점점 자신이 가장 잘 아는 사람들, 다시 말해 자기 집 하인들에게 의지하게 되었다. 힘이 넘치는 호위병과 알뜰한 식료품 보관 담당자 같은 사람들이 가장 건장하고 총명한 하인으로 꼽혔고, 전사와 사유지 관리인으로 재배치되었다. 당시 그런 하인들은 "가사家士"로 불렸지만, 가사는 시장에서 무게를 검사하는 사람도, 주인의 뜻을 집행하는 투구 쓴 악당도 포함할 만큼 폭넓은 용어였다. 많은 가사들이 영주의 식탁에서 함께 식사하고 전리품을 나눠 가졌으며, 종종 훌륭한 업무 처리에 대한 포상으로, 혹은 급료 대신에 영주들로부터 한 뙈기의 땅을 받기도 했다. 가사인 아버지에 이어 아들이 영주를 섬기면서 가사들의 땅은 세습되었고, 그들도 영주처럼 가사를 두기 시작했다. 가사들 중 다수가 귀족의 격조를 모방했다. 귀족처럼 성을 쌓고, 이름에 들어간 본거지의 명칭 앞에 von(영어의 of)이라는 전치사를 붙이며, 가문을 상징하는 문장을 도입하고, 이웃들과 불화를 빚은 것이다.

가사들은 신흥 귀족이었다. 야심 있는 가사들은 항상 미천한 출신을 의식했기 때문에, 존경은 타고나는 것이 아니라 쟁취하는 것이라는 신랄할 교훈이 담긴 서사시와 새로운 형태의 아서 왕 전설을 의뢰했다. 세월이 흐르면서, 어떤 가사들은 방대한 토지, 고귀한 신분의 배우자와의 혼인, 정치적 영향력 등으로 차별화되는, 더 대단한 귀족들의 사회에 진입했다. 중앙유럽 귀족계급의 핵심에 있는 사람들 중 다수가 미천한 가사 출신이었고, 그들의 조상은 요리사나 마구간 일꾼, 짐마차

꾼이었다. 리히텐슈타인의 대공들 같은 소수의 가사 출신들은 카롤루스 마그누스나 율리우스 카이사르에게서 작위를 받았다는 과장된 이야기로 모호한 태생과 빈약한 혈통을 감추고 가장 높은 자리에 올랐다. 다른 가사 출신들은 토지에서 나오는 수입으로 도시 통치기관의 고위직과 최고급 주택을 사들이며 도시에 진입했다.

군주들도 토지와 요직이라는 당근을 제시하며 가사들을 전사와 행정관으로 활용했다. 어느 가사는 라벤나의 공작과 시칠리아의 섭정이 되었고, 다른 가사는 함부르크-브레멘의 대주교가, 또 어떤 가사는 1,000명의 군인을 지휘하는 사령관이 되었다. 작센의 왕령지는 잘리어 왕가 황제들의 통치권에서 핵심 요소였고, 당대의 어느 설명에 의하면 "황제의 부엌"이었다. 하인리히 4세는 수백 명의 가사들에게 작센의 왕령지에 있는 자신의 사유지를 관리하도록 하면서 현지 귀족들의 영향력을 빼앗았고, 결국 그들을 반란의 길로 몰아세웠다. 그러나 가사들의 전성기는 1138년에 잘리어 왕조를 대체한 호엔슈타우펜 왕조의 치하 때였다. 이 시기에는 1,000명 이상의 가사들이 농촌에서 황제의 뜻을 집행하고, 주인의 지시를 무력으로 뒷받침할 별동대를 모집하는 등 호엔슈타우펜 왕조 통치권의 중추를 이루었다. 가사들은 주로 슈바벤 지방에 있는 넓은 국왕 사유지를 관장하면서 독일인의 땅 남서부를 호엔슈타우펜 왕조의 요새로 만들었다.[9]

1150년경, 신성 로마 제국에는 약 20개의 공국이 있었다. 일부 공국은 프랑켄 공국처럼 껍데기에 불과했다. 이미 작센 왕조와 잘리어 왕조의 통치자들이 그 공국들의 땅을 성직자들에게 넘겼기 때문이었다. 로트링겐 공국을 비롯한 다른 공국들은 상속인들에 의해서 분할되었다. 그러나 몇몇 공국의 공작들은 강력한 지역 권력을 구축해놓았다.

그들은 현지의 백작들을 부하로 삼았고, 독자적으로 임명한 폭트를 통해서 수도원과 교회를 통제했으며, 가사들을 통해서 뜻을 관철했다. 그중 제일 중요한 공국은 작센 공국, 슈바벤 공국, 바이에른 공국이었고, 그 세 공국 주위에 브라반트 공국, 케른텐 공국, 오스트리아 공국 같은 비교적 작은 공국들이 모여 있었다. 공작 직책은 왕이 내리는 선물이었고, 위신의 표시였으며, 1200년경부터는 제후의 신분을 의미했다. 군주들은 공작 칭호를 내리는 대가로 충성을 기대했다. 통치자가 마땅히 누려야 한다고 생각하는 헌신을 거부한 공작이 치르는 대가는 컸다. 훗날 하인리히 사자공은 황제 프리드리히 1세(재위 1152-1190)와의 다툼에서 이를 뼈저리게 느꼈다.

호엔슈타우펜 왕조의 황제인 프리드리히 1세 바르바로사("붉은 수염")는 재정난에 시달렸다. 서류상으로 알 수 있는 프리드리히의 궁정 수입은 인상적이다. 그에 따르면 금전이 아니라 현물로 확보한 연간 총수입은 소 1,770마리, 수퇘지 1만6,590마리, 새끼 돼지 2,802마리, 거위 5,160마리, 닭 2만8,500마리, 달걀 7만5,750개, 치즈 4만6,440개, 수레 2,000대 이상 분량의 맥주, 적어도 수레 400대 분량의 포도주 등이었다. 그러나 프리드리히와 함께 움직이는 약 1,000명의 수행원들이 1인당 매일 맥주 5리터, 5일마다 달걀 1개, 2주일마다 닭 1마리를 먹어치웠다. 물론 그들이 소비한 식량에 관한 자료는 불완전하지만, 이는 프리드리히가 수행단을 먹여살리는 데 얼마나 큰 비용을 썼는지 짐작하게 한다. 프리드리히는 자금을 마련하고자 이탈리아로 눈길을 돌렸고, 그곳 도시들을 약탈하려고 다섯 차례 원정을 떠났다. 그리고 1174년 작센의 하인리히 사자공이 이탈리아에서 자신을 지원할 파견 부대를 보내지 않자, 즉각 그를 겨냥한 공격에 나섰다.[10]

가문의 문장에 그려진 사자 그림 때문에 "사자공"으로 불린 하인리히는 모두에게 위협적인 인물이었다. 작센 공작인 그는 토착 귀족들의 사유지를 대영주인 자신이 소유하는 토지로 전환하도록 요구함으로써 적대감을 불러일으켰다. 게다가 아버지에 힘입어 바이에른 공작이기도 했던 그는 제국의 다른 거물들로부터도 경계를 받았다. 법정으로 나와서 황제의 뜻을 거스른 일을 해명하라는 명령을 받은 하인리히는 자기 편이 없음을 깨닫고 출두하지 않음으로써 혐의를 더 키우고 말았다. 1180년, 하인리히는 대역죄 혐의로 땅을 빼앗겼다. 프리드리히는 적절한 절차에 따라서 바이에른을 비텔스바흐 가문(그때까지 바이에른의 백작 가문이었다)에 넘긴 반면, 작센은 쪼개버렸다. 그는 하인리히가 브라운슈바이크와 뤼네부르크 주변 지역을 계속 보유할 수 있도록 허용했지만, 작센의 대부분은 쾰른 대주교에게, 그리고 하인리히의 이웃 귀족인 안할트의 베른하르트에게 하사했다.

작센은 완전히 엉망이 되지는 않았으나 훨씬 작아졌다. 안할트의 베른하르트의 후손들이 다스린 그 공국은 대부분 엘베 강 동쪽에 자리를 잡았고, 결국 비텐베르크와 라우엔부르크를 중심으로 양분되고 말았다. 그러나 작센의 몰락은 그로부터 1세기도 지나지 않아서 일어난 슈바벤의 붕괴에 비하면 아무것도 아니었다. 프리드리히 1세 바르바로사는 1190년에 십자군 원정 도중 아나톨리아(오늘날의 튀르키예)에서 세상을 떠났다. 그의 아들 하인리히 6세(재위 1190-1197)는 이듬해에 로마에서 대관식을 거쳐 황제가 되었다. 그는 시칠리아 왕국에 대한 자기 부인의 권리를 실현하고자 치세의 대부분을 이탈리아에서 싸우며 보냈다. 그리고 그가 불과 서른두 살에 요절하자, 제국은 내전에 휩싸였다. 한 파벌은 하인리히 6세의 아들인 프리드리히를 지지했고, 다른 파벌은 하인리히 6세의 동생 필리프를 옹호했으며, 또다른 파벌은 하인리히 사자공의 아들 브라운슈바이크의 오토 편을 들었다. 1208년에 필리프가 살해되고 1215년에 오토가 폐위되어 프리드리히가 황제가 될 길이 열릴 때까지 거의 20년간 전쟁이 벌어졌다.

　슈바벤은 호엔슈타우펜 왕가의 심장부였다. 그곳에는 호엔슈타우펜 왕조 통치자들이 보유한 대부분의 사유지와 성이 있었고, 그들 휘하의 가사들도 대부분 슈바벤에서 활동했다. 장기간의 내전 동안, 프리드리히 2세는 지지를 얻고자 막대한 넓이의 땅을 하사했다. 이탈리아와 시칠리아에서 호엔슈타우펜 왕가의 권력을 재구축하기 위해서 알프스 산맥 이북의 소유지를 기꺼이 희생할 각오가 되어 있었던 그는 권력을 잡은 뒤에도 기존의 방침을 유지했다. 그러나 프리드리히의 웅대한 야망은 1250년에 그가 세상을 떠나면서 함께 사라졌다. 프리드리히의 아들인 콘라트는 아버지보다 겨우 4년을 더 살았고, 손자인 콘라딘은 독일인의 땅에서 결코 권력을 행사하지 못했다. 콘라딘은 이탈리아 남부에서 배신을 당해 적들에게 넘겨졌고, 결국 1268년에 나폴리에서 처형대에 올라 참수되었다. 그 혼란의 와중에 욕심 많은 영주들은 호엔슈타우펜 왕가의 남은 땅과 슈바벤의 황제 직할지를 차지했고, 섬길 영주가 없는 슈바벤 공국의 가사들은 무너질 듯한 성이 지켜주는 하찮은 재산에 기대어 독자적인 기사騎士로 자처했다.

　슈바벤은 로트링겐과 프랑켄과 작센에 이어 마지막으로 무너진 대규모 공국이었다. 신성 로마 제국의 영토는 곳곳에 흩어진 조각들로만 남았고, 땅과 권력은 하나로 묶이지 않았다. 그 영토 조각의 소유자들은 그것을 가문의 소유로 취급하며 상속자들에게 나눠주었다. 13세기 말에 이르자 슈바벤 공국이었던 곳은 수십 명의 백작과 주교와 대수도원장이, 그리고 여러 소小영주들과 하급 기사들이 나눠 가지거나 서로 가지려고 다투는 분열된 공간이 되었다. 새로운 소유자들은 신분과 무관하게 재판을 열고, 세금을 부과하며, 정책을 토의할 주요 인사들의 총회를 소집하고, 독자적인 군대를 편성하는 등 자기 영토 안에서 거의 완전한 권한을 행사했다. 그 모든 과정의 피해자는 군주였다. 이름뿐인 가신들은 군주의 땅과 권력과 권한을 약탈했다. 13세기 말의 어느 생생한 기록에서, 황제는 더 이상 제국 문장에 그려진 독수리가 아니라 썩은 나무를 쪼아대는 딱따구리로 묘사되었다.[11]

잉글랜드와 프랑스를 비롯한 13세기 유럽의 대다수 지역에서는 권력이 가장 높은 곳으로 점점 집중되고 있었던 반면, 신성 로마 제국에서 권력은 아래로 내려가고 있었다. 다른 곳에서는 군주에게 속한 권리들이 신성 로마 제국에서는 토착 귀족들의 개인적 특권이 되었다. 그 결과는 신성 로마 제국의 내부 배열을 보여주는 모든 지도에 드러나 있다. 매우 상세한 지도일 경우에는 공국, 제후국, 영주령, 그리고 때로는 지름이 몇 킬로미터에 불과한 소규모 봉건 영지 같은 1,000개 이상의 개별 소국가가 모자이크를 이루고 있을 것이다. 그 정치 단위들의 정확한 수치를 제시하기란 불가능하다. 매달 피상속인의 죽음과 분할상속을 통해 그 수가 늘어났거나, 한 가문이 소멸한 틈을 타 이웃들이 집어삼킨 영토가 갑자기 지도에서 사라졌기 때문이다. 소국가 중 대다수에는 해당 국가의 주인이 위신의 표시로, 또 요새 삼아 급히 만든 성이 최소한 1채는 있었다. 역사가들의 추산에 따르면 지금의 독일 영토에는 약 2만5,000채의 중세 석성石城이 남아 있지만, 체계적인 집계는 이제 막 시작되었을 뿐이다.[12]

그러나 동쪽에서 무엇인가 일이 벌어지고 있었다. 독일인의 땅 가장

자리에서 야심만만한 사람들이 독자적인 공간을 개척하고, 왕권의 전통적 중심지로부터 멀리 떨어진 곳에 새로운 제후국을 세우고 있었던 것이다. 신성 로마 제국에는 수도가 없었다. 대신에, 군주는 수행단과 함께 현지의 경관을 엉망으로 만든 뒤 다른 곳으로 이동하는 식으로 여기저기를 돌아다녔다. 그러다가 12세기와 13세기 초에는, 왕과 황제가 그들에게 우호적인 대수도원이 가장 많은 라인란트와 프랑켄, 그리고 그들의 개인 영지가 있는 슈바벤으로 향하는 경우가 점점 늘었다. 고슬라어에 있는 황궁을 제외하면, 그들은 작센의 대부분 지역을 외면했다. 로마에서 열리는 대관식과 번영을 누리는 이탈리아 도시들도 왕과 황제를 남쪽으로 유혹했다. 슬라브인의 "동쪽 황무지"는 왕과 황제의 시야와 순회 궁정의 손길에서 멀어졌다. 동쪽 황무지는 주인을 기다리고 있었다.

엘베 강 동쪽과 발트 해 남쪽 사이에서 폴란드 국경까지 이어지는 땅들은 7세기에 슬라브족이 정착한 지역이었다. 킬에서 폴란드의 항구 도시 그단스크까지 600킬로미터 이상 펼쳐진 그 광활한 영토는 인구 밀도가 매우 낮았고, 숲과 습지와 모래투성이 황야가 뒤섞인 지형에 느릿느릿 흐르는 강이 가로지르고 있었다. 그 지역을 지나가는 여행자들은 진창에 빠져 허덕이는 말, 기괴한 뱀, 두루미의 날갯짓과 깍깍거리는 울음소리 따위에 불평을 늘어놓았다. 일찍이 9세기와 10세기에, 카롤루스 마그누스와 초기의 작센족 통치자들은 그 지역에 쳐들어가 저 멀리 동쪽으로 오데르 강까지 펼쳐져 있었을지 모르는 허울뿐인 변경 영주령, 즉 변경백국을 세운 바 있었다. 하지만 그 땅은 980년대부터 연이어 봉기를 일으킨 슬라브족에 빼앗겼고, 정복자들은 원래의 출발점으로 밀려나고 말았다. 어느 연대기 작가에 따르면, 그곳에 남

은 것은 부서진 장벽과 무너진 제방뿐이었다.[13]

독일 연대기 작가들은 슬라브족을 멸시했지만, 외국인 여행자들은 좀더 객관적이었다. 960년경, 스페인계 유대인 상인인 이븐-야굽은 고로드(지금의 메클렌부르크)에 있는 장벽으로 둘러싸인 수도와 성소聖所, 다량의 말[馬], 전사들의 쇠사슬 갑옷과 철제 무기 등을 기술하며 슬라브 부족인 아보드리테족 영역의 위세를 기록으로 남겼다. 다른 연대기 작가들은 발트 해 뤼겐 섬의 아르코나 곶에 위치한 신전의 웅장함을 기록했다. 그들은 자주색 지붕과 아보드리테족이 섬기는 머리가 4개인 신의 초대형 조각물을 묘사했는데, 아보드리테족 사제들이 그 조각물의 일부인 뿔잔으로 미래를 점쳤다고 한다. 그보다 더 동쪽의 이교도 지역인 포메라니아에서는 저 멀리 발칸 반도의 상인들이 찾아올 만큼 호박과 은과 모피가 활발하게 거래되고 있었다. 실제로, 포메라니아 해안에서는 그리스 상인들이 굉장히 많이 활동하고 있어서 어느 박식한 당대인이 발트 해가 틀림없이 빙 돌아 흘러가 흑해와 만날 것이라고 생각할 정도였다(포메라니아와 저 멀리 떨어진 북쪽 땅 사이의 교역을 통해서 포메라니안이라는 품종의 개가 중앙유럽에 도입되었다. 원래 허스키와 비슷하게 힘이 센 썰매견이었던 포메라니안은 이후 품종 개량을 거쳐서 엄청나게 작아졌다).[14]

독일 땅의 주교들은 영혼을 추수하기 위해서 동쪽을 바라봤다. 그러나 그들은 개종이 단순한 영적 요소를 뛰어넘는 유인책과 군사적 완력에 좌우된다는 점을 알고 있었다. 1108년, 마그데부르크 대주교와 변경의 지도급 주교들을 대신해 작성된 어느 편지에는 다음과 같이 도움을 구하는 내용이 담겨 있었다.

이 불신자들은 최악의 인간들이지만, 그들의 땅은 곡식을 키우고 고기와 꿀을 구하고 들새를 잡기에 가장 좋습니다. 아는 사람들은 그들의 땅을 올바르게 경작하면 온갖 산물이 비할 바 없이 넉넉하게 날 것이라고 말합니다. 그러니, 이 세상의 가장 명성 높은 정복자인 작센인과 프랑크인과 로트링겐인과 플랑드르인이여, 그대들은 그대들의 영혼을 구원할 수 있고, 원한다면 가장 살기 좋은 땅을 가질 수 있습니다.[15]

그러나 중앙유럽의 다른 쪽에서는 폴란드인들도 바삐 움직이고 있었다. 12세기 초, 폴란드의 통치자 볼레스와프 3세(입술이 비뚤어져서 "입비뚤이"라는 별명이 있었다)는 항구 도시 그단스크의 남쪽 땅인 포메라니아 동부에 위치한 포메렐리아에 대한 권리를 주장했다. 1121년, 그는 그곳에서 서쪽으로 쳐들어가 오데르 강 연안의 슈체친을 빼앗았다. 포메라니아의 통치자인 바르티슬라프는 재빨리 항복했고, 자신의 부인 24명을 내쫓고 기독교를 받아들였다. 이후 볼레스와프는 신민들을 개종시키려고 밤베르크의 오토 주교를 영입했다. 오토 주교는 임무를 훌륭히 수행했다. 그는 슬라브인들을 감동시키기 위해서 사제들을 값비싼 예복으로 치장했고, 사치스러운 선물로 슬라브인 지도자들을 포섭했다. 예상대로 오토의 전기 작가들은 개종자의 수를 집계하여 기록으로 남겼다(여기서 20명, 저기서 7,000명, 그리고 포메라니아의 수도인 볼린에서 무려 2만2,156명). 그들은 철거된 신전, 벌목된 신성한 숲, 파괴된 우상도 열거했다.[16]

정복과 개종의 속도는 12세기 중엽에 더 빨라졌다. 1147년, 교황 에우제니오 3세는 제2차 십자군 원정에 착수했다. 십자군은 2개 부분으로 나뉘었다. 주력 기독교군이 예루살렘의 십자군 왕국을 지원하기 위해 팔레스티나로 떠난 상황에서, 나머지 기독교군은 에우제니오 3세의 지시로 이교도인 슬라브족을 상대로 전쟁에 나섰다. 그는 북쪽의 십자군도 중동에서 싸우는 십자군처럼 영적 혜택을 누리고 죄를 용서받으리라고 약속했다. 그러나 이슬람교도가 아닌 이교도에 맞선다고 해서 북쪽의 십자군에 가담한 사람들이 이슬람교도와 이교도의 차이를 뚜렷하게 느끼지는 않았을 것이다. 12세기의 중앙유럽에서 모든 비非기독교인들은 이집트와 시리아의 술탄인 살라딘의 추종자들로 간주되었기 때문이다.[17]

안할트의 곰 백작 알브레히트(그의 방패에 그려진 곰 그림 때문에 붙은 별명이다) 휘하의 주력군을 앞세운 기독교군은 동쪽으로 진군했다. 알브레히트는 슈체친의 포메라니아인들이 이미 기독교로 개종한 사실을 모른 채 군대를 이끌고 그곳으로 향했다. 하지만 그는 낙담하지 않았다. 슬라브 부족인 헤벨리족의 통치자인 프리비슬라브는 자신의 권력이 너무 약하다고 여긴 나머지 신민들을 개종시키기 위해서 아무것도 하지 않았지만, 그 스스로는 오래 전부터 기독교인이자 알브레히트의 아들의 대부이기도 했다. 죽기 직전, 그는 자신에게 아들이 없으므로 알브레히트에게 영토를 물려주겠다는 예전의 약속을 지키겠다고 말했다. 1150년에 프리비슬라브가 세상을 떠났다는 소식을 들은 알브레히트는 헤벨리족 영토를 재빨리 침략했지만, 브란덴부르크의 가장 중요한 보루를 빼앗기까지는 몇 년이 걸렸다.

알브레히트는 "하느님의 은총으로 북쪽의 변경백이신 알브레히트"라는 칭호를 쓰면서 독자적인 제후로 자처할 생각이었지만, 그것은 실현 불가능한 야심이었다. 엘베 강 서쪽에 있는 그의 영토는, 최소한 이론상으로는 신성 로마 제국 통치자의 소유였고, 알브레히트는 자신을 신성 로마 제국에 단단히 묶어둔 끈에서 벗어날 수 없었다. 대신에 그는 브란덴부르크 변경백이라는 더 수수한 칭호를 선택한 뒤 그 지역을 개발하는 작업에 착수했고, 그 지역의 변두리에 슈판다우라는 요새를 지었다. 그러고는 그곳의 지형을 인간의 손길로 다듬기 위해서 이주자들을 불러들였다. 이주자들은 주로 관개에 능숙한 저지대 국가 출신이었다. 그는 정착지 건설 작업을 승인했고, 세금 감면을 약속하며 농민들을 모집했으며, 자신을 섬길 기사들도 영입했다. 나중에 그의 후손들은 수도원과 교회를 세우고, 베를린이라는 도시를 건설하고, 오데르 강 쪽으로 진출하면서 알브레히트의 과업을 이어나갔다. 그들을 비롯한 변경 영주들은 12세기에만 무려 20만 명의 독일인을, 그리고 13세기에도 비슷한 수를 엘베 강 동쪽 지역에 정착시킨 것으로 보인다.[18]

브란덴부르크는 알브레히트의 작품이었다. 그러나 어느 연대기 작가가 다음과 같이 인정했듯이, 그것은 원주민을 희생시킨 결과였다.

> 그러나 지금 하느님이 우리의 공작 알브레히트와 다른 제후들에게 넉넉한 도움과 승리를 안겨주었기 때문에 슬라브인들은 어디서나 괴멸되거나 내쫓겼다. 강인하고 무수히 많은 민족이 바다의 끝에서 건너와 슬라브인들의 영토를 차지했다. 그들은 도시와 교회를 세웠고, 모든 추산을 뛰어넘을 만큼 부를 쌓았다.[19]

사실, 슬라브인들은 소탕되지 않았다. 종교가 박탈되고 마을이 재편되거나 철거되었지만, 그들은 종종 독일어와 슬라브어가 뒤섞인 이상한 언어를 쓸지언정 독일인이라는 새로운 정체성을 발견했다. 그럼에도 오늘날 슬라브어를 쓰는 약 50만 명의 벤트인(혹은 소르브인)이 엘베 강과 오데르 강 사이에 남아 있다.

　알브레히트는 독특한 사례가 아니었다. 독일인 영주들은 중앙유럽 곳곳에서 동쪽으로 진출하고, 교회를 설립하고, 낯선 세금을 부과했으며, 그들이 모집한 서쪽 출신의 이주자들을 위해서 새로운 촌락을 건설했다. 그들이 차지한 땅들은 신성 로마 제국에 녹아들었고, 그 과정에서 옛 아보드리테족의 영역은 메클렌부르크 공국이 되었으며, 주로 슬라브인들이 거주한 남동쪽의 국경지대는 슈타이어마르크 공국, 케른텐 공국, 크라인 공국이 되었다. 포메라니아도 1181년에 바르티슬라프의 아들이자 후계자인 보구스와프 1세가 제국 공작 칭호를 얻으려고 폴란드의 대영주 신분을 내던지면서 제국의 일부분이 되었다. 황제들의 권력은 쇠퇴하고 있었을지 모르지만, 신성 로마 제국의 권력은 그렇지 않았다. 신성 로마 제국의 제후들과 거물들은 제국의 경계선을 외부로 밀어붙이고, 한때 슬라브족이 자리 잡고 살아가는 동쪽 황무지였던 곳에서 성과 촌락과 수도원을 만드느라 바빴다.[20]

제6장
몽골-타타르족, 새로운 도시들, 새로운 기사들

중앙유럽에서는 동쪽으로 갈수록 여정이 힘겨워졌다. 일단 라인 강이나 도나우 강을 건너면 로마 시대의 도로는 점점 사라지고 그 대신 사람이 밟고 다녀서 생긴 길, 나무에 새겨진 표시, 그리고 대충 자른 통나무로 만든 둑길이 많아졌다. 율리우스 카이사르가 1,000년도 더 전에 묘사한 바와 같이, 중앙유럽의 내부에는 숲이 끝없이 펼쳐져 있는 듯했다. 서쪽의 보헤미아로 진군한 11세기의 어느 독일 군대는 촘촘하고 빽빽한 숲에 허를 찔렸다. 숲의 모든 능선마다 지평선까지 뻗어 있는 새로운 수목 풍경이 나타났기 때문이다. 기진맥진한 군인들은 갑옷을 벗어 던졌고, 그 바람에 숲을 일종의 방어 시설로 가꿔온 체코인들에게 쉽게 당하고 말았다. 그러나 일단 숲을 통과하고 나면, 중앙유럽의 동쪽으로 향하는 여행자들은 어김없이 풍족한 곡물 밭과 목초지를, 철갑상어와 메기와 강꼬치고기가 바글거리는 강을, 그리고 보헤미아의 풍부한 광산을 언급하며 한마디씩 얹었다.[1]

그럼에도 13세기까지 중앙유럽의 동쪽에서 사는 사람들은 무서운 존재로 인식되었다. 1140년대에 헝가리를 가로질러 여행한 프라이징의 오토 주교는 그곳 주민들을 "눈이 움푹 들어가고 키가 작은……습관과 언어가 미개하고 사납고……사람을 흉내 내며……용모가 역겨운" 사람들로 묘사했다. 한편 폴란드인들은 "미개인이나 다름없고 매우 호전적인……그리고 기근이면 서로를 잡아먹는" 사람들이었다. 그로부터 1세기 이상 흐른 뒤 어느 익명의 프랑스 지리학자도 의견이 같았다. 그의 평가에 의하면 헝가리인은 작고, 튼튼하고, 피부가 검으며, 싸우기를 좋아했다. 폴란드인은 비교적 용모가 수려했지만, 그들의 땅에는 일각수, 반인반마半人半馬, 호랑이 같은 괴물도 있었다. 체코인은 도둑들이었다. 위험은 땅 밑에, 중앙유럽의 난쟁이 왕들의 지하 침실에도 숨어 있었다. 프랑스의 어느 수도사는, 1235년에 트란실바니아에서 체구가 작은 지하 세계의 주민들이 갑자기 동굴 밖으로 쏟아져 나와 진홍색 준마를 타고 달리면서 경솔하게도 그들을 붙잡으려는 모든 사람을 붉게 물들였다고 단언했다.[2]

서쪽에서 찾아온 방문객들은 동쪽 땅들을 경제적으로 낙후된 지역으로 여겼다. 그들의 판단은 아마 옳았을 것이다. 독일인의 땅을 지나가던 여행자들은 쾰른, 보름스, 뷔르츠부르크, 레겐스부르크, 파사우 등 여러 도시를 보았다. 그러나 바이에른의 경계선부터는 가치 있는 도시가 거의 없었다. 제2차 십자군 원정 때인 1147년에 중앙유럽을 가로질러 진군하는 프랑스의 루이 7세를 수행한 프랑스의 어느 수도사는 헝가리의 에스테르곰을 "고귀한 도시"로 평가했지만, 그후 비잔티움 제국의 영토에 진입할 때까지 칭찬할 만한 도시를 거의 보지 못했다. 프라이징의 오토 주교는 헝가리에서 목격한 것(갈대로 지은, 드물게는 나무로 지은 오두막집과 여름의 경우에는 천막)에 깜짝 놀랐다. 앞에서 언급한 프랑스 지리학자는 비판의 수위가 낮았다. 그는 헝가리 왕국의 도시를 9개로 집계했는데, 그 왕국의 규모를 감안하면 9개라는 숫자가 적다고 판단했다.³

그러나 서쪽의 평론가들이 가장 불쾌하게 여긴 점은, 그들이 생각하는 사회의 전형적인 작동방식이 중앙유럽의 여러 지역에 적용되지 않는다는 사실이었다. 특히 중앙유럽의 동쪽 부분에 새로 생긴 왕국들에는 당시 문명의 공통분모로 여겨진 요소들(방패 모양의 문장을 갖춘 귀족들, 용맹과 예의를 뽐내는 기사도 문화, 반갑게 맞이하는 군주가 있는 호화스러운 왕실, 지위가 높고 부유한 도시 사람들로 이루어진 상인계급, 유력자들의 평의회, 학식 높은 재판관들이 운영하는 법정, 통치자를 에워싼 초보적 기관들)이 부족했다. 프라이징의 오토 주교는 헝가리인을 묘사하면서 그 뚜렷한 차이점을 강조했다.

> 그들은 누구나 잘못된 일로 여길 만큼 모두가 군주에게 철저히 복종한다. 노골적인 반박으로 군주를 화나게 하지 말고 심지어 은밀한 속삭임으로도 성가시게 하지 말기를 바란다……백작 신분의 누군가가 사소한 일로 왕의 심기를 건드리면, 궁정의 밀사(설령 지위가 아주 낮고 시중꾼 없이 혼자 온 밀사라도)가 수행원과 함께 있는 그 백작을 사슬로 묶어 끌고 간 뒤 여러 처벌을 받도록 한다. 우리의 관습과 달리 그들은 동료 귀족들을 통해서 군주에게 정식 판결을 요청하지 않고, 고발된 사람에게 자신을 변호할 기회를 주지도 않는다. 그들은 모두가 군주의 뜻만으로 충분하다고 여긴다.⁴

헝가리 사회의 작동방식뿐 아니라 헝가리의 시골 사람들도 달랐다.

오토는 그들의 노예근성을 지적했다. 군주가 상당수의 주민에게 물품 제조 및 식량 공급 등과 관련한 의무와 군사적 의무를 강제로 할당했다는 점에서 볼 때 그의 판단은 옳았다. 어쨌든 그들은 군주의 땅에서 사는 군주의 백성이었고, 군주는 마음대로 그들을 다룰 수 있었다. 헝가리에는 16세기까지 교대로 왕실을 위해 일하는 요리사들의 마을이 있었다. 그것은 헝가리만이 아니라 폴란드와 보헤미아 도처에서 찾아볼 수 있는 특색이었다. 폴란드와 보헤미아에는 통치자로부터 가축 사육, 안장 생산, 제련, 방패와 무기 제조, 군주의 애견 훈련 같은 임무를 부여받은 노역 촌락이 있었다. 초창기 체코의 어느 연대기에 따르면 통치자에게는 특정인을 제분업자나 제빵사로, 혹은 대장장이나 모피 가공업자로 삼는 등 백성을 자기 마음대로 처리할 권리가 있었다. 폴란드의 사례에서 짐작할 수 있듯이, 통치자는 필요에 따라서 노역자들을 이 마을에서 저 마을로 옮길 수도 있었다.[5]

중앙유럽에서 대다수 농촌의 강제 조직화는 그들이 그토록 신속하게 토루를 쌓고, 침략자들을 막고자 누벽을 만들거나 멀쩡한 땅을 황무지로 만들고, 숲에 군사로를 뚫고, 수천 킬로미터 이상의 복잡한 관개 수로를 판 비결이다. 그런 하향식 사회경제적 관리는 어업권이 하천의 유지 및 보수와 밀접하게 연결된 강 주변의 몇 군데를 빼고는 서쪽의 독일인의 땅에서는 전혀 찾아볼 수 없었다. 그것은 아마 13세기 이전의 보헤미아와 헝가리와 폴란드의 가장 중요한 특징이자 그 나라들이 밟은 독특한 발전 과정의 공통분모일 것이다.[6]

중앙유럽의 그 모든 현실은 13세기에 바뀌었다. 중앙유럽은 이전보다 더 서유럽과 비슷해졌고, 그곳의 문화와 문명을 흡수했다. 그것은 장기간의 과정이었지만, 동쪽에서 몽골-타타르족이라는 새로운 뜻밖의 적이 출현하면서 촉진되었다. 이전의 훈족과 헝가리인이 그랬듯이, 몽골-타타르족도 중앙유럽을 탈바꿈시켰다.

몽골-타타르 제국은 칭기즈 칸(1160?-1227)이 창건했다. 중국 북부 지방을 유린한 그는 서쪽으로 진격했다. 이전의 훈 제국처럼 몽골-타타르 제국도 그 구조상 피정복 민족들로부터 공물을 거둬들일 수밖에 없었고, 말의 힘에 의지했다. 몽골-타타르족은 군수물자를 안정적으로 공급하기 위해서 당시 전 세계에 있는 말의 총 개체 수인 2,000만 마리의 약 절반을 전장에 배치했는데, 이는 전사 1명당 기운찬 말 몇 마리씩을 갖춰야 했기 때문이다. 몽골-타타르족 전사들은 가벼운 장비만 갖췄지만, 말의 힘 덕분에 정주민인 적들보다 2배의 속도로 이동할 수 있었다. 몽골-타타르족 전사들이 전격 전술로 거둔 빛나는 승리에는 그만큼의 잔혹함이 묻어 있었다. 적들은 대개 모조리 학살당했고, 원래 타타르족이었던 소수의 민족만이 동등한 존재로서 몽골족이 이끄는 군대에 편입되었다.[7]

몽골-타타르족은 1219년과 1220년에 중앙아시아의 대도시인 타슈켄트와 사마르칸트를 차례로 약탈했다. 칭기즈 칸은 1227년에 세상을 떠났지만, 그의 아들이자 후계자인 오고타이 치하에서 몽골-타타르족의 서진은 계속되었다. 오고타이는 조카인 바투(당시 흑해 북쪽의 몽골-타타르 제국을 다스리던 인물)에게 서쪽의 왕국들을 더 압박하도록 지시했다. 바투의 군대는 1240년에 키이우를 잔인하게 약탈해 그곳의 올빼미들만 살아남았다고 할 정도로 러시아의 제후국들을 철저히 짓밟았다. 그때 몽골-타타르족은 공성구와 투석기로 키이우의 성벽을 깨트리며 뛰어난 공성전 실력을 입증했다. 바투 칸은 우두머리급 부하들과 승전을 축하하는 자리에서 단상 아래에 키이우의 통치자와 그

가족을 눕혀놓고 천천히 밟아 죽였는데, 이는 제후가 피를 흘리는 경우는 없어야 한다는 몽골-타타르족의 전통에 따른 조치였다.

몽골-타타르족의 침입으로, 도나우 강 어귀와 크림 반도 사이에서 살던 튀르크계 유목민 부족인 쿠만족이 쫓겨나기 시작했다. 쿠만족 무리들은 헝가리 땅으로 들어갔고, 벨러 4세(재위 1235-1270)는 쿠만족을 마지못해 받아들였다. 그러나 바투는 쿠만족을 자신의 종으로 여겼다. 그가 말하기를 쿠만족은 "펠트 천막에 사는 사람들"이니 당연히 자기 백성이었다. 바투는 벨러에게 전령들을 파견하여(전령 중 한 사람은 잉글랜드의 모험가였던 것 같다) 쿠만인들을 돌려보내고 자신에게 복종하라고 요구했다. 외교에 서툴렀던 벨러는 바투가 보낸 편지에 답하지 않고 전령들을 죽여버렸다.[8]

벨러는 페르시아 지역의 호라즘 제국의 황제가 1219년에 몽골-타타르족 사신들을 처형하자 칭기즈 칸이 그곳을 잿더미로 만들어 보복했다는 사실을 몰랐다. 바투 칸은 겨울이 아니라 봄이었는데도 즉각 공격에 나서며 전과 똑같이 보복했다(몽골-타타르족은 서리가 내려서 땅이 단단해지는 겨울에 원정에 나서는 편을 선호했다). 1241년, 3개로 나뉜 군대가 헝가리로 쳐들어갔고, 도중에 폴란드 군대를 격파하고 크라쿠프, 산도미에시, 브로츠와프 등의 폴란드 도시들을 약탈했다. 헝가리 땅에 발을 디딘 몽골-타타르인들은 벨러의 군대를 모히(무히)에서 쉽게 무찔렀다. 헝가리인들을 궤멸시킨 바투는 파견 부대에게 벨러를 쫓으라고 명령했고, 벨러는 어쩔 수 없이 달마티아 해안의 트로기르 섬으로 달아났다.[9]

몽골-타타르인들은 1년 동안 약탈과 살육을 자행하면서 헝가리를 점령했다. 어느 생존자는 숲에 오랫동안 숨어 있었던 경험, 쑥대밭으로 변한 촌락과 도시, 몽골-타타르인들이 헝가리인들을 은신처 밖으로 유인할 때 사용한 계략, 지독한 기근 따위를 상세히 열거했다. 인구의 무려 3분의 1이 굶주림과 학살로 죽었을 것으로 추정된다. 그 참혹한 결과는 고고학적 기록에 새겨져 있다. 지난 20년 동안 고속도로 건설 과정에서 진행된 구제발굴(각종 공사로 유적이 훼손될 우려가 있을 때 시행하는 발굴 작업/역주)은 거주자들과 함께 불타버린 건물, 애처로운 느낌의 농기구 더미, 고고학자들이 흥미롭게도 "비정상 매장"이라고 부르는 것(도랑에 내던져졌거나 쓰러진 자리에 버려진 시신들, 그리고 여러 신체 부위로 가득한 구덩이들) 등 몽골-타타르족 침략기의 유적들을 찾아냈다. 망자들의 갉아 먹힌 뼈는 헝가리가 몽골-타타르인들에게 점령되어 겪었던 기근의 소름 끼치는 증거이다. 바이에른의 어느 연대기 작가는 몽골-타타르족의 침공에 따른 무시무시한 결과를 이렇게 간추렸다. "지난 350년간 존속했던 헝가리 왕국은 이 해[1241년]에 타타르 민족의 손에 멸망했다."[10]

1242년, 응징을 마친 몽골-타타르인들이 쳐들어올 때만큼 신속하게 떠났다. 잿더미로 변한 왕국을 재건해야 했던 벨러는 적들의 임박한 재침공이 두려울지언정 석조 방어 시설의 효과는 확인한 상태였다. 사실, 에스테르곰의 대주교 요새의 장벽은 적군 투석기의 집중 사격도 버텨 낸 바 있었다. 티허니와 펀논헐머의 요새화된 수도원들도 마찬가지였다. 따라서 벨러는 석벽으로 에워싸인 새로운 왕도王都를 여럿 건설하도록 지시했다. 또한 헝가리 대평원의 가장자리에서 외부 침입에 노출된 채 살던 페스트의 주민들은 몽골-타타르족의 손쉬운 먹잇감이었으므로, 1240년대 당시 생존한 주민들을 도나우 강 건너편의 부다 언덕으로 이주시키고 새로운 도시를 건설한 뒤 5킬로미터의 석벽(오늘날 상당 부분이 남아 있다)으로 그 도시를 둘러싸고자 상인과 화폐 주조자로 구성된 조합을 모집했다. 부다 이외의 지역에 대해서는 훗날의 자그레브인 그라데츠에 장벽을 세우도록 지시했고, 에스테르곰과 세케슈페헤르바르의 주민들을 기존의 석조 누벽이 있는 피난처로 이주시켰다. 이후 수십 년에 걸쳐 헝가리의 대다수 도시는 장벽으로 둘러싸였다.

벨러는 인구수를 회복하기 위해서 독일인들의 이주를 권장했고, 그들에게 자치와 일시적 면세 같은 폭넓은 권리를 하사했다. 그는 이주자들이 (종종 아무것도 없는 상태에서) 새로운 도시를 건설하거나 황무지였던 곳에 마을을 세우도록 정착지를 지정해주었다. 많은 이주자들이 트란실바니아로 향했고, 그 결과 12세기에는 미미했던 독일인의 이주가 거대한 물결을 이루게 되었다. 카르파티아 산맥의 언저리인 트란실바니아의 남동쪽 모퉁이에서, 이주자들은 이른바 작센인의 땅을 개척했다. 특별히 임명된 대리인locátor들은 주로 독일 북부와 저지대 국가 출신의 이주자를 모집하면서 작센인의 땅에 기회가 있다고 선전했다. 피리를 불어 독일 어린이들을 동쪽의 카르파티아 산맥으로 끌고 갔다는 피리 부는 사나이의 이야기는 여기에서 나왔다.

벨러는 장갑 기사들이 갑옷과 군마의 무게만으로도 경기병인 적들을 싸움터에서 무찌를 수 있다는 사실도 알고 있었다. 실제로 모히 전투에서 성전 기사단 소속의 중장갑 기사들은 몽골-타타르족 군대의 조랑말들을 사방으로 쫓아버렸다. 당시 적군 투석기의 집중 사격으로 저지되지 않았다면 중장갑 기사들은 승리를 거둘 수 있었을 것이다. 벨러는 헝가리 지주들을 쇠사슬 갑옷과 장갑판을 갖춘 중기병으로 변신시켰다. 이제 왕은 군역을 전제로 토지를 하사했고, 새로 등장한 문학 장르는 군사적, 기사도적 미덕을 찬양했다. 헝가리의 유력자들은 기사 이야기에서 빌려온 아킬레스, 헥토르, 트리스탄, 란슬롯 같은 이름을 자식들에게 붙여주었다. 그들은 빛나는 계보를 만들어냈고, 가문의 문장을 도입했으며, 최신의 궁정 양식으로 차려입었다.

전사들은 국왕만 성을 쌓을 권리가 있다는 전통을 깨고 성도 쌓기 시작했다. 몽골-타타르족의 침공 이후 80년 동안 헝가리에서 약 200채의 석성이 건설되었는데, 주로 벨러가 양성한 새로운 군사 정예 집단에 속한 사람들이 쌓은 것이었다. 어떤 성들은 단순한 망루에 불과했지만, 강당, 예배당, 숙소 등을 갖추고 흙 제방이나 막벽幕壁으로 둘러싸인 성도 있었다(막벽 덕분에 마상 창시합이라는 새로운 운동 경기가 열리는 안뜰이 생기기도 했다). 마을을 이루는 소작농들은 전사들이 재산을 축적하고 갑옷을 구입할 자원을 제공했다. 전사들은 유럽 기사 집단의 주류에 동화되면서 귀족이라는 명칭을 사용했는데, 이는 13세기 중엽 이전의 헝가리에서는 거의 쓰이지 않은 칭호였다. 귀족은 명망 있고 세습되는 신분이었다. 그리고 귀족 신분은 최소한 이론상으로는 왕만 수여할 수 있었다.[11]

벨러는 새로운 귀족계급을 그대로 유지하기 위해서 오래된 노역 촌락이 황폐해지도록 방치했다. 다수의 왕실 하인들이 왕 대신에 무장 기사를 부양하는 소작농으로 격하되었다. 왕실 하인들이 속해 일했던 왕령지는 지방 유지들과 그들의 마을에 할당되면서 사실상 민간으로 넘어갔다. 다른 왕실 하인들은 실력자의 수하가 되었다. 일부 전직 왕실 하인들은 귀족으로 자처하고 아무도 자신의 신분에 도전하지 못하리라고 믿으며 그럭저럭 새로운 정예 집단으로 도약했다. 몇 세대 이후, 귀족 신분을 나타내는 문서 기록이 없다는 사실을 깨달은 그 후손들은 "잃어버린" 원래의 문서를 대체할 헌장을 내려달라고 왕에게 청원했다. 귀족 지위와 부속 토지를 수여한 시기를 소급하는 이른바 신규 증여 헌장은 14세기에 흔히 볼 수 있었다.[12]

벨러 4세는 몽골-타타르족의 침공이 남긴 폐허 위에 새로운 왕국을 세웠다. 그 왕국에는 성곽 도시들, 독일인 정착민, 그리고 촌락을 거느린 최상류 귀족들에 의지하는 기사단이 있었다. 그런 변신을 유발한 헝가리의 상황은 이례적이었지만, 중앙유럽의 다른 곳에서도 똑같은 양상의 변화를 볼 수 있을 것이다. 속도는 상대적으로 느렸지만, 그 변화는 동쪽으로부터의 위협에 의해서, 그리고 몽골-타타르족이 다시 쳐들어오리라는 늘 따라다니는 두려움에 의해서 촉진되었다. 헝가리뿐 아니라 폴란드와 보헤미아와 독일인의 땅에서도, 사회는 차츰 "봉건적"(토지와 권력이 하향식으로 분배되는 방식을 요약하는, 불쾌하지만 유용한 단어) 성격을 띠었다.

중앙유럽 곳곳의 왕과 통치자들은 침대에서 편히 쉬지 못했다. 형제들과 아들들이 권좌를 두고 서로 경쟁했고, 폭력을 사용할 각오가 되어 있는 경우가 많았기 때문이다. 정연한 계승 체계 대신 왕위나 작위에 대한 권리를 주장하는 사람들이 호소할 수 있는 원칙들이 있었다. 그것들은 유력자들이나 고위 성직자들의 지지, 장자 상속권(장남의 우월적 권리), 가문 내의 연장자 지위, 스스로 최적임자임을 내세우는 자기선전 등 서로 모순되는 원칙들이었다. 그들은 본인이 주장하는 권리를 쟁취하기 위해서 이웃의 다른 통치자들에게 호소하고는 했는데, 나중에 그 통치자들이 돌변해서 왕위나 작위를 빼앗으려고 드는 경우도 많았다. 1140년부터 1198년까지, 보헤미아는 8명의 공작이 권좌에 오른 10번의 통치 기간을 겪었고(몇몇 공작은 2번 통치했다), 그러는 동안 무려 6명의 공작이 권좌에서 쫓겨나거나 물러났다.

폴란드 왕국은 계승 체계의 명확성 부족에서 가장 큰 영향을 받았고, 11세기부터 13세기까지 여러 번의 내전과 외세의 개입을 겪었다. 그러다 1280년대에 이르러 19개의 개별 공국으로 쪼개졌고, 국왕 칭호는 폐기되었다. 분열은 중요한 경제적, 문화적 결과를 낳았다. 군사 경쟁은 폴란드의 공작들과 군벌 지도자들이 각자의 물적 자원을 확대하도록 부추겼다. 그들은 헝가리의 벨러 4세와 똑같은 전략을 이용해서 주로 서쪽의 기성 공동체 출신인 이주자들을 감세 혜택과 대규모 농장 같은 미끼로 동쪽으로 끌어들이면서 물적 자원을 늘렸다. 이주자들은 윤작법, 수력 제분소, 고랑을 깊이 파고 흙을 뒤집어 땅의 생산력을 높이는 무거운 쟁기(카루카) 같은 혁신적 기술을 가져왔다. 그들은 지형에 맞춰 일정한 형태로 구획을 정리한 소규모 토지를 바탕으로, 마을을 농업에 효율적인 곳으로 조직했다. 그렇게 고지대는 구획 토지가 종종 몇 킬로미터에 이르는 기다란 띠 모양을 이루었고, 저지대에 위치한 마을에는 중앙 광장이 들어설 공간이 생겼다.

다음은 새로운 정착민들의 희망이 담겨 있는 어느 플랑드르어 운문의 일부분이다.

우리는 동쪽 땅으로 달려가고 싶네,
우리는 동쪽 땅으로 가고 싶네,
푸른 황야 곳곳으로,
힘차게 황야 곳곳으로,
거기가 더 낫지.

이 구절의 뒤에는 진심 어린 환영, 커다란 집, 밤낮으로 맥주와 포도주

를 마실 수 있는 기회를 희망하는 내용이 이어진다.[13]

그러나 이러한 유혹의 손길에도 불구하고, 매년 폴란드로 이주한 사람들의 수는 수천 명에 불과했을 것이다. 그마저도 이주 현상이 서부 지방에 집중되면서 폴란드어와 독일어가 뒤섞인 중간 방언이 생겨났고, 상당수 농촌 지역의 언어가 폴란드어 중심에서 독일어 중심으로 바뀌었다. 지주들은 자신의 사유지에 주민을 더 많이 유치하려고 현지인에게도 똑같은 특전을 부여했고, 더 좋은 조건을 제시해 이웃 지주의 소작인들을 빼앗기도 했다. 1350년대부터 중앙유럽을 강타해 인구의 최대 3분의 1을 희생시킨 것으로 추정되는 흑사병과 그에 따른 유행병들은 훗날 지주들의 경쟁을 부추기고 농촌의 노동 인구에 추가 특전을 주는 과정을 촉진하게 되었다. 이에 따라 폴란드 도처에서 폴란드인과 독일인을 막론한 촌락 주민들은 대규모 감세, 세습직 수장 치하의 자치, 독자적인 내규를 제정할 권리 등 이른바 "독일법"의 혜택을 누리게 되었다.[14]

선거를 통해서 시 평의회가 구성되고 설립 헌장에 시민의 권리와 자유가 열거되었기 때문에 더 완전한 형태의 자치가 이루어진 점을 빼면, 도심에도 똑같은 원칙이 적용되었다. 13세기 말, 폴란드의 실롱스크(슐레지엔)에만도 100개 이상의 헌장 도시가 있었다. 그 헌장 도시들은 마그데부르크와 뉘른베르크, 빈의 법률 체계를 모방했고, 저 멀리 떨어진 서쪽 도시들의 법을 차용하고는 했다. 법전은 법률의 체계일 뿐 아니라 시민의 행동방식, 도시생활을 명확히 규정하고 시민의 연대감에 보탬이 되는 의례, 정착지의 지리적 요소(각 도시에는 부자들의 집으로 둘러싸인 대형 중앙 광장이 있었다)에 대한 지침이기도 했다. 중앙유럽의 신생 도시들은 서유럽의 도시들보다 더 작고 가난했지만, 지면

구획과 자치방식의 측면에서는 동일한 형태를 띠었다.[15]

무엇보다 폴란드의 공작들에게는 기사들이 필요했다. 따라서 그들은 전사들에게 토지를 배분했고, 전사들은 땅을 경작할 이주자들을 모집했다. 사유지를 탐내는 외국 출신의 가난한 기사들이 많았다. 가장 이른 시기인 1050년경의 독일 궁정 로맨스 문학에는 기사 루오틀리프의 이야기가 나온다. 주군에게 바친 충성의 대가를 받지 못했던 그는 고향을 떠나 어느 먼 궁정에서의 출세를 노렸고, 봉토를 받아서 부와 명성을 누렸다. 오스트리아의 음유시인 발터 폰 데어 포겔바이데(1170?-1230?)는 기다림 끝에 봉토를 받아 느낀 기쁨을 다음과 같은 광시狂詩에 남겼다.

여보게들, 봉토를 받았다네!
한겨울에 발가락이 고생을 덜 하겠네.
더는 시달리지 않아도 되거든.
위대하고 고귀하신 왕께서 도와주셨거든.
어느 이웃보다 왕께서 나를 드높여주셨지.
그래서 지금 왕을 칭송해야 한다고 노래하지.[16]

폴란드 서부 지방인 실롱스크에서는 400명 이상의 독일인 기사들이 정착해 봉토를 받았고(주로 13세기 말의 일이다), 마을을 세우고 교회를 짓고 성을 쌓았다. 그들은 폴란드 가문에 장가를 들었고, 나중에 폴란드인의 정체성을 띤 자식을 낳았다. 폴란드의 공작들은 독일인만 기사로 모집하지는 않았다. 폴란드인들도 토지를 받았다. 그 토지 중 다수는 원래 봉토였다. 즉 그 땅은 다른 사람에게 팔 수 없는 것으로, 만약 보유자에게 상속인이 없으면 통치자에게 되돌아가는 것이었다. 하지만 세월이 흐르면서 그 기원은 곧잘 망각되었고, 통치자의 허락 없이도 팔거나 교환할 수 있는 사유지처럼 취급되었다.[17]

노르만족 치하 잉글랜드의 토지대장인 "둠즈데이북"에서 엿보이는 일종의 봉건제에는, 왕이 군사 지원과 충성의 대가로 영주들에게 토지를 분배하고, 영주들은 그 토지를 차지인들에게 할당하며, 차지인들은 개별 기사들에게 토지를 나눠주는 나름의 체계가 있었다. 반면, 폴란드를 위시한 중앙유럽 곳곳의 계서제는 대체로 더 평면적이었다. 맨 꼭대기에 통치자(독일인의 땅에서는 공작이나 백작이나 변경백)가 있고 왕 밑에는 지주 귀족이라는 단 1개의 계층만 있었다. 몇 개의 등급이 있었지만, 귀족들은 전반적으로 서로를 동등하게 여겼다. 모두가 통치자와 직접적인 관계를 맺고 있었기 때문인데, 그것은 성실함이나 충실함fidelitas, 원만한 친교 관계, 통치자의 식탁에 배정된 좌석(최소한 이론상으로는 그랬다), 그리고 심지어 통치자의 애정 등의 관점에서 이해되었다. 더 현실적인 관점에서 보자면, 귀족들은 통치자가 펼치는 전역에 반드시 참여해야 했고, 통치자를 위해서 용기를 발휘한 대가로 추가 보상을 기대했다. 서유럽의 여러 지역에서 그랬듯이, 토지, 기사로서의 봉사, 성실함은 중앙유럽에서도 귀족계급의 상징이었다.

중세 중앙유럽의 유물 가운데 가장 주목할 만한 것 가운데 하나는 길이가 7센티미터에 불과한 황금판이다. 1290년경의 유물로 추정되는 그 황금판은 200년 전에 헝가리 대평원의 키조슈푸스터의 어느 들판에서 발견된 허리띠 고정쇠에 부착되어 있었다. 거기에는 방패와 창을 들고 원통 모양의 투구를 쓴 4명의 기사가 마상 무술 시합을 벌이고, 악사들이 나팔을 불고 탬버린을 치는 장면이 묘사되어 있다. 그 황금판에 표현된 모습은 당시 헝가리의 신흥 귀족이 유럽 기사도의 공통적인 규범을 재빨리 수용했음을 보여준다. 하지만 거기에는 또다른 의미도 담겨 있는데, 이는 그 유물이 다름 아니라 어느 쿠만족 추장의 무덤에서 출토되었기 때문이다. 문제의 추장은 그의 사망 시점으로부터 대략 반세기 전에 몽골-타타르족을 피해서 헝가리로 건너온 사람들의 후손이었다. 유럽 주류의 궁정 양식과 기사도적 과시에 동화되는 과정은, 헝가리로 건너온 지 얼마 되지 않은 튀르크계 유목민의 후손조차 적응할 만큼 강력했다.[18]

제7장
보헤미아의 카를 4세와 적그리스도의 예언자들

왕조는 대체로 25년마다 15퍼센트가 막을 내린다. 이는 1세기마다 전체 왕조의 절반 이상이, 주로 후계자로 세울 아들이 없어서 멸망한다는 뜻이다(여성의 승계를 허용하는 왕조는 더 오래 버틸 것이다). 그러나 중앙유럽의 초창기 통치자들의 왕조는 종종 몇 세기 동안 지속되었다. 9세기의 아르파드 대공까지 거슬러 올라가는 헝가리의 성 이슈트반의 혈통은 4세기 동안 이어졌다. 보헤미아의 프르셰미슬 왕조의 공작들과 왕들, 그리고 폴란드의 미에슈코의 상속인들도 마찬가지였다. 970년대에 오스트리아의 변경백으로 임명되면서 시작된 바벤베르크 가문은 거의 3세기 동안 살아남았다. 같은 왕조의 일원들끼리 자주 싸우고는 했지만, 한 가문의 장기 집권은 영토의 응집력을 강화했다. 왕조는 흔히 성자를 배출했기 때문에 거룩함과 하느님의 승인이라는 고고한 분위기도 띠었다.[1]

그러나 13세기와 14세기 초에 중앙유럽 지배 왕조들의 생물학적 행운이 사라지면서 상황이 완전히 바뀌었다. 왕조가 차례대로 무너졌다.

1301년 헝가리의 성 이슈트반의 상속인들이 사멸했고, 1306년에는 보헤미아의 프르셰미슬 왕조가 막을 내렸다. 폴란드의 미에슈코의 자손들은 왕조가 단절되는 추세를 일시적으로 피했지만, 결국 1370년에 대가 끊겼다. 오스트리아의 바벤베르크 가문은 1246년에 종말을 맞았다. 1138년부터 제국을 다스렸으나 그 계보가 10세기까지 거슬러 올라가는 호엔슈타우펜 가문은 1254년에 명맥이 끊겼고, 브란덴부르크의 곰 백작 알브레히트의 후손들도 1320년에 본줄기가 잘렸다.

빈자리를 채운 것은 바이에른의 비텔스바흐, 슈바벤 남부(오늘날의 스위스)의 합스부르크, 제국 서쪽 가장자리의 룩셈부르크 같은 신진 가문들이었다. 중앙유럽과 무관한 외부 가문도 나타났다. 가장 유명한 외부 가문은 14세기 초에 헝가리 왕국을 차지한 나폴리의 앙주 가문이었다. 그 새로운 가문들은 중앙유럽을 나눠 가졌다.

1254년에 호엔슈타우펜 가문의 마지막 일원인 콘라트(황제 프리드리히 2세의 아들)가 사망한 뒤, 신성 로마 제국은 고통스러운 대공위 시대를 겪었다. 홀란트의 백작 빌헬름, 카스티야 왕국의 알폰소 10세, 콘월의 리처드(잉글랜드 왕국 존 왕의 아들) 등 가망 없는 후보자들이 황위를 두고 경쟁하며 빚어진 대혼란의 와중에 후보자들의 추종자들이 호엔슈타우펜 가문의 사유지와 국왕 사유지를 약탈하고 서로에게 덤벼들면서 질서가 무너졌다. 1270년경에 어느 연대기 작가는 "악의 날들이 다가오고, 악이 점점 커지고 있다"라고 적었다. 다른 연대기 작가들은 하늘에서 혜성이 지나간 일, 어느 여자가 네쌍둥이를 낳은 일, 음울함의 징조인 거인의 뼈가 발견된 일을 기록으로 남겼다. 약탈을 당한 농촌 곳곳에서, 하느님의 분노를 달래고자 자기 몸을 채찍으로 때리고 오래된 이단의 주장을 늘어놓는 참회자들의 행렬이 지나갔다.[2]

제국의 유력자들이 다음 통치자를 결정하는 데 목소리를 내야 한다는 관념은 지난 몇 세기 동안 왕조 계승 관행에 압도되어 있었다. 이에 따르면 권좌를 잇는 것은 대체로 전임 군주의 친척 중 가장 적합한 인물이었다. 1254년에 호엔슈타우펜 가문의 마지막 일원이 확실한 후계자 없이 세상을 떠나면서 통치자를 선출해야 한다는 관념이 새로운 활기를 띠었지만, "제국의 최적임자들과 제후들"이 포함되어야 한다는 점 외에 과연 누가 선거인이 되어야 하는지는 명확하지 않았다. 1273년, 합스부르크 가문의 야심만만한 인물인 루돌프는 그런 불명확성을 이용했다. 그는 소수의 충직한 제후들을 모아서 자신을 왕으로 선출하도록 하는 부정 선거를 저질렀고, 그 자리에서 몇몇 제후에게 자기 딸과의 결혼이라는 보상을 내렸다.[3]

　루돌프는 보헤미아의 프르셰미슬 왕조의 오타카르 2세가 불법적으로 점령한 오스트리아 영지를 빼앗아 합스부르크 가문의 지위와 운명을 바꾸었다. 하지만 그것이 문제였다. 일단 자리를 잡은 통치자는 아직 남아 있는 통치자라는 위신을 이용해 강력한 지역 권력을 구축할 수 있었다. 그리하여 1291년에 루돌프가 세상을 떠나자 통치자 선출권을 주장하는 성직자, 공작, 변경백들은 제국의 다른 가문들과 국왕 칭호를 번갈아 차지하고 점차 선거인의 수를 제한하기 시작했는데, 그 과정에서 이따금 심약한 인물이 통치자로 정해지기도 했다. 1298년부터는 마인츠 대주교, 트리어 대주교, 쾰른 대주교, 작센 공작, 라인 궁정백, 브란덴부르크 변경백, 보헤미아 국왕 단 7명의 제후만이 통치자 선거에 참여해 자신들끼리 독일인의 왕(또는 로마인의 왕으로도 불렸다)을 뽑았다. 독일인의 왕은 아헨에 있는 카롤루스 마그누스의 옛 예배당에서 대관식을 치렀는데, 그러고는 다시 로마로 가서 교황이 집전하는 대관식을 거쳐야만 신성 로마 제국의 황제가 되었다.

선거인들은 소군주인 나사우의 아돌프(재위 1292-1298)를 루돌프의 후계자로 선택했지만, 그의 치세가 참담하자 6년 뒤 그를 내쫓고 루돌프의 아들인 "애꾸눈" 알브레히트(잘못된 수술의 결과로 그렇게 불렸다)를 왕위에 앉혔다. 그러나 합스부르크 가문에서 불명예스러운 집안싸움이 벌어져 급기야 1308년에는 알브레히트가 살해되기에 이르렀다. 합스부르크 가문은 대립왕을 내세우며 겉으로는 국왕 칭호의 명맥을 유지했지만, 가문의 명성이 실추되는 것을 막지는 못했다. 1438년에야 선거인들은 비로소 합스부르크 가문의 일원을 다시 통치자로 선출했다. 합스부르크 가문의 주가 하락이 가장 뚜렷하게 드러난 곳은 결혼시장이었다. 루돌프 왕과 알브레히트 왕의 치세에는 합스부르크 가문 사람들이 유럽의 몇몇 주요 왕족과 결혼했지만, 이제는 별로 중요하지 않은 독일 공작이나 유명하지 않은 폴란드 공작과 결혼하는 데에 만족해야 했다.

그러나 합스부르크 가문으로서는 그저 비틀거리며 당황할 계제가 아니었다. 빈틈을 파고든 새로운 왕가가 중앙유럽에 자리를 잡았고, 그 왕가가 국왕 칭호도, 보헤미아의 왕관도 차지한 상황이었다. 그 왕가는 바로 이후 130년 동안 중앙유럽을 지배할 룩셈부르크 가문이었다. 룩셈부르크 가문의 부상은 예상 밖의 일이었다. 13세기에 그 가문 사람들은 신성 로마 제국의 서쪽 변두리에 거주하는 별로 중요하지 않은 백작에 불과했기 때문이다. 그러나 1308년에 알브레히트가 세상을 떠나자, 트리어 대주교는 자기 형인 룩셈부르크의 백작 하인리히가 그나마 가장 나은 후보라며 다른 선거인들을 설득했다.

하인리히(7세)는 왕으로 선출되자마자 로마로 가서 제관을 받아 쓰겠다는 의도를 천명했는데, 그것은 지난 60년 넘는 세월 동안 어느 독일 통치자도 시도하지 않은 일이었다. 나중에 드러났듯이, 하인리히가 갑자기 이탈리아를 방문한 것은 크나큰 패착이었다. 당시 그는 병력과 현금이 부족한 나머지 최고가最高價 입찰자들에게 관직을 팔아넘길 수밖에 없었다. 롬바르디아 지방의 도시들에서 더 이상 남쪽으로 이동하지 못했던 그는 1312년에야 가까스로 로마에서 대관식을 치를 수 있었다. 하인리히는 이듬해에 말라리아에 걸려 세상을 떠났다. 그로부터 30년 동안 오스트리아의 합스부르크 가문과 바이에른의 비텔스바흐 가문이 하인리히의 후계자 자리를 두고 싸움을 벌였고, 제국은 또다시 내전의 수렁에 빠져들었다.[4]

이탈리아의 시인 단테는 하인리히의 죽음을 한탄했다. "이 세상의 황제는……아직 그를 맞이할 준비가 되지 않은 이탈리아를 다스리려고 왔다." 그러나 나중에 하인리히의 후계자들이 명성을 떨친 곳은 이탈리아가 아니라 보헤미아였다. 1306년, 프르셰미슬 왕조가 소멸한 데 따른 혼란을 틈탄 하인리히는 죽기 직전에 아들인 요한을 보헤미아의 공주이자 프르셰미슬 왕조의 마지막 군주의 여동생인 엘리슈카와 혼인하도록 했다. 보유한 군대의 규모가 터무니없을 만큼 작았음에도 하인리히는 서로 싸우느라 기진맥진한 경쟁자들을 물리치면서 요한을 권좌에 앉혔다. 1311년, 요한은 보헤미아의 왕위에 올랐다.[5]

보헤미아의 지위는 완전히 불확실했다. 11세기와 12세기에 보헤미아의 통치자들은 대부분 공작이었는데, 오늘날 그들은 독일인의 왕과 황제의 봉신으로 언급되는 경우도 있다. 보헤미아의 통치자들이 왕관이 아니라 공작 깃털로 만든 고리 모양의 관을 썼다는 점에서 그들의 비교적 낮은 직위를 엿볼 수 있다. 소수의 통치자가 국왕 칭호를 쓰기도 했지만, 그것은 황제들이 하사한 명예 칭호였을 뿐 세습 칭호가 아니었다. 그러다가 1212년에 비로소 황제 프리드리히 2세가 보헤미아의 백성들과 통치자가 신성 로마 제국에 바친 충성에 보상해주는 의미에서 보헤미아의 왕을 세습직으로 인정해주었다. 오늘날의 교과서에는 보헤미아 주변에 굵은 선이 그려져 있는데, 이는 보헤미아가 제국의 일부였음을 나타낸다. 그러나 보헤미아는 결코 제국의 완전한 일부가 아니었다. 스위스나 저지대 국가처럼, 보헤미아도 제국의 점점 발전하는 재정적, 사법적, 군사적 체계 밖에 있었고, 19세기까지 제국에서 반쯤 떨어진 듯한 일부로 남아 있었다.[6]

보헤미아의 요한 왕("보헤미아의 왕 얀"으로도 불린다/역주)은 전설적인 인물이다. 모험가이자 전사였던 그는 1346년에 크레시 전투에서 동맹인 프랑스 군과 함께 잉글랜드 군을 상대로 용맹하게 싸우다가 전사했다. 그 무렵 시력을 완전히 잃은 상태였던 요한은 휘하의 몇몇 기사들이 탄 말의 굴레를 자신의 군마와 단단히 묶은 뒤 가장 격렬한 싸움이 벌어지는 곳으로 이끌라고 지시했다. 그는 사방으로 맹렬히 공격하며 적진으로 달려가다가 곧바로 적의 화살에 맞아 벌집이 되었고, 함께 묶여 있던 모든 기사들과 함께 숨을 거두었다. 그러나 보헤미아와 관련해, 요한의 유산은 그의 죽음보다 영광스럽지 못하다. 그는 전역을 치를 비용을 마련하기 위해서 막대한 면적의 왕령지를 팔아넘겼고, 교회와 무덤을 강탈했으며, 사실상 국정 운영을 맡겨버리는 수준으로 이권을 귀족들에게 넘겼다. 훗날 그의 아들 카를은 자신이 물려받은 유산이 형편없이 부족함을 한탄했다. 모든 왕성은 이미 매각된 상태였고 프라하의 궁전은 너무 심하게 망가져 일단 평범한 가옥에서 살아야 했기 때문이다.[7]

카를도 크레시 전투에서 싸웠지만, 아버지와는 다른 운명을 맞았다. 1346년에 보헤미아 왕위를 계승한 그는 얼마 뒤 독일 왕으로도 선출되었다. 누가 제국을 통치해야 하는지를 두고 벌어진 30년간의 분쟁에 지쳐버린 선거인들은 다시 룩셈부르크 가문을 선택했고, 아헨에서 카를을 독일인의 왕 자리에 앉힌 것이다. 대관식을 좋아했던 카를은 1355년에 벼락같이 로마로 달려가 손에 넣은 제관뿐 아니라 실질적인 권력과 전혀 무관한 이탈리아의 왕관과 부르군트의 왕관도 잇달아 썼다. 게다가 그는 사파이어, 에메랄드, 진주 따위를, 그리고 맨 위에는 그리스도가 십자가에 못 박힐 때 쓴 관의 가시가 들어 있는 십자가를 덧붙이도록 해서 보헤미아의 왕관을 더 화려하게 만들었다.

카를은 왕관만큼 성유물聖遺物도 귀중히 여겼다. 그는 평생 제국의 이곳저곳을 여행하며 무덤에 마구 들어가 성자들의 유골과 미라로 만들어진 신체 부위를 발굴했다. 장크트갈렌 수도원에서 그는 수도사들을 시켜서 성 갈루스의 무덤을 열었고, 해골의 일부분을 가지고 떠났다. 장크트갈렌 수도원의 초대 수도원장인 성 오트마르의 머리 부위가 전혀 손상되지 않았음을 알았을 때에는 자기가 원하는 몇몇 부위와 흉곽의 상당 부분을 톱으로 잘라내라고 명령하기도 했다. 또한 그는 시신이 프라하의 어느 수녀원에 안치되어 있던 성 니콜라오스의 신체 부위를 가지고 싶은 마음에 그 성자의 손가락을 자르기도 했는데, 말라비틀어진 손가락에서 피가 흐르는 기적이 일어나자 그만두었다. 외국의 통치자들은 카를의 물욕을 이용했다. 카를은 콘스탄티노폴리스의 비잔티움 제국 황제로부터 구약성서의 족장들인 아브라함과 이삭과 야곱의 시신 일부를 받았고, 헝가리 왕에게서는 최후의 만찬에 쓰인 식탁보를 받았다.[8]

성유물은 공개적으로 전시될 때 그 자리에 있거나 그 옆에서 기도를 드리는 사람들이 구원을 받을 수 있는 지름길이었다. 교황들은 연옥에서 머무는 햇수가 성유물 숭배에 따라서 어떻게 달라지는지를 목록화했다. 카를은 수집한 성유물 대부분을 기증함으로써 기독교 신자 공동체에 하느님의 은총을 나눠주었다. 그는 성유물을 보관하기 위해서 프라하를 비롯한 보헤미아의 여러 곳에 교회와 예배당을 신축하거나 기존 시설을 확장했고, 성유물을 전시할 값비싼 성체 현시대顯示臺와 영구靈柩를 주문했다. 카를은 유골의 주인인 성자들을 열심히 치켜세우면서, 종래의 보헤미아 성자들 및 프르셰미슬 왕조의 통치자들과 연관된 성자들의 지위와, 비록 성자의 반열에 오르지는 못했어도 당시 성자처럼 받들어진 카롤루스 마그누스의 지위를 드높였다.

  카를이 엄선한 성유물은 매우 전통적인 것들이었지만, 그는 구색의 폭을 넓혔다. 카를은 가장 좋아하는 성자들에 성 지기스문트를 추가했다. 성 지기스문트는 6세기 부르군트의 평범한 왕이었으나 치유의 능력으로 이름이 높았다. 카를은 그 성자의 시신 대부분을 아가우네(현재의 스위스의 도시 생모리스)의 수도사들에게서 빼앗아 프라하로 가져왔다(당시 수도사들은 그가 도착할 것이라는 소식을 듣고 성 지기스문트의 시신을 숨기려고 했다). 카를과 성 지기스문트를 이어주는 유일한 고리라고는 부르군트의 왕이라는 사실뿐이었음에도, 카를은 지기스문트를 조상으로 떠받들면서 성자의 후손으로 자처했다.

  카를은 성자들인 키릴로스와 메토디오스와 히에로니무스도 예우했는데, 그때까지만 해도 히에로니무스는 최초의 슬라브 문자인 글라골 문자를 창안한 인물로 잘못 알려져 있었다. 어머니를 통해 물려받은 슬라브인의 과거에 대한 경의의 표시로 카를은 프라하에 엠마우스 수도원을 세웠고, 그곳을 슬라브인들에게 읽고 쓰는 능력을 선사한 "슬라브인의 수호자들"에게 바쳤다. 그리고 자신과 슬라브인의 연관성을 과장하기 위해서 달마티아 지방의 수도사들을 데려와 교회에서 슬라브어 미사곡을 영창하고 글라골 문자로 전례서와 종교 문서를 만들도록 했다. 그 수도사들은 기원전 4세기에 알렉산드로스 대왕이 작성했다고 하는 칙허장을 위조함으로써 카를의 후원에 보답했는데, 그 칙허장에는 알렉산드로스 대왕이 정복한 세상의 모든 땅을 슬라브인들에게, 그리고 은연중에는 최근 등장한 슬라브인의 대변자인 카를 4세에게 물려준다는 내용이 담겨 있었다.[9]

그러나 카를을 왕관과 성유물과 성자를 무분별하게 모은 수집광으로만 치부할 수는 없다. 카를이 의뢰한 몇몇 역사책에서 엿볼 수 있듯이, 그에게는 목적이 있었다. 그 역사책들은 대부분 카를의 혈통과 보헤미아 통치자들(카를이 가장 최근의 통치자였다)의 온전한 연속성을 강조하기 위해서 과거 기록들을 왜곡한 일종의 개정판이었다. 나머지 역사책들에는 그가 자객의 독약을 이겨낸 일, 천사들이 그에게 충고를 남긴 일, 그가 성서 지식으로 신학자들을 당황시킨 일에 관한 찬사가 가득했다. 그러나 1360년경에 완성된 조반니 데 마리뇰리의 『보헤미아인의 연대기*Cronica Boemorum*』는 예외였다. 그 책에서 저자인 조반니 데 마리뇰리는 구약성서의 「창세기」부터 시작하는 간추린 세계사와, 보헤미아 기독교회의 기원과 발전에 대한 설명 사이에 보헤미아의 매우 전통적인 역사를 끼워넣었다.

『보헤미아인의 연대기』는 형편없는 책이었다. 프라하로 이주하기 전에 교황의 사절로 활동했던 조반니 데 마리뇰리는 이국적인 장소들에 대한 친숙함을 뽐내고픈 욕구를 참지 못했다. 하지만 그의 의도는 분명했다. 마리뇰리는 "보헤미아는 유럽에서 독일의 일부분"이라고 설명했지만, 보헤미아의 왕들, 성서 속 조상들과 고대 그리스와 로마의 영웅들에게 물려받은 그들의 혈통, 그가 상상력을 발휘해 신약성서의 사도들과 계보를 조화롭게 일치시킨 보헤미아의 주교들과 관련해서 볼 때, 보헤미아는 기독교 세계를 선도할 운명이었다. 『보헤미아인의 연대기』를 구성하는 3부(신이 정한 정부, 보헤미아의 왕정, 보헤미아 기독교회)는 왕조, 슬라브 민족의 주도력, 보헤미아 교회의 계서제를 상기시키고, 카를이 올라서서 세상을 다스리도록 예정된 무대를 환기하며 조화를 이루었다. 마리뇰리는 기독교 세계를 통일한 카를이 보헤미아를 기독교 세계의 중심으로 삼고, 태평성대를 알리고, 오래 전에 예언되었듯이 예루살렘의 권좌에 오르리라고 설명했다.[10]

카를은 터무니없는 마리뇰리의 설명이 불만스러웠지만, 『보헤미아인의 연대기』에는 일종의 정치적 방안, 즉 프라하를 중심으로 삼아 기독교 세계와 신성 로마 제국을 재편하는 방안이 담겨 있었다. 1355년 로마에서 대관식을 치른 이듬해에, 카를은 왕의 선출방식을 규정한 점이 돋보이는 신성 로마 제국의 헌법을 반포했다. 이른바 1356년의 금인칙서金印勅書에서 그는 7명의 선거인 명단을 또다시 열거했고, 그들의 합당한 투표방식을 설명했다. 그러나 카를은 7명 중 가장 중요한 선거인이 보헤미아 왕이라고 단언했다. 그의 주장에 따르면 보헤미아 왕은 줄지어 갈 때 맨 앞에 서고, 착석할 때도 가장 먼저 앉으며, 나머지 선거인들은 보헤미아 왕이 쓰는 체코어를 배워야 했다.

카를은 자신이 무엇을 하고 있는지 알았고, 보헤미아를 신성 로마 제국 안의 독립 왕국으로 유지하는 조항을 금인칙서에 넣었다. 그렇게 함으로써 그는 보헤미아 왕에게 제국에서의 중요한 역할을 부여하는 동시에 자신과 보헤미아 왕국을 제국으로부터 한 걸음 멀어지도록 했다. 사실상 불가능한 목표였던 이러한 모호성에도 불구하고 금인칙서는 주목할 만한 업적이었고, 1806년에 신성 로마 제국이 해체될 때까지 효력을 유지했다. 금인칙서는 유럽 역사상 왕위 계승 문제를 규정한 최초의 문서로, 가장 치열한 경쟁자 격인 현행 미국 헌법보다 거의 2배나 오랫동안 헌법의 역할을 수행했다.[11]

왕성한 활력과 권력은 카를의 혁신적 조치를 뒷받침했다. 그는 지칠 줄 모르는 여행자였다. 카를은 재위 기간 동안 1378년의 화려한 파리 국빈 방문을 비롯해 실롱스크 지방의 브로츠와프에서 룩셈부르크와 쾰른에 이르기까지 각기 다른 438개의 장소에 무려 1,227회 머물렀다. 금인칙서에서 그는 "황제 폐하의 옥좌에 앉아 황제의 장식띠와 휘장과 머리띠로 치장된, 황제 권력의 충만함에 힘입어" 포고령을 선포하며 로마 황제의 어투로 발언했지만, 실질적인 힘은 그의 배후에 있었다. 카를은 웬만해서는 무력에 기대지 않았다. 전쟁은 비용이 많이 들었기 때문이다. 그가 선호하는 수단은 결혼과 매수와 외교였다. 그는 보헤미아를 라인 강과 마인 강의 합류점과, 마인츠와 프랑크푸르트 같은 도시들과 연결하는 육상 회랑을 구축하기 위해서 조금씩 중앙유럽의 심장부로 다가갔다.[12]

카를이 서쪽으로 진출하는 과정에서 핵심 영토는 그가 1349년에 재혼할 때 부인이 지참금으로 가지고 온 영지인 오버팔츠였지만, 오버팔츠 주변에는 북쪽으로 작센 지방까지 곳곳에 펼쳐진 소규모의 땅들도 있었다. 카를은 오버팔츠와 주변의 땅을 일시적인 획득물이 아니라 보헤미아의 필수적인 부분, 즉 "새로운 보헤미아"나 "숲 너머의 보헤미아"(보헤미아의 서쪽 변두리의 무성한 삼림지대를 가리키는 말이다)로 여

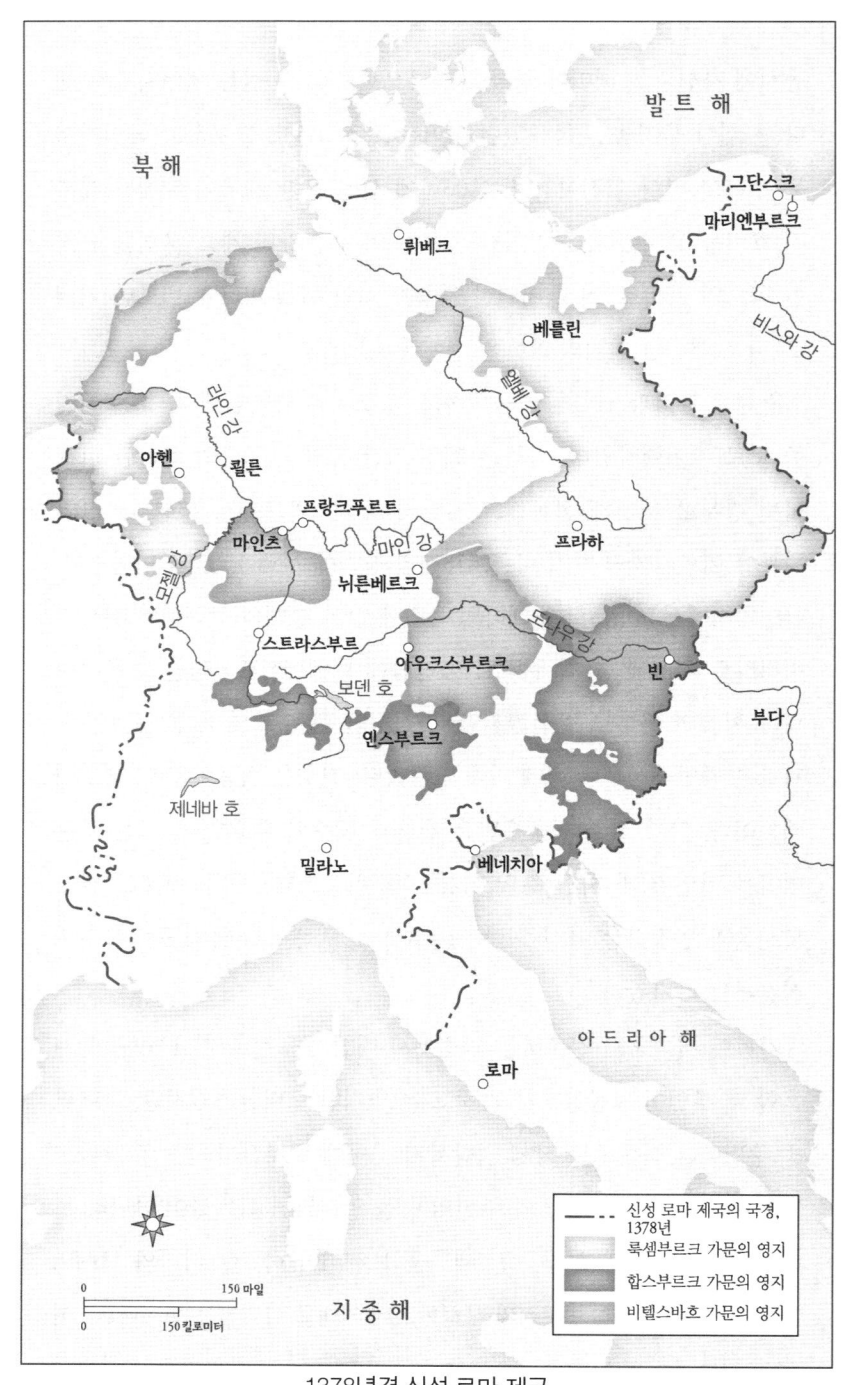

1378년경 신성 로마 제국

겼다. 카를은 그곳에 궁전을 지었고, 보헤미아를 상징하는 사자 조각상과 왕국 문장이 새겨진 거대한 벽을 설치했으며, 색유리창과 자신이 가장 좋아하는 성자들의 조각을 제작하도록 의뢰했다. 1373년, 그는 게으른 통치자로부터 사들인 브란덴부르크에도 똑같은 조치를 취했다. 카를은 엘베 강 연안의 도시 탕게르뮌데를 프라하 다음가는 도시로 만들려고 계획했다. 그는 탕게르뮌데에 궁전의 토대 공사를 시켰고, 비록 헛수고로 돌아갔지만, 브란덴부르크의 주교들을 프라하 주교좌 성당에 배속시키도록 교황을 압박했다.[13]

카를 4세는 중앙유럽의 권력이 동쪽으로 이동했음을 보여주고자 했다. 그는 프라하를 당대인들이 새로운 예루살렘과 새로운 로마로 부르는 곳, 자신이 새로운 콘스탄티누스이자 이 세상의 주인으로서 주관하는 곳으로 탈바꿈시켜 뜻을 이루었다. 어린 시절을 프랑스에서 보낸 까닭에 프랑스 양식을 추종했던 그는 파리의 시테 궁전을 본보기 삼아서 프라하 성을 최신 고딕 양식의 넓은 창문과 호화로운 계단, 그리고 조상들의 실물과 상상한 모습을 묘사한 패널화 120점을 갖춘 건축물로 재건했다. 1344년, 교황은 프라하를 대주교 관할구로 승격했고, 카를은 아비뇽 출신의 프랑스 건축가를 데려와 성 비투스 대성당을 왕실 납골당 겸 대관식 장소 겸 성유물 보관소로 바꾸는 대대적인 개축 사업을 벌였다. 그 대규모 공사는 19세기에야 완료되었다.[14]

카를은 쉽게 한눈을 파는 편이었다. 시골 별장과 왕관을 보관할 보물 저장실 용도로 프라하 인근에 카를슈테인 성을 짓는 일, 프랑스 방식을 본뜨기는 했어도 중앙유럽에서는 최초인 대학교를 건립하는 일, 프라하의 블타바 강을 가로지르는 석교石橋를 신축하는 일 같은 새로운 사업들이 그의 이목을 사로잡았다. 그러나 카를의 가장 위대한 업적은 프라하의 신시가지를 조성한 일이었다. 기존 도시(프라하의 구시가지)의 남쪽에 있는 신시가지의 면적은 7.5제곱킬로미터였다. 카를은 여러 개의 작은 촌락으로 이루어져 있고 거주민이 너무 많았던 그 지역의 건물을 교회만 빼고 전부 무너트린 뒤 그 자리에 격자형 구조의 새로운 대도시를 건설하고자 했다. 카를은 곳곳에 웅장한 입구를 갖춘 3.5킬로미터 길이의 성벽을 통해, 프라하를 4만 명 이상이 거주하는 도시이자 파리와 런던과 쾰른에 이어 알프스 산맥 이북에서 4번째로 인구가 많은 도시로 변모시켰다.[15]

프라하의 대대적인 확장은 뜻밖의 결과를 낳았다. 원래 프라하의 변두리에 자리 잡고 있었던 매음굴이 도심과 가까워진 것이다. 이른바 베네치아 거리(미의 여신 비너스의 이름에서 유래한 명칭이었다)의 매음굴보다 악명이 높은 곳은 없었다. 어느 당대인의 기록에 따르면 그곳은 프라하의 "가장 나쁘고 끔찍한 동네"로, 매춘이 도박과 값싼 학생 숙소와 합쳐진 곳이었다. 일부 매춘부는 시 평의회가 허가한 매음굴에 속해 있었고, 눈에 띄는 노란색 드레스나 줄무늬 드레스를 입었지만, 대다수 매춘부는 민가에서 영업하는 개인 사업자였다. 지금까지 전해지는 기록에 의하면 그들의 고객 중 다수는 성직자였고, 일부 사제들은 은밀한 거래를 쉽게 하려고 교회 경내에 목조 거처를 짓기도 했다. 신시가지에는 정화가 필요했다.[16]

카를은 크로메르지시의 얀 밀리치와 손을 잡았다. 카리스마와 활기가 넘치는 설교자인 밀리치는 베네치아 거리의 매춘부들을 회심시키는 데에 관심을 쏟았다. 매춘부들을 죄 많은 삶에서 벗어나도록 이끄는 것은 거룩한 일이었다. 그는 베네치아 거리의 가옥을 사들여 그 가옥들을 전직 매춘부들의 종교 공동체가 머무를 보금자리로 만들었다.

전직 매춘부들은 밀리치가 마련해준 집에서 수녀복을 입은 채 종교에 헌신했다. 1372년, 카를은 주요 매음굴을 폐쇄하고 그곳을 예루살렘이라는 이름의 예배당으로 바꾼 뒤 밀리치에게 맡겼다. 이로써 베네치아는 예루살렘이 되었다. 그곳은 동시에 50명 이상을 수용하고, 일종의 학교로도 쓰이며, 고해를 들어줄 사제들이 있는 보호 시설이었다. 그 실험적인 공동체는 1374년에 밀리치가 세상을 떠나자 해체되었다. 밀리치가 죽은 뒤 카를은 예루살렘을 시토회 수도사들에게 넘겼다. 늘 그랬듯이, 예루살렘에 흥미를 잃었기 때문이었다.[17]

우리는 그 공동체의 여인들에게 무슨 일이 생겼는지 모른다. 틀림없이 일부는 예전의 삶으로 돌아갔을 것이다. 그러나 카를은 크로메르지시의 얀 밀리치와 어울림으로써 불장난을 친 셈이 되었다. 밀리치는 이단과 결코 멀지 않은 광신자였다. 그는 설교를 하며 성직자의 욕심과 타락을 통렬히 비난했고, 주교들의 사치스러운 생활을 나무랐으며, 청빈 서약을 어기는 탁발수도사들을 규탄했다. 또한 사탄의 제자, 적그리스도, 죄의 사람 등의 임박한 출현을, 그리고 구약성서의 「다니엘」에 나오는 천상의 군대와 "멸망의 가증한 것"이 벌이는 최후의 종말론적 대결을 예견했다. 이에 더해 천사들에게 유리한 쪽으로 평형추가 기울도록 빈번한 영성체, 설교자 단체 지정, 포괄적인 성직자 정화, 교황과 황제의 공동 통솔하의 기독교회 일신을 건의했다.[18]

밀리치의 적그리스도 신학은 종교 선동가들의 상투적인 수단이었다. 1348년, 흑사병이 중앙유럽을 휩쓸며 보헤미아를 강타했다. 유럽 최대 규모의 흑사병 희생자 공동묘지는 보헤미아의 도시 쿠트나호라에 있다. 보헤미아 인구의 무려 3분의 1이 흑사병과 이후의 유행병으로 숨지자, 종교적 급진주의가 강화되었다. 게다가 주로 잉글랜드에서 유래한 이단 문학의 물결까지 보헤미아를 뒤덮었다. 잉글랜드의 신학자 존 위클리프에게서 영감을 받은 위클리프주의 저작 중 일부는 현재 체코어 사본으로만 남아 있다. 프라하의 대학교는 종교적 이견의 온상이자 이단 문학이 보헤미아로 전해지는 주요 통로였다. 그 대학교의 체코인 석학들은 독일인 대가들과 격렬한 논쟁을 벌였고, 자기들의 대의명분에 저명한 외국인 저자들을 끌어들일 준비가 되어 있었다. 토론은 원래 신학적 성격을 띠었지만, 체코인 개혁가들이 독일인 전통주의자들과 대립하면서 차츰 민족적인 내용이 담겼다.[19]

그런 대립과 논쟁 속에서 얀 후스(1372-1415)가 등장했다. 후스는 얀 밀리치의 옛 예루살렘 예배당 근처에 있는 베들레헴 예배당의 설교자였고, 밀리치의 전통을 따르는 인물이었다. 확고한 반교권주의자였던 후스는 성직자들의 탐욕을 책망하고 적그리스도의 임박한 출현을 예견했다. 하지만 그는 모든 면에서 한 걸음 더 나아갔다. 교황을 사탄의 대리인으로 비난하고, 신약성서에서 묘사된 공동체적 평등주의로 회귀할 것을 권한 것이다. 성서를 권위의 시금석으로 삼기도 했는데, 바로 그 때문에 성서 전부를, 혹은 대부분을 체코어로 번역했다. 후스는 하느님이 구원하기 위해서 선택한 모든 사람을 의미하는 "폭넓은 선민의 교회"에 호소하며 사제와 평신도의 구분을 거부하기 시작했다. 그런 전제에 따라서 그는 하느님의 은총이 전해지도록 미사에서 성직자든 평신도든 그리스도의 희생을 상징하는 빵과 포도주를 나눠 먹어야 한다는 결론을 내렸다(당시 가톨릭의 관습에서는 일반적으로 성직자를 위한 포도주가 따로 마련되어 있었다).[20]

콘스탄츠에서 열린 공의회는 후스의 가르침을 규탄했고, 후스를 화형에 처했다. 보헤미아는 혼란에 빠져들었다. 카를 4세는 이미 1378년에 세상을 떠났고, 그의 아들 바츨라프 4세(재위 1378-1419)가 보헤미아와 신성 로마 제국의 왕위를 이은 상황이었다. 당대인들이 "태만왕"으로 부른 바츨라프의 유일한 업적은 색정적인 형상과 발가벗은 창녀들의 초상화로 가득하고 화려한 삽화가 실린 성서를 의뢰한 것이었다. 1400년, 선거인들은 그를 "쓸모없고, 나태하며, 부주의하고, 파괴적이고 공직에 가장 걸맞지 않은 사람"으로 치부하며 권좌에서 몰아냈다. 그 무렵, 이미 알코올에 중독된 바츨라프는 보헤미아의 정부기관과 사법 조직의 통제권 대부분을 귀족에게 넘긴 뒤였다. 후스의 죽음이 체코 민족에 대한 모욕이라고 확신했던 귀족들은 종교적 사안에 대한 관리권도 넘겨받았다. 압도적인 다수의 귀족이 개혁 노선에 가담해 사제들을 교회에서 축출하고 수도원을 탄압했다.[21]

그 개혁 운동은 얼마 지나지 않아 온건파와 강경파로 나뉘면서 내전, 이단에 맞선 십자군 형태의 외세 개입, 보복 원정, 공동체 간의 폭력(체코인들과 독일인들이 도시와 교회의 통제권을 두고 벌인 싸움) 등을 유발했다. 보헤미아에서 모집된 후스파 군대는 작은 휴대용 대포를 소지한 병사들과 포병대의 지원을 받고 여러 대의 짐마차로 만들어진 이동식 보루를 유럽 최초로 사용한 군대 중 하나였다. 후스파 전술의 창시자인 얀 지슈카는 1424년에 사망한 뒤 생전의 요청대로 살가죽이 벗겨졌고, 그의 살가죽은 북을 만드는 데 쓰였다. 지슈카의 살가죽으로 만든 북에 힘입어 체코의 후스파는 무적이 되었다고 한다.[22]

후스주의는 중앙유럽 도처에서 추종자들을 자극한 국제적 운동이기도 했다. 후스가 처형되기 전에도 팔츠와 프랑켄 지방에서 후스파 선언서가 배포되거나 방랑 설교자들이 활동하고 있었는데, 그들의 가르침은 기성 교회에 대한 반론이나 더 오래된 이단과 결합하고는 했다. 후스파 운동은 시 행정관들이 시민들에게 후스주의를 비난하는 맹세를 서둘러 강요할 만큼 막강했다. 1440년대에는 뷔르츠부르크에서만도 후스파 신자 수백 명이 목숨이 걸린 재판을 받았다. 현존하는 기록에 의하면 그런 상황들은 슈바르츠발트, 니더외스터라이히와 빈, 포메른, 작센, 헝가리, 크로아티아 등지에서 영혼을 구원하고자 일어난 규모가 더 큰 운동의 일각에 불과했다. 후스주의는 루마니아의 몰다비아 공국에까지 퍼졌는데, 그곳의 후스파 공동체는 이스탄불 주재 잉글랜드 대사의 예상 밖의 보호하에 17세기까지 존속했다.[23]

체코의 민족주의 역사가들이 줄기차게 단언하듯이, 후스주의는 체코와 보헤미아에 국한된 현상이 아니라 중앙유럽 차원의 현상이었다. 그러나 후스주의는 룩셈부르크 왕가의 보헤미아 왕들을 파멸로 몰아넣었다. 1419년에 바츨라프 4세가 세상을 떠난 뒤, 그의 동생인 지기스문트가 보헤미아의 왕위를 이었다. 지기스문트는 이미 신성 로마 제국의 황제이자 헝가리의 왕이었기 때문에 그의 치세는 탄탄대로여야 했다. 그러나 실제로 그의 치세는 대부분 후스파와의 전쟁으로 점철되었고, 그는 죽기 1년 전인 1436년에 이르러서야 보헤미아의 왕으로 공식 인정되었다. 카를 4세 치하의 보헤미아는 중앙유럽의 문화적 최전선에 있었다. 그러나 이제 보헤미아의 교회들은 방치되었고, 성유물과 가톨릭교 예배 도구를 빼앗긴 상태였다. 그로부터 수십 년 동안 왕궁은 비었고, 주교좌 성당에는 1561년까지 대주교가 없었다. 대학교는 학문적 침체에 빠졌고, 석학들은 그들만의 지적 보호막 안에서 신학적 논쟁을 벌였다. 교황은 이단에 빠진 보헤미아와의 교역을 금지했고, 그렇게 보헤미아 왕국의 고립이 완성되었다.[24]

룩셈부르크 왕가의 유산이 낭비되는 바람에 중앙유럽에는 다른 왕가들이 영향력을 회복하거나 강화할 여지가 생겼다. 합스부르크 가문은 제국의 남쪽에서, 그리고 아드리아 해 연안으로 부지런히 세력을 넓히고 있었다. 바이에른의 비텔스바흐 가문은 라인란트의 상당 부분을 장악하고 있었다. 저 멀리 북쪽에서는, 리투아니아의 야기에우워 가문의 통치자들이 14세기 말에 폴란드의 왕권을 잡았다. 중앙유럽의 내부 분열은 중세 후기의 새로운 왕조들을 맞이할 수 있도록 한 번 더 재조정되었다. 그러나 왕가들이 왕국의 맨 꼭대기에 떠 있으면서 실제로 그곳에 사는 사람들을 고려하지 않은 채 서로 영토를 획득하고 교환했다는 식의 느낌은 잘못된 것이다. 룩셈부르크 왕가가 보헤미아에서 겪은 바에서 알 수 있듯이, 통치자와 왕가의 행보는 유력자, 귀족, 시 행정관들이 원하고 기대하는 바와 일치해야 했다. 신민의 복종은 결코 무조건적이지 않았기 때문이다. 이어지는 장들에서 이 점을 설명하겠다.

제8장
평의회, 소집의회, 법의 혼란

통치자에게는 항상 지도급 인사들로 구성된 평의회가 있었다. 중세 거의 내내 정부의 규모는 작았기 때문에 왕과 제후는 영향력 있는 인물들을 토론에 끌어들여 일을 성사시켰다. 통치자가 가장 높은 재판관으로 꼽혔으니, 평의회 역시 법률적 사안의 최종 결정자로서 작동하며 사법 기능을 수행했다. 13세기까지, 어떤 곳에서는 13세기 이후에도, 평의회의 구성원은 통치자의 궁정, 왕실, 예배당 등의 구성원과 겹쳤다. 특히 예배당 소속 성직자들은 평의회에서도 일해야 했는데, 문맹률이 높은 시절이라 글을 읽을 수 있고 기록 문서를 보관하는 법을 아는 인력의 주요 공급원이 그들이었기 때문이다.

중앙유럽 곳곳에서 평의회는 통치기관의 정점에 있었지만, 그 구성원이 될 자격은 유동적이었다. 평의회는 일반적으로 주권자 휘하의 공직자들과 왕실 하인들, 지도급 성직자들, 중요한 내방자들로 구성되었다. 가끔은 우연히 근처에 나타난 시골 귀족이나 급히 진언을 올리기 위해서 찾아온 성주城主 등 별로 중요하지 않은 내방자들도 평의회에 합류했다. 게다가 평의회는 통치자가 여행에 나설 때마다 규모가 줄어들었다. 유력자나 관리 중에 통치자와 동행할 시간이 있는 사람이 드물었기 때문이다. 가령 13세기 폴란드 통치자 중 가장 높은 자리를 차지했던 크라쿠프 공작의 평의회는 크라쿠프나 산도미에시에서 보통 12명 이상의 영주와 성직자로 구성되었지만, 그가 여행을 떠날 때에는 여러 명의 수행원이 동행했음에도 믿을 만한 관리와 필경사는 소수였다. 크라쿠프의 공작은 바로 그 소수의 인원에게 조언을 구했고, 그들을 자신이 내린 판결의 증인으로 삼았다.[1]

중세의 대부분 기간에 걸쳐 대개의 통치자와 평의회는 대체로 법률의 내용에 관한 확정적인 선언을 삼갔다. 이교도의 관습을 근절하기 위한 입법 활동을 여러 차례 펼친 뒤 통치자들은 더 이상 그런 식으로 법률을 제정하지 않았다. 이제 법적 판단과 결정은 구체적인 상황에 맞추기 위해서 고안된 임시방편으로 전락했다. 부과된 의무가 나중에 불편한 것으로 드러날지도 모르기 때문에 법률의 내용에 관한 포괄적 진술은 드물었고, 환영받지도 못했다. 통치자들은 문제를 유연하게 다루는 편이 더 좋았다. 황제 하인리히 3세는 1040년경에 이렇게 말했다. "흔히 말하듯이 법에는 밀랍 코가 달려 있고, 왕은 기다란 무쇠 팔이 있으므로 자신이 원하는 방식대로 비틀 수 있다."[2]

그러나 13세기에 이르자 신민들은 더 이상 법적 공백 상태를 용인하지 않았다. 중앙유럽은 서쪽에서 유입되는 이주자들, 기사단과 귀족계급의 출현, 왕조의 흥망, 새로운 성과 도시의 건설 같은 요인의 영향으로 변화하고 있었다. 평의회에서 활동하는 유력자들뿐 아니라 농촌 지역의 지도급 인사들도 자기들의 권리가 침해되지 않으리라는 점과, 잊어버리는 일을 방지하기 위해서 권리의 내용이 서면으로 작성되리라는 점을 보장하라고 요구했다. 이와 관련해 당시에는 다음과 같은 표현이 있었다. "인간의 기억은 짧지만, 글자는 오래 남는다." 그런 자유 헌장 가운데 가장 이른 시기의 사례는 이른바 슈타이어마르크 대헌장, 또는 1186년 게오르겐베르크 특권이다(게오르겐베르크는 특권을 공포한 장소이다). 슈타이어마르크의 오타카르 4세는 슈타이어마르크 공국의 기사들이 전투가 아니라 법정에서 분쟁을 해결하고, 그들의 재산을 상속인에게 물려주고, 공국 관리들의 행동으로 손해를 입지 않을 권리가 있다는 사실을 확인했다.[3]

그때부터 중앙유럽에서는 서면 보장이 차츰 일반화되었다. 헝가리(1222), 보헤미아(1229), 티롤(1289), 바이에른(1293) 등지에서 통치자들은 성가신 세금을 피하고 자의적 체포를 당하지 않을 권리, 시련 재판(육체적 고통이나 시련을 가해 죄의 유무를 가린 중세의 재판 방법/역주)을 면제받을 권리, 토지를 친척에게 넘겨줄 권리 같은 신흥 귀족계급의 전통적 권리(혹은 전통적 권리라고 불린 것)를 상세히 밝히는 법률을 반포했다. 신성 로마 제국의 황제들과 개별 영주들은 대부분 가장 빈번한 갈등의 원인을 제거하고자 하고, 법정의 운영방식을 간략히 밝히며, "만인의 권리와 신분과 자유와 명예를 유지할 것"을 약속하는 포괄적인 "평화 헌장"을 선포했다. 1231년과 1232년, 황제 프리드리히 2세와 그의 아들 하인리히 왕은 제후들을 위한 법규도 공포했다. 그 법규는 제국의 영주들과 공작들이 주장하는 온갖 권리를 인정하고, 그들에게 제국 내부에서 독자적인 자치 제후국을 세울 재량권을 부여하는 등 이름값을 톡톡히 했다.[4]

이제 성문법이 만들어지고 있었고, 성문법이 제정되는 방식도 바뀌고 있었다. 황제 프리드리히 2세에게는 "제국의 높은 자리"로부터 공포된 법령의 형태로 제후들을 위한 법규를 반포하고 "왕의 판결과 계획과 조치를 논박하는 행위는 신성 모독에 비견된다"라고 쓰는 것이 아마 당연했겠지만, 이는 그의 아들조차 납득시키지 못했다. 하인리히 왕은 제후들을 위한 법규의 자매 헌장을 통해서 "제후들이나 다른 누구도 이 땅의 훌륭한 사람들과 위대한 사람들의 동의를 먼저 구하지 않고서는 그 어떤 입법 행위를 하거나 법을 만들 수 없다"라고 선언했다. 그것은 다른 누구 못지않게 황제에게도 적용되는 금지명령이었다. 모든 단계의 국정은 통치자의 변덕에 따라서 진행하지 말고 협의를 통하라는 이야기였다.[5]

물론 영토에 대해 거의 완전한 통제권을 쥐고 있었으니 영주와 공작들은 협의 요구를 무시하고도 벌을 받지 않았겠지만, 이로써 하인리히가 정한 원칙은 기반을 마련한 셈이었다. 그 원칙은 후속 법률에서 다시 언급되었고, "훌륭한 사람들과 위대한 사람들"의 찬성이라는 개념은 그때부터 동의의 원칙이 어떻게 결정 과정에 포함되어야 하는지를 설명하는 데 쓰였다. 그러나 다른 무엇인가도 작동하고 있었다. 참여와 협의와 동의는, 정치 공동체를 서로 밀접하게 연관되어 있고 상호의존하는 부위들로 구성된 유기체라고 여기는 새로운 정치의 어휘들이었다. 1274년에 루돌프 왕이 말했듯이, "팔다리의 도움 없이 머리로 온몸을 다스릴 수 있다는 것은 세상의 이치가 아니었다." 다른 사람들은 "모든 사람에게 영향을 미치는 것은 반드시 모든 사람의 찬성을 구해야 한다"라는 로마의 법조문에서 발췌한 원칙을 꺼내 들었다. 어느 쪽이든 간에, 권력은 더 이상 독점물이 아니라 통치자들이 서로 나눠 가져야 하는 것으로 여겨졌다.[6]

중앙유럽에서는 귀족 개념 때문에 또다른 특징들이 더해졌다. 여러 헌장에서 반복적으로 분명히 설명되었듯이, 귀족은 통치자의 식솔이나 가족의 일부분이었다. (어느 헌장에서 설명된 바에 따르면) 심지어 주군의 "집과 일상생활"에 초대되어 "식탁에 합석할" 수 있을 정도였다. 귀족은 주군을 돕거나 주군에게 진언하는 대가로 보호와 승급을 기대했다. 그러므로 귀족에게는 주군이 자기 말을 경청하기를 바랄 자격이 있었고, 그것은 중앙유럽 도처의 귀족들이 가장 먼저 요구한 점이기도 했다(그들의 관심사는 특별한 고려의 대상이 될 만했고, 통치자에게 직접 접근할 통로를 요구할 만한 가치가 있었다). 따라서 귀족들은 통치자가 요청 사항을 서면으로 작성하도록 요구했을 때 그것을 특히 성가시게 여겼다. 통치자의 귀를 틀어쥔 대영주들을 종종 의심의 눈길로 바라본 일반 귀족들은 자신의 말도 들어달라고 요구했다.[7]

이와 관련한 최초의 사례 중 하나는 13세기 헝가리에서 나왔다. 1222년, 신흥 귀족계급이 왕의 면전에서 유대인과 이슬람교도를 왕립 주조소에 채용한 일부터 왕의 말 사육 담당자들과 사냥개 관리인들과 매 부리는 사람들이 후한 대접을 요구하는 것에 이르기까지 평소에 품어온 온갖 불만이 포함된 청원을 발표했다. 귀족들은 자신들의 권리가 헝가리의 초대 국왕인 성 이슈트반이 양도한 자유에 근거한다고 단언했고, 그중에는 해마다 귀족들이 군주와 함께 모일 권리도 있다고 주장했다. 언드라시 2세는 귀족계급의 권리를 열거하는 헌장을 발표함으로써 그들의 청원을 수용했다. 13세기 헝가리에서 공포된 이 헌장은 협의와 동의의 원칙을 왕정의 기본 요소로 확립한 6개의 자유 헌장 중 첫 번째 것이었다.[8]

다른 곳에서는 통치자들이 외부의 강요를 받을 필요가 없었다. 그들은 국왕 평의회에서도 자신에게 종종 도전하는 대영주에 맞설 평형추로 일반 귀족을 활용할 수 있다고 판단하고, 그들에게 기꺼이 통치권의 지분을 양보했다. 폴란드의 국왕 평의회에서 진행된 토론은 특히 문제가 많았다. 다투기 좋아하는 성직자를 비롯한 참석자들이 부주의한 태도, 기성 권리에 대한 무관심, 자리에 걸맞지 않은 관리들의 승진 등을 이유로 통치자를 비난하며 압박했기 때문이다. 헝가리의 상황도 흡사했다. 헝가리 왕은 대영주들의 행실 때문에 눈물을 흘리고는 했고, 화를 참지 못해 고위 성직자의 얼굴을 때리기까지 했다. 주교가 통치하는 곳에서는 해당 지역의 주교가 자신의 결정에 반대하는 주교좌 성당 참사회를 저지하기 위해서 기사들을 거느릴 수도 있었다. 참여의 폭을 넓히는 편이 이치에 맞는 선택인 경우가 많았던 것이다.[9]

  문제가 해결되는 방식은 일정하지 않았다. 몇몇 곳에서는 귀족들이 통치자의 평의회에 합류해 통치기관의 일원이 되었지만, 다른 곳의 귀족들은 대체로 독자적인 총회를 구성해 운영하며 거리를 두었다. 귀족들의 총회는 종종 성직자와 도시민의 집회와 동시에 열렸고, 그 3개의 집단은 대리인단이라는 당당한 이름으로 알려진 자체 회합을 열기도 했으며, 한데 모이기는 하나 집단별로 의사를 결정하기도 했다. 다른 곳에서는 귀족들이 대영주와 기사로 나뉘기도 했기 때문에 그런 곳에서는 대리인단이 총 4개였다. 헝가리와 폴란드에서는 국왕 평의회가 점차 대영주들과 왕실 관료들의 상원으로 바뀌었고, 귀족들의 총회는 하원이 되었다.

  그런 총회를 가리키는 명칭은 다양했다. 총회는 대집회나 엄숙한 집회, 회담, 회합, 국사國事, 탄원, 연설 장소(즉 "의회") 등으로 불렸는데, 참석자들이 특정한 날에 함께 모이도록 초청되었기 때문에 날$_{\text{Tag}}$이라는 명칭으로 불리는 경우가 더 흔했다. 디에타$_{\text{dieta}}$, 즉 다이어트$_{\text{diet}}$라는 명칭은 "날"을 뜻하는 라틴어 디에스dies에서 유래했다. 보헤미아와 폴란드에서 총회는 "소집"이나 "소환"을 뜻하는 스넴Sněm이나 세임Sejm으로 불리기도 했다.

이제 우리가 "소집의회"라고 부를 다이어트는 결국 입법기관이 되었다. 그러나 입법은 소집의회가 원래 수행한 역할의 작은 부분에 불과했고, 통치자들은 굳이 소집의회와 협의하지 않고 법규를 계속 공포하는 경우가 많았다. 소집의회의 주요 활동은 토지와 상속을 둘러싼 소송의 해결이었는데, 이 과정은 경박한 언사, 상석에 앉을 자격을 둘러싼 다툼, 과음 따위로 점철되었다. 유명한 악인을 처형하는 등의 경우에는 이따금 춤과 마상 무술 시합이 분위기를 띄우기도 했다. 소집의회는 권력과 계서제와 우애를 드러내는 곳이기도 했다. 그러므로 참석자가 소집의회에서 일찍 퇴장하거나 통치자가 소집의회에 늦게 나타나는 것은 소집의회의 의례를 통해서 각인시키고자 하는 연대감을 해치는 행동으로서 심각한 무례로 평가되었다.

그럼에도 소집의회에는 이중적인 역할이 있었다. 한편으로 소집의회는 왕국이나 공국, 영토를 대표했기 때문에 통치자의 후계자들이 왕국이나 공국이나 영토를 분할하지 못하도록 개입하거나, 이의가 제기되는 경우 승계를 결정하거나, 후계자가 미성년자인 경우 후견인을 정할 수 있었다. 그들은 고위직 임명권과 세금 승인권도 조금씩 장악했다. 보헤미아에서는 14세기 중엽에 소집의회가 그런 권한을 점점 확보했고, 다른 왕국들도 곧 그 뒤를 이었다. 15세기에는 전쟁 비용이 증가하면서 통치자의 재정적 수요가 폭발적으로 늘어나자 과세 문제를 둘러싼 협의의 대상이 될 권리도 주장했고, 이에 따라 특별 보조금을 의결하기 위해(때로는 거부하기 위해) 더 자주 모였다. 이와 관련해 당시에는 다음과 같은 표현이 있었다. "소집의회 날은 세금 날이다."

그러나 다른 한편으로 소집의회는 기본적으로 통치자 휘하의 봉신들의 집회였다. 통치자로부터 직접 영지를 하사받은 귀족들과 기사들은 모두 통치자의 봉신이었고, 따라서 통치자를 만나 대화를 나눌 자격이 있었다. 도시도 통치자가 거느린 영토의 일부로서 헌장에 의해 부여된 권리를 지니고 있었기 때문에 소집의회에서 자리를 차지할 자격이 있었다. 그리고 성직자들도 통치자에게서 직접 토지를 받았기 때문에 통치자의 가신으로 여겨졌다. 티롤에서는 다수의 소농민이 자유민으로서 자기 땅을 경작했고 공작 외에는 윗사람이 없었기 때문에, 그들도 티롤 공국의 소집의회에 초청되어 독자적인 대리인단을 구성했다. 켐프텐(오늘날의 바이에른 주에 있는 도시) 제후국에서도 똑같은 일이 벌어졌다. 켐프텐 제후국의 통치자는 켐프텐 수도원의 원장이기도 했는데, 15세기에 켐프텐 수도원장 휘하의 대다수 기사들이 다른 곳에서 출세의 길을 찾으려고 복무를 그만두는 바람에 소작농들이 소집의회를 장악하게 된 것이다.[10]

중앙유럽의 봉건적 피라미드는 단순했다. 다른 지역에서는 봉토 직접 수령자와 "중간 영주"로 알려진 중개자가 있었으나, 중앙유럽의 대다수 지주는 그런 중개자를 거치지 않고 영토의 통치자로부터 토지를 받았기 때문에 통치자와 직접적인 관계를 맺고 있었다. 새로운 통치자가 즉위할 때마다 봉신들은 충성을 맹세하고 통치자의 손을 움켜잡으며 엄숙한 취임식을 거쳤다. 종종 소집의회의 개회식 때 열린 취임식에서 재산이 상속인에게 넘어갈 때마다 되풀이된 그 모습은 매우 격조 높은 행위였고, 화가가 그 절차를 포착할 수 있는 거의 유일한 의식이었다. 통치자는 자식들과 애견에 둘러싸인 채 자리에 앉아 있었고, 주변에 모인 영주들은 낭독되는 선서를 복창했다. 케른텐의 취임식은 그 의식의 가장 과장되고 부자연스러운 버전이었다. 신임 공작이 여러 번의 행진과 뺨 때리기와 옷 갈아입기 등의 의식을 거쳐 취임한 뒤, 조각된 석조 좌석에 앉아 봉신들의 충성 서약을 받고, 봉토를 가진 그들의 지위를 인정해준 것이다.[11]

귀족은 대부분 통치자의 봉신이었기 때문에 소집의회에 참석할 수 있었다. 따라서 보헤미아와 바이에른에서는 1,000명의 귀족에게 참석할 권리가 있었지만, 실제로는 한 번에 수백 명 정도만 참석했다. 귀족의 수가 더 많은 헝가리에서는 1만 명 이상의 귀족이 참석할 수도 있었는데, 15세기 말과 16세기에는 이따금 수천 명이 참석하면서 국정 운영에 막대한 부담을 안기기도 했다. 헝가리의 대규모 소집의회는 무장 인력이 순찰하고 울타리가 쳐진 야외에서 열렸다. 마치 오늘날의 대중음악 콘서트처럼, 왕과 평의회는 회의장 앞쪽의 목조 무대를 차지했고, 귀족들은 바닥에서 모욕과 불평불만을 퍼부었다. 가끔 반역자에게 경고하는 의미로 교수대나 처형대를 설치하는 경우도 있었다. 주로 페스트 근처의 라코시 평원에서 열린 그 소란스러운 헝가리 소집의회는 귀족들의 폭력 반란을 뜻하는 로코시rokosz라는 새로운 단어가 폴란드어 사전에 등재되는 계기가 되었다.[12]

그러나 대부분의 소집의회는 귀족 집단이 몇 명을 대표로 임명하는 일종의 대의제를 기꺼이 선택했다. 도시는 시 행정 책임자를, 농민들은 마을 연장자를 대표로 보냈다. 주교들과 대수도원장들은 따로 대표를 뽑지 않고 소집의회에 참석했다. 제국 소집의회, 즉 제국의회Reichstag는 예외였다. 15세기 말에야 등장한 신성 로마 제국의 소집의회는 왕이나 황제의 궁정에서 열리는 봉신들의 회합에서 비롯되었다. "왕이나 황제의 총회"로 간주되었기 때문에 누구를 초청할지는 왕이나 황제의 선택에 달려 있었지만, 초청을 거절하는 행위는 신이 정한 지고의 권위에 도전하는 짓이므로 이단에 필적하는 가장 심각한 모욕이었다. 참석자 수는 통치자의 뜻에 따라 천차만별이었는데, 1397년에는 거의 5,000명이었고 1431년에는 100명 미만이었다.[13]

제국의회는 15세기 말에 일련의 개혁을 단행해 참가자의 수를 약 300명으로 고정하고, 의결에 도달하는 절차를 정하고, 의제를 사전에 합의함으로써 더 세련된 방식으로 운영되었다. 일의 흐름을 관리하는 선거인들과 통치자는 논란의 여지가 있는 문제가 생기면 그것을 위원회에 맡기고는 했다. 하지만 제국과 독일 민족을, 그리고 사실상 모든 기독교인을 대변한다는 주장에도 불구하고 제국의회는 수백 명의 공작과 백작과 성직자와 도시(우연히 왕이나 황제와 직접적인 관계를 맺은 도시)의 대표자로만 구성된, 봉신의 총회라는 본래의 성격을 잃지 않았다. 따라서 왕이나 황제가 아닌 슈타이어마르크와 케른텐과 티롤 등의 공작으로부터 받은 사유지를 보유하고 있었던 오스트리아 영지의 귀족들은 제국의회에 참석할 수 없었다. 포메른, 메클렌부르크, 작센 등의 공작으로부터 토지를 받은 귀족들도 마찬가지였다. 그들은 황제의 봉신이 아니라 공작의 봉신이었기 때문이다.[14]

그렇지만 확고한 일관성은 없었다. 주로 프랑켄, 슈바벤, 라인란트에서 약간의 땅을 보유한 제국 기사들은 황제의 봉신이었음에도 불구하고 15세기에는 제국의회에서 배제되었다. 그들은 숫자가 너무 많았고, 대부분 대영주와 고위 성직자를 섬겼기 때문에 평판이 나빴다. 도시는 황제로부터 설립 헌장을 받았고 세금 부담을 가장 많이 짊어졌지만, 제국의회에 참석하는 귀족들은 대개 도시 대의원들을 경멸했다.

제국의회는 영주와 성직자와 도시를 대표하는 3개의 대리인단으로 구성되었는데, 그 3개의 대리인단은 함께 모였지만 서로 동등하지 않은 별도의 투표권을 행사했다. 도시 대의원의 표는 자문의 성격을 띠는 것으로만 계산되어서, 도시의 대의원들은 자기들 이익에 해가 되어도 다른 2개 대리인단의 결정을 막을 수 없었다. 아울러 제국의회에서는 황제 이외의 주군이 없는 100여 개의 제국 촌락Reichsdörfer이 완전히 배제되었다.[15]

소집의회는 중앙유럽 사회를 관통하는 의회 계서제의 정점일 뿐이었다. 12세기부터 14세기까지 폴란드는 서로 경쟁하는 여러 공국으로 분열했다. 13세기 말, 키가 팔꿈치만 하다고 해서 "팔꿈치 높이"라는 별명으로 불린 브와디스와프 1세(재위 1306-1333)에 의해서 일부 통합이 이루어졌다. 그는 경쟁자들을 제치고 폴란드 북중부의 쿠야비아에서 각각 그니에즈노와 크라쿠프를 중심으로 한 비엘코폴스카 지방과 마워폴스카 지방으로 세력을 확장했다. 그의 아들 카지미에시 3세(재위 1333-1370)는 르부프(리비우)와 지금의 우크라이나 서부와 폴란드 남동부에 걸쳐 있는 적러시아(루시 체르보나) 지방도 차지했다. 그러나 150년간 이어진 분열은 지역 정체성의 강화로 이어졌고, 그 점은 귀족과 성직자로 구성된 30개에서 40개 사이의 지역 행정구 단위와 주 단위의 총회인 세이미크의 개최로 표현되었다. 세이미크는 폴란드의 전국 소집의회인 세임의 부족한 부분을 대신했기 때문에 통치자는 개별 세이미크와 협상해야 했다.[16]

한 곳의 세이미크는 다른 곳의 세이미크에 대표자들을 파견함으로써 과세와 국왕의 제안, 그리고 전통적인 자유에 대한 침해 행위로 보이는 사안에서 합의를 도출할 수 있었다. 하지만 세이미크가 너무 많다는 점은 혼란을 초래했다. 너무 많은 세이미크는 왕의 요구에 대한 집단적 대응을 저해했고, 비양심적인 군주가 분할통치 정책을 추구하는 명분이 되었다. 세이미크는 종종 군주의 지시에 도전하고 정책 조율을 방해했기 때문에 군주에게도 골칫거리일 수 있었다. 모든 지역 세이미크의 대표자들이 한데 모인 전국 소집의회인 세임은 양쪽 모두에게 합당한 제도였고, 15세기 후반에 점점 더 자주(대체로 해마다) 소집되었다. 세이미크는 계속 강력한 지방 권력을 보유했고, 통치자의 결정뿐 아니라 세임의 결정에도 자주(그리고 때로는 폭력적으로) 저항했지만, 폴란드는 차츰 하나로 뭉쳐갔다.

보헤미아에서도 똑같은 복잡성이 뚜렷하게 드러났다. 보헤미아 왕국에서는 보헤미아 본토, 모라바, 실롱스크, 상루사티아와 하루사티아(지금의 독일과 폴란드에 걸쳐 있는 지역)에서 개별 소집의회가 열렸고, 단일체는 가끔씩만 이루어졌다. 개별 소집의회 아래에는 평화 유지, 세금 징수, 소집의회 대의원 임명 같은 임무를 수행하는 지역 총회, 즉 "하위 소집의회"인 셰즈디$_{sjezdy}$가 있었다. 보헤미아의 소집의회는 군주를 선출할 특권을 주장했고, 실제로 카를 4세는 1356년의 금인칙서를 통해서 군주 선출권을 성문화했다. 그 권리에 힘입어 보헤미아의 소집의회는 갖가지 전제 조건을 달아 장래의 통치자를 꼭두각시로 만들고 나서 선출 과정으로 넘어갈 수 있었다. 당시 체코의 귀족들은 브와디스와프 2세(재위 1471-1516)에게 "당신은 우리의 왕이지만, 우리는 당신의 주인입니다"라고 말했다.[17]

통치자와 자주 경쟁하기도 했지만, 귀족들의 소집의회와 총회는 왕국과 공국의 견실성에 보탬이 되었다. 소집의회는 직접적으로, 혹은 대표자들을 통해서 특정 영토의 정치 공동체를 한데 소집함으로써 해당 정치 공동체의 활동 공간에 대한 개념을 전달했고, 권력이 행사되는 물리적 경계를 규정했으며, 의사결정에 기여했기 때문에 권력도 나눠 가졌다. 체코의 귀족들은 허세를 부렸지만, 정치는 덜 개인적이고 더 조직적인 방향으로 바뀌고 있었다. 과거에는 모든 것이 통치자와 봉신 간의 애정과 충성심의 유대에 달려 있었지만, 이제는 점점 더 정교해진 절차로 무장한 소집의회가 개인적 관계를 제도적 관계로 바꿔놓았다. 회합에 수반되는 갈등과 경쟁에도 불구하고, 소집의회는 왕국과 공국을 결속시키는 접착제의 일부분이었다.

그럼에도 중앙유럽에서는 소집의회의 이중적인 역할 사이의 긴장이 늘 있었다. 소집의회는 왕의 봉신들의 총회인 동시에, 왕국을 대표하는 기관이었다. "왕국"이라는 단어는 왕의 추종자들을 가리키거나 통치자가 다스리는 영토의 물리적 범위를 가리키기도 하는 등 그 의미가 유동적이어서 긴장을 해소하는 데 보탬이 되지 않았다. 중세 거의 내내 소집의회는 주로 군주와 봉신 간의 관계(귀족과 성직자만 개인적으로 접근할 수 있는 궁정에서 따라야 하는 절차, 귀족이 소작인들로부터 긁어내야 하는 세금과 병력, 귀족이 가진 기본권 등)을 설명하는 데 관심을 쏟았다. 왕국에 대한 소집의회의 인식은, 왕국의 지리적 경계나 왕국 전체의 방어나 왕국 내에서의 질서 유지 같은 문제까지로 가끔 확대될 수 있었지만, 이는 그런 문제들이 귀족들과 그들의 의무에 영향을 미칠 정도인 경우에만 그랬다.

소집의회에서 진행되는 절차는 중앙유럽 어디에서나 거의 동일했다. 통치자는 성직자와 영주, 귀족들에게 제안을 내놓았다. 소집의회 참석자들은 단일 회기나 본회의에서 주권자의 제안을 두고 토론하고, 역제안(이상하게도 "불만"이라는 용어로 일컬어졌다)을 내놓았다. 그런 다음 위원회, 소집의회의 대변인들, 영향력 있는 조신들, 국왕 평의회, 상서국 서기들이 막후에서 타협안을 짜내려고 애썼고, 종종 안건이 다시 소집의회로 회부되어 새로운 검토 및 협상 과정이 진행되었다. 문안이 정해지면 상서국 서기들이 옥새를 찍고, 합의되지 않은 항목을 슬며시 끼워넣고는 하면서 최종 문서를 작성했다. 최종 문서에는 항상 과세, 주둔군 물자 보급, 사법 행정 변화 같은 중요한 사안과 어느 과부에게 갚아야 할 빚 같은 사소한 문제가 뒤섞여 있었다.[18]

특정 공국이나 왕국 내에서도 용어의 일관성은 거의 없었다. 따라서 최종 문서는 법규나 포고령이나 규약으로, 아니면 그저 협정으로 불릴 수도 있었다. 하지만 최종 문서는 통치자와 소집의회에 대표자로 참석한 신민 사이에 이루어진 협상의 산물인 조약으로 바라보는 편이 가장 좋다. 양쪽은 서로를 동등한 권한과 권리를 가진 존재로 여겼다. 그러나 16세기 헝가리의 대표적인 법률가가 설명했듯이, 통치자와 소집의회에 참석한 대표자인 귀족들은 "서로 너무 밀접하게 의존하고 있어서 어느 쪽도 다른 쪽에서 분리되거나 제거될 수 없고, 어느 쪽도 다른 쪽 없이는 존재할 수 없기 때문에" 서로 연동되는 공동의 의무도 지니고 있었다. 법은 바로 그 양쪽의 상호 작용에서 비롯되는 것이었다.[19]

그러나 그렇게 탄생한 법은 오늘날 우리가 상상하는 법과는 크게 달랐다. 현대의 법규와 달리, 통치자와 소집의회가 합의한 조약은 구속력 있는 일단의 의무를 구성하지 않았다. 관습법이나 실제로 지켜지는 법만 강제적인 것으로 간주되었기 때문에, 특정 법의 내용이 설득력을 가지려면 그 내용이 반드시 준수되고 일상적인 관행 속에서 자리를 잡아야 했다. 오늘날의 독자들에게는 무척 낯설고 심지어 정도를 벗어난 것처럼 들리겠지만, 당시에는 이치에 맞는 이야기였다. 인쇄술의 시대 이전에는 모든 법률을 손으로 필사한 뒤 주요 교회와 도시에, 그리고 농촌 지역의 국왕 관리들에게 보내야 했다. 가끔 수령자들이 요약본을 만들어 상당한 가격을 받고 유포하기도 했지만, 특히 법률의 내용이 부담스러운 경우에는 사본을 보관해두기만 하는 경우도 있었다. 따라서 대다수의 신민들은 통치자와 소집의회가 결정한 내용을 전혀 알지 못했다. 그들은 평소대로 계속 살아가다가 기존과 다르게 행동할 것을 강요받았고, 그러면 그 시점에야 비로소 법률이 관습으로 자리를 잡았다.

유포 범위가 제한적이었기 때문에 이전의 법은 곧바로 기억에서 사라졌다. 혹은 소집의회와 무관하게 통치자가 공포한 포고령에 자리를 빼앗길 수도 있었다. 왕권이 어디까지 확대되는지, 왕이 자신의 권한으로 무엇을 할 수 있는지에 관한 합의는 없었다. 1505년, 폴란드의 전국 소집의회인 세임은 왕이 일방적으로 법을 제정할 권리를 제한하고자 시도했다. "새로운 것은 없다Nihil novi"라는 유명한 조항을 통해, 세임은 왕이 세임의 동의 없이 그 어떤 새로운 일도 하지 말아야 한다고 규정했다. 그러나 세임은 과거에 왕과 합의한 내용을 기록해둔 자료가 없었기 때문에 무엇이 새로운 일인지 알지 못했다. 따라서 왕은 왕실 서기에게 왕이 할 수 있는 일이 무엇인지 찾아내어 그것을 왕국의 법으로 삼아 인쇄하도록 지시했지만, 법의 내용이 불확실한 만큼 법에 대한 서기의 이해 수준도 모호했다. 당시 폴란드인들이 "법의 혼란"이라고 부른 현상은, 서기가 내놓은 결과물에 뚜렷이 드러나 있었다. 그의 편찬물에는 더 이상 적합하지 않은 옛 법규, 법적 성격이 의심스러운 조항이 포함되어 있었고, 부록에는 13세기 나폴리의 문헌을 비롯한 다른 곳에서 작성된 법전도 있었다.[20]

법의 혼란은 중앙유럽의 대다수 지역에서 흔히 찾아볼 수 있는 현상이었다. 하지만 그것이 중앙유럽의 정치적 복잡성을 가려서는 안 된다. 왕조가 왕관과 왕국을 수없이 주고받았음에도 권력은 군주의 독점물이 아니었다. 대신에 권력은 분배되었고, 의사결정에 참여하리라고 기대하는 귀족들 사이에서 공유되었다. 중세 유럽에서는 귀족의 권력이 통치자의 권력을 보완하고 통치자의 권력과 짝을 이루는 것으로 여기는 소집의회와 총회를 통해서 정치 활동이 활발하게 펼쳐졌다. 그렇지만 귀족 권력의 제도들은 중앙유럽 사회 도처로 확장된 공동체 조직과 대중 참여 현상의 일부에 불과했다. 중세 사회는 결코 민주적이지 않았지만, 중앙유럽 대다수 지역에서 판결과 입법, 그리고 지방에서의 통치 활동을 둘러싼 대중의 참여는 폭넓고 치열했다. 다음 장에서 이 부분을 설명하겠다.

제9장

도시, 촌락, 자유
프리슬란트에서 트란실바니아까지

소집의회는 왕국과 공국을 구축하는 데에 도움이 되었다. 개인적으로 혹은 대표를 통해 소집의회는 특정 영토의 정치 공동체를 한데 모아서 그 정치 공동체의 활동 공간에 대한 개념을 전달했다. 소집의회는 권력이 행사되는 물리적 경계를 규정했지만, 조세와 관료 임명 여부를 결정하고, (논쟁의 대상일 경우) 통치자의 정체성까지 결정하면서 권력을 나눠 가졌다. 정치는 덜 개인적이고 더 공식적인 방향으로 바뀌고 있었다. 앞에서 말했듯이, 과거에는 모든 것이 통치자와 봉신 간의 애정과 충성심에 달려 있었지만, 이제는 제도를 통해서 여러 관계가 조정되었다. 구조가 굳어져갔고, 국가의 개념이 윤곽을 잡아갔다. 회합에 수반되는 갈등과 경쟁에도 불구하고, 소집의회는 왕국과 공국을 결속시키는 조직적 뼈대의 일부분이 되어갔다.[1]

중앙유럽에서 진행된 이 과정은 스칸디나비아에서 사르데냐까지 펼쳐진 서양 기독교 세계에서 매우 흔했다. 하지만 소집의회에 집중하다 보면 자칫 중앙유럽의 몇 가지 예외를 놓칠 우려가 있다. 중앙유럽의 소집의회는 통치자의 봉신들과 특권계급이 지배했다. 그들은 대부분 자신의 문제에, 그리고 통치자와 공유하는 상호 간의 권리와 의무를 설정하는 데 관심이 있었다. 따라서 사회적 계서제의 아래쪽에 있는 다른 집단들에게는 나름의 영역을 개척하고, 단체와 총회를 조직하며, 거의 독자적인 권력을 확립할 여지가 있었다. 중세 중앙유럽은 공동체 정부와 공화주의적 실험의 본산이자, 하향식 국가 형성 및 영토 통합의 역사가 상향식 주도권과 대립하는 곳이기도 했다.

중앙유럽 곳곳에서 도시와 시민권은 함께 성장했다. 1,000개가 넘는 도심의 시민들은 흔히 중앙 광장에서 열린 야외 회합을 통해서 평의원과 행정관을 매년 선출했고, 뒤이어 서약식, 직무를 나타내는 지팡이 인계 의식, 거리 행진 등을 거행했다. 하지만 그들의 선거는 "1인 1표"가 아니었다. 시민권은 일반적으로 주택을 소유하고 있는가, 따라서 당대인의 묘사에 따르면 "부유하고 분별 있는 사람들"에 속하는가에 좌우되었다. 그러나 대다수 도시에서 공직은 귀족으로 알려진 과두집단이 독점했다. 뉘른베르크의 경우, 공직은 시청에서 춤을 출 권리가 있는 수십 개의 가문 사람들만 오를 수 있었다. 다른 곳에서는 돋보일 만큼의 재산, 결혼 관계, 중앙 광장을 정면으로 바라보는 주택, 심지어 가문의 문장, 그리고 올바른 음주 모임이나 "부자 클럽Richerzeche" 같은 단체의 회원 여부에 공직 자격이 달려 있었다.[2]

도시 귀족들은 대개 도매상이거나 부동산 임대업자였고, 당시의 표현에 따르면 평의회 직무를 수행할 시간이 있는 "게으름뱅이들"이었다. 도시 귀족의 경쟁자는 길드의 조합원들이었는데, 그들은 대부분 소매상이라서 공급업자들과 불화를 겪는 경우가 많았다. 충돌이 빈번해지자 길드 조합원들은 도시 빈민을 동원해서 폭동을 일으켰다. 하지만 길드는 선출된 지도자, 자체 규칙, 시민으로서의 의례 등을 갖춘 단체이기도 했고, 그 의례는 종종 특정 성자들에 대한 숭배나 도시 성벽 일부의 방어와 관계가 있었다. 도시 사회는 소속감과 공동체 조직으로 가득했다. 매춘부들도 그들만의 자매회를 결성했고, 매춘부 출신 성녀인 막달라 마리아와 아프라의 이름을 내건 행진에 참여했다. 어찌 되었건 그들도 하나의 직업에 종사하고 있었다.[3]

도시들은 상거래 촉진과 물리적 보호를 위해서 동맹을 맺었다. 가장 이른 시기의 동맹은 13세기 중엽부터 형성되었는데, 질서 유지라는 비슷한 관심사를 지닌 영주와 주교들이 참여하기 마련이었다. 1250년대에 라인란트 동맹에는 아헨과 취리히를 비롯한 100개의 도시와 마인츠, 트리어, 쾰른 등의 대주교 관할구가 포함되었다. 자체 조정위원회를 설치한 라인란트 동맹은 라인 강에 약 600척의 병선(兵船)을 배치해 해적을 막고 불법 통행료 징수소를 단속했다. 1487년에 설립된 슈바벤 동맹의 규모도 이에 못지않았다. 주로 제국의 남부와 남서부에서 활동하는 500명 이상의 기사와 도시 대표자와 성직자로 구성된 이 동맹은 도시 대표자와 지방 영주로 구성된 총회, 집행부 역할을 하는 상임위원회, 회원 간의 분쟁을 판결하는 법원 등을 갖추고 있었다.[4]

게다가 중앙유럽 곳곳의 도시들은 법적 연합의 형태로 결속했고, 서로 법전을 차용해서 그 전부나 일부를 채택했다. 그중에서도 정부 형태, 상속, 도량형, 통행료 등 도시생활의 대다수 측면을 다룬 뤼베크의 법이 가장 널리 쓰였는데, 주로 저 멀리 동쪽의 탈린(오늘날 에스토니아의 수도)과 러시아의 노브고로드 같은 발트 해 연안의 약 100개 도시에서 활용되었다. 마그데부르크의 법도 제국 내의 약 80개 도시에서 채택되어 널리 통용되었고, 폴란드와 헝가리와 트란실바니아에 있는 도시들의 법에 영향을 미쳤다. 1490년대에는 멀리 떨어진 키이우에서도 마그데부르크의 법을 채택했다(오늘날에는 드네프르 강을 굽어보는 흰색 기둥 모양의 19세기 기념물이 아득한 옛날에 마그데부르크의 법을 도입한 일을 기리고 있다). 울름, 잉겔하임, 쾰른, 모라바의 브르노, 헝가리의 부다 주변에는 소규모 법조 단지가 생겨났다.[5]

그러므로 논란의 여지가 있거나 까다로운 사건을 만났을 때 도시 행정관들은 그 도시에 법을 빌려준 모도시母都市에 조언을 구할 수도 있었다. 흔히 자도시子都市의 행정관과 소송 당사자가 현장에서 지켜보는 가운데 모도시의 평의회나, 더 일반적으로는 평의회에 소속된 전문가 집단인 판정관들이 사건을 검토하고 의견을 제시했다. 현존하는 수만 건의 판결 의견에는 상속법과 재산법이 가장 많이 등장한다. 16세기에는 도시 행정관들과 소송 당사자들이 종종 대학교의 법학과에 자문을 구하기도 했다.[6]

스위스의 알프스 산맥 골짜기와 그 북쪽의 굽이치는 초원은 가장 유명한 동맹들의 본거지였다. 상호 지원 조약으로 결속된 그 동맹들은 이미 15세기에 느슨한 연합체로 통합된 바 있었다. 연합체의 중심에는 제네바 호와 보덴 호 사이의 제국 도시들(루체른, 베른, 취리히 같은 도시들)이 자리 잡고 있었다. 14세기 중엽, 그 3개의 도시는 다소 억압적이었던 백작들의 통치에서 벗어난 삼림 계곡의 농촌 자치 공동체 5개와 조약을 맺었다. 자체적인 평가에 따르면, 그 조약은 "도시와 농촌을, 시민들과 시골뜨기들"을 한데 모았다는 점에서 이례적이었지만, 크게 번창했다. 조약에 서명한 8개의 공동체는 설득과 정복을 통해서 새로운 우방을 확보하고, 도시와 농촌 사이의 다른 동맹을 느슨한 조직 속으로 편입시켰다.[7]

그 연합체의 구조는 복잡했지만, 유연성을 발휘할 수 있다는 점에서 오히려 좋았다. 1500년경, 그 동맹의 핵심은 나중에는 "칸톤canton"으로 불린 13개의 "장소들Orte"로 구성되었다. 13개의 칸톤은 12개 이상의 조약과 공동의 쟁점에 대한 수백 개의 협정문을 바탕으로 통합되었지만, 모든 칸톤이 공동으로 서명한 최초의 조약은 1513년에야 체결되었다. 그밖에도 몇몇 칸톤이 사들이거나 정복한 하나의 영토를 다스리는 "공동 지배권"이 있었고, 1개나 그 이상의 칸톤과 동맹을 맺는 데 그친 영토들도 있었다. 동쪽의 그라우뷘덴(프랑스어로는 그리종)과 서쪽의 제네바가 그런 종류의 영토에 속했고, 오래된 장크트갈렌 수도원도 마찬가지였다.

14세기 중엽부터 중앙 소집의회에도 각각 동등한 투표권을 가진 칸톤의 대표자들이 모였다. 그러나 칸톤들은 정치적 구성이 제각각이었다. 시골의 칸톤에서는 대중 총회가 권한을 가진 듯 보였는데, 대중 총회는 대부분 소수의 부유한 가문이 주관하는 행사였다. 반면 도시의 영향력이 큰 칸톤에서는 부유한 상인들이나 길드 조합원들에게 권력이 있었다. 촌락, 장이 서는 도시, 산골짜기 등에도 자체 총회가 있었고, 그 총회에는 보통 "동료와 자유민, 그리고 다수의 부자로 구성된 공동체 전체"가 모였다. 대체로 그들은 법원 판결, 동맹 조약, 칸톤의 결정 등을 승인하기 위해서뿐만 아니라 합의가 전통과 일치하는지 확인하기 위해서 모이기도 했다. 하지만 그것은 실제로 작동하는 농민 민주주의가 아니었다. 소농들은 흔히 마을 총회에서 배제되었고, 가장 부유한 사람들의 의견이 우세한 경우가 많았다.[8]

스위스와 가장 비슷한 사례는 트란실바니아였다. 스위스와 트란실바니아 모두 산과 목초지가 뒤섞인 내륙 지역이었고, 교역로 사이에 걸쳐 있었다. 서로 비슷한 정도로 침략에 취약했고, 오늘날까지 특이한 군사용 건축물이 보존되어 있다. 스위스의 경우, 아르가우, 보, 그라우뷘덴 등지의 변두리에 촘촘하고 체계적으로 배치된 성들이 바로 그런 군사용 건축물이다. 원래 기사들의 집이었던 그 성들은 14세기와 15세기에 스위스 도시들의 전초기지나 부유한 상인들의 저택으로 바뀌었다. 트란실바니아의 경우, 특이한 군사용 건축물은 150채의 요새화된 교회에서 찾아볼 수 있는데, 그 교회 건물들의 두꺼운 벽 뒤에는 외적이 침입했을 때 지역 주민들이 피신했던 흔적이 남아 있다. 트란실바니아에는 오스만인과 타타르족 침입자들에 대한 공포가 워낙 깊이 뿌리를 내렸기 때문에 1930년대 말까지도 교회 흉벽 내의 식료품 저장실에 치즈와 햄이 가득 쌓여 있었다.[9]

중세의 트란실바니아는 헝가리의 일부였지만, 왕이 임명하는 총독이 이끄는 독자 정부가 있었다. 이곳의 최상류층은 주로 헝가리 귀족이었다. 트란실바니아는 인구 집단의 측면에서, 그리고 각 인구 집단이 누리는 특권의 측면에서 다양성이 뚜렷했다. 12-13세기에 헝가리왕들은 통틀어 작센인으로 불린 독일인을 남부로 이주시켰고, 그곳에 정착한 작센인들은 농장과 소도시를 세웠다. 그중 가장 중요한 도시에서 트란실바니아의 독일어 명칭인 지벤뷔르겐이 비롯되었다(지벤뷔르겐은 시비우[헤르만슈타트]를 중심으로 한 7개의 도시를 가리킨다). 작센인이 정착한 주요 지역의 동쪽에는 세케이인으로 불리는 전혀 다른 인구 집단이 있었다. 세케이인은 국경 경비대에서 경기병으로 활약했고, 자체적인 정부와 법을 가지는 집단적 특권을 누렸다. 헝가리어를 쓰는 세케이인의 기원은 불분명하지만, 전승에 따르면 그들은 아틸라가 이끌었던 훈족의 자손이라고 한다. 더 신비로운 점은, 18세기까지 세케이인의 일부가 고유의 룬 문자를 썼다는 사실이다. 최근 트란실바니아 일부 지역의 애호가들이 되살린 세케이 룬 문자로 적힌 도로 표지는 지나가는 운전자들에게 마을 이름을 알려주고 있다.

트란실바니아의 나머지 지역은 헝가리 귀족들이 지배했고, 그들은 독자적인 군 단위 총회에 모였다. 총독은 주로 재산과 연관된 복잡한 소송을 심리하고 무법자 명단을 작성하기 위해서 최소한 1년에 한 번 소집의회를 열었다(트란실바니아의 삼림은 도적과 노상강도의 소굴로 악명이 높았다). 소집의회는 주에서 선출된 대의원과 주변에서 참석을 권하는 귀족으로 구성되었다. 그러나 소집의회의 구성원 자격은 느슨했고, 결코 귀족에 국한되지 않았다. 작센인과 세케이인 공동체의 지도자들도 소집의회에 참석했을 것으로 보이며, 14세기까지는 루마니아 정교회 마을의 촌장들도 그랬을 것이다. 중세 말엽에는 아마 루마니아인들이 트란실바니아 전체 인구에서 가장 큰 부분을 차지했을 것이다. 저 아득한 기원전 2세기와 3세기에 옛 로마의 다키아 속주에 정착했던 군단병들의 후손이었으니, 그들은 역사가 가장 오래된 집단이었을 것이다. 그러나 정교회 신자였던 그들은 이후 종교가 다르다는 이유로 트란실바니아의 통치기관에서 배제되었다.[10]

그러나 일단 가톨릭교로 개종한 루마니아인에게는 장벽이 전혀 없었다. 트란실바니아의 가장 위대한 여러 귀족 왕조가 루마니아계였는데, 그중에서 헝가리의 마티아스 코르비누스 왕(재위 1458-1490)을 배출한 후녀디 가문이 가장 유명하다. 게다가 다수의 루마니아인은 성에 소속된 전사로서 군사적 역할을 수행했다. 그들은 자신들에게 부여된 특권에 힘입어 자체 법원과 지방 총회를 운영하고, 성주가 지켜보는 가운데 고유의 법에 따라서 공무를 집행할 수 있었다. 트란실바니아

도처에 그런 유형의 구역이 수십 군데 있었다. 루마니아인 개척자들은 마을을 세운 뒤 세습 촌장으로서 마을을 다스렸다. 그들은 종종 지역 지도자인 총독을 임명하기 위해서 모이기도 했는데, 총독은 군사 정책과 재정 정책을 조율하고, 마을을 넘나드는 사건을 다루면서 "부자와 빈자의 공동체"라는 이름으로 판결하는 사람이었다.[11]

1437년, 트란실바니아를 휩쓴 대규모 반란으로 농민과 소귀족이, 그리고 헝가리인과 루마니아인이 하나가 되었다. 반란의 원인은 트란실바니아 주교의 십일조 증액 요구와 정교회 신자인 루마니아인들을 가톨릭으로 개종시키려는 고압적인 시도였다. 당시 트란실바니아의 종교생활은 침체되어 있었다. 당대의 기록에 따르면 많은 사제들이 교회를 저버리고 도박과 시골에서의 취미와 방탕한 생활로 세월을 보냈고, 방치된 신자들은 보헤미아의 이단인 후스주의를 비롯한 급진적 교리를 받아들였다. 그러나 반란군은 농민이 지는 부담의 전반적인 완화까지 요구하기에 이르렀고, 뜻을 이루고자 귀족의 집을 불태우고 트란실바니아 중부의 도시인 클루지(클라우젠부르크)를 점령했다.[12]

목숨을 잃을지 모른다는 공포에 휩싸인 세케이인과 작센인의 지도자들과 헝가리인 귀족 지도자들은 같은 해에 반란군에 맞서 군사 동맹을 맺고 "형제 연합"을 결성했다. 그 연합군은 곧바로 승리를 거두었고, 반란군 지도자들은 고문, 사형, 사지 절단, 실명이라는 흔한 형벌을 받았다. 목적을 달성했으므로 형제 연합은 막을 내려야 했지만, 그러지 않았다. 오히려 형제 연합은 계속되었다. 15세기 중엽에 오스만인들이 트란실바니아로 밀려들고 과세를 둘러싼 왕실의 요구가 점점 더 거세지자, 동맹을 새롭게 맺을 필요성이 제기되었다. 1459년에 체결된 새로운 조약에서 3개의 집단(세케이인과 작센인과 헝가리 귀족)은 이제

"포괄적이고 단결된 공동체"를 구성했다고 강조했다.[13]

이후 수십 년간 "세 민족의 연합"으로 불린 그 동맹은 총독의 총회를 이어받아 트란실바니아의 소집의회가 되었고, 세케이인과 작센인, 헝가리 귀족이 권력을 공유했다. 16세기 초에 연합의 대표자들은 총독이 주재하는 법정의 상임 의석을 확보하기도 했다. 그러나 각 공동체는 계속 독자적인 총회를 유지했고, 총회 밑에는 도시들과 개별 세케이 씨족들의 집회, 그리고 여러 주에 거주하는 귀족들의 집회가 있었다. 세 민족은 헝가리 소집의회에 대표단을 파견하기도 했다. 헝가리 왕실의 초대장에서 설명되었듯이, 세 민족도 헝가리 왕국의 일원으로서 소집의회에서 무엇이 결정되는지 알아야 했기 때문이다.[14]

중앙유럽의 가장자리에 있다는 공통점에도 불구하고, 트란실바니아와 프리슬란트는 서로 엄청나게 멀었고 물리적 측면에서도 매우 달랐다. 프리슬란트의 주요 정착지 밀집 지역인 대$_人$프리슬란트는 오늘날의 네덜란드에 속한 자위더르 해에서 브레멘 북쪽의 베저 강 어귀까지 이어지는 긴 해안선에 걸쳐 있었다. 제2의 정착지 밀집 지역은 북해의 독일만에서 50킬로미터 떨어진 유틀란트 반도의 서해안에 있었다. 두 지역의 인구 집단은 프리슬란트어를 공유했는데, 프리슬란트어는 지금도 독일어나 네덜란드어보다 영어에 더 가깝고, 상황에 따라서는 영어 사용자들도 이해할 수 있다. 애석하게도 대부분의 영국인 여행객에게 프리슬란트는 "비행기를 타고 갈 때만 내려다볼 수 있는" 이름 없는 나라일 뿐이지만 말이다.

프리슬란트인들은 습지에서 제방을 쌓는 것부터 시작해 몇 세기 동안 바다를 매립하여 가축과 양배추를 기르는 들판을 만들었다. 그러나 주기적인 기근까지 막지는 못했다. 13세기경의 것으로 추정되는 프리슬란트의 성문화된 관습에는 굶주린 아이들을 돌보는 문제와 관련한 가슴 아픈 조항이 포함되어 있다. 그러나 대부분의 프리슬란트 법은 상해 보상에 관한 것이었는데, 상해 보상을 법으로 정해두지 않으면 가문 간의 원한이 몇 세대에 걸쳐 이어질 수 있었기 때문이다. 살인 사건이 일어나면 피살자의 시신은 풀어야 할 원한이 있음을 상기시키기 위해서 집 한쪽 구석에 놓인 채 미라처럼 말라비틀어졌다. 프리슬란트 법에서는 손가락 끝 자르기부터 남성 생식기에 가해질 수 있는 깜짝 놀랄 만한 상해까지 400개 이상의 부상을 인정했다.[15]

프리슬란트 관습에 따르면 "모든 프리슬란트인은 평화를 깨트린 행위를 돈과 물건으로 보상할 수 있었지만", 실제로는 너무 가난해서 피해자에게 보상할 수 없는 사람들도 있었다. 그리고 어둠을 틈타 저지른 방화, 강도, 교회에 대한 신성 모독 등 보상이 불가능한 범죄도 있었다. 그런 범죄를 저지른 범인들은 사지가 잘리고 교수형을 당했고, 그들의 시신은 똑바로 세운 장대 끝에 달린 바퀴Richtrad에 매달렸다. 처형되어 바퀴에 묶인 범죄자의 시신은 각각 15세기와 16세기에 저지대 국가에서 활동한 히에로니무스 보스와 피터르 브뤼헐의 예술 작품에서 찾아볼 수 있다. 대프리슬란트에서는 불과 40킬로미터의 범위 안에서만 30개 이상의 교수대용 바퀴가 발견되었는데, 그 바퀴들은 대부분 교차로에 설치되어 행인들에게 소름 끼치는 경고를 보냈다.[16]

13세기에 대프리슬란트에서는 세습 백작의 통치가 막을 내렸다. 백작들은 쫓겨나거나 홀란트의 통치자들 혹은 위트레흐트의 주교들에게 권리를 팔아넘겼고, 그 통치자들과 주교들은 서로 경쟁하며 세력 균형을 이루었다. 그 틈바구니에서 자치 공화국인 7개의 제일란트들이 거의 완전한 권력을 행사했다. 그 공화국들은 카롤루스 마그누스의 특별 허가에서 비롯된 권한을 주장하면서 13세기의 어느 연대기에 실린 표현인 "로마 황제 카롤루스 마그누스 시대부터 지금까지 프리슬란트인들이 누려왔던 자유"를 뽐냈고, "프리슬란트의 자유의 화폐"라는 문구가 새겨진 주화를 만들었다. 덴마크 왕들 때문에 프리슬란트인의 독립이 위협받았던 유틀란트 반도에서는 양배추 수프에 빠져 죽은 덴마크인 세리稅吏의 이야기, 바다의 자유를 찬미하는 노래, 교수대와 바퀴라는 되풀이되는 주제 등이 담긴 프리슬란트인 해적 피더 륑(키 큰 피터)의 전설을 통해 자유의 개념이 간직되었다.[17]

프리슬란트에서 사법적 결정은 촌락이나 교구의 현지 총회나 해당 행정구의 여러 총회에 의해서, 그리고 이른바 집정관으로 구성된 수십 개의 평의회에 의해서 내려졌다. 평의회는 항소 법원의 역할도 했고, 가장 심각한 범죄를 판결하고 사형 선고를 내릴 권한도 가지고 있었다. 13세기와 14세기의 짧은 기간에는 프리슬란트 서쪽 지방의 집정관들이 매년 공동의 일을 처리하기 위해 옵슈탈스밤Opstalsbam의 가지가 넓게 퍼진 나무 아래에서 회합을 열기도 했다. 경쟁으로 분열된 그 제도는 곧 흐지부지해졌고, 교구와 행정구와 평의회가 대신 업무를 맡게 되었다. 그럼에도 옵슈탈스밤은 오늘날까지 프리슬란트인의 상상 속에서 대중적 자유의 상징으로서, 그리고 지금은 네덜란드인과 독일인의 정체성 경쟁으로 압박을 받는 프리슬란트인의 역사적 예외의 상징으로서 특별한 자리를 차지하고 있다.

스위스의 연합체와 트란실바니아에서 그랬듯이, 프리슬란트의 자치도 불평등에 토대를 두고 있었다. 대다수 프리슬란트인은 자신의 밭을 경작하는 자유민이었지만, 대지주들은 더 많은 토지를 소유하고 있다는 이유로 총회에서 추가 투표권을 행사하며 권력을 독점했다. 14세기에 일부 대지주들은 영수領袖라는 세습 칭호를 얻었고, 첨탑이 있는 저택과 문장을 통해서 귀족의 양식을 모방했다. 영수들은 예속 평민으로 구성된 독자적인 조직망을 구축하고, 토지가 없는 노동자들과 농노들을 이용해 영지를 경작했다. 15세기가 되자 프리슬란트 대다수 지역의 사회적 관계는 비만파(잘 먹인 소를 가리킨다)와 회색파(촉감이 거친, 손으로 짠 옷을 가리킨다) 사이의 무법적 투쟁으로 전락했다. 내전은 외세의 개입을 초래했고, 결국 15세기 말에 작센 공작 알브레히트 3세가 프리슬란트의 위태로운 독립을 완전히 짓밟는 빌미가 되었다.[18]

프리슬란트의 자유란, 그것이 지속되는 동안에는 외부의 통제와 백작, 공작들의 통치를 받지 않는 상태를 의미했다. 이에 따르면 프리슬란트의 자유는 북이탈리아의 도시 국가들과 고대 로마의 공화제에서 빌려온 것이었다. 교양 있는 프리슬란트인들은 키케로와 살루스티우스의 저작을 좋아했다. 수도원 학교가 널리 보급된 덕분에 프리슬란트는 놀라울 정도로 문맹률이 낮았다. 그러나 프리슬란트는 자치의 정도와 영리한 선전 수준이라는 측면에서만 예외적이었다. 대중적 통치 제도는 중앙유럽 어디에서나 일반적이었다. 촌락과 행정구는 현지의 공동체에서 선출된 평의회가 관리했다. 평의회는 방목권을 배정하고, 어느 가정이 임시로 황소(비싸지만 이따금 필요한 항목이었다)를 내놓을지 선택하고, 공동 경작지의 윤작방식을 결정하며, 위법 행위를 심판했다. 평의회는 매주나 격주로 열렸고, 최소 1년에 한 번 소집되는 공동 총회에 보고했다.[19]

중앙유럽의 총회는 야외나 교회, 헛간, 무도회장 따위에서 열렸다. 교회 종소리로 시작되는 집회는 종종 고수와 나팔수들의 연주와 함께하는 축제이기도 했다. 술을 너무 많이 마셔 폭력적인 행사로 변질될 우려가 있었기 때문에 흔히 무기 소지가 금지되었고, 말썽을 일으키는 경우에는 엄한 처벌이 따랐다. 그러나 대체로 마을 총회는 촌장이 최근의 재산 소유권 이전을 발표하고, 새로운 규정을 전달하며, 공직 선거를 감독하고, 마을의 재정 상태를 설명하는 지루한 행사였다. 따분함을 고려하면, 참석자에게 맥주를 반 통씩 나눠주는 경우도 있었다는 것은 그리 놀라운 일이 아니다.[20]

촌장의 주요 임무 중 하나는 비슷한 사건의 선례가 될 수도 있는 분쟁의 판결을 발표하는 것이었다. 중대한 결정은 촌장이 평의회, 그리고 법에 해박한 사람으로 생각되는 판정관들과 함께 내렸다. 어려운 사건의 경우에는 촌장이 인근 도시의 행정관이나 판정관에게 가르침을 구할 수도 있었다. 공동체의 법은 전통적인 규범과 일치하고 관습에 맞아야 했다. 하지만 공동체가 뜻밖의 우발적 상황을 해결하려고 애쓰고 공정한 결과를 얻기 위해 노력하는 과정에서는 언제나 불이행과 망각, 그리고 고의적인 무시가 있었다. 그러므로 마을과 지역 법정에서 언급되는 법은 끊임없이 갱신되었다. 어느 역사가의 말에 따르면, 그 법은 "겉보기에는 옛날과 다름없는 숲이지만, 끊임없이 젊어지고 100년 뒤에는 전혀 다른 숲으로 바뀔 원시림"이었다.[21]

그러나 몇 가지 중요한 차이점은 눈에 띈다. 초창기부터 중앙유럽 곳곳에서 촌락의 역사가 더 길고 촌락이 농민들의 주도로 설립되고는 했던 중앙유럽의 서부 지역은 자치 제도가 더 확고히 자리를 잡았다. 이곳에서는 행정구의 수장을 선출하는 것이 관행이었고, 일부 촌락은 자체 인장을 가지고 있었으며, 사제를 직접 뽑을 정도로 공동체의 정체성이 더 깊게 각인되어 있었다. 하지만 엘베 강 동쪽 지역의 사회는 이주와 개척에 뿌리를 두고 있었다. 곰 백작 알브레히트 같은 사람들의 주도하에 귀족 모험가들과 선구적인 대수도원장들이 정착민을 모집할 개척자들을 자기들의 땅으로 불러들였고, 그 대가로 촌락의 세습 통솔권과 넓은 토지, 그리고 위법 행위에 부과되는 벌금의 일부분을 제공했다. 그렇지 않은 경우라고 하더라도, 촌장을 지주들이 직접 선택했기 때문에 상황은 똑같은 경우가 많았다.[22]

그 시작에서부터 촌락의 자치 제도는 엘베 강 동쪽 지역에서 더 미약했다. 여러 개척자들이 다른 곳에 새로운 정착지를 세우기 시작했고, 자신이 가지고 있던 촌장 직책을 비싼 값에 팔아넘기며 기존 공동체와의 관계를 완전히 끊어버렸다. 엘베 강 동쪽의 여러 지역에서 지주들은 공동체의 소망을 고려하지 않은 채 촌락과 행정구의 행정관을 임명해버렸다(종신직으로 임명하는 경우가 많았다). 15세기부터 지주들은 벌금을 쓸어 담으려고 가장 사소한 사건을 제외한 모든 사건을 자신의 장원 재판소에 할당했고, 촌락 행정 당국에는 부채 추심, 거래 기록, 도로의 유지 및 관리, 밀렵꾼 체포 같은 가벼운 임무만 맡겼다.

엘베 강 동쪽에서 공동체 정부는 근대 초기까지 존속했지만, 역할과 중요성이 적었고, 영주의 장원 재판소가 사소한 것으로 여긴 업무를 처리하는 행정편의기관에 불과했다. 17세기 초에 보헤미아 북부 지방의 어느 영주가 단호하게 주장했듯이, 촌장과 평의회는 "중요하지 않은 잘못된 거래와 갈등"을 처리함으로써 영주의 재판소가 "중요하지 않은 몇 사람을 응대할 필요가 없도록 해야 한다. 그러는 동안 다른 업무를 수행할 수 있게끔 말이다." 노벨 문학상 수상자 브와디스와프 레이몬트의 소설 『농민*Chłopi*』(바르샤바, 1904-1908)에 나오는 어느 폴란드 농부의 한탄에는 촌장의 종속적이고 축소된 역할이 생생하게 요약되어 있다.

그리고 세금을 거두지 못하거나 다리에 문제가 생기거나 수레에 치인 개가 미쳐버리면 누구 탓일까? 왜 언제나 촌장 탓일까? 또 뭐가 남았지? 서기들과 관리들에게 보내지 않아도 되는 닭과 거위와 달걀 꾸러미가 얼마나 많은지![23]

공동체 제도를 둘러싼 엘베 강 서쪽과 동쪽의 차이가 가장 뚜렷하게 드러난 분야는 지역 법률이었다. 중앙유럽 곳곳의 공동체는 전통법이나 관습법을 따랐다. 그러나 엘베 강 서쪽에서는 전통법이나 관습법이 더 확고히 자리를 잡고 있었다. 전통법이나 관습법의 내용은 프리슬란트에서 처음으로 시인들에 의해서 두운체의 반복적인 운문로 바뀌었다(당시 시인들은 법정에서 법의 권위자로 인정받았으며, 법이 시로 바뀐 것은 전혀 특이하지 않은 현상이었다. 아일랜드에서도 똑같은 일이 벌어졌다). 나중에 성문화되었을 때, 법문은 운문화된 발언으로 법의 본질을 저버렸다. 예컨대 신체 타격에 따른 마비 증상의 어느 프리슬란트어 개념은 피해자가 "욕조나 침대에, 조랑말이나 수레 위에, 오솔길이나 연못에, 미끄러운 얼음 위에, 자기 집이나 교회에, 난로 옆이나 자기 부인 곁에 있을 수 없는 것"으로 표현되었다.[24]

 프리슬란트의 편찬 작업은 13세기 말에 전성기를 맞이했다. 이 시기에는 기존에 구두로 선언되었던 내용이 성서의 일부분, 수수께끼, 상해를 입혀서 배상해야 할 금액의 목록 따위가 포함된 방대한 양의 문서로 기록되었다.[25] 14세기부터 16세기까지 중앙유럽 곳곳의 다른 공동체들도 똑같은 방식을 통해서 구비전승을 서면 기록물로 탈바꿈시켰다. 흔히 바이스튀머_Weisthümer_(규칙 모음집)라고 불린 그 기록물은 전통적인 것으로 알려진 공동체의 법적, 경제적 생활을 규제하는 잡동사니 법전이었다. 그런 법전들은 대부분은 제국의 서부와 남부, 그리고 엘베 강 서쪽 지역에서 만들어졌다. 그중 다수의 법전이 오늘날까지 남아 있다. 동화 작가로 유명한 야코프 그림은 19세기에 수천 권의 법전을 수집해서 총 7권의 책으로 출판했다. 그때부터 지금까지 니더외스터라이히에서 약 800권, 알자스에서 약 600권 등 수천 권의 법전이 추가로 발견되었다.

야코프 그림은 바이스튀머가 고대의 민속 전통을 구체화했다고 보았고, 역사적으로 "독일인다움"을 의미한다고 여겼다(물론 알자스의 일부 규칙 모음집은 프랑스어로 작성되었지만 말이다). 사실, 바이스튀머에 수록된 조항들은 고대에서 비롯된 것이 아니라 마을 주민들과 영주가 미래의 갈등을 피하기 위해서 시도한 협상의 결과물이었다. 바이스튀머는 흔히 영주가 얼개를 짠 질문과 마을 주민 중 박식하다는 평판이 있는 사람들의 답변을 바탕으로 작성되었는데, 답변자들은 공직 선거, 상속, 공유지에서의 방목, 성탄절에 영주에게 바쳐야 하는 선물, 물방앗간의 설치 계획 따위에 대한 소신을 공유하고 있었다. 그들의 답변은 기록되어 마을의 관습적 권리의 기초가 되었다. 그리고 사람들의 기억에 남을 수 있도록 대부분 다시 문서로 작성되었고, 매년 마을 총회에서 낭독되거나 심지어 노래처럼 불리기도 했다.[26]

그 기록의 최종판은 영주와 공동체 간의 교섭의 결과물이었지만, 그것은 양자의 관계를 성문화한 것이기도 했다. 모든 법이 그렇듯이 새로운 관행이나 합의에 따라서 조항이 대체될 수도 있었지만, 바이스튀머는 합의 내용을 안정적으로 유지했고, 영주의 침해 행위에 맞설 법적 방어선을 제시했다. 공동체가 대체로 자율적이어야 하고, 협상을 통해서 결정에 이르러야 하며, 영주의 권력은 공동체의 제약을 받아야 한다는 원칙이 사소한 지령의 이면에 자리 잡고 있는 경우가 많았다는 점도 중요하다. 영주들이 오래된 민족의 집단기억을 다시 떠올리지 못했듯이, (한때 구세대 역사가들이 주장했던 바와 달리) 바이스튀머는 영주가 공동체에 단호히 강요한 것이 아니라 권력을 어떻게 공유해야 하는지를 설명하는 명세서였다.[27]

16세기와 17세기에 중앙유럽의 농민계급은 대략 엘베 강의 줄기와 바이스튀머의 선을 따라 양분되었다. 엘베 강 서쪽에서는 최소한의 제약 속에서 거주지를 옮길 권리와 토지를 매매할 권리가 있고 영주에게 현금으로 지대를 내는 자유로운 농민계급이 출현했다. 동쪽은 달랐다. 동쪽의 영주들은 소작농을 토지에 묶어둔 채 이동을 금지했고, 경작지에서 상당한 노역을 강요했으며, 소작농의 자식들을 집안의 하인으로 삼았다. 지역적 편차와 예외가 있었지만, 동부 홀슈타인, 메클렌부르크, 포메른, 발트 해 동부 연안, 작센, 브란덴부르크, 프로이센, 폴란드, 헝가리, 트란실바니아에서, 그리고 보헤미아의 대부분 지역에서 농민과 그 가족은 오히려 농노에 가까워졌다. 당시의 어느 설명에 따르면, 그들의 목숨은 영주에게 달려 있었다. "농노"라는 용어는 과장되었지만, 영주는 적어도 농민들을 땅뙈기에서 내쫓고 그들의 가옥을 빼앗거나(메클렌부르크에서 그랬듯이) 장원에 딸린 소규모 생산 사업체에서 노역을 시킬 수 있었다.[28]

중세에는 중앙유럽 곳곳에서 공동체 활동이 치열하게 이루어졌다. 이에 힘입어 도시와 촌락의 자치가 탄생했을 뿐 아니라 도시의 법조계, 새로운 통치 구조, 거의 독립적인 공화국, 심지어 새로운 나라까지 탄생했다. 1500년경에는 스위스도 트란실바니아도 주권국 지위를 향해서 움직이고 있었다. 하지만 농촌 지역의 토대는 서로 달랐다. 역사적으로 엘베 강 동쪽의 농촌에서는 자치의 정도가 서쪽에 비해 낮았고, 바이스튀머가 없어 법적 보호도 받지 못했다. 그런 차이의 온전한 결과는 농노제가 시작되고 국가의 범위가 더 넓어진 16세기와 17세기에야 뚜렷해졌지만, 뿌리가 깊은 그 원인은 엘베 강 동쪽 지역이 처음 개척되었을 때로 거슬러 올라간다.

제10장
고프로이센, 헨리 볼링브로크의 모험, 폴란드-리투아니아 연방

『존 맨데빌 경의 여행The Travels of Sir John Mandeville』은 중세의 중앙유럽에서 가장 인기리에 유통된 책 중 한 권이었다. 14세기 중엽쯤에 영어나 프랑스어로(역사가들은 어느 쪽이 먼저인지 확신하지 못한다) 집필된 이 책은 수십 년이 지나지 않아 독일어와 체코어로 번역되었는데, 체코어판에는 프라하의 무명 화가가 그린 멋진 삽화가 수록되어 있었다. 저자는 수수께끼 같은 인물이다. 본인이 밝힌 대로 그는 잉글랜드의 세인트올번스 출신의 기사였을지도 모르지만, 프랑스인이었을 가능성도 있다. 한 가지 확실한 점은, 그가 스스로 가봤다고 주장하는 장소 대부분을 실제로 방문한 적이 없었으며, 오래된 작품들을 참고하거나 풍부한 상상력을 발휘해 서술했다는 사실이다.[1]

"존 경"은 마르코 폴로를 뛰어넘는다. 그는 바벨 탑과 중국에서부터 전설적인 사제왕 요한의 왕국에 이르는 모든 곳에 가봤으며, 도중에 개의 머리가 달린 사람, 켄타우로스, 외발 인간, 그리핀 따위를 만났다고 주장한다. 러시아와 리투아니아, 그리고 발트 해에 있는 리투아니아의 이웃인 리보니아 등 유럽 북부에도 갔다고 한다. 비록 지리학적 지식은 피상적이지만, 그는 발트 해 동쪽 땅이 늪지대라서 눈이 내릴 때까지 기다렸다가 썰매를 타고 이동하는 편이 가장 좋다는 사실을 알고 있었다. 그는 그곳에서 사는 사람들이 기독교인이 아니라고 생각했는데, 그가 여행기를 쓰던 무렵에는 어느 정도 옳은 판단이었다. 그러나 그들을 사라센인(이슬람교를 믿는 오스만인)으로 묘사한 것은 확실히 잘못된 부분이었다.[2]

그가 겪은 것과 똑같은 종류의 혼동이 십자군 개념에도 영향을 미쳤다. 중동으로 향한 십자군은 취지가 확실했다. 십자군의 목적은 이슬람교도들이 지배하는 예루살렘과 성지를 해방하는 것이었다. 그러나 13세기에 이르러 그리스도 탄생지의 불신자들에 맞선 십자군 운동의 표적은 프랑스 남부와 보스니아의 이단자로 간주된 사람들, 골칫거리인 잉글랜드의 존 왕, 그리고 교황의 정적들로 확대되었다. 중앙유럽의 가장자리인 발트 해 연안의 "사라센인들"은 명백한 표적이었고, 교황 첼레스티노 3세는 1195년에 그들에 대한 첫 십자군 원정을 선포했다. 그 원정은 이후 20년에 걸쳐 교황이 직접 시작하거나 승인한 십자군 원정의 출발점이었다. 첼레스티노 3세의 후임인 교황 인노첸시오 3세는 그 북쪽 공간을 기독교의 품으로 끌어들일 수 있겠다는 기대를 품었고, 1215년에 "마리아의 땅Terra Mariana"이라는 이름을 붙여 리가 만 주변 지역을 그리스도의 어머니에게 봉헌했다.

그러나 마리아의 땅은 광활한 이교 신앙 지역의 한 부분일 뿐이었다. 이교도 부족들은 비스와 강 어귀에서 동쪽으로 폭 500킬로미터에 이르는 공간을 차지했는데, 그 공간의 변두리는 결국 정교회가 우세한, 러시아 대공들이 통치하는 영토와 모호하게 겹쳐 있었다. 그곳의 험난한 지형은 이교도들이 그곳에서 버텨온 이유이기도 했다. 습지와 모래 황야와 이탄지(토탄이 퇴적하여 이루어진 땅/역주)가 가로지르는 자작나무와 가문비나무 숲은 스라소니와 늑대와 들소의 서식지였다. 곰은 13세기에 거의 멸종했는데, 숲에 사는 사람들이 곰의 구운 발을 진미로 여겼기 때문이었다. 외국인 여행자들에게는 곰 대신 울버린이 보였다. 당시 고양이와 개가 반반 섞인 것으로 묘사된 울버린은 전통적인 범주에서 벗어난 동물이었다.³

심지어 당시에도 외부인들은 발트 해 동쪽 해안에 살던 여러 부족을 프로이센인, 리보니아인, 리투아니아인 등의 포괄적인 용어로 부르면서 그 부족들의 정치적 분열을 무시했다. 그중 다수가 발트어족에 속하는 언어를 사용했는데, 그 언어들 대부분은 고古프로이센어로 쓴 짤막한 글만 남기고 소멸했다. 14세기 말에 프라하에서 어느 학생이 교과서에 적어놓은 그 글은 놀랍지 않게도 맥주에 관한 내용이다. 우선 "안녕하세요, 선생님, 한 잔 하시겠습니까?Kayle rekyse, Eg koyte poyte?"라는 문장이 나오고 각자 계산할 것이라는 단서가 붙는다. 할리우드 영화에서는 프로이센인이 독일인 중 가장 어리석은 양 묘사되지만, 최초의 프로이센인들은 독일어를 전혀 사용하지 않았다.⁴

고프로이센인들은 대부분 악령을 막기 위해서 동물의 두개골을 올려놓은 울타리에 둘러싸인 작은 마을에 살았다. 그들은 숲과 떡갈나무를 숭배했고, 불, 천둥, 뱀, 숲의 유령을 가장해 찾아오는 신을 상상했다. 하지만 그들은 인신공양도 했고, 살해된 전사의 미망인에게는 스스로 목을 매라고 명령했다. 또한 죽음 의례의 일환으로 말을 산 채로 묻거나 마구간 전체를 불태우기도 했다. 성지의 싸움터를 누비다가 프로이센으로 이제 막 건너온 단련된 기사들조차 눈앞에 펼쳐진 풍경

에 충격을 받았다. 그들이 남긴 어느 기록에 따르면 고프로이센은 "공포와 황량함의 땅"이었다.[5]

흔히 그랬듯이 십자군이 단일 원정으로 큰 성과를 거두는 경우는 드물었다. 일단 십자군 병력이 철수하면, 프로이센인들은 교회를 약탈하고 교회 종을 칼로 베어 떨어트리고 사제들을 살해했다. 십자군 전사들도 대개 믿을 만하지 않았고, 각종 신앙을 분별하지 못하는 경우가 많았다. 13세기 초의 한 기록은 리보니아의 도시 코켄후젠(오늘날의 라트비아 도시 코크네세)을 점령한 뒤 십자군 전사들이 어떻게 "그곳의 구석구석을 뒤져 옷, 은, 자주색 천, 양 떼 등의 전리품을 잔뜩 챙겼는지" 보여준다. "그들은 교회에서 훔친 종과 성상聖像과 그밖의 장식물, 그리고 돈과 많은 양의 재산을 가져가고 나서 하느님을 찬양했다." 물론 그들은 정교회의 전초기지를 약탈했을 뿐이다.[6]

정복과 개종 사업이 성공하려면 훈련과 장기간의 헌신이 필요했는데, 기사수도회가 이를 성공으로 이끌었다. 기사수도회는 불신자들을 상대로 끊임없는 전쟁을 치르는 것을 신앙에 진력하는 길이라고 생각하는 수도사들이었기 때문이다. 그들은 일단 전투에서 이교도들을 무찌르고 나면 하느님의 일을 완수하는 임무를 사제들에게 남겨둘 수 있었다. 기사수도회의 기사들은 삭발을 하지는 않았지만, 사실은 수도사였다. 그들은 식당에서 먹고 숙소에서 자며 공동생활을 했다. 청빈, 순결, 복종의 수도원 서약을 했고, 쇠사슬 갑옷 위에 수도사복을 껴입었다. 심지어 말을 타고 순찰을 할 때 주기도문을 중얼거리며 성무일도聖務日禱를 지키기도 했다.

발트 해 연안에 발을 디딘 첫 번째 기사수도회의 상징은 기사도와 기독교 선교의 통합을 나타내는 붉은색 칼과 십자가였다. "검의 형제

기사단"이라는 이름으로 더 유명한 리보니아의 그리스도 기사수도회는 1201년경에 리가의 주교가 리보니아인들의 개종 사업에 힘을 보태고자 모집한 독일인 기사들이었다. 그들의 활약은 1213년에 폴란드의 공작 마조프셰의 콘라트가 자신의 공국 변방에서 휘하의 그리스도군 기사수도회를 통해 본뜨려고 할 만큼 놀랍도록 성공적이었지만, 그리스도군 기사수도회의 병력은 상황을 바꿀 정도로 충분하지 못했다. 1220년대 초에 프로이센인들이 마조프셰의 헤움노의 땅Chełmno Land을 약탈하고 프워츠크에 있는 콘라트의 주요 보루로 진격하자, 콘라트는 훗날 중앙유럽의 재편으로 이어질 과정에 돌입했다. 다름 아니라 튜턴 기사단에 도움을 요청한 것이었다.

튜턴 기사단(정식 명칭은 예루살렘의 성모 마리아의 독일 형제회)은 제3차 십자군(1189-1192) 기간에 아크레(지금의 이스라엘 북부의 도시 아코)의 외곽에 정박해 있던 병원선에서 창설되었다. 튜턴 기사단은 구호 기사단의 법규를 채택해 신속히 무장했지만, 병자와 부상자를 보살핀다는 본래의 소명을 잊지 않았다. 그러나 이슬람교를 믿는 오스만인들이 중동 지역에서 기독교인들을 서서히 몰아내자, 그들은 새로운 사명을 모색했다. 킬리키아 아르메니아 왕국(현재의 튀르키예 남부)에 소국가를 세우려다 실패한 뒤, 튜턴 기사단의 총장(사령관)은 새로운 본거지를 확보하기 위해서 중앙유럽으로 눈길을 돌렸다.[7]

중앙유럽으로 건너온 튜턴 기사단이 처음 머문 곳은 트란실바니아의 가장자리에 있는 부르젠란드(오늘날의 루마니아 도시인 브라쇼브 주변)였다. 1211년, 헝가리의 언드라시 2세는 수십 명의 튜턴 기사단원들이 부르젠란드에 요새를 짓도록 허락했다. 당시 트란실바니아를 공격하던 유목민인 쿠만족을 막기 위해서였다. 그 기사들은 정착민들을 데려와서 나무와 돌로 성채 6개를 서둘러 세웠다. 하지만 언드라시 2세가 곧 마음을 바꿔 탁발수도사들을 보내서 쿠만족을 평화적으로 개종시키기로 결정하자, 기사들은 구태여 거기 있을 필요가 없어졌다. 와중에 언드라시 2세가 기사들이 자신을 기만하고 독립 제후국을 세우려 한다고 주장하면서 양측의 관계는 크게 악화했다. 언드라시 2세의 밀사들은 교황에게 기사들이 "가슴 위의 숯, 주머니 속의 쥐, 사타구니를 휘감은 뱀과 같다"라고 불평했다. 1225년에 기사들은 떠났지만, 나중에 그들은 언드라시 2세에게 거액의 비용을 청구했다.[8]

실수를 반복하지 않기로 마음먹은 기사단의 총장 헤르만 폰 잘차는 1226년에 여러 번의 사전 협상 끝에 마조프셰의 콘라트가 보낸 공식 초청장을 받고 향후에 변심하지 않겠다는 보장을 요구했다. 콘라트와의 협정에 따라서 기사들은 헤움노의 땅 전체를 받게 되었다. 아울러 헤르만은 교황과 황제로부터 그의 기사단이 이제 제국의 제후 지위로 승격된 기사단 총장 외에 누구의 권력에도 복종할 필요가 없다는 내용의 각서도 받아냈다. 프리드리히 2세가 보장한 내용은 1226년 리미니의 금인칙서(리미니는 금인칙서를 공포한 곳이다)에 담겨 있는데, 원문의 분량은 20줄 정도에 불과하다. 그보다 더 중요한 것은, 제국의 주요 영주와 성직자로 구성된 20명의 증인들이었다. 그들은 콘라트가 곤란한 상황을 유발하는 경우 영향력을 행사할 수 있었다.[9]

1228년, 첫 번째 기사들은 헤움노의 땅에 도착하자마자 비스와 강을 따라 목조 성채를 짓기 시작했다. 이후 그 성채들은 튜턴 기사단 특유의 붉은 벽돌 요새로 교체되었다. 특히 마리엔부르크(말보르크)와 마리엔베르더(크비진)와 쾨니히스베르크(칼리닌그라드)에, 그리고 나중에는 그단스크에 붉은 벽돌 요새가 세워져 이목을 끌었다. 1300년경, 기사들은 프로이센에 무려 23개의 성채를 가지고 있었다. 물자를 대부분 성지에 남겨둔 데다가 불과 수십 명으로 일을 시작해야 했기 때문에 기사들은 폴란드인 병사들에게, 그리고 원정에 합류한 의용병들에게 크게 의지했다. 초반에는 적과의 전투가 수월했다. 장갑 기사들은 프로이센인들을 싸움터에서 재빨리 몰아냈고, 프로이센인들의 조잡한 방어 시설은 투석기의 사격에 부서졌다. 하지만 프로이센인들은 숲을 엄폐물로 활용했고, 금세 공성포를 만드는 법과 석궁을 쓰는 법을 배웠다. 심지어 평온했던 지역에서도 때때로 봉기가 일어났다. 보루와 마을이 파괴되었고, 적에게 사로잡힌 쇠사슬 갑옷 차림의 기사들은 산 채로 불에 구워졌다.

   그럼에도 프로이센은 결국 1273년에 정복되었고, 마지막 이교도 지도자인 헤르쿠스 몬테는 나무에 목이 매달려 죽었다. 이후로 기사들이 확실한 지배권을 행사했다. 그들은 땅을 작은 조각으로 일정하게 분할하고, 독일인 정착민을 물색할 대리인을 모집하고, 농지 제공, 면세, 제한적 자치 같은 익숙한 약속을 내걸며 신규 이주자를 유치했다. 귀족 이주자들은 토지를 받았고, 그 대가로 기사단에서 복무했다. 기사단의 보루 주변에 다시 정착민들이 모여들면서 새로운 도시들이 생겨났고, 그들은 마그데부르크 법과 유사한 헤움노 법(혹은 쿨름 법)에 따라서 살았다. 그들은 서쪽 독일 도시들의 건축 양식을 흉내 냈지만, 석재가 부족해 붉은 벽돌로 건물을 지었다. 새로운 주교 관할구도 생겼고, 합당한 인물을 주교로 선출할 수 있도록 주교좌 성당 참사회가 기사들로 가득 채워졌다. 교회와 수도원과 성유물을 운반하는 행렬(기사단은 성십자가의 조각을 한 아름 가지고 있었다), 그리고 순례지 덕분에 과거의 이교도 땅은 성스럽게 바뀌었다.[10]

뒤이어 언어와 문화 측면에서 독일화가 진행되었다. 그 과정은 의도적인 것이 아니었다. 기사단은 프로이센의 촌락 주민들이 고유의 법을 따르며 마을 어른들의 통솔하에 있도록 허용하고, 독일인과 프로이센인 간의 결혼을 금지했기 때문이다. 그러나 이주의 규모는 원주민인 프로이센인을 압도했다. 어느 이야기에 따르면 1350년대에 프로이센의 마지막 음유시인이 기사단 총장의 궁정에서 시를 읊조렸지만 아무도 알아듣지 못해 곰팡이가 슨 호두 한 접시를 받고 쫓겨났다고 한다. 하나를 보면 열을 알 수 있다. 16세기까지 기사들이 프로이센인과 소통하려면 통역이 필요했던 것이다. 하지만 곧이어 고프로이센인의 언어와 전설은 사라지고 말았다. 현존하는 고프로이센인의 흔적은 들판이나 시골길에 서 있는, 칼과 뿔잔을 들고 있는 망각된 전사들의 기이한 석상뿐이다(높이가 1미터 정도인 그 석상들은 지금 대부분 박물관으로 옮겨져 있다).[11]

1239년, 튜턴 기사단의 원조 격인 검의 형제기사단이 몰락했다. 검의 형제기사단은 발트 해 부족들의 동맹에 패배하고 명목상의 상관인 리가의 주교와 불화를 겪다가 튜턴 기사단과 합병되었다. 이에 더해 별도의 전투 부대로 취급되기는 했지만, 튜턴 기사단 총장의 지휘를 받게 되었다. 튜턴 기사단은 검의 형제기사단의 전통적인 팽창주의적 야심을 견지하면서, 동쪽에 있는 러시아의 제후국들과 부유한 도시인 노브고로드를 노렸다. 그러나 그들의 야심은 1242년에 알렉산드르 넵스키가 노브고로드를 방어하고 꽁꽁 얼어붙은 페이푸스 호에서 기사들을 물리치며 끝장이 났다(이른바 "얼음 위의 전투"는 세르게이 예이센스테인의 1938년 영화 「알렉산드르 넵스키」의 절정 부분으로 유명하다). 페이푸스 호와 핀란드 만을 잇는 나르바 강은 발트 해 연안에서 동쪽으로 나아간 가톨릭교의 한계선을 나타냈다.

 동쪽으로는 튜턴 기사단의 땅도 검의 형제기사단의 땅도 리투아니아에 접해 있었다. 리투아니아인들은 발트 해 연안의 부족 중 마지막으로 기독교로 개종한 부족이었다. 당대인들의 상상 속에서 그들은 사라센인이었을 뿐 아니라 다윗의 별을 방패에 새기고 싸웠기 때문에 유대교의 영향을 받아 타락한 사람들로도 여겨졌다. 문제는 리투아니아가 발트 해 국가 중 최고였다는 사실이다. 리투아니아는 대공이 이끄는 단 하나의 가문의 통치하에 있었고, 대공의 친척들이 각 지역을 다스렸다. 몽골이 러시아의 제후국들을 멸망시킨 뒤, 리투아니아의 대공들은 그 지역의 대부분을 차지했다. 14세기 중엽에 그들은 현재의 벨라루스와 우크라이나 북부 지방을 점령하고 스몰렌스크와 키이우를 강하게 압박했다. 1375년에 리투아니아는 70만 제곱킬로미터 이상의 영토를 차지함으로써 유럽 최대의 국가가 되었다.

 리투아니아 대공국은 인구 밀도가 1제곱킬러미터당 약 2명으로 유럽 전체에서 가장 낮았다. 영토의 확장은 정교회를 믿고 러시아어와 우크라이나어를 쓰는 인구를 눈에 띄게 증가시켰다. 대공들은 현명하게도 변형된 키릴 문자로 표기되는 서러시아 언어를 의사소통 수단으로 채택했고, 정교회 신자들을 보호했다(여기서 우리는 "서러시아"라는 용어를 조심스럽게 쓰고 있다. 오늘날에도 어떤 민족주의적 의도를 담는가에 따라 서러시아는 우크라이나, 벨라루스, 루테니아 등 다양하게 불린다). 그들은 리투아니아의 수도인 빌뉴스에 교회와 프란체스코 탁발수도회를 짓도록 허용하고 서둘러 가톨릭교로 개종한 딸들을 폴란드와 보헤미아 등지의 결혼 시장에 정기적으로 내놓으며 가톨릭교에도 관대한 태도를 보였다. 심지어 1382년에는 리투아니아인의 피가 섞인 공주

인 보헤미아의 앤이 잉글랜드의 리처드 2세의 왕비가 되어 교회법학자들이 경악하기도 했다.[12]

1291년, 튜턴 기사단은 성지의 마지막 전초기지를 잃은 뒤 본부를 프로이센의 마리엔부르크로 옮겼다. 이제 튜턴 기사단은 향후 130년간 이어질 전쟁에서 리투아니아에 대한 십자군 운동에 매진하게 되었다. 하지만 튜턴 기사단의 병력은 소규모였다. 기껏해야 프로이센과 리보니아에 1,000여 명의 기사들이 있었고, 그중 대부분이 수비대에 배치되어 있었다. 따라서 그들은 "황야"에서 한철 싸우기 위해 서쪽에서 꾸준히 건너오는 지원자들에게 기대야 했다. 지원자들이 부족하지는 않았다. 보헤미아의 요한 왕을 비롯한 제후들과 왕들이 가장 먼저 참가했다(그때 요한 왕이 시력을 잃은 까닭은 아마 하얀 눈[雪]에서 반사된 자외선 때문이었을 것이다). 그리고 그보다 미천한 신분인 기사와 종자從者와 모험가 수만 명이 뒤를 이었다.[13]

리투아니아는 최초의 국제적인 사냥의 현장이었고, "원정대Reysen"는 맹수들을 쫓았다. 맹수들이란 바로 12시간 동안 잔치를 벌이거나 하루에 들소 100마리를 잡는 일을 아무렇지 않게 여기는 이교도 제후들이었다. 사냥에 따른 보상은 영적인 것만이 아니었다. 황야를 누빈 여행은 기사 이야기를 둘러싼 환상을 실현할 기회와 새로운 우정을 보장했다. 사실, 기사단은 독신을 서약했고 성모 마리아와 약혼한 상태였기 때문에 주변에서 여자를 찾기 어려웠다. 그러나 기사들이 음유시인들의 노래에 맞춰 무용담을 늘어놓고, 시인들이 리보니아를 니벨룽족의 땅 "니플란트Nieflant"로 재형상화하며 아서 왕의 이야기와 옛 게르만의 전설을 낭송했던 식사 시간은 성대한 행사였을 것이다.[14]

훗날 잉글랜드의 헨리 4세(재위 1399-1413)로 즉위한 헨리 볼링브로크는 1390년과 1392년에 리투아니아에서 모험을 감행한 후발주자였다. 현존하는 그의 회계 장부들에 따르면 부유한 전사들은 기사들과 함께 머물면서 엄청난 양의 재산을 지출했는데, 그중 많은 부분이 기사단의 금고로 흘러갔다. 헨리는 첫 여행에서 총 4,300파운드가 넘는 비용을 썼는데, 이는 좋은 말 수천 마리 이상을 살 수 있는 금액이었다. 나중에 귀국할 때 그는 아버지인 곤트의 존으로부터 재정적인 도움을 받아야 했지만, 랭커스터 공국의 재력은 막강했다.[15]

헨리는 기사 13명, 종자 18명, 음유시인 6명, 나팔수 1명을 포함해 약 100명의 인원과 함께 그단스크에 당도했다. 그는 한 달 만에 리투아니아의 수도 빌뉴스 외곽에 도착했고, 빌뉴스에 맹공을 가하고 성을 포위 공격하는 데 힘을 보태다가 리투아니아 원군에게 쫓겨났다. 이후 포로로 잡힌 몇몇 부하들의 몸값을 치르고 안전한 쾨니히스베르크 성으로 피신한 그는 그곳에서 몇 달간 사냥을 즐기고, 마상 창시합에 참가하고, 사치스러운 선물을 주고받으며 시간을 보냈다. 그동안 그의 왕실 하인들은 식량, 연료, 사료, 맥주, 가스코뉴와 라인란트의 포도주, 설탕, 그가 입을 모피, 그가 입양한 리투아니아 소년 몇 명의 부양비 등에 엄청난 돈을 지출했다. 리투아니아에 머물면서 헨리는 자신과 수행원들의 숙박비, 선박 이용료, 작은 배의 수리비 등을 부담해야 했다. 싼값으로는 공상 속의 아서 왕처럼 살기 어려웠다.[16]

헨리가 리투아니아인을 어떻게 생각했는지는 알 수 없다. 그러나 14세기 말이 되자 리투아니아인들은 이전의 위협적 태도를 많이 누그러뜨렸다. 리투아니아 공작들과 귀족들은 독일 공작들과 귀족들과 거의 구별할 수 없는 복장과 예의범절을 갖추었다. 그들의 아랫사람들은 더는 사악한 이교도가 아니라 유럽 곳곳의 미천한 사람들과 비교

14세기 말 폴란드와 리투아니아

할 만한 존재로 인식되었다. 헨리가 떠나고 10년 뒤에 기사단과 함께 싸운 어느 프랑스인 기사의 글에 따르면, 리투아니아 남자들의 특징은 어깨까지 닿는 머리카락이고, 리투아니아 여자들의 특징은 손으로 짠 간소한 복장이었다. 그러나 리투아니아의 주교들과 신축 벽돌 교회에 대한 그 프랑스인 기사의 설명에서 분명히 드러나듯이, 그가 기록을 남길 무렵 리투아니아인들은 기독교인이기도 했다.[17]

리투아니아에 대한 십자군 운동의 가장 특이한 양상 중 하나는, 그 운동이 리투아니아의 통치 가문이 가톨릭교를 포용한 뒤에도 계속되었다는 점이다. 리투아니아의 대공이 가톨릭교를 포용한 데에는 합당한 정치적 이유가 있었다. 과거에는 이교 신앙을 고수하는 것이 이치에 맞았다. 그렇게 함으로써 가톨릭교를 믿는 이민족과 정교회를 믿는 이민족이 서로 대결하도록 유도할 수 있었기 때문이다. 하지만 14세기 말이 되자 기독교 세력과 정교회 세력 모두 리투아니아를 압박하기 시작했다. 동쪽의 모스크바는 타타르족에 종속된 상태에서 벗어났을 뿐 아니라 재빠르게 세력을 확장하고 있었다. 서쪽에서는 튜턴 기사단이 14세기 중엽에 40년이 채 안 되는 기간에 100차례 이상 리투아니아를 침략하며 다시 힘차게 전진해 오고 있었다. 기독교는 불가피한 선택이었고, 가톨릭교는 정교회보다 더 합리적인 선택이었다. 모스크바에 맞서서 동맹을 확보하고, 리투아니아에 대한 십자군 원정의 명분이 사라져 튜턴 기사단이 난처해질 수 있었기 때문이다.

이때 폴란드 군주가 먼저 치고 나왔다. 14세기 초, 브와디스와프 1세는 후계자 없이 무주공산이 된 폴란드의 공국들을 차지하고 나머지 지역에서는 반란을 유발해 통치자를 몰아낸 끝에 폴란드의 군주제를 복원했다. 그의 아들 카지미에시 대왕은 왕국 재건이라는 임무를 계속 수행했지만, 실롱스크에 대한 영유권 주장을 관철하기는 어렵다고 판단하고 현명하게 단념했다. 그는 잃어버린 국왕 사유지를 되찾았고, 이주를 권장하고 정착민들에게 저 멀리 서쪽에서 누렸던 것과 똑같은 권리를 부여해 왕국의 빈 땅을 채웠으며, 유대인과 아르메니아인의 입국을 허용해 폴란드 도시들에 활력을 불어넣었다. 그는 40개의 성과 석조 성벽을 쌓도록 명령했고, 중앙유럽에서 두 번째로 오래된 대학교를 크라쿠프에 설립했다.

그러나 카지미에시는 한 가지 중요한 측면에서 왕의 소명을 이행하지 못했다. 바로 남자 상속인이 없었던 것이다. 이는 그의 노력 부족 탓이 아니었다. 사실, 카지미에시는 본인의 기대에 미치지 못한다고 생각한 2명의 아내를 잇달아 버렸다. 그는 합법적 이혼에 신경을 쓰지 않은 채 두 번이나 중혼 상태에 있었다. 하지만 그의 불법 행위는 결실을 이루지 못했다. 임종을 맞이했을 때 카지미에시에게는 딸 5명뿐이었다. 결국 왕위는 사전 합의에 따라 조카인 앙주 가문 출신의 헝가리 왕 러요시 1세에게 넘어갔다. 그러나 1382년에 세상을 떠날 때 러요시도 두 딸만 남겼다. 합법적인 통치자가 없으면, 불법적인 통치자들이 그 공백을 파고들어 왕국을 나눠 가질 우려가 있었다.

크라쿠프를 중심으로 펼쳐진 소폴란드의 귀족들이 "영주들과 시민들의 공동체"라는 이름으로 대담하게 행동하며 선수를 쳤다. 그 공동체에는 합스부르크 가문과 룩셈부르크 가문 출신의 후보가 각각 1명씩 있었고, 자기 신분을 잊은 야심만만한 몇 명의 폴란드 영주 등 폴란드의 왕좌에 부적합한 후보도 적지 않았다. 하지만 러요시 왕의 두 딸이 생물학적으로 왕위를 가장 확실하게 주장할 수 있었고, 그중 동생인 열한 살의 야드비가에게는 배우자라는 장애물이 없었다. 그리하여 1384년, 야드비가는 "왕"으로 즉위했다. 당시 폴란드의 법은 여성이 주권자가 될 가능성을 인정하지 않았지만, 폴란드 영주들은 자기들이 야드비가의 남편으로 누구를 선택하든 야드비가가 그 사람의 노선을 따를 것이며, 결국 그가 야드비가를 대신해 왕의 특권을 행사하리라는 점을 알고 있었다.

야드비가가 리투아니아 대공 요가일라(폴란드어로는 야기에우워/역주)와 결혼해야 한다는 생각을 누가 가장 먼저 했는지 모르지만, 이는 합리적인 판단이었다. 리투아니아인들은 전략적 교착 상태에서 벗어날 방법을 모색하고 있었다. 폴란드인들도 튜턴 기사단에 시달린 적이 있었다. 1311년 튜턴 기사단에게 포메렐리아 주변 지역과 그단스크를 빼앗긴 이후로 국경 전쟁이 되풀이되고 있었던 것이다. 현존하는 기록에 따르면 튜턴 기사단의 기사들은 교회를 부수고 마을을 불태우며 사람들의 머리와 손가락을 자르고 폴란드 여자들과 소녀들을 겁탈했다. 1320년대 말과 1330년대에 전면전이 펼쳐지는 동안 튜턴 기사단은 주교좌 성당만 그대로 두고 그니에즈노를 약탈했다. 1343년에 평화가 찾아온 뒤에도 튜턴 기사단은 불만을 품은 폴란드 영주들과 손잡고 꾸준히 말썽을 일으켰다. 튜턴 기사단이 지속적으로 압박하는 상황에서, 이제 폴란드의 이해관계는 이웃인 리투아니아인들의 이해관계와 일치하게 되었다.[18]

1385년, 리투아니아 최후의 거점인 크레바에서 거래가 이루어졌다. 요가일라가 가톨릭교로 개종하고 신민들에게 세례를 베풀기로 합의한 대신, 폴란드 영주들은 그를 왕이자 야드비가의 혼인 상대로 결정했다. 이듬해 초에 요가일라는 세례, 결혼, 대관식을 거쳤다. 역사가들은 흔히 요가일라를 털이 많은 사람으로 묘사하지만, 그는 리투아니아의 풍습에 따라서 머리를 길렀을 뿐이다. 하지만 요가일라는 이교도의 신체에 대한 폴란드인들의 두려움을 달래기 위해서 결혼 전에 야드비가의 시종을 자신의 욕탕에 불러 면접하도록 했고, 덕분에 시종은 요가일라가 "기품 있고 몸매가 좋으며, 표정이 밝고 얼굴이 길고 상처 흔적이 없다"라고 보고할 수 있었다. 한편 야드비가는 결혼 후 분쟁이 일어난 변경 지방인 적러시아로 군대를 이끌고 가 자신이 요가일라의 씩씩한 동반자임을 입증했다. 아울러 그녀는 크라쿠프의 새로운 대학교에 강의실 몇 개가 아닌 어엿한 건물을 기부했고, 1399년에 요절할 때까지 눈에 띄게 경건한 활동에 관여했다.[19]

폴란드와 리투아니아 간의 법적 관계는 불분명했다. 크레바 협정은 두 나라가 "영구적 결합perpetuo applicare"에 헌신했다고 규정했는데, 이 말은 아마 의도적으로 모호하게 쓴 특이한 표현이었을 것이다. 실제로 폴란드와 리투아니아의 연합은 이후 400년 동안 이어짐으로써 최고의 헌법은 짧고 모호하다는 나폴레옹의 언명을 입증했다. 패배가 튜턴 기사단의 몫이었다는 사실에는 의심의 여지가 없다. 크레바 협정에는 요가일라가 폴란드와 리투아니아의 잃어버린 땅을 회복해야 한다고 명시되어 있었지만, 그는 때를 기다렸다가 1409년에야 비로소 거병했다. 그는 프로이센으로 쳐들어가 마리엔부르크를 포위하고 1410년 그룬발트 전투(타넨베르크 전투)에서 튜턴 기사단을 무찔렀다. 이후 튜턴 기사단은 치욕스러운 평화조약을 맺어야 했다.

요가일라의 세례 직후 리투아니아의 기독교화가 시작되었다. 우선 그는 리투아니아의 지도급 인사들과 귀족들을 앞세웠다. 이후 이교 신전이 파괴되었고, 빌뉴스의 대규모 예배당이 주교좌 성당에 자리를 내주었다. 교구와 주교 관할구가 생겼다. 물론 요가일라도 그랬겠지만,

표면적인 수준의 개종인 경우가 많았다. 요가일라는 세례식에서 브와디스와프라는 이름을 썼지만, 당대의 어느 기록에 따르면 "숲에 들어가서 마법의 소리에 귀 기울이고 나이팅게일의 지저귐을 들으며 평생 지켜온 이교의 옛 풍습"을 고수했다. 요가일라가 즐긴 자연과의 교감은 결국 그를 죽음으로 몰아넣었다. 1434년에 그는 숲에서 홀로 하룻밤을 보낸 뒤 폐렴에 걸려 세상을 떠났다. 하지만 그는 임종을 맞았을 때 고해성사를 했고, 병자성사를 받았으며, 자신의 영혼을 기독교의 신에게 맡겼다.[20]

튜턴 기사단은 그런 종교적 모호성을 많이 활용했다. 리투아니아인에 대한 끊임없는 십자군 운동을 정당화하고 헨리 볼링브로크 같은 지원자를 확보하기 위함이었다. 튜턴 기사단은 리투아니아인들의 개종이 거짓이며, 그들이 여전히 스텝 지대에서 모집한 불신자들, 이슬람교를 믿는 타타르인들과 함께 싸우고 있다고 여겼다. 튜턴 기사단의 대변인들은 리투아니아인들과 손잡은 폴란드인들도 가짜 기독교인이며, 그들이 포로를 살해하고 강간과 약탈을 자행하고 교회를 불태우고 영성체를 짓밟는다고 주장했다. 요가일라는 이 모든 말을 부인했다. 그는 훌륭한 기독교인으로 자처했고, 자신이 없었으면 리투아니아인들이 가톨릭 신앙으로 개종하지 못했을 테니 사실상 자신은 "그리스도의 투사athleta Christi"라고 단언했다.[21]

튜턴 기사단은 황제에게 불만을 제기했고, 1415년 콘스탄츠 공의회에서도 그렇게 했다. 과거에 중앙유럽의 통치자들은 기독교 수호 과정에서 자신이 맡은 역할에 주목하게끔 유도하고는 했다. 가령 13세기 중엽 헝가리의 왕 벨러 4세는 헝가리가 몽골족으로부터 기독교를 수호하기 위해서 닫아둬야 하는 관문이라고 선전했다. 1세기 뒤, 폴란드의 카지미에시 대왕은 기독교 세계의 가장자리에 있는 자신의 왕국을 지키는 데 필요하다는 이유로 적러시아를 점령하는 행위를 정당화했다. 그러나 튜턴 기사단의 영향력 아래에 놓이자, 위기에 처한 기독교 세계의 변경을 묘사하는 데 쓰이던 수사법은 극적으로 바뀌었다.[22]

콘스탄츠에서 튜턴 기사단의 대변인들은 변경을 묘사하는 언어에 군사적 색채를 쏟아부었다. 그들의 설명에 의하면 가톨릭교는 요새이고, 기사들은 그 요새의 성벽이자 해자이고 수호자였다. 그들은 "적에 맞서 싸우는 힘의 망루"이고, 기독교 세계를 괴멸하기 위해 모인 신앙심 없는 무리를 저지했던 "견고한 사각형 보루가 떠받치는 수정의 벽"이었다. 그러자 요가일라는 문서로 답했다. 아니, 선언했다. 튜턴 기사단은 독실한 사람들에게 칼을 겨눴기 때문에 기독교 세계의 진정한 보호자가 아니라고 말이다. 그의 선언에 따르면 오히려 폴란드인들이야말로 수호자였다. 아울러 그 또한 "가톨릭 신앙의 가장 참되고 확고한 방어자 겸 가장 용맹한 방패"였다.[23]

기독교를 지키는 데 어느 쪽이 더 진심인지를 둘러싼 논쟁은, 공의회가 확고한 결론을 전혀 내리지 못한 채 2년간 지속되었다. 하지만 그 논쟁을 계기로 폴란드인들의 사고방식은 혁명적으로 바뀌었다. 그들도 튜턴 기사단의 표현을 받아들여 폴란드를 사각형 보루와 누벽(당시의 용어로는 "안테무랄레antemurale")으로 여기기 시작한 것이다. 그때부터 폴란드 외교관들이 폴란드를 방파제로 언급하며 연설하는 일이 점점 잦아졌다. 기독교 유럽의 가장자리에 위치한 그 왕국은 밀물처럼 쳐들어오는 타타르인과 오스만인이 중앙유럽 전체를 덮치지 못하도록 막는 성채이자 성벽이었다. 그들의 설명에 의하면, 폴란드는 참된 기독교인이 아니라 아시아의 폭군이자 신성 모독자이며 불신자인 통치자

(그러나 실제로는 정교회 신자였다)인 모스크바의 러시아인들도 막아냈다. 요컨대, 폴란드는 기독교 세계의 생존에 필요한 나라였다.[24]

폴란드를 무장 국경지대이자 안테무랄레로 바라보는 관념은 깊고 넓게 파고들었다. 외국의 시인들은 기독교 세계를 수호하는 폴란드의 역할을 찬양했고, 1460년대 초에 교황의 사절은 폴란드를 표현할 때 "기독교 신앙의 성벽이자 수호자"라는 용어를 차용했다. 비슷한 맥락에서, 1520년대에 네덜란드의 학자인 에라스뮈스는 발트 해에서 카르파티아 산맥까지 펼쳐진 공간을 지켜낸 폴란드 왕의 적극성과 "기독교의 테두리를 지켜낸" 그의 승리를 칭송했다. 거의 같은 시기에 이탈리아의 외교관이자 역사가인 니콜로 마키아벨리도 헝가리인들과 폴란드인들을 다음과 같이 비슷하게 설명했다.

> [폴란드인들은] 국경지대에 사는 스키타이인들이 그들을 정복하거나 돌파하지 못하도록 막는 성벽을 이룬다……또한 그들이 없었다면 이탈리아와 기독교회는 여러 차례 타타르족 군대의 무게를 느꼈을 것이라는 점은 종종 그들의 자랑거리였다[스키타이인은 기마 침략자를 통틀어 일컫는 고전적인 명칭이다].[25]

"안테무랄레"라는 표현은 오스만인들이 발칸 반도에 진출하면서 그 의의가 한층 더 커졌고, 16세기에 이르러서는 중앙유럽 대다수 지역에서 흔한 비유가 되었다. 헝가리에서는 귀족들이 "피를 흘리고 목숨을 바치고 몸을 다치며 나머지 기독교 세계를 안전하고 무사하게 지키는" 존재로 자부하면서 안테무랄레라는 말이 뿌리를 내렸다. 그 표현은 지금의 슬로베니아와 크로아티아와 오스트리아에 해당하는 곳에서도 공감을 얻었다. 중세가 막을 내릴 무렵, 통치자들과 신민들은 중앙유럽을 변경 요새의 세계로 상상하는 경우가 점점 많아졌다. 그 세계의 주민들은 중세 전설에 나오는 개의 머리가 달린 사람들과 존 맨데빌의 사라센인들처럼 끊임없이 나타나 포위하는 적에 맞서서 쉼 없는 방어전을 펼치고 있었다.[26]

제11장
상인들, 한자 동맹, 푸거 가문

 상인들은 약자였다. 이동하는 상인들의 물건은 줄지어 가는 노새와 말에 실려 있었고, 현대의 중형 화물차 1대 분량의 짐을 나르려면 70마리의 짐승이 필요했다. 이처럼 눈에 띄니, 상인 호송대를 노린 매복 공격도 자주 있었다. 1328년, 주화를 싣고 폴란드에서 로마로 향하던 선박은 150명의 호송병이 승선해 있었는데도 파비아 인근에서 약탈을 당해 금괴와 은괴의 절반을 빼앗겼다. 무장 호송병이 보호하지 않으면 강도를 만날 것이 뻔했다. 도보여행 중이던 어느 독일인 기사는 남들의 눈에 띄지 않도록 귀중품을 빵 속에 숨겼다. 다른 기사는 티롤 지방의 도적들을 속이려고 위장용 안감이 달린, 뒤집어 입을 수 있는 덧옷을 입었다. 호송대의 힘을 빌릴 수 없는 사람들은 자비를 기대할 수 없었다. 실제로 어느 시기에는 몇 년 동안 로마로 가는 전체 순례자 중 무려 절반이 도중에 살해되었다.[1]

 화물은 공해公海에서도 위험에 처했다. 14세기에는 유틀란트 반도와 스웨덴 사이의 덴마크 해협에 수백 척의 해적선이 출몰했다. 해적들은

1398년에 튜턴 기사단에게 내쫓길 때까지 발트 해의 고틀란드 섬을 점령해 상선 약탈의 거점으로 삼았다. 국가가 후원하는 해적질도 있었다. 14세기 말, 프로이센 출신의 독일 뱃사람들은 단 10년 동안 잉글랜드인들로부터 당한 6건의 해적질과 잉글랜드 왕의 앞잡이들에게 배가 나포된 일 4건을 비롯해 총 22차례나 치욕을 겪었다고 주장했다. 보복에 나선 프로이센의 도시들은 운송 중인 잉글랜드 상인들의 물건을 자루에 담아 압수했다. 공작 바르님 6세(재위 1394-1405)의 치세에 포메른은 해적들의 안식처가 되었고, 해적들이 발트 해의 무역선과 해안을 약탈한 데 힘입어 그의 금고도 채워졌다.[2]

강탈 행위는 통행료의 형태로 합법적으로 이루어질 수도 있었다. 14세기 중엽에 중앙유럽 도시들의 큰길은 포장되거나 자갈이 깔렸고, 인도人道에는 널빤지가 깔렸다. 하지만 겨울이 찾아오면 교외와 촌락의 큰길은 온통 진창이 되어버려서 사람들은 보통 굽이 높은 나무 덧신을 신었다. 시골에서는 "진흙길", "흙길", "풀길", "돌길" 등 도로의 상태가 드러난 이름이 많았다. 지주들은 도로와 다리를 유지하기 위해서 일상적으로 통행료를 부과했지만, 수리가 필요할 때에는 눈을 감았다. 심지어 사람들이 밟고 다녀 생긴 길에서도 통행료를 거뒀는데, 보덴 호 동쪽의 산악 지대인 포어아를베르크에는 적어도 40개의 통행료 징수소가 있었다. 인근 티롤 지역의 도로에는 10-20킬로미터마다 통행료 징수소가 설치되어 있었다. 그중 다수는 상인들이 벌금을 감수하며 물건을 내놓는 시장으로도 쓰였기 때문에 멀리 이동하는 상인들의 부담은 더 커졌다.[3]

19세기 이전에는 강에 운하와 제방이 거의 없었다. 중앙유럽의 강은 유속이 느리고 폭이 넓었고, 상류의 도살장에서 투기한 폐물 때문에 더러웠다. 빈을 가로지르는 도나우 강은 폭 6킬로미터의 자주 바뀌는 물길과 강바닥에 쌓인 진흙 둑으로 이루어져 있었는데, 그 진흙 구렁은 5세기에 버려진 빈 근처의 로마 시대 도시인 카르눈툼 전체를 삼켜버렸다. 물고기잡이에 쓰이는 어살과 강에 떠다니는 물레방아도 항해를 방해하는 장애물이었다. 지주들은 강둑 뒤의 제분소에 동력을 공급하려고 강물의 흐름을 자주 바꾸었고, 그 바람에 배가 지나갈 수 없게 되었다. 1590년대에 어느 야심만만한 사업가는 헝가리 북동부 지방의 보드로그 강 전체에 걸친 배수 작업을 벌여 하룻밤 만에 강바닥이 드러나게 하기도 했다.[4]

　강에도 통행료 징수소가 있었는데, 양쪽 강둑을 잇는 쇠사슬과 순찰선이 통행료 징수소 역할을 했다. 13세기 중엽에는 180킬로미터에 이르는 마인츠와 쾰른 사이의 라인 강 구간에 12개의 징수소가 있었고, 노상강도나 다름없는 귀족들도 불법 통행료를 뜯어냈을 것이다(그들의 무너진 성은 아직 라인 강을 굽어보고 있었다). 훗날에는 70킬로미터에 이르는 빙겐과 마인츠 사이의 라인 강 구간에서만 해도 화물 1개당 가치의 3분의 1이 통행료로 빼앗겼으리라고 추산된다. 도나우 강에서도 통행료 징수소가 교통을 방해했다. 15세기 말에는 니더외스터라이히 지방에만 무려 77개에 이르는 통행료 징수소가 있었다. 주요 수혜자는 파사우의 주교들이었다.

　상인들은 동맹을 결성해서 통치자들이나 영주들을 상대로 통행료 징수소와 약탈 행위에 관한 대책을 협상했고, 심지어 도시를 새로 건설하기도 했다. 그중 여러 동맹은 회원끼리 평상시나 비상시에 서로 돕고 계약을 정중하게 받아들이겠다고 엄숙히 맹세하는 협회나 길드가 되었다. 의무를 강제할 만한 가장 기본적인 수단조차 없는 상황에서는 사회적 연대의 관습이 협회나 길드의 역할을 대신했다. 대부분의 중앙유럽 도시에는 회원 자격을 부유한 도매 공급업자로 제한하는 상인 길드가 있었다. 어떤 상인 길드는 길드이면서 동시에 미사 집전 단체가 되기도 했는데, 뤼베크의 성삼위일체회의 경우에는 이에 더해 시 평의회의 공직 독점권도 주장했다.[5]

그런 상황은 훗날 몇몇 상인회가 아예 기업이 되어 회원들이 자본을 투자하고 전체 수익에서 각자의 몫을 차지하게 되기 이전의 종종걸음에 불과했다. 14세기 말에 슈바벤 남부에서 설립된 "위대한 라벤스부르크 무역회"에는 최대 90명의 회원이 있었고, 그들은 안트베르펜, 바르셀로나, 밀라노, 빈, 부다, 브로츠와프 같은 멀리 떨어진 곳의 기업에 투자했다. 이 무역회는 향신료, 포도주, 올리브유, 종이, 금속 원광 따위를 주로 취급했고, 회원들에게는 무이자 대출을, 성직자들에게는 고금리 대출을 해주었다. 투자자들의 연간 수익률은 평균 7퍼센트 정도였다. 다른 상인회들은 대량 공급되는 천과 원광을 취급했다. 대부분의 상인회들은 규제를 통해 경쟁업자를 파산시킬 목적으로 시 평의회를 장악하기 위해서 투쟁했다. 그러나 그 상인회들은 (그단스크에서 그랬듯이) 바텐더를 함부로 대하거나 말다툼 중 칼을 꺼내 들거나 식사 시간에 유리잔과 물병을 던지기를 금지하는 등 적어도 회원 간의 올바른 행동을 요구했다.[6]

한자 동맹 역시 상인회로 출발했지만, 결국 도시들의 동맹이 되었다(독일어로 한자Hansa는 협회나 단체를 뜻한다). 전성기인 14-15세기에 한자 동맹은 발트 해 연안과 오늘날의 독일 북서부 지역을 중심으로 북유럽의 상업을 지배했지만, 잉글랜드, 노르웨이, 러시아의 노브고로드, 아이슬란드 등지에도 지부를 두고 있었다(아이슬란드의 경우에는 그곳의 특산품인 매 때문에 지부를 두었다). 그러나 한자 동맹은 정체가 불분명했다. 1469년에 어느 잉글랜드 법원이 정관을 설명하라고 압박했을 때 한자 동맹의 사절들이 대답했듯이, 한자 동맹은 회사도, 조합이나 합작 투자나 법인도 아니라 "여러 도시 사이의 협정과 동맹……육로와 해로를 통한 사업이 바람직하고 유리한 성과를 거둘 수 있도록 보장하려는 여러 도시와 소도시와 공동체의 확고한 연합체"였다.[7]

사실, 한자 동맹은 포함砲艦이 있는 비즈니스 압력단체였다. 어느 시기를 기준으로 어떻게 세는가에 따라서 한자 동맹 내 가맹 도시의 수는 70개에서 200개 사이를 오갔고, 어떤 도시들은 정식으로 가맹해 활동하는 반면 어떤 도시들은 비용을 부담하지 않은 채 소속의 혜택만 누렸다. 한자 동맹의 최고 책임자들조차 가맹 도시를 열거할 수 없다고 주장했다. 이런 불분명한 성격에도 불구하고 한자 동맹은 봉쇄 위협을 무기로 가맹 도시들에게 유리한 상업 계약을 관철하면서 왕국과 공국에 도전장을 내밀었다. 중심 도시인 뤼베크가 주로 제공한 해군은 1360년대에는 덴마크와, 1470년대에는 잉글랜드와 싸웠다. 당시 한자 동맹은 에드워드 4세가 패배를 인정하고 크게 양보할 때까지 잉글랜드 해안을 봉쇄했다.

한자 동맹은 관세 인하, 상인의 합법적인 세금 공제, 해난에서 구조받을 권리, 관세를 내지 않고도 추후에 선적할 상품을 보관할 수 있는 "해외 상사"나 보세保稅 창고의 설립 허가 같은 혜택을 얻어내려고 왕이나 통치자와 협상했다. 그런 보세 창고 중 대표적인 것이 런던 스틸야드였다. 캐넌 스트리트 역 자리에 있었던 스틸야드에는 창고, 대강당, 회계 사무실뿐 아니라 주방과 숙박 시설도 있었다. 템스 강 옆에 폭 50미터 길이 150미터의 부지를 차지한 스틸야드는 잉글랜드의 보

통법을 무시하고 한자 동맹의 관행과 규정에 따라서 움직였다.[8]

14세기 한자 동맹에는 보통 뤼베크에서 모이는 자체 소집의회인 한자 총회가 생겼다. 한자 총회는 원래 3년마다 열리기로 되어 있었지만, 더 자주 열렸다. 한자 총회는 한자 동맹 도시들에 세금을 매기고, 한자 동맹을 지원하기 위한 봉쇄 조치와 군사 행동을 결정하고, 신규 가맹을 승인하고, 분쟁을 중재했다. 한자 총회의 결정에는 구속력이 있었고, 아마 만장일치가 원칙이었을 것이다. 그러나 일반적으로 대표를 보내지 않은 도시들에는 그 결정이 적용되지 않는다고 간주되었으므로, 여러 도시가 총회에 불참해서 공동 행위를 막는 일도 있었다. 한자 동맹은 단일한 해양법 체계를 확립하지도 못했다. 사건은 분쟁이 벌어진 도시의 법에 따라서 판결되었다. 그런 점에서, 한자 동맹은 동맹을 구성하는 여러 부분의 합에 지나지 않았다.[9]

오히려 한자 동맹은 일종의 촉진제였다. 한자 동맹은 교역과 가맹 도시의 번영을 위한 풍토를 조성했고, 공동의 정체성을 육성했다. 가맹 도시들은 뤼베크를 모방했다. 뤼베크의 성모 마리아 성당에서 영감을 얻은 벽돌 교회가 들어섰고, 창고를 둘 만큼 크고 높은 박공 주택들이 생겼다. 아몬드가 많이 들어간 뤼베크의 과자 마지팬의 요리법은 발트 해 연안 곳곳에서 모방되었다. 늘 사회적 존경에 목말랐던 한자 동맹의 상인들은 아서 왕 이야기, 서사시적 이야기, 자기 가문과 도시에 관한 이야기를 엮어 나름의 민간전승을 만들면서 귀족들을 흉내 냈다. 기사들의 방, 끈적끈적한 석고로 뜬 새로운 문장紋章, 카롤루스 마그누스의 전설적인 동반자인 론세스바예스의 롤랑의 대형 조각상 등은 그 자본주의적 초기 중심지들의 특징이기도 했다.

그러나 한자 동맹의 가장 위대한 업적은 더 실용적인 것으로, 바로 가맹 도시들이 서로 나누고 다듬은, 북쪽 바다를 항해하기 위한 전문 지식 체계였다. 교본과 안내서에는 따라가야 할 표지물, 우세풍, 올바른 항해 방위각, 바다의 수심 따위가 열거되어 있었다. 뱃사람들은 다림줄을 사용해 해저의 언덕과 협곡을 파악해가며 항로를 짤 수 있었다. 아울러 한자 동맹의 선장들은 밀랍이나 아교를 바른 다림줄의 납추로 모래와 흙의 비율을 파악해 강어귀나 육지에 얼마나 접근했는지도 알아냈다. 15세기의 가장 훌륭한 지도 제작자인 프라 마우로는 발트 해에 대해서 다음과 같이 말했다. "이 바다에서는 해도도 나침반도 아닌 납으로 항해한다."[10]

한자 동맹은 동서 간의 무역에 중점을 두었다. 한자 동맹의 가맹 도시들은 호박, 향신료, 담비 모피 같은 사치품도 거래했지만, 주로 목재, 원광, 맥주, 직물, 통에 넣은 청어, 소금 같은 품목을 대량으로 거래했다. 한자 동맹이 담당한 무역의 축은 대략 러시아의 노브고로드에서 뤼베크, 함부르크, 브뤼헤, 런던까지 뻗어 있었다. 하지만 14세기에 이르자 한자 동맹의 무역로는 그보다 남쪽에서 형성된 축(크라쿠프와 브로츠와프를 라이프치히와 독일 남부의 도시들[특히 뉘른베르크와 아우크스부르크]과 연결하는 축)의 압력에 시달렸다. 그 새로운 무역의 축에 참여한 상인들은 저지대 국가와 잉글랜드에서 옷감을 가져오는 산적화물散積貨物 거래자들이기도 했다. 한자 동맹의 경쟁자였던 그들은 금속 원광을 노렸다.

카르파티아 산맥에는 귀금속이 풍부했다. 헝가리는 14세기에 전 세계 금의 3분의 2를 차지하는 주요 생산국이었다. 헝가리의 은 매장량은 유럽에서 보헤미아에 이어 두 번째로 많았다. 헝가리의 왕들은 금과 은 무역을 왕실의 독점 사업으로 삼았다. 반면 황화물과 결합합 상태의 금 원광은 그 가치가 높은 경우가 무척 많았는데도 독점 사업으로 지정되지 않았다. 구리는 처음에는 제조업과 지붕 공사에서, 나중에는 조선업에서 수요가 늘어났다. 구리를 주석과 섞으면 대포와 종의 재료인 청동이 만들어졌다. 구리는 구리가 일상 화폐의 재료로 쓰이는 중동 시장으로의 귀중한 수출품이기도 했다.[11]

14세기 초, 하르츠 산맥에 자리 잡은 중앙유럽의 전통적인 구리 공급원이 바닥을 드러내고 말았다. 과도한 채굴로 구리가 고갈되고 빗물이 스며들면서 갱도가 범람한 것이다. 독일 남부 도시의 상인들은 구리 원광을 매점한 뒤 국내의 제조업용이나 베네치아를 통한 해외 수출용으로 비싼 값에 판매하면서 무역의 방향을 헝가리로 돌렸다. 초반에 그들은 튜턴 기사단과 거래하는 한자 동맹 소속 상인들, 그리고 피렌체의 메디치 가문과 경쟁했다. 그러나 뉘른베르크 상인들은 능숙한 정치적 책략과 막강한 자본의 힘으로 경쟁자들을 몰아내고 헝가리의 구리 무역을 지배하는 카르텔을 구축할 수 있었다. 게다가 그들은 구리 산업을 왕실의 독점 사업으로 선언하고는 운송 독점권을 확보해 통제력을 강화했다.[12]

헝가리에는 오늘날의 슬로바키아 중동부에 속하는 북쪽의 산맥을 중심으로 구리를 채굴하는 유치산업幼稚産業이 형성되어 있었지만, 인력이나 자금이 부족했다. 구리 산업이 번창하려면 투자가 필요했다. 배수 장비는 엄두를 내지 못할 정도로 비쌌고, 물을 빼내기 위한 배수로 굴착 비용도 어마어마했다. 아울러 목재와 권양기와 산업용 망치를 구입해야 했고, 수평 갱도에 필요한 목조 선로와 무개화차도 설치해야 했다. 뉘른베르크 상인들은 그 모든 일에 자금을 댔다. 대략 1390년부터 1440년까지 헝가리의 광업은 번창했다. 뉘른베르크 상인들은 종종 광산을 인수해서 직접 운영하기도 했지만, 채굴된 원광의 일부분을 확보하는 대가로 자본을 투자하는 경우가 더 많았다. 거기에는 이유가 있었다. 자기들끼리 비밀을 공유하고 있었기 때문이다.

 비밀은 헝가리산 구리가 은을 함유하고 있다는 사실이었다. 늦어도 1400년부터 뉘른베르크 사람들은 헝가리산 구리를 각 성분의 원소로 나누는 방법을 알고 있었다. 제련만으로는 구리와 은을 분리하기에 역부족이었다. 대신에 은을 함유한 구리를 납과 섞은 뒤 그 합금을 다시 "용리溶離해서" 납이 은을 떨어내도록 하는 특수 용광로가 필요했다. 구리에서 은을 모두 뽑아내고 납과 접합하는 과정은 여러 번 반복해야 했다. 그렇게 하면 회분법 용광로(실제로는 대형 도가니)에서 새로운 화합물을 녹이고 납을 산화시켜 은과 납을 쉽게 분리할 수 있었다. 이 과정을 통하면 구리의 순도는 더 높아지고, 이에 더해 양은 적을지언정 귀중한 은도 얻을 수 있었다.[13]

 용리는 고난도의 과정이었고, 그 방법은 철저하게 비밀에 부쳐졌다. 독일 남부의 도시들과 이탈리아 북부의 몇몇 곳을 제외한 다른 곳에는 용리법을 아는 사람이 없었다. 신임을 얻은 동업자들은 비밀 준수를 맹세해야 했고, 이제 막 비밀을 알게 된 동업자들을 위한 교본에는 연금술 기호와 히브리어 글자 뒤에 기법이 숨어 있었다. 용리법은 막대한 이익을 거둘 수단이었으니, 그렇게 비밀을 지키려고 노력을 기울이는 것은 놀라운 일이 아니었다. 16세기에 헝가리 북부의 어느 사업자는 불과 30년 만에 구리 5만 톤을 제련해 은 500톤을 생산했다. 1520년대에 어느 뉘른베르크 상인은 보헤미아산 구리의 위탁판매품을 샀는데, 용리한 뒤 그 구리의 가격은 40배 이상으로 뛰었다.

 그러나 15세기 중엽이 되자 뉘른베르크 사람들의 전성기가 지나갔다. 헝가리 소집의회는 작센의 만스펠트와 티롤의 구리 광산이 문을 열고 있던 바로 그 순간에 뉘른베르크 사람들의 독점권을 파기하라고 명령했다. 뉘른베르크 사람들의 자리는 헝가리 현지의 기업가들이 대신 차지했지만, 그중 누구도 개발에 투자할 재정적 수단은 없었다. 번창했던 광산은 황폐해졌고, 갱구와 그 주변은 버려져 농지에 흡수되었다. 면세 기간과 그밖의 구제책도 운명을 바꾸지 못했다. 가장 생산성이 높은 광층鑛層이 모조리 채굴된 금광도 사정은 마찬가지였다. 1490년대가 되자 헝가리의 광산 대부분이 폐허가 되고 말았다.[14]

한자 동맹과 독일 남부의 상인들은 상품을 팔아 현금을 확보한 뒤 새로운 화물이나 사업에 투자하는 구식의 투기성 무역상들이었다. 그러나 15세기에 등장한 은행가들과 회계사들은 장부를 작성하는 방법, 주화 자루 대신에 지폐의 형태로 돈을 옮기는 방법, 상업 채권을 양도하고 전매하는 방법을 알고 있었다. 피렌체의 메디치 가문은 은행업과 어음 교환을 국제 무역에 접목하고 알프스 산맥 북쪽의 부다와 크라쿠프까지 펼쳐진 상업망을 갖추는 등 혁신의 최전선에 있었다. 그러나 메디치 가문은 대부분 통합된 사업체나 가족 기업으로서가 아니라 일시적 동업 관계를 통해서 용무를 처리했다. 재무와 회계도 주먹구구식이라서 도난과 실수가 흔했고, 새로 빚을 지는 위험한 방법으로 원래 빚의 이자를 갚는 경우가 많았다. 안전하게 보관하려고 맡긴 신부 지참금을 노린 필사적인 습격 사건은 1490년대에 메디치 은행이 맞이할 몰락을 예고했다.[15]

중앙유럽의 주요 금융업자들은 아우크스부르크에 근거지를 둔 푸거 가문 사람들이었다. 그들은 메디치 가문과 똑같은 실수를 저지르지 않았다. 첫째, 그들은 형제들과 조카들이 모두 투자했고, 단일체로

서의 가족 기업을 운영했다. 또한 자신들의 개인 계좌로 거래하는다는 계약에 따라 수익이 사업에 재투입되었다. 덕분에 자본이 집중되었고, 푸거 가문은 그렇게 확보한 자본으로 대출 시장과 금속 시장을 독점했다. 15세기 말, 그들은 황제와 교황을 상대하는 은행가들이자 구리와 은을 거래하는 세계 최대의 상인들이었다. 그들이 아프리카 해안에서 난파할 운명의 대형 복층 범선에 실어 보냈던 수출용 구리괴는 오늘날에도 나미비아와 모잠비크의 해안에 남아 있다.[16]

둘째, 푸거 가문은 당대의 가장 총명하고 독창적인 인물 중 한 사람인 마테우스 슈바르츠(1497-1574?)를 회계사로 고용했다. 슈바르츠는 자신이 평생 구입한 100벌 넘는 의상을 그림으로 기록하기 위해 화가를 고용한 멋쟁이였는데, 그 의상들의 1벌당 가격은 여느 하인의 1년 임금의 무려 5배에 이를 수도 있었다. 슈바르츠의 복장은 다양한 색상의 비단 양말, 양말대님, 모피 안감을 댄 망토, 그리고 값비싼 안감을 뽐내려고 소매와 옆구리를 터놓은 더블릿이 멋스럽게 조합된 것이었다. 슈바르츠는 유럽 최초로 자기 생일을 기념한 사람 중 한 명이었다. 그가 생일 축하 행사를 연 까닭은 최신 의상을 입고 자랑할 기회가 많아졌기 때문이다(그때까지 유럽에서는 성명 축일만 기념했다). 그는 졸업할 때 교과서를 짓밟는 모습, 썰매를 타고 장터를 누비는 모습, 뇌졸중에서 회복해 침대에 누워 있는 모습 등 인생의 여러 전환점을 초상화로 남기기도 했다.[17]

슈바르츠는 1516년에야 푸거 가문과 인연을 맺었지만, 뒤늦게 인연을 맺었다는 사실은 오히려 그의 업적을 돋보이게 만들었다. 왜냐하면 그는 나름의 관례와 발전방식에 힘입어 전성기를 누리던 사업을 맡았기 때문이다. 슈바르츠의 시야는 유럽 곳곳에 있는 푸거 은행의 40개 지점으로 확대되었다. 슈바르츠는 여러 지역의 다양한 회계방식에 정통한, 부기의 명수였다. 그는 주기적으로 갱신되는 배타적 회람용 원고 「부기의 세 가지 방법」을 통해서 지역별 회계방식을 설명하려는 열의도 보였다. 슈바르츠는 이탈리아와 독일의 회계기법을, 그리고 아우크스부르크에 있는 푸거 은행의 본점이 여러 지점의 사업 현황을 파악하는 방법을 설명했다.[18]

슈바르츠가 알프스 산맥 북쪽에서 모든 거래를 차변과 대변으로 두 번 기록하는 복식부기법을 최초로 사용한 사람은 아니었다. 하지만 그는 복식부기법을 개선했고, 관련 수치를 한눈에 파악해 원장元帳에 추가할 수 있도록 하는 일지나 일일 거래 장부의 용어를 확립했다. 슈바르츠는 기록 보관을 열렬히 옹호했고, "모든 사항을 기억이나 단편적인 종잇조각에 처넣는" 상인들을 무시했다. "그런 사람들은 금방 파산하고, 설상가상으로 왜 그런 일이 일어났는지도 모른다." 그는 「부기의 세 가지 방법」에서 독자들에게 "뭐든 잊지 말고, 모조리 기록하라!"라고 촉구했다. 구슬림과 본보기를 통해, 슈바르츠는 자산과 부채와 수익을 계산하는 통합적 방식과 각 지점의 실적을 감사할 수 있는 수단을 푸거 가문에 제공했다. 그는 중앙유럽에 근대적인 재무 관리를 최초로 선보인 인물이었다.[19]

푸거 가문은 벼락부자였다. 두 세대 전까지만 해도 그들은 일자리를 찾아 아우크스부르크로 이주한 시골 출신의 가난한 사람들이었고, 그중 한 사람은 부잣집의 하인으로 일했으나 범죄에 연루되기도 했다. 애초 직공織工으로 일했던 푸거 가문 사람들은 상업 분야에 뛰어들었고, 1470년대에는 이미 아우크스부르크의 최고 가문 중 하나로 꼽혔다. 당시의 어느 표현에 따르면 그들은 "향신료와 비단과 모직물 등으로 막대한 규모의 무역"에 종사했다. 그들은 금융업에도 뛰어들었고, 고객을 대신해서 중앙유럽 도처에 자금을 이체하고 로마와 포메른처럼 멀리 떨어진 곳의 성직자들에게 돈을 빌려주기도 했다.[20]

15세기 초, 야코프 푸거는 가장이 되었다. 그의 형제들은 죽었고, 사촌들은 혼자 힘으로 사업을 하려고 애쓰다가 파산했다. 야코프는 처음부터 파산의 위험에 대한 경각심이 있었다. 그의 첫 번째 대출 대상자는 슈바츠 은광의 엄청난 부를 소유한 합스부르크 가문의 대공인 티롤의 지기스문트였다. 지기스문트는 재산을 정부情婦들(그와 정부들 사이에서 무려 50명의 사생아가 생겼다), 난쟁이들이 파이를 뚫고 나오는 장면이 연출되는 호사스러운 유흥, 수렵 기념물을 보관하는 사냥 막사 등에 썼고, 남은 재산도 탕진했다.[21]

야코프는 지기스문트의 평판을 알고 있었지만, 자기 가문이 상업에서 "규모가 더 크고 수익성이 높은 사업, 즉 환전과 광업"으로 전환해야 한다고 결단했다. 야코프는 대출의 대가로 공허한 변제 약속이 아닌 슈바츠의 광업 대부분을 담보로 잡았을 뿐 아니라, 티롤의 조폐창에 은을 독점적으로 판매할 권리도 챙겼다. 다시 말해, 그는 티롤산 은의 구매와 판매 모두에서 독점권을 따낸 것이다. 1485년의 첫 번째 대출 이후 10년이 채 되지 않아서 야코프는 지기스문트를 통해 40만 플로린의 수익을 올렸다(비교는 오해를 낳을 소지가 있지만, 오늘날의 금 등가물로 환산하면 이는 약 7,000만 달러이다. 그러나 구매력을 고려하면 아마 10을 곱해야 할 것이다).[22]

야코프 푸거는 사람 보는 눈이 탁월했다. 그는 슈바르츠를 발굴했고, 평생 16세기 초의 몇몇 위대한 학자 및 예술가들을 채용하거나 후원했다. 그는 알브레히트 뒤러와 한스 부르크마이어의 후원자였다. 뒤러는 야코프의 초상화를 그렸을 뿐 아니라 중앙유럽 르네상스 건축의 초기 사례로 꼽히는, 아우크스부르크의 카르멜회 성당에 있는 푸거 가문의 납골당 예배실을 설계하기도 했다. 부르크마이어는 아우크스부르크에 있는 푸거 저택의 외벽 전면부와 내실內室을 장식하는 프레스코 작업과 얼음 같은 표면의 대리석 바닥 및 금색 치장 벽토를 화려하게 조합하는 작업을 맡았다. 하지만 야코프가 남긴 최고이자 불후의 기념물은 아우크스부르크의 석공인 토마스 크레브스의 작품이다. 크레브스는 당시에는 그 도시 외곽에 있었던 푸거라이의 빈민 구호소를 설계하고 지었다. 100채 이상의 주택을 갖춘 그 시설은 당시 유럽 최대의 빈민 구호 단지였다. 오늘날에도 푸거라이 복지 시설의 거주자들은 야코프의 영혼을 위해서 하루에 세 번씩 기도해야 한다.[23]

야코프는 헝가리의 주조소 소유주이자 기업가인 투르조 야노시에게 흥미를 느꼈다. 헝가리 북부의 광업 지구 출신인 투르조는 1460년대에 가족 사업인 원광原鑛 무역을 감독하기 위해서 크라쿠프로 이주한 인물이었다. 1488년부터 투르조는 오늘날의 슬로바키아 중부에 있는 반스카비스트리차(노이졸) 주변의 광산을 사들이기 시작했다. 1494년에 그는 야코프 푸거와 손을 잡았다. 투르조는 투자 유치와 수익의 50퍼센트를 받는 조건으로 반스카비스트리차의 광물 생산을 포함한 자신의 사업을 확대하는 데에 동의했다. 이후 10년 동안 야코프 푸거는 그 사업에 100만 플로린을 투자했는데, 대부분은 빌린 돈이었다. 야코프가 깨달았듯이, 광업은 너무나도 위험했다. 그는 이렇게 썼다. "광업보다 더 빨리 무너질 수 있는 사업은 없다. 대개는 10명이 망해야 1명이 부자가 된다."[24]

방대한 사업 규모가 반스카비스트리차의 구리 무역을 뒷받침했다.

그 도시 외곽의 용리 공장은 다량의 구리 원광을 가공했고, 가공된 구리는 추후에 저지대 국가로 선적하기 위해서 북쪽의 발트 해로 보내졌다. 나머지는 제련되지 않은 형태로 튀링겐 지방의 호엔키르헨에 있는 용리 공장이나 케른텐 지방의 필라흐에 소재한 세 번째 용리 공장으로 운반되었다. 1498년, 야코프 푸거는 공급을 확실하게 통제하기 위해서 구리를 베네치아 시장에 최저가로 투매함으로써 대부분 리알토 지역을 통해서 거래하고 있던 독일 남부의 경쟁업자들을 파산으로 몰고 갔다. 당시에도 야코프의 방식에는 "의리 없고 비기독교적"이라는 비난이 쏟아졌다.[25]

투르조는 1508년에, 야코프 푸거는 1525년에 세상을 떠났지만, 동업 관계는 각자의 상속인에 의해 이어졌고, 얼마 뒤에는 그 상속인끼리 결혼도 했다. 동업 관계에서 비롯된 수익은 역사가들이 수백만 단위를 운운할 만큼 도발적이지만, 논란의 여지가 있다. 다만 푸거 가문의 1546년 대차대조표에 따르면 그 이전 7년간 헝가리 광업으로 거둔 총수익이 125만 플로린이었다는 점만은 말해두겠다. 당시 푸거 가문은 스페인 왕실에 대출을 해주는 식으로 돈을 버는 대신, 전쟁터가 된 헝가리에서의 사업 규모를 단계적으로 줄이고 있었다. 그럼에도 헝가리 북부의 광산과 주조소에서 나오는 수익은 같은 기간에 스페인에서 수행한 사업과 비교해도 여전히 손색없었다.[26]

투르조는 기술자였다. 마테우스 슈바르츠가 회계에 조예가 깊었듯이, 투르조는 기계에 밝았다. 따라서 야코프 푸거가 그와 협력한 것은 우연이 아니다. 광업이 직면한 주요 문제는 빗물에 갱도가 침수되는 것이었다. 투르조는 헝가리의 기존 기술을 바탕으로 점점 정교해지는 배수 장비를 도입했고, 장비의 대부분은 지상의 물 흐름을 이용해 수차를 돌리는 방식으로 작동했다. 그중에서 가장 중요한 수차는 수백 미터 깊이에서 물을 끌어올릴 수 있도록 양방향으로 회전하는 거대한 수차인 케라트Kehrrad였다. 박식한 어느 평론가에 따르면 그것은 "물을 긷는 기계 중에서 가장 큰 기계"였다. 훗날 투르조의 아들인 죄르지는 금 채굴을 지휘한 바이아마레(현재의 루마니아 도시)에 그런 종류의 발동기를 설치했다. 죄르지는 "믿을 수 없을 만큼 큰 광차鑛車가 달린" 케라트에 감탄했다. "기독교 세계 전체에서 그런 것을 본 적이 없다." 케라트는 선례라고 할 만한 기계였다. 실제로 2세기 뒤인 1720년경에 기술자들은 헝가리 북부 지역의 광산에 유럽 대륙 최초의 뉴커먼 증기기관(1705년 토머스 뉴커먼이 발명한 최초의 증기기관/역주)을 도입했다.[27]

투르조의 사례에서 짐작할 수 있듯이, 헝가리의 광업은 기술적으로 전혀 뒤처지지 않았다. 부족한 것은 자본이었다. 당시 헝가리가 겪고 있던 곤경은 중앙유럽 여러 지역의 특징이기도 했다. 상인 자본에는 도시가 필요하고, 도시에는 인구가 많은 배후지가 필요한 법이다. 중앙유럽의 서쪽 지역은 언제나 인구 밀도가 높았다. 인구를 계산하는 방식은 다양하고 지역적 편차가 심하기 때문에 정확하다고 할 수는 없지만, 전체적으로 1500년에 독일인 땅의 인구 밀도는 1제곱킬로미터당 평균 20명 정도였을 것이다. 반면 폴란드와 리투아니아의 경우를 살펴보면(폴란드의 인구가 아마 리투아니아보다 2배 정도 많았겠지만), 두 나라를 통틀어 계산한 인구 밀도는 1제곱킬로미터당 약 6-7명이었다. 헝가리의 인구 밀도는 1제곱킬로미터당 약 10명이었다.[28]

중앙유럽의 서쪽 절반에 속하는 도시들은 인구가 더 많고 규모도 더 컸다. 1500년경 쾰른은 인구가 4만 명 이상이었고, 빈과 뉘른베르크는 각각 2만5,000명이었으며, 울름, 뷔르츠부르크, 아우크스부르크는 각각 2만 명에 조금 못 미쳤다. 하지만 빈의 동쪽 지역에는 인구가 1만 명 이상인 도시가 거의 없었다. 크라쿠프와 프라하는 1500년경에 3만 명에서 4만 명 사이의 인구를 자랑하며 역사 도해서에서 늘 돋보였다. 하지만 크라쿠프도 프라하도 크고 사치스러운 궁정의 요구를 채워주는 소비 중심지일 뿐, 투자처를 찾는 자본이 집중된 제조업의 중심지는 아니었다.[29]

푸거 가문 같은 투기성 무역상들과 금속을 대량으로 취급하는 독일 남부의 상인들이 동쪽으로 자본을 가져왔다. 하지만 그들은 주로 원자재에 관심이 있었다. 훗날인 16세기와 17세기 상인회들은 급증하는 인구를 먹여살릴 곡물을 구하러 나서게 되는데, 그 결과 중앙유럽의 동부 지역, 특히 헝가리와 폴란드와 리투아니아는 거의 식민지처럼 종속되어, 중앙유럽 서부 지역으로 운송할 1차 생산물의 공급원으로 전락하게 되었다. 라틴 아메리카의 농장과 마찬가지로 헝가리, 폴란드, 리투아니아 등도 수출용 환금작물의 공급처가 된 것이다. 1500년 이후에는 상인들이 가격 차이를 활용해 동부 지역의 원자재를 매점하면서 중앙유럽 서부와 동부 간의 불균형이 더 커졌다. 상인들은 그렇게 함으로써 중앙유럽 인구의 대부분이 농노라는 강제 노동 인구로 전락하는 추세를 부추겼다.

제12장
도자기 가게 안의 용과 합스부르크 가문의 상상력

룩셈부르크 가문은 황제 카를 4세의 치세에 번창했지만, 그의 장남인 태만왕 바츨라프 4세의 알코올 의존과 무기력 때문에 몰락했다. 1400년 바츨라프는 게으름 탓에 제국의 통치자 자리에서는 쫓겨났지만, 보헤미아 왕국의 귀족들이 오히려 그의 나태함에 만족했기 때문에 보헤미아에서는 권력을 유지했다. 그러다가 그의 치세 말기에 보헤미아는 후스파 무리가 "하느님의 율법"을 설교할 권리를 요구하며 교회를 장악하면서 혼란에 휘말렸다. 1419년 7월, 프라하의 신시가지 평의회가 해당 지구의 교회들에 다시 가톨릭교를 숭배하도록 명령하자 폭도들이 시 공회당을 습격해 행정관 7명을 건물 위층의 창문 밖으로 내던진 뒤 길거리에서 난도질을 했다. 그 잔인한 살육 사건에 큰 충격을 받은 바츨라프는 뇌졸중으로 쓰러졌고, 이후에도 몇 차례 뇌졸중을 일으키다가 2주일 뒤 세상을 떠났다.[1]

룩셈부르크 가문의 운명을 수렁에서 건진 것은 바츨라프의 동생인 지기스문트였다. 그는 1387년에 헝가리의 통치자가 되었고, 1411년에는 독일인의 왕으로 선출되었다. 그리고 1419년에는 형에 뒤이어 보헤미아의 왕이 되었고, 마침내 아버지인 카를 4세가 제관을 받은 지 거의 80년 만인 1433년에 로마로 가서 황제로 대관했다. 하지만 "적갈색의 여우"라는 어린 시절의 별명에서 짐작할 수 있듯이, 지기스문트는 무척 종잡을 수 없는 인물이었다. 당시의 어느 표현에 따르면 그는 아래와 같았다.

> 고귀하고, 왕 같고, 군주다운 외모를 지녔으나 거짓된 마음을 품었고, 비열한 짓을 많이 저질렀다.……말은 부드럽고 감미롭고 공평했지만, 행동은 퉁명스럽고 하찮고 보잘것없었다. 군주로서 그는 모두가 듣고 싶어하는 말을 하는 칭찬의 대가였다. 말하고, 알리고, 이야기했다. 그리고 하지도 않을 많은 일을 뻔뻔하게 약속했다.[2]

지기스문트를 변호하자면, 그는 살아남기 위해서 속임수가 반드시 필요했던 헝가리 정치계의 냉혹한 현실을 겪으며 어린 시절을 보냈다. 열일곱 살이던 1385년, 그는 헝가리 국왕 러요시 1세의 딸이자 후계자인 마리어 여왕과 결혼했다. 1년 전에 폴란드의 "왕"으로 즉위한 동생 야드비가처럼, 마리어도 성별 때문에 반대에 직면했다. 나폴리의 백작 라디슬라오가 왕위 계승권을 주장하자 헝가리는 내분에 휩싸였고, 국왕 부부는 생명의 위협을 느꼈다. 그래도 지기스문트는 남편이자 "제1인자"(선행자)의 신분에서 왕의 신분으로 탈바꿈하는 데 성공했다. 1387년에 대관식을 치른 그는 갑자기 마리어의 반대 세력을 공격했고, 이례적인 처형수단(시뻘겋게 달아오른 집게가 쓰였다)과 무차별 학살을 통해서 자신과 마리어가 헝가리의 주권자로서 공동통치를 한다는 사

실을 각인시켰다.³

　결혼 10년 만에 마리어가 낙마 사고로 세상을 떠나자 지기스문트는 정치적으로 취약해졌다. 1401년, 그는 잠시나마 정적들로 구성된 평의회가 헝가리의 신성한 왕관의 이름으로 엉뚱한 지시를 내리며 왕국을 통치하는 동안 퇴위를 당해 투옥되기도 했다. 그러나 영리하고 결단력이 있었던 그는 석방된 뒤 왕령지의 대부분을 하사하는 간단한 편법으로 충성스러운 지지자들을 확보했다. 아울러 자신에게 신세를 진 외국의 기사들과 군사 전문가들과 금융업자들을 영입했고, 자신을 내쫓은 영주들에게 복수하는 대신 그들이 각자의 성에서 원통해하며 살도록 내버려두었다.

　1405년, 지기스문트는 자신의 가장 강력하고 열렬한 지지자 중 한 사람의 딸인 칠리의 바르바라(칠리는 오늘날 슬로베니아 도시인 첼레이다)와 재혼했다. 하지만 얼마 전의 원정에서 병을 얻어온 그는 부인인 바르바라가 임신하자 미래를 걱정하기 시작했다. 1408년 12월, 지기스문트는 전격적으로 새로운 기사단을 창설했다. 성 게오르크가 죽인 전설 속의 뱀의 이름을 따서 "용의 기사단"으로 명명된 그 기사단은 기독교 세계를 수호하는 데 헌신할 것을 표방했다. 하지만 창설 헌장에 설명되어 있듯이, 그 기사단의 주요 목적은 지기스문트를, 그리고 나중에 그가 세상을 떠났을 때 그의 부인과 혹여 있을지 모르는 자식들을 보호하는 것이었다. 21명의 창설 단원 모두가 당시 헝가리에서 가장 중요한 영주들이었다. 그들은 한데 모여 단체를 구성했고, 언제나 왕실을 지키고, 죽은 동료들을 위해서 미사를 올리며, 기사단의 휘장을 자랑스럽게 어깨에 달고, 그리스도를 찬송하겠다고 서약했다.⁴

　지기스문트는 늘 헝가리의 왕 이상의 지위를 목표로 삼았다. 1395년에 오스만인들이 헝가리 남부를 압박하자, 그는 기독교 세계 기사도의 정수를 보여주는 국제 십자군에 힘을 실어주었다. 그 십자군 원정은 니코폴리스(오늘날의 불가리아 도시인 니코폴)의 들판에서 비참하게 끝났고, 술탄은 버려진 지기스문트의 정자에서 축하연을 벌였다. 그러다가 1410년, 뜻밖에도 신성 로마 제국의 왕위가 공석이 되었다. 후보로 나선 지기스문트는 여러 논쟁과 실책 끝에 이듬해에 독일인의 왕으로 임명되었다.

이제 지기스문트는 원하던 무대에 올랐다. 헝가리의 정치를 뒤로하고 전 기독교 세계의 제왕이, 당대인들의 표현에 따르면 "세상의 빛"이 될 수 있었고, 심지어 "세계 군주"도 될 수 있었다. 그는 피레네 산맥에서 리투아니아의 루츠크(현재의 우크라이나 도시)까지, 런던에서 지중해의 로도스 섬을 거쳐 콘스탄티노폴리스까지 유럽 도처를 여행하며 그 목표를 끈질기게 추구했다. 실제로 지기스문트는 동에 번쩍 서에 번쩍했다. 선거인들이 보낸 어느 사절단은 헝가리 각지에서 지기스문트를 찾으려고 애쓰다가 몇 주일 만에 그의 수행원들을 따라잡았지만, 그가 사냥을 나간 바람에 하루를 더 기다려야 했다.[5]

황제로 선출되고 불과 1년 뒤인 1412년에 지기스문트는 부다에서 성대한 모임을 열었다. 역사가들은 그것을 국회라는 음침한 이름으로 부르지만, 그것은 주최자인 지기스문트의 설명대로 "재미와 기쁨의 춤을 위한 특별 행사"로 생각하는 편이 더 낫다. 자신을 각국 인사들에게 선전하는 것이 행사의 주 목적이었기 때문에 지기스문트는 폴란드 왕과 보스니아 왕, 세르비아의 압제자 또는 통치자, 그밖의 제후 19명, 대주교 3명, 11명의 주교와 백작과 영주, 그리고 1,000명 이상의 기사들을 초청했다. 그 연회에는 예루살렘에서 건너온 유대인들도 있었고, 어느 기록에 따르면 심지어 "수염이 길고, 배가 풍풍하고, 높이가 높은 모자를 쓴 무서운 이교도들"도 있었다. 참석자들은 대경실색했다.[6]

행사를 마친 뒤 지기스문트는 용의 기사단을 재편성했다. 그는 아라곤의 왕과 나폴리의 왕, 인접한 왈라키아의 공작 같은 외국 출신의 신규 단원을 받아들이기 시작했다. 그중에서 왈라키아 공작은 용의 기사단에 가입한 데 매우 만족한 나머지 "용"이라는 뜻의 루마니아어인 드러쿨Dracul이라는 이름을 썼고, 별명이 "꿰뚫는 자"인 그의 아들 블라드 3세(1430?-1476)는 훗날 드라큘라라는 이름을 택했다. 지기스문트는 다른 사람들에게 상으로 나눠줄 수 있도록 신입 단원 1명당 수십 개의 휘장을 지급했다. 확실히 용 휘장에는 의미가 있었다. 중앙유럽 여기저기에 용 문양이 보이는 대리석 석관과 문장이 남아 있는데, 만약 용 문양이 없었다면 그 석관과 문장의 주인들이 용의 기사단에 가입한 사실이 알려지지 않았을 것이다.[7]

지기스문트는 훗날 용의 기사단을 성지 해방이라는 사명에 바쳤고, 그 덕분에 교황으로부터 오스만인에 맞서 싸운 그 기사단의 모든 단원이 완전한 죄 사함을 받아 그들의 영혼이 연옥을 빨리 지나갈 수 있을 것이라는 약속을 받아냈다. 하지만 무엇보다 용의 기사단을 확대한 목적은 지기스문트 자신의 위상을 드높이기 위한 것이었다. 본인이 설명했듯이, 기사단의 단원이 많을수록 신성 로마 제국의 군주인 그의 왕권은 더 당당하고 치세는 더 영광스러워졌다. 지기스문트를 수장으로 여기는 기사들의 국제적 단체에 힘입어, 당시 그가 앉아 있던 황제 자리의 국제적 성격이 두드러졌다.[8]

지기스문트는 자신을 다른 모든 통치자와 제후보다 높은 위치에 있는 초超군주로 생각했다. 그러나 지기스문트의 외교술은 엉망이었다.

어느 역사가의 표현에 따르면 그는 나랏일의 측면에서 "도자기 가게 안의 용"(거칠고 세련되지 못한 사람이라는 뜻/역주) 같았다.[9] 그는 쓸데없이 무례했고, 공식 석상에서 자주 술에 취했으며, 다른 남자들의 아내에게 주제넘은 짓을 했다. 16세기의 어느 헝가리어 운문에는 세상을 떠난 그의 세평이 간추려져 있다.

> 삼단 같은 긴 머리털로 치장한 여러 계집애들,
> 모두 멋진 드레스를 차려입은 사랑스러운 아가씨들과 처녀들.
> 지기스문트는 한 명씩 허리와 가슴둘레를 쟀다네,
> 여자들의 세 가지 치수와 그네들의 특기를 적었다네.[10]

지기스문트가 6개 국어를 유창하게 구사한다는 사실은 오히려 무례를 범할 기회를 더 많이 제공할 뿐 도움이 되지 않았다. 1416년의 파리 방문은 전형적인 참사였다. 공식 석상에서 옷을 벗지는 않았지만(나중에 스트라스부르에서 벗기는 했다), 지기스문트는 술에 취해서 노래를 부르며 자신을 위해 열린 연회를 망쳤다. 파리 고등 법원을 방문했을 때에는 자기 직위의 우월성에 대한 믿음을 마음껏 펼쳐보였다. 왕의 의자에 앉은 그는 법정에서 진행되는 사법 절차에 간섭했고, 소송 당사자가 완전한 귀족이 아니라는 이유로 불이익을 당하자 현장에서 기사 작위를 내렸다. 외교 의례를 터무니없이 위반하는 이 처신은 제국의 통치자로서 다른 모든 군주보다 자신이 우위에 있다는 그의 신념을 보여주는 전형적인 사례였다. 이후 지기스문트가 잉글랜드의 도버 해안에 도착하자마자 영접에 나선 글로스터 공작은 지기스문트가 상륙하기 전에 잉글랜드 국토를 둘러싼 황제로서의 모든 권리 주장을 포기

할 것을 요구했다. 그것은 당연한 반응이었다.[11]

　나중에 드러났듯이, 지기스문트의 잉글랜드 방문은 외교적 승리였다. 잉글랜드의 왕 헨리 5세는 지기스문트에게 아낌없는 환대를 베풀며 잘 차려입은 여자들을 넉넉히 준비했고, 윈저 성의 세인트 조지 예배당에서 가터 훈작사 작위를 수여했다. 반대로 지기스문트는 헨리를 용의 기사에 임명하고, 용의 기사단의 휘장이 새겨진 검과 검집을 선물했다(그 검은 현재 요크의 맨션 하우스에 있다). 그후 지기스문트는 잉글랜드와 프랑스 사이의 평화를 중재하려고 했지만, 결국 헨리 5세와 조약을 맺는 데 만족함으로써 유럽 대륙에 대한 프랑스의 영향력을 크게 약화시켰다. 20년이 지난 뒤에도 지기스문트는 여전히 잉글랜드에서 호의적으로 기억되었다. 1437년에 그의 사망 소식이 전해지자 잉글랜드의 모든 대성당에서 그의 영혼을 달래기 위한 진혼 미사가 열렸다.[12]

　지기스문트가 잉글랜드와 프랑스의 평화를 위해서 주도한 협상에는 신성 로마 제국의 황제라는 칭호가 독일을 뛰어넘는 기독교 세계의 지도적 직위라는 그의 신념이 반영되어 있었다. 지기스문트는 그 높은 지위에 어울리게 콘스탄츠(1414-1418)와 바젤(1433-1437)에서 열린 공의회를 주재함으로써 몇몇 교황 중 과연 누가 성 베드로의 진정한 후계자인지를 결정하고 가톨릭교와 정교회의 통합을 추진했다. 그는 도나우 강을 둘러싼 여러 나라의 방어 정책을 조율하고, 자신을 오스만인들과 후스파에 맞서는 신앙의 투사로 선전하고, 골칫거리인 보스니아의 왕 트브르트코 2세를 폐위했다. 그리고 리투아니아의 대공을 왕으로 삼으려는 계획도 세웠는데, 그 계획에 이의가 제기되자 그는 자신이 신성 로마 제국의 군주이기 때문에 리투아니아의 통치자를 왕으로 승격시킬 권한이 있다고 응수했다.[13]

지기스문트는 독일인의 왕으로 선출된 지 20여 년이 흐른 1433년 5월 로마에서 황제 대관식을 치렀다. 곧이어 그는 약 20년 전에 처음 계획했던 새로운 인장을 주조했다. 앞면에는 그가 신성 로마 제국, 룩셈부르크, 보헤미아, 헝가리 등의 문장에 둘러싸인 채 옥좌에 앉아 있는 모습이 새겨져 있었다. 뒷면에는 당시 매우 흔한 문장의 도안이었으나 지기스문트가 제국의 상징으로 삼은 쌍두 독수리가 새겨져 있었다. 인장은 증서를 확증하는 도구일 뿐 아니라 인장 소유자와 그의 권력을 선전하는 수단이기도 했다. 지기스문트의 이름으로 발행된 모든 헌장과 특권장에는 그의 통치권과 독특한 두 갈래의 수염을 나타내는 상징이 담겨 있었다. 목판화, 프레스코, 채색 필사본 따위를 통해서 그의 초상이 정교하게 모사되어 유포되었고, 그의 얼굴은 기독교 세계에서 가장 유명한 얼굴이 되었다.[14]

통치권 개념에 대한 지기스문트의 생각에서 더 깊은 흐름이 엿보이는 경우도 가끔 있는데, 가장 흥미로운 부분은 그의 인장에 새겨진 독수리를 에워싼 불가사의한 명문銘文이다. "에스겔의 독수리는 하늘에서 내려온 신부이다. 그 독수리는 예언자들과 선지자들보다 더 높이, 자유로이 날아오른다."(이 명문은 지기스문트가 좋아한 찬송가의 구절에 불과할 수도 있다.) 어떤 사람들은 지기스문트가 교회를 정화하고, 악마와 싸우고, 기독교의 통일성을 복원할 수밖에 없는 운명이었다는 식의 온갖 환상적인 의미를 그의 치세에 부여하기도 한다. 하지만 통치권과 관련해 우리가 지기스문트에게서 배울 만한 점은 거의 없다. 파리 고등 법원에서 보여주었듯이, 자신이 휘두르는 권력에 대한 그의 관념은 대충 형성된, 세련되게 다듬어지지 않은 관념이었다.

지기스문트는 오랫동안 병을 앓다가 딸 하나만 남기고 세상을 떠났다. 그녀는 당대 최고의 전사이자 지독한 유대인 박해자이며, 황제인 지기스문트가 후계자로 선택한 합스부르크의 알브레히트(재위 1438-1439)와 결혼했다. 알브레히트 2세는 부인을 통해서 보헤미아와 헝가리의 왕위에 대한 권리를 주장할 수 있어 좋았지만, 지기스문트의 후임으로 신성 로마 제국의 통치자 자리에 오르는 것은 주저했다. 어쨌든 선거인들은 그를 선택했고, 알브레히트 2세가 그 사실을 처음 알게 된 시점은 수많은 문서가 날아들었을 때였다. 하지만 1438년에 황제로 선출되고 18개월 만에 알브레히트 2세는 헝가리에서 전역을 펼치다가 걸린 이질로 세상을 떠났다. 그는 로마에 가서 황제로 대관하기는커녕 아헨으로 가서 독일인의 왕이 되지도 못했다.

그러나 선거인들은 아랑곳하지 않았다. 그들은 알브레히트 2세와 같은 합스부르크 가문 사람인 슈타이어마르크의 프리드리히를 차선으로 낙점했고, 결국 만장일치로 그를 알브레히트 2세의 후계자로 선택했다. 신성 로마 제국의 통치자인 프리드리히 3세(재위 1440-1493)의 외모는 통치자 자리에 어울렸다. 그는 긴 금발에 폴란드인과 리투아니아인의 피가 절반씩 섞인 어머니 침부르가의 아름다운 용모와 함께 맨주먹으로 떡갈나무 탁자에 못을 박은 일로 유명한 그녀의 명성을 물려받았다. 게다가 최고의 기사도 단체에 가입하고 성지를 순례하고 예루살렘 외곽의 감람산에서 기사 작위를 받는 등 바른 생활로 일관했다. 예언에 따르면 프리드리히로 불리는 황제가 성지에서 적그리스도와 싸우고 심판의 날을 예고할 터였으니, 그는 이름마저 적절했다.

프리드리히는 너무 많은 기대를 받았기 때문에 기대를 저버릴 수밖에 없을 듯했다. 프리드리히 본인도 짐작하고 있었다. 실제로 그는 주권자라는 직위를 수락할지 결정하기까지 두 달이나 시간을 끌었다. 프리드리히는 전임자들과 달리 전사가 아니었다. 그는 부드럽고 고독을 즐기는 성격이었고, 27년간 빈, 비너노이슈타트, 린츠 같은 오스트리아 도시를 벗어나지 않았다. 구두쇠인 데다가 미신도 믿은 그는 여행할 때 (달걀을 살 일을 피하기 위해서) 닭장을 가지고 다녔고, 바가지를 쓰지 않으려고 변장한 채 시장에서 물건을 샀으며, 찻잎으로 점을 치듯 쥐똥을 꼼꼼히 살폈다. 당시 어느 외국 대사는 그가 "게으르고, 시무룩하고, 생각에 잠겨 있으며, 심술궂고, 음침하고, 우울하고, 인색하고, 심란한 사람"이라며 악담을 퍼부었다. 역사가들은 흔히 그를 무능한 몽상가로 평가한다.[15]

그러나 프리드리히는 남들과는 다른 관점으로 권력을 이해했다. 그는 아들인 막시밀리안 1세(재위 1493-1519)와 더불어 신성 로마 제국을 재건했고, 신성 로마 제국이 합스부르크 왕가의 신비성과 조화를 이루도록 했다. 우선, 그는 관료제의 작동방식을 잘 알고 있었다. 다른 통치자들이 국정 운영과 마상 창시합을 혼동할 때 프리드리히는 자신의 권한을 문서와 위임을 통해 투사하는 새로운 방식을 추진했다. 둘째, 그는 군주제의 힘이 카리스마에 의해서 작동한다는 점을 인식했다. 그는 카리스마가 부족했기 때문에(애석하게도 그랬다) 자신을 대신할 인물로 실제 조상들과 신화상의 조상들을 모두 동원했다. 이미 1세기 전에 보헤미아의 카를 4세가 거의 같은 작업을 한 바 있었지만, 프리드리히는 자신의 혈통을 자기 선전의 중심에 확고히 두었다. 그의 아들 막시밀리안은 한 걸음 더 나아가 비현실적인 자부심으로 조상들을 신화화하고 자신을 둘러싼 가공의 신화를 만들어냈다.

그중 어느 작업도 좋은 성과를 거두지 못했다. 막시밀리안의 환상(특히 교황이 되려고 했던 계획)은 종종 우스꽝스러웠고, 프리드리히의 행정 개선 조치는 불완전했다. 하지만 프리드리히에게는 현실적인 고민거리가 있었다. 그것은 바로 소수에게는 많은 기회를 주지만 대다수 사람에게는 견딜 수 없는 일인 집단 간의 사적 보복과 국지전이었다. 땅이나 지참금, 혹은 무례로 판단된 행위를 둘러싼 보복에는 정당한 통지, 기도와 속죄를 위한 휴식일, 포로 살해 금지 등 당사자들이 따라야 할 규칙이 있었다. 하지만 상대방을 위협하도록 고용된 강도 기사들과 용병들은 예의를 사양했다. 애꾸눈 전사이자 외교관이며, 마지막 독일인 음유시인, 혹은 궁정 가인인 오스발트 폰 볼켄슈타인(1376?-1445)이 전형적인 사례였다. 그는 산산조각이 난 팔다리에서 줄줄 흘러나오는 골수, 화살이 날아가는 소리, 불에 그을린 집의 나무 기둥에서 구워지는 쥐들 같은, 자신이 사적 보복을 자행하며 초래한 참상을 시를 통해 섬뜩한 방식으로 칭송했다.[16]

군주들은 3세기가 넘도록 공작과 백작으로 구성된 지역위원회에 평화를 유지하도록 지시함으로써 집단 간의 사적 보복을 제한하려고 했다. 프리드리히는 법 집행의 주요 업무를 법원과 왕립 행정부로 이관했다. 분쟁이 발생했다는 소식을 들을 때마다 그는 분쟁이 빚어진 지역 출신의 위원들을 임명했는데, 그들의 임무는 협상이나 법에 따른 합의를 강제하는 것이었다. 그의 치세 동안 약 3,000명의 위원이 급파되었다. 위원들이나 그들의 판결을 무시하는 말썽꾼들은 점점 강화되는 처벌을 감내해야 했다(가장 높은 처벌은 군사 개입과 재산 몰수였다). 불만이 있는 당사자들은 통치자의 상소 법원인 제국 사법실에 제소할 수 있었지만, 사법실은 일반적으로 위원들의 판결을 지지했다. 위원들의 결정이 "가장 은혜로운 지배자인 로마 황제가 내린 결정인 것처럼" 여겨졌기 때문이다.[17]

위원들과 제국 사법실 관계자들의 영향력은 결코 균등하게 행사되지 않았다. 그들은 주로 제국의 남부와 남서부 지역에 개입했다. 그런데 발트 해 연안과 메클렌부르크와 포메른에서, 그리고 물리적 거리 때문에 항상 통치자의 권력이 미치기 힘들었던 저 멀리 떨어진 리보니아에서도 분쟁 해결에 적극적이었다. 마찬가지로 중요한 것은 위원들과 제국 사법실 관계자들이 단일법에 따라 판결하여 현지의 풍습과 절차를 무시했다는 점이다. 신성 로마 제국의 법은 거물과 지주, 도시 행정관들에게 영향을 미치면서 점차 통일되어가고 있었다. 그리고 법원과 위원들의 계서제의 가장 높은 곳에는 프리드리히 3세가 있었다. 50년이 조금 넘는 치세 동안 프리드리히의 상서국은 약 5만 건의 서신과 헌장을 발행했고, 그중 다수의 서신과 헌장에는 프리드리히의 개인 지시에 따라 작성되었음을 가리키는 "P" 표시가 있었다.[18]

오스트리아 영지는 우화의 본산이었다. 『니벨룽의 노래』의 초기 판본 중 일부가 오스트리아 영지에서 창작되었을 뿐 아니라, 당시 급성장한 연대기 문학에는 오스트리아가 옛날에 로마의 유산을 이어받도록 선택되었던 과정이 담겨 있었다. 그 우화들은 대부분 10세기부터 13세기까지 오스트리아를 통치한 바벤베르크 가문(합스부르크 가문의 전신)에서 비롯된 것이었다. 바벤베르크 가문 사람들은 비잔티움 제국 황제와 신성 로마 제국 황제의 후손들과 결혼했고, 자신들이 앞으로 큰 권력과 높은 지위를 차지할 운명이라고 자부했다. 합스부르크 가문 사람들은 바벤베르크 가문의 신화 만들기를 발판으로 삼았고, 바벤베르크 가문이 섬기던 성자들과 투사들을 차지하기 위해서 자기 가문의 혈통을 바벤베르크 가문의 혈통과 슬며시 뒤섞었으며, 율리우스 카이사르와 네로가 그들의 모든 땅 중에서 오스트리아를 가장 훌륭한 땅으로 선포한 사연을 담아 헌장을 위조했다. 합스부르크 가문 사람들이 귀족용 관冠을 쓸 권리가 있는 "대공들"로 자처한 근거는 바로 그런 헌장을 비롯한 위조품들이었다.

프리드리히 3세는 그 모든 것을 믿었다. 역사가들은 그가 끌로 벽에 새기고 잉크로 책에 적은 머리글자 도안이자 이합체시離合體詩(각 구의 첫 글자를 조합하면 다른 뜻의 말이 나타나는 시/역주)인 AEIOU에 주목했다. 그 이합체시는 라틴어와 독일어로 "선택된 독수리가 마땅히 모든 것을 정복한다Aquila Electa Iuste Omnia Uincat"나 "모든 영광은 오스트리아의 것이다Aller Ehren ist Österreich voll"를 비롯한 수백 개 의미로 해석된다. 그중에서 가장 권위 있고 널리 퍼진 해석은 "오스트리아가 전 세계를 지배한다Austria Est Imperatre Orbi Universae(라틴어), Alles Erdreich Ist Österreich Untertan(독일어)"라는 위풍당당한 내용이다. 하지만 그 허장성세 이면에는 가문의 문장과 계보에 깊이 새겨진, 더 미묘한 상징적 표현이 숨어 있었다.

1440년대에 프리드리히는 문장紋章 필사본을 의뢰했는데, 현존하는 그 필사본에는 그의 이합체시가 실려 있다. 얼핏 보기에 그 필사본은 여느 채색 문장 모음집과 비슷해 보이지만, 더 자세히 살펴보면 대부분의 도안이 상상의 산물임을 분명히 알 수 있다. 담당 삽화가는 그 도안들이 "이교도 제후들과 유대인 제후들과 기독교인 제후들이 가지고 있던 오스트리아라는 땅의 옛 문장"이라고 말한다. 물론 오스트리아는 유대인 제후에게 통치를 받은 적이 없었고, 독자적인 문장을 가졌던 제후도 없었다. 하지만 그 비현실적인 가상의 산물은 문장관紋章官과 골동품 수집가만 꼼꼼하게 조사할 수 있는 도서관에 갇혀 있지 않았다. 1450년경, 프리드리히는 건축가에게 의뢰해 비너노이슈타트의 궁전 옆에 있는 성 게오르크 대성당의 서쪽 벽면에 그 문장들을 재현하는 "문장 벽"을 만들도록 했다. 프리드리히는 그 문장 벽의 문장 밑에 자신의 조각상과, AEIOU라는 이합체시를 들고 있는 천사들을 돌을새김하라고 지시했다.[19]

프리드리히가 의뢰한 문장 필사본과 비너노이슈타트의 문장 벽은 중세 후기의 가장 특이한 필사본을 연상시킨다. 바로 1400년 직전에 만들어진 『영주 95인의 연대기Österreichische Chronik von den 95 Herrschaften』라는 터무니없는 내용의 오스트리아 역사서이다. 노아의 홍수와 탄복의 땅Terra Amirationis에서 오스트리아로 건너온 테모나리아의 아브라함으로 시작하는 그 연대기에는, 기원전 몇 세기 동안 오스트리아를 다스린 26명의 유대인 남녀 공작을 비롯한 초기 통치자들이 나열되어 있었다. 그다음에는 교황들과 황제들의 이력과 대부분 가상의 산물인 나머지 95명의 오스트리아 통치자 개개인의 전기가 서로 엮이고, 그들의 문장이 사랑스럽게 묘사되며 예언이 열거되었다. 기이한 내용에도 불구하고(아니면 바로 그 점 덕분에), 『영주 95인의 연대기』는 인기가 있었다. 오늘날에도 약 80권의 필사본이 남아 있다.[20]

AEIOU 두문자어와 『영주 95인의 연대기』에는 똑같은 주제가 되풀이되었다. 오스트리아는 단순한 장소가 아니라 그 통치자와 백성들이 위대해질 수밖에 없는 땅이라는 것이었다. 사실, 오스트리아는 단순한 땅이 전혀 아니며, 제국과 상속과 운명을 통합하는 후천적 구성물이었다. 브란덴부르크 가문과 작센 가문을 비롯한 다른 통치 가문들은 주요 영토의 이름을 따서 가문의 이름을 정했을 수도 있다. 하지만 오스트리아는 달랐다. 오스트리아는 지리적 요소와는 동떨어진 신념 체계를 의미했기 때문이다. 오스트리아가 전 세계를 지배하리라고 상상할 때 프리드리히는 정복전쟁을 펼치는 오스트리아가 아니라 자기 가문의 명성과 세계적인 평판을 생각했고, 앞으로도 자기 가문이 꾸준히 차지할 황제 직위를 떠올렸다(황제 직위는 합스부르크 가문 사람들이 이 세상의 다른 모든 통치자를 내려다볼 수 있는 자리였다).

그런 수수께끼와 암시를 이해하는 것은 프리드리히의 아들인 막시밀리안의 몫이었다. 막시밀리안은 1486년에 독일인의 왕으로 선출되어 아버지와 함께 공동 통치자가 되었고, 1493년에는 아버지인 프리드리히 3세가 세상을 떠나면서 손쉽게 권력을 잡았다. 프리드리히와 달리 막시밀리안은 한 장소에 3주일 이상 머무르는 일이 좀처럼 없을 정도로 늘 분주하게 이동했다. 막시밀리안의 통치방식은 친림親臨에 의존했고, 동시에 모든 곳에 있을 수 없었으므로 인쇄물이라는 새로운 매체와 초상화를 통해서 자신의 이미지를 투영했다. 예술가들은 막시밀리안의 이미지와 업적을 한층 더 극적인 방식으로 전달해달라는 의뢰를 받았다. 알브레히트 뒤러와 알브레히트 알트도르퍼를 비롯한 판각가들은 막시밀리안의 조상들과 그의 업적을 선전하는 2개의 대형 목판화 연작인 「개선 행렬」과 「개선문」의 도안을 내놓았다. 서로 맞물린 여러 장의 판화 용지로 이루어진 두 작품은 궁전과 시청의 벽에 바를 벽지 용도로 제작되었다.

모든 통치 가문들이 야심만만한 계보를 만들던 때, 막시밀리안은 가장 인상적인 계보를 만들기로 마음먹었다. 그는 자신의 혈통을 노아까지 거슬러 올라갔고, 외부로 손을 뻗어 합스부르크 가문의 가계도를 선지자들, 그리스와 이집트의 반신半神들, 교황들, 200명 이상의 성자들과 순교자들, 그리고 유럽의 모든 통치 가문들과 연결했다. 생전에 계획된, 인스브루크에 있는 막시밀리안의 영묘에서는 그의 조상들과 프랑크 왕국의 이런저런 왕들, 예루살렘의 첫 번째 십자군 왕, 잉글랜드의 아서 왕 등이 경건하게 그의 무덤을 에워싸고 있다. 추가로 청동 인물상 12개, 로마 황제 흉상 34개, 성자 조각상 100개를 제작할 계획이었지만, 실제로 제작된 것은 소수에 불과했다. 막시밀리안은 기사도의 추종자가 되고자 기독교 최고의 귀족 단체인 부르고뉴의 황금양모 기사단의 단장이 되었다. 황금양모 기사단을 상징하는 죽은 양 문장은 용을 대신해 중앙유럽 기사단의 필수 휘장으로 쓰였다.[21]

현실 정치에서 막시밀리안은 별로 성공하지 못했다. 그는 인스브루크에 있는 자신의 무덤을 프랑스인, 저지대 국가의 민병대, 헝가리인, 베네치아인 등을 상대로 거둔 군사적 승리를 묘사하는 양각 세공 작품으로 에워쌌지만, 장기적 관점에서 그 승리는 대부분 중요하지 않은 것이었다. 제국 내부에서 그는 자신과 아버지의 통치에 대한 공작들과 백작들과 도시들의 일치단결된 저항에 직면해야 했다. 프리드리히의 위원회와 제국 사법실은 워낙 잘 운영되었기 때문에 사법 행정이 통치자에게 유리한 쪽으로 치우칠 우려가 있었다. 막시밀리안은 1495년에 법원을 소집의회의 기관으로 삼을 수밖에 없었는데, 그때부터 소집의회는 재판관 임명에 목소리를 낼 수 있게 되었다. 그러자 막시밀리안은 제국의 도시들과 거물들 사이에서 벌어지는 분쟁을 판결하는 법원을 빈에 따로 설치했다.

사실, 그 2개의 법원은 경쟁하기보다는 협력했다. 마찬가지로 중요한 사실은 대체로 두 법원이 똑같은 법에 따라 판결했기 때문에 제국의 법적 통합에 기여했다는 점이다. 소집의회도 마찬가지였다. 개혁가들은 정해진 절차, 규칙적인 회의, 일정한 참석자 자격, 어려운 용무를 다루는 위원회 등을 통해 소집의회를 행사가 아니라 제도로 정착시키는 등 소집의회의 철저한 조직 개편을 추진했다. 협상과 과시를 위한 단일한 공개 토론의 장을 제공한다는 점에서 볼 때, 그것은 막시밀리안에게 어울리는 방안이었다. 하지만 그는 소집의회의 조직 개편에 반대했는데, 그 조치가 전쟁 자금을 대는 데 필요한 재원의 확보로 이어지지 않기 때문이었다. 또한 그는 소집의회가 자신의 권한을 침범하는 것으로 보이는 행위를 용인할 수 없었다. 1500년의 소집의회에 의해 "협상하고 결정할" 임무가 부여된 정부 평의회는 막시밀리안이 폐지하기 전까지 2년 동안만 열렸다.[22]

막시밀리안의 업적은 오스트리아와 합스부르크 가문의 지도력이라는 관념을 결혼으로 승화하면서 영토와 왕국을 차지한 것이었다. 1477년 부르고뉴의 샤를 공작이 전투에서 패하고 전사한 뒤 막시밀리안은 궁지에 몰린 샤를 공작의 딸을 보호하고자 서둘러 그녀와 결혼했고, 저지대 국가의 풍요로운 부르고뉴 땅을 차지했다. 부인인 마리가 낳은 자식들을 위해 막시밀리안은 자기 아들과 딸을 사돈의 딸과 아들과 혼인시키는 몇 차례의 이중 결혼을 기획했다. 스페인을 통치하는 트라스타마라 가문을 상대로 1496–1497년에 진행한 첫 번째 이중 결혼은 막시밀리안의 아들 펠리페가 스페인의 후아나 공주와 혼인하고, 막시밀리안의 딸 마르가레테가 후아나의 오빠인 후안 왕자와 혼인하면서 확정되었다. 마르가레테와 후안의 결혼생활은 행복하지 않았다. (전해 내려오는 말에 따르면) 결혼 직후 후안이 신부의 호색적인 관심 탓에 녹초가 되어 죽었기 때문이라고 한다. 그러나 펠리페와 후아나는 막시밀리안에게 무려 6명의 손주들을 안겨주었다. 1516년에 노쇠한 아라곤의 왕 페란도가 세상을 떠나자, 막시밀리안의 장손인 카를이 정신 이상에 빠진 어머니와 거리를 둔 채 스페인의 왕이 되었다.

이중 결혼은 양날의 검이었다. 막시밀리안의 상속인들이 먼저 죽고,

다행히도 아라곤의 페란도에게 살아 있는 남자 상속인이 있었다면, 트라스타마라 가문은 합스부르크의 영토를 집어삼켜 중앙유럽의 강자가 되었을 수도 있다. 하지만 막시밀리안은 승부사였다. 그는 일단 이겼기 때문에 계속 주사위를 던졌다. 말년에 그는 보헤미아와 헝가리를 통치하던 야기에우워 가문의 분가를 상대로 두 번째 이중 결혼을 협상했다(야기에우워라는 명칭은 리투아니아의 요가일라에게서 따온 것으로, 야기에우워 가문의 종가는 폴란드와 리투아니아에서 계속 군림했다). 그의 손자인 페르디난트는 야기에우워 가문의 공주 아나와 약혼했고, 손녀인 마리아는 야기에우워 가문 출신의 헝가리와 보헤미아의 젊은 왕인 러요시 2세(재위 1516-1526)와 약혼했다. 그 두 건의 약혼은 1519년에 막시밀리안이 세상을 떠나고 나서 몇 년 뒤에야 결혼으로 이어졌다. 하지만 그 덕분에 합스부르크 가문은 1526년에 러요시 2세가 전사하자 보헤미아와 헝가리를 집어삼킬 수 있었고, 보헤미아와 헝가리의 동군연합同君聯合은 1918년까지 지속되었다.

오래 전부터 막시밀리안은 1452년에 제관을 받았던 아버지처럼 로마에서 황제로 대관하고자 했다. 1508년, 막시밀리안은 로마로 떠났으나 베네치아의 반대자들에게 저지를 당했다. 하지만 막시밀리안은 굴하지 않고 트렌토 대성당에서 황제로 자칭했고, 교황에게서 동의를 이끌어냈다. 그때부터 신성 로마 제국의 통치자들은 아헨에서(1531년 이후부터는 프랑크푸르트에서) 대관하자마자 자동으로 황제가 되었다. 더구나 그때부터 황제는 생전에 선거인들이 왕을 임명하도록 할 수도 있었고, 그렇게 임명된 왕은 사실상 차기 황제가 되었다. 그것은 합스부르크 가문이 신성 로마 제국에서 권력을 유지하는 수단이 되었고, 황제들은 자기 아들이나 상속인을 미리 최고의 직위에 앉히기 위해서 선거인들을 매수하거나 구슬리거나 조종했다.

황제 직위의 의미는 결코 분명하지 않았다. 황제 직위에는 위엄과 신망이 있었다. 그것은 그토록 많은 독일인의 왕들이 로마로 가서 대관식을 치른 이유이기도 했다. 그러나 평론가들은 제국의 개념을 두고 매우 하찮다는 의견을 비롯해 각기 다른 견해를 가지고 있었는데, 당대의 어느 평가에 따르면 제국은 "관점에 따라 아무것도 아니거나 사소한 것"이었다. 대다수의 중세 후기 군주들은 제국을 기껏해야 부차적인 것으로, 현재의 권한을 확대하기 위해서 더해야 할 칭호로 여겼다. 카를 4세에게 제국은 보헤미아의 영토들과 위대함을 확대하는 수단이었다. 지기스문트에게 제국은 다른 왕들에 대한 모종의 우선권을, 그리고 악행의 허가증을 의미했다. 한편 지기스문트의 실질적인 후계자이지만 황제로 즉위하지 못한 알브레히트 2세에게는 황제라는 칭호가 굳이 애써 얻을 만한 가치가 있어 보이지 않았다.[23]

프리드리히와 막시밀리안은 제국 개념을 복원했다. 제국과 오스트리아 가문의 신비를 뒤섞음으로써 황제의 통치권을 왕조에 결속시키고 합스부르크 가문을 로마 제국 통치권의 자연스러운 상속인들로 만들었다. 그들이 제시한 미래상은 이합체시, 가짜 계보, 아득한 옛날의 예언, 불가사의한 암시 등에 깊이 새겨져 있었다. 그것은 행동 계획이라기보다 오만한 자기 과대평가와 열망에 가까웠다. 하지만 그에 힘입어, 그리고 다른 사람들이 그것을 받아들였기 때문에, 미래상의 몽환적 메시지는 한층 더 설득력을 띠게 되었다. 합스부르크 가문의 옹호론자들도 황제 직위의 권리와 영향력에 대해서 무척 폭넓고 거침없는 태도를 보였다. 이후 다가올 4세기 동안, 중앙유럽은 되살아난 제국 개념과 함께, 그리고 합스부르크 가문과 함께 살아가야 했다.

제13장
까마귀 왕의 도서관과 중앙유럽의 르네상스

대다수의 군주제는 일종의 선거를 통해 통치자를 선출하는 방식으로 시작하지만, 결국 세습되고 만다. 그런데 헝가리는 반대쪽으로 향했다(나중에는 폴란드도 그랬다). 헝가리의 군주제는 14세기 말까지 세습되었지만, 이후에 선출방식으로 바뀌었다. 1382년부터 1506년까지 살아 있는 남자 상속인을 남긴 헝가리 왕은 1명밖에 없었다. 그래서 누가 통치자나 섭정이 되어야 하는지 결정하기 위해서 소집의회가 점점 더 많이 소집되었다. 그 예외는 바로 지기스문트의 사위인 합스부르크 가문의 알브레히트 2세였지만, 그의 자식도 1457년에 후계자 없이 요절하고 말았다. 소집의회는 1년 전에 베오그라드 외곽에서 오스만 군을 무찔렀던 위협적인 군사령관인 후녀디 야노시(1406?-1456)의 아들을 왕으로 임명하면서 또다시 개입했다. 후녀디 야노시의 아들은 역사에서 마티아스 코르비누스나 까마귀왕 마티아스로 알려져 있다(까마귀왕은 그의 가문 문장에 까마귀 그림이 있었기 때문에 붙은 별명이다).

마티아스는 말하자면 벼락출세한 사람이었다. 그의 아버지는 루마니아 출신이었고, 전쟁터에서 뛰어난 역량을 발휘해 명성을 얻었다. 마티아스가 시키는 대로 따른 필경사들은 그가 고대 로마의 코르비누스 가문의 후손이라고 주장했지만, 헝가리 내부에서도 마티아스는 "루마니아인 소군주"라고 무시받았고, 미천한 배경 때문에 경시되었다. 황제 프리드리히 3세나 폴란드의 왕 카지미에시 4세(재위 1447-1492)도 그에게 딸을 시집보낼 생각을 하지 않았다. 대신에 그들은 마티아스를 끌어내리고 합스부르크 가문 사람이나 폴란드인이 권좌를 차지할 수 있도록 헝가리 왕국 내의 파벌들과 손잡고 음모를 꾸몄다. 당시의 역사가인 안토니오 본피니가 설명했듯이, 마티아스는 평생 당대의 헤라클레스처럼 국외에서 전쟁을 벌였지만, 그것은 단지 국내에서 편안하게 살기 위해서였다.[1]

마티아스의 군사력은 주로 독일인과 체코인으로 구성된 대규모 용병 군대에 의지했는데, 그 용병 군대는 대규모 포열砲列이 뒷받침하는 약 2만 명의 기병과 8,000명의 보병으로 구성되어 있었다. 마티아스는 그 전력을 바탕으로 1470년대에 보헤미아 땅을 유린했고, 그 얼마 전에 선출된 폴란드 출신의 보헤미아 왕 브와디스와프 2세(카지미에시 4세의 아들 울라슬로 2세/역주)를 물리친 뒤 모라바, 루사티아, 실롱스크 등을 빼앗고 보헤미아 왕의 칭호도 얻었다. 그런 다음 마티아스는 끊임없이 자신을 모함해온 프리드리히 3세에게 덤벼들었다. 그는 합스부르크 가문의 심장부인 슈타이어마르크와 니더외스터라이히 밖으로 황제를 내쫓았고, 프리드리히가 수도로 삼은 두 도시인 빈과 비너노이슈타트를 점령했다. 1490년에 세상을 떠날 무렵, 마티아스 코르비누스는 베를린에서 남쪽으로 불과 50킬로미터 떨어진 브란덴부르크 국경에서 아드리아 해 연안까지 이어지고 동쪽으로는 트란실바니아까지 1,000

킬로미터 이상 펼쳐진 중앙유럽의 많은 부분을 차지하고 있었다.

　그런 군대를 운영하려면 비용을 치러야 했다. 마티아스는 농민에게 부과되는 세금을 5배 인상하고 상속인이 없는 지주와 반란자들의 재산을 몰수했다(운 좋게도 그의 치세에는 헝가리에서 가장 부유한 몇몇 가문이 몰락했다). 아울러 토지를 담보로 돈을 빌린 뒤 환매권을 더 높은 값에 팔아서 차익을 챙기려는 계획을 입안해 지휘했다(그런 식의 거래에 당사자들이 흔쾌히 동의했는지는 미심쩍다). 마티아스는 이전에 공제 혜택을 누렸던 세금의 이름을 바꿔 도시들이 다시 면세 혜택을 획득할 수밖에 없도록 하는 등 도시들도 농락했다. 마티아스의 치세 전성기에 헝가리의 왕실 총수입은 연간 60만 플로린 이상에 이르렀고, 그중 약 3분의 2가 마티아스의 용병 군대를 유지하는 데 쓰였다.

　문제는 헝가리 남쪽의 인접국인 오스만 제국이었다. 오스만 제국의 술탄은 300만 플로린 이상의 연수입과 그 막대한 부에 어울리는 정복욕을 지니고 있었다. 마티아스의 해결책은 전쟁을 되도록 피하는 것이었다. 오스만 군대가 예전에 지기스문트가 발칸 반도에 구축해놓은 방어선을 침범했을 때, 마티아스는 도나우 강을 따라 요새를 쌓았을 뿐 아무 행동도 하지 않았다. 대신 그는 아주 흡족한 마음으로 오스만 군대가 거침없이 헝가리를 가로질러 오스트리아 땅을 공격하도록 방치하면서 헝가리와 자신을 기독교 세계의 방파제로 선전했다.[2]

　마티아스는 어릴 적에 헝가리에서 가장 위대한 학자 중 한 사람인 비테즈 야노시에게 사사했다. 고전학자이자 수학자, 연금술사, 점성술사였던 비테즈는 나중에 오라데아(너지바러드)의 주교를 거쳐 헝가리 전체의 수석 주교 자리에 오르기도 했다. 그는 오라데아에 고전고대 양식에서 자극을 받은 최신 르네상스 양식의 대리석으로 치장된 주교 궁전을 신축했다. 공들여 만든 수경 시설과 계단식 공중정원이 마련된 부지, 그리고 관측소와 넓은 도서관을 갖춘 그 궁전에는 온수 장치가 설치된 주교의 호화로운 개인 방도 있었다. 그런 온수 장치는 로마 시대 이후 중앙유럽에서 최초로 등장한 것이었다.[3]

마티아스는 비테즈를 본받아 장서를 모았고, 1470년대에는 부다의 왕궁을 재건했다. 지기스문트가 일찍이 그곳에 자기 이름을 붙인 강당을 설치했기 때문에, 부다의 그 국왕 거처는 원래부터 인상적인 곳이었다. 가로 70미터, 세로 18미터인 지기스문트 강당은 런던의 웨스트민스터 강당보다 더 컸다. 남쪽에는 14세기 중엽에 축조된 이슈트반 탑이 있었다. 그 30미터 높이의 석조 탑에는 망루와 첨탑과 꼭대기 장식이 얹혀 있었다. 마티아스가 새 궁전을 지은 곳은 바로 그 특징적인 2개의 건축물 사이였다.

마티아스의 궁전은 18세기에 바로크 양식의 궁전으로 증축하는 바람에 오늘날에는 토대 정도만 남아 있다. 그러나 당대의 이탈리아 역사가인 본피니는 그 궁전을 이렇게 묘사했다.

마티아스는 지기스문트의 웅장한 건물들 외에는 주목할 만한 것이 하나도 없는 부다 성을, 특히 안쪽 궁전을 재건했다. 그는 도나우 강을 굽어보고, 물 오르간과 은과 대리석으로 만든 성수반聖水盤을 갖춘 예배당을 지었다. 마티아스는 그 위쪽에 가장 호화롭게 단장된 라틴어 및 그리스어 서적이 가득한 도서관을 지었다. 그 앞에는 돔형 천장이 달린 강당이 있었는데, 그 천장에는 하늘이 그려져 있었다. 그는 로마인들의 사치 외에는 타의 추종을 불허하는 그런 궁전들을 지었다. 축하연을 열기 위한 넓은 강당과 가장 화려한 접견실과 침실이 있었고,

실내의 모든 천장에는 서로 대비를 이루는 금박 문장들로 장식된 여러 가지 천장널이 설치되어 있었다. 문틀은 상감 세공으로 만들어졌고, 화덕의 네 면에는 고대 로마인들의 모습이 묘사되어 있었다.[4]

정원과 회랑, 분수, 채색 천장, 붉은 대리석 가구를 갖춘 마티아스의 궁전은 규모와 화려함의 측면에서 비테즈가 오라데아에 지은 주교 궁전을 능가했다. 그러나 1471년에 마티아스가 전쟁 비용을 마련하려고 헝가리 기독교회의 재산을 몰수하자, 비테즈는 그에게서 등을 돌렸다. 마티아스는 비테즈의 반역을 용서했지만, 장서를 비롯한 그의 재산을 마음대로 빼앗았다. 그는 피렌체나 부다의 왕실 작업장에서 세밀화가들이 금이나 은으로 채색해 만든 필사본도 입수했다. 1476년에 마티아스는 나폴리의 베아트리체 공주와 결혼했고, 덕분에 헝가리와 지중해 유럽 간의 문화적 연계가 더 강화되었다.[5]

세상을 떠날 때까지 마티아스가 소장한 2,000권 내지 2,500권의 필사본은 그의 서고를 당시 (바티칸에 이어) 기독교 세계에서 두 번째로 큰 서고로 꼽히게 했다. 마티아스의 설명에 따르면 그 장서는 마음의 즐거움과 헝가리 왕국의 영광을 위한 것으로 그 종류가 다양할 뿐만 아니라, 공식 알현실에서 보이는, 궁정 의식의 배경이기도 했다. 그의 장서를 보관한 도서관은 실무가 진행되는 곳이었다. 주요 인사들과 토론할 때 마티아스는 특정 사항에 대한 정보를 얻을 만한 서적들을 가리키며 토론에 참석한 귀족들의 무지와 촌스러움을 꾸짖기도 했다. 도서관은 마티아스의 국제적 위신을 알리는 수단이었기 때문에 진열방식도 중요했다. 도서관을 방문한 이탈리아 학자들의 전언에 따르면, 마티아스는 가장 훌륭한 고대 유물 수집가들과 동급이었고, "로마 황제들의 위대함에 버금가는" 위대함을 보여주었다.

마티아스에게는 합법적인 상속인이 없었다. 하지만 그는 사생아인 아들 코르빈 야노시가 뒤를 잇기를 바랐고, 왕국의 주요 인사들에게 야노시의 왕위 계승을 뒷받침하도록 강제했다. 그러면서도 그는 1489년에 처남인 칼라브리아 공작에게 "왕을 선택할 힘은 왕국의 백성에게 있고, 그들은 우리가 기대하는 사람이 아닌 다른 누군가를 선택할 수도 있소. 신민의 마음이 어떻게 움직이는지는 하느님만 알기 때문이오"라고 털어놓기도 했다. 마티아스의 예감은 그가 세상을 떠나자 왕국의 봉건 영주들이 어린 야노시의 재산을 빼앗고 정치적으로 고립시키면서 현실이 되었다. 브와디스와프 야기에우워를 "손에 움켜쥘 수 있을 것"으로 판단했던 그들은 야노시 대신 보헤미아의 왕 브와디스와프를 헝가리의 통치자로 선택하도록 소집의회를 설득했다.[6]

브와디스와프는 필사본을 외교관들에게 선물로 주거나 빌려주고는 굳이 돌려받으려고 하지 않는 등 마티아스의 도서관을 소홀히 취급했다. 마티아스가 숨을 거두었을 때 이탈리아에서 책을 구입하고 있던 왕실 도서관 사서는 부다로 돌아와 장서가 이미 소실된 것을 보고 실망하여 이탈리아로 되돌아갔고, 그의 후임자는 임명되지 않았다. 관리인이 없는 상태에서 책들은 도난을 당했고, 뒤죽박죽으로 방치된 채 쥐와 벌레들에게 갉아 먹혔다. 1526년에 오스만 제국군이 부다를 점령하고 궁전을 약탈하자 마티아스의 도서관은 결정적인 종말을 맞았다. 군인들에게 파괴되지 않은 책들은 포장되어 이스탄불의 술탄에게 바칠 선물로 보내졌다. 현재까지 남은 책은 겨우 200권 정도이다.[7]

역사가들은 흔히 마티아스 코르비누스의 도서관이 맞은 몰락을 헝가리의 문화적 지체를 상징하는 사건으로, 혹은 "상대적 후진 상태에서 발휘된 잠깐의 독창성"으로 묘사한다. 왕이 세상을 떠나자 예술과 학문도 함께 사라졌다는 말이다. 하지만 그것은 부당한 평가이다. 헝가리의 르네상스는 궁정에 국한된 현상이 아니었기 때문이다. 마티아스의 도서관은 헝가리에서 축적된 기존의 장서를 토대로 설립되었는데, 비테즈의 장서를 포함해 많은 장서들이 이곳에 흡수되었다. 게다가 마티아스의 장서 외에도 대규모의 장서가 있었다. 특히 컬로처의 대주교 헌도 죄르지(1430?-1480)의 장서는 플라톤, 카툴루스, 호라티우스, 리비우스, 비트루비우스 등의 저작을 비롯한 약 300종의 책으로 이루어져 있었다. 헝가리에서 마티아스의 도서관이 이례적이었던 부분은, 그 내용물이라기보다는 규모와 사치스러움이었다.[8]

마티아스 궁전의 르네상스 양식은 모방되기도 했다. 그 궁전의 붉은 대리석 조각품들은 헝가리 도처의 기념비적인 묘석들과 에스테르곰에 있는 버코츠 터마시 대주교의 휘황찬란한 돔을 씌운 예배당에 영감을 주었다. 1506년에 설립된 버코츠 예배당은 알프스 산맥 이북에서 최초로 전체가 르네상스 양식으로 설계된 건물이다. 다른 곳에서는 귀족 후원자들과 도시 평의회가 건축가들에게 르네상스 양식을 성과 시청사의 정면에 구현하도록 의뢰했고, 특히 새로운 "이탈리아 창문"을 포함해달라고 요구했다. 왕궁의 화덕에 쓰인, 녹색과 다색 유약을 칠한 타일도 트란실바니아에서 크로아티아에 이르기까지 왕국 곳곳의 타일 도안에 영향을 미쳤다.[9]

이탈리아식 도안은 전통적인 고딕 양식의 건축과 함께 번창했다. 1470년대에 비셰그라드에 지어진 마티아스의 여름 궁전은 전형적인 르네상스식 개랑開廊과 아케이드가 특징이지만, 아치는 끝이 뾰족하고 창문도 꼭대기가 뾰족하고 높았다. 폴란드에서도 상황은 마찬가지였다.

폴란드 궁정은 마티아스가 세상을 떠난 뒤 일자리를 잃어버린 이탈리아 건축가들과 조각가들에게 기회를 주었다. 가령 프란체스코 피오렌티노는 1490년대에 부다에서 크라쿠프로 이주해 바벨 궁전의 안뜰을 개축했다. 그 궁전의 둥근 아치가 있는 3층짜리 아케이드는 완전히 이탈리아식이지만, 알프스 산맥 이북의 후기 고딕 건축 양식의 전형적인 특징인 가파른 돌출 지붕에 덮여 있다. 궁전 바로 옆 대성당 안에 있는 폴란드 왕 얀 올브라흐트(재위 1492-1501)의 묘에서는 두 가지 양식이 조화를 이루었다. 개선문, 장식용 기둥, 격천장格天障 등을 통한 피오렌티노의 배치방식은 완전히 이탈리아식이었다. 그러나 양식화된 문장과 장식물이 있는 붉은 대리석 무덤은 후기 고딕 양식에 속하며, 더 오래된 장인의 솜씨를 배운 다른 조각가의 작품이 거의 확실하다.

르네상스 양식과 고딕 양식의 혼합이나 "혼종화" 현상은 중앙유럽 어디에서나 볼 수 있고, 개별 지역마다 고유의 독특함이 있다. 리투아니아와 발트 해 연안에서는, 이른바 벽돌 르네상스 양식을 통해 벽돌과 테라코타로 표현된 이탈리아식 도안이 더 춥고 습한 기후에 필요한 높은 굴뚝 및 가파른 지붕과 결합했다. 신성 로마 제국 북서부의 베저 르네상스Weser Renaissance 양식에서는 박공이 높고 종종 반원형의 돌이나 벽돌과 목골 구조의 정면으로 장식된 대칭적인 파사드가 선호되었다. 조각 분야는 이탈리아 토스카나 양식에서 영향을 받았지만, 뉘른베르크의 틸만 리멘슈나이더 같은 몇몇 예술가들은 다른 모든 것을 배제하고 종래의 형태를 발전시켰다. 그래도 독일 남부의 조각가들은 우아한 비애감을 담아 린덴 재목으로 인물상을 만들었고, 조각상을 꼼꼼히 채색하는 대신 수수한 갈색으로 엷게 칠해 세부를 살리는 경우가 많았다.[10]

미술사학자들은 중앙유럽의 르네상스식 도안에서 나타나는 양식적

절충주의와 이탈리아의 흔적을 "특정 내용을 표현하려고 창작된 형태가 본래 내용과 상관없이 받아들여지는" 피상적인 브리콜라주Bricolage로 치부하기도 한다. 일부 도안은 그랬다. 하지만 고딕 양식과 르네상스 양식의 차이는 결코 선명하지 않았다. 양식의 "대충돌"에는 수용과 전용도 있었고, 궁극적으로 전혀 새롭고 독특한 중앙유럽만의 무엇인가를 만들어내는 융합도 포함되었다.[11]

중앙유럽은 이탈리아 르네상스를 접하기 훨씬 전에 이미 예술 분야의 자연주의와 사실주의를 받아들였다. 플랑드르의 얀 반 에이크와 로히어르 판데르 베이던의 제단화와 초상화에서 처음 드러났듯이, 인물의 얼굴과 천의 주름은 더 이상 양식화된 초상이 아니라 마치 피사체가 실제 인물인 것처럼 묘사되었다. 자연도 마찬가지였다. 숲과 시골의 모습은 종종 깜짝 놀랄 정도로 세밀하게 재현되었다. 그런 식의 그림들은 결국 중앙유럽 예술의 특징인 풍경화, 정물화, 화실 초상화 등의 장르로 이어졌다. 중앙유럽 예술의 시각적 힘은 더 강렬한 색채를 구현하고 더 정밀한 붓놀림을 허용하는 유화 물감을 중앙유럽에서 선구적으로 사용함으로써 확대되었다.

판화와 인쇄기도 중앙유럽에서 최초로 개발되었고, 중앙유럽 예술의 양식과 장르가 국제적으로 보급되는 수단이 되었다. 새로운 매체를 가장 먼저 활용한 예술가 중 한 사람은 알브레히트 뒤러였다. 뉘른베르크 출신인 뒤러는 이탈리아를 방문해 그곳에서 배운 구도, 비례, 원근법 같은 기법을 도입했다. 그러나 이탈리아 양식과 고딕 양식을 조화시킨 뒤러의 미학은 분명히 중앙유럽적 성격을 띠고 있다. 기괴한 인물들, 뒤틀리고 상처 입은 인간, 그리고 종말론적 미래상은 부분적으로 알프스 산맥 이북의 제단화에서 비롯된 것이다. 막시밀리안 황제를 위해서 제작한 목판화와 판화에서 뒤러는 승리주의와 밀라노와 만토바의 기념비적인 형상을 표현하지만, 뗏장의 풀잎, 토끼 코의 수염, 파멸과 죽음을 둘러싼 어두운 예감 따위도 전달한다. 그의 예술은 세부에 대한 관심의 측면에서 미시적이지만, 하느님의 은총을 잃은 인간의 타락, 하느님의 임박한 심판, 영혼을 위협하는 일상적 위험 등을 전달하는 방식의 측면에서는 우주적이다.

뒤러의 작품을 규정하는 커다란 주제는 중앙유럽 예술에서 자주 등장하는 것으로, 알브레히트 알트도르퍼의 산과 숲을 그린 풍경화와 한스 발둥의 날뛰는 마녀, 성난 말들, 치명적인 마법을 묘사한 목판화 작품에서 재현되었다. 당시에는 종교적 주제가 득세했기 때문에, 대량 판매 위주의 안트베르펜 유파流派(라인란트와 네덜란드, 프랑스 피카르디 출신의 화가 수백 명도 포함되었다는 점에 비춰보면 잘못된 호칭이다)의 화가들도 경건한 느낌의 주제를 전문으로 다루었고, 안목 없는 구매자들을 위해서 거의 똑같은 작품을 다시 만드는 경우가 흔했다. "동방박사의 경배"는 화가가 초상화, 주름 표현 기법, 풍경화, 유적이나 폐허의 묘사법 등에서 솜씨를 뽐낼 수 있었기 때문에 선호되었다. 안트베르펜 유파의 화가들이 그린 예수 성탄도는 오늘날에도 흔히 거래되는 고급 크리스마스 카드에 담겨 있다.[12]

죽음의 이미지는 기독교적 유럽 곳곳에서 추모의 수단이자, 왕조의 개념과 왕조가 대대로 이어진다는 관념을 굳게 다지는 방법으로 매우 익숙하게 쓰였다. 폴란드 크라쿠프에 있는 지그문트 예배당에는 알프스 산맥 이북에서 가장 호화로운 16세기의 영묘가 있다. 1520년대에 피렌체의 거장들이 만든 그 영묘에는 의뢰자인 지그문트 1세(재위 1506-1548)와 그의 아들과 며느리의 대리석 와상이 있다. 대성당과 인접한 지그문트 예배당은 원형 돋을새김, 화려한 장식용 기둥, 격간格間으로 장식한 둥근 지붕을 갖춘 웅장한 이탈리아 양식으로 설계되었다. 지그문트 예배당만큼 주목할 만해도 그보다 명성이 덜한 것으로는 죽은 어린이들을 애도하기 위해 폴란드의 교회에 세운 잠자는 아이의 조각상이 있다. 폴란드에서만 볼 수 있는 그 조각상들에는 범상치 않은 비애감이 배어 있다. 잠든 아이(가끔 손으로 턱을 받치는 모습인 아이도 있다)의 곁에는 두개골이나 말라죽은 나무, 모래시계 같은 형상, 꽃, 그리스도의 초상, 하늘을 향해 영혼을 데려가는 돌고래 같은 부활의 상징이 있다. 폴란드에서 지금까지 330개 이상 확인된 잠자는 아이의 조각상과 부조 작품은 400명 이상의 어린이를 추모하고 있다.[13]

  중요한 것은 영혼을 들여다볼 수 있는 창문으로 인식되던 얼굴이었다. 폴란드의 무덤들에서 묘사된 아이들의 평화로운 표정을 통해 우리는 그 아이들이 이제 전능하신 하느님의 품에서 편히 쉬고 있음을 짐작할 수 있다. 그러나 폴란드를 제외한 대부분의 중앙유럽 예술 작품에서 표현된 얼굴은 그와 다르게 종종 말라빠지고, 불안하고, 뒤틀리고, 때로는 흉하게 일그러져 있다. 현대인들은 흘겨보는 병사들과 기절하는 동정녀 마리아가 등장하는 예수의 십자가형의 소름 끼치는 장면, 혹은 순교의 길을 향하는 성자들의 수척하고 주름진 얼굴을 떠올릴지도 모른다. 초상화를 의뢰했던 부유한 고객들은 틀림없이 좀더 평온하고 실물보다 나은 모습을 기대했을 것이다. 그러나 설령 홀바인 부자父子나 크라나흐 같은 16세기 독일 예술가들이 고객의 기대에 부응했더라도, 그림 가장자리에는 기어가는 해골이나 감춰진 두개골, 혹은 초상화 주인공을 압도하는 배경의 풍경 같은 반전이 있었을 것이다.[14]

  중세 내내 문학적, 예술적 수사로 쓰인 죽음은 15-16세기에 중앙유럽인들이 가장 열광하는 제재가 되었다. "죽음의 무도Danse Macabre"는 패널화, 프레스코, 조각상, 태피스트리, 교회의 석조물, 가면극이나 무언극 등의 가장 인기 있는 제재 중 하나였다. 판화 분야를 살펴보면, 한스 홀바인(2세)의 목판화집인 『죽음의 무도Danse Macabre』는 16세기에 가장 잘 팔린 책 가운데 하나였다. 죽음은 문학 작품도 슬그머니 따라다녔는데, 특히 독일어 원전을 번역한 15세기 폴란드어판 『폴리카르포스와 죽음의 대화Rozmowa Mistrza Polikarpa ze Śmiercią』(작자 미상)는 죽음을 가장 인상적으로 표현했다. 폴리카르포스는 그녀와의 만남을 다음과 같이 묘사한다(뒤러가 그녀의 속성을 재규정하기 전까지 죽음은 대체로 "그녀"였거나 성별이 없었다).

> [그녀는] 마르고 창백했고, 누르스름한 얼굴은 세면대처럼 빛났다. 코 끝은 처졌고, 눈에서 핏빛 눈물이 흘러나오고 있었다. 입에는 입술이 없었다. 손에는 덜거덕거리는 낫 한 자루가 들려 있었다.[15]

온갖 형태로 표현된 죽음은 사회 각계각층을 매료시키며 고급문화와 저급문화를 하나로 융합했지만, 중세 후기와 르네상스 시대의 감상자들에게는 다양한 시각 매체로 공연되는 구경거리이기도 했다.[16]

역사가들은 종종 알프스 산맥 이북의 르네상스를 무기력, 파멸, 도덕적 타락의 "더 어두운 미래상"에 의해서 인도되는 염세적 르네상스라고 평가한다. 하지만 염세적 르네상스는 전혀 다른 정서가 떠받치고 있었다. 『폴리카르포스와 죽음의 대화』의 도입부에는 그런 정서가 살짝 엿보인다.

전능하신 하느님! 모든 피조물보다 더 위대하신 하느님. 이 작품을 만들 수 있도록 도와주소서! 당신의 영광을 널리 퍼트리고 인간을 발전시키기 위해서 제가 이 작품을 조심스럽게 펼쳐보일 수 있도록 말입니다.

인간의 야비함과 죽음의 필연성에 대응하는 것은 신의 존엄성이었다. 패널화와 제단화를 통해서 아기 예수를 만날 때, 평범한 인간들은 하느님의 완전성을 이해하지 못한 채 외면한다. 그러나 아기 예수와 마리아의 얼굴은 늘 평화롭고 편안하다. 그들의 얼굴에는 폴란드의 잠자는 아이 조각상이나 부조 작품과 똑같은 평온함이 있다. 그들의 얼굴은 이 세상이 아니라 하느님과 고요한 천사의 무리와 함께하고, 누구에게도 오점이 없고 누구도 괴롭지 않은 다음 세상에서만 진정한 안식이 찾아질 것이라고 말한다. 중앙유럽의 황량한 영성에는 희망의 메시지도 담겨 있었던 것이다.

당대인들은 양식과 내용 측면에서 나타나는 이탈리아와 알프스 산맥 이북 지역의 차이에 주의했다. 미켈란젤로(1475-1564)는 북쪽의 예술을 "여자들, 특히 아주 늙은 사람들과 매우 어린 아이들, 수도사들과 수녀들, 진정한 조화를 모르는 특정 귀족들에게 호소하는" 더 경건한 예술로 생각했다. 종교적 주제가 중앙유럽의 예술을 지배한다는 점에서는 그의 판단이 옳았다. 적어도 작품을 의뢰하는 고객들은 대체로 본인들이 경건한 태도를 갖춘 것으로 묘사되는 제단화를 원했다. 하지만 그 이상의 요인도 있었다. 중앙유럽은 더 **경건한** 곳이었다. 중앙유럽에는 유럽의 어느 곳보다 거리의 예배당과 순례자가 많았고, 미사곡을 낭송할 소小예배당과 축일도 많았다. 또한 종교 공동체에 거주하는 평신도 형제단도 더 많았고, 평신도 형제단이 선호하는, 의식 절차가

생략된 관상적 예배를 채택한 수도원도 더 많았다.[17]

경건함은 예술보다 더 넓은 영역을 떠받치고 있었다. 게다가 훗날 대학교의 교육 내용에도 영향을 미쳤고, 급기야 새로운 교과 과정의 출발점이었던 광범위한 고전 교육의 명맥을 끊어버리기까지 했다. 중세 후기의 중앙유럽에는 여러 대학교가 생겨났다. 프라하 대학교, 크라쿠프 대학교, 빈 대학교, 에르푸르트 대학교, 하이델베르크 대학교, 쾰른 대학교 등은 14세기에 설립되었다. 15세기에는 신성 로마 제국의 영토에서 유럽의 어느 지역보다 많은 9개 대학교가 더 설립되었다. 통치자들이 설립을 여러 차례 시도했지만, 헝가리에는 대학교가 없었다. 따라서 일부 헝가리인들은 주로 빈과 크라쿠프에서 유학했지만, 사실 부다에도 교과 과정이 비슷한 학교가 있었기 때문에 고등교육을 받는 데에는 아무 문제가 없었다.[18]

법학과 의학이 득세한 이탈리아와 달리, 중앙유럽의 대학교들은 라틴어 문법, 논리학, 수사학 등으로 구성된 "3학과trivium"라는 인문학 교과 과정에 집중했다. 그러나 15세기 말부터는 문법적 정확성에 너무 신경을 쓰지 않으면서 우아한 라틴어 산문과 운문을 창작하는 수사학에 확고한 주안점을 두었다. 당대의 어느 비평가에 따르면 문법과 논리학은 "불분명하고 모호한 논쟁으로, 어쩌면 수수께끼로 하루를 채우는, 공허한 소음으로 이루어진 지저귐과 재잘거림"에 불과한 것으로 전락했다.[19]

학생들은 성서를 비롯한 종교 원전인 "신성한 문헌"과 구별되는 이른바 "세속 문헌literae humaniores"으로 글쓰기 방법을 배웠다. 세속 문헌을 가르치는 스승들은 인문주의자humanist로 알려졌다. 그들은 우선 이탈리아와 고전기의 로마에서 영감을 얻었고, 예전에 이탈리아 반도를 방문하고 돌아와 강당에서 열정을 전해준 시인들에게 고무되었다. 그들은 학생들을 위한 교과서를 집필하고 인쇄소로 보내 출판했다. 인쇄를 하자 필사본에 이전에는 없던 종국성終局性이 부여되었다. 이는 학생들이 필사본의 내용을 받아쓰도록 음독하던 기존 관행에서는 없었던 문제였다. 따라서 인문주의자들은 점점 더 내용을 편집하고, 필사본을 구하고, 이따금 서로 크게 다른 원문을 조화시키는 일에 관여하게 되었다. 그들은 자신이 전달하는 정보가 최종판이기를 원했다.

콘라트 첼티스(1459-1508)는 중앙유럽 최초의 유명인사 학자였다. 프랑켄 출신인 첼티스는 로마와 이탈리아 북부에서 공부하고 강의한 뒤 중앙유럽 도처를 누비며 12개 이상의 대학교와 주교좌 성당 학교에서 강단에 섰다. 그는 고전 문학 분야의 신세대 학생들에게 영감을 불어넣고자 크라쿠프, 빈, 부다, 하이델베르크 등지에 "교우회", 즉 학회를 설립했다. 동시에 그는 소실된 필사본을 찾으려고 도서관을 샅샅이 뒤졌고, 몇 권의 필사본을 찾아 편집했다. 또한 여러 애인과도 사귀었는데, 훗날 그는 운문을 통해서 자기 인생의 특정 시기를 각 애인과 짝 짓기도 했다.[20]

그러나 첼티스의 시대는 이미 저물어가고 있었다. 중앙유럽의 경건한 분위기가 대학교 교과 과정을 바꾸고 있었다. 다수의 인문주의 교사들이 호라티우스와 카툴루스의 시는 너무 색정적이고, 오비디우스의 시는 너무 연약하며, 유베날리스의 풍자는 너무 음란하다고 생각했기 때문에, 대학교에서는 베르길리우스의 시, 티투스 리비우스의 역사, 키케로의 연설, 그리고 철저히 기독교적인 성향의 작품 같은 안전한 원전을 가르쳤다. 그들이 편집하려고 엄선한 작품의 범위도 좁아졌다. 그러나 가톨릭 라틴어 성서에서 드러나는 원전의 오류를 입증하고, 현대 학문의 토대인 고전판을 내놓은 점에서 볼 때 중앙유럽의 인문주의자들이 쌓은 업적은 범상치 않았다.

중앙유럽의 인문주의는 도덕적이고 교훈적이었다. 인문주의 학자들이 편집해 내놓은 판본은 주로 학생들을 염두에 두고 있었다. 어느 학자가 설명했듯이, 그 책들은 "학식의 심화와 더 나은 도덕적 삶"에 기여했고, "말하기의 조력자일 뿐 아니라 영혼을 바람직한 방향으로 이끄는 수단"이었다. 강사들과 교사들은 학생들의 면학 분위기를 조성하고 도덕적 감수성을 끌어올리기 위해서 본인들이 직접 고전 희극과 비극을 본뜬 희곡(강의실의 모든 학생이 참가할 수 있도록 만들다 보니 종종 지루할 만큼 길었다)을 써서 제자들이 공연하도록 시키는 경우가 많았다. 가장 인기 있는 작품은 신약성서의 방탕한 아들 이야기를 방탕한 학생 이야기로 재구성한 것이었는데, 그 연극에서는 "허랑방탕하여 그 재산을 낭비하더니"라는 성서 구절이 전체 분량의 4분의 3을 차지하도록 확대되어 온갖 악덕과 도덕적 덫이 재현되었다.[21]

최초의 "방탕한 학생" 연극은 그나페우스(1493-1568)의 「아콜라스투스」(1529)였다. 중앙유럽 곳곳이 종교적 혼란에 빠져 있던 시기에 본인의 생각을 가슴속에만 간직할 수 없었던 그나페우스는 이 도시 저 도시에서 쫓겨나 네덜란드의 헤이그에서 폴란드의 엘블롱크로, 거기서 또 발트 해의 쾨니히스베르크로 옮겨갔고, 그곳에서 이단적 신념 때문에 다시 추방되어 결국 프리슬란트 해안의 노르덴으로 피했다. 그는 머무는 곳마다 학교를 세우고 희곡(종종 풍자적이고 도덕적인 내용이 담겼다)을 쓰며 프로이센과 폴란드에서 인문주의적인 라틴어 저작의 토대를 닦는 데 공헌했다. 그가 표적으로 삼은 사람 중 한 명은 폴란드의 천문학자이자 연극 「어리석은 현자」(1541)의 주제인 코페르니쿠스

(1473-1543)였다. 당시 대다수 사람들은 굳이 확인해보지 않아도 코페르니쿠스의 태양 중심 우주론이 틀렸다고 생각했기 때문에 그나페우스는 농민 합창단이 코페르니쿠스의 "고귀한 어리석음"에 맞춰 노래하는 장면을 잊지 않고 집어넣었다.[22]

그나페우스는 1523년에 네덜란드에서 범죄 혐의로 체포되었다. 죄목은 그의 아내가 사순절 기간에 소시지를 가지고 있었다는 것이었다. 소시지를 소지한 것은 사소한 범죄였지만, 그 범죄에 대한 기소는 사소하지 않았다. 시 행정관들이 공소를 제기한 초기 사례였기 때문이다. 16세기 초까지, 고소는 주로 피해자의 사적 소송 형식으로 제기되었다. 가령 마녀가 주문을 걸어 농작물을 말라죽게 했으면 피해자는 마녀를 고소해서 배상을 요구했다. 그러면 그 사건은 X 대 Y의 사건으로 심리되었고, 법원은 과실 여부와 배상액을 결정했다. 하지만 이제 사법 제도에 새로운 변화가 일어나 검찰관들과 통치자의 대표자들이 법정 대리인으로 등장하고 있었다. 그런 변화도 르네상스의 산물이었고, 중앙유럽에서 그 영향은 뚜렷했다.[23]

이름에서 알 수 있듯이, 로마법은 공화국과 제국 시절의 로마인이 따랐던 법으로, 6세기에 비잔티움 제국의 황제 유스티니아누스가 집대성했다. 중세에 로마법은 교회 재판소의 절차에 영향을 미쳤고, 평신도에 대한 사법권과 이탈리아의 여러 대학교의 법률 교육에도 영향을 주었다. 로마법의 파편들은 사람들의 삶 깊숙이 파고들었다. 실제로 1430년대에 스위스 보 지방의 한 주민은 "법이 무엇이라고 생각합니까?"라는 질문을 받자 로마법에서 따온 격언 몇 개를 읊을 정도였다. 그러나 로마법이 중앙유럽에서 법의 실체에 영향을 미치고 법에 대한 사람들의 사고방식을 바꾸기 시작한 시점은 15세기 말이었다.[24]

로마법은 고전 전통을 향한 르네상스 시대의 관심과 어울리는 법이었다. 또한 학술적인 법이자, 우아한 라틴어로 표현된, 철두철미한 법이기도 했다(로마법에는 인문주의자가 원할 법한 모든 것이 담겨 있었다). 로마에서 비롯되었다는 점에서 볼 때, 로마법은 특히 신성 로마 제국에 적합한 법으로 여겨졌다. 1500년경에 이르러 로마법은 제국 상급 법원의 법으로 자리를 잡았고, 공국 법원과 도시에서도 채택되었다(도시에서는 로마법이 일찍 보급되었다). 로마법의 영향이 비교적 뚜렷하지 않았던 폴란드와 헝가리에서도 법원의 법률 용어는 로마법의 범주와 특징, 문서 증거에 대한 주안점을 받아들이며 로마법에 적응하는 쪽으로 바뀌었다. 트란실바니아의 독일인이나 작센인 자치 공동체는 로마법을 거의 그대로 받아들였다.[25]

로마법은 기성의 법적 관습을 바꿔놓았다. 첫째, 로마법에는 학문적, 법률가적 색채가 짙게 배어 있었다. 로마법은 가령 고의성의 관점에서 생각할 수 있도록 하는 전문 용어를 선보였는데, 고의성의 관점에서 보면 미리 계획한 모살謀殺과 말다툼 도중이나 화가 나서, 혹은 부주의로 저지른 고살故殺이 구분되었다. 그 새로운 분류법에 따르면 재산법은 상속권이나 후견인이 가지는(그리고 자주 남용하는) 관리권과 분리되었다. 소유와 점유를 구분하는 새로운 소유권 용어에 힘입어 이제 담보대출이 법적으로 실행 가능해졌다. 로마법이 없었다면 오늘날의 주택 구입 방식은 불가능했을 것이다. 로마법 덕분에 대출기관이 채무자에게 부동산의 물리적 소유권을 양도할 수 있기 때문이다(대부분의 중세법에서는 정반대였다. 중세법에서는 일반적으로 대출기관이 채무에 대한 담보로 잡힌 부동산의 실제 소유자가 되었다). 담보대출을 실행할 때 중요한 요소는, 나중에 재판관이 계약서의 문구를 적절히 살펴보면

서 냉정하게 사건을 검토할 수 있도록 하는 문헌 증거였다.[26]

둘째, 로마법은 통치자와 행정관의 권한을 강화했다. 과거에 중앙유럽의 법원은 민법과 형법을 거의 구분하지 않았다. 따라서 어떤 사람에게서 해를 입으면, 그 사람에게 직접 손해배상을 청구했다. 그런데 이제는 검찰이 도시나 공작이나 군주를 대신해서 형법에 해당하는 모든 소송을 맡았고, 금전적 처벌 외의 처벌도 곧잘 요구했다. 행정관들이 어떤 사건에서 위법 행위를 발견했을 때에는 민사 소송을 형사 절차로 전환하기도 했다. 주술에 대한 고발이 그런 범주에 속하는 경우가 많았는데, 이 경우 가해자들은 끔찍한 처벌을 받았다. 로마법을 적용한 법원들은 범죄를 재판하는 데에만 머물지 않고 사람을 죽이기도 했다. 헤이그의 그나페우스는 아내가 범죄를 저질렀음에도 불구하고 다행히 목숨을 빼앗기지 않았지만, 감방에 함께 있었던 그의 동료는 그러지 못했다.

그러나 무엇보다 로마법은 주권자, 즉 "군주"를 드높이고 돋보이게 했다. 대부분의 로마법이 황제의 의지가 가장 중요했던 로마 제국에서 유래했으므로 이는 놀랍지 않은 일이었다. 오래 전부터 군주들은 고전기 로마의 권력 용어를 빌려 가장 높은 권좌에 앉아 있는 존재, 법의 화신, 신이 정해준 인물 등으로 자처했다. 그러나 이제 그들은 로마법에서 "군주를 기쁘게 하는 것이 법의 힘을 가진다"라는 새로운 종류의 원칙을 발견했고, 그 원칙을 통해서 "그 자신의 권리에 의해", 또한 "그가 지닌 힘의 충만함을 바탕으로" 법을 만들었다. 로마법은 군주에게 최고의 권한을 부여함으로써 통치자가 현행의 법을 폐지하고 자신의 법을 제정할 수 있도록 했고, 덕분에 군주는 기존의 원칙에 어긋나도 충분히 타당한 법적 수단으로 여겨지는 법령을 선포할 수 있었다.

대리석 조각상과 이탈리아식 아케이드와 진지한 학자 등의 현란한 겉모습 뒤에서는, 로마법에 힘입어 탄생한 르네상스 국가가 전제정치를 조장하고 있었다. 처음에는 그런 현실이 분명하지 않았다. 그러나 16세기와 17세기에 중앙유럽의 여러 통치자들이 소집의회와 총회를 저버렸고, 그것을 정당화하기 위해서 로마법의 용어를 곧잘 활용했다. 바이스튀머에 자신의 권리를 실은 적이 없는 엘베 강 동쪽의 농민들과 촌락민들은 소송에서 불이익을 당해 농노 신분으로 전락하는 현실을 차츰 깨닫게 되었다. 그러나 통치자들이 주장하는 권력은 법적인 권력만이 아니었다. 그들은 양심과 행실에도 주목하면서 자신의 신앙에 대한 영적 순종과 자신의 도덕적 규범에 대한 순응을 점점 더 남들에게 많이 요구했다. 종교개혁은 법적 르네상스를 완수했고, 중앙유럽에서 그 수혜자는 통치자였다.

제14장
루터의 종교개혁과 작센의 궁정화가

1521년 5월 4일 수요일 오후였다. 포장마차 2대가 튀링겐 지방의 숲길을 비틀대며 달렸다. 그 포장마차들은, 오늘날 악지Badland라고 부르는 곳 근처에 있었다(악지는 삼림 지대의 땅을 치밀고 올라와 독일의 심장부보다는 미국의 사우스다코타 주처럼 보이는 지형을 형성한 화산암 덩어리들의 이름을 딴 명칭이다). 마부들을 제외한 일행은 수도사 차림의 성직자들이었다. 그날은 평일이었지만, 수도사들은 아침에 예배를 드렸다. 겨우 몇 시간 전에 그들의 지도자인 마르틴 루터(1483-1546)가 자신의 숙부가 살던 인근 마을인 뫼라의 시장 광장에서 설교한 터였다.

루터는 수도사일 뿐 아니라 쫓기는 사냥감이기도 했다. 불과 3주일 전에 보름스에서 열린 제국의회에서 황제 카를 5세는 루터의 이단적 신앙을 이유로 공권 박탈형을 선고했고, 그 때문에 루터는 얼마 전 교황에게 파문까지 당했다. 이제 루터는 흔히 쓰이는 표현인 "새처럼 자유롭다"라는 뜻의 "포겔프라이vogelfrei" 상태였는데, 그것은 결국 인간 사회에서 떨어진 채 숲을 피난처 삼아 살기는 해도 새처럼 법 밖에 있기 때문에 늘 덫에 걸려 죽을지 몰라 두려워해야 한다는 의미였다. 이제 루터는 쫓기는 중이었고, 자신의 추종자들이 보호해줄 안전한 도피처로 보이는 대학 도시인 비텐베르크로 향하고 있었다.

그 소규모 일행이 알텐슈타인 성의 으스스한 탑을 지나 "당나귀 머리"로 불리는 암석 노출지로 다가서자마자 루터를 잡으려는 복면 기병들이 나타났다. 알텐슈타인의 영주인 부르크하르트 폰 벵크하임이 이끈 군인들은 루터에게 족쇄를 채운 뒤 그를 일행의 시야에서 벗어난 곳으로 끌고 갔다. 그 모든 것이 속임수라는 사실을 알았던 루터는 차분했다. 벵크하임은 일행의 시야에서 벗어나자 족쇄를 풀어주고 루터를 마차에 태웠다. 1시간 뒤, 루터는 바르트부르크 성 언덕 꼭대기의 요새에 당도했다. 수도사복을 벗은 루터는 "게오르크 경"이라는 이름으로 편안한 숙소에 머물게 되었다.

루터의 동료들은 아마 비밀을 알고 있었겠지만, 마부들은 그렇지 않았다. 돌아온 마부들은 루터가 현상금 사냥꾼들에게 납치되었다고 확신에 차서 보고했다. 몇 달간 루터의 행방은 수수께끼였고, 1년이 지나서야 그는 바르트부르크 성을 떠났다. 그동안 루터는 그리스어 신약성서를 독일어로 번역하며 시간을 보냈다. 그 성서는 1522년에 비텐베르크에서 인쇄되었고, 이후 40년 동안 70개 이상의 판본이 나왔다. 그가 번역한 구약성서는 1534년에 출판되었다. 루터는 자기가 쓰는 독일어가 확실히 일상어에 부합하게 하려고 이따금 성 밖으로 몰래 나가 근처의 거리와 시장에서 사람들이 나누는 이야기에 귀를 기울였다.

루터의 가짜 납치극과 이후의 사건 은폐는 작센의 현명공 프리드리히의 작품이었다. 프리드리히는 조심스럽고 우유부단한 통치자이자 신학 애호가이며 강한 신념의 소유자였다. 루터는 수도사이자 대학 교수이기도 했으므로, 프리드리히는 루터를 보호해야 한다는 의무감을 느꼈다. 한편, 프리드리히는 가톨릭 신앙의 전통을 충실히 따라 2만 점의 성유물을 수집했고, 그중 다수의 성유물을 값비싼 궤짝에 보관하거나 금과 은으로 만든 성체 현시대顯示臺 위에 전시해두었다.[1]

그 연출된 납치극은 루터의 생존과 그가 고취한 종교개혁에 긴요한 요소였다. 과거에도 이단자들이 많았지만, 이단자들과 그들의 가르침은 대부분 제후와 통치자와 도시의 정부에 의해서 사라지고 말았다. 가장 최근인 1498년에는 도덕개혁가이자 예언자인 사보나롤라가 피렌체의 시 평의회에 의해서 교수형과 화형을 당한 바 있었다. 루터와 그의 가르침은 현명공 프리드리히 덕분에, 그리고 프리드리히가 세상을 떠난 뒤에는 아들인 작센의 요한 덕분에 살아남을 수 있었다. 그들이 지원하고 보호해주지 않았다면 루터는 1세기 전의 얀 후스처럼 틀림없이 처형되었을 것이다. 루터와 루터주의가 살아남은 것은 튀링겐의 악지에서 펼쳐진 속임수 덕분이었다.

루터의 항의는 매우 겸허하게 시작되었다. 당시 그는 가톨릭 신앙의 한 가지 양상만 비판했는데, 바로 상당한 가격으로 구입하면 연옥에서의 형벌 기간이 면제된다고 약속하는 면벌부 판매 관행이었다. 루터가 1517년에 비텐베르크의 성城 교회의 문에 토론 초청장 명목으로 붙인 면벌부에 대한 95개 논제는 이전에 비텐베르크 대학교 학장이 성유물 숭배를 공격하면서 붙였던 151개 논제보다 신학적으로 논란의 여지가 적었다. 사실, 95개 논제는 당시 루터의 동료 학자들 사이에서 별다른 반응을 얻지 못했다. 논쟁이 벌어지지 않은 것은 (일부 역사가들의 주장과 달리) 대학교 당국이 금지했기 때문이 아니라, 누구도 그 주제에 충분한 흥미를 느끼지 않았기 때문이다.[2]

루터의 비판이 주목을 받은 것은 도미니코회 탁발수도사들의 공격 때문이었다. 면벌부를 판매하는 주역이었던 그들이 갑자기 루터에게 덤벼들었고, 그들의 기이한 표현에 따르면, 곧바로 루터를 "꼬챙이에 꿰어버렸다." 그들은 면벌부 거래는 교황의 허가를 받았기 때문에 루터의 비판이 교황에 대한 공격으로 귀결된다고 설명했다. 루터는 교회에 내분을 일으키고 싶은 마음이 없었지만, 각오를 확고히 다질 수밖에 없었다. 그는 적들의 압박에 시달리면서도 종교적 사안에 관한 교황의 우위, 성자숭배 관행, 선행이 천국의 문을 연다는 주장, 거룩함을 입은 성체가 정말로 그리스도의 몸과 피가 된다는 주장 같은 가톨릭교의 가르침 대부분을 꾸준히 부인했다.

루터의 주장에 담긴 의도는 믿음과 성서 구절이라는 2개의 표어로 간추릴 수 있다. 첫째, 구원은 행동이 아니라 믿음에서 비롯되었다. 인간은 그리스도가 십자가에 못 박혀 희생한 데 힘입어 죄에서 사해졌다. 그리스도를 믿음으로써 죄인은 "의로워지거나" 구원받았다. 1520년에 루터는 다음과 같이 말했다.

> 그리스도는 은총과 생명과 구원으로 충만하다. 인간의 영혼은 죄와 죽음과 천벌로 가득하다. 이제 그것들 사이에 믿음이 오게 하라. 그러면 죄와 죽음과 천벌이 그리스도의 것이 될 것이다. 그리고 은총과 생명과 구원은 믿는 자의 것이 될 것이다.[3]

둘째, 성서에 없는 것은 신이 재가하지 않은 것이었다. 하느님이 당신의 계획을 펼친 곳이 바로 성서였기 때문이다. 교황이나 연옥이나 사제의 금욕 같은 내용은 성서에 담겨 있지 않았으니 기독교인의 삶에 불필요한 것들이었다. 가짜 납치극 직전에 황제 카를 5세를 대면했을 때, 루터는 "제가 여기 서 있나이다!"라는 유명한 말로 성서의 권위에 대한 자신의 믿음을 명확하게 선언했다. 덜 알려졌지만, 1년쯤 뒤에 그는 동료 개혁가에게 "당신이 당신의 행위와 관련해 성서의 분명한 말씀을 인용하지 못하면, 비록 당신이 성령을, 깃털과 모든 것을 받아 삼켰다 해도, 나는 당신 말에 귀 기울이지 않겠소!"라고도 했다.[4]

성서를 강조한 루터의 태도는 인문주의자들이 편집 중인 고전 작품의 진본을 찾아 나서고 로마법 학자들이 성문법의 중요성을 강조하는 등 원문의 권위를 중시하던 르네상스 시대의 관념에 부합했다. 하지만 루터는 완고한 성서 신봉자가 아니었고, 성서가 반드시 당대의 상황에 적용되지는 않는다는 점을 알고 있었다. 그러나 루터의 미묘한 부분까지 이해하지는 못했던 그의 추종자들은 성서의 가르침을 글자 그대로 받아들이면서 유아 세례를 거부하고, 미사가 그리스도의 임재를 상징하는 것에 불과하다고 선언하고, 초기 기독교의 공동체적 평등주의로 돌아가자고 촉구했다.

현명공 프리드리히와 1525년 이후에는 그의 아들이자 후계자인 작센의 요한 공작은 처음에는 바르트부르크에서, 나중에는 비텐베르크에서 루터를 보호했다. 루터는 작센에서 망명과 다름없는 생활을 보내며 글을 썼다. 그가 평생에 걸쳐 내놓은 저작은 현대의 전집 기준으로 121권, 총 8만 쪽에 이르는 엄청난 분량이었다. 대부분은 설교로 구성되어 있지만, 대중 독자를 겨냥한 소책자와 오늘날에도 불리는 30곡 이상의 찬송가도 있었다. 유능한 바리톤 가수 겸 작곡가 겸 류트 연주자였던 루터는 교회에 회중 찬송을 도입했다(그때까지만 해도 사제와 성가대만이 찬송가를 불렀다). 루터는 공동 기도, 모든 성인들에게 성찬을 나눠주는 관행, 긴 설교 등을 통해서 교회 예배를 구경거리가 아닌 회중 전체가 참여하는 행사로 바꿔놓았다.

그러나 유폐된 것이나 다름없는 상태였기 때문에 루터는 자신의 가르침을 통해서 분출된 종교적인 힘을 통제할 수 없었다. 성유물 숭배에 반대하는 논제를 제시했던 비텐베르크 대학교의 전직 학장인 안드레아스 카를슈타트는 1521년 초에 이미 평신도 복장으로 설교했고, 자신의 박사 학위 3개를 모두 무의미한 것으로 여겨 포기했으며, 엄격해 보이는 외모의 15세 소녀를 부인으로 삼은 터였다(화가 크라나흐가 그린 그녀의 초상화가 오늘날에도 남아 있다). 카를슈타트는 우상을 금지한 구약성서의 모세 율법으로 돌아갈 것을 권고하며 교회에서 성상, 성모 마리아의 석고 장식물, 프레스코 등을 "정화하기" 시작했다. 그리고 성자의 조각상은 사람들을 현혹하려고 보낸 매춘부이고 성자의 조각상이 있는 교회는 매음굴이나 다름없다고 설교하며 신성 로마 제국 곳곳에서 격렬한 성상 파괴 운동에 착수했다.[5]

카를슈타트는 사회 문제도 겨냥했다. 그는 거지가 너무 많은 것은 하느님에 대한 모독이니, 기독교인들에게 가난한 사람들의 빚을 탕감해주라고 촉구했다. 다른 개혁가들은 한술 더 떠서 재산의 공동 소유에 기반한 사회적 평등과 새로운 예루살렘을 건설해서 하느님의 왕국을 지상에 세워야 한다고 설교했다. 종교적 광신자들은 민중혁명에 관한 사상을 부추기고 지대를 향한 지방의 분노를 조장함으로써 독일에서 농민전쟁(1525)이라는 대규모 봉기를 초래하기도 했다. 그것은 겨우 몇 달 이어진 짧고 피비린내 나는 사건이었지만, 1530년대에 베스트팔렌 지방의 뮌스터에서 반란이 또 일어났다. 반란을 진압한 뮌스터 시 당국이 처형된 "뮌스터 예언자들"의 시신을 전시했던 새장 모양의 철

창이 아직 그 도시의 교구 교회 벽에 걸려 있다.[6]

　루터는 영주들을 상대로 농민 반란군에게 자비를 베풀라고 권했지만, 영주들은 그가 기존 질서에 공감하고 있다고 생각했다. 농민군이 패배하면서 종교 쇄신 운동의 급진적인 분파는 신앙의 주류에서 멀어지고 말았다. 덕분에 종교 쇄신 운동에 대한 도시 행정관들과 공작들과 백작들의 반감이 줄어들었고, 1520년대부터는 루터파 성직자를 그들의 법원과 교회 본당에서 일하도록 하며 루터의 가르침이라는 도도한 흐름을 막으려고 하지 않았다. 한편 그들은 사회적 혁명의 의도를 전파하는 설교자를 단속했으며, 명백하게 유익한 목적을 수행하지 않는 가톨릭교 수도원과 수녀원을 폐쇄했다.

　황제 카를 5세가 보기에 루터주의는 박멸해야 할 전염병이었다. 막시밀리안 황제의 손자이자 이미 스페인의 국왕인 카를은 1519년에 신성 로마 제국의 황제로 선출되었다. 하지만 그는 1521년부터 1530년까지 약 10년 동안 동생인 오스트리아의 페르디난트 대공에게 국사를 맡긴 채 스페인의 카스티야에서 지내며 허약하지만 눈부시게 아름다운 부인인 포르투갈의 이사벨에게서 받는 관심을 즐겼다. 페르디난트 대공은 현실주의자였다. 루터파는 오스트리아 영지의 여러 지방 소집의회에서 강력한 세력으로, 오스만인의 도발을 물리치기 위한 자금이 필요한 시기에 출납 관리권을 틀어쥐고 있었다. 따라서 루터파의 진출을 차단하기 위한 페르디난트의 조치는 미온적이었다. 그는 루터의 신봉자들을 불태워 죽여야 한다고 으름장을 놓다가도, 빵과 물만 주고 몇 주일간 감옥에 가두는 형벌을 부과할 뿐이었다. 그 형벌조차 좀처럼 부과되지 않았다.

　신성 로마 제국의 루터파 신자들은 1520년대 말에 점점 짜임새 있게 조직되었다. (본인들에 대한 조치에 항의했다는 이유로) 항의자로 자칭한 그들은 제국의회에서 시끄럽게 구는 파벌이었다. 1530년에 제국으로 돌아온 카를 5세는 재빨리 가톨릭 영주들을 소집했고, 가톨릭 신앙을 지키기 위한 전쟁을 시작하겠다고 선언했다. 하지만 영주들은 그의 계획을 우습게 여겼다. 그들의 설명에 따르면, "전쟁의 원천은 돈"인데 카를에게는 현금이 없었다. 설령 돈이 있다고 해도, 그는 제국을 내전으로 몰아넣을 것이고, 프랑스인들과 오스만인들은 침략의 기회를 놓치지 않을 터였다. 그가 모집한 용병들도 어차피 배반할 것이고, 결국에는

> 기독교 군주들의 신하들이 들고일어나 주군에 맞설 수 있는데, 그렇게 되면 주군은 봉신들을 상대로 전쟁을 벌일 것이다. 설득력 있는 이런저런 이유로 황제는 신앙을 위해서 루터파와의 전쟁에 나설 수 없다.[7]

카를은 현명하게 물러났고, 대신에 분열을 극복할 종교적 타협안을 찾고자 했다. 그러나 가톨릭 영주들의 설명에서 짐작할 수 있듯이, 그 새로운 신앙은 일반인 사이에서 꾸준하고 강력한 호소력을 발휘하고 있었다. 카를의 가톨릭 동맹들은 루터주의를 탄압하면 할수록 개신교 성향을 띠는 신민들과 전쟁을 벌일 위험이 커진다고 염려했다. 그들의 염려에는 충분한 근거가 있었다.

  개신교는 중앙유럽 도처에서 가톨릭교 성직자들을 향한 오래된 환멸을, 그리고 이탈리아의 교황에 대한 분노에 기대어 점점 성장하는 민족주의를 활용했다(선전자들은 가톨릭교 성직자들의 부도덕성을 끊임없이 개탄했다). 이미 1521년에 어느 교황의 사절은 독일인의 열의 아홉

이 루터의 동조자들이라고 추정했다. "설령 나머지 1명이 루터에게 무관심하다고 해도, 상황은 적어도 로마 교황청에 대해서는 사망 선고이다." 루터의 공이 컸다. 싸우기 좋아하고 지칠 줄 모르는 그는 종종 하루에 세 번씩 설교했고, 거름, 오물, 똥, 궁둥이 같은 표현이 반복되는 그의 글과 설교는 난잡하고 재미있었다. 예컨대 교황은 "교회의 알을 집어삼키고 추기경을 싸지르는 뻐꾸기"였고, 루터가 "비텐베르크에서 방귀를 뀌면 교황의 코가 오그라들기 마련"이었다. 루터는 "웃음이 허락되지 않는다면 천국에 가고 싶지 않다"라고 했다. 하지만 그런 익살의 이면에서 루터는 믿음과 성서를, 그리고 구원에 이르는 길인 전통적인 가톨릭 관례의 무익함을, 루터의 표현을 빌리자면 "변변치 않음"을 일관되게 강조했다.[8]

독일인 10명 중 글을 읽고 쓸 줄 아는 사람이 1명도 되지 않았기 때문에, 루터는 자신의 출판물이 사람들의 입을 통해서 유포되도록 해야 했다. 그는 교육을 받지 않은 사람들도 읽을 수 있도록 거의 독일어로만 글을 썼다. 그의 여러 저작에는 기억에 남을 만한 쉬운 운문이 실려 있었고, 일부 저작은 노래로 불릴 수 있도록 만들어졌다. 그는 자신의 저작이 유포될 수 있게 원고를 인쇄소에 보내기도 했다. 1440년경에 마인츠에서 처음 개발된 가동 활자 인쇄기는 15세기 말에 중앙유럽 내 수백 곳의 중심지에 보급되어 처음으로 값이 적당한 서적과 소책자를 찍어냈다. 루터는 인쇄기를 "하느님이 복음을 전진시킬 때 쓰시는 최상이자 최고의 선물"로 묘사하는 등 그 중요성을 알고 있었다. 대부분 4절판에 인쇄된 루터의 저작은 운반이 쉽고 값이 적당한 16면이나 32면의 문고본 소책자가 되었다. 소책자의 가격은 대략 암탉 한 마리 값이나 노동자 일당의 3분의 1이었다. 1516년부터 1546년까지, 인쇄기는

루터의 저작 300만 편 이상을 대량으로 찍어냈다.⁹

시각적 이미지가 중요했다. 루터는 곧바로 작센의 궁정화가인 루카스 크라나흐를 채용했다. 크라나흐도 루터처럼 바쁜 사람이었다. 5,000여 점에 이르는 크라나흐의 원작 중 대략 1,000점이 남아 있는데, 그중 400점은 크라나흐가 직접 그린 것이고, 나머지는 그가 운영한 비텐베르크의 화실 작업자들의 작품이었다. 궁정화가인 크라나흐의 주요 임무는 현명공 프리드리히와 그의 후계자인 작센 공작들의 궁정에 영향을 미치는 모든 예술적인 요소의 관리였다. 실제로 그는 공작의 궁전을 장식하는 태피스트리를 고르고, 마상 창시합을 기획하고, 프리드리히 공작이 가장 좋아하는 성유물의 도록을 제작하며, 케이크 틀을 도안하는 등 예술적인 부분과 관련한 여러 업무를 처리했다.

루터와 크라나흐는 1520년에 크라나흐가 화실 작업자들과 함께 일하고자 비텐베르크에 인쇄소를 열고 루터의 저작을 인쇄하면서 손을 잡았다. 크라나흐는 루터의 글을 이미지 속에 집어넣었는데, 그 이미지는 지면의 어느 부분도 공백으로 남기지 않은 촘촘한 목판 삽화와 마름모꼴 본문으로 독자를 압도했다. 흑백 소묘와 설교 구절과 가창용 운문이 단 한 장의 지면에 조합되어 루터의 메시지를 역설했다. 주택과 선술집의 벽지로 목판화가 자주 쓰인 점에 비춰볼 때, 크라나흐의 목판화는 중앙유럽 최초의 멀티미디어 선전 운동인 셈이었다.

크라나흐는 루터가 인기 상품이 될 수 있도록 일단 그의 외모부터 포장했다. 몸이 호리호리하고 얼굴이 깡마르고 눈이 움푹 들어간 루터는 타고난 권위를 발산하는 인물이 아니었다. 움직임이 급하고 표정이 불안한 그는 마치 무엇인가에 홀린 사람처럼 보였다. 그래서 크라나흐는 루터가 더 살쪄 보이도록 하려고 그를 선천적으로 뚱뚱한 작센 공작들처럼 늠름하고 튼튼한 사람으로 묘사했다. 실제로 루터는 초상화에서 종종 그들과 어깨를 나란히 하고 서 있었다. 루터가 집필한 저작의 경우, 크라나흐는 루터의 이름을 커다란 활자체로 쓰거나 마르틴 루터 박사Doktor Martin Luther를 뜻하는 "DML"이라는 머리글자 도안을 사용했다. 크라나흐는 루터를 하나의 상표로 만들었을 뿐 아니라, 비텐베르크를 신성 로마 제국 최대의 인쇄 중심지로 바꿔놓았다. 덕분에 자신을 비롯한 비텐베르크의 인쇄업자들은 호황을 누렸다.[10]

크라나흐의 삽화는 충격적이었다. 일찍이 1520년 초에 그는 「교황 당나귀」라는 삽화에서 교황을 기형적인 생물로 묘사했다(그 생물은 얼마 전에 탁발수도사 차림으로 티베르 강에 떠내려온 것으로 되어 있었다). 그 그림에서 교황은 몸이 비늘로 뒤덮여 있고, 집게발과 유방, 당나귀 머리가 달려 있으며, 허벅지와 직장直腸에서 괴물들이 튀어나오는 모습이었다. 크라나흐는 이 그림을 루터파 소책자의 표지 그림으로 썼는데, 루터의 제자 필리프 멜랑크톤은 그 형상에서 유방은 교황의 음탕함을, 집게발은 탐욕스러운 교회 법률가들을, 당나귀 머리는 가톨릭 교회의 공허한 외침을 상징한다고 흥미롭게 분석했다. 루터의 1522년 신약성서에서, 크라나흐는 성서에 나오는 대탕녀 바빌론으로 묘사된 교황을 「요한계시록」의 삽화로 썼다. 그 삽화에서 머리가 7개 달린 괴물에 올라탄 대탕녀는 교황관을 쓰고 역겨운 것이 담긴 잔을 들고 있었다.[11]

현명공 프리드리히가 보기에 크라나흐의 대탕녀는 도가 지나친 것이었다. 다음 판본에서는 교황관을 없애라는 그의 명령에 따라, 교황관은 잠시 정사각형의 공백으로 대체되었다. 그러나 초판본의 충격적인 삽화는 종교개혁 선전자들의 표준적인 제재 중 하나가 되었고, 루터의 신약성서가 누린 인기에 전혀 지장을 주지 않았다. 나오자마자 품절되다시피 한 그의 신약성서는 1522년에서 1525년 사이에 43개의 개정판을 통해 무려 8만6,000권 이상이 인쇄되었다. 더구나 그 신약성서는 값이 쌌다. 제본된 신약성서 1권의 값은 돼지 1마리 값에 불과했고, 제본되지 않은 신약성서의 값은 그 절반이었다. 하지만 무엇보다 많이 팔린 것은 루터의 찬송가, 그리고 짧은 질문과 답변 형태로 정리된 신앙고백서인 루터의 교리문답서 같은 가장 단순하고 평범한 책이었다.[12]

루터에게서 영감을 받은 신성 로마 제국 도처의 예술가들과 작가들은 그의 메시지를 말과 그림으로 전달했다. 뉘른베르크의 명창인 한스 작스도 그중 한 사람이었다. 짬이 나면 합창 길드에서 노래를 부르던 구두 수선공 작스는 일평생 대중 공연용으로 6,000곡의 노래와 대화체 가사를 창작했는데, 그중 수천 편의 작품이 성서나 종교와 관련한 주제를 담고 있었다. 가장 놀라운 사실은 그가 루터의 독일어 성서 내용을 시가로 바꿨다는 점이다. 작스는 뉘른베르크 시 당국이 종교개혁을 공식 수용하기 몇 년 전에 루터주의를 받아들였고, 1523년에 루터를 사자와 뱀과 들고양이와 늑대를 피해 양 떼를 안전한 곳으로 인도하는 나이팅게일 새에 비유한 애가 「비텐베르크의 나이팅게일」을 작곡했다. 작스의 여러 시가와 마찬가지로, 「비텐베르크의 나이팅게일」에도 우화를 시각적으로 단순하게 설명하는 목판 삽화가 실려 있었다.[13]

중앙유럽에서 목판화와 소책자는 거의 독일에서만 나타난 현상이었다. 독일보다 더 동쪽에서는 삽화가 주로 표제지에 국한되었고, 인쇄된 저작에는 더 진지하고 엄숙한 내용이 담겼다. 그래도 찬송가집은 널리 보급되었고, (보헤미아의 경우처럼) 벽난로를 둘러싸고 함께 노래하는 가족을 예상 독자로 삼는 경우가 종종 있었다. 찬송가집은 교리문답서와 함께 새로운 종교인 개신교를 간단한 용어로 설명했다. 보헤미아인의 땅에는 이미 15세기 초에 얀 후스와 그의 추종자들이 체코어로 번역한 성서가 있었는데, 이제 체코어 성서는 체코어로 옮긴 루터의 독일어 성서에 힘입어 내용이 보강되었고, 종종 루터의 독일어 성서와 똑같은 목판화가 실렸다. 합스부르크 왕가 출신의 보헤미아 왕이자 카를 5세의 동생인 페르디난트는 신민들이 성직자의 지도를 받지 않고 스스로 성서를 읽는 모습에 놀란 나머지 그들의 관심을 돌리려고 제바스티안 뮌스터의 인기 백과사전 『코스모그라피아 Cosmographia』(1493)를 체코어로 출판하도록 지시했다. 번역과 인쇄에 들어가는 비용은 교회가 부담하게 하면서 말이다.[14]

루터의 종교개혁은 독일만의 종교개혁이 아니라 중앙유럽의 종교개혁이기도 했다. 그의 종교개혁은 트란실바니아에, 헝가리 북부(현재의 슬로바키아)의 귀족 사회와 광업 공동체에, 그리고 폴란드에 깊이 뿌리를 내렸다. 가톨릭 신앙을 민족 정체성과 결부시키는 폴란드의 역사가들은 일반적으로 폴란드에서의 루터주의를 이미 경쟁적이었던 종교 분야에 늦게 뛰어든 후발주자로, 아니면 대부분 도시에 살던 독일인 주민들의 문제로 치부하며 경시해왔다. 그러나 사실 1530년대와 1540년대에 폴란드는 아마 신성 로마 제국과 덴마크 다음으로 유럽 대륙에서 루터파 신도들이 가장 밀집해 있는 곳이었을 것이다. 폴란드는 중앙유럽 종교개혁의 선두에 있었다.[15]

1521년에 루터의 책을 공개적으로 불태운 사건으로 토룬에서 폭동이 일어났을 때 폴란드에서 루터주의가 확산될 것이라는 이른 경고가 있었지만, 전환점은 4년 뒤에 찾아왔다. 폴란드인들에게 잇달아 패배한 튜턴 기사단은 1466년에 프로이센 서쪽 땅을 폴란드에 넘겼다. 1525년, 기사단 총장인 호엔촐레른의 알브레히트는 튜턴 기사단의 프로이센 영토 중 남은 부분을 루터파 제후국으로 탈바꿈시키고 안전을 도모하기 위해서 폴란드의 지배하로 들어간 뒤, 덴마크 공주와 결혼함으로써 개신교 왕조를 창시했다. 한편 그단스크에서는 친親루터교 파벌이 그 도시를 통치하는 평의회를 무너트리고 야심만만한 교회개혁에 착수했다. 폴란드의 지그문트 1세는 알브레히트에 대해서도, 그단스크 사태에 대해서도 신중하게 반응했다. 그는 자신의 신하인 알브레히트에 대해 아무런 조치도 하지 않은 채 계속 그를 동료 기독교 통치자로 대했다. 프로이센의 새로운 수도인 쾨니히스베르크의 인쇄업자들은 독일어뿐 아니라 폴란드어와 우크라이나어와 고프로이센어 등으로도 작성된 루터교 문헌을 꾸준히 공급했다.[16]

한편 지그문트는 그단스크 사태를 처음에는 가혹하게 다루었다. 1526년 4월에 군대를 동원해 그단스크를 점령한 지그문트는 평의회 의원들의 종교적 혁신을 비난했다. 하지만 의원들을 해임하고 선동 혐의로 13명의 주동자를 처형한 뒤에는 그단스크의 내정에 간섭하지 않았고, 루터파 예배는 재개되었다. 지그문트는 강경하게 행동했지만, 루터주의를 근절하면 폴란드가 내전에 휩싸이리라는 점을 알고 있었다. 그의 판단은 옳았다. 1540년대 말에는 전국 소집의회인 세임의 대의원 가운데 절반쯤이 개신교 신자들이거나 루터주의 동조자들이었고, 종종 가톨릭 교회를 맹렬히 비난했다. 지그문트는 반란 성향의 견해를 퍼트리는 자들만 박해하고, 궁지에 몰렸을 때에는 화해의 태도를 보였다. 그는 어느 완고한 가톨릭교 신자에게 다음과 같은 유명한 말로 대답했다. "내가 양과 염소 둘 다의 왕이 되게 해주시오." 마찬가지로 인상적인 점은 지그문트의 치세에 순전히 종교적인 이유로 처형된 사람이 단 1명이었다는 사실인데, 그것마저 다른 사람들을 유대교로

개종시키려다가 처형된 경우였다.[17]

   1520년대 말과 1530년대에 루터의 종교개혁을 지지하는 공작과 백작이 점점 늘어났고, 그중에는 튜턴 기사단의 총장도 있었다. 신성 로마 제국에서는 작센, 헤센, 뷔르템베르크, 포메른 등지의 통치자들, 그리고 (1549년에는) 메클렌부르크의 통치자 같은 여러 유명인사가 종교개혁을 지지했다. 그리고 비록 신념을 숨기고는 있었지만, 팔츠와 브란덴부르크의 통치자들도 종교개혁에 공감하는 인물들로 꼽을 수 있었다. 종교개혁에 굴하지 않은, 규모가 상당히 큰 공국은 바이에른과 오스트리아뿐이었다. 카를 5세의 가톨릭 보좌관들은 필요하면 폭력을 써서라도 그런 추세를 저지하라고 촉구했고, 그러지 않으면 "독일 민족 전체가……더 심한 무질서와 혼란과 쇠퇴에 빠질 것이고, 결국 파괴와 파멸과 멸망에 이를 것"이라고 예견했다. 그러나 카를은 공의회를 신뢰했고, 공의회가 통일성을 회복할 타개책을 찾기를 기대했다.[18]

   그러나 그의 기대는 점점 공허해 보였다. 1545년에 트렌토(트리엔트)에서 열린 공의회는 대다수의 개신교 신자들에게 적대적인 가톨릭 교리의 정당성을 신속하게 인정했다. 제국 내부의 군사적 대결을 예상한 카를은, 어느 당대인의 표현을 빌리자면, "소도시의 위치와 소도시 간의 거리, 그리고 강과 산"을 나타내는 상세한 "채색 지도"를 마련했다. 지금은 소실되었지만, 그 지도는 독일인의 땅을 그린 최초의 포괄적인 지도였다. 카를은 정치적 근거도 준비했다. 종교전쟁을 선포하는 대신, 그는 1546년에 차지할 권리가 없는 영토를 점령했다는 구실을 내세우며 대표적인 개신교 군주들에게 맞불을 놓았다. 그러자 적들은 분열했고, 그것은 1547년에 뮐베르크 전투에서 카를이 대표적인 개신교 군주들에 맞서 눈부신 승리를 거두는 포석이 되었다.[19]

승리한 카를은 온건한 태도를 보였다. 그는 무력으로 가톨릭교를 강요하는 대신, 교황의 우위를 인정하는 대가로 개신교 숭배의 일부 요소를 허용하고 개신교도와 가톨릭교도 모두에게 적용되는 잠정적인 종교협정을 맺었다. 이로써 그는 명목상으로는 여전히 로마 교황청의 지휘를 받도록 되어 있었지만 사실상 신성 로마 제국을 위한 별도의 신앙 체계를 확립한 셈이 되었다. 그러나 가톨릭과 개신교 중 어느 쪽도 기꺼이 양보하지 않았고, 양쪽 모두 카를이 승리를 통해 쟁취한 권력을 초조한 눈길로 바라보고 있었다. 결국 협정은 카를이 군사적으로 점령한 영토들에서만 잠정적으로 수용되었다. 그러는 동안, 카를의 정적들은 프랑스 국왕과 손잡고 카를의 몰락을 획책했다.

개신교에 대한 카를의 정책은, 합스부르크 가문 출신으로서 가톨릭 신앙의 우위를 유지해야 한다는 신념에 기대고 있었다. 1521년에 루터에게 유죄를 선고했던 제국의회에서 카를이 설명했듯이, 그의 조상들은 항상 "하느님의 영광을 위해서 가톨릭 신앙과 그 신성한 의식 절차와 법규와 포고령과 그 의례를 지켜온 수호자들"이었다. 그런 이유에서 카를은 루터에게 공권 박탈형을 내리고, "이 과정에 내 영토와 영지, 내 몸과 피, 내 생명과 영혼을 걸" 수밖에 없었다. 왕조에는 책무가 따랐고, 그중 어느 책무도 기성 교회를 지지하는 것보다 더 중요하지 않았다.

가톨릭 신앙을 보존해야 할 카를의 책무는 황제 직위에서 비롯된 것이기도 했다. 카를의 고문들은 그를 "카롤루스 마그누스 이래 가장 위대한 황제"라고, 하느님이 전 세계의 군주로 임명한 존재라고 부풀려 표현했다. 그들의 설명에 따르면 카를은 "온 세상이 바로 이 기독교 군주 밑에 놓이고, 우리의 신앙을 받아들이도록" 기독교 세계에 평화를

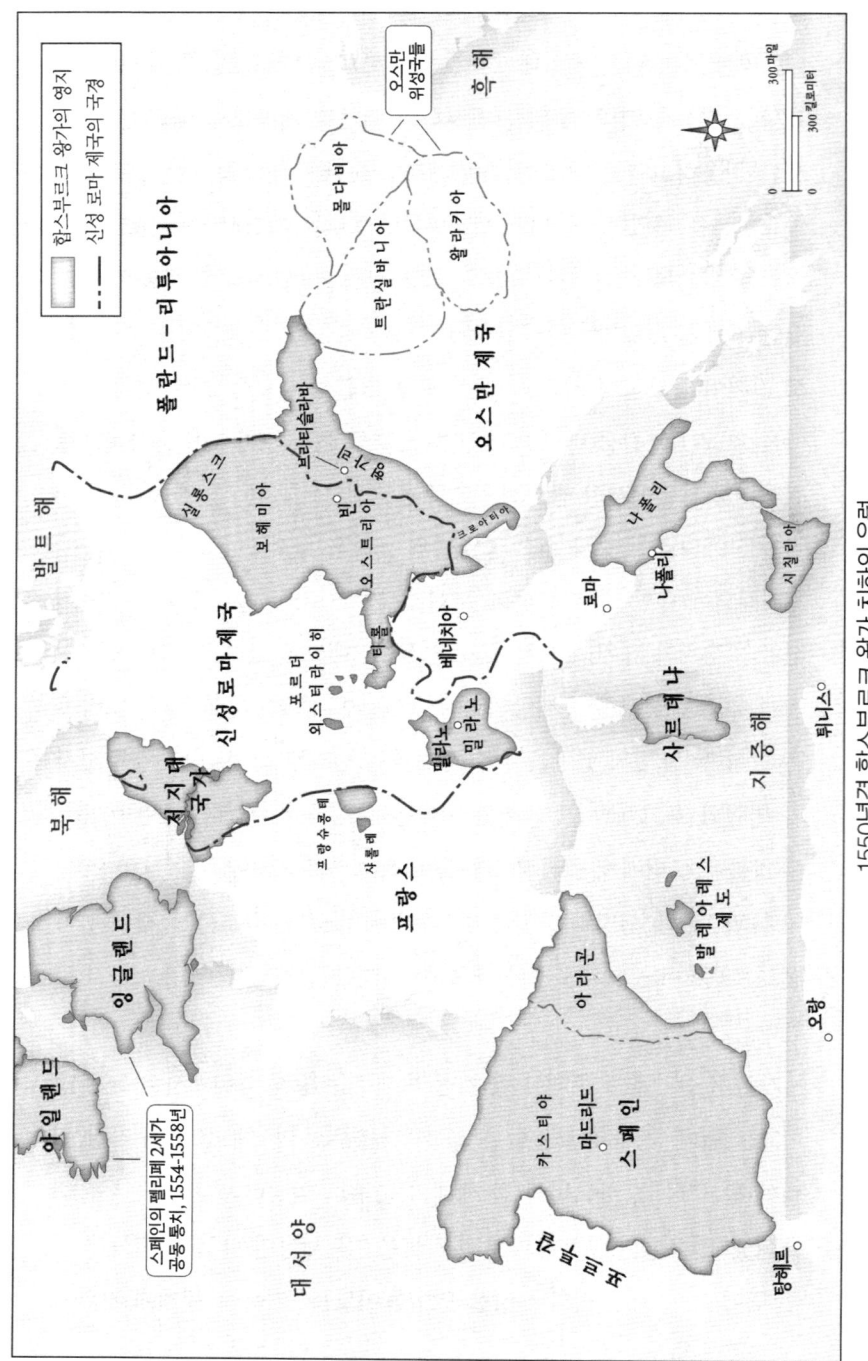

1550년경 합스부르크 왕가가 차지하던 영역

선사하는 사람이었다. "그러므로 우리 구세주의 말씀이 이루어져 양이 한 무리가 되어 한 목자에게 있으리라." 그들에게 제국은 가톨릭 신앙의 통일성을 의미했고, 종교적 이견의 여지를 거의 남기지 않는 해법이었다. 보편주의, 즉 교회와 종교와 세속 권력이 서로 조화를 이루어야 한다는 관념 때문에 카를은 교리적 차이를 없애기 위해서 애쓸 수밖에 없었다.[20]

그러나 카를의 제국 관념은 그 폭이 결코 좁지 않았다. 제국 관념에 힘입어 그는 북아프리카로 십자군을 이끌었고, 교황이 집전하는 대관식을 추진했으며, 자신의 여자 형제들과 딸들을 유럽의 대다수 주요 가문에 시집보냈다. 중앙유럽에서는 1546-1547년에 신성 로마 제국 도처의 전사들을 끌어모은 종교전쟁에 가담했다. 그 전쟁을 수행하면서 카를은 엘베 강을 건너 오늘날의 브란덴부르크까지 밀고 갔는데, 그것은 지난 2세기에 걸쳐 전역을 펼쳤던 독일인의 군주 가운데 가장 동쪽으로 진격한 사례였다. 스페인을 거쳐 아메리카 대륙과 태평양까지 펼쳐진 "세계 제국"의 지리적 범위, 합스부르크 왕조에 대한 선전 활동, 신성 로마 제국에서 행사한 권력 등을 통해서 카를은 프리드리히 3세와 막시밀리안 1세 황제의 오랜 꿈에 생명을 불어넣었다.

그러나 중앙유럽에서 카를의 승리는 겨우 몇 년만 지속되었다. 1552년에 개신교도의 "해방과 자유를 위한 연맹"에 의표를 찔려 군사적으로 패배한 뒤, 그는 잠정적이었던 종교협정을 포기했다. 당시 깊은 우울감에 시달린 카를은 동생인 페르디난트(1556년에 황제 페르디난트 1세로 즉위했다)에게 교섭을 맡겼다. 1555년에 아우크스부르크 소집의회에서 페르디난트가 체결한 평화협약에는 신성 로마 제국의 영토에서는 각 지역의 모든 통치자가 신민들의 종교를 결정하고, 그들이 가톨릭교를 믿을지 아니면 루터주의를 믿을지 결정할 것이라는 내용이 담겨 있었다. 통치자의 결정에 동의하지 않는 신민들에게는 다른 곳으로 이주할 권리가 있었다. 1553년, 카를은 그동안 키워온 대제국을 절반씩 나눠 중앙유럽에 있는 합스부르크 왕가의 영지는 동생에게, 스페인과 네덜란드와 신대륙은 아들인 펠리페에게 넘겼다. 그렇게 카를의 "세계 제국"은 분할되었고, 중앙유럽에서 기독교적 통일성이라는 개념은 돌이킬 수 없을 정도로 폐기되었다.

승자는 독일 제후들이었다. 가톨릭교를 믿든, 개신교를 믿든, 그들은 자기 영토의 종교 조직을 책임졌고, 올바른 신앙을 강요하기 위해서 성직자로 구성된 평의회와 감독회를 설치했다. 개신교 통치자들이 대체로 더 활발하게 움직였다. 그들은 대부분 자기 영토에서 "가장 높은 주교summus episcopus"를 자처했기 때문에 자신들에게 신민들이 따라야 할 정교한 신앙 체계를 확립할 권한이 있다고 생각했다. 그러나 개신교 통치자들도 가톨릭교 통치자도 사람들이 영혼의 행복을 위해서 독실하고 도덕적인 삶을 살아야 한다는 점에 주목한 점은 같았다. 신성 로마 제국 곳곳에서 그들은 교회와 학교와 대학교에 대한 조사에 착수했고, 서적을 검열했으며, 촌락의 장로들에게 주민들의 신앙을 조사해 보고하도록 지시했다.

무엇보다 그들은 개인의 행동을 면밀하게 규제하는 포고령이나 법규를 발표했다. 교회에 출석하기, 매주 영성체에 참석하기, (개신교 지역에서는) 성서 수업에 참가하기 같은 명령과 마찬가지로 혼전 성관계, 업무 태만, 방랑, 도박, 마법 따위에 대한 금지령도 그런 포고령에 속했다. 설교단에서 선포되고 시장에서 낭독된 포고령은 사람들이 입는 옷, 선술집에서 파는 술, 마을 주민들이 잠자리에 드는 시간, 노동자에게 지불해야 할 정당한 임금 등에 영향을 미치며 점점 더 개인의 행위에 깊숙이 파고들었다. 세월이 흐르면서 포고령의 용어는 일상어에도 영향을 미쳤고, 그 결과 개신교도의 이른바 미싱슈Missingsch 방언과 가톨릭교도의 고지 독일어 방언이라는 서로 다른 방언이 생겨났다. 그 두 방언의 차이는 종교적으로 연상되는 의미에서 큰 영향을 받았기 때문에 개종자들은 종종 글쓰기 방식을 바꾸기도 했다.[21]

  중앙유럽에서 종교개혁의 결과는 종교적일 뿐 아니라 정치적이기도 했다. 통치자와 정부는 영혼을 구원하고 사람들을 천국으로 이끌기 위해서 신민들에게 종교적 관례와 도덕적 행위의 포고령과 법규를 따르라고 요구하며 권력을 확장했다. 그것은 로마법에 의해서 통치자에게 부여된 입법권에 기반을 둔, 군주 권력의 광범위한 확장 현상이었다. 일찍이 1521년에 작센 공작은 루터를 구출했고, 종교개혁을 소멸의 위기에서 구해냈다. 이후 호전적인 개신교 군주들은 1555년에 루터주의를 루터파 통치자가 다스리는 영토의 종교로 인정하는 합의를 강제했다. 종교개혁은 이제 신성 로마 제국 군주들의 권한을 확대하고 그들의 권력이 신민들의 삶까지 미치도록 확장하면서 과거에 그들에게 입었던 은혜를 갚았다.

제15장

오스만인들과 중앙유럽의 긴 변경

모두가 오스만인들이 나타날 것을 알고 있었다. 그들이 1453년에 콘스탄티노폴리스를 점령한 사건은 기독교 세계 전체에 엄청난 파장을 일으켰다. 훗날의 교황 비오 2세인 에네아 실비오 피콜로미니는 오스만 군대가 이탈리아 반도를 점령하리라고 예감했다. 그는 콘스탄티노폴리스의 함락 소식을 듣자마자 다음과 같이 썼다. "우리는 그리스인의 학살을 지켜보고, 다음에는 라틴인의 파멸을 짐작한다. 이웃집은 불타버렸고, 이제 우리는 화재를 기다리고 있다. 지금 우리와 오스만인 사이에 누가 있는가?" 50년 뒤, 뉘른베르크에서 열린 제국의회에 파견된 교황의 사절은 한층 더 선동적인 연설에 나섰다. 그는 오스만인들의 지속적인 진군이 다름 아니라 뉘른베르크를 위협하고 있다고 경고했다. 그러면서 앞으로 소집의회가 어디서 열리게 될지 물었다. 뤼베크에서? 아니면 오크니 제도에서?[1]

오스만 군대는 1354년에 다르다넬스 해협(또는 튀르키예 해협)의 유럽 쪽 도시인 갈리폴리를 침략하면서 발칸 반도를 거쳐 중앙유럽으로 쳐들어왔다. 세르비아는 1389년에 함락되었지만, 이후 반세기 동안 잔존 세력이 저항을 이어나갔다. 불가리아는 1390년대에 무너졌고, 보스니아는 1460년대에 당시에 표현에 따르면 "속삭이듯이" 사라졌다. 그러나 정복의 가혹한 목록에는 오스만 제국의 엄청난 업적이 감춰져 있다. 대부분의 기독교 군대가 대체로 병력이 3만 명에 미치지 못하고 집결 지점에서 수백 킬로미터 이상 진격할 수 없었을 때, 오스만 제국의 술탄은 10만 명 이상의 병력을 소집해 보급을 완전히 갖춘 상태로 1,500킬로미터 이상의 거리를 행군시킬 수 있었다. 오스만 군대는 좋은 장비를 갖춘 군대이기도 했다. 경장갑 기병대의 지원을 받는 견고한 보병대가 핵심이었는데, 주력 공격에 앞서서 적의 사기를 꺾고 공황 상태를 유발하는 임무를 맡은 돌격 부대까지 거느리고 있었다. 1521년, 오스만인들은 베오그라드에 있는 헝가리 군의 대형 요새를 빼앗아 중앙유럽으로 이어지는 관문을 열어젖혔다.

그러나 의외로 헝가리 왕국은 용케 살아남을 뻔했다. 보헤미아의 통치자이기도 한 헝가리의 왕 러요시 2세는 이전에 후스파가 썼던 전술을 바탕으로 이동식 대포와 장갑 마차로 이루어진 전차 부대를 배치했다. 기독교적 유럽에서 가장 근대적인 군대를 보유했던 것으로 추정되는 러요시 2세는 1526년 8월에 헝가리 남부의 모하치에서 헝가리 왕국으로 진격해오는 오스만인에 맞섰다. 헝가리 기병대는 숙영을 준비하는 오스만 주력군의 허를 찔러 왼쪽 측면을 격파했고, 둘레를 빙빙 돌면서 중앙으로 진격해 술탄 술레이만의 흉갑에 사격을 퍼부을 만큼 가까이 다가갔다. 오스만 군대는 증원군이 도착하고 나서야 위기에서 벗어났다. 이제는 숫자 싸움이었다. 지휘관이 아무리 능숙하고 병사들이 아무리 용감해도, 2만5,000명의 군대가 3배나 많은 적군을 이기기는 쉽지 않았다. 수적 열세로 완패해 달아나던 러요시 왕은 말에서 떨어져 개울에 빠졌는데, 아마 익사했거나 말에 짓밟혀 죽었을 것이다. 헝가리 왕국의 대영주들도 대부분 그와 함께 죽었다.[2]

오스만 군대는 헝가리로 진격했지만, 수도를 약탈한 뒤 가을이 다가오자 철수했다. 그러는 동안 헝가리 정국은 대혼란에 빠졌다. 러요시 2세가 자식 없이 세상을 떠났기 때문이었다. 헝가리 소집의회는 후계자를 선택할 권리를 주장했고, 트란실바니아의 인기 있는 총독인 서포여이 야노시를 왕으로 선출했다. 그러자 카를 5세의 동생인 페르디난트 대공이 헝가리를 침공했다. 페르디난트는 자기 부인이 러요시 2세의 누나라는 이유로 상속권을 주장하며 소집의회를 열었고, 소집의회는 그를 적절한 절차에 따라 군주로 선출했다. 결과적으로 1526년 말에 헝가리에서는 2명의 왕이 왕위 계승권을 주장할 수 있게 되었다. 페르디난트는 헝가리의 남동부에 있는 종속 왕국인 크로아티아와 슬라보니아도 굴복시켰다. 그는 다루기 힘든 슬라보니아 귀족들을 상대로 자신의 뜻을 관철하기 위해 형에게서 스페인 군대를 빌렸다. 그것은 스페인 군대가 합스부르크 왕가를 위해 중앙유럽에서 싸운 최초의 사례였고, 이후에 벌어질 더 잔인한 개입의 전조였다.

헝가리는 내전에 휩싸였다. 페르디난트가 군사적 우위를 차지했기 때문에 서포여이 야노시는 1529년에 마지못해 오스만 제국과 동맹을 맺고 술탄의 봉신이 되었다. 그 거래는 전쟁의 폐허와 망자들의 해골이 널려 있는 모하치의 싸움터에서 확정되었다. 술탄은 서포여이를 지원하기 위해서 페르디난트의 영토를 침략했고, 같은 해에 빈을 포위했다. 한쪽에는 서포여이와 오스만인들의 불안한 동맹이, 다른 쪽에는 페르디난트가 있는, 세 세력의 투쟁이 시작된 것이다. 서포여이가 페르디난트와 합의를 맺어 술탄을 배반하려다가 1540년에 세상을 떠나자, 오스만 군대는 이듬해에 헝가리 왕국의 중부 지방을 점령하고 주둔하게 되었다.

이후 헝가리는 점차 세 부분으로 나뉘었다. 하나는 서포여이의 어린 아들인 서포여이 야노시 지그몬드(1540-1571)가 다스리는 트란실바니아 중심의 동부 지역이었고, 다른 하나는 크로아티아와 아드리아 해 연안에서 헝가리 북동부(현재의 우크라이나 최서단)까지 펼쳐진 초승달 모양의 지역으로, 페르디난트가 통치하는 곳이었다. 마지막은 오스만 제국이 차지한 넓은 중앙 회랑 지대였다. 헝가리의 수도 부다에는 오스만인 태수가 부임했고, 주요 교회인 이른바 마차시 성당은 이슬람 사원으로 개조되었으며, 첨탑도 이슬람식으로 바뀌었다. 오스만인들은 부다에 머무른 증거를 남기기 위해서 그들의 가장 거룩한 성자들의 시신을 부다로 옮겼다. 이후 오스만 제국은 140년 넘게 헝가리 중부 지역을 점령했고, 탁발승이자 시인인 귈 바바의 영묘는 여전히 부다페스트를 내려다보고 있다.

종교개혁은 정치적 불확실성과 분열을 심화했다. 1526년에 페르디난트는 헝가리 왕위를 계승했을 뿐 아니라 러요시 2세에 뒤이어 보헤미아 왕으로 즉위하기도 했다. 보헤미아에서 루터주의는 후스주의를 급진적으로 밀어붙여 온건파와 개혁파의 분열을 조장하고 열성 신자들을 자극하고 있었다. 그러나 1530년대 말부터 헝가리의 농촌을 장악해 루터주의를 대체하고 지배적인 개신교 신앙으로 자리 잡은 것은 바로 제네바의 신학자인 장 칼뱅의 더 엄격한 개혁 신앙이었다. 신의 섭리를 강조하는 칼뱅주의는 오스만인과 합스부르크 왕가에 점령된 조국의 상황이 구약성서의 이스라엘인이 겪은 시련과 비슷하며, 따라서 헝가리인 역시 선민이라고 가르치면서 헝가리인의 호감을 샀다. 한편 트란실바니아에서는 칼뱅주의가, 그리고 특이하게도 삼위일체를 부정하는 유니테리언이 독실한 귀족들과 엄숙한 도시 귀족들의 보살핌을 받으며 번창했다. 1세기 반 동안 트란실바니아 클루지 지역의 주요 교회인 거대한 성 미하일 성당은 유니테리언들의 예배 장소였는데, 거기서 설교자들은 그리스도의 신성을 부정하고 그리스도는 인간일 뿐이라고 가르쳤다.

유니테리언의 교리는 명백히 이단이었다. 그것은 4세기와 5세기에 중앙유럽에서 번창했던 아리우스주의와 비슷했다. 칼뱅주의자들도 논란의 여지가 많은 영역에 발을 들여놓았다. 그들도 가톨릭교 신자나 루터파 신자와 달리 그리스도가 영성체의 빵과 포도주 안에 육체적으로, 또는 실질적으로 존재한다는 사실을 부정했기 때문이다. 하지만 그 새로운 신앙들은 번성했고, 헝가리 왕국의 동부 지역을 차지하는 트란실바니아에서는 소집의회가 칼뱅주의와 유니테리언에 공식 종교의 지위를 부여하기도 했다. 오스만 제국이 점령한 지역에서는 종교 관례를 둘러싼 통제가 전혀 없었다. 오스만 제국의 부다 태수는 1548년에 "모든 헝가리인과 슬라브인은 아무 위험 없이 하느님의 말씀을 듣고 받아들일 수 있어야 한다"라고 단언했다. 최소한 16세기 말에는, 3개 부분으로 나뉜 헝가리 왕국의 전체 교구의 4분의 3이 어떤 모습이나 형태로든 개신교를 받아들이고 있었다.[3]

오스만 제국의 중앙유럽 침공은 전례 없는 인구 감소를 초래했다. 전쟁 피해를 가장 많이 입은 지역에서는 사람들이 (당대의 어느 운문에 따르면) "까만 돌과 잎이 없는 소나무만 남은" 고향을 버리고 북쪽으로 도망쳤다. 그들의 빈자리는 고향에서 쫓겨났거나 오스만 제국의 통치를 피해 남쪽에서 이주해온 사람들이 차지했다. 그들 중 다수는 발칸반도 내륙 산지 출신의 목축업자로, 버려진 저지대 마을의 풀이 우거진 들판에서 양 떼를 키울 새로운 목초지를 찾고 있었다. 또한 그들 중 다수는 정교회 신자였는데, 이에 따라 종교적 복잡성이 더 심해졌다. 이슬람 탁발승의 영묘에서 드리는 기독교 예배, 가톨릭 성자를 숭배하는 이슬람교도, 종교적 분열을 뛰어넘는 혈맹 의례 등 종교가 서로 겹치는 지점에서 절묘한 혼합이나 융합 현상이 나타난 것이다.[4]

오스만 제국과 합스부르크령 헝가리 왕국의 국경지대는 아드리아해 연안에서 지금의 슬로바키아에 속하는 카르파티아 산맥의 기슭까지, 동쪽으로는 트란실바니아와의 경계까지 600킬로미터를 굽이치며 펼쳐져 있었다. 그곳에서는 이따금 군대 전체가 개입하는 기간이 있을 만큼 급습이 흔했다. 16세기 중엽에 합스부르크령 헝가리 왕국 쪽의 국경지대에는 약 80개의 보루가 설치되어 있었는데, 16세기 말에는 약 200개로 늘어났다. 그곳에 주둔한 용병 수비대는 대부분 합스부르크 왕가의 다른 영지들에서 마련된 돈을 급료로 받았다. 헝가리도 비용을 내야 했다. 트란실바니아를, 그리고 다시 영토의 절반을 오스만인들에게 빼앗겼지만, 헝가리는 1570년대에 매년 약 100만 두카트의 세입을 거두고 있었다. 합스부르크 가문은 과세하는 방법을 알았다.[5]

그러나 합스부르크령 "군정 국경지대"의 군대는 흔히 보급이 끊어진 채 방치되었다. 수비대는 시설과 병력을 유지하기 위해서 국경 양쪽의 현지 자원에 의존했고, 종종 오스만 제국령에 속한 마을에서 식량과 사료를 구입했다. 수비대는 적들이 보급을 차단하는 상황을 우려한 나머지 그들을 가혹하게 대하지 않았다. 양측은 한몫 단단히 잡으려고 중개인을 통해 포로와 첩자의 석방을 협상하는 등 돈벌이가 되는 몸값 거래도 했다. 합스부르크 군 병사들과 오스만 군 병사들 간의 조우전遭遇戰은 그저 싸우는 시늉만 하거나 대표 전사를 뽑아서 겨루는 방식으로 치러졌다(양측의 병사들은 대체로 현지에서 모집된 병사들이었다). 1590년대에 합스부르크 제국의 편에서 용병으로 싸웠고 훗날 버지니아의 식민지 제임스타운을 건설한 존 스미스 대위는 그런 식의 몇몇 결투를 기록으로 남겼는데, 결투에서 승리한 전사는 살해된 전사의 머리를 상으로 받았다고 한다.[6]

군대와 요새가 가장 집중적으로 배치된 곳은 각각 크로아티아 변경과 슬라보니아 변경으로 알려진 헝가리의 2개 경계구역이었다. 1590년대에 크로아티아 변경과 슬라보니아 변경에는 총 100개의 보루와 소규모 요새가 있었고, 그 두 경계구역에 배치된 병력은 군정 국경지대 수비대 병력의 3분의 1을 차지했다. 요새 대부분은 기껏해야 각각 수백 명의 병사들이 지키는 방책에 불과했지만, 1,000명 이상의 수비대가 주둔하는 훨씬 더 큰 요새도 있었다. 그 요새들은 주로 돌과 벽돌로 만들어졌고, 가끔 별 모양의 평면도, 돌출 능보, 흙이 떠받치는 벽 따위를 갖추기도 했다. 대부분 이탈리아인 기술자들이 설계한 그 요새들은 최첨단 군사 건축물이었다. 난공불락은 아니더라도 몇 주일 동안은 아군을 거뜬히 뒷받침하고 적군의 향후 계획을 방해할 수 있었다. 그 새로운 요새들은 적군에게 치명상을 입히기도 했다. 요새를 공격하는 적군은 최대 30퍼센트의 사상자율을 각오해야 했다.[7]

합스부르크령 군정 국경지대에 배치된 병사들은 두 부류로 나뉘었다. 급료를 받는 병사들은 주로 신성 로마 제국에서 모집한 용병이었다. 현지 주민 중에서 뽑은 일부 경기병과 보병도 급료를 받았다. 그러나 대부분의 병사들은 필요할 때에만 군사적 임무와 수비대 복무를 수행하는 비상근 근무자였다. 그들은 그 대가로 농장을 받았다. 군정 국경지대에는 그들이 경작할 수 있는 버려진 땅이 많았다. 그들 중 다수는 군정 국경지대의 비교적 안전한 곳이나 인접한 "무인지대ni ija zemlja"로 건너온 발칸 반도 출신의 이주자uskok(직역하면 "탈출자"라는 뜻)였다. 그들로도 채우지 못한 인원은 반#유목생활을 하면서 목축과 군역을 병행하고, 통틀어 블라흐인이나 모를라흐인으로 불리는 사람들이 채웠다. 1570년대에 그 2개의 경계구역에는 약 3,000명의 유급 병사들과 그 3배에 이르는 무급 비정규 병사들이 있었고, 후자는 농사와 전투를 병행했다.[8]

합스부르크 왕가는 국경의 병사들이 어떻게 행동해야 하는지 규정하는 수칙과 관례, 규칙을 공표했지만, 그것들은 종잇조각에 불과했다. 국경 요새를 조사한 보고서에는 녹슬고 넘어진 대포, 무너진 성벽, 겨울에 임무를 수행할 수 없을 만큼 남루한 병사들의 옷차림 등이 기록되어 있다. 1570년대에 합스부르크 군의 어느 장교는 "몇몇 국경 보루에서는 그들이 앞에서도 뒤에서도 훤히 보일 정도로 심하게 찢어진 옷을 걸친 채 반라 상태로 거지처럼 돌아다닌다"라고 보고했다. 특히 비정규 병사들은 군역과 강도질을 번갈아 하는 등 기강이 엉망이었다. 그들에게 약탈을 당한 적이 있는 어느 평론가는 이렇게 보고했다. "훌륭한 군인이기는 해도 그들은 모든 야만족처럼 난폭하고 거칠다……그리고 강도질과 살인을 저지르지 않고는 오래 살아남을 수 없다."[9]

페르디난트를 계승한 합스부르크 왕가의 황제들인 막시밀리안 2세(재위 1564-1576)와 루돌프 2세(재위 1576-1612)는 그 문제를 해결하기 위해서, 세밀한 행정적 개선을 기획했다. 그들은 크로아티아와 슬라보니아의 경계구역을 완전한 자치령으로 만들어 현지의 소집의회와 금지령의 사법권에서 제외했고, 빈의 제국 전쟁평의회의 느슨한 감독하에 슈타이어마르크의 그라츠에서 열리는 위원회에 권한을 집중시켰다. 그리고 비정규병을 특정 보루에 소속시켜 더 엄격하게 감독할 수 있도록 유급 군인들로 전환했다. 그럼에도 국경의 병사들 대부분은 여전히 비상근 농부들이었다. 그들은 자신의 경작지도 지키고 있어서 더 적극적으로 싸웠을 뿐 아니라 1인당 유지비도 정규병의 5분의 1에 불과할 만큼 저렴했다.[10]

슬라보니아와 크로아티아의 경계에서 시작되는 합스부르크령 군정국경지대는 헝가리를 가로질러 트란실바니아까지 길게 펼쳐진 국경의 일부분이었다. 국경은 도중에 헝가리 대평원을 지나갔는데, 그 평원에서는 "하이두크hajdúk"라는 가축 몰이꾼들의 특권계급 공동체가 목동과 국경 경비원 역할을 동시에 맡고 있었다. 그러나 오스만 제국의 중앙유럽 국경은 더 멀리 뻗어 있었다. 그것은 일단 트란실바니아를, 그리고 인접한 루마니아의 왈라키아 공국과 몰다비아 공국(왈라키아와 몰다비아는 트란실바니아처럼 오스만 제국의 봉신국으로 여겨졌다)을 빙 돌고 동쪽으로 방향을 틀어 흑해 북쪽의 스텝 지대로 이어졌고, 거기서 또 폴란드와 리투아니아의 가장자리를 따라 이어지다가 키이우 동쪽의 드네프르 강 하류 너머까지 1,000킬로미터에 걸쳐 뻗어 있었다.

합스부르크령 헝가리와 크로아티아, 그리고 오스만 제국 사이의 국경은 촘촘히 늘어선 방비 시설로 표시되었지만, 폴란드와 리투아니아 쪽에는 그런 방비 시설이 전혀 없었다. 전략적인 도하渡河 지점에는 요새가 있었다. 그러나 포격에 취약한 높은 석벽에 둘러싸인 그 요새들도 여기저기 퍼져 있었고, 정교하지 않게 설계된 경우가 많았다. 오스만 제국의 경우, 국경을 방어할 책임은 현지의 오스만인 사령관들과 크림 칸국의 지배자인 칸의 대리인들(칸의 조상들은 14세기 초에 이슬람교를 받아들였다)이 번갈아 맡았다. 칸은 한때 스텝 지대를 호령했던 몽골-타타르족의 후손이었다. 그러나 14세기부터 몽골-타타르 제국은 서로 다투는 몇 개의 궁정orda으로 분열되었다("궁정"은 종종 "군단horde"이라는 화려한 명칭으로 오역되기도 한다).

크림 칸국의 타타르족 칸들은 영토에 대한 야심이 컸다. 그들은 칭기즈 칸 제국의 복원을 꿈꿨다. 하지만 크림 반도의 항구와 해안을 조금씩 빼앗고 1475년 이후에는 크림 칸국의 칸들에게 자신을 대군주로 인정하도록 강제한 오스만 제국 술탄의 상대가 되지는 못했다. 이제 술탄은 누가 칸이 될지 선택했고, 어느 정도의 자치를 허용하면서도 앞으로 크림 칸국이 대외 관계를 맺을 때에는 이스탄불 당국의 지시를 따르도록 요구했다. 또한 오스만 제국은 스텝 지대로 진출하기 시작했다. 15세기 말에는 도나우 강 하구에서 남쪽의 부크 강까지 펼쳐진 드넓은 땅이 오스만 제국의 지방 행정에 편입되었다.

오스만인들과 그들의 동맹인 크림 타타르인들, 그리고 폴란드와 리투아니아의 통치자들은 이제 흑해 북쪽의 스텝 지대에서 대립하게 되었다. 1530년대 말, 국경선 확정 교섭을 벌인 두 경쟁 세력은 협상을 포기했고, 대신에 어느 세력도 공식적으로 통치하지 않는, 폭이 거의 1,000킬로미터에 이르는 빈 땅이 생기리라는 점을 인정했다. 오스만인들은 그 빈 땅을 "불모지"로 불렀지만, 폴란드인들과 리투아니아인들은 "야생 평원dzikie pola"으로 불렀다. 당대의 어느 기록에 따르면, 브라츨라우와 헤르카시에 있는 리투아니아의 마지막 요새들에서 흑해 연안까지만 가려고 해도 숲과 습지와 언덕 없이 끝없이 펼쳐진 초원을 6일간 가로질러야 했다고 한다.[11]

그러나 리투아니아는 곤경에 빠져 있었다. 리투아니아와 폴란드의 상류층은 연합을 통해서 하나가 되었지만, 나머지 모든 부분에서 리투아니아는 독립적이었다. 리투아니아는 지배 왕가에서 선출된 대공(보통은 현 국왕의 예비 후계자였다)이 이끄는 자체 정부가 있었다. 그러나 15세기 중엽부터 폴란드 국왕의 직위와 대공의 직위가 통합되면서 정책이 빌뉴스가 아니라 크라쿠프에서 수립되자, 리투아니아 귀족들은 문화적 측면에서 서쪽을 지향하게 되었다. 그들은 폴란드식 예의범절을 기꺼이 받아들이고, 폴란드인 부인을 맞이하고, 아들을 폴란드 학교에 보냈으며, 폴란드어를 주 언어로 채택했다(그 결과 리투아니아어는 농민의 언어로 전락할 지경에 이르렀다). 제도적 측면에서도 리투아니아는 폴란드를 모방했다. 리투아니아에는 폴란드의 세임을 본뜬 양원제 소집의회인 세이마와 폴란드의 지역 소집의회인 세이미크Sejmik를 본뜬 지방 의회 세이미크Seimik가 있었다.

리투아니아는 근대적인 행정 조직을 빠르게 발전시켰다. 빌뉴스에는 라틴어, 폴란드어, 우크라이나어, 타타르어, 튀르크어(당시에는 아라비아 문자로 표기되었다) 등으로 대량의 문서를 작성하는 상서국이 있었다. 하지만 리투아니아 정부가 실질적으로 미치는 영향력의 범위는 좁았다. 14세기와 15세기에 리투아니아 대공들은 스텝 지대를 가로질러 동쪽으로 나아가 그곳의 광활한 땅에 대한 권리를 주장했다. 그러자 그들이 통제해야 할 국경과 병참선이 길게 늘어났다. 빌뉴스에서 키이우와 브랸스크(오늘날 러시아의 도시)까지는 700킬로미터였고, 드니프로에 설치된 리투아니아의 가장 먼 전초기지까지는 1,100킬로미터가 넘었다. 게다가 리투아니아는 경합이 벌어지고 있는 영토로 진출하는 중이었다. 남쪽에는 크림 반도의 타타르족이, 동쪽에는 훨씬 더

무서운 적인 모스크바의 러시아인들이 있었다.[12]

　러시아의 차르들은 모든 정교회 신자들을 자신의 지배하에 통합하는 데 열중했고, 해상 통로 확보를 목표로 삼았다. 인구의 절반이 정교회 신자인 데다가 발트 해와 흑해로 진출하는 길을 가로막고 있었던 리투아니아 대공국은 러시아인들의 반감을 2배로 사고 있었다. 두 세력 사이의 첫 번째 대치는 16세기 초, 차르 이반 3세(재위 1462-1505)와 바실리 3세(재위 1505-1533)가 스몰렌스크를 비롯한 리투아니아 영토의 3분의 1을 유린하고 빼앗으면서 펼쳐졌다(스몰렌스크는 훗날 몇 번 더 주인이 바뀌다가 결국 1654년에 러시아에 함락되었다).

　이어서 1558년에 "뇌제" 이반 4세(재위 1547-1584)가 리보니아 공국을 침략해 도르파트(오늘날의 에스토니아 도시인 타르투)와 핀란드 만의 나르바 항구를 점령했다. 한때 튜턴 기사단이 통치한 땅의 흔적인 리보니아 기사단(검의 형제기사단)의 기사들은 기도와 전투라는 원래의 소명에 충실했지만, 이제는 대부분 노인이었다. 1561년에 마지막 단장은 리보니아 기사단을 해체하고 개신교를 수용하면서, 리보니아를 폴란드 왕의 봉신국으로 만들었다. 그러자 폴란드-리투아니아의 지그문트 2세(재위 1548-1572)는 마지막 단장에게 오늘날의 라트비아에 속하는 쿠를란트 공국이라는 푸짐한 상을 내렸다(훗날 쿠를란트는 17세기에 카리브 해와 서아프리카에 식민지를 거느리면서 잠시 강력한 제국이 되기도 했다. 감비아 강의 쿤타킨테 섬은 한때 쿠를란트의 공작을 기리기 위해서 제이콥 섬이나 제임스 섬으로 불렸다).

　리투아니아 귀족들은 스몰렌스크를 잃은 보상으로 지그문트 왕이 리보니아를 넘겨주리라고 기대했었지만, 이반 4세가 리보니아 공국을 침략하는 것을 보고서는 모스크바 대공국이 그들의 더 광범위한 이익에 위협이 된다는 점을 알아챘다. 1569년에 루블린에서 열린 폴란드의 세임과 리투아니아 세이마의 연석회의에서 두 국가의 더 완전한 합병이 합의되었다. 그때부터 하나의 "공화국"이 탄생했고, 두 "민족"은 이제 단일 의회를 두는 하나의 "국민"을 이루게 되었다. 그 멋져 보이는 포부의 이면에는 보호와 화려한 폴란드의 고위직 직함을 바라는 리투아니아인들의 희망과 스텝 지대의 빈 땅에 펼쳐진 넓은 토지에 대한 폴란드 거물들의 야심이 숨어 있었다. 앞으로 리투아니아의 국방은 폴란드가 책임을 지게 되었기 때문에 리투아니아의 가장 취약한 남쪽 부분은 공화국의 폴란드 부분에 편입되었다.[13]

지금의 우크라이나에 해당하는 지역의 상당 부분을 획득한 폴란드는 야생 평원을 직접 마주하게 되었고, 이제 야생 평원의 관리는 크라쿠프의 폴란드 정부(1596년 이후에는 바르샤바에 있었다)의 몫이었다. 그러나 당대의 표현에 의하면 야생 평원은 "짓밟힌 땅"이었다. 폴란드와 크림 칸국은 러시아에 공동의 적이 있었기 때문에 사이가 좋을 때도 있었지만, 야생 평원 도처에서는 타타르족 약탈자들과 습격자 무리가 끊임없이 출몰했다. 오스만 제국에 해안 도시들을 빼앗긴 크림 칸국의 칸은 수입을 얻으려고 점점 더 노예 무역에 의존했는데, 이는 노예를 찾아다니는 타타르족 무법자 무리를 막는 데에 거의 도움이 되지 않았다. 노예들은 대부분 폴란드와 리투아니아, 러시아에서 잡아 왔지만, 타타르인들은 캅카스 지역에서 체르케스인들과 그들의 전설적인 미인을 찾는 데에도 바빴다. 그들이 잡은 포로들은 크림 반도의 카파 항구에서 팔렸는데, 한때 카파의 시장에서는 무려 3만 명에 이르는 노예가 거래되기도 했다. 1500년에서 1700년까지, 타타르족은 대략 200만 명의 폴란드인과 리투아니아인과 러시아인을 잡아 노예로 팔았다.[14]

그러나 야생 평원에도 자체 인구가 없지는 않았다. 15세기에 그곳 주민들은 대부분 타타르족 목동들이었지만, 나중에는 폴란드와 리투아니아 출신의 농부들, 세금을 피하려는 상인들, 전사와 용병 역할을 병행하는 어부들과 가축 몰이꾼들도 이곳으로 건너왔다. 그 평원의 주민들은 대부분 요새화된 마을이나 시츠흐Sich라는 대규모 야영지에서 살았지만, 안전이 보장될 때에는 드네프르 강을 따라 내려가며 솔담비를 사냥하고, 철갑상어를 그물로 잡고, 벌집을 따기도 했다. 강도질은 짭짤한 부업이었고, 눈에 띄는 상인 호송대는 풍족한 부수입의 원천이었다. 어느 방문객은 야생 평원에서 발견한 허름한 오두막 안에 "값비싼 비단과 귀금속과 흑담비를 비롯한 여러 동물의 모피와 향신료가 잔뜩" 있다고 전했다.[15]

15세기 말부터 야생 평원에서 활동하는 무장 집단은 "자유민"을 뜻하는 튀르크어인 카자크qazaq를 본떠 "코사크인Cossacks"으로 불렸지만, 정확성이 부족한 이 용어는 종종 스텝 지대의 빈 땅에 사는 모든 사람을 일컫기도 했다. 16세기가 되자 새로 유입된 농민들이 그동안 버려져 있던 땅에서 농사를 짓기 시작하면서 코사크인의 수가 급증했다. 어느 리투아니아인이 관찰한 바에 따르면, 그들은 "큰 물결을 이루며 드네프르 강과 그 지류로" 왔고, "그곳에서 사람이 많이 사는 소도시와 여러 마을을 이루었는데, 그들은 거기서 어릴 때부터 헤엄치고 배를 타고 고기를 잡고 사냥을 한다. 그중 많은 이들이 부모와 예속과 노역을, 혹은 형벌과 족쇄를 피해서 왔다."[16]

이 기록에서 짐작할 수 있듯이, 농민들이 야생 평원으로 옮겨온 주된 이유 중 하나는 배후에서 가해지는 압박이었다. 한때 리투아니아 영토였지만 1569년에 이루어진 루블린 연합의 조항에 따라 폴란드에 합병된 곳에서, 탐욕스러운 거물들은 노예 노동을 토대로 작동하고 비스와 강을 따라 곡물을 수출하는 거대한 농업 단지를 세웠고, 비스와 강 연안에서는 네덜란드 상인들이 추후에 선적할 목적으로 그 곡물을 사들였다. 1590년대에는 그런 식의 어느 농업 단지에 무려 1,300개 이상의 촌락과 100개의 소도시, 40개의 성, 그리고 1,000명의 사제를 거느린 600개의 교회가 있었다. 폴란드와 리투아니아의 거물들은 그들의 광활한 소유지에서 감시나 법적 항의를 받지 않은 채 거의 완전한 권력을 행사했다. 따라서 그들은 자유 소작농들의 토지를 자신의 영토로 흡수해 그 차지인들을 땅에 묶어두고 그들에게 부담스러운 노역을 시키는 경우가 많았다. 그리하여 많은 농민들이 농노가 되지 않기 위해서 평원의 더 깊숙한 쪽으로 이주하자, 신규 이주민들이 늘어나고 코사크인 용병대의 신병 모집도 증가했다.[17]

코사크인들은 주변의 모든 이웃에게 골칫거리였다. 그들은 스텝 지대를 횡단하는 상인 호송대를 약탈했을 뿐 아니라 저 멀리 트란실바니아와 헝가리 땅까지 습격했다. 코사크인들은 "갈매기"라는 뜻의 자체 함대인 차이카Chaika를 보유했는데, 차이카는 흑해와 그 연안의 항구에서 상선을 공격하고 심지어 이스탄불 외곽까지도 진출했다. 역사가들은 흔히 카누로 묘사하지만, 사실 차이카는 최대 30미터 길이에 경량포나 소형 경포로 무장하고 화려하게 채색한 항해용 범요선帆橈船이었다. 하지만 코사크인들은 쓸모 있는 존재이기도 했다. 그들은 강력한 화승총병들과 이동식 목조 보루에 힘입어 남쪽에서 폴란드와 리투아니아로 진격해오는 군대를 가로막았다. 아울러 그들은 폴란드의 왕들이 중앙유럽 도처에, 그리고 러시아와의 전쟁에 배치할 수 있는 전사들의 공급원이기도 했다.[18]

코사크인을 대상으로 하는 신병 모집의 핵심에는 이른바 명부가 있었다. 그 명부는 같은 코사크인 지휘관이나 수장 밑이라고 해도 폴란드 군대에서 복무한 코사크인들의 이름을 적은 것이었다. 명부에 오른 코사크인들에게는 신체의 자유, 임금, 면세 등의 혜택을 누릴 자격이 주어졌다. 폴란드인 지주들이 종종 코사크인 공동체를 강제로 접수해 농노들의 마을로 전락시켰기 때문에, 스텝 지대에서는 그 혜택 가운데 첫 번째인 신체의 자유에 특별한 가치가 있었다. 그러나 폴란드 왕들은 그 거물들의 비위를 맞추기 위해서 수천 명의 코사크인만 명부에 올려야 했는데, 그렇게 하지 않으면 거물들의 사유지에 필요한 인력이 줄어들 것이기 때문이었다. 따라서 대부분의 코사크인은 종종 폴란드 군대의 지원군 자격으로 싸웠는데도 명부에 오르지 못했다.

이외에도 야생 평원의 더 멀리 떨어진 지역들, 특히 자포리자의 시츠흐에는 코사크인의 자유 공동체가 형성되어 있었다. 엄밀히 말해서 폴란드의 키이브(키이우) 지방에 속해 있었지만, 자포리자의 코사크인들은 약 10만 명의 인구가 정예 군사 집단을 뒷받침하는 자치 공동체나 코사크 공화국을 이루고 있었다. 이곳에서 권력은 명목상 코사크인 평의회에 있었지만, 실상 수장이 대부분의 권력을 틀어쥐고 있었다. 하지만 그것은 수장이 전사들로부터 신뢰를 얻어야만 가능한 일이었다. 어느 역사가의 말을 빌리자면, 드네프르 강 하류의 코사크인 정부는 "폭도의 개입으로 완화된 독재정권"이었다. 자포리자의 코사크인들은 종종 폴란드에서 코사크인 명부를 확대하려는 봉기에 가담했다.[19]

코사크인은 원래 종교적으로 다양했지만, 17세기에 호전적인 정교회를 받아들이면서 폴란드 왕과의 관계가 모호해졌다. 한편으로 그들은 폴란드 왕이 믿는 가톨릭교를 불쾌하게 여겼지만, 다른 한편으로 명부와 함께 제공되는 자유와 임금을 원했고 명부에 오르는 코사크인의 수가 늘기를 바랐다. 자포리자의 코사크인의 수장인 보흐단 흐멜니츠키는 1648년에 브와디스와프 4세의 조치를 강제하기 위해서 우크라이나 곳곳의 코사크인 공동체가 지지하는 대규모 봉기를 일으켰다. 그 봉기는 폴란드인 지주들이 부과한 세금에 분개한 농민 무리의 도움을 받은 코사크인들이 유대인과 가톨릭교 사제와 폴란드인 귀족을 닥치는 대로 살해하면서 금세 대혼란으로 이어졌다.

흐멜니츠키는 우크라이나 동부 지역에 반독립적인 수장국을 세우는 것과 명부에 올릴 코사크인의 수를 4만 명까지 대폭 늘리는 것을 목표로 삼았다. 그러나 1651년에 폴란드 왕은 베레스테츠코에서 벌어진 17세기 유럽 최대의 육상 전투에서 흐멜니츠키의 군대를 무찔렀다. 3년 뒤, 흐멜니츠키는 모스크바 측이 자포리자의 시츠흐에 거주하는 코사크인 6만 명을 부양할 비용을 내는 조건으로 코사크인을 차르의 처분에 맡겼다. 그 시점부터 차르는 키이우와 드네프르 강 좌안 전체를 자기 소유로 취급하며 전러시아의 차르라는 칭호에 "그리고 소러시아"라는 표현을 덧붙였는데, 소러시아는 곧 우크라이나를 가리키는 말이었다. 1667년에 체결된 폴란드와 러시아 간의 안드루소보 조약으로 키이우와 우크라이나 동부 지역 대부분을 둘러싼 러시아의 지배권이 굳어졌다.

오스만 제국 변경의 동쪽 끝에 자리 잡은 자포리자의 시츠흐는 아조프 해에서 크로아티아와 아드리아 해 연안까지 거의 2,000킬로미터를 굽이치며 펼쳐진 광활한 영토였다. 그 지역은 모든 곳에 걸쳐 비슷한 특징을 지니고 있었고, 대부분 군역과 농사와 잦은 약탈을 병행하는 비정규병으로 이루어진 군사 사회의 본거지였다. 아울러 종교적 열정의 장소이기도 했다. 그곳의 크로아티아인 전사들은 교회에 군기軍旗를 바치며 중세 십자군의 후예로 자처했고, 헝가리와의 국경에서는 평원의 가축 몰이꾼들이 호전적이고 종말론적인 칼뱅주의를 받아들였다. 한편, 정교회에 대한 코사크인들의 헌신적 태도도 확고했다. 고르지 못한 권한 분배와 강력한 교구 조직의 부재는 곳곳에 이례적일 만큼 다양한 신앙을 번창하게 만들었다. 스텝 지대는 정교회 외에도, 유니테리언과 (성인 세례를 신봉하는) 재세례파의 본거지이자, 심지어 참된 기독교를 포용하기 위한 첫 단계로 유대교로의 개종을 촉구하는 안식일 엄수주의자들의 본거지이기도 했다.[20]

변경 여기저기서 영웅들이 배출되기도 했는데, 그들은 이후 몇 세기에 걸쳐 "해당 민족의 것"이 되어 크로아티아와 헝가리와 폴란드 각각의 대변자가 되었다. 그러나 변경이 오늘날 우크라이나의 가장 위대한 작가로 칭송되는 시인 겸 작가 겸 화가인 타라스 셰우첸코(1814-1861)를 통해 민족 문화에 가장 깊이 파고든 곳은 우크라이나였다. 셰우첸코의 시 「유랑자들」(1841)에서 코사크인의 잃어버린 과거는 향수를 통해 다음과 같이 되살아난다.

그들이 어떻게 시츠흐를 만들었는지,
코사크인들이 어떻게 긴 배를 타고
드네프르 강의 여울을 지나갔는지……
그리고 폴란드의 뜨거운 불 속에서
어떻게 담배를 피우고 나서
연회를 즐기려고 고향 우크라이나로 돌아왔는지.

셰우첸코는 살인의 준비 단계로 칼을 봉헌하고, 그을린 시체들이 서까래에 매달려 있는 와중에 불타는 헛간에서 잔치를 벌이며, 망치로 두개골에 못을 박고, 유대인과 귀족과 폴란드인과 가톨릭교도를 무참히 죽인 코사크인들의 악행을 흥청거리며 열거한다. 그는 러시아인을 "모스크바 사람들Moskvali"이라고, 또 "배불뚝이 양반들"이라고 경멸적으로 부르며 무시하고, 차르와 거래한 흐멜니츠키를 비난하기도 한다. 셰우첸코에게 우크라이나인들은 정교회 신앙으로는 통합되어 있으나 정치적으로는 모스크바와 거리를 두는 동포들이어야 했다. 셰우첸코는 다른 어느 작가보다, 잃어버린 자유의 상징이자 중앙유럽의 긴 국경에서 펼쳐진 삶의 위태로움에 대한 은유로서 약탈하는 코사크인이라는 관념을 우크라이나인의 민족적 기억 속에 깊이 심어놓았다.[21]

제16장
관용, 마술사, 그리고 연금술에 빠진 황제

유럽의 왕국들은 대부분 종교 때문에 분열되어 있었다. 종파적으로 분열된 나라의 통치자에게는 두 가지 선택지가 있었다. 첫 번째는 올바른 신앙이 무엇인지 규정하고 다른 신앙을 따르는 사람들을 단속하는 것이었다. 두 번째는 관용을 베푸는 것이었다. 첫 번째 선택지에는 엄청난 대가가 따랐고, 저지대 국가와 프랑스를 40년간의 내전과 학살로 몰아넣었다. 최악의 상태는 프랑스 정부가 1572년 8월의 성 바르톨로메오 축일에 개신교 지도자들을 상대로 시작한 공격이 대학살로 급변하면서 찾아왔다. 가톨릭교 폭도들은 며칠 동안 파리에서 약 3,000명의 개신교도를 살해했고, 지방에서는 그 2배에 이르는 개신교도를 죽였을 것으로 추정된다. 폭력에 익숙했던 러시아의 이반 뇌제조차 프랑스 통치자의 잔인함을 개탄할 정도였다.[1]

최근 어느 역사가는 다음과 같이 지적했다. "16세기의 어느 국가도 서로 다른 종파의 평화로운 공존을 기꺼이 수용하거나 쉽사리 상상할 수 없었다." 물론 "기꺼이"나 "쉽사리"의 의미가 무엇인가에 따라서 해석은 크게 달라진다. 그래도 중앙유럽의 경험은 서유럽과 달랐다. 16세기에는 중앙유럽의 여러 지역에서 두 번째 선택지인 적응과 타협이 실험되었다. 폭력적 대응이 실패했기 때문에 적응과 타협을 선택하는 경우도 있었지만, 일찌감치 두 번째 선택지를 종교적 다양성 문제에 대한 신중하고 정당한 해법으로 포용하는 경우도 있었다.[2]

1555년, 신성 로마 제국의 아우크스부르크 화의에 따라 제후국이나 공국이나 영지의 통치자가 루터주의와 가톨릭교 중 어느 쪽을 채택할지 결정하게 되었다. 신민들은 통치자의 결정을 따를 수밖에 없었지만, 다른 곳으로 이주할 수 있었다. 아우크스부르크 화의의 조항에 따르면 최소한 명목상으로는 제국의 대부분이 개신교 지역으로 바뀌었다. 그때까지 남아 있던 주요 가톨릭교 통치자들이라고는 오스트리아의 통치자와 바이에른의 통치자, 그리고 로마 교황청에 밀착한 주교와 대수도원장뿐이었기 때문이다. 그런 와중에 가톨릭교 통치자들의 신민 중 다수가 개신교도였고, 종종 그들이 소집의회를 장악하기도 했다. 칼뱅주의는 아우크스부르크 화의에서 선택지로 인정되지 않았지만, 1560년대부터 라인란트팔츠와 카셀을 중심으로 소수의 통치자들이 칼뱅주의로 전환했고, 니더라인과 프리슬란트 지역을 중심으로는 반항적인 칼뱅주의 신도 모임도 생겨났다.

개신교 통치자들이든 가톨릭교 통치자들이든 각자의 영토에서 백성들에게 무엇을 믿어야 하는지 알려주고 삶을 세세하게 규제하는 포고령을 내리는 등 종교적 순종을 강제하기 위해 노력했다. 그런데 통치자들은 전반적으로 도박, 욕설, 나태, 성적 악행 따위와 관련해서는 강경한 태도를 보인 반면, 종교적 순종에 대해서는 저항을 두려워한 나머지 강력한 시행을 주저했다. 게다가 가톨릭교와 개신교의 지역 공동체들은 위로부터의 명령을 무시해버렸다. 그 공동체들은 합의한 시간표에 따라서 교회를 함께 썼고, 서로 다른 종소리로 신자들을 불러 모으는 식으로 타협을 맺기도 했다. 물론 폭도들이 예배를 방해하면서 파행이 빚어지기도 했다. 그러나 신성 로마 제국의 대다수 지역에서 폭력은 개신교 내부에서 일어났다. 즉, 온건한 루터교 신자들과 그보다 더 급진적인 열성 신자들이 충돌하는 경우가 많았다.

신성 로마 제국의 내부든 외부든 간에 중앙유럽 대부분 지역에서는 다양한 종교 공동체가 평화롭게 공존했다. 1580년대에 빌뉴스를 방문한 어느 독일 상인은 이렇게 말했다.

> 이 도시에는 루터파 외에도 가톨릭교도, 칼뱅파, 정교회 신자나 모스크바 사람, 재세례파, 츠빙글리[스위스의 종교개혁가]의 추종자들, 유대인 등 각자의 교회와 널리 알려진 관례를 지닌 갖가지 종교와 분파가 있다. 유대인에게도 예배당과 예배 장소가 있다. 이교도들이나 타타르인들도 있고, 그 모든 종교와 회중과 분파에 양심의 자유가 있으며, 아무도 양심의 자유 때문에 곤란을 겪지 않는다.[3]

보헤미아와 모라바에서도 종교가 다양했다. 루터파, 칼뱅파, 그리고 얼마 되지 않는 가톨릭교 신자 외에도, 후스주의가 스며든 여러 가지 교리를 따르는 사람들이 있었다. 즉, 가톨릭교 관행과 거의 구별할 수 없는 관행을 따르는 온건한 양형영성체파兩形領聖體派, 신약성서의 이상향적 기독교를 재현하고자 하는 체코 형제단, (당대인들의 관점에 따라) 과도한 도덕을 실천하거나 극단적인 부도덕에 빠진 과격한 분파가 있었다. 1548년, 페르디난트 1세는 보헤미아에서 체코 형제단과 그 분파들을 추방했고, 이후 많은 사람들이 페르디난트의 칙령이 적용되지 않는 이웃의 모라바로 향했다. 훗날 어느 가톨릭교 신자는 종교적인 황홀경에 열광하는 귀신 들린 자들, 나체와 난교가 에덴동산의 순수성을 되살린다고 가르치는 아담파, 그리스도와 악마가 이 세상에 물리적으로 존재한다고 믿는 현현파 등 무려 25개 이상의 이단 분파가 모라바에 있다고 적었다.[4]

적응은 그저 지역 공동체들이 종교적 다양성에 대처하는 방식이 아니었다. 중앙유럽 도처에서 통치자와 소집의회와 도시 행정관은 종종 종교적 관용을 의무화했다. 가장 이른 시기의 사례는 보헤미아 소집의회가 체코 형제단을 제외하고 가톨릭교도와 온건한 양형영성체파에게 종교적 자유를 부여한 1485년의 쿠트나호라 화의였다. 종교개혁이 시작되자 협정은 더 잦아졌다. 그중 첫 번째는 1526년(날짜는 확실하지 않다)에 맺어진 것으로 추정되는 다보스의 결정으로, 스위스 그리종 지방의 일부 지역에서 발생하는 종교 문제를 규제하는 조치였다. 틀림없이 모종의 협박을 받은 상태이기는 해도, 피어 되르퍼 공동체의 가톨릭교 지도자들은 "성별과 신분에 상관없이 모든 사람은 양심이 이끄는 대로 가톨릭교나 개신교를 자유롭게 선택하고 포용하고 공언할 수 있다"라고 합의했다.[5]

똑같은 원칙이 스위스 연방의 다른 지역들로 점차 확대되었다. 농촌 지역의 칸톤은 대부분 가톨릭교를 유지했지만, 1520년대에 도시들은 개신교를 포용했다. 당시 도시들은 일반적으로 취리히의 울리히 츠빙글리와 장크트갈렌의 요아힘 바디안, 바젤의 요하네스 외콜람파디우스처럼 루터의 가르침 위에 본인의 신학적 흔적을 남긴, 설득력 있는 현지 설교자의 영향을 받고 있었다. 1529년과 1531년에 개신교 도시인 취리히와 이웃의 가톨릭교 칸톤인 슈비츠 사이에서 노골적인 충돌이 빚어졌을 때에도 어느 쪽도 상대방을 분쇄하려는 마음은 없었다. 어쨌든 양쪽 군대는, 싸움터가 될 곳에서 수프를 나눠 먹은 유명한 이야기에서 알 수 있듯이, 싸우기보다는 서로 친하게 지내는 편을 선호했다.

1531년에 충돌을 끝내고자 맺어진 타협은 개별 칸톤의 정부가 해당 칸톤의 종교를 결정할 수 있도록 허용했다는 점에서 1555년에 이루어진 아우크스부르크 화의의 예고편이었다. 칸톤 간의 분쟁과 칸톤 내부의 분쟁은 가톨릭교 신자와 개신교 신자가 동수로 구성된 특별 법원이나 "동등위원회"에 할당되었다. 종교가 뒤섞여 있는 칸톤에서는 영토 분할이 허용되었기 때문에 글라루스 칸톤과 아펜첼 칸톤은 결국 종파를 따라서 분할되었다. 다른 곳에서는 교회를 함께 쓰거나 (믿어지지 않는 일이지만) 가톨릭교 교구민과 개신교 교구민 모두를 만족시키기 위해서 사제에게 예배를 번갈아 열도록 요청했다. 분쟁은 보통 평화적으로 해결되었다. 스위스 연방은 로마법의 흑백 원리가 아니라 관습법을 따랐기 때문에 중재에 의한 해결과 타협의 여지가 더 많았다.[6]

중앙유럽의 반대쪽 끝인 트란실바니아에서도 종교적 신념의 복잡성은 소집의회가 관용을 허용하게끔 하는 원인이 되었다. 1564년에 트란실바니아의 소집의회는 "평화를 위해서" 루터주의와 칼뱅주의를 모두 "수용된 종교"로 인정함으로써 신봉자들이 자유롭게 예배를 드릴 수 있도록 허용했다. 4년 뒤, 소집의회는 유니테리언 목사들이 "복음을 설교하고 말한다"라는 이유로 그들에게도 관용을 베풀었고, "누구도 자신의 종교 때문에 곤란을 겪지 않아야 한다"라는 공식 명령을 내렸다. 그러나 가톨릭교도들은 여전히 괴롭힘을 당했다. 그들의 교회는 주기적으로 폐쇄되었고, 성직자들은 쫓겨났다. 트란실바니아의 유니테리언들도 마찬가지였다. 1572년에 유니테리언의 지도자 다비드 페렌츠가 종교 혁신죄라는 날조된 죄로 투옥되었다. 그러다가 1595년에야 비로소 가톨릭교, 유니테리언, 루터파, 칼뱅파 등이 동등한 지위와 자유롭게 예배를 올릴 권리를 공식 인정받았다. 이외에도 별개의 특혜를 통해 권리가 보장되었던 다수의 정교회 신자들이 있었다.[7]

가톨릭교의 본거지인 오스트리아와 바이에른에서도 관용은 일반적인 현상이었다. 통치자들이 세금을 징수하기 위해서는 주로 개신교 성향인 소집의회의 동의가 필요했기 때문이다. 황제 페르디난트 1세의 아들이자 후계자인 막시밀리안 2세는 1568년에 지방 귀족에게 종교의 자유를 허용하는 대가로 오버외스터라이히의 소집의회와 니더외스터라이히의 소집의회로부터 250만 두카트의 예산을 확보했다. 1578년에는 막시밀리안의 동생인 카를 대공이 이른바 이너외스터라이히의 공국들인 슈타이어마르크, 케른텐, 크라인 등에 관용을 확대해 170만 두카트를 획득했고, 그 공국들의 소집의회로부터 군정 국경지대를 뒷받침하기 위한 지속적인 재정 지원도 약속받았다. 한편, 바이에른의 알브레히트 5세는, 그의 표현을 빌리자면, 종교 문제에서 "종잡을 수 없고 얼버무리는 식의" 정책을 채택했고, 소집의회가 그의 빚을 갚아주기로 약속하는 대가로 개신교 지도자들의 요구를 절반 정도 들어주었다.[8]

황제 막시밀리안 2세는 보헤미아에서도 소집의회로부터 평화와 특별 보조금을 얻어내기 위해서 한발 물러났다. 1575년, 그는 양형영성체파, 루터파, 체코 형제단 등이 작성한 공동 신앙 선언문을 승인함으로써 보헤미아의 종교적 자유를 사실상 보장했다. 1590년대에 보헤미아를 여행한 잉글랜드의 모험가 파인스 모리슨은 보헤미아 왕국 도처에 팽배한 "종교의 대혼란"을 언급하면서 이렇게 지적했다. "그렇다.

모든 마을에서, 심지어 대부분의 가정에서, 한 식탁을 쓰고 한 침대에서 함께 쉬는 사람들 사이에서도 똑같은 혼란이 있었다." 폴란드의 사정도 마찬가지였다. 1560년대에 폴란드의 전국 소집의회인 세임의 대의원의 절반 정도가 개신교도였다. 1572년에 프랑스에서 성 바르톨로메오 축일 학살 사건이 벌어지자 세임에서 긴급 재검토가 시작되었고, 이듬해에 포괄적 관용의 원칙, 어느 당대인의 표현에 따르면 "칼이 아닌 말로" 종교적 차이를 해결해야 한다는 원칙이 확인되었다.[9]

그렇게 제정된 1573년 관용법에는 표현상의 미숙한 점이 있었다. 문구에 문제가 있어서 관용이 귀족에게만 적용되는지, 도시민과 소작농에게도 적용되는지 불분명했던 것이다. 하지만 그 결점에도 불구하고 관용법 덕분에 폴란드는 보헤미아 출신의 체코 형제단 선교사들, 유럽의 거의 모든 곳에서 억압을 피해 도망친 재세례파, 그리고 재세례파의 일파로 평화를 지향하며 1530년대 이후 저지대 국가에서 건너와 결국 비스와 강 삼각주에 대규모로 정착한 메노파에게 매력적인 곳이었다. 그밖에도 폴란드에는 성령을 부인하는 파르노비우스파, 그리스도를 숭배하기를 거부하는 부드네우스파, 성부, 성자, 성령을 완전히 별개의 실체로 생각하는 사벨리우스파 등 유니테리언에서 비롯된, 그리고 삼위일체의 수수께끼를 너무 깊이 생각한 데에서 생겨난 여러 분파가 있었다. 그러나 관용법에는 허점이 있었기 때문에, 온갖 유형의 유니테리언들은 계속 간헐적이고 국지적인 박해를 받았고, 많은 신자들이 종교적 통제가 약한 우크라이나로 도피했다.

관용법은 "우리 나라에서 빚어지는 기독교의 여러 사안을 둘러싼 심각한 불일치"에서 비롯되었고, "우리가 분명히 인지하는 사람들 사이에서의 선동이 다른 왕국들에서 일어나지 않도록 예방하기 위해서" 제정되었다. 폴란드의 관용법은 국외에서 "내전을 예방하고 왕국을 평화롭고 평온하게 보존한" 발군의 수완으로 환영받았고, 얼마 전에 프랑스와 저지대 국가에서 벌어진 유혈 사태와 대비되었다. 황실 고문이자 장군인 라자루스 폰 슈벤디(1522-1583)가 볼 때, 폴란드의 사례는 상부의 명령으로 의무화된 관용이 분열된 공동체에서 종교 문제를 조정하는 "유일하게 긍정적이고 가능한 방법"임을 보여주었다.[10]

그러나 타협과 관용은 단순한 정치적 선택에 그치지 않았다. 타협과 관용은 인문주의에서, 그리고 고전 학문에 대한 르네상스적 관심에서 비롯된 철학적 선택이기도 했다. 중앙유럽 곳곳에서 인문주의자들은 통치자의 궁정에 몰려들었고, 귀족의 자녀들을 교육했으며, 사서나 외교관이나 성직자로 일했고, 서신을 분주히 주고받았다. 가장 많은 서신을 쓴 인물은 폴란드의 북동부 지방인 바르미아의 주교후 단티스쿠스(얀 단티셰크, 1485-1548)였을 것이다. 그가 교황, 황제, 공작, 도시 행정관을 포함한 500여 명에게 보낸 7,000여 통의 서신이 남아 있는데, 그 많은 서신에는 단티스쿠스가 신학적인 논쟁을 벌이거나, 잉글랜드 체류 중에 콘월 지방의 선원들을 상대로 흥정을 하거나, 그단스크 맥주의 장점을 극찬하는 등의 내용이 담겨 있다.

인문주의자들이 읽고, 편집하고, 서신에서 논의한 고전 문헌에는 종교적 독단론과 대립하는 사상이 담겨 있었다. 대부분의 고전 저술가에게, 종교는 간섭을 통해서 인간의 삶을 방해하는 단역 배우 같은 신들로 구성된 것으로 보였다. 그들은 종교 관례 대신 시민적 미덕을, 그리고 자제, 공손함, 절제의 성향을 강조했다. 인문주의자들은 그런 사상을 받아들였다. 그들은 이른바 판단에서의 "성급함alacritas"을 거부했고, 대신에 토론의 개방성과 기꺼이 신중하고 합리적으로 대안을 숙고하려는 태도를 촉구했다. 네덜란드의 인문주의자인 에라스뮈스는 루터에게 "떠들썩함보다 공손함과 중용을 통해서 더 멀리 갈 수 있다"라고 충고했다.[11]

인문주의자들은 다르게 **생각하기도** 했다. 스콜라학자로 알려진 중세 후기의 논리학자들은 종합을 인정하지 않는 명제와 반대 명제의 관점에서 세상을 이해해야 한다는 듯이 만사를 대립의 관점에서 바라봤다. 인문주의자들은 논리학자들의 틀에 박힌 증명 대신 웅변술과 설득술을 선호했다(인문주의자를 비판한 사람들은 그것을 "수다스러움"으로 치부했다). 그들은 서로 맞서는 양극단 사이의 중도를 모색했고, 서로 다투는 신념을 이어주는 "중용"을 추구하면서 (인문주의자들이 가장 좋아한 원문 중 하나에 나오는) "깊은 바다와 위험한 해안" 사이의 길을 나아갔다. 다시 말해, 그들은 차이를 조화시키고 해결하려고 노력했고, 가톨릭교와 개신교를 나누는 차이가 아니라 둘 사이의 공통점을 찾고자 애썼다. 1570년대에 라자루스 폰 슈벤디는 다음과 같이 썼다.

> 하느님은 지나치지 않고 조화시키는 방침을 따르는 사람을 사랑하고 축복하신다. 그러나 오만함에 빠져 중도에서 벗어나 잔인하고 무자비한 계획을 세우는 사람을 벌할 것이다……하느님께서는 마침내 그를 제압하고 그의 삶을 고통 속에서 끝내실 것이다.[12]

그러나 학자들과 인문주의자들이 의미를 찾아 샅샅이 뒤진 것은 고전 문헌만이 아니었다. 당시에는 오늘날 우리가 비전秘傳 지식으로 부를 수 있는 것과 고전적 전통을 분명하게 구별하기 어려웠다. 실제로 새로운 황금시대를 내다본 시빌레의 예언이 담겨 있는 베르길리우스의 『목가집Eclogues』에서 알 수 있듯이, 고대 로마의 위대한 시인들조차 신비로운 지식에 대한 여지를 가지고 있었다. 학자들은 이집트 신화와 초기 기독교 신앙, 천박한 형태의 플라톤 철학이 결합해 있는 고대 문헌들을 포착했다. 그들은 그 문헌들이 모세 시대에 살았던 헤르메스 트리스메기스투스("세 번 위대한 헤르메스"라는 뜻)라는 존재에서 유래했다고 믿었지만, 사실 그것들은 대부분 북아프리카에서 유래한 제1천년기 초의 산물이었다.

연금술은 고전 학문과 신화상의 헤르메스의 가르침을, 그리고 신화적인 유대교 경전인 카발라 같은 유대교 문헌에 대한 새로운 관심을 한데 모아놓은 것이었다. 연금술은 금을 만드는 방법에 그치지 않고, 점성술, 천사 소환, 완벽성을 향한 개인적 탐험 같은 분야를 다루기도 했다. 연금술이 그토록 매력적이었던 이유는, 연금술의 기법이 이합체시, 숫자 수수께끼, 비밀 문자, 모호한 원문에 숨어 있었기 때문이다. 연금술은 비밀 결사라는 매력도 지니고 있었다. 감춰진 진실을 알아내기 위해서 마술사나 숙련자는 용광로에서 금속을 제련하는 것과 똑같은 방식으로 자신의 불순물을 제거하는 가입 단계를 거쳐야 했고, 폴란드의 어느 연금술사의 말에 따르면, 그런 과정 끝에 "진실하고, 분명하고, 끈기 있고, 일정하고, 무엇보다 종교적이고, 하느님을 두려워하는, 자연과 같은 존재"가 되었다. 그런 발상은 각각 일과 기도를 의미하는 라틴어 명사인 labor와 oratorium이 결합해 만들어진 영어 단어 laboratory(실험실)에 남아 있다.[13]

연금술과 비전 지식에는 우주의 통일성이 내포되어 있었다. 천상에서 벌어지는 일이 지상에서 그대로 나타나 대우주와 소우주가 완벽한 조화를 이루었다. 알렉산드로스 대왕은 헤르메스 무덤 위의 옥판에 적혀 있었다고 전해지는 헤르메스의 원문에서 가장 중요한 부분을 복원했다고 한다. 다음과 같이 시작하는, 이른바 『녹옥판 Tabula Smaragdina』에 새겨진 비문은 분리되지 않은 우주의 원리를 이야기한다(비문의 내용은 아이작 뉴턴 경이 번역한 것이다).

> 그것은 거짓 없는 참이고, 확실하고 가장 참되다.
> 아래에 있는 것은 위에 있는 것과 같고,
> 위에 있는 것은 단 하나의 기적을 행하고자
> 아래에 있는 것과 같다.
> 그리고 만물이 하나로부터, 하나의 중재로
> 비롯되고 생겨났듯이
> 만물이 하나로부터,
> 적응을 거쳐 태어났다.[14]

이 비문의 의미는 완전한 수수께끼이다. 그러나 별과 별자리의 운행이 인간의 운명에 영향을 미친다는 점성술사들의 가정을 뒷받침하는 "위에 있는 것은 아래와 있는 것과 같다"라는 원리는 매우 명확하다. 그러나 『녹옥판』의 비문이 단언하듯이, 천상과 지상이 정말 하나라면, 지상에서 이루어지는 주문과 물질의 조작이 천상의 구성을 바꿀 수 있을 것이다. 그리고 그렇게 될 수 있다면 지상 자체가 우주의 변화와 맞춰서 마술사의 힘을 늘려야 할 것이다. 1500년경에 대수도원장인 슈폰하임의 트리테미우스가 방법을 설명했듯이, 가장 간단한 단계에서 마술사는 수정구슬에 천사를 집어넣은 뒤 천사에게 원래의 일을 하도록 명령할 수 있을 것이다. 당연하게도 마술사는 훨씬 더 멀리 나아갈 수도 있었다. 『녹옥판』에는 다음과 같은 약속이 새겨져 있었다. "이렇게 해서 그대는 온 세상의 영광을 얻을 것이고, 그로써 온갖 모호함이 그대로부터 사라지리라."[15]

연금술은 중앙유럽 곳곳의 통치자들이 좋아하는 취미였다. 그들은 궁전에 실험실을 짓고, 실험실에서 일할 마술사를 모집하고, 도서관에 비치할 신비로운 문헌을 수집했다. 하지만 우주의 통일성에 대한 추정과 연금술의 배후에 자리 잡은 가정은 다른 활동에도 영향을 미쳤다. 만일 자연계가 우주의 소우주적 요소로 이루어져 있다면, 식물과 동물을 연구하여 대우주적 질서를 엿볼 수 있을 것이다. 따라서 통치자들은 색다른 식물을 손에 넣고 표범, 타조, 심지어 도도새(도도새는 프라하의 왕실 동물원에 있었다) 같은 진기한 동물을 가지는 데에 관심을 쏟았다. 또한 물질계가 정말로 보편적인 원리의 표현이라면 서로 무관한 물체들을 모아 나란히 배열함으로써 지상의 사물들의 근본적인 통일성을 드러낼 수 있을 것이다. 바로 거기서 소우주나 세상의 "극장"을 짓도록 이끄는 수집 열정이 생겨났다. 호기심 방Wunderkammer(진귀한 물건을 전시하는 방)으로 알려진 그 소우주나 극장에는 조개껍데기와 일각고래의 엄니, 원형 돋을새김과 고전 시대의 조각상 덩어리, 솔방울과 천산갑 등 놀라운 것과 평범한 것이 나란히 전시되어 있었다.

연금술사들의 우주관은 우주의 조화로운 질서에 대한, 그리고 명백히 상반되는 것들을 일치시키는 통일과 화합의 원리에 대한 믿음에 기대고 있었다. 그들의 우주관은 신학자들의 주장이 피상적이며, 모든 교리에 공통된 더 폭넓고 앞서는 진리를 간과하고 있다고 암시했고, 종교적 믿음과 관련해서 심오한 의미를 품고 있었다. 따라서 연금술 전통은 기독교인들이 다툼을 제쳐두고 타협과 관용이라는 중도를 모색해야 한다는, 인문주의적 견해를 강화했다. 황제 막시밀리안 2세는 확실히 그런 철학적 원리를 지지했다. 가톨릭교 신자인지 개신교 신자인지 밝혀야 했을 때, 그는 기독교 신자라고 간단히 대답했다. 막시밀리안의 관점에서, 두 종파의 차이는 기독교적 메시지에 새겨진 본질적인 진리보다 덜 중요했다.

막시밀리안 2세는 동물원과 정원, 실험실을 만들었다. 영국의 마술사 존 디는 연금술과 점성술과 기하학을 뒤섞어 모든 지식을 단 1개의 상형문자에 압축해놓은 책인 『모나스 상형문자 Monas Hieroglyphica』(1564)를 막시밀리안 2세에게 헌정함으로써 황제의 열정에 보답했다. 빈에 있는 궁정에서 막시밀리안은 밀라노 출신의 유명한 예술가 주세페 아르침볼도(1527-1593)를 후원하기도 했다. 과일, 동물, 나뭇가지, 나뭇잎 따위로 이루어진 듯이 묘사된 아르침볼도의 머리 「퍼즐 조각 초상화」는 한때 학구적인 장난으로 치부되었다. 그러나 아르침볼도는 화환, 나무 그루터기, 모닥불, 포도 몇 송이, 물고기와 뱀장어 등이 황제의 머리를 이루고 있는 초상화 연작 「사계절」과 「4원소」의 핵심에 막시밀리안을 배치함으로써 황제를 자연계의 영원한 탈피와 변형을 주관하면서도 그것에 참여하는 자연계의 주인으로 선언했다. 그러고는 그런 의도가 전달되지 않는 경우를 대비해, 협력자인 조반니 파우치의 300행짜리 시를 덧붙였다.[16]

막시밀리안의 아들이자 후계자인 황제 루돌프 2세는 모든 면에서 한술 더 떴다. 그는 오랫동안 국정을 소홀히 하며 프라하 성에 은둔하기를 좋아했다. 루돌프는 보헤미아의 수도인 프라하를 관할하는 동안 종종 대사들이나 소집의회 대표단의 접견을 거절했고, 마술사, 예술가, 점성술가, 연금술사 등과 어울렸다. 그들은 궁정을 가득 채우다시 피했고, 심지어 프라하 성의 정원에 실험용 용광로까지 설치했다. 루돌프는 그들과 대화를 나누며 시간을 보내고 유대교 신비주의자들이나 랍비들과도 어울렸다. 루돌프가 고백했듯이, 그들과 대화하다 보면 종종 어리둥절할 때가 있었다. 우주의 신비에 너무 깊이 빠진 사람들이 하는 말이라 초보자가 이해하기 어려웠기 때문이다.

우주와 인간 존재의 심오한 신비를 곰곰이 생각하던 루돌프는 깊은 우울증에 빠졌다. 혹여 목숨을 잃을까 두려워했고, 실제로 지붕 위 자객의 눈에 띄지 않은 채 안심하고 거닐 수 있도록 프라하 성 경내에 덮개를 씌운 통로를 만들기도 했다. 그가 실험실에서 시도한 실험은 점점 더 과감하고 위험해졌고, 급기야 수염이 불에 조금 타버리는 사고까지 벌어졌다. 그는 이미 일반적으로 인정되는 기독교 신앙의 관례를 넘어선 듯 보였다. 그의 직계 가족들은 루돌프가 악마적 관행에 연루되어 있음을 의심하지 않았다. 1606년, 그의 조카들은 이렇게 썼다.

이제 폐하는 아예 신을 저버린 지경에 이르렀다. 앞으로 폐하는 신의 말씀을 듣지도 말하지도, 신의 기적을 겪지도 않으실 것이다. 폐하는 설교나 공개 예배나 행렬 기도식 등에 참석하지 않을 뿐 아니라 거기 참여하는 모든 사람을 미워하고 저주한다……마법사, 연금술사, 카발라 사상가 등에게만 관심이 있고, 갖가지 보물을 찾아내고, 비법을 배우고, 적을 해치는 추악한 방법을 쓰는 데 드는 비용을 아끼지 않는다……또한 마술 책으로 가득한 서고도 가지고 있다. 폐하는 장래에 다른 주인을 섬기려고, 언제나 신을 없애려고 몸부림치신다.

3년 뒤, 프라하를 방문한 토스카나의 사절은 조카들의 주장을 일부분 뒷받침했다. 그는 루돌프의 치세가 처음에는 아주 모범적이었다는 점을 언급하며 다음과 같이 말을 이었다.

> 그러나 루돌프는 예술과 자연에 관한 연구를 시작하는 바람에 모든 것을 망쳤고, 점점 더 절제를 하지 못해서 연금술사의 실험실, 화가의 화실, 시계 제작자의 작업장을 핑계로 국사를 저버렸다……그는 어떤 흑담즙병으로 마음이 심란해져 고독을 즐기기 시작하고, 마치 감옥에 갇힌 죄수인 양 궁전 안에 틀어박혀 있기 시작했다.[17]

루돌프가 소장했던 보물과 비법은 지금 남아 있지 않다. 그의 소장품들은 후계자들에 의해서 방치되다가 1648년에 프라하를 약탈한 스웨덴인들에게 넘어갔다. 그의 소장품의 규모는, 스웨덴인들이 프라하 성에서 훔친 물건의 목록(그림 470점, 청동상 69점, 주화와 훈장 수천 점, 상아 조각품 179점, 호박과 산호 작품 50점, 마노瑪瑙와 수정 그릇 600벌, 인도의 진기한 물건 403개, 귀금속으로 만든 물건 185개, 다듬지 않은 다이아몬드들, 300대 이상의 자동 연주 악기)을 보면 짐작할 수 있다. 다른 기록에 따르면 루돌프의 그림 소장품만 수천 점에 이른다.[18]

루돌프가 소장했던 코레조, 바르톨로메우스 슈프랑거, 히에로니무스 보스, 레오나르도 등의 작품들은 이제 모두 뿔뿔이 흩어졌거나 파손되었고, 그의 연금술 취미는 공상으로 치부된다. 그러나 그의 유산은 천문학에서 명맥을 이어가고 있다. 오늘날, 천문학은 인공위성에 장착된 망원경에 힘입어 고도의 수학적인 분야로 발전했지만, 점성술은 괴짜들과 점술가들의 일로 국한된다. 하지만 16세기와 17세기에는 천문학과 점성술이 구분되지 않았다. 폴란드의 코페르니쿠스는 지구가 태양의 주변을 돈다는 사실을 증명하기 위해서 온갖 계산을 정확히 해냈다. 하지만 그의 출발점은 태양이 완벽하기 때문에 거친 지구의 주변을 도는 것은 불가능하다는 연금술사들의 가정이었다. 실제로 코페르니쿠스는 이렇게 말했다.

> 태양은 우주의 등잔이나 우주의 마음이나 우주의 통치자로 불리는 것이 옳다. 헤르메스 트리스메기스투스는 태양을 "보이는 신"으로 부른다. 소포클레스의 엘렉트라는 태양을 "천리안"으로 부른다. 이렇듯 태양은 왕좌에 앉은 채, 그 주변을 도는 자식들인 행성들을 다스린다.[19]

루돌프가 궁정으로 불러들인 천문학자들도 마찬가지였다. 덴마크의 튀코 브라헤와 남부 독일의 요하네스 케플러만큼 서로 다른 사람들은 없었을 것이다(루돌프는 튀코 브라헤의 천문대에 자금을 지원해주었다). 케플러는 미천한 집안 출신인 데다가 공처가였던 반면, 튀코 브라헤의 가문은 덴마크의 땅부자였다. 튀코 브라헤는 결투 사고로 코의 일부분이 절단되는 바람에 독특한 가짜 코를 붙이고 다녔을 뿐만 아니라 숙소에 말코손바닥사슴 한 마리를 술친구 삼아 기르기도 했다. 하지만 두 사람 모두 별의 운행이 인간사에 영향을 미친다고 확신했고, 둘 다 별점을 쳤다. 케플러가 내놓은 수백 건의 예언이 남아 있지만, 정작 황제를 절망에 빠트린 것은 루돌프가 수도사에게 살해되리라는 브라헤의 예언이었다.

브라헤와 케플러가 프라하에서 진행한 공동 연구는 브라헤가 1601년에 일찍 세상을 떠난 탓에 1년 동안만 이어졌다. 하지만 그때까지 브라헤는 별의 궤도를 1,000개 이상 그려냈다. 케플러는 브라헤의 관측

결과를 천체력(행성과 항성의 위치 예측표)으로 변환했고, 1627년에 그것을 『루돌프 표*Tabulae Rudolphinae*』라는 책으로 출판했다. 놀랍도록 복잡한 작업의 결과물인 케플러의 일람표는 천체들의 궤도가 타원형이라는 사실을 입증했고, 튀코 브라헤가 의심했던 태양이 행성들의 중심에 있는 코페르니쿠스 체계를 증명했다. 브라헤는 망원경이 없어서 모든 관측을 육안으로 했고, 케플러는 당시 초창기의 계산기가 이미 쓰이고 있었는데도 계산기 없이 작업했다. 대신에 케플러는 수학적 계산의 보조 수단으로 로그를 최초로 사용한 사람이었다.[20]

브라헤와 케플러는 개신교 신자였고, 루돌프의 궁정 내의 관용적인 환경에 힘입어 성공을 거두었다. 1612년에 루돌프가 세상을 떠난 뒤에도 천문학 연구는 대체로 활발하게 이루어졌다. 1616년에 로마 교황청 종교 재판소가 태양중심설에 대한 믿음을 이단으로 선언하고 교황이 태양중심설을 설명하는 모든 책을 금지했지만, 이후에도 태양중심설은 프라하에서 천문학의 기본적인 요소로 남았다. 황제 페르디난트 1세가 1556년에 수도인 프라하에 후스파와 개신교의 색채가 짙은 대학교와 경쟁시키려고 설립한 예수회 대학교인 클레멘티눔은 대안 우주론을 계속 가르치고 탐구했다. 클레멘티눔의 구舊수학관 벽면의 프레스코에는 지구가 중심인 전통적인 천구 모형 옆에 코페르니쿠스와 브라헤의 행성계가 그려져 있었다. 다른 프레스코에는 천사들이 망원경과 분광기와 지구본을 가지고 노는 모습이 묘사되어 있었다.[21]

루돌프의 정치는 변덕스럽고 종잡을 수 없었다. 1600년경에 그는 궁정에서 이른바 스페인 파벌의 영향력 아래 놓였고, 이후에는 이미 오스만인들을 상대로 전쟁 중인 와중에 헝가리에 가톨릭교를 다시 강요하려고 했다. 그 정책은 헝가리의 거물인 보치커이 이슈트반이 오스만 제국의 지원을 받아 루돌프에 맞선 반란을 주도하면서 극적인 역풍을 초래했다. 술탄은 보치커이에게 왕관을 보내기까지 했지만, 신중하게도 보치커이는 왕관을 쓰지 않았다. 의표를 찔린 데다가 아군이 패배하자 루돌프는 계획을 포기했고, 1606년에 헝가리에서의 완전한 종교적 관용을 인정했다.

　루돌프의 실수는 동생인 마티아스가 형을 대신하고자 시도하는 계기가 되었다. 마티아스는 지지 세력을 모으기 위해서 오버외스터라이히와 니더외스터라이히에 관용 헌장을 나눠주었다. 루돌프는 보헤미아에서도 똑같은 행보를 보였지만, 마티아스가 루돌프를 퇴위시키고 자신을 왕으로 선출하도록 보헤미아 소집의회를 설득했기 때문에 효과가 전혀 없었다. 결국, 루돌프에게 남은 것이라고는 제관과 무모한 화승총병들이 마티아스의 명령에 따라서 문을 지키는 프라하 성의 마당뿐이었다. 1612년에 루돌프가 세상을 떠나자 불과 1-2년 전에 셰익스피어가 쓴 『템페스트 The Tempest』에 나오는 프로스페로의 치세와 흡사했던 그의 치세도 막을 내렸다.

　　나는 아우에게 정부를 맡겼고,
　　나랏일이 점점 낯설어진 채
　　비밀스러운 연구에 마음을 빼앗겨 몰두했단다. (제1막 제2장)[22]

　그러나 루돌프의 실패는 개인적인 차원에 그치지 않았다. 관용적인 중도를 향한 인문주의적 미래상 역시 종교적 차이를 강압으로 해결하려는 방법에 밀려나고 있었다. 중앙유럽 도처에서 새로운 세대의 가톨릭 개혁가들이 영혼을 추수하기 위해서 분주하게 움직이고 있었다. 그들은 설득에 실패하면 무력을 사용할 각오가 되어 있었다. 1560년대부터 바이에른과 이너외스터라이히의 공국들인 슈타이어마르크, 케른텐, 크라인 등의 역대 통치자들은 개신교 교회를 폐쇄했고, 설교자들을 괴롭혔으며, 세례를 빨리 받도록 시골 사람들을 연못에 몰아넣었다. 그 통치자들이 선호한 수단은 "개혁위원회"였다. 개혁위원회 소속 사제들은 군인들의 지원을 받아 이 마을을 저 마을을 돌아다니며 주민들의 양심을 조사하고, 삼종기도 종소리가 울릴 때 모두가 무릎을 꿇었는지 확인한 뒤 순종 인증서를 나눠줬다. 중앙유럽에 가톨릭교 신자들이 돌아왔다. 그들의 대변자들은 내전으로 치닫게 될 터였다.

제17장
가톨릭교의 복원과 중앙유럽의 30년전쟁

17세기 초, 개신교는 중앙유럽 대부분 지역에서 승리를 거두는 듯했다. 아직 소집의회를 장악하지 못한 곳에서도 개신교 신자들은 종교의 자유를 쟁취했다. 그러나 개신교가 거둔 성과는 불안정했다. 승승장구하는 개신교에 대한 분노가 일어나 종파적 폭력이 심해졌고, 가톨릭교 신자인 폭도들이 예배를 방해하고 설교자를 공격했다. 개신교 신자들은 가톨릭교의 숭배 대상을 표적으로 삼아서 대응에 나섰다. 일종의 분업이 이루어진 듯했다. 개신교도들이 주로 교회의 재산과 비품을 노렸다면, 가톨릭교도들은 숭배자를 직접 겨냥했다. 중앙유럽 곳곳에서 종교적 노선이 강화되고 있었고, 크라쿠프와 빌뉴스처럼 한때 비교적 평화로웠던 곳들도 종종 대혼란에 빠졌다. 그러나 두 종파 간의 경쟁이 더 고착화된 것은 역법 때문이었다. 나중에 밝혀졌듯이, 예배를 어떻게 드리느냐보다 예배를 언제 드리느냐가 더 문제였다.

   1582년, 교황 그레고리오 13세는 기원전 46년에 율리우스 카이사르가 제정한 율리우스력에 윤년이 너무 많아 부정확하다는 이유로 "그레고리력"을 도입했다. 그는 카이사르가 저지른 실수를 보완하기 위해 날짜에 10일을 추가했는데, 그렇게 조정한 것은 천문학적으로 완벽히 이치에 맞는 일이었다. 폴란드는 칙령에 따라서 즉시 그레고리력을 수용했고, 중앙유럽의 합스부르크 왕가의 영토 대부분도 이를 따랐다. 그러나 신성 로마 제국의 소집의회는 새 역법을 시행하라는 루돌프 2세의 지시를 거부하고는 아무 대책도 세우지 않은 채 각 도시와 영주에게 결정을 맡겼다. 대부분의 개신교 지역은 18세기까지 옛 역법을 고수하다가 케플러의 계산을 근거로 삼은 그레고리력의 변형을 채택했다. 중앙유럽의 발트 해 연안 일부 지역에서 쓰인 스웨덴력은 한동안 그레고리력과 율리우스력을 뒤섞으려고 하다가 중앙유럽의 다른 모든 지역의 역법과 부딪히는 상황을 초래했다.[1]

  많은 사람들에게 역법의 변화는 혼란스러운 일이었다. 바이에른의 어느 농민 무리는 "부과금과 지대를 내야 하는데 아직 열매가 익지 않았다. 가게 주인이든 농부든 언제 교회에 가야 하는지 아는 사람이 없다. 다들 시장에 너무 늦게 간다"라고 불평했다. 다른 시골 사람들은 새로 정해진 성촉제가 아닌 옛 성촉제(2월 15일)에 곰이 겨울잠에서 깨어나 굴에서 나온다고, 또 그레고리력이 아니라 율리우스력의 성탄절 전야에 가축이 마구간에서 그리스도의 탄생에 경의를 표한다고 지적했다. 게다가 교황이 새 역법을 공인했기 때문에 많은 개신교도들은 속임수가 있지 않은지 의심하거나, 적어도 날짜 색인 인쇄물(서로 다른 역법을 쓰는 달력들의 날짜를 맞춰보기 위한 표/역주)을 판매하는 것을 교묘한 돈벌이 수단이라고 여겼다. 헝가리에서는 대중의 저항이 거세지자 결국 1599년에 소집의회가 새 역법을 따르지 않는 행위에 대해서 엄중한 벌금을 매기기로 결정할 수밖에 없었다. 그럼에도 17세기 내내

헝가리와 트란실바니아의 많은 개신교도들은 사적으로 주고받는 편지에서 옛 역법을 계속 썼다.[2]

다른 곳에서는 폭력 사태가 일어났다. 폭력 사태는 그레고리력을 따르는 가톨릭교 신자들과 율리우스력을 따르는 개신교 신자들이 이웃으로 지내는 공동체에서 가장 두드러졌다. 새 역법이 도입되면서 두 종교는 부활절과 성탄절을 서로 다른 날에 기념하게 되었고, 따라서 행렬 기도식과 예배를 방해하고, 신성 모독이라는 비난을 퍼부을 여지가 생겼다. 새 역법 때문에 틀림없이 심판의 날이 앞당겨질 것이라고 가르친 설교자들에게서 영향을 받은 리보니아의 리가와 바이에른의 아우크스부르크처럼 멀리 떨어진 곳의 개신교도 무리는 세상의 종말이 다가온다며 주일에 가톨릭교 교회를 약탈했다. 그 사건이 벌어지고 나서 10일 뒤, 피해자들이 복수에 나섰다. 정교회 신자들이 옛 율리우스력을 고수하고 있던 폴란드와 리투아니아의 일부 지역에서도 마찬가지 상황이 벌어졌다.

스위스는 양분되어 있었다. 가톨릭교 칸톤과 도시는 그레고리력을 채택했지만, 개신교 칸톤과 도시는 율리우스력을 고수했다. 두 역법이 뒤섞여 있는 칸톤과 관련해, 스위스 연방의 소집의회는 지역 공동체에 결정을 맡기는 손쉬운 길을 택했다. 세월이 흐르면서 대부분은 그레고리력을 따르게 되었지만, 소수의 공동체는 그레고리력을 채택했다가 새 역법이 "불편하다"며 다시 옛 역법으로 돌아갔다. 그리종 지방의 외딴 알프스 산맥 계곡 지역인 아퍼는 1812년까지 율리우스력을 고수했고, 아펜첼의 몇몇 마을은 오늘날까지 종을 울리고 요들을 부르며 2번의 새해 첫날을 맞이한다. 그러나 아펜첼은 다행스러운 예외일 뿐이다. 중앙유럽의 다른 모든 곳에서는 선이 그어졌다. 과거에는 종교적 분열 상태에서 중립적일 수 있었지만, 이제는 분명한 태도를 보여야 했다. 중도는 날짜 앞에서 무력했다.[3]

새 역법은 반反종교개혁으로 알려진 가톨릭 교회 내부의 대규모 개혁 운동의 일환이었다. 개신교의 발전에 자극을 느낀 교황들과 성직자들은 가톨릭 교회에 철저한 변화와 쇄신 계획을 도입했다. 1545년에서 1563년 사이에 트렌토에서 열린 공의회는 가톨릭 신앙의 교리를 분명히 밝히고 전통적 요소를 재확인하는 동시에 예배를 더 참여적이고 교육적인 의식으로 만들었다. 가톨릭 교회는 신자들이 더 편히 설교를 들을 수 있도록 신도석과 높은 설교단을 도입하기 시작했다. 공의회의 명령에 따라서 교회 건물의 내부는 화려한 천장과 금색 치장 벽토로 환해졌다. 공의회는 현지어로 찬송가 부르기 같은 공동의 예배 행위도 장려했다. 중앙유럽에서 유포된 새로운 가톨릭교 찬송가집은 대부분 농촌 지역에서 불린 후렴을 차용했고, 일부 찬송가집에는 인기 있는 개신교 찬송가 구절이 수록되기도 했다.[4]

새로운 수도회가 개혁된 가톨릭교의 메시지를 전달했다. 예수회로 알려진 그 교육 및 선교 단체는 학교와 대학교를 설립했고, 오스만인과 타타르인의 점령 지역에서 괴로운 처지에 놓인 신도들을 독려했으며, 유대인과 이슬람교, 심지어 집시들에게도 손을 내밀었다. 고해 신부와 교육자로서 그들은 귀족들의 영혼을 사로잡았고, 유쾌하고 호의적인 태도 덕분에 이웃으로 환영받았다. 주교들도 수십 년에 걸쳐 성직자의 도덕과 학식의 수준을 끌어올리고 사제 교육용 신학교를 설립하기 위해서 신도 교육용 자료를 인쇄하고, 대중적 신앙심의 초점인 현지의 새로운 성지와 순례길을 개발하고자 노력했다. 폴란드에서는 주교들과 예수회 수도사들, 카푸친 수도회 같은 탁발수도회가 괄목할 만한 성과를 거두었다. 1630년대에 이단에 대해 선포된 칙령에 따라서 개신교 교회의 신축이 금지되고 유니테리언들이 동쪽으로 이주해야 하기는 했지만, 가톨릭교로의 개종은 대체로 평화롭게 이루어졌다. 폴란드의 어느 역사가의 말을 빌리자면, 서유럽의 왕국들과 달리 폴란드는 "화형火刑을 위한 기둥이 없는 국가"였다.[5]

16세기 말에 가톨릭교는 개신교 내 지파 간의 과도한 다툼이나 논쟁과 대조되는 자신감과 견고함을 지니게 되었다. 게다가 뜻밖에도 가톨릭 교회는 폴란드와 리투아니아의 정교회 공동체들을 상대로 무려 300만 명에서 400만 명을 개종시키는 가장 비범한 성과를 거두기도 했다. 이는 신대륙에서 가톨릭 교회가 거둬들인 영혼의 수와 거의 맞먹는 규모였다. 아메리카 대륙에서는 가톨릭 교회가 정복과 식민지화에 힘입어 이식된 반면, 중앙유럽에서는 협상과 합의를 통해서 새로운 진전을 이룰 수 있었다. 하지만 나중에 밝혀졌듯이, 이 과정에는 약점이 있었다. 새로 가담한 세력 가운데 로마 가톨릭 교회의 일원이 되기 싫어하는 사람들이 많았던 것이다.

폴란드 왕국과 리투아니아 공국에는 꽤 많은 정교회 인구가 있었다. 아주 거칠게 말하자면 그들은 대략 오늘날의 우크라이나와 벨라루스에 해당하는 곳에 살았다. 1580년대에 그곳의 정교회 주교들은 심각한 우려에 빠져 있었다. 모스크바 대공국이 정교회 세계의 주도권을 주장했고, 차르는 폴란드와 리투아니아의 정교회 신도들을 모스크바에서 새로 취임한 총대주교의 영향력 아래에 놓이도록 하는 것을 목표로 삼은 것이다. 게다가 유니테리언들을 포함한 개신교 선교사들도 정교회가 확고히 자리 잡은 곳들에 교회를 세우고 있었다. 정교회 성직자들은 그런 도전에 응전할 능력이 전혀 없었다. 너무 많은 성직자들이 교육을 제대로 받지 못했고, 대부분의 성직자는 종교 관행을 개혁하지 못하도록 만류하는 현지 지주들에게 꼼짝하지 못했다.

　1596년, 일단의 정교회 주교들이 로마와 거래를 맺었다. 브레스트 교회 회의에서 결정된 교회 연합은 교황이 이미 콘스탄티노폴리스의 그리스 정교회와 에티오피아의 콥트 교회에 내놓았던 제안에 기초하고 있었다(그때는 교황의 제안이 무위로 돌아갔다). 전례와 역법을 지키고 교구 사제의 결혼 권리를 보장받는 대가로 폴란드와 리투아니아의 정교회 주교들은 교황의 권위를 인정하고 대부분의 가톨릭교 교리를 받아들였다. 이로써 로마 가톨릭 교회와 같은 종파에 속하는 별개의 연합, 즉 동방귀일교회東方歸一敎會(또는 그리스-가톨릭 교회)가 형성되었다. 연합을 수용한 주교들에게는 가톨릭교 주교들과 동등한 지위가 부여되었고, 따라서 그들은 세임의 상원 의석을 차지할 자격을 얻었다. 그러나 동방귀일교회 주교들은 특권을 대가로 가톨릭교도들에 영합하지 않았다. 주교들이 이해하고 있었듯이, 정교회를 구할 수 있는 유일한 방법은 정교회에 반종교개혁적인 가톨릭교의 영성과 우월한 조직력을 이식하는 것이었다.[6]

　그러나 동방귀일교회 주교들은 로마와 맺은 거래에 이단의 기미가 있다고 여기는 정교회 신자 모두를 설득하지는 못했다. 연합 법규가 가결되기도 전에 강경한 정교회 대수도원장들과 성직자들은 연합을 지지하는 성직자들이 잘못된 신앙을 가졌다며 파문하기 시작했다. 교회와 빈민 구호소, 성가대, 학교 등에 자금을 제공하는 노고의 대부분을 담당한 정교회의 신도회나 평신도 형제단도, 오늘날의 우크라이나에 해당하는 곳의 거의 모든 지방 정교회 귀족들이 그랬듯이, 연합에 반대했다. 폴란드와 리투아니아의 국왕 지그문트 3세(재위 1587-1632)

는 정교회의 감정을 달래려고 애썼지만, 정교회 공동체와 동방귀일교회 공동체의 관계는 논쟁적인 비난 때문에 악화일로를 걸었고, 마침내 폭동이 일어나고 반대자들이 살해되기도 했다.

 동방귀일교회를 가장 격렬하게 거부한 사람들은 오늘날의 우크라이나 남부에 해당하는 지역의 코사크인들이었다. 코사크인 무리들은 연합이 결정되기도 전에 연합을 지지하는 사람들의 소유지를 습격했다. 17세기 초, 코사크인들은 정교회 교회를 지키고 정교회 성직자들에게 무장 호위대를 제공했다. 순수한 정교회에 대한 그들의 헌신에는 흔들림이 없었다. 그들의 대변인 중 한 사람이 1628년에 정교회의 회의에서 "우리는 우리의 피나 정교회 신앙에 무례한 태도를 보이거나 그것을 배신하는 사람들의 피로 정교회 신앙을 지킬 각오가 되어 있다"라고 말했듯이, 코사크인들은 정교회 신앙을 위해서 목숨을 바쳤다. 그로부터 2년 뒤, 오늘날의 우크라이나 남동부는 양측이 상대방 교회를 약탈하면서 벌어진 거센 내전을 맞이했다.[7]

 한편 반대의 열기가 덜했던 오늘날의 우크라이나 서부와 벨라루스에서는 동방귀일교회가 눈에 띄게 스며들었다. 동방귀일교회 건물의 내부는 점차 가톨릭교 양식처럼 보이기 시작했고, 종종 성화벽(聖畵壁)이 사라져 제단이 회중의 눈에도 보이게 되었다. 고해실(가톨릭교에 도입된 최신 시설)과 오르간이 등장했고, 교회 건물의 외관도 차츰 이탈리아의 바로크 건축 양식을 모방하고 있었다. 예배는 여전히 고대 슬라브식 전례에 따라서 거행되었지만, 동방귀일교회의 학문과 학습의 언어로는 라틴어가 쓰였다. 특히 동방귀일교회 성직자들을 대체로 예수회 교과 과정에 따라서 양성하는 신설 신학교에서는 라틴어의 역할이 더 두드러졌다. 무엇보다 17세기 키이우에서는 교육을 받은 신세대 정교회 성직자들이 개신교 저작을 비롯한 라틴어 문헌만 읽었던 것으로 보인다. 그러나 그런 예외를 제외하면 오늘날의 우크라이나에 해당하는 곳은 문화적으로 양분되어 있었다. 한 부분은 서쪽의 로마와 라틴 기독교에 기대를 걸었고, 다른 부분은 점점 더 모스크바와 러시아의 정교회로부터 영감을 얻고자 했다.[8]

동방귀일교회라는 해결책은 1646년에 헝가리의 우크라이나 정교회 신도들과 1698년에 트란실바니아의 루마니아 정교회 신도들에게도 적용되어 가톨릭 교회에 더 많은 신도들을 선사했다. 그러나 중앙유럽에서 가톨릭교가 복원된 것은 단순히 내부적인 교회 정치의 문제가 아니었다. 유력자들도 가톨릭 신앙을 지지하는 대열에 합류했고, 타협과 유예의 정책을 포기하고 있었다. 바이에른 공작들이 선두 주자였다. 1550년대 말, 젊은 바이에른 공작 알브레히트 5세는 신민들이 "참된 가톨릭 신앙과 기독교적 규율과 행동"을 지키도록 하는 것이 자신의 주권적 권리라고 단언하면서 정부를 가톨릭교에 충성하는 자들로 가득 채운 뒤 태만한 사제들을 단속했다. 얼마 지나지 않아서 그는 짜증스러운 소국가인 오르텐부르크에도 관심을 느끼게 되었다. 오르텐부르크는 바이에른의 가장자리에 있는 불과 몇 제곱킬로미터의 고립된 영토였는데, 루터파인 오르텐부르크 백작은 외부 출신의 개신교인들이 자신의 교회에서 예배를 올리도록 장려했다. 1563년, 알브레히트 5세는 군대를 파견했다.[9]

그것은 명백한 불법 행위였다. 따라서 알브레히트는 곧바로 철수해야 했지만, 이미 그의 부하들은 오르텐부르크 백작의 웅장한 르네상스 양식의 새 궁전을 습격해 그의 서신을 빼앗은 뒤였다. 빼앗은 서신은 오르텐부르크 백작이 (바이에른의 유명한 개신교 귀족들과 함께 알브레히트를 겨냥한 음모를 꾸미지는 않았어도) 최소한 알브레히트 공작을 "파라오"로, 그와 그의 가톨릭교 성직자들을 "이단자들", "어릿광대들", "흡혈귀들", "어스름에 날아다니는 박쥐들" 등으로 비난하는 데 가담했다는 사실을 보여주었다. 알브레히트는 그들을 반역죄로 법정에 세웠다. 나중에 그는 고소를 취하했지만, 자신의 정책에 대한 저항을 분쇄하기에는 충분했다. 개신교 귀족들이 돈줄을 쥐고 있는 바이에른의 소집의회에 대해, 알브레히트는 회기를 연기하고 과세를 다음 해로 이월하는 방식으로 대응했다.[10]

바이에른의 비텔스바흐 왕가와 오스트리아의 합스부르크 왕가는 숙적이었다. 그러나 알브레히트는 개신교에 맞서는 공동 전선을 구축하기 위해서 이웃인 합스부르크 가문의 두 인물, 즉 황제 막시밀리안 2세의 동생들(황제 루돌프 2세의 삼촌들)인 티롤의 페르디난트 대공과 슈타이어마르크의 카를 대공을 상대로 관계 개선에 나섰다. 이미 합스부르크 왕가의 공주와 결혼한 알브레히트는 두 왕가의 각 세대가 이중 결혼 관계를 맺는 정책을 추진했다. 알브레히트는 페르디난트 대공과 함께 신성 로마 제국 남서부 지방에 동맹 관계망을 구축하기도 했다. 란츠베르크 동맹은 표면적으로는 평화 유지를 목표로 삼았지만, 알브레히트는 그 동맹을 개신교 성향의 뷔르템베르크를 포위하고, 프랑켄의 주교들을 지원하는 데에 활용했다. 1570년대에 알브레히트는 스페인에 군사적으로 점령된 저지대 국가들을 동맹에 끌어들이려는 계획까지 세웠지만, 그것은 대부분의 가맹국이 감당하기에 너무 큰 부담이었다. 결국 동맹은 해체되었다.[11]

그러나 합스부르크 가문과 비텔스바흐 가문의 화해는 크로아티아에서 스위스와의 국경까지 분포한 가톨릭 교회의 견고한 지지 세력을 형성했다는 점에서 정치적으로 큰 효과를 거두었다. 훗날 드러났듯이, 1570년에 슈타이어마르크의 카를 대공과 알브레히트의 딸인 바이에른의 마리아 아나가 결혼해 17세기의 가장 위대한 가톨릭교 옹호자이자 중앙유럽의 개신교를 굴복시킬 인물을 낳았다는 점에서 이는 생물학적으로도 중요한 사건이었다. 그 인물은 바로 카를과 마리아 아나의 아들인 슈타이어마르크의 페르디난트 대공, 즉 훗날 황제로 즉위한 페르디난트 2세(재위 1619-1637)였다.

　슈타이어마르크의 페르디난트는 반종교개혁의 산물이자 중앙유럽에서 복원된 가톨릭교의 산물이었다. 예수회 수도사들에게서 교육을 받은 그는 "종교에 해를 끼치느니 차라리 땅과 백성을 잃는" 편을 택하겠다고 선언할 만큼 가톨릭 신앙에 대해서 비타협적이었다. 그는 1555년 아우크스부르크 화의로 부여된 신민의 종교를 결정할 통치자의 권리와, "군주를 기쁘게 하는 것에 법의 효력이 있다"라는 로마법 원칙에 따라서 군주가 마음대로 할 수 있는 권리를 주장하는 등 이념적 공세도 펼쳤다. 페르디난트는 가톨릭교 통치자에 그치지 않고 법의 제약을 받지 않는 권력을 지닌 완전한 주권자로도 자부했다. 아울러 그는 가톨릭 신앙을 세계 무대에 전파하는 것이 가문의 사명이라고 확신하는 합스부르크 가문의 일원이기도 했다. 그의 예수회 고해 신부가 설명했듯이, 페르디난트는 오스트리아와 중앙유럽뿐 아니라 전 세계를 다스릴 것이고 기독교인들의 기도에 힘입어 하늘의 영광으로 인도될 것이라고 예언된 인물이었다. 페르디난트는 위험한 인물이었다.[12]

　어릴 적 그의 어머니가 항상 "이를 드러내며 위협해라"라고 조언했듯이, 페르디난트는 주춤거리지 않았다. 아버지가 세상을 떠난 뒤인 1596년에 성인이 되었을 때 페르디난트는, 이너외스터라이히의 공국들인 슈타이어마르크와 케른텐, 크라인에서 종교의 자유를 허락한 아버지의 뜻에 자신이 동의한 것으로 여겨지도록 했다. 그러나 호화로웠던 그의 공작 취임식에도 불구하고, 페르디난트는 자신이 공작으로서 내건 약속을 쉬이 저버렸다. 주 단위 소집의회가 그에게 세금을 내기로 결정하자마자 군대를 동원해 개신교 설교자들과 신도들을 공격한 것이다. 정당성 문제가 제기되자 그는 로마법에, 그리고 통치자의 "자신의 의지에 따라ex proprio motu" 입법할 권리에 호소했다.[13]

1612년에 형 루돌프의 뒤를 이어 황제로 즉위한 마티아스는 가톨릭교에 헌신하는 데에는 무관심했지만, 합스부르크 가문 사람들을 통치자 자리에 앉히는 데에는 확고한 태도를 보였다. 마티아스에게도 그의 형인 루돌프 2세에게도 아들이 없었다. 슈타이어마르크의 페르디난트는 마티아스의 가장 가까운 친척이었고, 마티아스는 그를 후계자로 만들기 위해서 최선을 다했다. 보헤미아 소집의회와 헝가리 소집의회에 출석하는 귀족들은 페르디난트의 평판을 알고 있었지만, 마티아스는 종종 그들과 일대일로 만나 대화를 나누며 페르디난트를 지지하도록 회유하고 설득했다. 페르디난트가 관용의 원칙을 지키겠다고 문서로 약속하자, 보헤미아와 헝가리의 소집의회는 (병든 마티아스가 아직 살아 있는데도) 1617년과 1618년에 페르디난트를 각각 보헤미아 왕과 헝가리 왕으로 선포했다. 훗날 밝혀졌듯이, 페르디난트는 비록 본인의 양심과 권위에 어긋나는 경우라도 헝가리인들에게 했던 원래의 약속을 지켰다. 아마 사태가 다르게 전개되었다면 보헤미아인들에게 했던 약속도 지켰을 것이다.[14]

루돌프가 허가했고 페르디난트가 지키겠다고 서약한, 보헤미아인에 대한 관용은 그 내용이 모호했다. 왕령지에 세워진 교회들의 소유권을 둘러싸고 분쟁이 일어났을 때, 보헤미아의 개신교 지도자들은 프라하의 섭정 평의회가 종교적 합의를 뒤엎으려는 음모를 꾸미고 있다고 의심했다(섭정 평의회는 마티아스에서 페르디난트로 정권이 넘어가는 과정을 감독하도록 임명된 기관이었다). 이 갈등은 폭력 사태로 비화되었다. 프라하 성에서 열린 회의가 열리다가 갑자기 2명의 섭정관이(비서 1명과 함께) 높은 창문 밖으로 내던져진 유명한 사건이 일어난 것이다. 그들은 부드러운 땅바닥에 떨어져 목숨을 건졌는데, 이에 대해 가톨릭교 평론가들은 발 빠르게 천사의 개입이 있었음을 암시했다.

프라하의 개신교 지도자들이 일으킨 쿠데타를 지지한 세력은 소수의 보헤미아 귀족뿐이었지만, 당황스럽게도 그들은 페르디난트가 보헤미아 왕으로 선출된 것이 무효라고 선언했다. 그들은 페르디난트 대신 정치광政治狂인 팔츠의 프리드리히를 왕으로 선출했는데, 마법사들과 칼뱅주의 성직자들은 팔츠의 프리드리히에게 그가 연금술의 신비에 감춰진 신성한 목적을 이룰 운명이라는 확신을 심어준 바 있었다. 1619년에 마티아스가 세상을 떠나면서 선거인들의 투표로 페르디난트가 황제로 즉위했지만, 그의 입지는 절망적인 수준이었다. 모라바와 헝가리와 트란실바니아의 소집의회가 보헤미아의 반란군과 운명을 같이했고, 오버외스터라이히와 니더외스터라이히도 반란을 일으켰다. 니더외스터라이히의 귀족 지도자들은 공동 행동의 일환으로 보헤미아 군대와 함께 빈을 위협했다. 그때 충성스러운 군대가 우연히 빈에 나타나지 않았다면 신임 황제를 구하지 못했을 것이다. 당시 빈에는 소규모 수비대 병력과 교수들의 미덥지 않은 지휘 아래 모인 학생 무리를 제외하고는 페르디난트를 지켜줄 군대가 없었기 때문이다.

그러나 페르디난트에게는 몇 가지 비장의 수가 있었다. 그의 처남인 바이에른의 막시밀리안은 피로써 성모 마리아에 대한 헌신을 친히 서약할 만큼 가톨릭교에 훨씬 더 빠져 있었다. 합스부르크 가문의 일족이자 페르디난트의 매형인 스페인의 펠리페 3세도 마찬가지였다. 페르디난트는 바이에른과 스페인의 군대를 이끌고 1620년에 보헤미아를 침공해 프라하 외곽에서 단 2시간 만의 전투 끝에 팔츠의 프리드리히의 군대를 무찔렀다. 당황한 프리드리히는 반쯤 먹은 식사와 모든 서신을 남긴 채 프라하 성으로 달아났다. 이후 프리드리히의 서신은 바이에른의 막시밀리안의 지시에 따라 출판되었는데, 그 출판물에서 프리드리히는 최대한 부정적인 인물로, 즉 "오랫동안 왕관을 노리고 오스트리아 가문을 파괴하고 가톨릭 교회를 장악하려고 몸부림친, 수치스럽고 신앙심 없는 사람들"의 무리 중 한 사람으로 묘사되었다.

보헤미아의 반란은 진압되었다. 반란 주모자 48명이 사형 선고를 받았지만, 1명은 극적으로 사형 직전에 집행이 유예되었다. 1622년 6월에 프라하 구시가지 광장에서 열린 "피의 연극"에는 희생자들의 마지막 말을 소음으로 잠재우는 임무를 맡은 북 치는 사람들이 등장했다. 보헤미아와 모라바에서는 광범위한 재개종 절차가 순조롭게 진행되었다. 반역자들은 벌금을 물거나 토지를 몰수당했다. 그리고 가톨릭교로 개종하기를 거부하는 자들은 땅을 빼앗기고 모조리 추방되었다. 그러자 약 15만 명이 다른 곳으로 도망쳤다. 그들이 떠난 빈자리는 새로운 세대의 합스부르크 가문 추종자들이 채웠다. 종교적 급진주의의 온상인 대학교는 예수회의 감독하에 놓이게 되었다.

페르디난트는 자신의 행동을 정당화하기 위해서 또다시 로마법에 기댔는데, 이는 페르디난트가 1627년에 선포한 "갱신 헌법"에서 가장 극명하게 드러난다. 갱신 헌법은 명칭과 달리 보헤미아 왕국의 공법을 재편하고 보헤미아 왕국의 역사적 제도를 철폐하는 것으로 귀결되었다. 이제 왕위는 세습되고, 의회의 역할은 통치자의 명령, 특히 과세와 관련한 명령에 찬성하는 데 국한되며, 그 새로운 헌법은 군주 "자신의 의지에 따라서" 바뀔 수 있게 되었다.[15]

페르디난트는 보헤미아의 유서 깊은 헌법을 무너트린 근거를 설명할 때에 모든 권한이 자신에게 있다고 가정했다. 군주에게서 넘겨받은 권리를 제외하면, 귀족과 소집의회에는 독자적인 권리가 없다는 것이었다. 그것은 순수한 로마법이었다. 전통적이거나 관습적인 법에서는 통치자와 소집의회가 동등하고 자주적이며, 별도로 발생한 권리를 지니고 있다고 전제했기 때문이다. 페르디난트는 보헤미아인들이 반란을 일으켰기 때문에 자신과 전임자들이 그들에게 부여했던 특권을 철회할 권리가 본인에게 있다고 설명했다. 그가 보기에 보헤미아인들은 특권을 누릴 자격을 상실한 것이었다. 이에 따라서 페르디난트는 자신과 상속자들에게만 "법과 포고령을, 그리고 왕인 우리만 보유한 입법권ius legis ferendae[이 부분도 로마법 개념이다]에서 비롯되는 모든 것을 집행할 권한"이 있다고 생각했다.

그러나 보헤미아인 모두가 반역자는 아니었기 때문에, 페르디난트는 로마법에 입각한 두 번째 해법을 내놓았다. 그는 반란이 "집단적으로" 일어났으니, 각자는 공동의, 혹은 무리의 결정에 얽매인다고 설명했다. 결과적으로 모두가 개인적 책임과 무관하게 처벌을 받을 수 있다는 뜻이었고, 실제로 대다수가 처벌을 받았다. 그때를 기점으로 보헤미아가 3세기에 걸친 "암흑"에 빠져들었다는 것은 체코 민족주의 역사가들의 과장된 주장이지만, 확실히 유서 깊은 보헤미아 왕국은 사실상 오스트리아 영지의 단순한 부속물로 전락했다. 그 증거는 바로 일

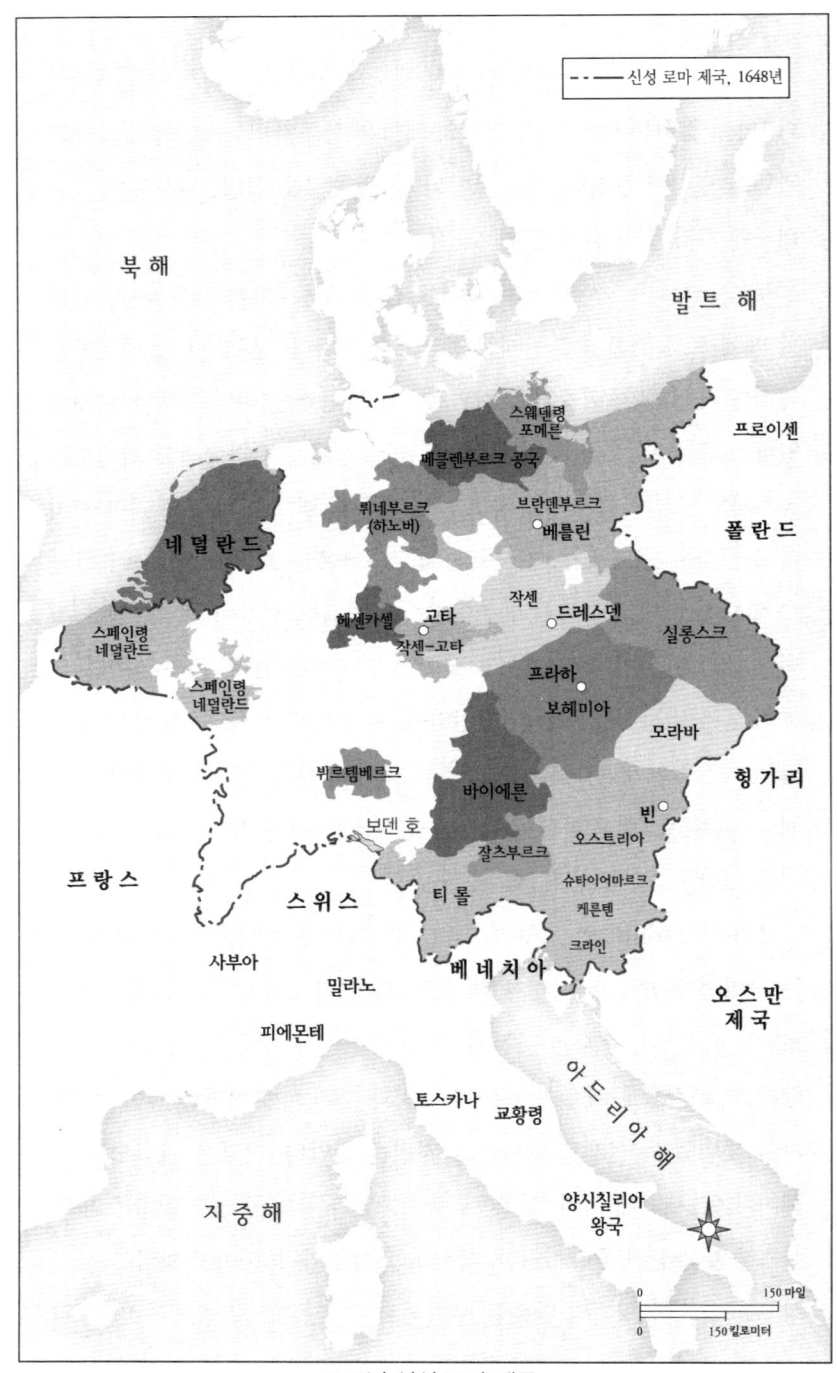

1648년 신성 로마 제국

상적 통치 업무를 많이 처리한 보헤미아의 상서국이 1624년에 프라하에서 빈으로 이전되었다는 점이다.

보헤미아에서 일어난 전쟁은 일괄적으로 "30년전쟁"(1618-1648)이라고 알려진 연이은 투쟁의 초기 국면이었다. 각각의 국면은 당대인들이 장기간의 단일 전쟁으로 여길 만큼 미래의 충돌을 예고하는 씨앗을 품고 있었다. 30년전쟁에는 스페인과 포르투갈, 저지대 국가, 스웨덴, 프랑스, 그리고 신성 로마 제국의 여러 지역 등 유럽의 주요 열강이 가담했다. 어떤 나라들은 종교적인 동기로, 다른 나라들은 순전히 방어적인 동기로, 또 몇몇 나라들은 기회주의적인 동기로 가담했다. 신성 로마 제국의 주요 전쟁터 말고도 저지대 국가와 카탈루냐, 헝가리와 트란실바니아, 브라질과 서아프리카, 심지어 저 멀리 타이완에서도 전투가 벌어졌다. 30년전쟁은 발트 해 지역으로 번져 1620년대와 1630년대에 스웨덴, 폴란드, 러시아 등이 가담한 삼각 패권 경쟁으로 이어지기도 했다. 이 전쟁은 대륙적, 심지어 세계적인 성격을 띤 중앙유럽의 내전이었다. 그리고 중앙유럽에서 시작되어 전 세계에 파장을 미친, 더 근대적인 분쟁의 예고편이었다.

페르디난트는 전쟁 초반 10년을 순조롭게 보냈다. 팔츠의 프리드리히의 개신교 지지자들은 궤멸되었고, 페르디난트는 덴마크의 침공을 저지하고 루터주의 성향인 메클렌부르크를 유린했다. 승리에 자신만만해진 페르디난트는 이너외스터라이히와 보헤미아에서 했던 일을 되풀이하면서 로마법의 원칙을 가톨릭교의 종교적 우월성에 대한 주장과 연결했다. 입법자이자 최고 재판관으로서의 이중 특권을 주장한 페르디난트는 1555년의 아우크스부르크 화의를 재검토했고, 수십 년 동안 개신교도들이 차지했던 모든 교회 재산이 가톨릭 교회로 반환되어야

한다고 요구했다.[16]

　1629년에 페르디난트가 가톨릭 교회에 재산을 되돌려주라는 내용의 복구령을 내리자 지난 수십 년 동안 2개의 대주교구, 13개의 주교구, 약 500개의 수도원과 수녀원을 빼앗았던 다수의 개신교 통치자들이 파산의 위기에 몰렸다. 당연히 새로운 전쟁이 시작되었고, 루터파인 스웨덴 왕이 수세에 몰린 개신교의 대의명분을 뒷받침하기 위해 북쪽에서 개입했다. 어느 역사가가 강렬하게 묘사했듯이, 이후 전쟁은 "좀비 같은 살인 집단"인 용병 부대가 교회의 은그릇을 빼앗고, 집을 불태우고, 마을 주민을 고문해 숨겨둔 재산을 찾아낸 뒤 교수형에 처하는 등 광범위한 학살의 성격을 띠었다. 우발적인 살육뿐 아니라 혼란과 기근과 역병도 발생했다. 슈바벤의 어느 구두장이의 일기에는 안전을 위해서 개신교 성향의 도시인 울름으로 자주 도망친 일이 기록되어 있다. 1634년, 그는 다음과 같이 적었다.

　비통함과 비참함, 굶주림과 죽음이 있다. 그곳에서 우리는 큰 불행 속에 서로 포개져 있었다. 그러고 나서 물가가 오르고 기아가 우리에게 찾아왔고, 이후 사악한 질병인 역병이 퍼졌다. 올해 수백 명이 죽었다.[17]

　몇 달 만에 그 구두장이는 아들과 여자 형제 중 3명, 남자 형제 1명을 잃었다. 바로 그때 황제의 편에서 싸우고 있던 어느 용병 대장이 인접한 바이에른에 있었다. 그는 다음과 같은 기록을 남겼다.

　우리는 여기서 8일간 머물렀고, 란츠후트를 약탈했다. 나는 전리품으로 예쁜 소녀와 12탈러짜리 옷과 약간의 아마포를 챙겼다……그리고 하이델베르크로 돌아와 다시 도시를 점령했고, 14일 동안 성을 포위해 폭파하려고 했다. 성 아래쪽에 24톤의 화약을 설치하는 등 모든 준비가 끝났을 때, 3만 명의 적군이 당도했다……내 아들은 튼튼한 소 한 마리를 가지고 가서 11탈러에 팔았다.

그 용병 대장은 20년 넘게 싸움터를 누비는 동안 돈이 되는 곳이라면 어디든 가리지 않고 발트 해에서 아드리아 해까지 2만4,000킬로미터 이상을 돌아다녔다.[18]

개신교 세력의 승리가 점쳐지자 페르디난트는 물러섰다. 1635년의 프라하 평화협정에서 페르디난트는 독일 개신교 지도자들과 화해했고, 사실상 복구령을 철회하고 상루사티아와 하루사티아(보헤미아의 일부분)를 작센에 넘겼다. 스웨덴과 동맹을 맺은 프랑스 군이 페르디난트에 맞선 전쟁에서 주도권을 잡았고, 페르디난트는 점점 더 스페인의 사촌들에게 병력과 용병 모집에 필요한 자금을 의존했다. 따라서 종교적 성격을 띠던 전쟁은 프랑스와 합스부르크 왕가의 정치적 경쟁으로 바뀌었다. 전쟁의 마지막 해에 스웨덴 군은 30년 전에 분쟁을 촉발한 창밖 투척 사건의 현장인 프라하 성을 점령하고 약탈했다.

30년전쟁은 중앙유럽에서 무려 700만 명의 목숨을 앗아갔다. 대부분은 우발적 살육, 기근, 질병으로 희생되거나 (사리풀로 만든) 독가스와 고의로 오염시킨 물을 마시고 이질에 걸려 죽은 민간인이었다. 1648년에 전쟁을 끝낸 베스트팔렌 조약은 국경을 변경해야 하고, 영토에 대한 권리가 누구에게 있는지 확인해야 하며, 바이에른의 공작들이 (원래 페르디난트 2세가 고맙게도 1623년에 부여한) 선거인 칭호를 계속 가지고 있도록 허용하는 문제 같은 기본적인 실무와 관련한 내용이 대부분이었다. 베스트팔렌 조약으로 신성 로마 제국의 각 영토 통치자들이 자신의 종교를 선택할 수 있다는 점이 확인되고, 칼뱅주의도 하나의 선택지로 인정되었다. 신민들 역시 (일정한 한도 안에서) 자신의 믿음을 실천할 권리를 허용받았으며, 강제 개종은 금지되었다. 이후 교회 재산과 양심의 자유의 범위를 둘러싼 분쟁은 법원의 결정에 맡겨졌다.

베스트팔렌 조약이 체결될 무렵, 페르디난트 2세는 아들인 페르디난트 3세(재위 1637-1657)에게 왕위를 물려주었다. 평화조약이 체결되기 전의 논의를 통해, 페르디난트 3세는 합스부르크 왕가의 영토에서 예배의 자유를 허용할 의무가 없다는 중요한 종교적 면제 조치를 얻어낸 바 있었다. 따라서 조약이 체결되자마자 그는 군의 지원을 받는 사제들과 수사들을 파견해서 오버외스터라이히와 니더외스터라이히에 남아 있는 개신교 세력을 근절하도록 했다. 페르디난트의 참모 중 한 사람이 이끄는 무리가 니더외스터라이히의 작은 부분에 불과한 곳(크렘스 위쪽의 만하르츠베르크)에 2만3,000명의 개종자가 있다고 기록하자, 그 참모는 개종자들의 이름을 "이단의 정복자"인 페르디난트 3세에게 바치는 명부에 기재했다. 오스트리아에서 용케 명맥을 유지한 개신교 숭배는 지하로 숨어들었다. 어떤 경우에는 말 그대로 지하실로 숨어들었지만, 더 흔하게는 숲이나 들판 구석으로 숨었다. 박해의 기억은 오스트리아의 풍경에 "숲속의 교회Waldkirche", "예배당 초원Tempelwiese", "설교하는 돌Predigerstein" 같은 이름으로 새겨져 있다.[19]

보헤미아 왕령지의 일부인 실롱스크는, 페르디난트 2세가 작센 선제후를 상대로 전쟁을 치르면서 맺은 관용조약을 통해 별도의 지위를 가지게 되었다. 그러나 페르디난트 3세는 그것을 무시한 채 "실롱스크의 종교생활은 협정과 무관하며, 전적으로 황제와 왕의 은혜에 달려 있다"라고 선포했다. 페르디난트 3세의 은혜는 개신교 숭배를 허용하는 데까지 이르지 않았고, 곧이어 실롱스크의 재개종 작업이 시작되었다. 군대가 650채 이상의 개신교 교회를 가톨릭교 용도의 건물로 징발했고, 페르디난트의 지시에 따라서 500명의 성직자를 추방했다. 실롱스크의 개신교도들은 단 3개의 교회만 쓰도록 허용되었는데, 페르디난트는 그 교회들을 첨탑 없이 나무로만 지어야 한다고 지시했다. 그의 말을 곧이곧대로 받아들인 개신교도들은 유럽에서 가장 큰 3개의 목골 구조 교회를 지었는데, 그중 2개는 지금도 남아 있다.[20]

실롱스크에서 반종교개혁 운동이 강요되면서 중앙유럽의 광범위한 지역이 가톨릭 지역으로 바뀌었다. 이제 중앙유럽은 대각선 방향으로, 즉 개신교를 고수하는 북부와 서부, 그리고 가톨릭교나 동방귀일교회를 믿는 남부와 동부로 분할되었다. 가톨릭 교회의 관점에서, 분할은 군사적 승리와 그 대변자들의 끈기, 그리고 대변자들이 로마법과 날것의 힘을 무자비하게 사용해 의지를 관철한 점에 힘입은 엄청난 복원 과정의 결과였다. 17세기 초만 해도 중앙유럽에서 승리를 눈앞에 둔 듯싶었던 개신교는 그 50년 뒤에는 후퇴하고 있었다.

그러나 신성 로마 제국의 각 영토 통치자들도 승자였다. 그들은 베스트팔렌에서 독립적인 주권자로서 행동하고 존중받았고, 마치 완전한 군주인 양 적대 행위를 종식하기 위한 협정에 서명했다. 사실 신성 로마 제국은 황제와 분쟁을 판결하기 위한 중앙 재판소로 버티는 중이었다. 당시의 신성 로마 제국은 황제의 명령이 유럽의 절반에 해당하는 드넓은 지역에 미쳤던 카를 5세 시절의 신성 로마 제국의 그림자일 뿐이었다. 페르디난트 2세는 세계적 제국은 아니어도 중앙유럽 전체를 지배하는 제국을 건설하면서 왕가와 가톨릭교와 제국의 통합 작업을 재개하고자 했다. 베스트팔렌 조약은 거의 2세기 동안 합스부르크 가문을 지탱해온 야심의 종말을 알렸다. 합스부르크 가문의 통치자들은 점점 더 오스트리아 영지와 보헤미아 영지, 그리고 헝가리에서 세력을 구축하며 그들의 영토로 시선을 돌리게 되었다. 그리고 그렇게 신성 로마 제국은 방향타 없이 내버려졌다.

제18장

농촌의 상태
농민, 집시, 유대인, 그밖의 사람들

라인 강에서 동쪽으로 갈수록 농민의 부담은 더 커졌다. 이것은 정확한 표현은 아니지만, 편리한 진술이기는 하다. 비교적 중앙유럽의 서쪽에 있는 지역들(라인란트, 프랑켄, 바이에른, 슈바벤, 오스트리아 영지)에는 전반적으로 자유로운 농민들이 있었다. 어떤 농민들은 영주에게 지대 대신 노동력을 제공할 의무를 졌지만, 영주들은 바이스튀머에 기록된 관습에 의해서 규제되었고, 해마다 열리는 회의에 공식적으로 소환되었다. 비교적 라인 강에 가까운 곳에서는 대다수 농민들이 농지 경작에 거의 무관심한 부재 지주에게 현금으로 부과금을 냈다. 농민들은 축일에 주인에게 줘야 하는 닭과 달걀을 굴복의 표시로 여기며 불평했지만, 대부분의 측면에서 자유민이었다.

반면 더 동쪽에서는 영주들이 대규모 농장을 운영하고 잉여 곡물을 국내 시장과 국제 시장에 환금작물로 판매하는 등 농업에 더 직접적으로 관여했다. 중세만 해도 중앙유럽의 주요 수출품은 가축과 금속 원광이었지만, 16세기에는 유럽 곳곳의 곡물 가격이 눈에 띄게 상승하면서 중앙유럽산 곡물의 판매가 매력을 띠게 되었다. 엘베 강 동쪽의 지주들은 그곳의 농민 공동체가 강 건너편의 농민 공동체보다 성문화된 권리를 적게 가지고 있었기 때문에 새로운 시장을 활용하기에 더 유리했다. 이곳의 지주들은 현금 지대를 노역으로 전환해서 농민을 농장의 노동자로 쓰는 편이 더 쉬웠다. 오늘날의 폴란드와 우크라이나에 해당하는 곳의 평원에는 곡물을 키울 수 있는 양질의 농지가 풍부했다.

대부분의 법원이 로마법의 영향을 받아 면제와 권리에 대한 문서 증거를 요구했기 때문에, 바이스튀머에 의무가 나열되어 있지 않으면 농민들은 대체로 소송에서 힘을 쓰지 못했다. 로마법은 지주에게도 유리하게 작용했다. 법정에서 분쟁을 다룰 때, 지주도 농민도 문서로 자신의 주장을 입증할 수 없을 때, 재판관은 일반적으로 지주의 절대적 소유권(고대 로마의 개념인 도미니움Dominium)이나 심지어 로마의 노예법까지 소환해 지주에게 유리한 쪽으로 판단했다. 법원과 지주는 농민을 태어난 마을에 머물러야 하고 점점 더 많은 노역을 수행해야 하는 농노로 전락시키는 데에 협력했다. 일반적으로 지주인 귀족들이 지역 소집의회를 통제했기 때문에 영주의 땅에서 벗어나는 행위를 금지하는 내용이 포함된 농민의 의무가 법문화되는 경우도 많았다.[1]

당시 중앙유럽에는 엘베 강을 기준으로 "서쪽의 지주제"와 "동쪽의 농노제"(말 그대로 농민이 영주의 농장에서 노동하는 장원 경제)를 구분하는 단층선이 그어져 있었다. 1500년 이래로 중앙유럽 동쪽의 소작농들은 일주일에 며칠씩 쟁기질하고, 거름을 주고, 수확하고, 탈곡하고, 시장까지 짐을 운반하며 영주의 장원 농장에서 일을 점점 더 많이 도와야 했다. 폴란드와 헝가리에서는 땅이 없는 농장 노동자들도 영주를 위해서 일해야 했다. 영주의 농장은 폴란드, 포메른, 메클렌부르크 등의 일부 지역과 슐레스비히 공국과 홀슈타인 공국에서는 전체 경작지의 무려 3분의 1이나 절반을 차지할 만큼 규모가 큰 경우가 많았다.[2]

이런 노동에 뚜렷한 일관성은 없었다. 엘베 강 동쪽의 농민들과 영주들은 종종 특정 시기의 경제적 이점에 따라서 노역에서 지대로, 다시 지대에서 노역으로 옮겨갔다. 도로나 강의 접근성도 중요한 요소였다. 영주의 경우, 농민이 쏟은 노동의 결실을 운반해서 판매할 수 없으면 농민에게 농장 노동을 강제할 필요가 없었고, 차라리 지대를 현금으로 받는 편이 훨씬 나았다. 노동력이 부족한 경우, 영주들은 난처한 선택을 해야 했다. 즉, 그들은 전체 노동 인력에게 더 많은 것을 요구하거나(이때 노동 인력이 몰래 도망칠 우려가 있었다), 아니면 지대를 크게 낮추고 힘든 노역을 면제함으로써 새로운 정착민을 유치해야 했다.

그러나 농노제에 나쁜 점만 있지는 않았다. 부재 지주로서 지대만 거두는 것이 아니라 농업을 통해서 수익을 내려는 영주들은 둑과 관개 시설에 투자하고 새로운 운작법과 파종기 같은 다양한 혁신을 선도할 가능성이 더 높았다. 홀슈타인의 영주들은 농장을 고효율의 유제품 수출 업체로 전환하는 등 곡물 생산에서 가축 방목으로 업종을 바꾸는 경우가 많았고, 그렇게 얻은 경제적 이득은 노동 인력에까지 흘러갔다. 다른 곳의 영주들은 농민들이 길쭉한 토지를 단일 구획 경작지로 통합해 생산을 증대함으로써 그들도 곡물 수출업자가 될 수 있도록 독려했다. 신성 로마 제국 북쪽과 브란덴부르크와 발트 해 연안 일부 지역의 농노들은 전반적으로 슈바벤의 자유 농민들보다 형편이 더 좋았다.[3]

토지 소유권은 모든 곳에서 복잡한 문제였다. 밭은 영주의 소유이기 때문에 농민들은 밭을 경작하는 데 따른 지대를 내야 한다는 전제가 있었다. 그러나 마을 경계 너머의 공유지는 누구의 소유도 아니었다. 농민들은 거기서 소와 양 떼를 방목하고, 숲의 도토리들을 돼지 먹이로 사용할 수 있었지만, 공유지를 경작지로 삼을 수는 없었다. 그것은 곧 소유를 의미했기 때문이다. 포도 재배에 적합한 언덕의 비탈은 일반적으로 영주가 아니라 공동체의 소유였고, 공동체는 흔히 특별한 포도주 양조업자 단체를 통해서 계단식 포도밭을 일괄 관리했다. 농민들은 영주에게서 얻은 길쭉한 토지와 밭을 자신의 이익을 위해서 경작할 수 있었지만, 만약 더 많은 토지를 원한다면 다른 차지인에게 땅을 빌리거나 아예 관목지를 개간해야 했다. 당시에는 토지대장이 거의 없었기 때문에 관목지와 원래 관목지였다가 경작지로 바뀐 부분의 범위가 불분명한 경우가 종종 있었다.

중앙유럽 곳곳에서 지대, 노역, 경계 등을 둘러싼 영주와 소작농 간의 소송이 이어졌다. 불만을 품은 공동체나 개인이 밟는 첫 번째 단계는 마을 법정을 통해서 영주에게 청원하는 것이었다. 그런 다음, 청원은 장원 법정을 거쳐 군이나 행정구 단위의 법원으로, 어떤 경우에는 왕국이나 공국의 사법 당국에 회부되기도 했다. 법적 절차가 느리고 재판 결과가 불확실했기 때문에 차지인이 소송을 제기하면 대다수 영주는 협상을 시도했다. 완고한 지주들은 적어도 한적한 시골길을 불안한 마음으로 여행하게 되는 상황을 각오해야 할 수도 있었지만, 중앙유럽의 대다수 지역에서 영주와 농민의 관계는 대결이 아니라 타협으로 특징지어졌다. 1514년의 헝가리, 1525년의 신성 로마 제국 남서부, 1573년의 크로아티아 등 아주 가끔 폭력 행위가 노골적인 반란으로 번졌지만, 모두 무자비하게 진압되었다. 이후 현행 법질서를 확인하고, 대체로 농민에게 불리하게 적용되는 포고령과 법률이 제정되었다.

농민들의 상황은 서쪽과 동쪽뿐 아니라 지역별로, 심지어 마을별로 달랐다. 어떤 농민들은 무려 100헥타르에 이르는 상당한 규모의 구획 경작지를 가지고 있었고, 소득 수준도 다수의 귀족보다 높았다. 헝가리에서는 부유한 시골 사람들이 귀족과 거의 동등한 존재로 여겨졌고, 귀족의 군 단위 소집의회의 회합에 참석할 자격도 있었다(보통은 뒤쪽에 앉았다). 그러나 시골 사람들은 토지가 없는 경우가 많았고, 흔히 부유한 이웃의 농장에서 날품팔이 노동자로 일했다. 일부는 세금을 걷는 관리들을 피하기 위한 땅굴을 갖춘, 움푹 파인 오두막에서 살기도 했지만, 대부분의 농촌 노동 인력은 그보다 더 좋은 거처에서 살았다. 어느 스코틀랜드인은 헝가리 서부 지방에서 호두나무와 아까시나무의 그늘에 가려진, 회반죽을 바른 깔끔한 집과 그 너머에 펼쳐진 산뜻한 들판을 보고 "아마 유럽의 어느 곳에서나 볼 수 있는 부유하고 번창하는 농민들의 모습일 것"이라고 언급했다.[4]

집은 주로 부엌과 화덕(굴뚝이 없는 경우가 많았다), 식료품 저장실, 지하 저장실 따위를 갖춘 방 2개짜리 건물이었다. 작은방은 출산, 임종, 중요한 손님 응대 등 특별한 일을 치르기 위해서 따로 마련된 경우가 많았고, 말과 마차만큼이나 농민의 재산을 나타내는 아마포와 자수품이 가득 쌓여 있었다. 겨울을 제외하면 사람들은 들판이나 농가 앞의 처마 밑, 모여서 술을 마시거나 카드놀이를 하려고 선택한 헛간에서 일상을 보냈기 때문에, 잠을 자거나 요리를 할 때 외에는 실내 시설이 무의미했다. 19세기까지 시계는 드물었고, 일상은 교회의 종소리와 어린 수탉에 의해서 규제되었다. 정원은 오로지 채소와 약초를 키우기 위한 곳이었고, 꽃을 가꾸기 위해서 땅을 따로 남겨두는 것은 귀족의 표시였다.

농민들은 파종과 수확의 일정과 밭의 구획방식을 공동으로 결정하며 마을생활의 짜임새를 갖추었다. 연장자로 구성된 마을 법정은 경범죄에 대한 형벌을 책정했다. 범죄자를 감옥에 가두는 비용이 부담스러웠기 때문에 대개는 형틀을 쓴 채 서 있기, 콧수염 깎기, 벌금, 매질, 도로 보수 같은 공개적 망신 주기나 낙인찍기 같은 처벌이 부과되었다. 칼뱅파 공동체에서는 현지 교회의 장로회나 연장자들의 평의회가 종종 마을 법정의 역할을 병행함으로써, 악행을 저지른 자가 회중에게 잘못을 고백하도록 하거나 일요일에 교구민들이 지나가는 교회 현관에서 기다리도록 해 망신을 주었다. 더 중대한 범죄는 흔히 영주 휘하의 관리들이 주관하는 장원 법정에 회부되었다.

농민 공동체는 결코 자급자족적이지 않았지만, 간헐적으로 생기는 일로는 생계를 유지하기가 어려웠다. 따라서 떠돌이 집단들이 주로 더러운 일(땜장이, 무두장이, 대장장이, 연예인, 말 거래업자, 교수형 집행인 등)을 맡아 노동 인력의 공백을 메웠다. 그런 흔히 종종 집시들의 몫이었는데, 여기에서 집시란 각기 다른 집단을 아우르는 포괄적인 명칭이다. 즉, 롬인과 신티인은 둘 다 인도 북서부 출신인 롬어 사용자들이지만, 중앙유럽에서 그들과 비슷한 사회적, 경제적 역할을 수행한 예니셰인은 멀리 거슬러 올라가면 게르만계 혈통이다.

집시들은 4세기에 고트족과 더불어 시작된 동쪽으로부터의 마지막 이동 때에 유럽에 나타났다. 그들은 14세기 말부터 18세기까지 한 번의 큰 파도 같은 집단 이동이 아니라 잔잔한 여러 번의 물결을 통해서 중앙유럽에 들어왔다. 짙은 피부색에, 종종 화려한 옷차림을 하고, 미지의 언어를 사용한 집시들은 원래 타타르족이나 구약의 블레셋인이나 이집트인(여기서 집시라는 명칭이 유래했다)으로 여겨졌다. 집시를 의미하는 독일어인 Zigeuner와 중앙유럽의 각 언어에 해당하는 이 말의 변형(헝가리어의 cigány, 체코어의 cikán, 폴란드어의 cygan, 루마니아어의

ţigan)은 아마 "손대면 안 되는 자들"을 뜻하는 그리스어 athinganoi에서 유래한 것으로 추정된다.

집시들은 롬인(롬은 "사람들"이라는 뜻이다)으로 자칭했지만, 18세기 말에 학자들은 집시들이 쓰는 언어의 기원이 다양한 산스크리트어에 있음을 확증했다. 많은 집시들이 농촌 경제의 빈틈을 활용했다. 그들은 주로 지위가 낮은 직업을 선택해서 숯 굽는 사람들 같은 숲 사람들과 똑같은 외부인으로서의 정체성을 굳혔다(법적으로도 집시들은 숯 굽는 사람들과 같은 범주에 속했다). 그들의 색다른 특징 때문에 그들이 아이를 납치하고, 식수를 오염시키며, 오스만인들을 위해서 간첩질을 한다는 막무가내식의 주장이 종종 제기되었고, 때때로 그런 주장은 폭력과 살인으로 이어졌다.

집시들은 대부분 반유목민이었다. 겨울에는 천막과 오두막에서 생활하고 여름에는 멀리 이동했다. 16세기부터 중앙유럽 곳곳의 통치자와 소집의회는 농촌의 무질서와 그 원인 중 하나인 방랑생활을 점점 더 우려하고 있었다. 뜨내기들과 거지들에 대한 단속이 벌어졌고, 집시들이 단속의 표적이 될 때도 있었다. 그래서인지 1586년에 라인란트의 나사우 백작령에서는 환영받지 못하는 사람들이 다음과 같이 묘사되었다.

> 집시, 뜨내기, 직업 없는 방랑자, 피들과 치터 같은 현악기를 연주하는 거리의 악사, 사기꾼, 망보는 자, 점쟁이, 게으른 거지, 말썽꾼, 행상인 등과 부정한 거래, 살인, 강도, 절도, 방화 등의 악행에 여념이 없는 그 밖의 하찮은 사람들. 점술가, 요술쟁이, 수정구슬 점쟁이, 그리고 사람과 가축을 치료하는 의사인 듯 말하지만 불법 수단으로 가난한 사람들을 속이는 돌팔이.[5]

많은 집시들이 체포되지 않으려고 도시의 으슥한 곳이나 대규모 사유지로 이동했다. 한편, 현지의 행정관들은 집시들을 겨냥한 이치에 맞지 않는 명령을 한결같이 무시했다. 방랑생활을 금지하는 법은 무차별적인 데다가 집시들이 지역 공동체에서 중요하게 쓰이는 기능의 소유자라는 점이 도외시되었기 때문이다. 오늘날의 슬로바키아에 해당하는 지역의 일부분에서 1760년대에 집시 주민을 대상으로 실시한 인구 조사에 따르면, 대부분의 집시 가구는 보통 대장장이와 목수 같은 장인들이 가장이었는데, 그들은 종종 악사로 일하기도 했다. 평판이 더 나쁜 다른 집시들도 떠돌아다니고 있었기 때문에 행정관들은 그들이 일에 매진하도록 놔두었다. 18세기 초, 중앙유럽의 일부 지역에서는 인구의 약 10분의 1이 부랑자들이었다.[6]

방랑생활을 금지하는 규정에도 불구하고, 중앙유럽 여러 지역의 집시들은 여름에 끊임없이 떠돌아다녔고, 지방 당국은 그들을 막으려고 크게 애쓰지 않았다. 트란실바니아 공국의 소집의회는 집시들이 특별한 대가를 지불하고 이동할 수 있도록 허용하는 법을 통과시켰고, 징세와 질서 유지를 담당하는 이른바 총독의 지휘 아래 공동체를 조직하고자 했다. 도시 성벽 밖의 집시 야영지는 흔했고, 길드 조합원의 권리를 침해하지 않는 한 집시 장인들은 영업을 용인받았다. 트란실바니아의 일부 지역에서는 집시들이 경작지에 안착해 농민이 되기도 했다.[7]

폴란드와 리투아니아는 추방이나 투옥 같은 법적 처벌을 무기로 집시들의 이동을 금지하는 전형적인 나라였다. 그러나 중앙유럽의 다른 곳들처럼 이곳에서도 실제로 형벌은 좀처럼 집행되지 않았다. 폴란드와 리투아니아의 영주들은 집시들이 괴롭힘을 당하지 않고 정기시와 시장에 갈 수 있도록 선처하겠다고 보장하며 영지에 정착할 집시들을 적극적으로 모집했다. 대규모 집시 집단들이 특히 리투아니아의 라지비우 가문 영주들의 광대한 영지로 이주했다. 무려 2,000개 이상의 소도시와 촌락으로 이루어진 라지비우 가문의 땅은 정주해 생활하는 집시 장인들과 집시 유랑단을 충분히 수용할 수 있었다. 현재 벨라루스의 소도시 스마르혼에 있었던 라지비우 가문의 영지에는 곰에게 나막신을 신고 춤추는 요령을 가르치는 훈련소가 있었는데, 아마 유랑하는 집시 악사들을 부양하기 위한 용도였을 것이다.[8]

당시 중앙유럽은 결코 동질적인 인구 집단으로 구성되지 않았다. 서로 다른 언어와 문화가 뒤섞인 변경 지역은 물론이고 다른 지역에서도 국외로부터의 이주가 광범위하게 이루어지고 있었다. 폴란드, 헝가리, 트란실바니아, 보헤미아 등의 모든 도시에는 대규모 독일인 인구가 살고 있었는데, 그들의 조상들은 적어도 13세기에 그곳으로 이주했었을 것이다. 독일인 상인들과 귀족들은 현지의 대다수 정부를 장악하거나, 리투아니아의 빌뉴스와 트란실바니아의 클루지에서 그랬듯이, 여러 민족 집단이 돌아가며 공직을 맡는 권력 공유 협정에 참여했다. 트란실바니아와 헝가리의 농촌은 인구의 빈틈을 채우기 위해서 루마니아인 목동들과 노동자들을 모집했는데, 그들은 종종 기존 공동체 옆에 마을을 세우고 고유의 법과 종교 관례를 따랐다. 오늘날의 우크라이나 서부 도시인 베레호베 근처의 티서 강 상류 계곡에는 헝가리인 정착지, 루마니아인 정착지, 우크라이나인 정착지가 모자이크처럼 펼쳐져 있었고, 소수의 독일인 지주들도 흩어져 살고 있었다. 그 계곡에는 배수 전문가들이 필요했기 때문에 플랑드르인도 몇 명 있었다.[9]

이주는 뜻밖의 인구 이동을 초래했다. 1500년부터 1650년까지, 많은 스코틀랜드인이 폴란드에 정착했다. 그들은 발트 해 연안뿐 아니라 루블린, 타르누프, 크라쿠프 같은 내륙 깊숙한 곳에도 자리를 잡았다. 잉글랜드인 여행자 파인스 모리슨과 지칠 줄 모르는 스코틀랜드의 모험가 윌리 리스고는 17세기 초에 그곳에서 스코틀랜드인들을 만났고, 그들의 숫자가 수만 명에 이른다고 알렸다. 리스고의 견해에 따르면 폴란드는 "스코틀랜드 아이들과 젊은이들의 어머니이자 유모"였다. 그러나 실제로 폴란드에 있던 스코틀랜드인은 1만 명 미만이었을 것이다. 크라쿠프에 거주하는 소수의 부유한 스코틀랜드 상인들을 대신해서 거울, 가위, 손수건, 오렌지 같은 저가 물건을 팔러 다니는 일에 주로 종사했던 스코틀랜드인들은 17세기 말에 이르러 대다수가 흔적을 거의 남기지 않은 채 다른 곳으로 이주했다.[10]

스코틀랜드인들과 달리 중앙유럽의 아르메니아인들은 발칸 반도, 중동, 캅카스 지역 등에서 몇 세기에 걸쳐 구축된 사업상 인맥망을 활용한 원거리 무역과 연결되어 있었다. 중앙유럽에는 적어도 12세기부터 아르메니아인들이 있었다. 1370년대에 킬리키아 아르메니아 왕국(지금의 튀르키예 남부)이 멸망하고, 100년 뒤에는 크림 반도의 카파에 있던 아르메니아 상인 식민지가 오스만의 공격으로 파괴되면서 중앙유럽의 아르메니아인 인구가 늘어났다. 폴란드와 트란실바니아에서는 아르메니아인 난민들이 환영받았고, 연장자들로 구성된 독자적인 법정을 비롯한 자치권도 얻었다. 중세 후기에 르비우에서 그들이 따랐던 법전이 오늘날까지 전해지는데, 기괴하게도 그 법전에는 공해에서 일어난 해난에서 구조받을 권리, 납치 규칙, 다른 소를 질식시켜 죽인 소에 부과되는 벌 따위의 모호하고 부적절한 조항이 수록되어 있다.[11]

아르메니아인들은 주로 상인이었고, 훗날 일부는 자신의 부를 이용해서 농촌의 사유지를 사들이고 폴란드와 헝가리의 귀족이 되기도 했다. 한편 유대인들은 아르메니아인들과 달리 집시나 방랑하는 스코틀랜드인과 비슷한 방식으로 일단 전통적인 농촌 공동체가 채울 수 없는 역할을 맡아 무두장이와 염색공으로 일하고, 옷과 신발류를 수선하고, 값싼 중고품을 팔러 다녔다. 시골 사람들은 나중에 세금을 내거나 필수품을 구입할 목적으로 현금을 남겨두고, 대부분 물건과 물건을 직접 교환했다. 그러나 유대인들은 상품을 팔아서 마련한 돈이 있었기 때문에, 종교개혁 이전까지 자행되었던 교회의 고리대금 행위에서 벗어나 단기 대출에 일부 자금을 투입할 수 있었다. 역사가인 유리 슬레즈킨의 우아하지는 않지만 유용한 표현에 따르면, 유대인들도 집시들처럼 농업 위주의 경제에서 경제적 공백을 찾아다니는 "노역 유목민"이었다.[12]

중앙유럽의 대부분 지역에서 유대인 인구는 수적으로 미미했다. 18세기 초, 보헤미아를 제외한 신성 로마 제국의 유대인 인구는 약 4만 명, 헝가리의 유대인 인구는 1만1,000명으로 두 경우 모두 전체 인구의 1퍼센트에 크게 못 미쳤다. 하지만 폴란드와 리투아니아의 유대인 인구는 훨씬 많았다. 1720년까지 폴란드와 리투아니아의 유대인 인구는 37만 5,000명으로 전체 인구의 약 4퍼센트였다. 그곳의 유대인 인구는 오늘날의 우크라이나 서부에 편중되어 있었는데, 18세기에 몇몇 지방에서는 현지 인구의 3분의 1이나 심지어 절반까지 차지했다.[13]

과거에 라인란트 지방에 살았던 많은 유대인들은 중세 후기에 박해를 피해서 중앙유럽 곳곳으로 흩어졌다. 그들은 고지 독일어, 아람어, 히브리어 등이 뒤섞여 있고, 히브리 문자로 오른쪽에서 왼쪽으로 표기하는 이디시어라는 혼합어를 썼다. 당시의 표현에 따르면, 대다수 유대인은 도시 사람이 아니라 마을과 시장이 서는 소도시, 즉 슈테틀에 거주하는 란트유덴Landjuden(말 그대로 "토지 유대인들")이었다. "마을"이라는 뜻의 이디시어인 슈토트shtot에서 유래되어 마을보다 작은 공동체를 뜻하는 단어인 "슈테틀"은 이웃 사랑이라는 잃어버린 세계에 대한, 그리고 많은 유대인이 기꺼이 벗어난 불안정함에 대한 은유로 오늘날까지 남아 있다.

신성 로마 제국에서는 유대인의 90퍼센트가 소규모 정착지에 거주했고, 대개의 경우 공동묘지나 유대교 예배당을 갖추기에는 인구가 부족했기 때문에 목소리가 제일 좋은 사람이 선창자 역할을 맡아 민가에서 예배를 드렸다. 대부분의 유대인 남자들, 그리고 다수의 유대인 여자들이 일종의 무역에 참여했는데, 무역의 성격은 장소에 따라서 달랐다. 프리슬란트에서 유대인들은 도살장과 정육점을 운영하며 주로 가축 무역에 종사했다. 프랑켄에서는 정결 음식법에 따라서 포도주를 주조했지만, 유대인과 비유대인을 가리지 않고 판매했다. 슈바벤의 유대인들은 말 따위를 거래했다. 현지 길드의 규정에 따라서 유대인이 재단사로 일하는 행위가 금지될 때에는 옷 수선 같은 틈새시장을 찾을 수도 있었다. 기존의 금은세공인 길드가 보석 무역을 독점하고 있을 때에는 보석을 조각하고 깎고 다듬는 길을 개척할 수도 있었다.

유대인들은 특히 현금을 가지고 있다고 여겨졌기 때문에 위험에 취약했다. 그들은 노란색 꼬리표를 달거나 독특한 모자를 쓰도록 규제당하지 않더라도 남자들의 턱수염과 여자들의 머리 두건 때문에 표적이 되기 쉬웠다. 게다가 지역 공동체들은 재난과 불황이 닥치면 유대인을 탓하는 등, 고통과 빈곤의 시기에 유대인을 공격하는 경우가 많았다. 일부 유대인들은 스스로를 지키기 위해 도시에서(종종 성문 뒤쪽에서) 무리를 지어 살았지만, 어떤 곳에서는 엄격한 주거 요건 때문에 의무적으로 유대인 구역을 조성해야 했는데, 그 경우 단 하나의 거리에 수천 명의 유대인이 모여 있기도 했다. 그럼에도 불구하고 유대인 추방은 흔한 일이었다. 1510년과 1573년에는 베를린과 브란덴부르크에서, 1519년에는 레겐스부르크에서, 1551년에는 바이에른 전체에서, 1614년에는 프랑크푸르트에서 유대인이 추방되었다. 게다가 지방 행정관들이 여러 민족이 뒤섞여 있는 공동체에 거주하는 소수의 유대인 가정을 추방하거나, 그 가정의 결혼생활과 낳을 수 있는 자녀의 수에 지나친 조건을 강요한 나머지 유대인들이 다른 곳으로 떠나버린 경우도 많았다.[14]

유대인들은 보호받을 수 있는 곳을 찾아 나섰다. 그들은 소규모 제후국의 기사들과 백작들이 자신들을 더 주의 깊게 살펴보고 해를 입지 않도록 지켜줄 수 있었던 슈바벤과 프랑켄으로 이주했다. 다른 곳에서는 형편이 더 나은 유대인들이 현지의 제한 조치를 면제받고 거주 요건을 우회하는 특권을 통치자들과 대영주들로부터 사들였다. 일부 유대인은 궁정에 사치품과 대출금을 제공하는 "궁정 유대인Hofjuden"의 지위를 얻었다. 30년전쟁이 벌어지는 동안 채무 불이행과 상업 및 통화의 붕괴로 1657년 푸거 은행을 포함해 기존의 여러 은행이 파산하자, 궁정 유대인에게 기회가 많아졌다. 통치자들에게 보석을 팔고 고리의 대출을 해주던 유대인들은 주요 은행가의 역할을 이어받아서 군대 운영과 궁정의 사치 행위에 필요한 자금을 대주었다.

궁정 유대인들은 통치자들이 적자를 내지 않도록 재정적으로 뒷받침했다. 그들은 신성 로마 제국의 백작들과 공작들이 소집의회와 협상할 필요가 없도록 해주었고, 소집의회가 새로운 특별세에 곧잘 부과하던 조건을 우회할 수 있도록 통치자에게 현금 흐름을 제공했다. 아울러 궁정 유대인들은 통치자를 위해서 군대에 군납품과 군마를 공급하고, 조폐창과 그 운영에 필요한 귀금속을 구입하고, 통상조약을 협상하는 등의 일에 동원할 수 있는 사업적 인맥과 친족 관계망도 보유하고 있었다. 실제로 키가 큰 근위보병이 필요하다고 판단한 프로이센의 프리드리히 빌헬름 1세(재위 1713-1740)는 성과에 따라서 보수를 지급하겠다는 조건으로 궁정 유대인인 야코프 곰페르츠에게 유럽을 샅샅이 뒤져 장신들을 찾게 하기도 했다.[15]

이처럼 쓸모 있는 존재이기는 했지만, 궁정 유대인들은 불안정한 처지에 있었다. 그들은 도시의 대저택, 시골의 대규모 사유지, 돈이 많이 드는 애인을 거느리면서 고위 귀족들을 추종했지만, 그들의 운명은 전적으로 후원자에게 달려 있었다. 권력 상층부에서 갑작스러운 변화가 일어나 궁정 유대인들이 사기와 횡령이라는 날조된 혐의를 받거나 자산을 압류당하거나 심지어 목숨을 잃는 경우가 종종 있었다. 통치자가 실정에 대한 불만을 차단해야 할 때, 유대인은 손쉬운 희생양일 뿐 아니라 통치자가 약탈할 수 있는 편리한 자원이기도 했다. 그런 상황에서 살아남은 부유한 유대인 가문은 더 큰 사회에 통합되고, 군대에서 경력을 쌓고, 기성 가문들을 상대로 결혼 관계를 맺고, 기독교로 개종함으로써 살아남을 수 있었다.

폴란드는 비교적 안전한 곳이었다. 폴란드계 유대인들은 13세기부터 국왕 헌장을 통해서 상당한 자치권을 보유했고, 국왕 헌장을 받은 도시의 유대인들은 통치자가 친히 보호하는 주민이 되었다. 폴란드의 유대인들은 시골의 마을인 슈토트와 슈테틀에서 놀랄 만큼 다양한 종류의 공동체를 발전시켰다. 유대인 공동체는 자치체 평의회인 카할kahal을 중심으로 학교, 예배당, 병원, 재판소 등에, 그리고 굴뚝을 청소하는 일에도 자금을 제공했다. 카할 위에는 카할의 대의원들과 한 무리의 랍비들로 구성된 이른바 "네 개의 땅 위원회"(세 개나 다섯 개의 땅 위원회로 불리기도 했다. 위원회의 명칭은 고정적이지 않았다)가 있었다. 그 위원회에서는 문제 있는 사건에 판결을 내리고 사람들의 행위를 규제하며 유대인들이 한꺼번에 왕실 금고에 바칠 세금을 할당했다.

유대인들은 스스로 다른 곳보다 폴란드에 더 깊이 뿌리박고 있다고 생각했다. 유대인 사이에서는 폴란드를 지칭하는 히브리어 Polin이 "여기 거하라"라는 뜻의 신의 명령인 "Poh lin"에서 비롯되었다는 이야기나, "여호와께서 여기 계신다"라는 뜻의 "poh lan Yah"라는 문장을 가리킨다는 이야기가 전승되었다. 어느 쪽이든, 어원을 오해한 유대인들은 자신들이 폴란드에 정착한 것을 하느님이 정한 계획의 일부라고 믿었다. 15세기 초 어느 랍비의 설명에 따르면, 폴란드는 "예로부터 이스라엘의 추방된 자손들을 위한 피난처"였다. 1세기 뒤 크라쿠프의 어느 랍비는 이것을 더 노골적으로 표현했다. "아마 우리는 이 땅에서 마른 빵 한 조각을 편히 먹는 것을 더 좋게 여겨야 할지 모른다……여기는 유대인에 대한 증오가 독일인의 땅에서만큼 심하지 않다. 구세주가 오실 때까지 하느님이 이 상태가 이어지도록 해주시기를 빈다."[16]

폴란드의 전국 소집의회인 세임이 유대인과 정부기관의 상업적 거래를 제한하자, 궁정 유대인들이 폴란드에서 성공할 기회는 줄어들었다. 유대인들은 개별 귀족에게로 눈을 돌렸다. 오늘날의 벨라루스와 우크라이나에 해당하는 곳의 귀족 지주들은 소도시와 마을에 활기를 불어넣고 지대와 부과금을 통한 추가 수입을 얻기 위해서 유대인의 이주를 장려했다. 그중 많은 귀족이 이에 더해 세금을 징수하고, 농민 노동을 이용해 사유지의 일부분을 경작하고, 새로운 경작지를 개척할 권리를 유대인에게 빌려주기도 했다. 그러나 유대인들이 영주에게서 얻은 가장 중요한 권리는 증류주의 독점 판매권이었다. 18세기에 곡물 가격이 하락하자 지주들은 점차 곡물로 만드는 보드카로 종목을 바꾼 뒤 보드카를 생산할 권리를 팔았다. 18세기 폴란드의 가장 위대한 거물 중 한 사람인 유제프 차르토리스키는 다음과 같이 설명했다. "우리 나라에서 보드카 양조장은 조폐창이라고 부를 만한데, 그 이유는 기근이 없는 해에 곡물을 대량으로 팔 수 있는 것은 오직 그들 덕분이기 때문이다."

　18세기에 폴란드의 유대인 가운데 무려 3분의 1이 보드카와 맥주 매매에 종사했다. 당시 폴란드인들은 하루에 무려 3리터 이상의 맥주를 마시는 것으로 유명했고, 맥주를 마신 뒤에는 증류주로 넘어갔다. 영주들은 대체로 자가 양조 및 증류 행위를 불법화했기 때문에 유대인들은 전속 시장을 확보할 수 있었다. 당시 농촌 지역의 선술집에 대한 묘사는 의심할 바 없이 암울했다. 다음은 19세기 초의 어느 기록에 담긴 선술집 모습이다.

> 선술집은 보통 아주 변변찮은 오두막이다……큰 헛간 한구석이 칸막이로 나뉘어 말이나 수레를 세워두는 곳으로 쓰인다. 입구는 낮은 현관이나 들보 아래 공간이고, 바닥은 흙바닥이다. 가구라고는 한구석의 긴 탁자 하나나 작은 탁자 두세 개뿐이다. 짚 한 묶음이나, 때로는 돋우어 올린 몇 개의 판자가 평평한 대를 이루고, 그 위에 깔린 짚이 침대 구실을 한다……여기서 날카롭고 불안한 표정의, 더러운 얼굴을 한 라헬의 도움을 받는 유대인이 술에 취한 농민들과 말다툼하고 그들의 돈을 갈취하면서 온종일 가장 천한 손님에게 맥주와 건초와 옥수수를 준다 [여기서 라헬은 유대인 여성에 대한 멸칭이다].[17]

유대인과 영주가 맺은 밀착성에 대한 분노, 그리고 많은 사람들이 유대인의 농민 착취 행위로 생각한 것에 대한 분노는, 코사크인의 수장인 보흐단 흐멜니츠키가 오늘날의 우크라이나 땅에서 이끈 대규모 봉기에 반영되었다(제15장 참조). 1648년에 시작된 그 봉기는 코사크인 무리들이 폴란드인 귀족, 동방귀일교회 사제, 유대인 등을 학살하면서 순식간에 대혼란으로 번졌다. 수만 명의 유대인이 살해되었고, 막대한 수의 유대인들이 타타르족의 노예로 팔려나갔다. 살아남은 목격자들의 증언에 따르면 코사크인들과 그들의 대열에 합류한 농민들은 가학성을 드러냈고, 유대교 예배당과 율법서 두루마리는 고의적으로 파괴되었다. 아주 오래 전의 예언에 따르면 1648년은 죽은 자들이 다시 생명을 얻는 구원의 해였기 때문에 그 학살 사건은 유대인들에게 더더욱 고통스럽게 여겨졌다.[18]

학살이 벌어진 뒤 많은 폴란드계 유대인들은 운명론을 수용하거나 고난은 독실한 사람들에게만 주어지는 거룩한 시험이라는 구약성서 속 욥의 (흔들리는) 확신을 받아들이면서 내면을 들여다보기 시작했다. 학살 이후, 구세주의 도래를 둘러싼 풍문과 전통적인 유대교의 율법주의가, 의식과 규율이 사라지고 더 개인적이고 더 신앙심 깊은 종교로 대체된다는 소문이 돌면서 갑자기 신비주의 운동이 일어났다. 이런 추세는 18세기에 모든 피조물에 하느님이 내재하며, 심지어 물구나무서기와 공중제비를 통해서도 하느님을 즐겁게 찬양해야 한다고 가르치는 하시디즘이라는 산만한 믿음을 낳게 된다.

폴란드-리투아니아의 유대인 인구는 1650년 이후 1세기 동안 2배 증가했지만, 인구 급증에 걸맞은 경제적 향상은 없었다. 1700년경에는 폴란드계 유대인의 무려 20퍼센트가 거지였고, 현대 이디시어에 부랑자를 의미하는 shnorer, 뚜렷한 수입이 없는 사람을 뜻하는 luftmentsh, 집 없는 좀도둑이라는 뜻의 medine yid 같은 거지를 가리키는 어휘를 많이 남겼다. 17세기의 후반기에 폴란드와 리투아니아에 퍼진 전쟁의 여파로 어려움이 가중되어 가난한 유대인들이 주기적으로 서쪽을 향해 몰려가면서 그전까지 동쪽으로 이동하던 유대인의 흐름이 역전되었다. 1648년의 흐멜니츠키의 봉기 직후, 1만 명 내지 1만5,000명의 유대인이 폴란드에서 신성 로마 제국으로 이주했다. 이후 수십 년에 걸쳐 수천 명이 한 번에 50명이나 100명씩 무리를 지어 뒤를 이었다.[19]

각국의 정부와 도시 당국이 내놓은 전반적인 대책은 이주 유대인들에게 정착할 기회를 주지 않고 다른 곳으로 이동시키는 것이었다. 많은 유대인들이 안전한 피난처를 찾을 때까지 기존 유대인 공동체의 변두리에서 구걸하며 연명했다. 당대인의 상상 속에서 유대인은 일정한 형태가 없는, 불량배 무리였다. 어느 포고령에서 그들은 다음과 같이 묘사되었다.

> 뜨내기들, 떠돌이들, 외국 거지들, 특히 유대인 거지들, 게으름뱅이들, 직업이 뚜렷하지 않은 자들이나, 오스만인들에게 잡혀 감옥에 갇혔다가 지금은 빈민 구호품을 노린다고 말하는 자들, 곰과 요술 가방, 그리고 다른 오락 도구를 가지고 돌아다니는 자들. (브라운슈바이크, 1700년경)[20]

가진 땅이 없고, 구걸하는 유대인은 농촌의 빈곤을 부각시켰다. 당국은 포고령을 통해서 유대인 거지들과 농촌의 시끄러운 무리를 거듭 하나로 묶었고, 관리들에게 두 집단을 모두 단속하도록 다그쳤다. 그러나 중앙유럽 곳곳의 정부 당국자들과 통치자의 고문들은 궁핍한 유대인들이 농촌의 경제 구조를 둘러싼 더 심각한 문제의 일부라는 사실을 점점 깨달아가고 있었다. 유대인들이 구걸과 행상에서 벗어날 수 있으면 쓸모 있는 신민이 될 수 있을 듯했다. 실제로 그들의 사업 수완은 농촌이 사업을 경영하는 방식을 바꿔놓거나 심지어 그 방식에 "연금술" 같은 영향을 미칠 수도 있었다. 하지만 그렇게 되려면 일단 경제 환경이 바뀌어야 했다. 그렇게 하고자 했던 사람들이 바로 최초의 정치경제학자인 관방학자들이었다. 지금은 거의 기억에서 사라졌지만, 훗날 그들은 중앙유럽을 바꿔놓았다.[21]

제19장
관방학자들의 인간 실험실

17세기 후반기에 중앙유럽 각국의 정부는 자국 경제가 뒤처지고 있음을 차츰 깨달았다. 잉글랜드와 프랑스와 네덜란드를 방문한 중앙유럽인들은 자국에는 없는 선박과 대량생산 제품, 인구가 많은 도시를 목격했다. 초창기의 그런 자기 비판적 관찰자 중 한 사람은 이렇게 평했다. "우리는 언제나 외국인들이 떠들썩하게 웃을 기회만 주고 있다. 그들은 우리를 비웃고 있는데, 그들이 옳다." 필리프 폰 회르니크는 『오스트리아는 무엇이든 가능하다(원하기만 하면)*Oesterreich über alles, wann es nur will*』 (1684)에서 다음과 같이 말했다. "머리부터 발끝까지 우리에게는 건전한 부분이 하나도 없다……모든 것이 오래 전에 완전히 몰락하지 않았다는 사실이 오스트리아의 기적일 정도로 암담하다."[1]

회르니크는 관방학자Kameralisten, 즉 "재정학" 실무자로 알려진 초기 경제학자였다(당시 귀중품실을 지칭하는 단어는 카머Kammer였는데, 말 그대로 "방"이라는 뜻이었다). 관방학은 국가와 기관이 부유해져 경제적 후진성을 극복할 수 있도록 세입을 극대화하는 방법을 연구하는 학문이었다. 중앙유럽에서 관방학자는 대체로 두 갈래로 나뉘었다. 어떤 관방학자들은 번영의 열쇠가 통치자들이 공장과 유리 공방과 양잠 농장의 설립을 주도하면서 제조업을 발전시키고 수출을 증대하는 데 있다고 믿었다. 다른 관방학자들은 새로운 작물의 도입을 통해, 그리고 충분히 활용되지 못하는 토지를 경작하도록 사람들을 이주시키는 과정인 "인구 이식"을 통해서 농업을 발전시키고자 했다.

서로 강조점은 달랐지만, 관방학자들은 농노제가 나쁜 것이라는 데 동의했다. 그들이 볼 때 농노제는 노동자들이 새로운 공장과 농장으로 이동하지 못하도록 막고, 농촌 경제의 비효율성을 은폐하며, 빈곤을 유발했다. 농부들이 유복해지고 만족감을 느낄 가능성이 더 크다는 점에서, 농부들이 세습 재산인 구획 토지를 경작하는 자유농 제도가 훨씬 더 나았다. 어느 관방학자의 설명에 의하면, 각국 정부가 자초한 극빈 상태에서 벗어나고 싶으면 "100만 명의 농민과 장인의 한숨과 한탄"에 귀를 기울여야 했다. 그 농민들과 장인들이 쏟은 노동의 결실에 모든 이의 행복이 달려 있었기 때문이다. 부랑자들과 게으름뱅이들은 도로와 운하를 건설하는 현장에서 일하도록 하고, 집시들은 정착하도록 강제해야 했다. 관방학자들은 그들의 해법이 개인의 이미 확립된 권리와 지주의 특권을 짓밟는다는 사실을 중요하게 여기지 않았다. 어느 대표적인 관방학자는 "정당한 근거가 없는 모든 전통은 자동으로 폐지되어야 한다"라고 말했다.[2]

관방학자들은 규제의 측면에서 강경한 태도를 보였다. 그들이 생각할 때, 사람들은 지식이 부족하므로 올바른 결정을 내릴 것으로 기대하기 힘들었다. 모든 올바른 정보를 보유한 자비로운 정부가 대신 결정을 내려야 했다. 따라서 관방학자들은 "총체적 규제 계획"으로 귀결되는 방안을 자주 주장했다. 그들이 말하는 규제는, 재배해야 할 작물과 나무의 종류, 다리와 병원을 세워야 할 장소, 사람들이 영양분을 꾸준히 공급받기 위해서 먹어야 할 음식까지 생활 곳곳에 깊숙이 파고들었다. 그들은 여자들이 겁을 먹고 유산하는 바람에 인구가 줄어드는 일이 없도록 장애인의 시장 출입을 금지해야 한다거나 통치자가 부하들을 감시할 목적으로 궁전에 비밀 통로와 구멍을 설치해야 한다는 식의 터무니없는 주장도 펼쳤다. 관방학자들이 염원한 "질서 잡힌 국가"는 "통제된 국가"를 뜻하는 경찰국가Polizei-Staat로 종종 불리기도 했는데, 여러 측면에서 어울리는 명칭이었다.[3]

관방학자들은 세력을 얻었다. 그들은 중앙유럽 도처에서 통치자의 관료가 되어 행정 기술을 연마했고, 대학교에서 가르쳐야 할 분야와 과목에 점점 더 많은 영향을 미쳤다. 관방학은 법학과 더불어 예비 공무원 양성에 필수적인 분과가 되었고, 1721년에는 프로이센의 할레 대학교와 프랑크푸르트의 비아드리나 유럽 대학교에 관방학 교수직이 생겼다. 그러나 관방학적 정책이 실제로 시행되는 속도는 더뎠다. 다수의 통치자가 혁신을 의심의 눈초리로 바라봤고, 도시의 길드와 귀족 지주들과 전통주의 성직자들이 종종 걸림돌이 되었다. 그러나 뜻밖에도 1720년대에 중앙유럽에서, 말 그대로 미개발지나 다름없는 곳에서 관방학을 검증할 공간이 마련되었다. 그곳은 바로 티미쇼아라의 바나트였다. 남부 카르파티아 산맥의 가장자리에 자리 잡은 그 작은 영토가 어떻게 관방학의 시험장이 되었는지 이해하려면 오스만 제국의 중앙유럽 점령기와 그 기간의 종식 과정을 조금 되돌아봐야 한다.

1648년의 베스트팔렌 조약 이후 몇십 년 동안 합스부르크 왕가는 2개의 전선에서 싸우고 있었다. 서쪽에서는 프랑스의 왕 루이 14세(재위 1643-1715)와 맞서고 있었다. 당시의 어느 재치 있는 표현에 따르면, 남의 아내들에게 그랬듯이 남의 땅에서도 마음대로 굴었던 루이 14세는 걸림돌이 되는 독일의 공국과 영주령을 합병하면서 프랑스 국경을 라인 강까지 밀어붙이는 것을 목표로 삼았다. 1681년, 라인 강의 대규모 요새 도시인 슈트라스부르크는 스트라스부르가 되면서 알자스와 프랑슈콩테(부르고뉴 백작령)에 대한 프랑스의 점령 과정이 완료되었다. 한편 동쪽에서는 헝가리 영토의 대부분을 차지한 오스만인들이 군정 국경지대를 집요하게 침략하고 있었다. 1658년, 레오폴트 1세는 아버지인 페르디난트 3세에 이어 황제가 되었고, 장기간의 치세 대부분을 전쟁으로 보냈다(그는 1705년에 세상을 떠났다). 그가 곤경에 놓여 있음은 분명했다. 주요 장군 중 한 사람은 이렇게 말했다. "폐하, 군대가 나라입니다. 군대가 없으면 폐하의 영토는 오스만인들이나 프랑스인들, 아마 언젠가는 헝가리인들에게 빼앗길 것입니다. 폐하의 수도는 국경 도시입니다."[4]

　서쪽과 동쪽의 전쟁터는 서로 연결되어 있었다. 루이 14세는 자금과 "군사 고문"을 파견함으로써 오스만 제국의 봉신국인 트란실바니아에서 벌어진 합스부르크 왕가에 대한 반란을 지원했다. 결정적인 순간에 그는 레오폴트의 군대가 동쪽에 집중하는 틈을 타 서쪽을 다시 압박했고, 레오폴트 황제는 오스만 제국과의 전역을 포기하고 도나우 강에서 라인 강으로 자원을 재배치해야 했다. 그런데 오스만 제국은 지나치게 대담했다. 1683년 술탄의 재상인 카라 무스타파가 합스부르크 왕가의 영토에 쳐들어와 빈을 포위한 것이다. 마지막 순간, 합스부르크 군대는 폴란드 대군의 지원을 받아서 오스만 군대를 패주시켰다. 빈은 위기를 모면했고, 카라 무스타파는 그 대가로 목숨을 빼앗겼다. 그는 술탄의 명령에 따라 베오그라드의 요새에서 비단 목도리로 교살을 당했다.

빈에서 승리를 거둔 레오폴트는 계속 전진했고, 1686년에는 부다를, 2년 뒤에는 베오그라드를 탈환했다. 1692년에는 트란실바니아의 마지막 독자적 군주인 어퍼피 미하이 2세를 무릎 꿇리고, 이후 상당한 액수의 연금과 빈의 궁전을 받는 대가로 퇴위시켰다. 레오폴트는 헝가리와 트란실바니아 공국이 누리는 종교의 자유를 유지하겠다고 약속했지만, 관용에 대한 그의 이해심은 넓지 않았다. 개신교도들은 눈에 띄지 않는 곳에서만 신앙생활을 할 수 있었고, 교회를 신축할 수도 없었으며, 공직을 맡을 권리도 없었다. 1703년에 라코치 페렌츠의 실패한 반란은, 헝가리와 트란실바니아를 통치하는 합스부르크 왕가에 맞서 일어난 저항의 종식을 알리는 신호였다.

1699년, 레오폴트는 오늘날 세르비아 북부에 있는 카를로비츠(스렘스키카를로브치)에서 오스만인들과 합의해 역사적으로 헝가리 왕국에 속했던 영토의 대부분을 획득했다. 세계적 차원의 의미를 상징하기 위해 사면이 모두 열린 대형 천막에서 체결된 카를로비츠 조약은 중앙유럽 최초의 근대적 조약이었다. 이 조약으로 400개 이상의 지도에 국경이 상세하게 그어졌고, (강둑의 침식을 예측하기 위해서) 강의 수심이 기입되었으며, 땅에는 일렬로 쌓은 돌무더기로 국경이 표시되었다. 하지만 그 모든 노력은 헛수고였다. 평화가 계속되지 않았기 때문이다.[5]

라코치의 운명은 1704년에 영국군과 합스부르크 군이 연합 작전을 통해 바이에른의 블린트하임(또는 블레넘)에서 그의 프랑스 동맹군을 격파하고 그를 고립시키면서 결정되었다. 블린트하임 전투는 말버러 공작 존 처칠의 승리로 칭송되지만, 합스부르크 군의 장군인 사부아의 외젠의 승리이기도 했다. 그의 군대는 때맞춰 싸움터에 도착해서 프랑스 군의 측면을 공격했다. 속임수와 재치 있고 신랄한 말의 대가인 외젠은 합스부르크 군에서 50년 이상 복무하며 전역을 펼쳤다. 빈에 있는 대저택과 빈 근교에 서 있는 더 웅장한 벨베데레 여름 궁전에서 알 수 있듯이, 외젠은 전투에서 거둔 승리에 힘입어 합스부르크 왕가의 역대 황제에게 엄청난 포상과 보답을 받았다.

외젠은 동방 문제, 즉 유럽에서 오스만 제국의 쇠퇴를 어떻게 관리해야 하는가라는 문제를 예견했다. 그는 러시아가 발칸 반도에서 발판을 마련하고자 할 테니 합스부르크 왕가가 먼저 움직여 러시아의 야심에 선수를 쳐야 한다고 정확하게 예상했다. 1716년, 외젠은 카를로비츠 조약을 파기하고 오스만인들에 맞서서 새로운 전역을 펼치도록 황제 카를 6세를 설득했다. 외젠은 곧바로 오스만 제국령 헝가리의 마지막 영토에 있는 티미쇼아라와 페트로바라딘을 빼앗았고, 이듬해에 베오그라드를 점령했다.

외젠은 발칸 반도 깊숙한 곳까지, 심지어 저 멀리 테살로니키까지 쳐들어가는 방안도 고려했지만, 자신들에게 유리한 평화 상태에 만족했다. 1718년에 파사로비츠(오늘날의 세르비아 도시인 포자레바츠)에서 맺어진 조약에 따라서 합스부르크 왕가는 올테니아로 불리는 서부 왈라키아의 일부분, 베오그라드, 오늘날의 세르비아 북부 지방, 그리고 옛 오스만 제국의 티미쇼아라 주를 차지했다. 대략 지금의 벨기에 크기인 정방형의 영토 티미쇼아라 주는 티서 강과 무레슈 강과 도나우 강에 에워싸여 있었다. 합스부르크 왕가에 넘어간 뒤, 그곳은 (다른 곳과 혼동한) 역사 지리학자들의 착오 때문에 바나트라는 이름으로 알려졌다.[6]

그때까지 합스부르크 제국 정부는 오스만인들에게서 빼앗은 헝가리 영토의 일부분을 이전 소유자의 후손들에게 할당해왔다. 후손들을 찾을 수 없거나 소유권의 증거가 없어진 경우, 해당 토지는 국왕 사유지에 흡수되거나 매각되었다. 그러나 올테니아와 합스부르크령 세르비아의 대부분은 헝가리에 속한 적이 없었다. 따라서 빈의 정부 당국은 그 땅들을 국왕의 "절대 영지_absolutum dominium_"로 지정한 뒤 황실 회계국과 사부아의 외젠이 이끄는 제국 전쟁평의회 산하에 두었다. 그러고는 군사적 필요성을 주장하면서 바나트 지역을 조약에 포함했는데, 사실 바나트 지역은 1550년대까지 헝가리 왕국의 일부분이었고, 많은 헝가리 귀족들이 그 지역에 있는 사유지에 대한 선조들의 소유권을 내세울 수 있는 곳이었다.[7]

사부아의 외젠에게는 그 거대한 공간을 관장할 수 있는 최고 권한이 부여되었다. 다행스럽게도 황실 회계국 기록 보관소에는 그의 정확한 임무를 명시해놓은 1680년대 말의 계획서가 있었다. 합스부르크 왕가는 긴 명칭에 거부감이 없었고, 그 계획서는 "왕국 및 제국 헝가리 문제 위원회 부대표단"의 작품이었다. 부대표단은 약 80차례의 회의를 통해, 오스만인들에게서 빼앗은 헝가리 내의 영토를 최신화하는 방법의 청사진을 이른바 "부흥 과업"이라는 문서로 제시했다. 그 문서에서 제안된 내용 중 일부는 1680년대와 1690년대에 레오폴트가 빼앗았던 헝가리의 일부 지역에서 이미 채택된 상태였다. 이제 사부아의 외젠은 로렌 출신의 합스부르크 군 고위 장군인 클로드 플로리몬트 콩트 드 메르시에게 전담 위원회를 통해서 바나트에서의 "부흥 과업"을 맡겼고, 그를 민정 및 군정 총독에 임명했다.

"부흥 과업"은 하향식 관리와 정부 개입에 근거한 전형적인 관방학적 기획이었다. 이주를 통해 정복지의 인구를 늘려서 생산성을 높이고, 새로운 산업과 작물 재배를 장려하며, 광산을 개발하고, 병원을 짓고, 위생과 화재 규정을 마련해야 했다. 또한 군대의 물자 약탈 행위를 방지하기 위해서 행군로도 확정해야 했으며, 병참 보급소를 설치하고, 적절한 복장 규정과 합리적인 식습관 계획도 시행해야 했다. "부흥 과업"에서 귀족의 권리가 거의 고려되지 않은 점도 중요하다. 위원회의 위원장은 이렇게 설명했다. "공적 부담의 측면에서 귀족계급의 수많은 특권은 모든 훌륭한 정부의 원칙에 상반된다."[8]

바나트는 백지상태나 다름없었고, 실험을 진행하기에 이상적인 곳이었다. 중세에 바나트에는 풍요로운 농지가 펼쳐져 있었지만, 전쟁 후 방치되는 바람에 강둑과 제방이 무너지면서 대규모 홍수와 ("바나트 열병"으로 알려진) 풍토성 말라리아가 만연해졌다. 티미슈 강의 습지 위에는 티미쇼아라의 육중한 사각형 보루가 버티고 있었다. 어느 오스만인에 따르면, 4개의 커다란 능보를 갖춘 그 보루는 물속의 거대한 거북이와 비슷했다. 그러나 배후지는 침수되어 있었고, 인구는 제곱킬로미터당 평균 2명에 불과할 만큼 희박했다. 그곳 주민들은 합스부르크 제국의 행정 관리자들이 종종 "일리리아인"이라는 고풍스러운 이름으로 통칭한 세르비아인과 루마니아인이 대부분이었다. 합스부르크 제국의 행정 관리자들은 바나트 지방이 몰락한 주된 이유가 교육 수준이 낮은 정교회 성직자들에게 꼼짝 못 하고, 농업에 대해서 모르며, 미신을 믿는 일리리아인들의 미개함 때문이라고 확신했다.[9]

애초의 "부흥 과업"은 인종적 건전성에 많은 관심을 기울였다. 이에 따라서 헝가리와 관련한 "부흥 과업"은 "혁명과 불안을 좋아하는 기질을 타고난 헝가리인의 피가 독일인의 피로 부드러워져, 그들의 선천적이고 세습적인 군주제와 귀족계급을 끊임없이 신뢰하고 사랑할 수 있도록" 독일인을 이주시키는 방안을 권고했다. 바나트에서도 사부아의 외젠이 이끄는 방향에 따라서 똑같은 원칙이 적용되었지만, 독일인 정착민들이 일리리아인들을 쫓아내야 한다는 차이점이 있었다. 그러나 일리리아인들은 살짝만 옆으로 밀려나야 했다. "이교도, 유대인, 오스만인, 루터파 신자, 칼뱅파 신자 같은 불신자들과 온갖 이단자들"을 비롯한 다른 모든 사람은 바나트에서 완전히 쫓겨나야 했다. 이 부분에서, 바나트의 새로 확립될 질서는 헝가리 영토 가운데 인구가 희박한 지역으로 독일인 개신교도들을 이주시키는 방안을 구상했던 "부흥과업"을 훨씬 뛰어넘었다. 실제로 총독이자 바나트 부흥위원회의 수장인 콩트 드 메르시는 헝가리에 있는 자신의 사유지에서 일할 독일인 루터파 신자들을 모집하기도 했다.[10]

바나트 지방의 인구 증가는 놀라운 수준이었다. 1717년에 8만 명이었던 인구가 60년 뒤 무려 30만 명으로 늘어난 것이다. 그러나 안타깝게도 그들은 대부분 사부아의 외젠이 바랐던 부류의 사람들이 아니라 더 안전한 바나트로 건너온 올테니아와 합스부르크령 세르비아 출신의 세르비아인과 루마니아인이었다. 메르시가 바나트를 관리한 1722-1733년 동안 약 1만 명의 독일인이 정착했다. 18세기 중엽에 찾아온 두 번째 물결을 통해서 독일인 4만 명이 더 건너왔다. 그럼에도 독일인은 바나트 전체 인구의 8분의 1에 그쳤다.[11]

문제는 바나트에 가고 싶어하는 독일인이 거의 없다는 점이었다. 바이에른의 집결지에서 바나트까지는 강의 뱃길과 육로를 통해서 두 달이 걸리는 길고도 힘든 여정이었다. 당시의 어느 표현에 따르면 바나트는 "독일인의 무덤"이었다. 토지, 주택, 가구, 면세, 유료 통행권 같은 혜택만으로는 이주자 수를 늘릴 수 없자, 빈의 정부 당국은 바나트를 범죄자와 불량배들을 처리하는 곳으로 활용하기 시작했다. 그들은 주로 밀렵꾼, 알코올 중독자, 매춘부 등이었지만, 제국의 재정을 낭비하는 자들로 여겨진 스페인 군주국의 난민들도 일부 포함되었다. 바나트에 도착하자마자 어떤 죄수들은 노역장에 수감되었고, 다른 죄수들은 방비 시설 건설 현장에 투입되었다. 1740년대에는 바나트로 건너온 강제 추방자들이 1년에 수백 명도 채 되지 않았다. 게다가 그들은 사부아의 외젠이 바나트의 생물학적 혈통을 강화할 것으로 기대했던, 독일인 혈통의 강력한 역할을 대표한다고 보기 힘들었다.[12]

그럼에도 메르시와 그의 후임 총독들은 본래 "부흥 과업"의 관방학적 계획을 추진하고자 했다. 우선, 그들은 능보를 별 모양의 육중한 방비 시설로 대체하면서 티미쇼아라의 시가지를 재건했다. 구시가지를 허물고, 공식 광장과 연병장이 있는 격자형 거리 계획을 실행했다. 구체적인 지시에 따른 티미쇼아라의 도시 설계는 정방형 구획 안의 크기가 같은 부지에 주택이 배치된 새로운 촌락과 소도시의 유형을 제시했다.

> 주요 거리, 옆길, 교회 광장(항상 마을의 한가운데에 있어야 한다), 사제가 근무하는 예배당, 학교 건물, 여인숙 등을 배치하는 것은 기술자의 일이다. 이듬해 겨울에 파야 할 각 거리의 공공 우물의 위치를 결정하는 일도 중요하다. 각 가옥의 부지는 길이가 75 내지 100클라프터, 너비가 12 내지 15클라프터여야 한다. 모든 건물은 부지의 한쪽 면에만 배치되어야 하고, 가옥은 박공벽이 거리를 향하고 인접한 각 부지가 최소 9클라프터의 여유 공간을 통해 분리되도록 지어야 한다[1클라프터는 성인 남자가 두 팔을 뻗은 길이로 약 1.8미터이다].[13]

바나트의 관리들은 집에 번지를 매기기도 했는데, 아마 중앙유럽에서 그렇게 포괄적으로 번지를 매긴 사례는 그들이 처음이었을 것이다. 농사를 짓도록 이주민에게 할당한 길쭉한 토지도 지도에 표시되었고, 식별 기호가 부여되었다. 정착민들은 거리 이름을 선택할 수 있었기 때문에 팔츠 거리, 츠바이브뤼켄 거리, 슈바벤 거리 등 출신 지역이 떠오르는 이름이 종종 쓰였다.[14]

메르시는 습지의 배수 작업을 개시하고, 습지를 가로지르는 도로를 깔아 정착지들을 연결하기도 했다. 그리고 그 과정에서 도로를 가로막거나 독일인 정착민들이 더 많은 수익을 내며 경작할 수 있는 들판을 차지한 루마니아인과 세르비아인 마을을 철거했다. 다른 곳에서는 독일인 이주자들이 세르비아인과 루마니아인 정착지를 접수해 주민들을 내쫓았다. 최근의 역사가들은 종종 바나트를 다문화주의와 식민지 온정주의의 성공적인 초기 실험으로 높이 평가한다. 그러나 실상 바나트는 남아프리카 공화국의 인종차별 정책에 더 가까운 정책을 바탕으로 건설된 곳이었고, 가장 좋은 땅은 독일인에게 돌아간 반면 세르비아인과 루마니아인은 땅이 덜 비옥한 별도의 정착구역에 배정되었다.[15]

바나트는 여전히 농업 위주의 지역이었다. 일단 물이 빠지면 영양분이 풍부한 양질의 흑토로 덮인 들판이 드러났기 때문이다. 하지만 메르시와 후임 총독들은 바나트에서 산업과 제조업을 추진하기로 했다. 1720년대에 메르시는 티롤 지방의 광부 수백 명을 모집하는 데 성공했고, 구리와 금을 캐기 위해서 광부들을 바나트 동쪽의 산악 지대에 정착시켰다. 쓸모가 있다고 판단되면 비非독일인도 모집되었다. 예컨대 이탈리아인은 양잠 농부, 아르메니아인은 피혁공, 불가리아인은 가축 사육자로 모집되는 식이었다. 그들은 격자형 공동체에 정착했고, 그 공동체에는 종종 노이아라트, 노이파주아, 노이에슈타트바르첼로나(스페인 사람들의 공동체) 같은 새 출발을 약속하는 이름이 붙었다. 이주 제한 조치에도 불구하고 유대인들도 건너와 1780년경 티미쇼아라에는 수백 명의 유대인이 있었다. 바나트의 유대인들은 맥주와 증류주 독점 판매권을 사들였다.

어느 역사가의 말을 빌리자면 바나트는 인간 실험실이었다. 많은 관방학자들이 최정예 관료 집단의 일원으로 자부하며 자원을 극대화하고 신민들의 복리를 개선하고자 애썼다. 그들 중 대다수는 지루한 통계 목록, 제조 공정 명세서, 산림 관리 안내서 뒤에 숨어 있었지만, 꽤 많은 수의 다른 관방학자들은 국가와 지역을 더 만족스럽게, 더 생산적으로 운영하는 방법을 더 거시적인 관점에서 생각했다. 대체로 그들은 깊게 뿌리내린 귀족의 특권이 경제적 효율성과 국민의 행복에 해롭다고 생각했다. 그들은 실력주의를 장려했고, 자신들이 최정예 관료라고 자부했다. 관방학의 대표적인 인물 중 한 사람은 이렇게 말했다. "이 세상에서 가장 합리적이고 현명한 국가 구조에는, 단언하건대 중국의 국가 구조에는 세습 귀족이 없다." (당시 관방학자들은 중국의 고급 비단과 도자기, 투철한 관료제적 기풍을 부러워하는 등 중국에 흠뻑 빠져 있었다.)[16]

바나트는 이상적인 시험장이었다. 왕령지였기 때문에 귀족들이 없었고, 소작농들은 영주가 다스리는 마을에 묶여 있지 않았다. 그들은 바나트 정부 소유의 밭을 경작하며 그 지방 정부에 지대를 내야 했지만, 일상적인 부과금과 세금은 대체로 적었다. 그 모든 사실은, "이동의 권리가 있는 자유 차지인"을 선호한, 그리고 "농노들은 고사하고 땅에 묶여 있는 농민들"의 정착도 반대한 "부흥 과업"에 약술된 원칙에 부합했다. 그러나 현금 흐름이 원활하지 않은 탓에 바나트의 농민들은 종종 농산물로 세금을 대신했다. 어느 관리는 노이파주아의 독일 정착민이 "달걀 400개와 400마리의 벌레로 세금을 냈고", "똑같은 것을 더 보내려고 한다"라며 넌더리를 냈다. 노역을 수행하는 경우는 더 흔했다. 헝가리와 트란실바니아의 경우에 비해 노역의 강도는 낮지만, 농민들은 종종 일주일에 하루꼴로 노역을 수행했다.[17]

소수가 몰래 들어오기는 했지만, 개신교인들은 바나트에서 배제되었다. 18세기 중엽에 합스부르크 왕가의 역대 통치자들은 부모가 개신교도인 아이들을 가톨릭교 수도회가 돌보도록 하고 어른들은 종종 트란실바니아로 추방하는 등 오스트리아 공국 내 개신교도를 엄히 단속했다. 빈과 브라티슬라바에서는 관리들이 범법자 호송대를 샅샅이 뒤져 개신교도는 트란실바니아로, 가톨릭교도는 바나트로 보냈다. 그래도 바나트에는 여전히 여러 종파가 섞여 있었다. 일찍이 1690년대에 레오폴트 황제는 오스만인들과의 전쟁에서 도움을 준 대가로 정교회를 믿는 세르비아인들에게 제지 없이 신앙생활을 할 권리를 부여했고, 레오폴트의 후임 황제들도 그의 약속을 철회하지 않았다. 페야(오늘날의 코소보에 있는 도시)의 세르비아 정교회 총대주교는 수만 명의 세르비아인과 더불어 헝가리 남부로 이주했고, 총대주교좌를 스렘스키 카를로브치로 옮겼다. 그것과 똑같은 관용의 원칙이 바나트에도 적용되었다. 개신교도들과 달리, 세르비아 정교회 신자들은 바나트에서 신앙생활을 가로막는 걸림돌을 거의 만나지 않았다.

그럼에도 바나트의 총독들은 길가의 예배당, 잘 연출된 채찍질 고행단의 행렬, 석고 성모상, 여러 축일 따위를 통해서 합스부르크령 중앙유럽의 곳곳에서 두드러지고 흥성하는 가톨릭 신앙심을 고취했다. 콩트 드 메르시는 한발 더 나아가 자신의 성명 축일을 공휴일로 지정한다고 선언하는 한편, 네포무크의 성 요한(1345?–1393)을 바나트의 수호성인으로 삼기도 했다. 프라하의 블타바 강에서 익사해 순교한 성 요한은 홍수의 성인으로, 메르시는 성 요한의 중보기도를 통해 습지의 배수 작업 속도가 빨라지기를 바랐다. 한편 현실적인 측면에서는 농촌 지역과 티미쇼아라에서 약 50채의 신축 교회 공사를 감독하기도 했다. 바나트는 오스만인의 침략을 막는 방패뿐 아니라, 어느 당대인의 설명에 따르면, "불신자에 대한 기독교의 방파제"이기도 했다. 기독교 신앙의 영적 우월성을 입증하기 위해, 교회 건축물은 외벽의 대칭형 파사드, 양파 모양의 둥근 지붕, 화려한 내부(금박을 입힌 초상, 치장 벽토, 우뚝 솟은 제단 뒤쪽의 벽 장식 등) 같은 위풍당당한 구조를 뽐냈다.[18]

바나트는 가장 큰 교회를 보유하기 위해서 수도회와 종파들이 건축적 경쟁을 겨루는 현장이었다. 그중 제일 웅장한 교회는 잘츠부르크에서 처음 작성된 설계도에 따라 1740년대에 티미쇼아라에 새로 들어선 대성당과 마리아 라드나의 거대한 순례 예배당, 그리고 바실리카식 교회당이었다. 하지만 정교회를 믿는 세르비아인들도 만만치 않아서, 1740년대에 티미쇼아라에 대성당을 지었다(그 대성당의 탑을 완성하기까지는 50년이 더 걸렸다). 티미쇼아라의 그 정교회 대성당은 바로크 양식으로 지어진 중앙유럽 최초의 정교회 성당은 아니지만, 가장 이른 시기에 지어진 바로크 양식의 성당임은 확실하며, 위치상으로는 가장 뜻밖의 장소에 세워진 성당이기도 하다.[19]

둥근 지붕과 뾰족탑, 대칭형 파사드, 위풍당당한 구조 등의 바로크 양식은 화려하고 웅장했다. 바로크 양식은 중앙유럽의 대부분 지역에서 개신교 세력을 격퇴한 가톨릭 교회의 승리주의에 부합했다. 그러나 바로크 양식은 황제와 왕, 거물들이 부와 권력을 과시하기 위해서 선호한 양식이기도 했다. 바나트에는 세습 귀족들이 없었다. 대신 그 자리를 메운 관료들이 재능 있는 귀족계급으로서 의식용 현관 홀, 우아한 계단, 정교하게 조각된 출입구 등을 완비한 궁전 같은 관공서와 등기소와 상서국 건물을 지으며 세습 귀족들과 흡사한 방식으로 영향력을 과시했다. 농촌에서도 사정은 마찬가지였다. 농촌에서는 학교, 행정 관청, 우체국 등이 지방 귀족들의 양식을 모방해 지어졌다. 바나트는 세속적 건축을 통해서 관방학의 관료제적 이념을 보여주는 전시장이었다.

18세기 후반기에 바나트는 더 이상 특이하지 않았다. 1730년대 말에 올테니아와 베오그라드가 오스만 제국에 할양되었다. 마리아 테레지아 황후(재위 1740-1780)는 군사적 효율을 고려해서 바나트의 남쪽 부분을 군정 국경지대에 통합했다. 1779년, 그녀는 나머지 부분을 여러 개의 군으로 분할하고 왕령지를 헝가리 귀족들과 상인들에게 팔아넘겼다. 그러나 이렇게 단명했더라도 바나트의 중요성을 간과하지는 말아야 한다. 바나트는 관방학 사상을 동력으로 삼은, 그리고 사람들을 행정적으로 관리해 효율적 생산자로 바꿀 수 있다는 신념에 따라서 추진된 하향식 관리의 실험실이었다. 그러나 바나트라는 실험실이 만들어진 배경에는, 다루기 쉽고 질서정연하며 통제된 세계가 효율적 제어로 탄생할 수 있다는 위험한 생각이 자리 잡고 있었다.

제20장

큰 국가의 등장과 발바소르 시대의 황혼

어느 노르웨이인 경제학자와 그의 부인이 1750년 이전에 집필된 경제학 서적 가운데 가장 많이 팔린 책들을 발표했다. 1위는 아리스토텔레스의 『가정경제학 Oeconomica』이었다. 기원전 4세기에 집필된 『가정경제학』은 지금도 종이책으로 유통되고 있다. 마르틴 루터가 고리대금업을 비난한 책(1524)은 3위에 올랐다. 상위 10위권 안에는 작센-고타 공국의 정부 관리인 파이트 루트비히 폰 제켄도르프(1626-1692)라는 낯선 이름도 있다. 제켄도르프의 『독일 군주 국가 Teutscher Fürsten-Staat』(1656)는 13개의 판본을 통해서 1세기 동안 꾸준히 인쇄된 1,000쪽 분량의 초超베스트셀러였다. 이 책은 독일어로만 출간되었지만, 바나트 지역에서 발트 해 연안에 이르기까지 정책의 형태를 결정하면서 중앙유럽 도처에 영향을 미쳤다.[1]

『독일 군주 국가』는 관방학의 제안과 정부의 권한 및 책임에 대한 과장된 의식이 접목된 교본이었다. 이 책은 주로 관리들을 겨냥했는데, 제켄도르프의 설명에 따르면, 관리들은 평민들이 영양분이 풍부한 음식을 먹고, 집에서 환기를 제대로 시키며, 간소한 옷을 입고, 담배와 독주를 피하도록 해야 했다. 그의 주장은 통치자에게도 적용되었다. 제켄도르프는 통치자가 밖에서 승마나 사냥을 즐길 때에는 시골을 직접 둘러보고, 오찬 초대를 거절하지 말아야 하며, 회계관을 고용해 불필요한 낭비를 방지하는 등 바쁘게 움직여야 한다고 주장했다. 그의 주군인 작센-고타의 에른스트 공작(재위 1640-1675)은 제켄도르프의 제안을 받아들여 제켄도르프의 급료를 즉각 동결했다.

『독일 군주 국가』가 특별해질 수 있었던 비결은 제켄도르프의 새로운 어휘와 사고방식에 있었다. 그가 『독일 군주 국가』에서 펼친 주장 중 많은 부분이 로마법을 근거로 삼았는데, 특히 통치자에게 거의 무한한 지휘권이 있다는 가정이 대표적이었다. 그러나 제켄도르프는 책 제목에 "국가Staat"라는 낯선 단어를 썼고, 본문에서 그 단어를 "영토 주권Landesobrigkeit"이라는 새로운 용어와 연결했다. 이전의 저술가들은 권력이 통치자나 지배 왕가에게만 속하는 것으로 여겼지만, 제켄도르프는 권력이 영토와 떨어질 수 없는 것, 영토의 경계 안에 사는 사람들을 한데 묶어 통치권이 작동할 수 있도록 하는 것이라고도 생각했다. 제켄도르프가 볼 때, 권한은 무엇보다 땅에 부여된 것으로서 통치자에게만 빌려준 것이었고, 통치자의 임무는 전체의 이익을 위해서 영토 안의 사람들과 자원을 조정하는 것이었다.

제켄도르프의 태도는 좀처럼 명확하거나 일관적이지 않다. 하지만 주권과 영토를 융합함으로써 그는 중앙유럽에 일률적으로 관리되고 고정된 경계가 있으며 독자적인 정부와 법에 의해 통치되는 지역, 즉 근대 국가라는 개념을 도입했다. 제켄도르프는 사회적 계서제를 인정했고, 은유의 폭을 넓혀 국가를 "신비로운 몸"으로, 국가의 구성원을 팔다리와 내장으로 묘사했다. 그러나 그가 선호한 용어는 전체에 종속된 모든 사람을 가리키는 "신민Unterthanen"이었다. 그가 통치자를 묘사하려고 사용한 단어도 인상적이다. 제켄도르프는 책 제목에 맞춰 "군주"라는 명칭을 인정했지만, 그 명칭과 "독일의 섭정"이라는 단어를 번갈아 사용함으로써 위임된 행정적 역할을 암시했다. 독일의 통치자가 "국가의 첫 번째 종복"이라고 자칭한 것은 18세기로 접어들어 한참 세월이 흐른 뒤의 일이었지만, 그 개념은 확실히 제켄도르프의 위대한 저서에 함축되어 있었다.[2]

제켄도르프는 작센-고타라는 약어로만 알려진, 이질적인 여러 영토를 그러모은 지역을 다스린 에른스트 공작을 섬기면서 대부분의 경력을 쌓았다. 분주하게 움직이기를 좋아한 에른스트 공작에게는 『독일 군주 국가』라는 책이 안성맞춤이었다. 별명이 "경건공"인 에른스트 공작은 비범한 중재자이자, 언젠가 에티오피아인들을 개신교로 개종시키려는 희망을 품고 암하라어를 조금 배웠을 만큼 열정적인 루터파 신자이기도 했다. 실제로 에른스트 공작의 스승인 아바 고르고리오스(1600?-1658)는 우리가 이름을 아는 중앙유럽 역사상 최초의 사하라 사막 이남 아프리카인일 것이다. 하지만 나름의 특이성에도 불구하고 에른스트 공작의 치세는, 현실 정치에서 국가 개념이 어떻게 작동하는지를 관찰할 수 있는 렌즈의 구실을 한다.[3]

중앙유럽의 대다수 지역에서 궁정 일정표의 정점은 귀족들과 도시 행정관들이 공작이나 통치자에게 충성을 맹세하는 흥겨운 행사였다. 그들은 소집의회가 열릴 때마다 그렇게 했는데, 실제로 작센-고타에서 소집된 여러 소집의회의 유일한 목적은 맹세문을 낭독하도록 하는 것이었다. 통치자는 맹세의 대가로 귀족들과 도시 행정관들의 명예와 땅과 자유를 모두 유지해주겠다고 엄숙히 서약했다. 소집의회에서 고려할 만한 논쟁적인 사안은 의제를 좌우하는 위치에 있었던 에른스트 공작이 서둘러 처리했다. 에른스트 공작의 방식은 오늘날의 위원회 참석자들에게도 익숙할 것이다. 고타에 있는 학교의 현금 보유액, 10대 청소년인 귀족의 양육법, 칼을 올바르게 차는 요령 같은 사소한 문제를 다루는 데 많은 시간이 쓰였고, 그 모든 과정을 거친 뒤에야 비로소 더 논란의 여지가 있는 사안이 다뤄졌다. 소집의회는 에른스트에게 청원서를 제출했다. 그는 상응하는 조치를 하겠다고 약속했지만, 소집의회의 공식 기록에는 청원서의 내용이 좀처럼 담기지 않은 것으로 짐작된다. 그리하여 안건은 마지막 항목인 해당 연도의 세금 문제로 넘어갔다. 1641년에 열린 에른스트의 첫 번째 소집의회와 관련해서는 간단한 기록만 남아 있다.

> 삼위일체 주일에 내야 할 토지세와 부활절, 십자가 축일, 성녀 루치아 축일에 내야 할 음료세는 6년 더 연장하기로 했으므로 보리 한 포대에 18그로셴을, 맥아 한 포대에 13그로셴 6페니를 내야 한다. 포도주 양조업자는 음료세를 내지 않는 대신 포도주와 브랜디로 십일조를 내야 한다.

그랬다. 에른스트 공작은 소집의회가 열리고 나서 일주일도 지나지 않아서 향후 6년간 아무 대가 없이 세금을 내는 데 동의하도록 한 것이다. 소집의회가 다시 소집된 1647년에 첫 번째 의제를 차지한 것은 학교 교과서의 내용이었다. 훗날 어느 평론가가 작센 인근 지역에서 열린 소집의회의 회합에 대해 평가했듯이, 소집의회는 "모든 배우가 '예'라고 말해야 하는, 6년마다 열리는 한편의 소극笑劇"이었다.[4]

그러나 적어도 에른스트 공작은 계속 소집의회를 열고 있었다. 17세기 중엽부터 작센-고타에서 경의의 표시는 대부분 소집의회의 회합과는 별개인 행사에서 이루어졌는데, 다름 아니라 소집의회가 너무 드물게 열렸기 때문이다. 평론가들에 따르면 소집의회는 종종 우스꽝스러운 행사 같았다. 배불리 먹은 대의원들은 무슨 안건이든 고개를 끄덕였고, 걸핏하면 잠이 들었다. 소집의회의 회기는 며칠간의 토론에서 만찬 후 몇 시간의 대화로 줄어들었다. 논의가 필요하다고 여겨지는 중요한 사안은, 통치자의 궁전에서 비밀리에 열리는 소규모 위원회로 넘어갔다.

제켄도르프는 소집의회를 중시했다. 그는 통치자에게 소집의회와 상의하고, "신민들의 솔직한 의견과 그들이 심사숙고한 내용"을 듣고, "거기에 얽매이지는 않더라도 그것을 경솔하게 거부하지 말고, 특히 그것이 올바른 식견에 근거했다면 따라야 한다"라고 일렀다. 그러나 소집의회에는 시간이 걸렸고, 준비에 비용이 많이 들었으며, 논의 내용이 종종 밖으로 유출되었다. 따라서 제켄도르프는 되도록 소집의회에서 선출된 대표들로 이루어진 위원회를 활용하라고 통치자에게 조언했다. 사실 제켄도르프의 해결책은 너무 지루한 사안에 귀 기울여야 하는 점을 짜증스럽게 여기던 소집의회 참석자들에게도 나쁘지 않았다. 중앙유럽의 다른 지역에서는 소집의회가 앞장서서 본회의를 위원회로 대체하는 경우가 종종 있었다.[5]

제켄도르프는 오늘날 우리가 개입주의 국가나 "큰 국가"로 부르는 것을 선호했다. 그런 국가의 목적은 공동선과 복지의 증대였고, 제켄도르프의 주군인 에른스트 공작은 자신의 책무를 진지하게 여겼다. 고타에 있는 에른스트 공작의 거대하지만 검소한 궁전에는 행정실과 학교가 있었는데, 제켄도르프조차 그 궁전의 부족한 가구와 비품에서 인색함이 느껴진다고 불평했다. 에른스트 공작은 의사와 약장수와 산파를 점검하는 조사단을 보내는 등 보건 문제에 열을 올렸고, "불명예와 치욕"(주로 간통이었다. 작센-고타에서 간통은 사형에 해당하는 중죄였다)을 단속할 위원들을 임명하는 등 도덕 문제에도 관심을 쏟았다. 그는 철저한 인구 조사도 지시했다. 사람들의 연령, 직업, 거주지, 소득, 재산 등을 일람표로 나타낸 그 조사는 일람표가 동원된 중앙유럽 최초의 종합적인 인구 조사였다. 제켄도르프는 찬성했다. 그의 책 『독일 군주 국가』에서는 어디에나 관리들이 있었다. 관리들은 들판을 측량하고, 도서관의 책에 번호를 매기며, 세로로 인구 목록을 작성하고, 감춰진 문 뒤에서 예고 없이 나타났다.[6]

　에른스트 공작 같은 통치자들이 신민의 복리에 필요한 수많은 임무를 수행하기 위해서는 그에 어울리는 관료제가 필요했다. 에른스트 공작은 시기적으로 운이 좋았다. 17세기 후반기 중앙유럽 곳곳의 국가들은 역량이 향상되었고, 에른스트 공작과 제켄도르프가 원한 통제력을 행사하는 행정 조직을 갖추게 되었다. 30년전쟁 이후 통치자들은 새로운 군비를 충당하기 위해서 징세 권한을 크게 늘렸고, 거기에 발맞춰 관료제를 확대했다. 과거에는 군 도급업자들이나 사업가들이 지방의 세금을 인상할 권리를 행사하는 대가로 군대를 모집하는 일을 처리했다. 그런데 이제는 통치자가 도급업자 겸 과세자가 되었고, 자신에게 충성을 바치는 상비군을 모집해서 그들에게 급료를 지급했다. 통치자들이 프랑스의 루이 14세와 1650년대까지 발트 해의 요새를 거점으로 약탈을 자행한 스웨덴인들의 진격을 막으려면 군대가 필요했다. 인구가 8만 명을 겨우 넘는 작센-고타에도 8,000명의 병력이 있었다.

행정기관이라는 의미에서 정부는 여전히 규모가 작았다. 제켄도르프가 활동하던 시기에 작센-고타의 중앙 정부에는 수십 명의 관리만 있었다. 그러나 궁전에서 일하는 관리의 수를 세는 것은 범위가 너무 좁은 계산법이다. 국가 개념이 확장됨에 따라 이전에는 자치기관이었던 대학교가 국가 권력의 대리기관으로 바뀌면서 국가에 흡수되었다. 중앙유럽 도처에서 정부와 통치자가 대학교를 개혁해 관료를 대거 배출했다. 각국 정부와 통치자는 한때 활발한 논쟁이 벌어졌던 평의회 의원들을 "'예'라고만 하는 신사들"로 전락시키면서 도시의 독립적 지위를 박탈했고, 농촌 지역에 국가의 관리들을 파견했다. 영국인들은 제1차 세계대전이 발발해 처음으로 납세 청구서와 소집 통지서를 받고 나서야 국가의 존재를 알아차렸을 것이다. 반면, 그때까지 중앙유럽인들은 대부분 2세기 넘게 국가와 함께 살고 있었다.[7]

중앙유럽 곳곳에서 지방 관청 암트Amt는 17세기 말부터 국가의 주요 감독수단이었다. 이전에는 지방 귀족 중에서 선발되었던 지방관 암트만Amtmann은 이제 정부에 의해 임명되었고, 보통은 전문직 출신의 숙련된 법률가였다. 개신교 지역에서 지방관은 성직자의 아들인 경우가 많았다. 민사 소송 주관, 범죄자 기소, 도로와 운하의 건설 감독, 학교와 홍수 예방 시설과 공립 구빈원 점검, 징집 감독 등 그들이 집행하는 공무의 범위는 무척 넓었다. 헤센카셀 공국의 지방관들은 매년 농촌 인구의 약 3분의 1을 산림법과 목축법 위반 혐의로 기소했다.[8]

신성 로마 제국의 경우, 현지의 귀족들이 각 행정구의 관직을 차지하고 있던 포메른의 일부 지역과 브란덴부르크를 제외한 다른 모든 곳에서 지방관들이 보폭을 넓히고 있었다. 농민들도 귀족 영주가 운영하는 장원 법정을 거르고 지방관의 법정에서 소송하는 경우가 많았는데, 미천한 사람들은 지방관이 대체로 더 공정하다고 생각했기 때문이다. 게다가 지방관의 법정은 최소한 매주 열렸기 때문에 억울한 사람들을 더 신속하게 구제할 수 있었다. 한편, 작센-고타의 지방관들은 고역스럽게도 마법 혐의에 대한 후속 조치를 책임졌다. 제켄도르프가 활동하던 시절에 그들은 늘 여자들을 고문해 자백을 받아내는 등 불건전한 열정으로 임무를 수행했다. 어느 지방관은 고작 5년 동안 무려 38명의 마녀를 함정에 빠트렸고, 대부분을 화형에 처했다. 큰 국가는 인정 많은 국가가 아니었다.[9]

국가는 귀족계급을 흡수했다. 중앙유럽 도처에서 귀족들은 늘 정부의 요직을 차지해왔는데, 그런 상황이 바뀌지 않은 것이다. 통치자의 식솔 규모도 커져 시종, 마필 관리관, 추밀 고문관, 심지어 동물원 명예 사육사까지 수백 명에 이르렀는데, 그들도 대부분 귀족 출신이었다. 통치자의 사적 용무와 나랏일이 겹치는 경우가 많았기 때문에 궁정직과 관직의 차이가 무엇인지 분명하지 않았다. 업무 공간도 전혀 구분되지 않아서 서로 다른 업무의 담당자끼리 복도에서 충돌을 빚기도 했다. 중앙유럽 곳곳의 통치자들은 베르사유 궁전이나 파리의 루브르 궁전을 본떠 궁전을 지었고, 그 궁전들의 곁채와 수많은 방을 가득 채운 직업 관료들과 조신들은 통치자와 국가에 봉사하며 승진을 두고 경쟁했다.

통치자의 가사 담당자들과 정부 관리들의 수도 급증했다. 에른스트 공작의 후임들, 즉 고타 가문의 본류 혈통인 후계자들은 궁전과 중앙 관청에서 일하는 관리들의 수를 수백 명으로 폭증시켰다. 18세기 중엽, 에른스트의 증손자주 며느리인 루이제 도로테아 공작부인에게는 (그녀의 표현에 따르면) 단지 "자랑하기 위해서" 17명의 영주 시종, 12명의 시종, 12명의 하인, 놀이용 카드의 등장인물처럼 차려입은 180명의 기마 경비병 등이 있었다. 정부 부처의 수는 에른스트 공작이 세상을 떠난 뒤 배로 늘었다. 루이제 도로테아 공작부인은 "옥좌 주변에 모여든 칭호 소유자와 관리와 하인을 세어보면 고타의 거의 모든 사람이 어떻게든 궁정에 기대고 있는 듯싶다"라고 말했다.[10]

궁전과 정부에서 일하는 사람들의 수가 폭증한 현상은 중앙유럽 어디서나 분명히 엿보였지만, 궁정직과 공직은 국가에 의한 고용의 한 부문일 뿐이었다. 정부에는 군대가 필요했고, 군 도급업자의 역할이 작아지면서 정부가 징집, 훈련, 식량 공급, 급료 지급, 지휘 등의 임무도 맡게 되었다. 작센-고타는 문서상으로만 대규모인 군대를 보유하고 있었는데, 다름 아니라 인접국에 연대 규모의 병력을 빌려줌으로써 사실상 인력을 수출 상품으로 활용했기 때문이다. 작센-고타에서 모집한 병력으로 구성된 "네덜란드 연대"는 1692년부터 1806년까지 네덜란드인들에게 고용되어 있었다. 그래도 작센-고타의 장교단은 중앙유럽의 다른 곳들처럼 거의 전적으로 귀족으로 이루어져 있었다. 대다수의 장교는 작센-고타 공국 외부 출신으로 급료와 장래성에 이끌렸고, 일부는 나중에 프로이센 군으로 복무했다. 그러나 다른 장교들은 소위로 입대한 뒤 진급의 길을 걸었다.[11]

중앙유럽의 여러 지역에서 귀족들은 국가의 일부분이 됨으로써 큰 국가에 적응했다. 그들은 정부 관리, 통치자의 하인, 군 장교가 되었다. 통치권은 관료화, 군사화되었고, 통치는 문서 작업, 목록화, 위원회, 지방관 등에 의해서 수행되었다. 귀족들은 통치자의 옥체와 더 밀접한 관계를 맺으며 시종이나 장군으로서 통치자를 섬겼지만, 그들 역시 국가기구의 일부임은 마찬가지였다. 많은 귀족들이 자신의 지위가 내려가고 자유의 폭이 좁아지는 현실에 분노를 느꼈다. 그들은 유복하고 자유로운 신사계급과 정치적 영향력은 있으나 관직을 맡지 않는 지주계급이 있는 영국으로 시선을 돌렸다. 18세기 중앙유럽에서 영국의 조경 공원과 여우 사냥이 유행한 것은 영국을 향한 동경의 구체적인 표현이기도 했다.[12]

중앙유럽의 여러 지역에서 국가가 귀족계급을 흡수한 반면, 헝가리와 폴란드에서는 귀족계급이 국가를 흡수했다. 다만 헝가리의 경우에는 흡수가 정확한 표현이 아닐 수 있다. 헝가리에는 흡수할 만한 정부 조직이 거의 없었기 때문이다. 헝가리의 상서국은 빈의 우체통이나 다름없었다. 그 역할이 통치자의 추밀원이나 브라티슬라바의 헝가리 섭정 평의회(업무는 과중하고 인력은 부족했다)에 문제를 보고하는 데 그쳤기 때문이다. 헝가리의 광범위한 재무 기구는 강제력을 행사할 수 있었으나 의욕이 거의 없었다. 헝가리 왕국은 대개의 경우 조타수 없는 배 같았다. 소집의회는 대충 10년에 한 번씩 열렸고, 소집의회에서 통과된 설득력 없는 법률에 힘입어 일부 세금이 징수되었다.

실권은 귀족으로 구성된 군 단위 총회에 있었다. 16세기와 17세기에 헝가리의 지방 신사들은 들판이나 헛간에 모였지만, 18세기에는 관리들이 가득하고, 바로크 양식에 따라 화려하게 장식되어 무도회장으로도 쓰는 호화로운 궁전을 군 단위 총회의 상설 소재지로 삼고는 했다. 군 단위의 귀족들도 바빴다. 그들은 1년에 몇 번 본회의를 열어 현지의 문제를 조정하고, 징세 방안을 강구하며, 농촌의 질서를 유지했다. 지역 귀족들이 고집을 부려 반발하는 경우, 빈의 정부 당국은 지방관을 파견했다. 제국 정부가 파견한 지방관들은 지역 귀족들이 정부의 방침을 따를 때까지 군대의 지원을 받으며 군 단위 행정을 인수해서 처리했다.

작센-고타에서 제켄도르프는 신비로운 몸이라는 국가의 은유를 생각해냈다. 헝가리에서도 귀족들은 "왕국이라는 몸", 더 추상적으로는 "신성한 왕관의 일원"을 입에 올렸다. 그러나 제켄도르프는 모든 신민을 왕국에 포함한 반면, 헝가리의 귀족들은 자기들만 왕국이라는 공동체를 이룬다고 믿었다. 도시 거주자들은 귀족보다 권리가 적었기 때문에 왕국이라는 몸과 느슨한 관계를 맺고 있는 부속물이었고, 시골 사람들은 아예 왕국이라는 몸 밖에 있었다. 당대인들의 평가에 따르면, "시골뜨기"(농촌의 노동자를 일컫는 말)는 결함이 있는 헝가리인들을 가리키는 말이었고, 그들의 조상들은 전쟁터에서 용맹하지 못했고 끊임없이 반항하는 바람에 자유를 빼앗긴 자들이었다. 헝가리인의 나라는 귀족의 나라였다.

이따금 헝가리 귀족들은 자기들이 훈족 족장들의 자손이라고 중얼거리고는 했지만, 훈족 혈통을 둘러싼 그 신화는 인기를 끌지 못했다. 그러나 폴란드와 리투아니아의 사정은 달랐다. 그곳의 귀족들은 기원 전후의 몇 세기에 걸쳐 오늘날의 우크라이나 남부의 스텝 지대를 떠돌았던 고대 사르마티아 부족이 자신들의 공통 조상이라고 대대적으로 선포했다. 폴란드와 리투아니아의 많은 귀족들은 당시에도 사르마티아인과 자신들의 연관성이 거짓이라는 점을 알고 있었지만, 그 연관성은 그들을 공동의 자부심으로 단결시키는 데 보탬이 되었다. 폴란드와 리투아니아의 귀족들은 그들이 사르마티아 복장이라고 말하는 것을 갖추고 있었다. 운동용 군도軍刀를 차고, 왜가리 깃털이 달린 모자를 쓰고, 화려한 비단 장식띠를 두른 긴 진홍색 외투를 입었고, 위쪽 두피를 빼고는 머리털을 모조리 깎고 콧수염을 길게 기르는 이른바 사르마티아 머리 모양을 한 것이다.

사르마티아 양식은 군복에도 영향을 미쳐 그것을 점점 이국적으로 바꾸었다. 16세기 말, 폴란드 군은 "날개 달린 기병"을 배치하기 시작했다. 늑대 가죽과 표범 가죽(흔히 가짜 표범 가죽이었다)을 걸친 그 장갑 기병들과 창병들의 안장에는 독수리 깃털과 나무 틀로 만든 날개가 솟아 있었다. 지휘관의 갑옷도 눈에 띄었다. 그들은 철판 갑옷 대신 반원형의 강철 비늘을 겹쳐 붙인 가죽조끼를 입었다. 그리고 로마 조각가들이 묘사한 진짜 사르마티아 전사들을 고려해서 카라체나karacena를 전투복으로 채택했다. 비늘 갑옷을 채택함으로써 고대의 그 도마뱀 인간들lizardmen과의 혈연관계를 주장하는 셈이었다.[13]

사르마티아주의는 폴란드와 리투아니아의 귀족들이 주장하는 예외적 권리를 반영할 뿐 아니라 강화하기도 했다. 귀족계급 사이에는 엄청난 부의 편차가 있었지만, 귀족들은 법적 측면에서 서로 평등하다고 생각했다. 그들은 모두 슐라흐타szlachta라는 특권 공동체의 일원이었다(슐라흐타는 "친족"이나 "혈통"을 뜻하는 독일어 Geschlechter에서 유래했다). 부유하든 가난하든 슐라흐타의 구성원들은 모두 봉신으로서 군주와 직접 관계를 맺었고, 적어도 문서상으로는 다들 똑같은 권리를 지니고 있었다. 폴란드 귀족들은 그 동등한 권리, 즉 세금을 내지 않고 자의적 체포를 당하지 않을 권리와 전쟁에서 국왕을 섬길 권리를 "황금의 자유"라고 선전했다. 하지만 1570년대부터 폴란드 귀족들은 누가 왕이 되어야 할지 결정할 권리도 가지게 되었다.

귀족들이 왕위 계승을 장악하는 과정은 익숙한 방식을 따랐다. 1386년 이래로 약 2세기 동안 폴란드와 리투아니아는 초대 국왕인 야기에우워의 이름을 딴 야기에우워 왕조에 의해서 통치되었다. 아들이 아버지에 뒤이어 왕위를 계승했고, 대가 끊길 위기가 닥칠 때마다 형제가 빈자리를 메웠다. 그러다 1572년, 매독에 걸리고, 통풍에 시달리고, 아마 결핵을 앓은 듯한 지그문트 2세가 3명의 부인 사이에서 후계자를 얻지 못한 채 사망했다. 왕조에 닥친 잔인한 운명의 변덕으로 지그문트에게는 형제도 삼촌도 사촌도, 심지어 할아버지의 형제도 없었다. 그는 자기 가문의 마지막 남성이었다. 프랑스의 왕자인 발루아의 앙리로 공백을 메우려는 시도도 실패했다(앙리는 폴란드에서 반년만 머물다가 급히 프랑스로 돌아가 왕위를 주장했다).

생물학적 과정과 위탁에 기댄 왕위 계승이 실패로 돌아가자, 세임과 슐라흐타가 개입했다. 세임은 일단 1573년에 발루아의 앙리를 압박해서 왕위가 선출직임을 인정하고, 상원 의원들로 구성된 평의회를 통해 통치하고 세임의 동의 없이 전쟁을 일으키거나 과세하지 않도록 했다. 그러다가 앙리가 떠나자 한술 더 떴다. 주 단위 총회인 세이미크의 압력을 이기지 못한 세임은 이제 모든 귀족을 바르샤바로 불러 모아서 누가 왕이 되어야 하는지 투표하도록 했다. 1575년, 약 1만 명의 귀족들이 바르샤바 외곽에 모여 트란실바니아 공작인 바토리 이슈트반에게 힘을 실어줬다. 그 결과, 황제 막시밀리안 2세가 오스만인들과의 전쟁에서 폴란드 왕국을 지원하기를 기대하며 이미 막시밀리안을 군주로 선출했던 세임 상원의 결정이 뒤집혔다.[14]

이후 폴란드와 리투아니아의 모든 통치자는 선거 세임에서 선출하게 되었다. 선거 세임에서는 무려 10만 명에 이르는 귀족들이 후보자들의 장단점을 두고 토의하고 언쟁을 벌였고, 그들이 선택한 군주는 발루아의 앙리가 동의했던 이른바 헨리크 조항을 지키기로 서약했다. 1570년대부터 군주를 선택하고 군주가 헨리크 조항을 지키도록 강제하는 과정에서 귀족계급이 맡은 결정적인 역할은 고귀한 자유의 초석으로 칭송되었다. 훗날 어느 귀족은 "폴란드인들은 자유 선거라는 토대 위에 황금의 자유라는 귀중한 구조물을 세웠다"라고 설명했다. 다른 귀족은 더 냉소적으로 표현했다. "자유 선거의 권리를 잃는다는 것은 자유의 으뜸가는 기둥을 부수는 것이리라. 그것은 자유의 가장 이로운 시장이고, 그 시장에서 우리는 자유에게 필요한 것이 무엇이든 흥정을 벌일 수 있다."[15]

폴란드와 리투아니아 최초의 헌법인 헨리크 조항에는 왕위 계승 과정을 규제하고, 세임이 입법 절차에서 차지하는 중심적인 역할을 확인하며, 통치자가 세임에서 제정된 법에 따라서 통치하도록 구속하는 내용이 담겨 있었다. 평론가들은 헨리크 조항에 의해서 출범한 통치 체계를 묘사할 말을 찾고자 애썼다. 어떤 평론가들은 그 통치 체계를 상하 양원으로 구성된 세임이 왕정을 완화하는 방식의 "혼합 군주제"나 "균형 잡힌 권력"이라고 설명했다. 다른 평론가들은 군주정, 귀족정, 민주정을 결합했다는 이유로 그것을 아리스토텔레스의 정치 모형의 완벽한 사례라고 평가했다(비록 인구의 90퍼센트 이상에게 투표권이 없었지만 말이다). 그렇지만 모든 평론가들은 공화국Rzeczpospolita이 가장 적절한 표현이라는 데 동의할 수 있었다. 이는 대통령제가 아니라, "공익"(라틴어 res publica를 직역한 용어) 혹은 고귀한 나라의 이익을 위해서 권력이 정치 공동체 곳곳으로 흩어져 있는 연방 국가라는 의미였다.

작센-고타, 그리고 폴란드와 리투아니아는 중앙유럽의 국가 건설 이야기에서 서로 다른 양극단을 대변한다. 전자의 경우 국가가 귀족계급을 흡수했고, 후자의 경우 귀족계급이 국가를 흡수했다. 중앙유럽의 여러 지역에서 양극단의 모습이 나타났다. 오스트리아 영지에서는 통치자가 주기적으로 소집의회나 귀족계급과 대립하며 2개의 동등한 주권체 간의 조약의 방식으로 절충점을 찾아내는 등 공권력이 분할되어 있었다. 바이에른과 뷔르템베르크에서는 과세를 둘러싼 강력한 통제권을 유지하고 통치자의 독자적 행동을 제한하는 소집의회의 위원회가 종종 장애물이 되었다. 메클렌부르크에서는 후계자 간의 공국 분할을 무시한 채 단일 소집의회가 꾸준히 열렸다. 단일 소집의회는 상비군 창설을 막았고, 통치자 1명을 무자격자로 여겨 내쫓았으며, 대부분의 영토를 과세할 수 없는 땅으로 선포했다. 메클렌부르크 공국은 어느 역사가의 말에 따르면 "고대풍의 화석"처럼 서성대며 1918년까지 그대로 남아 있었다.[16]

이 같은 다양성에도 불구하고 중앙유럽 곳곳에서 권력 균형은 귀족 계급에서 벗어나고 있었다. 종종 수천 제곱킬로미터에 이르는 사유지를 보유한 대영주들은 중앙 정부에서도 지방에서도 영향력을 행사했고, 흔히 수도에도 시골에도 대저택을 가지고 있었다. 그러나 대다수 귀족은 볼테르의 캉디드(볼테르의 소설『캉디드 혹은 낙관주의』의 주인공/역주)처럼 "자기만의 정원"을 가꾸며 내면으로 빠져들었다. 말 그대로 그들은 출생지인 시골을 찬미하는 문학 장르를 받아들이고, 지방 귀족의 정체성을 떠받치는 장소에 대한 애착을 키웠다. 또한 오래된 돌언덕을 소중히 여기는 "성城에 관한 책"을 편집하고 제작을 의뢰했고, 종종 귀족 가문의 가장 중요한 헌장을 그대로 베끼면서 업적을 열거했으며, 노력과 애정을 담아 농촌의 동식물을 상세하게 묘사했다.

그런 골동품 수집가 중 가장 위대한 사람은 오늘날의 슬로베니아에 속하는 크라인 공국 출신의 야네스 베이카르드 발바소르(1641-1693)였다. 발바소르는 런던 왕립학회의 회원 가입이 허용될 정도로 유명한 인물이자 뛰어난 박식가였다. 그는 크라인에 있는 체르크니차 호수의 불가사의를 왕립학회의 학회지에 발표했다. 그에 따르면 체르크니차 호수는 지하의 공간 때문에 1년에 걸쳐 갈피를 잡기 힘든 속도로 물이 가득했다가 빠지고는 했다. 비밀스러운 지식에 열광한 발바소르는 몇 년 동안 유령을 사냥했고, 죽음과 지옥의 고통에 대한 섬뜩한 상징을 편찬했다(삽화도 곁들였다). 본인의 설명에 따르면 발바소르는 "그 어떤 사기 행위도 없이" 성공을 거둔 연금술사였다. 그는 1660년대에 빈에서 일하는 동안 납으로 극소량의 금을 만들었지만, 애석하게도 그 실험으로 얻은 양보다 준비 과정에서 더 많은 양의 금을 사용했다고 한다.[17]

발바소르의 더 큰 업적은 1689년에 출간된 4권짜리 연구서 『크라인 공국의 영광*Slava vojvodine Kranjske*』이었다. 500장 이상의 판화를 곁들인 2절지 크기 3,500쪽 분량의 『크라인 공국의 영광』을 인쇄하기 위해서 발바소르는 본인 소유의 성과 장서를 헐값에 팔아야 했고, 결국 파산했다. 그 4권짜리 책에는 발바소르가 수행한 고문서 연구, 여행, 현지 주민 면담 등에 근거한 크라인의 역사와 지형, 민간전승 및 민속, 식물과 야생동물에 관한 내용이 담겨 있었다. 발바소르는 마녀 박해에 반대했으나 마법을 신봉했고, 성탄절 전야에 체르크니차 호수 근처에서 선한 정령들이 피를 빨아먹는 여자 마법사들과 어떻게 싸웠는지 묘사했다. 발바소르는 다람쥐처럼 생긴 겨울잠쥐를 악마가 돌봐주며, 악마가 숲에서 찰깍 소리를 내고 휘파람을 불고 새된 소리를 지르며 겨울잠쥐를 몰고 다닌다는 슬로베니아 현지 농민들의 믿음도 전했다(아마 그들은 올빼미 소리를 착각했을 것이다. 글리스 글리스*glis glis*, 즉 식용 겨울잠쥐는 슬로베니아 요리의 진미로 남아 있다).

발바소르 같은 애호가들의 골동품적 편찬물에는 시골 귀족들이 동경하고 많은 이들에게 야망의 지평선이었던 시골 풍경에 대한 찬미가 담겨 있었다. 통치자와 왕조는 나타났다가 곧 사라질 테지만, 유적과 동물이 있는 농촌은 존속했다. 그러나 발바소르의 시대는 황혼을 맞이하고 있었다. 이미 농촌의 권력은 발바소르 같은 신사에게서 농촌을 조사하고 관리해야 할 자원으로 여기는 제켄도르프 같은 관리에게로 넘어가고 있었다. 『크라인 공국의 영광』이 모범적으로 보여준 지방 문학은 국상학國狀學이라고 알려진 새로운 유형의 출판물(급성장하는 국가의 통제기관을 통해서 더 효과적으로 착취할 목적으로 농촌의 자원을 무미건조하게 항목별로 기재하는, 반복적인 산문과 표의 긴 목록)로 대체되었다.

제21장

프로이센 방식
공동묘지 꼭두각시와 기계 국가

1701년, 중앙유럽에는 황제 프리드리히 2세가 1212년에 보헤미아를 군주국으로 승격시킨 뒤 처음으로 새로운 왕국이 생겼다. 바로 프로이센 왕국이었다. 1701년 1월 18일, 브란덴부르크의 변경백이자 프로이센 공작인 프리드리히(프로이센의 초대 국왕인 프리드리히 1세로, 신성 로마 제국의 황제 프리드리히 1세와는 다른 인물이다/역주)는 발트 해 연안의 황량한 쾨니히스베르크 성에 있는 알현실에서 스스로 왕관을 쓰며 프로이센의 왕이 되었다. 대관식과 뒤이어 열린 축제는 프로이센 역사상 가장 값비싼 행사였을 것이다. 프리드리히와 그의 가족과 수행단이 브란덴부르크 변경백국의 수도인 베를린에서 쾨니히스베르크까지 이동하는 데에만 3만 필의 말과 1,800대의 마차가 필요했다. 프리드리히는 새 왕관의 제작 비용을 마련하기 위해서 모든 신민에게 특별세를 부과했고, 대관식 축하 행사 비용으로 자신의 연간 수입의 2배를 지출했다. 그것은 낭비였다. 프리드리히의 후계자들은 대관식에 신경 쓰지 않았기 때문에 그 왕관은 나중에 다시 쓰이지 않았다. 심지어 당시에도 프리드

리히 왕에 뒤이어 대관한 왕비는 행사 내내 콧방귀를 뀌고 재채기를 하며 지루해했다.[1]

프로이센이 어떻게 그 단계에 이르렀는지는 간략히 말할 수 있다. 1525년, 튜턴 기사단 총장인 호엔촐레른 가문의 알브레히트는 루터주의를 받아들이고 기사단을 해체했으며, 자신의 정치적 입지를 강화하기 위해서 폴란드 왕을 대군주로 인정했다. 프로이센의 알브레히트 공작(재위 1525-1568)과 그의 자손들은 검은 독수리를 가문의 표상으로 삼으면서 폴란드의 현 국왕인 지그문트 1세를 기리는 의미로 검은 독수리 위에 S자를 얹었고, 프로이센인들이 지그문트의 왕국의 일원임을 상기시키고자 독수리 목에 왕관을 둘렀다. 그러나 이후 프로이센의 호엔촐레른 가문 통치자들은 정신 이상에 빠졌다. 그리하여 폴란드 왕의 동의하에, 호엔촐레른 가계에서 전임 공작과 가장 가까운 남성 상속인들인 브란덴부르크 가문의 통치자들이 1618년에 공국을 계승했다.

브란덴부르크는 여러 영토가 뒤섞인 곳이었다. 라인 강 하류에서 폴란드 국경까지 펼쳐진 브란덴부르크의 영토는, 15세기의 통치자 중 한 사람의 말에 따르면, "슬쩍 훔치고 가로채서 그러모으고 한데 쌓은 땅"이었다. 그러나 능숙한 외교술을 발휘하며 스웨덴인, 폴란드인, 프랑스인들을 상대로 잇달아 속임수를 구사한 브란덴부르크는 30년전쟁을 통해서 합스부르크 왕가의 오스트리아와 보헤미아 영지에 이어 신성 로마 제국에서 두 번째로 큰 영토로 부상했다. 1657년, 브란덴부르크와 프로이센의 통치자인 프리드리히 빌헬름은 폴란드의 왕 얀 카지미에시를 교묘히 조종해서 프로이센의 주권자인 공작으로 인정받았다. 하지만 1701년에 주권을 왕권으로 전환하기 위한 차후의 논리적 단계를 밟는 것은 그 아들의 몫이었다. 프리드리히의 군주정은 프로이센에서만 시행되지만, 브란덴부르크와 중앙유럽의 나머지 지역에 있는 호엔촐레른 가문의 땅을 통틀어 프로이센 왕국으로 불리게 되었다.[2]

1613년 이후 브란덴부르크의 통치자들은 루터파 위주의 영토를 다스리는 칼뱅주의자들이었다. 그러나 프리드리히 왕은 금박과 호박으로 호화롭게 장식한 궁전을 짓고, 자신의 조각상을 세우고, 기념비적인 건축물과 포장된 길로 베를린을 탈바꿈시키는 등 칼뱅주의적인 검소함을 거의 보여주지 않았다. 프리드리히의 손자인 프리드리히 2세 "대왕"은 할아버지의 업적을 무시했다. 그의 설명에 따르면 프리드리히 1세는 허영심을 위대함으로 오해했고, "자신의 약점을 합리화할 의식과 사치에 피상적인 구실이 필요해서 열렬하게 왕관을 원했을 뿐"이었다.[3]

프리드리히 1세의 후계자(이자 프리드리히 2세 대왕의 아버지인) 프리드리히 빌헬름 1세도 담배와 독주를 즐긴 점을 제외하면 아버지의 과도함과 거리가 멀었다. 프리드리히 빌헬름 왕은 권좌에 오르자마자 초콜릿 요리사와 몇 명의 거세가수를 비롯한 왕실 식솔의 3분의 2를 즉시 해고했다. 프리드리히 빌헬름은 젊은 시절인 1709년에 대량 살육이 벌어진 말플라케 전투에서 프랑스의 루이 14세의 군대에 맞서 싸웠는데, 그때가 자신의 인생에서 가장 행복한 날이었다고 선언했다. 그러나 통치자로서 프리드리히 빌헬름은 최대한 전쟁을 피하는 한편, 군대의 규모를 2배로 늘려 유럽에서 네 번째로 큰 군대를 만들었다. 생전에도 부사관 제복을 즐겨 입어 "군인왕"으로 불렸던 프리드리히 빌헬름은 일간 열병식과 표준화된 무기, 그리고 군대의 사기와 보조步調의 속도를 유지하기 위한 악단 같은 최신의 군사적 혁신을 모두 적용했다. 프리드리히 빌헬름의 훈련 교관은 가혹한 처벌과 직립 보조 훈련을 통해서 휘하의 군인들에게 규율을 심어줬다.

　직립 보조 훈련은 군대가 발맞춰 행군하고 있는지 한눈에 알 수 있다는 점에서 최소한 도움이 되기는 했다. 그러나 비정상적으로 몸집이 큰 근위척탄병에 대한 프리드리히 빌헬름의 집착은 무의미한 공상의 소치였다. 그런 근위척탄병들은 키가 너무 큰 나머지 종종 무용지물이었기 때문이다. 프리드리히 빌헬름 왕은 그런 거인 수천 명을 거느리며 직접 훈련시켰고, 그들을 키가 큰 여자들과 결혼시키려고 했다. 근위척탄병은 키가 188센티미터 이상이어야 했는데, 213센티미터인 거인도 많았다. 프리드리히 빌헬름은 그들의 외모를 과장하기 위해서 그들에게 운두가 높은 주교 모자를 씌웠고, 전해지기로는, 너무 작은 제복을 입혔다고 한다. 프리드리히 빌헬름 본인의 키는 160센티미터에 불과했다.[4]

　프로이센의 군대를 증강하기 위해서는 반드시 신병을 모집해야 했지만, 급료를 지급하고 평생 복무하도록 설득하는 과정에서 드는 비용이 걸림돌이었다. 이에 프리드리히 빌헬름은 1733년 소규모의 점진적인 모병을 포기하고 징병에 착수했다. 이제 16세부터 24세까지의 모든 남자는 지역이나 칸톤의 연대에 입대해 2년간 훈련을 받은 뒤 무급 예비병이 되어서 매년 몇 달 동안 보충 교육 과정을 거쳤다. 프로이센은 징병제를 통해 군사 국가로 변모했고, 프로이센의 거의 모든 남자는 법적으로 교회와 공공장소에서 군복을 입어야 하는 비상근 군인이 되었다. 해마다 새 군복이 지급되었기 때문에 지난해의 군용 외투는 중고로 팔렸고, 얼마 지나지 않아서 거의 모든 남성 인구가 진한 파란색Dunkelblau을 입게 되었다. 어느 우스갯소리에 따르면, 당시의 프로이센은 군대를 가진 왕국인지, 왕국을 가진 군대인지 구분하기 힘들 지경이었다.[5]

　작센-고타에서는 민정民政이 귀족계급을 흡수했다. 반면 프로이센 왕국에서는 군대가 귀족을 집어삼켰다. 프리드리히 빌헬름 왕은 모든 젊은 귀족의 군 복무를 의무화하면서 징집 담당자에게 "잘생기고 건강하고 팔다리가 곧은" 장정들을 특히 주목하도록 지시했다. 1720년대 중반, 호엔촐레른 가문의 땅에서 특정 시점을 기준으로 프로이센 군대의 장교단에 소속된 아들을 두지 않은 귀족 가문은 거의 없었다. 프로이센 왕국에 있는 2만 개 이상의 귀족 가문 중 상당수는 후손에게 물려줄 땅이 충분하지 않았기 때문에 입대는 당연한 선택이었지만, 군 복무를 하지 않는 것은 범죄이기도 했다. 기존의 사회적 계서제가 군대에서도 적용되어 귀족은 장교, 소작농은 사병으로 복무했다.[6]

귀족들이 군대의 관료 사회와 국왕 사유지의 관리직에서 우위를 차지했지만, 공무원직은 도시 중산계급의 영역이었다. 17세기 말과 18세기에 프로이센의 통치자들은 이전에 과세 평가와 징세 작업의 대부분을 담당했던, 점차 무기력해지는 소집의회의 공백을 메우기 위해서 공무원 조직을 확대하는 동시에 중앙집권화했다. 그럼에도 민간 관료 사회의 규모는 고작 3,000명의 공무원이 225만 명의 인구를 상대할 만큼 작았다. 이는 1 대 750의 비율이었는데, 영국에서는 그 비율이 1 대 500이었다. 그러나 귀족계급과의 타협이 이루어져 귀족들이 이전처럼 지방 행정의 많은 일상적 업무를 무급으로 수행하게 되었고, 중앙 행정은 지방 행정을 감독하는 역할만 맡았다.[7]

규모는 작았어도 민정은 깊숙이 파고들었다. 쾨니히스베르크 대학교와 할레 대학교에서 관방학 교육을 받은 프로이센의 관료들은 일요일마다 교회에 가서 국왕의 이름으로 법령을 읽고, 신도들을 규제했다. 그들은 도로 유지나 식료품 가격 같은 갖가지 사항에 대해 지시를 내렸을 뿐 아니라, 세금도 부과했다. 가장 악명 높은 부분은, 프로이센의 공무원 조직이 400여 명의 퇴역 군인을 "탐지사Schnüffler"로 채용해 무허가 커피 분쇄 작업을 적발하도록 했다는 점이다. 이에 더해 수십 명의 관리들이 길거리의 신사에게 갑자기 달려들어 신사의 가발을 벗긴 뒤 가발 안쪽에 가발세 납부 사실을 나타내는 인장이 찍혀 있는지 확인하는 일도 있었다.

프리드리히 빌헬름 왕은 재미있다는 이유로 친구들마저 공포에 떨게 하는 망나니 같은 인물이었다. 그는 직무를 등한시한 공무원의 공개 교수형을 친히 주관한 바로 그날에 한 무리의 개신교 망명자 앞에서 궁정의 모든 사람과 함께 무릎을 꿇고 기도하는 일을 전혀 이상하게 여기지 않았다. 그의 아들이자 후계자인 프리드리히 2세는 아버지에게 아낌없이 찬사를 바쳤다. 프리드리히 2세의 설명에 의하면, 그의 아버지는 신민의 행복을 유지하고 군대와 행정을 개선하는 등 "그토록 훌륭한 계획을 추진하는 데 방해가 되지 않도록 전쟁을 피했다. 이런 수단을 통해서 아버지는 군주들의 시기심을 일깨우지 않은 채 조용히 위풍당당함을 향해 나아갔다." 나중에 드러났듯이, 아들 프리드리히는 아버지와 무척 달랐다.[8]

1740년 5월 31일, 프리드리히 2세는 아버지가 세상을 떠나자마자 왕위를 계승했다. 12월 16일, 그는 부유한 슐레지엔(실롱스크) 지방(당시 합스부르크령 보헤미아의 일부분이었다)으로 쳐들어가 현지의 합스부르크 군대를 7주일 만에 몰아냈다. 프리드리히는 슐레지엔에 대한 왕가 차원의 영유권이 없었지만, 관리들에게 그것을 찾아내도록 강요했다. 마침맞게도 중앙유럽에 있는 합스부르크 왕가의 소유지는 취약한 상태였다. 1740년 10월, 황제 카를 6세가 딸인 마리아 테레지아만 남겨둔 채 세상을 떠났기 때문이다. 약 40년 동안 카를은 합스부르크 왕가의 여성 상속인이 자신을 승계할 권리를 보장하기 위해서 애썼다. 우선, 그는 이른바 1713년 국사 조칙을 통해 자신의 모든 땅의 상속법을 통일해서 여성이 통치자에 오르는 것을 허용했고, 자신의 영토를 "분리할 수 없고 분할할 수 없는" 땅으로 선언했다. 둘째, 그는 1726년에 프로이센의 프리드리히 빌헬름을 비롯한 유럽의 대표적인 주권자들에게 그런 식의 타협적 조치를 지지하도록 설득했다. 하지만 프리드리히 2세에게 그것은 전혀 중요하지 않았다. 그는 국사 조칙에 대한 국제적 보장이 허술하다는 점을 정확히 추측했고, 기회를 잡았다.

프리드리히가 슐레지엔을 점령하는 바람에 프로이센과 합스부르크 왕가는 세 차례의 전쟁(1740-1742, 1744-1745, 1756-1763)을 벌이게 되었고, 그 전쟁들은 양측의 동맹국으로 번져 세계적 규모의 전쟁으로 비화했다. 그러나 프리드리히는 슐레지엔을 장악한 뒤 합병했고, 결국 "대왕"이라는 별명을 얻었다. 프리드리히는 합스부르크 왕가를 저지했을 뿐 아니라 마리아 테레지아가 신성 로마 제국의 대다수 공작과 프랑스, 러시아, 스웨덴, 작센 등의 세력을 끌어들여 조직한 국제적 공조를 버텨냈다. 프리드리히에게 어느 정도 믿을 만한 동맹국이라고는 북아메리카에서 프랑스와 전쟁을 벌이고 있던 영국뿐이었다. 결정적인 순간에 영국이 제공한 차관은 프리드리히가 프로이센의 재정을 지탱하기 위해서 쓸 수 있는 유일한 수단이었다. 프리드리히는 적들이 승리의 여세를 몰아가지 못하거나 적들이 때마침 죽어버린 덕분에 참사를 여러 차례 피할 수 있었다. 그러나 생존의 대가는 컸다. 1756년부터 1763년까지 벌어진 전쟁에서 120명의 장군과 1,500명의 장교, 10만 명의 병력을 잃은 것이다.

프리드리히의 대담성과 프로이센의 지구력은 중앙유럽 전체에 난감한 문제였다. 적들은 프리드리히와 싸울 뿐 아니라 그를 모방하기도 했다. 1770년, 마리아 테레지아는 합스부르크 왕가의 땅에 프로이센의 징집방식을 본뜬 칸톤 제도를 도입했다. 그 제도에는 세대의 목록을 작성하고, 가정의 수를 확인하고, 모든 성인의 신분증 소지를 강제하는 대규모 통계 작업이 수반되었다. 다른 국가들도 징병제를 채택하거나(예를 들면 바덴 공국), 최소한 군대 규모를 확대했다. 심지어 인구가 2만 명에 불과한 제국 북서부의 소규모 백국인 샤움부르크리페도 병력 1,200명의 군대를 그럭저럭 편성했다.[9]

행정 분야의 사정도 마찬가지였다. 1740년대부터 마리아 테레지아는 프로이센의 행정방식을 모방해 합스부르크 왕가의 땅에서 중앙집권적 통치를 시작했다. 군사화와 관료제는 함께 진행되었다. 군대에 급료를 지급하고 돈을 거두고 관리하기 위해서는 공무원이 필요했으니 필연적인 현상이었다. 마리아 테레지아의 치세 말기에 이르러 빈 전체 공무원의 절반가량이 정부의 감사 및 회계 부서에 고용되어 있었다. 비교적 작은 제후국들도 마찬가지였다. 웅장한 계단과 당당한 천장 프레스코화를 갖춘 주교 공관으로 유명한 뷔르츠부르크 주교후 공관은 3,000명에 이르는 공무원 조직을 감독하는 군사적, 행정적 중심지이기도 했다. 오늘날 유네스코 세계 문화유산으로 등재된 아름다운 뷔르츠부르크는 18세기에 중앙유럽에서 가장 가혹하게 통치된 영토 중 하나였다.[10]

프로이센을 따라잡으려는 과정에서 통치자들은 점점 더 프로이센을 모방하게 되었다. 그 결과 우리가 계몽주의와 연결해 생각하는 여러 사상이 프로이센과의 연관성을 통해서 중앙유럽의 나머지 지역으로 전파되었다. 다른 지역으로 퍼진 여러 사상은 관방학, 로마법의 전통, 그리고 통치자가 신민들의 행실을 감시하는 기성의 권리와 결합하여 국가 권력의 다각적인 원칙을 만들어냈다. 영국과 북아메리카에서 계몽주의가 국민주권의 확대, 통치 행위에 대한 제한, 개인 자유와 시민 권리의 증진 등에 이바지했다면, 중앙유럽에서 계몽주의는 규제 쪽으로, 그리고 개인을 공동선에 종속시키는 쪽으로 기울었다. 중앙유럽의 통치자들이 계몽주의를 그런 식으로 이해했기 때문이다. 중앙유럽 계몽주의의 대표적인 인물 중 한 사람은 이렇게 말했다. "국민과 신민의 온갖 의무는 다음과 같이 요약할 수 있다. 통치자가 국민과 신민의 행복을 위해서 도입한 모든 방법과 수단을 복종, 충실함, 근면함을 통해 증진하는 것."

계몽주의 사상가들은 전통과 종교를 지적 출발점으로 삼지 않았다. 중앙유럽의 초기 계몽주의 철학자 중 한 사람은 이렇게 말했다. "머릿속의 모든 생각을 비워라. 신뢰하는 모든 것을 치워라. 이전의 믿음은 모든 오류의 근원이다." 계몽주의 사상가들은 확실하게 알 수 있는 것, 그리고 그것에서 합리적으로 추론할 수 있는 것을 철학의 기반으로 삼고자 했다. 국가와 사회를 생각할 때 중앙유럽의 철학자들은 자연법 이론에 압도적으로 찬성했다. 자연법 이론은 중앙유럽 계몽주의에 반영된 두 가지 원칙에 근거했다. 첫째 원칙은 사회와 사회성이 인간 조건에 내포되어 있다는 것이었고, 둘째 원칙은 정부가 사회의 이익을 위해서 존재한다는 것이었다. 즉, 왕은 신에 의해 임명되었기 때문에 통치하는 것이 아니었다. 왕의 지배권은 신민들의 사회에 존재하는 목적을 위한 것이었다. 그런 원칙에서 통치자가 신민의 복리를 목표로 삼아야 한다는 결론이 나왔다.[11]

18세기 중앙유럽의 가장 영향력 있는 철학자는 한 걸음 더 나아갔다. 크리스티안 볼프(1679-1754)는 프로이센의 할레 대학교 교수이자 프리드리히 2세가 가장 아낀 독일 사상가였다. 볼프는 자연법에 대한 자신의 이해를 30권짜리 책에 담아 설명했는데, 처음에는 그 책들을 독일어로 집필했다가 나중에는 세계 각국의 독자들이 읽을 수 있도록 라틴어로 번역했다. 볼프의 철학의 핵심에는 신민의 "행복"이 자리 잡고 있었다. 좋은 정부는 신민의 평화와 안전과 물질적 풍요를 증진함으로써 그런 목표를 이루도록 애써야 했다. 볼프는 또한 인류의 선천적 사회성 대신에 "완전성Volkommenheit", 심지어 완벽성을 향한 인간의 본능적 욕구를 사실로 단정했다. "공동선을 증진하는 모든 일을 함으로써" 그런 충동을 촉진하고 관리하는 것이 정부의 본분이었다.[12]

프리드리히 2세는 철학자들의 포괄적인 해법에 비판적이었고, "내 영토에서 만인이 자기가 알맞다고 여기는 대로 기도하고 사통할 수 있는 것"이 소원이라고 단언했다. 프로이센의 철학자인 이마누엘 칸트가 볼 때, 국가가 나름의 행복 개념에 따라서 국민이 행복하도록 개입해야 한다는 관념은 "상상할 수 있는 최악의 전제정치"였다. 미국 건국의 아버지들처럼 칸트도 다른 누구의 행복을 침해하지 않는 한 개인들이 스스로 행복을 찾도록 하는 것이 정부의 임무라고 믿었다. 그러나 자연법을 둘러싼 방대한 철학은 관료들의 헌장이 되었고, 사회의 이익과 신민의 이익을 위한 온갖 종류의 하향식 개입을 정당화했다. 행정적 계서제의 최정점에서 모든 것을 주관하는 사람은 통치자였고, 프리드리히 2세는 통치자를 최고의 공무원이나 "국가의 첫 번째 종복"으로 일컬었다.[13]

합스부르크 제국의 관리들은 자연법 이론이 설득력 있다고 여겼다. 그들은 국가의 궁극적인 목적이 공동선과 일반의 행복이라고, 개인들은 법이 허용하는 범위에서만 자유로울 뿐이라고 가르치는 선정善政의 교본을 출판했다. 그 교과서에서 가장 유명한 첫 단락은 국가를 "도덕적 인간"으로 묘사했으며, 사익은 공익에 의해 제한되어야 하고, 부분의 복리는 전체의 복리보다 중요하지 않은 것으로 간주해야 한다고 설명했다. 마리아 테레지아 황후는 보좌관들의 부추김에 따라서 약장수 진열창의 광고, 경적을 울리는 올바른 방법, 담뱃대의 디자인, 도서관 방문 자격 따위에 대한 법령을 발표하는 등 온갖 간섭을 일삼았다. 사생활을 둘러싼 그녀의 간섭은 아이들의 영혼을 구원하기 위해서 개신교 신자인 부모와 자녀를 떼어놓고, 부도덕한 행위를 단속하기 위해서 빈 거리에 순결위원회를 설치하는 데까지 이르렀다.[14]

마리아 테레지아의 아들이자 후계자인 황제 요제프 2세(재위 1780-1790)는 한술 더 떴다. 그는 밀랍을 보존하기 위해 교회에서 양초를 사용하는 행위를 규제하고, 관棺을 재사용해서 목재를 절약할 수 있도록 가짜 바닥을 깔도록 지시하고, 전염을 막기 위해 장례식에서 시신에 입을 맞추는 행위를 금지했다. 1780년대 초에는 유익한 예배를 거행하지 못한다는 이유로 700개의 수도원과 수녀원을 폐쇄하는 악명 높은 사건도 발생했다. 그가 공표한 유휴기관 칙령에 따라 1만4,000명의 수도사와 수녀의 소명이 끝나버렸다. 치세의 마지막 10년인 1770년대에 마리아 테레지아는 해마다 대략 100건의 법령을 발표했다. 요제프 2세의 치세에는 법령 발표 횟수가 7배 이상 늘어났다. 그의 치세 말기에 출간된 법령 요약본은 두꺼운 책으로 18권에 이르렀다.

중앙유럽의 어느 곳이나 사정은 마찬가지였다. 사실, 역사가들이 요제프 2세에게 자주 수여하는 "과도한 규제상"은 불과 35년(1742-1777) 동안 물고기 길이를 재는 5가지의 무난한 방법을 둘러싼 기이한 규칙을 비롯해 총 12만 건의 법령을 발표했던 팔츠의 카를 테오도어에게 돌아가야 한다. 18세기 말, 중앙유럽 도처의 관리들은 수행해야 할 일을 미처 따라가지 못해 색인과 교차 참조표가 포함된 법규 모음집을 제작하도록 의뢰하기도 했다. 심지어 1800년에 인구가 겨우 10만 명이었던 스위스의 작은 칸톤인 아르가우에서도 "시행되고 있는 모든 법률과 법령"을 6권의 방대한 분량으로 관리했다. 비교적 넓은 몇몇 영토에서는 1794년에 프로이센의 『일반 토지법Allgemeines Landrecht』을 필두로, 사람들이 이해하기 쉽도록 법률을 통합한 법전을 편찬하는 데 성공했다. 그러나 총 1만9,000개의 개별 조항으로 이루어진 프로이센 법전은 기존의 법규보다 조금 더 간편할 뿐이었다.

중앙유럽의 새로운 국가기구의 규모와 권력을 이해하려는 과정에서 저술가들은 유비類比의 대상을 찾고자 했다. 해부학이라는 새로운 학문과 질병 연구를 통해서 여러 가능성이 제시되자, 평론가들은 국가를 완벽한 인체나 너무 크게 자라 모양이 흉한 유기체에 비유했다. 어떤 사람들은 일련의 영구적 규칙을 중심으로 인간사를 체계적으로 구성하는 것을 정당화할 근거를 물리 법칙에서 발견했다. 이미 정원 설계와 건축의 특징으로 자리 잡은 기하학의 원리는 저술가들이 국가를 예술 작품으로 바라보도록 하는 계기가 되었다. 그러나 점점 하나의 이미지가 만연하게 되었다. 그것은 바로 기계라는 관념이었다.[15]

18세기까지 중앙유럽인에게 익숙한 가장 큰 기계는 물레방아였다. 강기슭에 설치된 물레방아는 바퀴를 무려 6개나 돌릴 수 있었고, 개울가에 있는 방앗간에서는 맷돌을 돌릴 뿐 아니라 종종 망치와 톱과 풀무를 작동시키기도 했다. 그러나 육중하기는 해도 물레방아는 증기 양수기에 비하면 새발의 피였다. 이미 1720년대 초부터 헝가리 북부에서 운용된 최초의 증기기관은 광산에서 물을 퍼 올리는 용도로 쓰였다. 하지만 귀족들은 증기기관을 분수를 가동하는 데 사용하거나 가설 건축물에 전시할 신기한 물건으로 삼기도 했다. 피스톤의 움직임으로 물줄기를 15미터까지 움직인 초기의 증기기관은 공포와 경외의 대상이었다.16

　전통적인 방식으로 작동하는 발동기도 점점 정교해지고 더 많이 응용되고 있었다. 그것은 마땅히 그래야 했다. 조경 공원에서 유행한 높은 방첨탑은 일괄적으로 조립될 때조차 서로 밀접하게 연결된 도르래와 거대한 장치가 있어야 제자리에 설치할 수 있었기 때문이다. 18세기 말 중앙유럽 곳곳에 설치된 수력 방적기와 뮬 정방기(면화를 방적하는 데 쓰이는 기계/역주)도 기술적 독창성이 필요했다. 그것들의 디자인과 힘을 칭송하는 출판물이 잇달아 나오자 중앙유럽의 기술자들은 최신의 기계적 혁신을 직접 확인하고 설계도를 훔치기 위해서 대거 영국으로 건너가기도 했다.17

　그러나 18세기의 가장 흥미진진한 기술 혁신은 태엽으로 실제 인간처럼 움직이고 행동하는 자동인형이었다. 자동인형은 식탁에서 시중을 들거나 탬버린을 치거나 (프리드리히 2세의 보좌관 중 한 사람이 불평했듯이) 불완전한 음으로 피리를 불었다. 기술적 완성도가 가장 뛰어났던 자동인형은 1770년대에 호엔촐레른 가문의 노이엔부르크(오늘날의 스위스 도시인 뇌샤텔) 공국에서 제작된, 시계공 피에르 자케-드로의 기계 아이였다. 놀랍게도 자케-드로의 "글씨 쓰는 아이"는 조종자를 대신해 최대 40자까지 펜으로 글씨를 쓰도록 미리 맞춰놓을 수 있었다.18

　따라서 자동인형이 인간이 될 수도 있다고, 혹은 인간이 사실은 자동인형이라고 믿는 것이 그리 이상한 일은 아니었다. 프랑스의 철학자이자 의사인 라메트리는『인간, 기계*L'Homme-Machine*』(1748)에서 그 점을 다음과 같이 분명하게 밝혔다. "인체는 스스로 태엽을 감는 기계이고, 영원한 운동의 활인화活人畵이다." 영혼의 존재를 부정해 프랑스에서 추방된 라메트리는 프로이센에서 프리드리히 2세에게 환대를 받았고, 베를린 외곽의 상수시 왕궁에서 프리드리히의 주치의 중 한 사람으로 근무하게 되었다. 라메트리의 상상력을 발판으로 삼은 장 파울(J. P. F. 리히터, 1763–1825)은 잡담을 나누고 카드놀이를 즐길 수 있는, 기계로 대체된 사교계 여성들을 떠올렸다. 그러고는 한 걸음 더 나아가 국가의 관료 조직 전체를 "불행히도 자연 기계가 될 수 없어서 최소한 인공 기계처럼 보이려고 헛수고하는" 사람들의 거대한 비인격적 기계로 바라보았다.[19]

그러나 가장 무서운 것은 아직도 실명이 불분명한 인물인 보나벤투라가 제시한 모습이었다. 보나벤투라의 『야경꾼*Nachtwachen*』(1804)에서 서술자는 공동묘지와 그 인접 거리를 담당하는 야경꾼인데, 그는 환각을 느끼고 있다. 그의 몹시 흥분한 뇌는 스스로 인간이라고 생각하는 꼭두각시들을, 그리고 마치 꼭두각시인 양 행동하는 인간들을 본다. 그 야경꾼은 순찰하다가 어느 집에 몰래 들어가 책상에서 서류 작업을 하는 피조물을 지켜본다.

> 처음에는 그것이 인간인지, 기계인형인지 의심스러웠다. 그것 안의 인간적인 부분은 아주 많이 사라져 있었다……차가운 나무 이마에서 온갖 열정적이고 동정적인 요소가 소멸한 그 꼭두각시는 생명이 없는 듯이 똑바로 앉아 있었다. 보이지 않는 줄이 당겨지자 손가락이 찰깍 소리를 내며 펜을 잡고 서류 3장에 잇달아 서명했다. 더 자세히 들여다보니, 그 서류는 사형 집행 영장이었다.[20]

야경꾼이 아내의 간통 장면을 보여주자 재판관은 당황한다(당시 간통은 사형이 선고되는 범죄였다). 하지만 보나벤투라와 장 파울은 향후의 추세를 알리는 징후였다. 통치자들과 공무원들, 행정관들과 대학 교수들은 기계를 위협이 아닌 소망의 대상으로 바라봤다. 기계의 리듬과 예측 가능성은 국가의 바람직한 모습을 보여주었다. 국가는 톱니바퀴와 스프링을 통해서 완벽하게 작동하는 시계 장치여야 했다.

1758년, J. H. G. 유스티는 기계로서의 국가에 대한 가장 완벽한 설명을 내놓았다(그는 당시 덴마크 왕의 하인이었다가 곧 프로이센 왕국에 고용된 뒤 결국 횡령죄로 감옥에 갇혀 있었다).

> 제대로 만들어진 국가는 모든 바퀴와 톱니바퀴가 서로 정밀하게 맞춰진 기계와 정확히 같아야 한다. 그리고 통치자는 모든 것을 작동시키는 현장 감독이나 큰 태엽이나 영혼(굳이 이 표현을 쓴다면)이어야 한다.[21]

유스티만이 아니었다. 프리드리히 2세는 국가를 회중시계에 비유했고, 일부러 도발적으로 쓴 글(1757년에 가명으로 발표되었다)에서 "우리 국가 전체도 사실 기계이다……국가에 기운과 움직임을 부여하는 것은 힘이다"라고 썼다. 프랑스의 정치가이자 자유 사상가인 콩트 드 미라보는 다음과 같이 동의했다. 프리드리히의 프로이센은 "위대하고 아름다운 기계이다……탁월한 자질을 가지고 있다. 프로이센에는 질서와 규칙성의 정신이 배어 있다." 18세기 후반에 이르러 기계의 은유는 중앙유럽에서 국가를 묘사하는 일반적인 방법이 되었다. 국가를 인체와 유사한 것으로 바라본 플라톤으로 거슬러 올라가는 더 오래된 은유를 밀어내면서(때로는 그것과 불편하게 결합하면서) 말이다.[22]

17세기와 18세기 초, 국가는 귀족들의 소집의회를 없애고, 귀족을 정부 공무원, 지방 관리, 왕실의 식솔 등으로 삼으며 귀족계급을 흡수했다. 이제 국가는 규제, 세금, 징병을 통해서 사회를 집어삼키고, 국민을 국가 조직의 톱니바퀴와 바퀴로 탈바꿈시키고 있었다. 국가가 사회를 접수하고 인간관계를 기계적 관계로 대체하는 현상은 한때 보나벤투라가 꾼 악몽의 내용에 불과했지만, 국가의 "추상적 합리주의", 인위성, 독재성을 비판한 관찰자들은 이제 그런 현상을 매우 심각하게 여겼다. 독일의 철학자 요한 고트프리트 헤르더(1744-1803)가 볼 때, 기계 국가는 자유를 "완벽한 기계 속 사소한 톱니바퀴처럼 기능할 때의 행복"으로 대체했다. 헤르더에 따르면, 기계 국가는 모든 사람이 의무적으로 용역을 제공하도록 하면서 그들을 자유 의지도 없고, 그가 "공감"으로 부른 것(공동체의 토대인 사회적 관계를 만들 수 있는 능력)도 없는 도구로 취급함으로써 사회가 성립할 수 없도록 해버렸다.[23]

   18세기 유럽 곳곳에서는 신민들이 자유롭게 의견을 교환하고 공동의 결론에 도달하는 "공론장" 또는 "시민사회"가 발달하고 있었다. 네덜란드, 프랑스, 영국 등에서는 신문, 정기간행물, 도서관, 사교 모임, 친목단체, 학회, 대학교를 통해서 공론장이 고도로 발달해 유지되었다. 그 중심에는 인쇄물과 좌담이 있었고, 여자들도 목소리를 낼 수 있도록 하는 평등주의 정신도 있었다. 반면 중앙유럽에서는 18세기 거의 내내 공론장이 발전하지 못했다. 그것은 중앙유럽의 도시들 대부분이 규모가 작아서 독자, 사교 모임 방문자, 좌담가 등의 중산계급이 형성되는 속도가 느렸기 때문이기도 했다. 아울러 검열 때문에 읽을 수 있고, 최소한 공개적으로 토론할 수 있는 책이 제한되었기 때문이기도 하다.

   일률적이지는 않았어도 검열은 어디서나 실시되었다. 프랑크푸르트에서는 제국 도서위원회가 연례 품평회에서 판매되는 책을 감시했고,

가끔 책을 불태우는 작업을 기획하기도 했다. 함부르크, 작센-고타, 작센 같은 몇몇 지역에서는 아무 통제가 없다시피 했지만, 바이에른과 합스부르크 왕가의 영지에서는 검열이 엄격했다. 1770년에 적용된 바이에른의 신규 금서목록에는 프랑스 철학자들 대부분의 저작, 개신교 냄새가 나는 모든 책, 마법과 예언에 관한 책, 14세기 중엽에 보카치오가 쓴 『데카메론Decameron』에 삽화를 수록한 책 등이 포함되었다. 그러나 금서목록에 실린 책은 100권에 불과할 정도로 적었다. 반면 합스부르크 왕가의 영지에서는 마리아 테레지아의 검열위원회가 가톨릭교의 정통성에서 벗어났거나, 볼테르나 루소가 썼거나, 외설적이거나 논란의 여지가 있는 것으로 판단되는 약 5,000편의 작품을 금서목록에 올렸다. 어느 예리한 관찰자에 의하면, 검열 때문에 오스트리아는 오래되고 케케묵은 문헌만 유통되는 "망자들의 왕국"으로 전락했다.[24]

합스부르크 왕가의 영지에서는 연극과 연주회가 문필가의 모임을 대신하면서, 교양 있는 사람들과 사교계 사람들이 정치와 철학의 논쟁적인 영역을 침범하는 일 없이 서로 만나서 대화할 공간을 제공했다. 빈에서 펼쳐진 음악생활은 글루크, 하이든, 모차르트 같은 작곡가들을 지원하는 등 중앙유럽에서 가장 두드러졌는데, 황실은 물론 수도인 빈에 대저택이 있는 대귀족 가문의 후원도 이루어졌다. 관객들이 음악을 불꽃놀이와 멋진 오페라 공연에 곁들이는 반주로만 듣지 않고 그것에 제대로 귀 기울이는 법을 처음 배우는 곳은 빈이었다. 반면 연극은 음악보다 세련미가 떨어져 프랑스와 이탈리아에서 수입한 작품과 익살꾼 "한스부르스트Hanswurt"가 나오는 전통 광대극(성적 암시와 바지 벗기가 결합해 모든 신분의 관객이 즐거워했다고 한다)에 의존했다.[25]

차츰 발달하고 있던 공론장은 중앙유럽의 여러 지역에서 지하로 숨어들었다. 종종 포도주 통이 줄지어 쌓여 있는 지하 저장실에서 비밀리에 만나는 친목 모임과 협회에서 공론장이 펼쳐졌으니, 지하로 숨어들었다는 말이 정확한 표현이다. 독일의 철학자 이마누엘 칸트는 그런 현상이 완전히 예측 가능한 일이라고 여겼다. 그는 "자유의 정신은 모든 비밀 결사의 유효한 원인"이라고 설명했다. "동료들과 소통하는 것은 인간의 타고난 적성이기 때문에……자유가 장려되면 비밀 결사는 사라질 것이다." 하지만 비밀 결사는 거기서 그치지 않고 상형문자에 감춰진 지식, 계몽의 전 단계인 입회식, 숙련자만 통달할 수 있는 감춰진 힘에 대한 믿음 따위에 매료된, 고대 이집트에 대한 당대인들의 흥미에 주목하기도 했다. 독일의 극작가이자 시인, 소설가인 요한 볼프강 폰 괴테(1749-1832)가 언급했듯이, 자주색 예복 차림의 명인이 쥐고 있는 자석이 인체에 영향을 미칠 수도 있다는 믿음과 최면술은 가짜 불가사의 공연을 둘러싼 광범위한 흥미를 드러냈다.[26]

프리메이슨 사상에는 그런 유행이 여러 가지 녹아 있었다. 중앙유럽에는 하나가 아니라 복수의 프리메이슨 단체가 있었다. 이른바 "엄격한 준수"라는 단체가 가장 인기가 많았는데, 이 단체에 (영국의 주류 프리메이슨 사상과 달리) 수십 개의 도度나 등급, 성전 기사단을 연상시키는 근사한 칭호와 "미지의 수장"의 지시를 따른다는 음모자적 매력이 있었으니 그리 놀랄 일은 아니었다. "장미십자회" 같은 몇몇 프리메이슨 단체는 연금술에 몰두했다. "바이에른 광명회"처럼 정부에 침투해 정치개혁을 추진하려는 단체들도 있었다. 어느 당대인의 표현에 따르면, 암호와 비밀 의식에 대한 애착을 뛰어넘어 프리메이슨 단원들을 하나로 결속하는 요소는 "미덕, 종교, 평화로움, 복리, 인류의 순수한 기쁨"에 대한 헌신이었다. 아울러 프리메이슨 단원들은 도덕적 청렴, 재능, 우수한 지

식 등으로 구별되는 고결한 최상류층의 일원으로 자부하기도 했다.27

프리메이슨 사상이 전성기를 누리고 있을 때 제국 곳곳에는 400개 이상의 프리메이슨 지부가 있었다. 특히 프로이센의 프리드리히 2세를 비롯한 독일 통치자들이 신비한 프리메이슨 단체에 가입한 데 힘입어 프리메이슨 사상은 1738년과 1751년에 발표된 교황의 금지령을 능가하는 지위에 오르게 되었다. 폴란드에서도 사정은 마찬가지였다. 스타니스와프 포니아토프스키 왕(재위 1764-1795)도 포즈난의 주교와 그니에즈노의 대주교(이 두 사람은 프리메이슨 단원으로 추정될 뿐이다)와 더불어 프리메이슨 단원이었다. 1780년대까지 바르샤바에는 약 30개의 프리메이슨 지부와 1,000명의 단원이 있었다. 합스부르크 왕가의 영지에서 프리메이슨이 누린 성공의 기세는, 군대를 보내 지부 모임을 해체하기도 했던 마리아 테레지아의 노골적인 반대로 꺾이고 말았다. 그 결과 1780년에 빈에는 총 200명의 회원을 거느린 6개의 지부만 있었다. 이러한 상황은 같은 해에 마리아 테레지아가 세상을 떠나고 아들인 요제프 2세가 권좌에 오르자 모조리 바뀌었다.28

마리아 테레지아는 계몽주의를 결코 탐탁하게 여기지 않았고, 전통과 종교적 계율에 대한 계몽주의의 문제 제기를 불신했다. 그녀는 집시들을 체포하고, 1745년에 프라하에서, 30년 뒤에는 빈에서 유대인을 추방하는 등 차이에 대해 불건전하고 편협한 태도를 고수했다. 적자를 내지 않도록 도와주는 유대인 은행가들을 상대로 협상을 진행할 때에는 막후에서 움직였다. 이른바 "테레지아의 천벌Nemesis Theresiana"이라고 불리는 그녀의 1768년 형법전에는 고문뿐 아니라 신문 도중에 고통을 가하는 데에 가장 좋은 도구와 그것의 적절한 사용법을 나타내는 소름 끼치는 도식도 포함되어 있었다. 1776년에 그녀가 고문을 폐지한 것은 아들 요제프의 영향이었다.

  요제프는 개인적으로 독실한 인물이었지만, 시행 중인 제도 가운데 그 가치를 입증하지 못하는 것들에 문제를 제기하고, 책과 사람에 대한 금지 조치에 의문을 표했다. 1780년에 어머니가 세상을 떠난 뒤부터 요제프는 예배의 자유를 선포하고 유대인과 개신교도를 겨냥한 법적 제약을 대부분 폐지했다. 검열도 마찬가지였다. 같은 해에 요제프 2세는 출판에 대한 거의 모든 제한 조치를 철회했고, 보름스의 주교 대신에 음란 소설인 『패니 힐*Fille de joie*』의 독일인 유통업자를 프랑크푸르트의 제국 도서위원회 위원장에 임명했다. 그러자 빈과 합스부르크 제국의 주요 도시들에서 사람들이 서로 대화를 나누며 새로운 사상을 터득하고 교환할 수 있는 통로인 신문과 정기간행물이 한꺼번에 생겨났다. 커피점의 수와 규모가 급격하게 커졌고, 그곳은 편리한 토론 장소가 되었다. 1780년대에 빈 한 곳에만 커피점이 무려 70여 개가 있었다. 요제프 2세는 프리메이슨의 의례를 눈속임으로 여겼지만, 프리메이슨 지부는 새로운 자유를 틈타 급격히 늘어났다. 1785년, 합스부르크 왕가의 영지 곳곳에는 약 70개의 지부 모임이 있었고, 빈 한 곳에만 프리메이슨 단원 700명이 있었다.

  그러나 중앙유럽의 프리메이슨은 결코 정부와 국가에 대한 평형추나 기성의 질서에 도전할 만한 시민사회와 공론장의 토대 역할을 할 수 없었다. 프리메이슨 단체가 단원으로 포섭한 교양 있는 계층은 주로 공무원이었다. 베를린 지부와 프로이센 지부의 프리메이슨 단원 중 절반가량은 공무원이거나 군 장교였다. 마리아 테레지아 휘하의 장관 대다수가 비밀리에 프리메이슨 단원이었던 합스부르크 왕가의 영지에서도 상황이 비슷했다. 이에 더해 바이에른에서는 바이에른 공작 산하 검열위원회의 대다수 위원이 "광명회"에 속해 있었다. 저 멀리 떨어진 트란실바니아에서도 1767년부터 1790년 사이에 시비우 지부 "3개의 수련睡蓮"에 단원으로 등록된 프리메이슨 279명 중 86명이 군 장교였고, 110명은 지방 행정기관의 관리였다.[29]

얼핏 중앙유럽의 프리메이슨은 어느 역사가가 "시민 책임감 학교"로 부른 것과 비슷한 듯하고, 프리메이슨의 지부는 국가와 무관한 새로운 공론장과 시민사회의 선구자처럼 보인다. 그러나 더 자세히 살펴보면 프리메이슨은 여전히 국가와 관련이 있었고, 행정부나 군대에서 일하는 공무원들로 이루어져 있었다. 내부 조직에서 지부는 관료제를 모방하기도 했고, 대개는 더 중요한 자리의 공무원이 더 높은 등급을 차지했다. 프리메이슨은 사회의 관료적, 하향식 관리를 강화했다. 하지만 더 나아가 프리메이슨은 변화가 위로부터, 그러니까 지금 국가 조직의 운영을 책임지는 훌륭한 프리메이슨 단원들에 의해서 가장 효과적으로 이루어지리라는 확신을 더 굳히기도 했다.[30]

제22장
절단된 유럽의 오랑우탄
폴란드와 리투아니아의 분할

연합 국가를 형성한 폴란드 왕국과 리투아니아 대공국은 휘청거렸다. 18세기에 이르러 중앙유럽 곳곳의 정부는 대대적으로 군대를 증강하고 관료제를 확대했다. 정부는 관직을 맡도록 강제함으로써 귀족들의 기강을 잡았고, 국가의 소집의회를 길들였으며, 효율적인 관리를 방해하는 여러 장애물을 해치웠다. 거의 모든 곳에서 이제 입법은 특권계급의 동의가 아닌 법령에 의해서 이루어졌다. 프랑스의 철학자 몽테스키외(1689-1755)는 그런 현상을 예리하게 간파하며, 정부를 견제하고 자유의 정신을 유지해온 "중재력"이 유럽 도처에서 무너지거나 약해졌다고 설명했다. 귀족들과 도시 행정관들과 성직자들이 행사하는 상쇄적 정치 권력이 없는 상태에서 군주의 전제정치가 기승을 부렸다.

몽테스키외는 폴란드와 리투아니아의 상황을 예외로 여겼다. 그 연합 국가는 "지나간 시절의 유럽에 대한 정확한 이해"가 가능하게 할 정도로 유서 깊은 중세의 헌법을 잘 보존해왔는데, 토지를 둘러싼 상황과 농노에 대한 지주의 억압이 특히 그랬다. 그러나 (몽테스키외도 말했듯이) 그 연합 국가의 사회 제도는 퇴행적이었다. 중앙유럽의 여느 곳과 달리 독특하게도 폴란드와 리투아니아에서는 아직도 귀족계급이 권력을 쥐고 있었다. 15세기와 16세기를 거치며 귀족들이 획득한 특권은 그대로 남아 있었을 뿐 아니라 더 늘어났다. 귀족이 지배했던 세임의 권력도 마찬가지였다. 귀족계급의 대표자들이 즐겨 설명했듯이, 귀족들은 몇 세기 전부터 "고귀한 민주제 국가"에서 살고 있었다.[1]

이미 1570년대에 세임은 헨리크 조항을 기반으로 강력한 권리를 축적해 여러 정책을 좌우했고, 선거권을 행사해서 누가 군주가 될지 결정했다. 종종 수만 명의 귀족이 참석한 선거 세임은 17세기와 18세기에 폴란드와 리투아니아의 정치 상황을 보여주는 특징이었다. 수많은 귀족이 통치자를 선출하기 위해 한곳에 모일 때마다 그들의 대의원들은 통치자로 선출된 후보자에게 강제할 새로운 조건(예를 들면 귀족의 아들이 해외 유학을 할 수 있도록 통치자가 친히 장학금을 제공하기, 국경 요새를 수리하기, 발트 해 함대의 비용을 부담하기)을 제시했다. 그럼에도 세임은 군주가 독재정치를 펼치려고 남겨둔 권력을 모조리 휘두르는 상황을 늘 두려워했다. 따라서 세임은 세금을 부과하거나, 군대를 동원할 자격이나, 해외 상주 대사의 임명을 통해서 외교 정책을 펼칠 자격을 박탈함으로써 통치자의 권한을 제한했다.

그러나 왕의 권력을 빼앗은 세임에는 스스로 권력을 행사할 능력이 없었다. 세임의 절차는 난잡했다. 악명 높게도, 대의원 1명이 거부권을 휘두르면(보통은 의회에서 "인정할 수 없습니다!"라고 외치면) 세임에서 찬성한 모든 법안이 무효가 될 수 있었다. 게다가 대의원은 서면으로 항의 의사를 제출하기만 해도 충분했기 때문에 굳이 세임에 참석할 필요조차 없었다. 거부권이 처음 쓰인 1652년부터 폴란드-리투아니아 연방이 분할된 1795년까지 열린 세임의 회합 가운데 3분의 2가 대의원의 거부권이나 한 무리의 대의원들이 번갈아 가며 종일 연설을 함으로써 법안 통과를 저지하는 행위인 합법적 의사진행 방해 때문에 중단되었다. 주 단위 총회인 세이미크에서도 마찬가지였다. 세이미크의 대의원들도 세임의 대의원들처럼 거부권을 자주, 열심히 휘둘렀다.

"자유 거부권liberum veto"은 폴란드와 리투아니아의 귀족들에게 자유의 화신으로 칭송되었다. 18세기 초에 작성된 어느 유명한 논문의 저자가 설명했듯이, "거부권은 폴란드 귀족계급의 특별한 영예이자 자유의 기둥"이었다. "거부권을 빼앗기면 자유가 금세 사라질 것이고, 귀족계급은 절대 권력의 지배를 받는 다른 국가들의 귀족계급과 동등한 수준의 권리를 지니게 될 것이다." 전혀 터무니없는 말은 아니었다. 통치자는 아직 폭넓은 후원의 능력을 보유했고, 수익성 높은 관직, 대규모 왕령지, 교회의 요직 등을 제공함으로써 귀족계급 사이에서 지지 세력을 구축할 수 있었기 때문이다(그 세 가지 중에서 군주가 임명권을 행사하는 교회의 요직이 가장 중요했을 것이다). 많은 귀족들이 파렴치한 통치자가 세임에서 과반수 세력을 확보할 수 있다고 우려했다. 그들이 볼 때, 거부권은 정도를 벗어난 군주에게 매수되어 조종되는 세임에서 도덕적인 대의원 1명이 훼방을 놓을 수 있는 견제수단이었다.[2]

외국의 평론가들은 폴란드와 리투아니아의 정치 상황에 당황스러워했다. 어느 프랑스인 여행자는 여러 사람의 의견을 다음과 같이 요약했다. "폴란드의 정부와 헌법, 그리고 선거방식과 소집의회 운영방식은 이 나라가 살아남을 수 없을 정도로 불합리하다." 하지만 희한하게도 폴란드는 살아남았다. 폴란드와 리투아니아는 흐멜니츠키가 이끈 코사크인의 반란 이후 러시아와 스웨덴과 트란실바니아와 오스만의 군대가 연이어 쳐들어오면서 빚어진 위기인 1650년대의 "대홍수"를 이겨냈다. 그리고 스웨덴의 칼 12세의 망치와 러시아의 표트르 대제의 모루 사이에 갇혀 있었던 대북방전쟁(1700-1721)의 참사도 견뎠다.[3]

"대홍수"는 폴란드 왕국과 리투아니아 대공국 전체 인구의 4분의 1 내지 3분의 1을 앗아갔지만, 군사적 패배의 악몽은 곧 기억에서 사라졌다. 폴란드와 리투아니아는 살아남았을 뿐 아니라 불과 수십 년 뒤인 1683년에는 얀 소비에스키 왕의 지휘하에 빈 외곽에서 오스만인들을 상대로 눈부신 승리를 거두었다. 대부분의 폴란드와 리투아니아 귀족들이 볼 때, 소비에스키의 업적은 모든 것을 지금 그대로 두어도 된다는 점을 의미했다. 하지만 그들은 소비에스키가 펼친 전역의 여파를 잊었다. 세임이 찬성해서 제공한 자금이 불충분하고 구식 대포만 보유했기 때문에, 흑해 북쪽으로 향하던 소비에스키의 군대는 카미야네치-포딜스키(오늘날 우크라이나의 서부 도시)에 있는 대규모 사각형 보루의 벽 앞에서 진격을 멈춰야 했다. 세임은 폴란드와 리투아니아의 인접국들이 장비를 잘 갖춘 10만 명 이상의 군대를 배치하고 있는 상황에서도 2만 명 이상의 군대에 자금을 지원하거나 그 군대를 현대화하는 비용을 내지 않으려고 했다.

세임은 통치자를 선출할 때 외국인 후보를 선호했다. 외국인 후보자들이 더 많은 뇌물을 가지고 오기 때문만은 아니었다. 우선 귀족들은 자신들의 권력을 강화하고 발트 해 연안의 리보니아 지방에 있는 폴란드 영토를 수복하려면 바사 가문 출신의 스웨덴인 통치자가 유리할 것으로 확신했다. 그러나 그런 목표를 추구하면서 1587년부터 1668년까지 폴란드와 리투아니아를 통치한 바사 가문 출신의 국왕 3명은 결국 폴란드 왕국과 리투아니아 대공국을 비참한 일련의 전쟁으로 몰아넣었다. 17세기 말에 이르자 외국 세력은 점차 선택되는 자가 아니라 선택하는 자가 되었다. 실제로 1696년에 얀 소비에스키가 세상을 떠나자 각각 프랑스의 지원을 받는 파벌과 합스부르크 제국과 러시아의 지원을 받는 파벌이 서로 다른 2명의 왕을 선출했다. 프랑스의 후보가 그단스크 외곽의 발트 해 연안으로 소함대만 보내 깔짝거린 반면, 합스부르크 제국과 러시아가 지원한 후보자인 작센 선제후는 크라쿠프와 바르샤바로 군대를 먼저 진군시켜 승리를 거두었다.

작센 선제후 출신의 아우구스트 2세(재위 1697-1706, 1709-1733)는 정치 분야를 제외하고는 모든 면에서 대단한 인물이었다. 재위 기간에서 알 수 있듯이 그는 치세 도중 몇 년간 퇴위하기도 했다. 세상을 떠날 무렵 몸무게가 110킬로그램에 이르렀던 아우구스트 2세는 맨손으로 말굽을 반으로 부러뜨릴 정도로 힘이 셌다. 그리고 통이 엄청나게 컸다. 드레스덴 건축물들의 화려함은 주로 그의 후원에서 덕을 입었다. 또한 그는 폴란드 도처에, 특히 바르샤바와 그 주변에도 궁전을 지었다. 아우구스트는 성욕도 엄청났다. 그가 300명 이상의 사생아를 뒀다는 소문에는 신빙성이 없지만, 아우구스트 2세의 평판에 비춰보면 300명이라는 숫자만큼은 믿을 만하다. 흔한 일이었지만, 그는 오랫동안 술판을 벌이다가 세상을 떠났다. 그의 유언은 다음과 같았다. "평생 끊임없는 죄를 저질렀습니다. 하느님, 저를 불쌍히 여기소서."[4]

1733년에 아우구스트 2세가 세상을 떠나자 예상대로 선거 세임에서 분열이 일어났다. 선거 세임에서는 스타니스와프 레슈친스키가 과반수의 찬성을 얻었는데, 그는 프랑스 왕 루이 15세의 장인이었고, 프랑스가 지원하는 인물이었다. 한편 아우구스트 2세의 아들이자 후계자인 아우구스트 3세는 러시아의 안나 여제의 지지를 받고 있었다. 안나 여제의 병력이 더 많았음에도 불구하고, 프랑스 함대는 루이 15세가 내세운 후보자를 지원하기 위해서 그단스크 인근에 군대를 상륙시켰다. 그것은 역사상 처음으로 프랑스 군대와 러시아 군대가 싸움터에서 대결한 사건이었다. 결과는 러시아 군대의 승리였다. 레슈친스키는 프랑스로 달아났고, 조국의 온갖 잘못된 점을 날카롭게 분석하면서 300쪽이 넘는 책을 통해 거부권 오용, 농민 억압, 귀족의 특권 따위를 비난했다.

레슈친스키의 『자유로운 목소리 Glos wolny』(1743)는 국가 제도의 철저한 개혁을 촉구하는 폴란드의 새롭고 융성하는 정치 문학의 전형적인 사례였다. 1732년에 한 무리의 귀족들이 프랑스 대사에게 설명했듯이, 문제는 국력이 약한 폴란드와 리투아니아가 위협적인 존재가 아니라는 점, 그리고 "유럽의 이익을 위해, 주변의 공작 중 그 누구에게도 합병되지 않도록 폴란드의 현 정치 체제가 지속되어야" 한다는 점이었다. 이런 맥락에서 폴란드의 구시대적 헌법과 러시아가 행사하는 과도한 영향력에는 아무 문제가 없었다. 역사가들이 좋아하는 표현에 따르면, 러시아 군대는 폴란드의 시골 지역을 "길가의 여인숙"으로 취급하며 폴란드의 영토를 자유롭게 가로질렀다. 1763년에 아우구스트 3세가 세상을 떠나자 필연적인 결과가 따랐다. 러시아의 새로운 황제인 예카테리나 대제(재위 1762-1796)를 대신해 1만4,000명의 러시아 군대가 바르샤바 외곽에 집결한 것이다. 이는 그녀가 내세운 후보자가 왕으로 선출되도록 하기 위해서였는데, 그 후보란 바로 예카테리나의 전 애인인 스타니스와프 포니아토프스키 백작이었다. 예카테리나가 프로이센의 프리드리히 2세에게 설명한 바에 따르면, 스타니스와프는 "우리 두 사람의 이익에 부합하는 앞잡이"였다. 가엾게도 스타니스와프는 자신이 언젠가 예카테리나와 결혼할 수 있을지 모른다고 생각했다.[5]

1764년에 거행된 대관식에서 스타니스와프 포니아토프스키는 로마 황제 카이사르 아우구스투스처럼 폴란드와 리투아니아의 위대함을 회복하겠다는 뜻을 나타내기 위해서 아우구스트라는 칭호를 썼다. 그는 지난 수십 년 동안 정치적 혼란을 틈타 독자적인 소국가를 세우고 소규모 군대와 외교관과 수행원을 거느린 차르토리스키 가문을 비롯한 여러 거대 가문의 후원을 받았다. 차르토리스키 가문으로부터 개혁 시도를 지지받은 신임 국왕은 예카테리나 대제의 압력에 따라서 정교회 신자들과 개신교 신자들에게 종교적 자유를 보장했다. 독일 태생인 예카테리나는 루터파 신자로 자랐고, 영향력 있는 개신교 신자들을 보좌관으로 두고 있었다.[6]

　그러나 이런 상황은 가톨릭교와 자유에 대한 이중적인 위협을 감지한 여러 귀족이 감내하기에는 너무 큰 부담이었다. 1768년, 이른바 바르 동맹으로 단결한 약 1만 명의 귀족이 국왕인 스타니스와프 포니아토프스키에 맞서 거병했다. 그 혼란의 와중에, 폴란드와 리투아니아 곳곳에서 농민 봉기가 일어났고, 폴란드령 우크라이나의 코사크인들과 정교회 신자들은 가톨릭교와 동방귀일교회의 성직자와 유대인을 상대로 무자비한 난동을 다시 벌였다. 교묘하게도, 귀족들의 동맹 세력은 제네바의 철학자인 장 자크 루소에게 지원을 요청했다. 루소는 "한 민족의 정신, 성격, 취향, 태도 등을 형성하는 국가 제도"를 보존하도록 권고하는 선언문을 작성함으로써 그 세력의 편에 섰는데, 루소가 선언문에서 거론한 국가 제도에는 완화된 거부권도 포함되었다. 그러나 루소조차 "어떻게 그토록 기이하게 구성된 국가가 그처럼 오래 버틸 수 있었는지 이해하기 어렵다"라고 털어놓았다. 하지만 나중에 밝혀졌듯이, 그 국가는 더는 버티지 못했다.[7]

마리아 테레지아는 1740년에 즉위하고 나서 당한 맹공격을 이겨냈다. 20년 넘게 이어진 전쟁 끝에 길쭉한 모양의 영토인 슐레지엔은 되찾지 못했지만, 왕좌는 지켜냈다. 게다가 1745년에는 남편인 로트링겐의 프란츠 슈테판이 신성 로마 제국 황제로 선출되도록 했고, 자신은 황후 칭호를 얻었다. 마리아 테레지아와 프란츠 슈테판의 사이에서 생긴 자녀 가운데 13명이 성인이 될 때까지 살아남았다. 1730년대에 소멸 직전으로 보였던 합스부르크 왕가는 그녀의 노력에 힘입어 되살아났을 뿐 아니라 신성 로마 제국과의 연관성을 통해서 다시 중앙유럽 정치계의 중심에 자리를 잡게 되었다. 놀라운 부활이었다.

그러나 마리아 테레지아의 편안한 겉모습 이면에는 약탈적인 면모가 숨어 있었다. 1763년에 프로이센의 프리드리히 2세와 공식적으로 화해하면서 슐레지엔을 넘겨준 마리아 테레지아는 상실한 슐레지엔을 보충할 영토를 노렸다. 오스만 제국에는 손쉬운 먹잇감이 많았다. 더 성급한 일부 보좌관들은 그녀가 "서로마의 여제"로 알려질 것이라면서 마케도니아와 알바니아와 펠로폰네소스 반도를 병합해 "진정한 로마 제국"을 세우자고 재촉했다. 그러나 오스만 제국의 영토 일부를 차지하려는 마리아 테레지아의 계획은 1774년에 오스트리아 군대가 점령한 1만 제곱킬로미터에 이르는 카르파티아 산맥 가장자리의 황량한 삼림 지대라는 저조한 성과를 거두었다. 트란실바니아와 폴란드 사이에 있고, 오스만인들의 위성국인 몰다비아 공국 땅에 속해 있던 그 영토는 처음에는 이름이 없었다. 이후 부코비나("너도밤나무의 땅"이라는 뜻)라는 폴란드어 명칭으로 부르기로 결정되었지만, 그곳의 주민들은 대부분 루마니아인이었다.[8]

1760년대 중엽부터 마리아 테레지아는 폴란드를 주시하기 시작했고,

궁정 역사가들에게 폴란드의 일부 영토가 당연히 헝가리에 속한다는 증거를 수집하도록 지시했다. 15세기에 헝가리의 왕들이 오늘날의 슬로바키아의 고高타트라 산맥 가까이에 있는 땅덩어리를 폴란드에 담보로 넘긴 적이 있었기 때문에, 증거를 찾기는 어렵지 않았다. 황후는 담보를 변제할 생각은 하지 않고 1769년에 그 영토를 점령했다. 1770년, 마리아 테레지아는 폴란드 군대가 종종 국경을 넘어 헝가리 땅에 침입한다는 핑계를 내세우며 오스트리아와 폴란드 사이의 경계 구획용 울타리를 설치하는 데 동의했는데, 폴란드의 촌락 100곳과 소금 광산 2곳이 우연히 그 울타리 안에 포함되고 말았다.

프로이센도 폴란드 땅으로 영역을 확대하고 싶은 마음이 굴뚝 같았다. 역사상의 프로이센 공국과 브란덴부르크 사이에는 폭이 최대 400킬로미터에 이르는 영토가 쐐기처럼 박혀 있었다. 1466년까지만 해도 튜턴 기사단의 소유였던 이 땅은 튜턴 기사단이 패배하면서 폴란드에 양도했다. 프로이센의 통치자들은 1세기가 넘도록 그 땅을 되찾으려고 획책했고, 전초기지들을 조금씩 빼앗았다. 마침내, 프리드리히 2세는 폴란드를 "아티초크처럼 한 잎씩" 먹어야 한다고 말하기에 이르렀다. 그러나 가장 큰손은 러시아였다. 17세기 거의 내내 폴란드와 리투아니아는 러시아의 보호령에 불과했고, 러시아의 통치자들은 종종 폴란드와 리투아니아의 땅을 빼앗았다. 흐멜니츠키 반란 이후인 1660년대에, 러시아의 통치자들은 드네프르 강 동쪽의 폴란드 땅과 그 서안의 도시인 키이우를 점령했다. 러시아는 리보니아 공국을 두고 스웨덴과 싸우기도 했는데, 당시 리보니아는 폴란드와 리투아니아에 공동으로 속해 있는 영토였다. 지금은 라트비아의 일부분인 쿠를란트 지방도 폴란드에 속해 있었지만, 러시아의 통치자는 1730년대부터 바르샤바

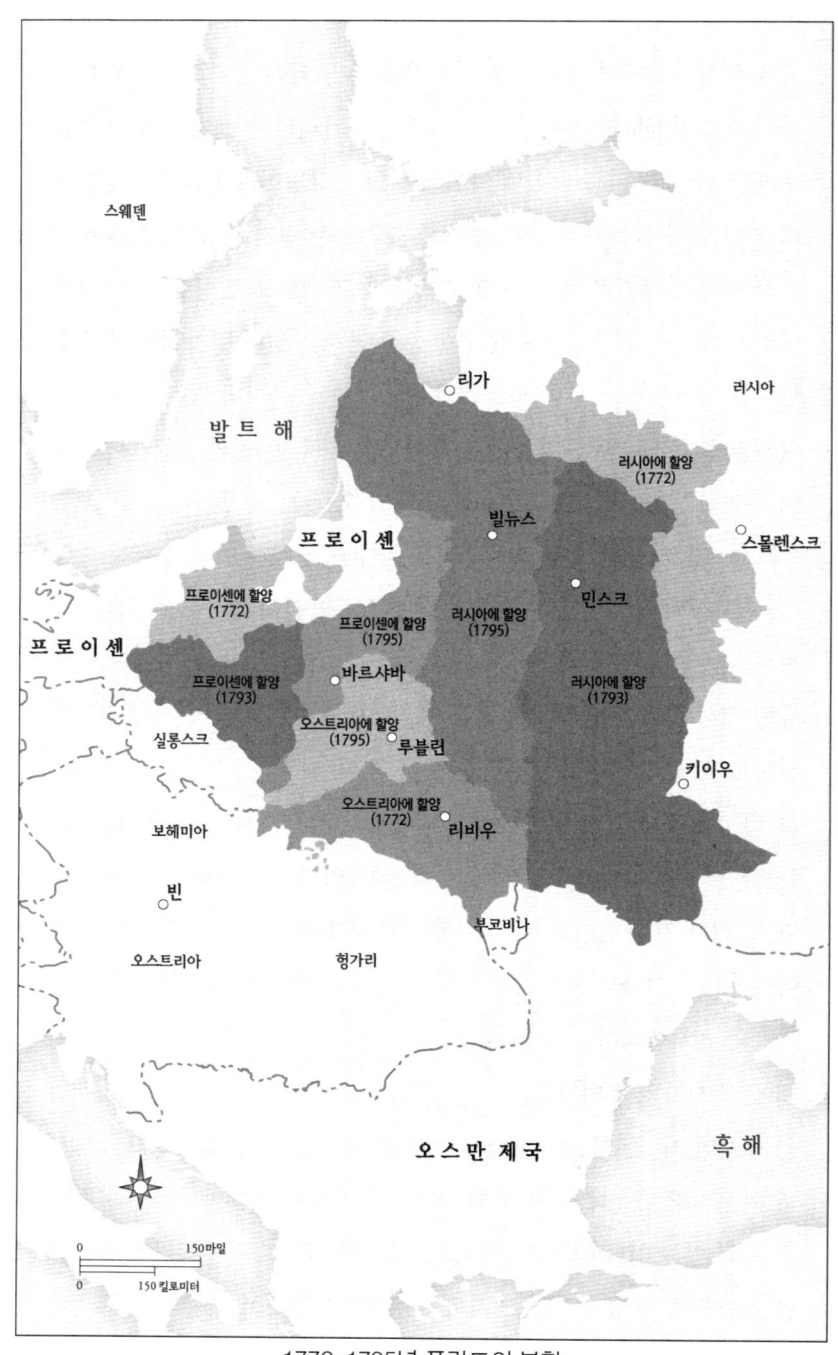

1772-1795년 폴란드의 분할

의 의중을 무시한 채 쿠를란트의 공작을 임명했다.9

　마리아 테레지아는 고삐를 바짝 당겼다. 헝가리 국경에 인접한 폴란드 영토를 빼앗고 있었을 뿐 아니라 그 영토를 포기할 의사도 없었다. 1771년 2월, 베를린 외곽 포츠담의 궁전에 머물고 있던 프리드리히는 합스부르크 제국의 관리들이 점령 지역에서 여권을 발급하고 폴란드의 관리들을 다시 오스트리아의 신하로 임명하고 있다는 소식을 듣고 대경실색했다. 그는 상트페테르부르크 주재 대사에게 폴란드와 리투아니아를 그대로 유지하려는 생각은 이제 가망이 없다고 서신을 보냈다. 마리아 테레지아는 일부를 챙길 요량으로 보였는데, 중요한 점은 그것이 "오스트리아와 프로이센 간의 힘의 균형에 영향을 미치지 말아야 한다"라는 사실이었다. "그 균형은 나에게도 중요하고 러시아도 관심을 쏟는 것이다." 한편 마리아 테레지아는 자신의 의도는 평화인데 남들이 오해한다고 항의했지만, 아무도 믿지 않았다.10

　러시아가 바르 동맹의 반란을 진압한 뒤인 1772년 여름에 거래가 이루어졌다. 러시아의 예카테리나 대제와 프로이센의 프리드리히 2세, 그리고 마리아 테레지아는 "당파심과 무질서와 자중지란" 탓에 폴란드와 리투아니아가 통치 불능의 상태에 빠졌다고 설명하면서 폴란드와 리투아니아 영토의 4분의 1 이상과 인구의 3분의 1을 빼앗았다. 휘하의 외교관들이 뻔뻔스럽게 설명한 바에 의하면, 그 3명의 군주는 폴란드와 리투아니아의 화합을 유지하기 위해서, 그리고 이웃 국가와의 우호 정신에 따라서 그렇게 했다. 프리드리히 2세는 브란덴부르크와 프로이센 사이의 회랑 지대를 차지한 뒤 그 지역의 이름을 서西프로이센으로 바꿨고, 예카테리나 대제는 러시아 국경에 인접한 리투아니아 동부의 드넓은 땅을 차지했다. 마리아 테레지아는 르비우와 폴란드 남서부 지역을 합스부르크 제국에 편입했고, 그 새로운 영토에 갈리치아-로도메리아 왕국이라는 고풍스러운 이름을 붙였다.[11]

이상하게도, 1772년의 분할 이후 20년 동안 폴란드와 리투아니아는 황금기를 구가했다. 문학, 예술, 연극, 교육 분야가 번창했다. 바르샤바에는 200명 이상의 예술가들이 활동했고, 그중 70명은 궁정과 밀접한 관련이 있었다. 농촌에서는 부유한 귀족들이 잉글랜드식 시골 저택을 본뜬 최신 유행의 팔라디오 양식으로 대저택을 개축했다. 상트페테르부르크의 예카테리나 대제에게 보고하는 꼭두각시일지언정 스타니스와프 포니아토프스키 왕은 계몽된 데다가 사려 깊은 주권자였다. 그는 대학교 개혁을 지지했고 폴란드 최초의 신문인 「감시자 *Monitor*」(1765-1785)를 후원했다. 매주 두 번씩 발행된 그 신문에는 미신과 종교적 편협성을 비난하고, 이른바 쑥덕공론과 결투에 대한 폴란드인의 새로운 흥미를 질책하는 기사가 실렸다.

스타니스와프 왕은 빈약한 토대 위에 있었다. 1740년대에 폴란드의 어느 학자는 체임버스의 새로운 백과사전과 겨루고 디드로의 17권짜리 『백과전서 *Encyclopédie*』를 앞지르기 위해서 독자적인 백과사전인 『신新 아테네 *Nowe Ateny*』를 출판했다. 『신 아테네』는 거인과 일각수의 존재를 인정했지만, 펠리컨의 존재는 날조된 것으로, 코페르니쿠스의 우주관은 망상으로 치부했다. 그 백과사전에 수록된 동물인 말의 개념 정의는 당황스러울 정도로 직설적이었다("말 : 누구나 볼 수 있는 그대로이다"). 그러나 폴란드 왕국에서 만개했던 여러 가지 억측과 허식, 그리고 자기 만족적 무지의 많은 부분은 계몽주의 사상의 영향으로 1770년대부터 극복되었다. 스타니스와프 왕의 본보기를 통해 일부분 영감을 얻은 폴란드와 리투아니아의 유력한 귀족들은 마침내 조국의 정치적, 사회

적, 문화적, 경제적 후진성을 인정했고, 무엇인가 행동에 나서야 한다고 마음먹었다.[12]

중앙유럽 전체가 몽테스키외를 경외하는 분위기였다. 몽테스키외의 풍자소설 『페르시아인의 편지 Lettres persanes』(프랑스를 방문한 어느 페르시아인이 어리둥절해하며 쓴 글인 척 가장하는 소설)는 케케묵은 제도를 조소하려는 다른 작가들에 의해 모방되었고, 『법의 정신 De l'esprit des lois』은 정치 조직의 필수적인 지침서가 되었다. 중앙유럽의 작가들은 (처음에는 "헌법"의 적절한 번역어를 찾느라 고생하기도 했지만) 몽테스키외를 통해서 권력 행사의 방향을 정해주는 여러 관습과 법률이 사실은 "헌법"이라는 점을 뒤늦게 깨달았다. 그러나 몽테스키외의 자유에 대한 처방보다 더 설득력 있는 것은 없었다.

> 우리가 끊임없이 겪은 바에 따르면 권력을 가진 모든 사람은 권력을 남용하고, 자신의 권한을 최대로 행사하기 마련이다……이런 권력 남용을 막기 위해서는 세상의 이치에 따라 권력에 의해서 권력이 견제되어야 한다. (『법의 정신』 제11편 제4장)

몽테스키외는 약 20년에 걸쳐 『법의 정신』을 집필했고, 완성된 원고의 내용은 결코 일관적이지 않았다. 하지만 그가 말하려는 듯한 내용은 프랑스에서는 귀족과 법원의 중재 권력이 전제정치를 억제하는 반면, 영국에서는 왕실 행정부, 선출된 입법부, 임명된 사법부 간의 권력 분립이 개인의 자유를 보존하며, 따라서 영국이 고대 로마 공화국보다 헌법의 측면에서 우월하다는 점이었다. 몽테스키외는 실제로 영국의 헌법이 그런 식으로 작동하지 않는다는 점을 잘 알고 있었지만, 영국의 헌법은 균형 정체나 혼합 정체를 둘러싼 그의 계획에 부합했기 때문에 그의 처방에 한층 더 설득력을 부여했다.

폴란드와 리투아니아의 개혁가들은 몽테스키외의 주장을 마음속 깊이 새겼다. 1788년부터 1792년까지 새로운 세임이 560회 이상 열렸고, 회기 동안 거부권이 정지되었다. 세임에서는 활발한 토론이 이루어졌다. 무려 3만2,000회 이상의 연설과 말참견이 있었다. 스타니스와프 왕도 고삐를 바짝 당겼다. 그는 헌법 초안을 작성했고, 1791년 5월 3일에는 지지자들로 가득 채워진 세임 회기에서 헌법을 통과시켰다. 그가 세임에 선사한 것은 몽테스키외의 권력 분립 원칙을 통틀어 수용한 것, 즉 몽테스키외의 사상 그대로였다. 통과된 헌법에는 다음과 같은 설명이 담겨 있었다.

> 현재의 헌법에 따라서 폴란드 국민의 정부는 다음의 3가지 권력으로 구성된다. 첫째, 세임의 입법권. 둘째, 국왕과 각료회의의 행정권. 셋째, 현재의 법역法域이나 향후 확립될 법역의 사법권.[13]

5월 3일 헌법은 유럽 역사상 최초이자, (1789년에 미국의 헌법이 시행된 뒤) 세계에서 두 번째인 근대적 헌법으로 널리 알려져 있다. 하지만 5월 3일 헌법은 스타니스와프와 그의 지지자들이 주장하는 것만큼 혁명적인 헌법은 아니었다. 세임의 대의원들은 몽테스키외뿐 아니라 그의 경쟁자인 제네바의 장 자크 루소도 칭송하면서 국민에게 권리를 부여하고 국민의 의지를 표현하는 헌법을 거론했다. 그러나 1791년의 "폴란드 국민"은 여전히 귀족들, 그중에서도 상대적으로 부유한 귀족들이었다. 새로 제정된 헌법에 따라서 세임의 대의원에 대한 가난한 귀족들의 기존 투표권이 박탈되었기 때문이다. 새 헌법에서는 농노가 아니라 촌락민이라는 표현이 쓰였지만, 예속 농민 제도를 폐지한다는 내용은 없었다. 그리고 종교적 관용은 확인되었지만, 가톨릭교에서 다른 종교로 개종하는 행위는 여전히 구체적 처벌이 명시되지 않은 범죄였다. 국왕 선출을 둘러싼 외세의 공작을 막기 위해서 기존의 군주제는 세습 군주제로 선포되었지만, 대통령제 도입이나 권리장전 제정 등에 대한 고려는 없었다.

스타니스와프 왕은 자신의 업적을 흐뭇하게 여겼다. 그는 새 헌법이 폴란드와 리투아니아의 장래를 바꿨다고 믿었고, "오늘날 폴란드를 보는 눈이 30년 뒤에 폴란드를 보면 알아보지 못할 것"이라고 예측했다. 스타니스와프의 예측은 옳았지만, 애석하게도 그가 상상한 방향은 아니었다. 상트페테르부르크의 예카테리나 대제는 안정된 폴란드와 리투아니아가 이전보다 러시아의 지배력에 더 효과적으로 저항할 수 있을 것이고, 새 헌법은 1789년의 프랑스 혁명에서 비롯된 전복적 사상의 은폐물이라는 두 가지 두려움을 품고 있었다. 베를린의 권력자들도 불안을 느꼈다. 프로이센의 외무장관은 물었다. "숫자가 많고 잘 통치되는 국민으로부터 어떻게 우리 국가를 지킬 수 있을까?" 1793년, 예카테리나 대제는 프로이센의 적극적 지원과 합스부르크 제국의 새 황제인 프란츠 2세의 묵인하에 폴란드와 리투아니아를 침공했다. 새 헌법은 파기되었고, 2차 분할을 통해서 폴란드 왕국과 리투아니아 대공국은 30만 제곱킬로미터의 영토를 빼앗겼다. 이듬해, 미국 독립전쟁의 참전용사인 타데우시 코스치우슈코가 폴란드 군대의 반란을 꾀했고, 농노 해방을 선언했다. 낫을 휘두르며 싸운 코스치우슈코의 농민군은 라츠와비체에서 러시아 군을 상대로 뜻밖의 승리를 거두었다. 폴란드와 인접한 세 나라가 묵과하기 힘든 결과였다. 세 주변국은 스타니스와프 왕의 퇴위를 강요했고, 1795년에는 마지막인 3차 분할을 통해서 남은 영토를 모조리 빼앗았다.[14]

폴란드와 리투아니아에서 일어난 사태에 관한 당대인들의 견해는 엇갈렸다. 스코틀랜드의 철학자인 데이비드 흄은 폴란드와 리투아니아의 약탈적인 주변국들을 "야만인들, 고트족, 반달족"에 빗댔고, 영국의 작가이자 정치인인 호러스 월폴은 분할에 가담한 세력들을 "지금까지 존재한 가장 파렴치한 강도들의 무리"라고 묘사했다. 흄과 마찬가지로 스코틀랜드 사람인 로버트 번스는 폴란드와 리투아니아의 멸망과 스타니스와프 왕("스타니슬라우스")의 굴욕을 예카테리나 대제("아울트 카테")의 탓으로 돌리며 특유의 문체로 다음과 같이 평가했다.

아울트 카테가 가여운 스타니슬라우스를 붙잡았다.
그러자 폴란드는 활처럼 구부러졌다.
악마가 그녀의 엉덩이에 거대한 놋쇠를 쑤셔넣기를!
그리고 그녀를 낫으로 [빌어먹을] 지옥에 보내기를! (1792)

심지어 프로이센에서도 한 나라의 소멸이라는 끔찍한 결과, 잃어버린 정치개혁의 기회, 전제국가인 러시아에 동부 지역을 할양한 점 등을 개탄하며 폴란드와 리투아니아를 동정하는 저술가들이 있었다. 폴란드와 리투아니아가 사라지고 나서 수십 년 동안, 프로이센의 비주류 문학 장르는 그림처럼 아름다운 옷차림, 피들 연주에 맞춰 야외에서 즐긴 춤, 몇 세기에 걸쳐 이어진 자유에 대한 염원 같은 과거를 사랑스럽게 회고했다.[15]

그러나 대다수의 평론가들은 폴란드와 리투아니아의 운명을 당연하게 생각했다. 그들이 보기에 폴란드의 헌법은 난장판이었고, 정치는 안정성이 부족했으며, 세련되지 못한 귀족들의 압제는 명백했다. 일찍이 볼테르는 그것에 "비참한 체제"라는 판단을 내렸고, 대다수의 프랑스 평론가들도 (세귀르 백작 루이 필리프처럼) "노예 신분의 농민제, 귀족계급의 난폭한 자유, 생활 편의 시설이 전혀 없는 동양적 사치……여전히 사르마티아풍인 시골 관습……몇 세기 전의 믿을 수 없는 잡동사니"를 이유로 들면서 같은 의견을 피력했다. 독일의 탐험가이자 박물학자인 게오르크 포르스터도 프랑스인들의 의견에 동의했고, 자신이 "입에 담지 못할 오물, 게으름, 취기, 부주의함" 등으로 정의한 "폴란드의 경제 상태polnische Wirtschaft"라는 용어를 고안했다. 그의 설명에 의하면 폴란드에서는 백작 부인조차 공공장소에서 빗질로 머릿니를 없앴고, 신사들은 손으로 코를 풀었다. 1780년에 프랑스어판과 독일어판으로 동시에 출간된 어느 소책자의 제목("사실 유럽의 오랑우탄인 폴란드")은 폴란드를 보기 흉한 유인원에 비유했는데, 그 제목에는 당시 폭넓게 퍼져 있던 여론이 집약되어 있었다.[16]

폴란드와 리투아니아의 분할은 중앙유럽의 참사였다. 과거에 왕국들은 왕가에 의해서 주인이 바뀌거나 외국인 통치자에 의해서 접수되었다. 굶주린 주변국들은 왕국의 가장자리를 조금씩 뜯어먹었고, 이따금 특정 지방 전체를 빼앗기도 했다. 하지만 주요 국가가 통째로 지워지고, 중앙유럽의 지도가 그처럼 대대적으로 다시 그려진 것은 이때가 처음이었다. 훗날의 영국 총리인 파머스턴 경은 외무장관으로 재임 중이던 1839년에 익명으로 글을 쓰면서 분할이 "권리에 도전하고 정의를 경멸한 채 물리적 힘에 의한 영토 획득 행위를 법적으로 인가했으므로, 유럽의 국제법에서 일어난 가장 위험한 혁신"에 책임이 있다고 솔직하게 단언했다. 곧이어 파머스턴은 사실 그 새로운 무법 상태의 최대 수혜자가 기성의 왕국과 국경과 군주에 대한 더 심한 경멸을 드러냈던 나폴레옹이라고 말했다.[17]

파머스턴은 폭풍의 씨앗을 뿌린 러시아가 1812년에 나폴레옹에게 침략을 당하고 모스크바를 불길에 잃으며 대가를 치른 것이 합당하다고 생각했다. 그러나 장기적 관점에서, 분할로 가장 큰 이익을 챙긴 것은 러시아였다. 러시아는 단순한 영토 확장 이상의 성과를 거두었기 때문이다. 과거의 러시아 통치자들은 발트 해 연안과 흑해 주변의 오스만 제국 영토에만 야심을 품었다. 이제 그들은 폴란드와 리투아니아를 제거함으로써 러시아의 국경을 약 600킬로미터 서쪽으로 옮겨 민스크와 빌뉴스까지 차지했다. 러시아는 중앙유럽의 강국이 되었고, 열강 외교에서 돋보이는 위치에 올랐다. 폴란드와 리투아니아의 1차 분할 이후 아일랜드의 정치가이자 철학자인 에드먼드 버크는 "폴란드는 조식일 뿐인데, 과연 그들은 어디서 정찬을 즐길 것인가?"라는 수사적 질문을 던졌다. 그리고 러시아의 정찬은 결국 중앙유럽에서 즐기게 되었다.[18]

제23장
나폴레옹과 중앙유럽의 지도

1792년부터 1815년까지 중앙유럽은 거의 끊임없이 전쟁 중이었다. 1803년, 프랑스 혁명전쟁이 나폴레옹 전쟁으로 바뀌었지만 투쟁은 중단되지 않았다. 중앙유럽은 싸움터였다. 프랑스와 나폴레옹의 가장 확고한 대항 세력이었던 영국은 1793년부터 1815년까지 거의 쉼 없이 전쟁을 벌였지만, 대부분 해전을 치렀다. 반면 합스부르크 군대는 통틀어 14년간 육지에서 프랑스 군대와 대적했고, 프랑스와 나폴레옹의 맹렬한 공격을 정면으로 맞이했다. 패배를 되풀이한 끝에 빈의 합스부르크 왕가는 영토도 위신도 내주고 말았다. 최악의 상태는 신성 로마 제국 황제인 합스부르크 왕가의 프란츠 2세(재위 1792-1835)가 나폴레옹에게 고개를 숙이고 제국의 해체를 선언한 1806년에 찾아왔다. 자신의 퇴위를 알리는 선언문에서는 13세기부터 군주의 존칭으로 쓰인 "제국의 영원한 영토 확장자"라는 표현을 고집스레 집어넣은 프란츠의 칭호가 열거되었다.

  2년 전인 1804년에 프란츠는 자신을 오스트리아의 황제로 선포했는데, 그것은 나폴레옹의 새로운 칭호인 프랑스 황제에 맞불을 놓기 위한 조치였다. 따라서 신성 로마 제국이 해체된 뒤에도 프란츠는 황제 칭호를 계속 지니고 있었지만, 이제는 신성 로마 제국이 아니라 오스트리아의 황제 프란츠 1세였다. 새로운 세기의 열강 정치에서 오스트리아 황제는 전혀 중요하지 않은 교묘한 칭호였다. 중앙유럽의 합스부르크 영토는 강탈당했고, 나폴레옹의 변덕에 따라서 흥정과 양여의 대상으로 전락했다. 1797년에서 1809년 사이에 합스부르크 왕가는 저지대국가와 이탈리아에 있는 영토를 빼앗겼고, 티롤 지방, 크로아티아와 아드리아 해안의 여러 지역, 그리고 예전에 분할을 통해서 차지했던 폴란드 땅도 조금씩 조금씩 빼앗겼다. 게다가 1792년에서 1815년 사이에는 프랑스 군대에 맞서 싸우다가 최악의 병력 손실을 겪었다(총 50만 명이 전사했다).

군사적으로 기진맥진한 상황에서 황제 프란츠 1세는 1809년에 나폴레옹과 강화를 맺었다. 그는 맏딸을 나폴레옹에게 시집보냈고, 1812년에는 프랑스의 러시아 침공을 뒷받침하기 위해서 파병했다. 사실 프란츠가 나폴레옹에 맞서서 그토록 오랫동안 버틴 것은 이례적인 일이었다. 프로이센의 왕 프리드리히 빌헬름 2세(재위 1786-1797)는 이미 1795년 초에 프랑스와 강화를 맺은 터였다. 하지만 그의 후계자인 프리드리히 빌헬름 3세(재위 1797-1840)가 1806년에 다시 싸움에 뛰어들었고, 프로이센 군대는 거의 한꺼번에 격파되었다. 이제 프로이센이 영토를 잃을 차례였다. 나폴레옹은 프로이센 영토의 절반을 동맹국들에게 넘겨줬는데, 거기에는 프랑스 군대가 빼앗은 폴란드의 땅 대부분이 포함되었다. 반면 바이에른의 통치자와 뷔르템베르크의 통치자는 일찌감치 나폴레옹과 강화를 맺었고, 딸을 나폴레옹의 의붓아들과 형제에게 각각 시집보냈다. 나폴레옹은 그 대가로 옛 오스트리아 영토의 일부분을 하사했다.

  1792년 이후 20년간 일어난 일은 군대의 전쟁일 뿐 아니라 이념의 싸움이기도 했다. 그 기간에 프랑스는 입헌군주제에서 공화제와 혁명적 자코뱅주의로 바뀌었다가 다시 군사독재와 제국으로 바뀌었다. 그러나 나폴레옹에게는 항상 자신이 대표하고 있다고 주장한 시민권, 입헌 정부, 국민주권 같은 변함없이 유지된 몇 가지 이념이 있었다. 프랑스 정부는 일상적으로 그 세 가지 이념의 가치를 훼손했지만, 신민이 아닌 시민에 기반한 근대적 법치 국가를 둘러싼 미래상과 열망은 남아 있었다. 그것은 유럽의 모든 "구체제"에 도전장을 내민 강력한 이념적 혼합의 결과물이었다.

  중앙유럽 어디에서나 동일한 반응이 나왔다. 급진주의, 혁명, 변화 등의 낌새를 풍기는 모든 것과 언론에 대해서 단속이 시행되었다. 합스부르크 왕가의 새로운 검열 정책이 도입되면서 조너선 스위프트의 『걸리버 여행기 *Gulliver's Travels*』와 존 버니언의 『천로역정 *The Pilgrim's Progress*』이 적발되었다. 프로이센에서는 프리드리히 빌헬름 3세가 체제전복적일지 모르는 내용을 인쇄하는 경우 출판사의 판권을 박탈하는 기발한 수단을 도입해 출판사를 협박했다. 비밀 결사도 표적이었다. 일찍이 1793년에 합스부르크 왕가의 땅과 하노버에서는 프리메이슨 사상이 전면 금지되었지만, 비밀 결사는 독서회와 기사회라는 이름으로 근근이 명맥을 잇고 있었다. 정부가 프리메이슨을 눈감아준 곳들도 있었는데, 이는 너무 많은 고위 관료들이 프리메이슨에 연루되어 있었기 때문이다. 대신 학생회에는 직접적인 조치를 시행했다. 학생회의 못된 장난으로 장래의 국가 공무원들의 정신이 오염되지 않도록 하기 위해서였다.

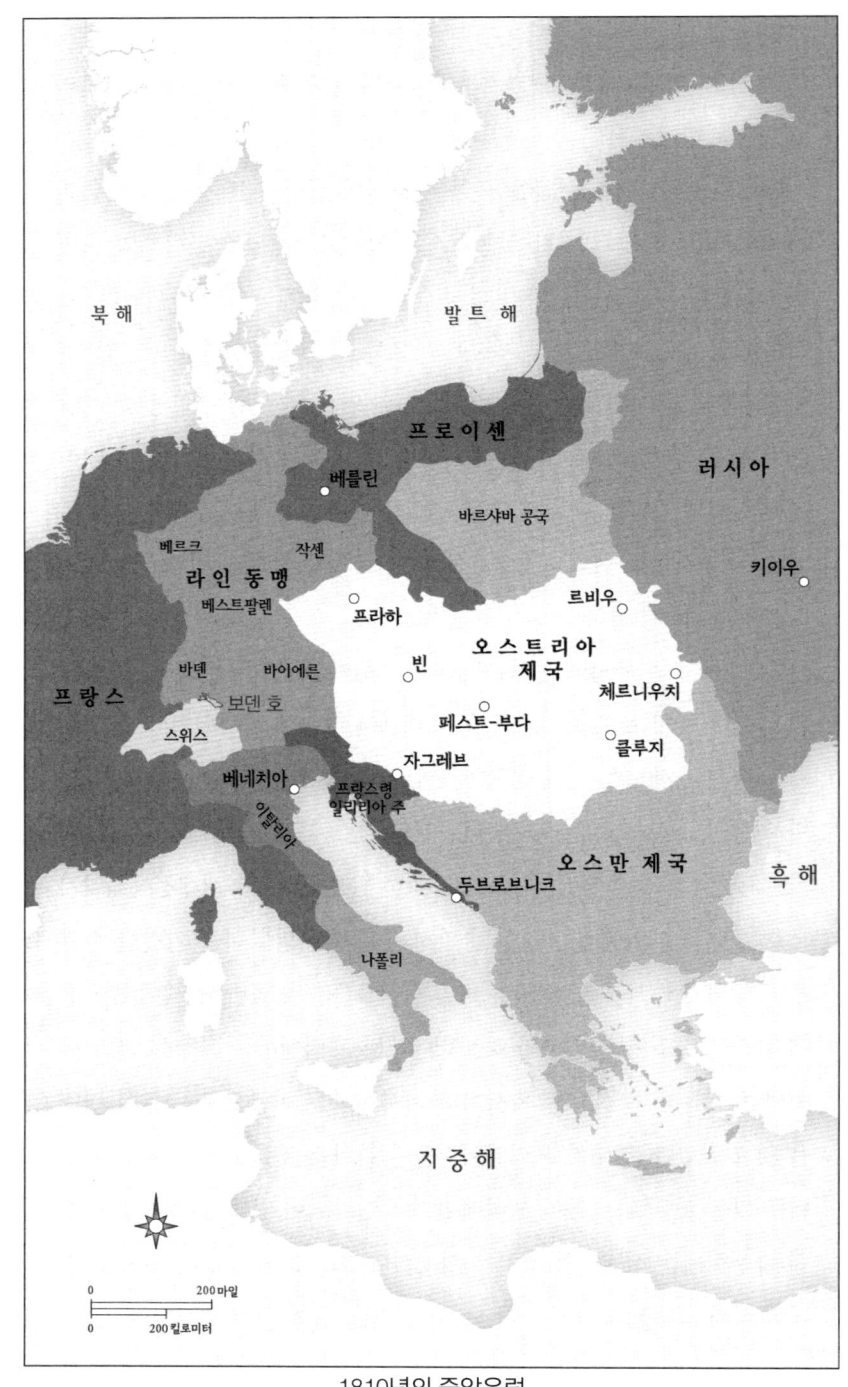

1810년의 중앙유럽

모종의 음모가 꾸며지고 있는 것은 확실했다. 오스트리아와 헝가리의 몇몇 급진주의자들, 즉 "자코뱅주의자들"은 프랑스인들과 접촉할 길을 열었다. 그러나 대부분은 선언문과 저속한 노래의 가사를 써서 개인적으로 유포하는 데 그쳤다.

사람들은 하찮은 변소 휴지가 아니야. 나름대로 생각할 줄 알지.
훌륭한 예의범절을 배우지 않으면 무지렁이처럼 목이 매달리겠지.
단두대에 올라 피에 피를 부를 거야.
여기 단두대가 있다면 여러 거물들이 대가를 치를 거야.

경찰에 적발된 최초의 음모 중 하나는 "특별히 조련한 10만 마리의 개"로 선언문을 배포하겠다는 것이었지만, 당국조차 그 음모를 심각하게 여기지 않았다. 또다른 음모는 기마병의 공격에 맞서기 위해서 농민들이 수레바퀴의 굴대에 대못을 박아넣은 전쟁 무기를 만든다는 것이었다. 공모자들은 농민들과 접촉하지 않았기 때문에 그 무기는 쓰이기는커녕 만들어지지도 않았다. 빈에서 1명이, 헝가리에서 7명이 처형되었다. 재판에 넘겨진 피고인 대부분은 무죄를 받거나 사면되었다. 장기 징역형이 선고된 나머지 피고인들은 곧 형의 부당함이 인정되어 감형되었다. 합스부르크 왕가의 땅에서 혁명적 자코뱅주의의 위협은 유명무실했다.[1]

중앙유럽의 다른 곳에서도 사정은 거의 비슷했다. 프랑스 혁명 초반 몇 년 동안 휘몰아치던 열광을 겪은 뒤 사람들은 금세 정신을 차렸다. 그러나 비싼 대가를 치르고서야 깨달은 사람도 있었다. 1796년, 스위스 국경에서 어느 목사의 아들이 자기 옷 중에서 가장 좋은 옷을 입은 채 공화제의 미덕을 극찬하는 연설로 프랑스 군대를 맞이했다. 프랑스 군인들의 대응은 그의 회중시계, 장화, 양복 조끼를 빼앗는 것이었다. 마인츠에서는 1793년에 선동꾼 수백 명이 혁명 공화국을 잠시 세웠지만, 그 혁명 공화국은 프랑스 군대가 보호해주는 동안만 유지되었다. 라인 강 서안의 다른 곳에서 활동하는 혁명가들은 요란을 떨었지만, 숫자가 적었다. "사람들의 권리를 강탈한 모든 나라의 폭군들"에 대한 전쟁을 엄숙히 선포한 서西라인란트의 혁명가들은 프랑스의 자매 공화국을 세울 수 있으리라는 달콤한 상상에 빠져 있었다. 나폴레옹은 그들이 꿈에서 깨도록 해주었다. 나폴레옹은 라인란트 서안을 군사적으로 점령한 뒤, 그 지역을 파리가 관리하는 여러 개의 현으로 나누었고, 결국 1801년에 프랑스에 병합했다.[2]

프랑스 혁명전쟁과 나폴레옹 전쟁은 유럽의 지도를 바꾸었다. 1805년, 영국의 총리 윌리엄 피트는 나폴레옹이 아우스터리츠 전투에서 오스트리아 군대와 러시아 군대에 승리했다는 소식을 듣고 선견지명을 보였다. "지도를 접게나. 앞으로 10년은 필요 없을 테니." (그는 긴장을 풀려고 브랜디 한 잔을 쭉 들이켰다.) 아우스터리츠 전투 이후 몇 년 동안 함부르크, 브레멘, 뤼베크를 비롯한 독일 북서부, 토스카나와 교황령, 합스부르크 제국의 남서부 지역(일리리아로 명칭이 바뀌었다)이 프랑스 영토가 되었다. 그밖에도 나폴레옹은 되도록 자기 가족이 통치하는 고분고분한 국가들로 이루어진 경계선을 긋는 것을 목표로 삼았다. 스위스 같은 다른 곳에서도 그는 중앙집권 체제, 평등한 시민권, 공화제 헌법 등을 통해서 프랑스와 흡사한 모습을 만들고자 했다. 나폴레옹은 외부의 지역이나 국가를 프랑스에 편입하고 종속국을 두고 자기 집안 출신의 독재자들에게 통치를 맡기면, 오스트리아와 프로이센과 러시아의 믿음직하지 않은 협력자들과 거리를 두고 자신은 영국을 상대로 자유롭게 거래할 수 있으리라고 여겼다.[3]

유럽을 재편하는 과정에서 나폴레옹은 중앙유럽을 갈기갈기 찢어놓았다. 1806년, 나폴레옹은 신성 로마 제국을 대신할 라인 동맹을 결성했고, 라인 동맹의 보호자를 자처하며 의도적으로 불분명하게 규정된 권력을 행사했다. 원래 신성 로마 제국은 수백 개의 제후국과 소국가로 구성되어 있었지만, 전성기의 라인 동맹은 강제 합병에 힘입어 35개의 제후국과 소국가로만 이루어져 있었다. 그중 몇몇 국가는 나폴레옹의 친척이 통치했다. 새로 선포된 베스트팔렌 왕국은 나폴레옹의 동생이자 게으르고 여색에 빠진 통치자 제롬이 다스렸고, 프랑크푸르트 대공국은 (1813년 이후) 나폴레옹의 의붓아들이 공작으로서 다스렸으며, 신생 베르크 공국은 처음에는 나폴레옹의 매제가, 나중에는 조카가 통치했다. 나폴레옹은 바이에른, 작센, 뷔르템베르크 등의 기존 공작들을 왕으로 승격시켰고, 그들에게 국왕 칭호를 내린 장본인으로서 그들을 자신 가까이에 묶어두었다.

더 동쪽 지역에서 나폴레옹은 1807년에 바르샤바 공국을 세웠는데, 바르샤바 공국은 분할 과정에서 프로이센이 뺏은 폴란드 영토로 구성되었다. 나중에 그는 오스트리아 제국에 속한 갈리치아–로도메리아 왕국의 일부분을 바르샤바 공국에 추가로 편입했다. 바르샤바 공국은 명목상으로는 작센의 왕이 통치했지만, 프랑스의 괴뢰국이었다. 바르샤바 공국의 헌법은 나폴레옹의 작품이었다. 말 그대로 그가 받아쓰기처럼 강요하고, 작센 왕이 따라잡지 못할 만큼 빠른 속도로 제정한 헌법이었다. 당시 러시아 황제 알렉산드르 1세를 모시고 있던 폴란드의 정치가 아담 차르토리스키는 바르샤바 공국이 폴란드 재건의 출발점이 될 것으로 상상했다. 그러나 나폴레옹의 관심은 군대에 있었고, 그는 폴란드인들의 희망을 총알받이로 삼아버렸다. 1807년부터 1813년까지 바르샤바 공국은 나폴레옹에게 무려 18만 명의 병력을 제공했다. 그중 9만 명이 1812년에 대참사로 이어진 나폴레옹의 러시아 침공으로 숨졌다. 희한하게도 러시아 침공 때 살아남은 병력 대부분은 이듬해의 라이프치히 전투에서 나폴레옹이 대패해 다른 모든 동맹국들이 나폴레옹을 저버린 뒤에도 계속 그를 위해서 싸웠다.[4]

바르샤바 공국은 나폴레옹이 빠져 있는 진퇴양난의 전형이었다. 그는 중앙유럽에 신민이 아니라 시민이 국민인 근대적 입헌 국가를 세우고 싶어했다. 따라서 바르샤바 공국은 헌법과 더불어 법적 평등을 가정하고 2,281개 조항을 통해서 법정의 모든 분쟁을 해결하고자 하는 프랑스의 나폴레옹 법전을 수용했다. 나폴레옹은 자신의 법전을 "유럽 국가 동맹의 보통법"이자 "도덕, 무역, 언어 등에 미칠 결과를 가늠할 수 없는 역사상 최대의 법적 변화 중 하나"로 만들겠다며 라인 동맹에서도 똑같은 과업을 추진했다. 사실, 라인 동맹의 가맹국 대부분은 나폴레옹 법전을 채택하지 못하거나 점진적으로 도입하는 데 그쳤다. 하지만 나폴레옹이 그 법전을 선전한 사실에서, 무력뿐 아니라 공통의 가치를 통해서도 프랑스와 결합한 새로운 제국을 세우고자 했던 그의 목표를 엿볼 수 있다.[5]

그러나 나폴레옹에게는 군인도 필요했고, 그의 제국은 예전부터 징집 제국empire de recrutement이었다. 나폴레옹에게 군대를 제공한 것은 바르샤바 공국만이 아니었다. 라인 동맹도 1809년까지 약 10만 명의 병력을 제공했다. 1812년 러시아 원정에 나선 나폴레옹의 60만 대군 중 약 4분의 1은 라인 동맹, 오스트리아 제국, 프로이센 등에서 차출한 병력으로 구성되었고, 그가 전장에 배치한 군마의 절반 이상도 라인 동맹이나 바르샤바 공국에서 사들이거나 징발한 것이었다. 나폴레옹은 동맹국들이 프랑스 군대에 숙소를 마련해주고, 사료와 물자를 공급하고, 세금의 형태로 조공을 바치기를 기대했다.[6]

나폴레옹의 징집 대상은 중앙유럽의 시인들과 극작가들과 작가들에게까지 확대되었다. 그는 프랑스를 위해, 그리고 자신을 위해 그들을 징집하려고 했다. 그는 청중에 따라서 카셀이나 예나에 설립할 계획이라고 주장한 일류 대학교에서 경력을 쌓을 수 있는 가능성을 미끼로 그들을 유혹했다. 나폴레옹은 젊은 문학 학자인 야코프 그림에게 베스트팔렌의 도서관장직을 제의해 수락을 받아냈고, 역사가이자 프로이센의 프리드리히 2세의 전기 작가인 요하네스 폰 뮐러에게는 자신의 전기도 충실히 써주기를 바라는 마음에서 베스트팔렌의 국무장관직을 제의했다(뮐러는 그 직위를 받아들였지만 나폴레옹의 전기를 쓰기 시작하기도 전에 세상을 떠났다). 작곡가인 베토벤에게는 베스트팔렌의 궁정악장직이라는 당근을 내놓았으나 더 나은 조건의 제안을 받았던 베토벤은 빈에 머물렀다. 극작가이자 시인이자 소설가인 요한 볼프강 폰 괴테는 쉽게 넘어왔다. 1808년, 에르푸르트에서 나폴레옹을 알현한 괴테는 프랑스의 황제인 나폴레옹이 자신의 작품 중 하나를 인용하자 우쭐해졌다. 이후 괴테는 여생 내내 나폴레옹의 천재성을 극찬했다.

나폴레옹 제국은 약탈의 제국이기도 했다. 프랑스 군인들은 가는 곳마다 강탈과 약탈을 일삼았다. 브라운슈바이크의 프랑스 총독이 독일인 고관들을 손님으로 맞아 함께 식사를 했는데, 식사에 쓰인 식기가 바로 그 독일인 고관들이 프랑스 군인들에게 도둑맞은 것이었다는 악명 높은 일화도 있다. 다른 곳에서는 프랑스 관리들이 궁전과 교회에 있는 예술품들과 왕실 소장품을 조사해서 1802년에 나폴레옹 박물관으로 개명된 파리의 루브르 궁전에 가장 어울리는 작품을 골랐다. 당시 "사랑스럽고 작은 물건들"로 묘사된, 비교적 작은 품목은 조제핀 황후(나폴레옹의 첫 번째 부인)의 의상과 방을 장식하는 데 쓰였다. 브라운슈바이크 공작은 라파엘로, 티치아노, 렘브란트, 반 다이크 등의 작품을 포함해 총 78점의 그림을 잃었고, 황제 프란츠 1세는 400점 이상을 넘겨줬다. 나폴레옹은 심지어 베네치아의 산마르코 대성당에 있는 4마리의 말 청동 조각상을 떼어냈고, 나중에 그 조각상을 원래 목조 건축물이었던 파리의 개선문 꼭대기에 설치했다(말 청동 조각상은 1815년에 베네치아로 반환되었다).[7]

나폴레옹은 야망을 실현하는 데 필요한 자원 확보와 징집을 위해서는 타협도 필요하다는 점을 알고 있었다. 나폴레옹이 1798년에 일방적으로 설립을 강요한 중앙집권적인 헬베티아 공화국에 맞서 스위스인들이 반란을 일으켰을 때, 그는 스위스인들의 마음을 얻을 요량으로 5개의 헌법을 연이어 발표하면서 한발 물러섰다. 그러나 이는 헛수고였다. 1799년, 오스트리아 군과 러시아 군이 프랑스인들을 내쫓기 위해 도착했다. 러시아 장군인 코르사코프는 취리히 외곽에 진을 쳤다. 그곳은 러시아 군이 서쪽으로 가장 멀리 진격한 지점이었다. 1803년, 마침내 스위스 지도자들을 파리로 부른 나폴레옹은 "산이 많은 땅에서 태어나 산사람들이 어떻게 생각하는지 이해하는" 코르시카인으로서 그들을 맞이했고, 그들의 독자적인 헌법을 제정하도록 요청했다. 그들은 재빨리 옛 연방을 복원했고, 나폴레옹도 찬성했다. 나폴레옹에게는 난폭한 스위스인의 습격을 받지 않고 알프스 산맥을 안전하게 넘어갈 고개가 필요했다.[8]

나폴레옹은 곳곳에서 프랑스에 대한 공감을 조성할 뿐 아니라 프랑스인을 양성하려고도 생각했다. 베스트팔렌 왕국은 실험의 본거지였다. 프로이센, 하노버, 브라운슈바이크, 헤센 등의 일부 지역과 여러 개의 작은 영토로 이루어진 베스트팔렌 왕국은 이전의 충성심뿐 아니라 법적 관습, 화폐 제도, 치수, 사회 구조에 의해, 심지어 언어에 의해서도 분열되어 있었다(방언을 서로 이해할 수 없는 경우가 종종 있었다). 그 왕국은 이름조차 잘못된 호칭이었다. 베스트팔렌 왕국이라는 이름은 이전에 쾰른 대주교 관할구에 속해 있었고 크기가 베스트팔렌 왕국의 5분의 1에 불과했던 공국의 이름에서 따온 것이었다. 최근 어느 역사가가 설명했듯이, 이는 "마치 외세가 미국을 정복해 뉴저지, 뉴욕, 오하이오, 펜실베이니아 등의 일부분을 합쳐 체서피크 왕국이라는 새로운 정치적 독립체로 만든 것 같았다."[9]

나폴레옹의 계획은 베스트팔렌에 프랑스 법, 프랑스의 교육 제도와 측정법, 통화 십진제, 그리고 최고 행정 법원, 명목상의 의회, 중앙 정부에서 임명한 지사 등을 갖춘 프랑스의 통치방식을 부여하고 어린이들이 학교에서 프랑스어를 배우도록 강제하는 것이었다. 어느 프랑스 장관은 새로운 베스트팔렌의 독일인 교수에게 "여러분은 반드시 프랑스어를 사용해야 하며, 나는 이 의무를 독일의 학문과 문학 수준을 높이는 수단으로 봅니다"라며 거들먹거렸다. 나폴레옹의 표현은 더 외교적이었다. "모든 천재, 문학계에서 두각을 드러낸 모든 사람은 어느 나라에서 태어났든 간에 프랑스인이다."[10]

나폴레옹은 영리하게도 베스트팔렌에서 완전한 프랑스화를 추진하지 않았고, 역사적으로 프랑스였던 영토의 경계 내에서도 브르통어와 독일어를 사용하는 초등 교육을 어느 정도 허용하는 등 프랑스화를 강요하지 않았다. 이에 따라서 베스트팔렌의 관영 신문인 「베스트팔렌 감시자Le Moniteur westphalien」는 계속 2개의 언어로 발행되었고, 법원은 통역가의 도움을 받아서 2개의 언어로 업무를 처리했다. 일상어에서는 종종 프랑스어 단어가 쓰였지만, 독일어 문법과 어형론에 부합하게 바꾼 형태였다. 진취적인 어느 학자는 대화의 편의를 위해서 "우리 언어에 도입된 외국어 표현을 설명하고 독일어로 번역하기 위한 사전"을 발간하기도 했다. 그 사전에 따르면 베스트팔렌인이 일상에서 마주치는 것은 프랑스어가 아니라 유사 프랑스어일 뿐이었다. 신기하게도 일종의 공식 인명록인 베스트팔렌 왕국의 연감은 독일어로만 발간되었는데, 베스트팔렌의 공무원들이 거의 독일어 사용자였기 때문에 그것은 당연한 일이었다.[11]

일리리아 주의 사례에서는 국가 간의 경계와 신민의 언어에 대한 나폴레옹의 유연성이 한층 더 드러난다. 1809년에 생긴 일리리아 주는 앞서 언급한 또다른 체서피크였다. 이곳은 이전에 베네치아 땅이었던 달마티아 해 연안, 과거에 오스트리아 영지였던 크라인, 티롤 지방과 케른텐의 극히 일부, 트리에스테, 합스부르크 제국의 군정 국경지대 일부, 그때까지 헝가리의 왕령지였던 자그레브 서쪽의 크로아티아 땅 등으로 이루어져 있었다. 일리리아 주를 설치한 프랑스의 속셈은 북아드리아 해의 상업을 통제하려는 것이었지만, 그 새로운 정치적 피조물은 찢어진 조각들을 한데 꿰매어 약 800킬로미터의 가느다랗고 실타래처럼 뒤엉킨 영토를 이룬 쪽매붙임 같았다. 게다가 이곳은 프랑스에서 멀리 떨어져 있었다. 파리에서 두브로브니크까지 편지를 보내는 데에는 20일 걸렸는데, 그나마도 여름에나 가능했다. 반면 파리에서 밀라노까지는 사나흘이면 편지가 도착했다.[12]

그럼에도 일리리아 주는 마치 프랑스의 일부처럼 취급되었다. 이곳은 총독에게 보고하는 지방 행정장관이 관할했고, 여러 지방과 지구로 나뉘어 있었으며, 중요한 모든 결정은 파리에서 내려졌다. 프랑스 화폐도 도입되었지만, 현지에서는 익숙하지 않았던 탓에 위조 지폐가 만연했다. 다행스러운 것은, 시민권과 법 앞의 평등이라는 프랑스의 사상이 귀족 특권의 폐지, 길드의 독점 철폐, 유대인에 대한 법적 차별 철폐로 이어졌다는 점이었다. 1811년, 나폴레옹은 천연두 예방 접종을 일리리아 주로 확대해, 이미 약 10년 전부터 본국인 프랑스에서 실시되고 있던 예방 계획에 일리리아 주를 포함했다. 그는 오스만 제국에서 서쪽으로 퍼지는 유행병에 맞서는 중앙유럽의 첫 번째 방어선이자, 군정 국경지대 곳곳에 설치된 격리 수용소, 훈증 소독실, 식초 목욕탕 등으로 이루어진 비상선을 유지했다.[13]

이처럼 일리리아 주는 프랑스의 일부였지만(따라서 루앙이나 보르도처럼 행정적, 사법적으로 프랑스의 관할이었지만), 일리리아 사람들을 프랑스인으로 만들려는 시도는 없었다. 이탈리아어와 독일어가 공용어로 계속 사용되었다. 프랑스어가 배타적 언어로 쓰인 곳은 연병장뿐이었다. 나폴레옹은 이탈리아어와 크로아티아어로 제작된 주간 소식지가 있어야 한다고 지시하기도 했다. 1806-1810년에 자다르에서 발행된 「레조 달마타-크라글스키 달마틴 Regio Dalmata-Kraglski Dalmatin」은 훗날 크로아티아어로 인정되기는 하지만 당시에는 달마티아어로 불린 언어로 발행된 최초의 신문이었다. 1810년 이후, 「레조 달마타」는 크라인의 류블랴나에서 프랑스어, 이탈리아어, 독일어, 달마티아어 등의 4개 언어로 발행된 「텔레그라프 오피시엘 Télégraphe officiel」로 대체되었다. 사실, 그때 달마티아 문어라고 불린 언어는 일리리아 주에서 쓰인 다양한 슬라브 방언과 구어를 포함하지 못했지만, 그것은 거의 문제가 되지 않았다. 인구의 80-90퍼센트가 문맹이었기 때문이다.[14]

나폴레옹이 일리리아 주 총독으로 임명한 오귀스트 드 마르몽은 그보다 한 걸음 더 나아갔다. 법원이 정상적으로 운영되고, 현지인이 명령을 이해하는 것이 중요했다. 따라서 그는 일리리아 주 북부의 고지대에서 쓰이는 슬라브어를 표준화하여 더 이상 그 슬라브어가 각기 다른 특수 어법과 토착어의 "방언 연속체"(현대 언어학자들의 표현이다)를 이루지 않아야 한다고 지시했다. 이에 따라 대부분의 중등 교육에서는 프랑스어를 쓴 반면, 초등 교육에서는 막 체계적으로 정리된 현지어를 계속 쓰게 되었다. 학생들은 나중에야 프랑스어로 실시되는 우수한 교육을 받게 되었고, 나폴레옹이 총애한 대학교인 파리 제국 대학을 본보기로 삼고 파리 제국 대학의 감독을 받는 류블랴나의 새로운 고등학교에 입학했다. 문해력 향상은 시민 양성의 첫 단계였고, 프랑스 문화와의 접촉은 그다음 단계였다.

사제이자 학교 교사인 발렌틴 보드니크(1758-1819)는 언어 체계화 사업을 기꺼이 받아들였다. 마르몽의 격려에 고무된 보드닉은 아동용 언어 교과서와 훌륭한 문체의 모범이 되는 책을 출판했다. 아울러 언어의 다양한 용도를 보여주기 위해서 요리책, 산파용 교본, 로마 시인 호라티우스의 작풍에 따라 지은 나폴레옹에 대한 송가頌歌도 썼다. 보드니크는 자신이 저술할 때 쓴 언어를 크라인어라고 불렀고, 그 언어를 요한 발바소르의 『크라인 공국의 영광』이 누리는 위상에 버금가는 것, 찬미해야 하는 작고 시골 느낌이 나는 무엇인가로 평가했다. 나폴레옹이 패배한 뒤 보드니크는 부역자로 지목되어 비난받았고, 1815년에 강제로 은퇴했다. 하지만 그의 유산은 사라지지 않았고, 처음에는 크라인의 것으로, 나중에는 슬로베니아의 것으로 알려진 19세기 전반기의 문학이 만개하는 데 공헌했다.

보드니크의 업적은 정체성의 표시이자, 하나의 민족이 어떤 사람들인지 보여주는 증표인 언어에 대한 새로운 관심의 전형적인 사례였다. 중앙유럽 곳곳에서 학자들은, 18세기 말에 공통의 언어와 문화적 전통이 민족 공동체의 초석이라고 가르쳤던 독일 철학자 요한 고트프리트 헤르더의 주장을 점점 더 되새겼다. 헤르더는 이렇게 말했다. "어떤 민족에게 조상들의 언어보다 더 소중한 것이 있겠는가? 그 안에는 해당 민족의 전통, 역사, 종교, 존재 원리 등의 세계 전부가, 마음과 영혼의 세계 전부가 담겨 있다." 헤르더가 볼 때, 언어를 통해서 형성되고 예술과 문학으로 그 영혼을 자유롭게 표현하는 민족은 자연스러운 것이자 기계 국가와 정반대되는 것이었다(헤르더는 기계 국가를 모든 것에 치명적인 획일성을 강요하는 인위적 구조물이라고 비난했다).[15]

헤르더의 통찰력에서 영감을 얻은 중앙유럽 도처의 문헌학자와 골동품 연구자, 역사가들은 이른바 민족 언어의 최초 사례와 문헌 증거가 담긴 옛 필사본을 찾아 나섰다. 1807년, 뮌헨의 궁정 도서관을 샅샅이 뒤지던 학자들이 초기 크라인어 같은 언어로 작성된 10세기의 양피지 4장을 발견하자 크라인은 흥분에 휩싸였다. 류블랴나와 크라인에서 활동하는 다른 학자들은 보드니크의 연구 결과를 발판으로 삼았고, 운문과 담시譚詩를 수집해 5권짜리 선집인 『크라인 꿀벌*Krajnska čbelica*』(1830-1848)을 출판했다.[16]

다른 곳의 학자들도 부지런히 노력하기는 마찬가지였다. 신성 로마 제국이 해체를 앞두고 있을 무렵, 독일의 골동품 연구자들은 1,000년 전에 제국을 건설한 카롤루스 마그누스의 새로 발견된 전기를 출간했다. 라인 동맹을 결성한 독일의 새로운 왕들과 공작들, 그리고 프랑스의 관리들을 향해서 그들이 쏟아낸 비난은 속이 들여다보이고 의도적이었다. 독일의 골동품 연구자들은 수준 낮은 문학 작품으로 치부되었던 『니벨룽의 노래』와 『트리스탄Tristan』 같은 중세의 작품을 편집해 호메로스의 『일리아스Ilias』에 맞먹는 독일 작품으로 선전하기도 했다. 훗날 리하르트 바그너는 연작 가곡 「니벨룽의 반지」를 통해 『니벨룽의 노래』와 『트리스탄』을 독일의 문화적 성취의 모범으로 만들었다. 그러나 중요한 것은 문학적 우수성만이 아니었다. 『니벨룽의 노래』의 첫 번째 편집자가 설명했듯이, 그 시는 "독일인의 영혼"을 위로했고, "조국의 가장 치욕스러운 시기를 달래준 진정한 격려"이자 "독일이 주권을 회복할 것이라는 고귀한 약속"이었다.[17]

서사시가 없으면 학자들은 아서 왕의 기사 이야기나 고전고대의 위대한 작가들을 모방한 고풍스러운 문체의 장편시를 짓는 방식으로 서사시를 내놓았다. 제임스 맥퍼슨의 『오시안Ossian』(18세기 말에 중세 아일랜드와 스코틀랜드의 게일어 운문 여러 부분을 짜깁기해 멋지게 꾸민 작품)은 비슷한 위작이 쏟아져 나오는 계기가 되었다. 1817년 이후에 프라하에서 13세기 체코어 운문의 일부라며 조금씩 출판된 바츨라프 한카의 위작처럼 노련하게 만들어진 위작도 있었다. 아틸라의 훈족에서 카르파티아 산맥 동부의 헝가리인으로 이어지는 직계 혈통을 주장하는 트란실바니아의 "치크 연대기" 같은 더 미미한 위작도 있었다. 그러나 학자들과 위조자들은 모두 똑같은 일을 즐기고 있었다. 어떤 사람들이 민족이라는 이름으로 하나가 되고 스스로 존엄해질 수 있는 중심 요소인 초기 언어, 역사적 혈통, 문학적 전통 등을 발견하고 상상하고 발명하는 일이었다.

나폴레옹도 힘을 보탰다. 그는 폴란드, 베스트팔렌, 일리리아 주에서 민족 정서를 이용하거나 새로운 정체성을 조작하고자 했다. 그것은 프랑스에 대한 애착을 키우고, 정부의 효율성을 높이며, 제국에 필요한 군대를 확보할 더 나은 방법이었다. 중앙유럽 도처에 나폴레옹을 흠모하는 사람들이 있었다. 그들은 나폴레옹이 구질서를 파괴하고 자유와 법과 시민권의 기치 아래 하나가 되는 대륙을 약속한 것을 반겼다. 하지만 대다수 사람들은 그의 전쟁과 파괴성과 독재적 방식에 분개했다. 독일의 작곡가 베토벤은 그를 우상으로 여기다가 1년도 되지 않아서 혐오하게 되었다. 실제로 베토벤은 1803년에 3번 교향곡인 「영웅」을 나폴레옹에게 헌정했다가 1804년에는 황제 자리에 오른 나폴레옹에게 환멸을 느껴 헌정사를 지우기도 했다.

어떤 민족이 단일한 정체성을 중심으로 뭉치기란 어렵기 마련이다. 항상 소속의 기준을 둘러싼 논쟁이 벌어지기 때문이다. 공통점보다는, 해당 민족의 속성이 아닌 것을 말하는 편이 훨씬 더 쉽다. 독일인들은 나폴레옹을 통해서 자신들이 프랑스인들과 정반대라는 사실을 깨달았다. 애국자인 에른스트 모리츠 아른트에게 가장 큰 감동을 선사한 광경은 프랑스 군이 폭약으로 부숴버린 라인 강 기슭 성의 유적이었다. 그의 가장 유명한 송가 「독일인의 조국은 어디인가?」에서 아른트는 이렇게 답한다.

여기가 독일인의 조국.
분노가 외국의 찌꺼기를 쓸어버리는 곳,
모든 프랑스인이 적으로 불리는 곳,
모든 독일인이 친구로 불리는 곳.

여기가 조국일 것이다,

온 독일이 조국일 것이다. (1813)

다른 사람들도 아른트만큼 열렬했다. 그들은 나폴레옹이 독일 민족에게 안겨준 굴욕을 고발하고, 임박한 도덕적 쇄신을 통해서 향후 유럽을 지배하게 될 새로운 독일 민족의 국가가 몰락한 신성 로마 제국을 대신할 것이라고 설파했다. 독일인들은 마치 스스로 프랑스인이 아니라는 점을 입증이라도 하듯이, 연약해 보이는 프랑스어나 라틴어의 C를 더 강하고 독일어다운 K로 대체하면서 도시 이름을 다르게 표기하기 시작했다. 코블렌츠의 표기법은 Coblenz에서 Koblenz로, 카셀은 Cassel에서 Kassel로, 쾰른은 Cöln에서 Köln으로 바뀌었다. 애국심 있는 독일인들은 도시를 재건할 때 독일의 건축적 전통이 가장 잘 드러나는 성기盛期 고딕 양식을 선택했다. 성기 고딕 양식의 본보기는 신성 로마 제국 시절인 1681년에 프랑스의 루이 14세에게 빼앗긴 이래 독일인들의 향수를 자극하는 중심지로 자리 잡은, 라인 강 연안의 스트라스부르 대성당이었다.[18]

나폴레옹이 중앙유럽에 안겨준 선물은 시민과 국가를 둘러싼 서로 밀접하게 연관된 사상들이었다. 특권 체제는 실력 사회로 바뀌어야 했다(나폴레옹의 친척들이 가장 큰 업적을 쌓은 것은 우연일 뿐이었다). 신민들은 시민이 되어야 했고, 각 시민에게는 한 묶음의 권리가 부여되었다. 시민은 광범위한 법전을 통해 전달되는 법의 강제력을 모든 일상에서 마주치고, 그에 의해서 보호되어야 했다. 시민은 정치 과정의 참여자이기도 했다. 비록 프랑스의 국민 투표에서는 투표 불참을 찬성으로 집계했지만 말이다. 훗날의 프로이센 총리인 카를 아우구스트 폰

하르덴베르크는 그런 사상의 힘을 다음과 같이 인식했다. "너무나 위대하고 보편적으로 인정되기 때문에 그것을 수용하지 않는 국가는 어쩔 수 없이 받아들이거나 아니면 자국의 몰락을 기다려야 한다."[19]

나폴레옹이 대변한 그 사상들은 나중에 프랑스나 나폴레옹과의 연관성이 제거되어 자유주의로 이어졌다. 자유주의는 자유로운 시민과 정부의 선물이 아닌 개인에게 자동적으로 귀속되는 권리라는 관념을 출발점으로 삼았고, 입헌주의와 법치주의 사상이 필연적으로 포함되었다. 자유주의는 읽을거리를 선택할 시민의 권리를 침해하는 검열에 반대하는 사상이었다. 나폴레옹은 중앙유럽에 근대적 민족주의의 불길도 일으켰다. 어떤 곳에서 그는 자신을 향한 충성심을 심어주고 자신의 징병 제국에 병력을 공급할 목적으로 정체성을 조작하는 등 매우 직접적으로 근대적 민족주의를 유발했다. 나폴레옹의 영향력이 더 간접적이고 비의도적인 방식으로 행사된 곳에서는 그가 안겨준 굴욕 때문에 민족 감정이 고조되었다. 나폴레옹은 중앙유럽에 민족주의와 자유주의의 요정을 풀어놓았는데, 나폴레옹과 달리 그 정령들은 내쫓을 수가 없었다. 나폴레옹이 1815년에 워털루에서 패배하고 멀리 떨어진 세인트헬레나 섬으로 추방된 뒤 1세기에 걸쳐, 그 정령들은 중앙유럽을 갈라놓았다. 폴란드가 맞이한 분할은 중앙유럽의 운명이 되었고, 중앙유럽의 지도도 바뀌게 되었다.

제24장
수고양이 무어의 화려한 세상
낭만주의와 그림 형제, 하노버 편람

E. T. A. 호프만의 『수고양이 무어*Katers Murr*』는 낭만주의로 알려진 유럽의 예술과 문학 운동의 산물이다. 낭만주의 작가들은 자아와 정서의 우위, 즉 영국의 시인 워즈워스가 말한 "강렬한 감정의 자연 발생적 범람"을 강조했다. 중앙유럽의 낭만주의 작가들은 괴테의 『젊은 베르테르의 슬픔*Die Leiden des Jungen Werthers*』(1778)이 선도한 독일 문학의 질풍노도 운동에서 영감을 얻었다. 『젊은 베르테르의 슬픔』은 활력 없는 사회를 배경으로 하는 어느 예술가의 짝사랑과 가망 없는 야심에 관한 이야기인데, 주인공인 베르테르의 자살로 끝난다. 계몽주의가 자유로운 탐구를 이상화했다면, 낭만주의자들은 설령 비극적 결과로 이어지더라도 사랑, 예술, 우정, 자기 수양 등을 중시했다. 괴테는 다음과 같이 간략히 표현했다. "적어도 매일 짧은 노래를 듣고, 좋은 시를 읽고, 훌륭한 그림을 보고, 가능하다면, 이치에 맞는 말 몇 마디를 해야 한다."[1]

낭만주의 작가들은 자본주의와 점점 규모가 커지는 국가 통치기구가 초래한 획일화와 사회적 혼란을 통렬히 비난했다. 많은 작가들이 점점 성장하는 산업 도시들과 대조를 이루는 성곽, 옛 모습 그대로인 숲, 소박한 공예 같은 상상 속의 과거를 다정하게 회상했다. 낭만주의 작가들은 대조의 관점에서(진정한 문화 대 근대 문명의 농간, 자연 공동체 대 근대의 계급 사회, 질적인 인간의 유대 관계 대 쓸모와 총합으로 정의되는 양적인 관계라는 관점에서) 생각하는 경우가 많았다.

낭만주의에는 핵심적인 신념 체계가 없다. 낭만주의는 이념이 아니라 태도이고, 생각의 방식이다. 그리고 마찬가지로 중요하게도, 감정의 방식이기도 하다. 현재를 부정한다는 점에서 낭만주의는 혁명적일 수도, 퇴영적일 수도 있다. 낭만주의는 특유의 미묘함에 힘입어 자유주의에서 보수주의, 사회주의에서 민족주의에 이르는 19세기의 모든 주요 지적 운동에 영향을 미칠 수 있었다. 문학에서도 낭만주의는 발자크의 사실주의 소설, 독일 괴기소설의 무시무시한 공포, 그림 형제의 동화, E. T. A. 호프만의 환상적인 상상력에 영감을 주었다(『수고양이 무어』는 호프만이 보여준 상상력의 한 사례에 불과하다).

2권으로 출판된 『수고양이 무어의 인생관 : 아무 종이에 적은 음악당 악장 요하네스 크라이슬러의 전기 단편 Lebens-Ansichten des Katers Murr』 (1820−1822)은 고양이의 자서전이라고 주장하는 소설이다. 그러나 무어라는 고양이가 자기 삶의 이야기를 쓴 버려진 종이 앞면에는 우연하게도 궁정 음악가인 크라이슬러의 인생 이야기가 적혀 있었다. 인쇄업자는 앞뒤를 혼동했고, 그 탓에 두 이야기가 서로 뒤섞였다. 순서에 맞지 않게 낱장이 인쇄되는 경우가 종종 있었고, 결국 이야기가 시작하는 지점에서 글이 끝나고 말았다.

소설 형식을 띤 무어와 크라이슬러의 자서전은 독일 남부의 어딘가에 있는 가상의 공국인 지크하르트바일러에서 펼쳐진다. 나폴레옹에 의해 강제로 라인 동맹에 편입된 그 공국은 이미 더 큰 공국에 합병되었지만, 이레네우스 공작은 그 사실을 모른 채 무도회와 큰 피해를 일으키는 불꽃놀이를 계속 열고, 본인 소유의 자기磁器를 다시 배열하며, 재정평의회를 소집한다(소속 평의원들이 승인해야 하는 항목은 공작 식솔들의 사소한 지출일 뿐이다). 이레네우스 공작은 오락을 즐기기 위해서 무어의 주인이자 유대인 마술사, 연금술사이자 발명가인 아브라함 선생에게 정교한 장치와 악기를 주문한다.

무어는 아브라함이 묵는 숙소의 난로 뒤쪽 높은 데서 살지만, 용기 내어 밖으로 나가서 소시지 장수, 털이 손질된 푸들, 위험한 거리의 동물들, 지붕 위의 비둘기 같은 전형적인 도시 환경을 만난다. 무어는 당시의 관습에 따라서 자연에 대한 사랑을 찬미하는 시를 짓지만, 과감하게 자연 속으로 들어가 숲속의 빈터와 샘을, 그리고 무어가 구애하는 장소인 우거진 시골길을 흥겹게 묘사하는 것은 크라이슬러이다. 묘사에 따르면 무어의 집은 다락방인데, 다락방은 하늘과 가깝기 때문에 무어는 고상한 사색에 잠기고는 한다. 무어는 여왕 고양이들에게 구애하며 사랑의 순수함을 찬미하지만, 수고양이들이 으레 그렇듯 변덕스럽고, 근친교배를 하고, 다급하다.

가상의 공국인 지크하르트바일러는 나폴레옹의 패배 이후에도 원래의 상태로 돌아가지 못했다. 같은 신세인 "진짜" 소국가 중 어느 나라도 이미 사라진 신성 로마 제국의 특징이었던 극단적인 정치적 분열로 회귀하려고 하지 않았기 때문이다. 1814년에 유럽의 지도를 다시 그리기 위해 나폴레옹의 옛 정적들이 모인 빈 회의(1814-1815)에서는 약간의 영토 교환이 있었지만, 이전에 나폴레옹이 실시했던 대부분의 영토 합병이 그대로 유지되었다. 뷔르템베르크 왕국, 바이에른 왕국, 작센 왕국은 유지되었고, 하노버 왕국이 추가되었다. 하지만 베스트팔렌 왕국은 해체되었고, 베스트팔렌 왕국의 서부 지역은 프로이센으로 넘어갔다. 바르샤바 공국은 (빈 회의Congress of Vienna에 경의를 표하는 차원에서) 폴란드 입헌왕국Congress Poland으로 이름이 바뀌고 러시아의 자치 지역이 되었다(이로써 러시아의 국경이 서쪽으로 400킬로미터 더 이동했다). 그러나 오스트리아와 프로이센과 러시아는 크라쿠프를 어떻게 처리할지 합의하지 못했다. 크라쿠프가 그 3개 나라와 국경을 접하고 있었기 때문이다. 마침내 크라쿠프는 독립 공화국이 되었지만, 크라쿠프에 대한 오스트리아의 지배력은 더 커졌다.

나폴레옹의 패배 이후 만들어진 새로운 유럽의 설계자는 오스트리아의 재상 메테르니히였다. 메테르니히는 현재 상태의 유지를 선호했다는 비판을 자주 받는데, 사실 그가 바로 현재 상태를 만들어낸 장본인이었다. 군주제가 안정으로 이어진다고 믿었던 메테르니히는 빈 회의를 통해서 프랑스를 비롯한 각국으로 군주들이 돌아올 수 있도록 했다. 여전히 프랑스를 의심하기는 했지만, 그는 프랑스를 러시아 제국을 견제할 수 있는 평형추로 간주했다. 메테르니히는 프랑스와 러시아를 모두 견제하기 위해서 오스트리아가 주도하는 강력한 중앙유럽을 만들고자 노력했다. 따라서 오스트리아는 프로이센을 비롯한 독일 국가들을 하나로 묶는, 나중에 "독일 연방Deutscher Bund"으로 불린 국가연합의 의장국을 맡게 되었다. 빈 회의를 통해 오스트리아는 밀라노 주변 지역과 베네치아, 그리고 그 배후지인 롬바르디아-베네치아 왕국을 얻었다. 또한 예전에 마리아 테레지아가 폴란드로부터 빼앗은 갈리치아-로도메리아 왕국의 영토의 대부분도 돌려받았다.

중앙유럽의 거의 모든 정치가가 그랬듯이, 메테르니히도 아래로부터의 혁명을 두려워했다. 심지어 그는 나폴레옹이 패배한 이후에도 비밀 "지휘위원회"가 여전히 파리에서 군주제를 전복할 음모를 꾸미고 있다고, 또 각각의 모든 정치적 폭력이 더 큰 음모의 일부라고 상상했다. 사실 오스트리아 제국의 심장부에서는 서로 다른 의견이 거의 없었고, 대부분의 음모는 경찰이 조작한 것이었다. 하지만 제국 심장부가 아닌 곳의 사정은 달랐다. 오스트리아 제국의 새로운 왕국인 롬바르디아-베네치아에서는 반란 운동이 활발했다. "숯 굽는 사람들"로 알려진 비밀 조직 카르보나리와 그 후신인 청년 이탈리아당은 모든 외세의 지배로부터의 해방을 목표로 삼고 이탈리아 반도 도처에서 반란과 게릴라전을 유발했다. 1830년대 초까지 청년 이탈리아당은 반란과 암살에 전념하는 최소 6만 명의 당원과 당 기관지를 보유했고, 독일 연방, 프랑스, 스위스, 폴란드 등에 자매 조직을 두고 있었다. 심지어 청년 티롤당, 청년 우크라이나당, 청년 아르헨티나당까지 있었다.[2]

폴란드 입헌왕국은 실패작이었다. 폴란드인들은 빈 회의에서 그들에게 약속한 내용을 무시하는 러시아의 통치에 좌절했고, 폴란드 입헌왕국이 자주적인 폴란드가 아니라 러시아의 일개 지방으로 재편되는 첫 단계가 되리라는 사실을 깨달았다. 한때 러시아 외무장관으로 일한 폴란드의 거물 아담 차르토리스키는 결국 1830년에 러시아의 통치에 맞선 대규모 봉기를 마지못해 지지했다. 그러나 반란은 진압되었고, 폴란드 입헌왕국은 러시아에 완전히 흡수되었다. 1830년대에 폴란드의 전직 육군 장교와 귀족 수만 명이 이송되었는데, 운이 좋은 사람들은 캅카스 지역에서 복역했고, 운이 나쁜 사람들은 시베리아의 포로 수용소로 보내졌다. 차르토리스키와 젊은 프레데리크 쇼팽 같은 수천 명은 체포를 예상하고 해외로 도피했다.

프랑스로 망명한 차르토리스키는 파리의 강변에 자리 잡은 본인 소유의 저택인 랑베르 호텔을 폴란드 문화의 중심지이자 폴란드의 자치 회복을 추구하는 국제 외교의 중심지로 만들었다. 그 저택의 큰 객실을 근거지로 삼은 차르토리스키는 유럽 곳곳에 요원들을 파견해서 지지를 유도하고, 러시아에 불편을 끼치는 데 쓰일 수 있는 모든 정보를 수집하도록 했다. 그는 요원들이 작성한 보고서를 책으로 만든 뒤 자신의 트레이드마크인 녹색 공문서 송달함에 담아 런던과 파리 당국에 전달했다. 랑베르 호텔에서 서쪽으로 불과 20킬로미터 떨어진 도시인 베르사유에서는 민주사회당이나 첸트랄리자차Centralizacja로 알려진 제2의 망명자 단체가 역사적으로 폴란드 왕국이었던 곳에 대한 러시아와 오스트리아의 지배를 폭력적으로 전복하려는 음모를 꾸미고 있었다. 그리고 첸트랄리자차와 청년 이탈리아당 사이의 유대는, 어둠의 세력이 중앙유럽 도처에서 반란을 조장하고 있다는 메테르니히의 견해가 굳어지는 빌미가 되었다.

메테르니히에게는 프랑스에서 꿈틀대는 음모를 근절하기 위해서 할 수 있는 일이 거의 없었다. 하지만 그는 오스트리아가 독일 연방의 의장국이라는 점을 이용해 중앙유럽 곳곳의 대학교에 대한 검열과 단속을 실시했다. 메테르니히가 표적으로 삼은 대상은 그가 경멸한 급진적 교수들, 그리고 체육회와 우애회를 비롯한 학생 단체였다. 실제로, 그런 단체 중 일부는 놀이와 입회식을 통일된 독일 국가를 선전하는 장으로 활용했지만, (메테르니히가 알고 있었듯이) 대다수 단체는 순수하게 운영되었다.

나중에 드러났듯이, 수고양이 무어는 주인의 숙소 옥상에서 열리는 고양이 우애회에 가입했다. 그 모임의 고양이들은 얄팍한 교양만 갖추고, 라틴어로 된 학생들의 노래를 부르고, 가르랑거리며 장중한 운문(무어가 생각하기에 원래 헨델이 작곡한 곡이었다)을 읊는 "속물" 고양이들을 욕했다.

> 포메라니안은 너무 심하게 짖어대,
> 푸들은 너무 시끄럽지,
> 용감하고 씩씩한 수고양이를 봐.
> 저 바보의 입을 틀어막아버리지!

무어는 절인 청어의 즙을 너무 많이 마셔 머리가 아팠고, 정신을 차려 보니 결투를 벌이고 있었다. 하지만 그것이 전부였고, 이는 인간 사회의 학생들도 대부분 마찬가지였다. 독일 우애회 소속의 학생 수백 명이 참석한 1817년의 바르트부르크 축제에서 연사로 나선 학생들은 나폴레옹의 침략과 공작들의 통치를 소리 높여 규탄했다. 그러나 축제에서 그들이 한 일이라고는 구질서의 상징인 기병용 흉갑, 신사용 가발, 고참병의 지휘봉, 한 무더기의 책 등을 불태운 것뿐이었다. 관직을 통해 쌓을지 모르는 미래의 경력에 해가 될지 모르기 때문에, 급진적인 축제 선언문에 서명한 학생은 거의 없었다. 이따금 거센 항의가 있었지만, 대부분의 우애회는 학생들이 가장 잘하는 짓인 야단법석과 음주를 고수했다. 기존 질서에 대한 우애회의 순종적 태도는, 맥주를 가장 많이 마신 학생들에게 붙이는 칭호에서 드러난다. 그들은 마신 맥주의 양을 기준으로 황제, 교황, 왕, 공작 등의 칭호를 붙였고, 지역 통치자라는 칭호가 붙은 학생에게 마지막 건배를 외쳤다.[3]

그럼에도 독일 국가들의 각 정부는 메테르니히의 지시에 따라서 학생들의 활동을 단속했고, 심지어 체조가 체제전복의 은폐수단이 되지 않도록 평균대 운동과 무릎 굽혀펴기 운동을 금지하기도 했다. 사적인 자리에서 메테르니히는 학생 우애회가 "심각한 위험이 아니라고" 털어놓으면서도, 학생 우애회를 통해서 혁명가 세대가 탄생하리라는 전망을 상기시켰다. 그는 선봉에서 학생들에 맞선 데 힘입어 자신의 위상은 물론 독일 연방에서 오스트리아가 차지하는 지도력도 확대할 수 있었다. 예민한 성격의 프로이센 국왕 프리드리히 빌헬름 3세는 "모든 독일 국가의 정부를 예외 없이 전복하려고 하는 음모가 팽배하다"라는 메테르니히의 경고를 너무 확신한 나머지 메테르니히가 프로이센 경찰의 모든 문서를 이용할 수 있도록 허가했다. 거기에는 빌헬름 3세가 "가장 비밀스러운 것"이라고 우려한 문서도 포함되어 있었다.[4]

  검열은 중앙유럽 곳곳에서 시행되고 있었다. 출판 전에 편집자가 검열관에게 사본을 제출해야 하는 "예비" 형태의 검열일 뿐이라도 대다수 신문은 진부하고 기분 좋은 내용의 기사와 정부 성명서만 찍어내며 착실히 의무를 다했다(출판 후의 검열은 더 엄격했는데, 인쇄 분량 전체가 압수될 수도 있었기 때문이다). 당시 대의원들의 토의 내용은 공식 비밀로 간주되었기 때문에, 메테르니히는 헝가리 소집의회의 의사록을 유포한 헝가리 정치인 코슈트 러요시를 1837년에 선동 혐의로 체포하기도 했다. 1830년 봉기 이후, 중앙유럽의 다른 어느 지역보다 한때 폴란드 입헌왕국이었던 곳에서 더 엄격한 검열 체제가 구축되었다. 차르 니콜라이 1세는 검열관들에게 "형이상학적인" 성격의 서적과 권위에 도전하는 내용이 실린 모든 출판물을 금지하도록 요구함으로써 극도로 피상적인 어투를 쓰는 경우를 제외하면 철학과 역사에 관한 글쓰기가 불가능하도록 했다.

그러나 언론 통제에도 불구하고 독서회와 커피점과 카지노가 급격히 늘어났다. 그중에서 아마 가장 중요한 것은 카지노였을 것이다(그리고 연구가 가장 부족한 대상이기도 할 것이다). 룰렛과 당구를 즐기기 위한 오락실이 있기는 했지만, 카지노는 런던 피커딜리 거리의 클럽을 본보기로 삼은 것이었다(다만 "클럽"이라는 이름은 혁명적 자코뱅주의의 분위기를 풍겼기 때문에 "카지노"라는 이름만 썼다). 어떤 카지노와 독서회는 경찰의 승인하에 프랑스와 이탈리아와 영국의 신문을 구독했고, 덕분에 회원들은 자국에서 실제로 무슨 일이 일어나는지 알 수 있었다. 그러나 너무 노골적인 대화는 처벌의 대상이었다. 사교 모임에서도 정치인에 대한 잡담은 허용될지언정 정치를 논하는 행위는 허용되지 않았다. 개들의 우아한 야회에 참석한 수고양이 무어는 "가장 지루하고 재미없는 수다"만 들리는 바람에 구석에서 잠이 들었다. 당대인 가운데 많은 사람들이 무어와 비슷한 경험을 겪었다. 1820년경, 어떤 사람은 빈에 대해 다음과 같은 글을 남겼다. "당시 사회의 풍조를 간략하게 규정하자면 무해한 것이었다고 말하고 싶다. 대화는 정치적 음모 없이 꽤 한결같은 원을 그리며 이루어졌고, 본질적으로 하찮은 것들에 큰 중요성이 부여되었다……그것은 고상함의 우위를 차지하려는 투쟁이었다." 다른 사람은 무뚝뚝하게 표현했다. "오스트리아에서는 활발한 토론, 흥미로운 대화 같은 요소가 부족한 듯싶다."[5]

하노버의 왕 에른스트 아우구스트(1771-1851)는 메테르니히와 정반대인 인물이었다. 메테르니히가 멋쟁이이자 수다쟁이, 빈틈없는 정치인이자 평생 상류층 여성들과의 복잡한 밀통 관계를 유지한 오입쟁이였다면, 에른스트 아우구스트는 여자들에게 구애하는 대신 글자 그대로 말을 타고 여자들을 쫓아다니는 것을 선호했다. 영국의 왕 조지 3

세의 다섯 번째 아들인 에른스트 아우구스트는 얼굴에 전투에서 입은 상처가 흉터로 남아 있고 전상戰傷으로 왼쪽 눈이 멀어버린, 열렬한 군인이었다. 그는 하노버에서 교육을 받았지만, 컴벌랜드 공작이자 귀족원 의원으로 인생의 대부분을 영국에서 보냈다. 화를 잘 내고 독단적인 성격의 에른스트 아우구스트는 가톨릭교 신자 해방령에도 선거법 개혁에도 반대했다. 1829년에 웰링턴 공작이 사임했을 때 그는 영국의 총리가 될 것처럼 보였지만, 때마침 조지 4세(재위 1820-1830)가 웰링턴을 다시 불러들였다.

에른스트 아우구스트는 자신이 십계명의 모든 죄에 걸렸다고 불평했다. 아마도 실제로 그런 짓을 저질렀을 테니, 이는 옳은 판단이었다. 그는 해머스미스에서 말을 탄 채로 여자들을 위협한 일 외에도 하인 한 사람이 살해된 사건, 상간녀의 남편이 자살할 수밖에 없도록 몰아간 일, 군대에서 반역을 선동한 사건, 명문 태생의 여인들에게 지독한 무례를 저지른 일에 연루된 것으로 알려져 있었다. 런던의 신문 「타임스The Times」는 에른스트를 "귀족적 방탕의 표준 색조를 밑도는 어떤 범죄적 음흉함"을 지닌 인물로 묘사하며 가혹하게 다루었다. 영국의 최고 공직자로서 에른스트와 여러 차례 불쾌한 분위기에서 마주쳤던 일기 작가 찰스 그레빌도 그를 통렬하게 평가했다.

> 옹졸함과 이기심, 아첨과 거드름과 이중성이 뒤섞여 있고, 자기 자신과 안락함, 자신의 몽상과 선입견을 만족시키는 짓 외에는 아무 목적도 없는 인물이었다. 여태껏 그런 사람은 없었고, 그의 행동만큼 극악무도한 행동도 없었다.[6]

1714년 이래 영국과 하노버는 영국의 조지 1세(1660-1727) 시기부터 같은 통치자가 다스리고 있었다. 그러다 나폴레옹 전쟁 기간에 하노버 선제후국이 베스트팔렌 왕국에 흡수되어 사라지고 말았다. 나폴레옹이 패배한 뒤 하노버는 재건되었지만, 이제는 선제후국이 아니라 왕국이었다(그러나 여전히 군주는 영국의 군주와 동일 인물이었다). 1837년에 윌리엄 4세가 세상을 떠나자, 조카인 빅토리아(1819-1901)가 영국의 주권자로서 왕위를 계승했지만, 하노버는 여성의 왕위 계승권을 인정하지 않았기 때문에 남성 상속인 가운데 최연장자인 에른스트 아우구스트가 하노버의 왕이 되었다. 1840년에 빅토리아의 첫아이가 태어날 때까지 에른스트는 영국의 왕위 계승 서열 2위였다.

하노버 왕국은 시간이 멈춘 박물관이었다. 소귀족인 하급 기사들이 왕궁을 가득 채웠고, 부재중인 왕의 초상화 밑에서 붉은 야회복 차림으로 무도회장을 누볐다. 맥빠진 소집의회가 열렸다. 상원은 귀족들의 전용구역이었고, 하원은 이른바 국가 공무원들의 비서 정치가 지배했다. 하노버의 경제는 농업 위주였다. 지주들은 탐욕스럽고 상상력이 부족했으며, 혁신을 꾀하기보다는 농민을 쥐어짜서 이익을 늘리려고 했다. 실업전문학교의 설립에서 메리노 양의 도입에 이르기까지 대부분의 진보는 위로부터, 그리고 정부 주도하에 이루어졌다.[7]

1816년, 조지 3세는 일곱 번째 아들인 케임브리지 공작 아돌푸스를 하노버의 총독에 임명했다. 아돌푸스는 하노버를 그대로 놔두는 데 만족했다. 그러나 파리에서 부르봉 왕가의 군주정을 무너트리고 "국민의 왕" 루이-필리프를 옹립한 1830년 혁명의 물결이 하노버에도 밀려왔다. 아돌푸스 공작은 일단 잠재적인 말썽꾼들을 체포할 생각이었지만, 괴팅겐에서 폭동이 일어나고 수비대가 도망가는 바람에 시민의 권리를 보장하고 의회에 권한을 부여하는 헌법을 약속할 수밖에 없었다. 1833년 헌법은 실제로 모든 입법 절차가 의회의 승인에 따라서 진행되도록 하고, 법규에 의해 총독의 입법권을 제한하며, 언론과 집회의 자유를 보장했다.

1837년, 에른스트 아우구스트는 바로 그런 상황에서 하노버의 정치적 유산을 물려받게 되었다. 그의 첫 행보는 예상대로 1833년 헌법을 폐지하는 것이었다. 1833년 헌법을 군주의 타고난 권리에 대한 용납할 수 없는 제약으로 여겼기 때문이다. 소집의회가 항의하자 그는 소집의회의 권한을 축소해 3년에 한 번씩만 열리도록 하고 자신이 동의해야만 법안을 논의할 수 있도록 했다. 그러나 이후의 결과는 예상 밖이었다. 에른스트 아우구스트 왕은 얼마 지나지 않아 능숙하고, 자비롭고, 부지런한 군주로 드러났다. 1851년 그가 세상을 떠났을 때 하노버의 신문들은 백성들의 마음을 사로잡았던 "그의 활발한 기질"과 "책임감"을 칭송했다. 런던의 「타임스」조차 마지못해 (비록 독일 기준이기는 하지만) 그가 "유능하고, 심지어 인기 있는 군주"였다고 썼다.[8]

하노버의 간선 기차역 바깥쪽에는 1851년에 에른스트 아우구스트가 세상을 떠난 뒤 하노버 시민들이 감사의 표시로 비용을 부담해 세운 청동 기마상이 있다. 1840년대에 에른스트 아우구스트가 하노버에 철도를 도입할 때 국가 예산으로 자금을 댔다는 점에서 보면 적절한 기념물이다. 당시 그는 철도 때문에 왕국의 수도인 하노버의 경관이 훼손되는 것을 바라지 않았다. 따라서 하노버 왕국의 주요 노선 2개가 하노버 외곽의 레르테에서 교차하게 함으로써 (프로이센 치하의 쾰른과 달리) 도심을 보호하도록 명령했다. 그는 가스등과 하수 설비도 도입했고, 자신의 궁전을 방문한 사람들이 죄의식을 느낄 만큼 왕실을 극도로 검소하게 운영했다. 에른스트 아우구스트는 관저에서 검소하게 식사하거나 숙취에 시달릴 때(그는 과음했다)를 제외하면, 평범한 마차를 타고 이 마을 저 마을을 돌아다니며 백성들을 만나 그들의 불만을 들었으며, 당장 조치하도록 지시하기도 했다. 에른스트 아우구스트는 아마 19세기 중앙 유럽의 주권자 가운데 제일 눈에 띄는 인물이었을 것이다.[9]

에른스트 아우구스트는 19세기의 가장 위대한 공학적 업적 중 하나를 계획한 인물이기도 하다. 1851년에서 1864년 사이에 건설된 에른스트 아우구스트 슈톨렌은 그 이름과 달리 케이크가 아니라 전체 길이가 40킬로미터인 하르츠 산맥 지하의 터널이다. 에른스트 아우구스트 슈톨렌은 원래 납광과 철광과 아연광의 배수로로 사용하도록 만들어졌지만, 궤도 화차로 광석을 운반하고 기계를 작동시킬 수 있을 만큼 넓었다. 그 터널과 연결된 통로와 가로 갱도로 이루어진 지하 복합 시설의 최대 깊이는 지하 390미터, 전체 길이는 525킬로미터 이상이었다. 그 토목 공사의 기획자인 요한 크리스티안 치머만은 영국의 브루넬만큼 유명해져야 마땅하지만, 터널이 지하에 있어 보이지 않기 때문에 터널을 만든 건축가들은 지금도 세상에 알려지지 않았다.[10]

치머만의 직함은 광산 수석 고문이었고, 에른스트 아우구스트 슈톨렌의 건설 공사를 감독한 것은 하노버 왕실 광산국이었다. 에른스트 아우구스트의 하노버는 관료제 국가였다. 하노버 왕국이 세력을 뻗은 범위는 방대했는데, 1846년의 문서『하노버 왕국을 위한 궁정 및 국가 편람*Hof- und Staatshandbuch für das Königreich Hannover*』에 그 범위가 가장 확실하게 입증되어 있다. 이 편람의 제목은 궁정과 국가의 행정을 통합해 양자가 똑같이 주권자인 자신의 뜻에 종속되도록 유도한 에른스트 아우구스트의 방식을 드러낸다. 에른스트 아우구스트는 사적 이권 사업과 자치 공동체와 지자체까지 그 소용돌이 속으로 빨아들였다. 왕실 관리들이 이끌었지만, 상업적 투자자들에게 의존했던 하노버 왕실 광산국은 이것의 전형적인 사례이다. 사업가들은 왕의 터널을 만드는 데 필요한 자금을 댔지만, 설계는 치머만에게 맡겨졌다. 그 대가로 투자자들은 광산 관리직과 의사결정 과정에서의 발언권을, 그리고 상업적 청렴성의 증거로 활용할 수 있는 멋진 칭호를 얻었다.

그 자체로 업적이라고 할 만한 『하노버 왕국을 위한 궁정 및 국가 편람』에는 수천 명의 군 장교와 성직자(공무원으로 간주되었다)를 비롯한 1만 1,000명의 국가 관리들과 궁정 관리들이 등록되어 있었다. 학교, 위생, 삼림 행정, 구빈원, 철도, 우편 사업 등 관료제의 범위는 매우 넓었다. 그 편람에 등재된 사람의 이름 옆에는 왕에게 받은 훈장이나 그밖의 상을 기록한 표시가 있는 경우가 많았다. 에른스트 아우구스트가 보기에 왕이나 왕국이나 군주나 정부에 대한 봉사는 모두 똑같은 것이었고, 신분을 결정하는 요인이었다. 그런 뒤죽박죽식 해석은 당시 중앙유럽의 여러 지역에서 나타난 특징이었는데, 그 무렵 군주제는 행정 조직을 통해서 세력 범위를 확장하는 동시에 여전히 충성의 대상으로 떠받들어지고 있었다.

온정주의, 보수적 정치, 경제적 개입 등을 뒤섞어놓은 것이 훌륭한 통치라고 믿은 점에서 볼 때, 에른스트 아우구스트 왕은 특이한 성향에도 불구하고 전형적인 중앙유럽의 통치자였다. 그는 산업과 제조업을 장려했지만, 노동력의 집중으로 급진적 사상이 쉽게 전파되는 상황을 우려해 대규모 공장 건설에 반대했고, 노동자들의 도시 유입을 막기 위해서 거주 증명서를 반드시 가지고 다니도록 했다. 독서회와 기타 단체를 감시하기 위한 첩보망도 운영했다. 에른스트는 1843년에 정부 소유의 하노버 왕실 국영 철도회사를 설립하는 등 대형 사업에 자금을 조달하는 데에도 앞장섰다(당대까지 중앙유럽에서는 상업은행업이 발달하지 않았다). 치세의 마지막 해에는 하노버를 자유 무역적 성격의 프로이센 관세 동맹에 가입해 하노버 왕국의 수출과 제조업 역량을 강화했다.[11]

에른스트 아우구스트는 낭만주의자들의 가장 큰 적이었다. 공무원 집단, 철도, 기업, 관직에 따른 보상 등은 낭만주의가 내세우는 가치의 정반대를 대변했다(화가인 윌리엄 터너와 달리, 증기기관차에서 아름다움을 볼 줄 아는 낭만주의자는 드물었다). 낭만주의자들에게 에른스트 아우구스트는 심미적 감수성이 없는 "속물"이었고, 그가 만들어낸 관료제 국가는 그들이 경멸하는 생기 없는 행정 조직의 전형이었다. 그런 관점에서 볼 때, 『수고양이 무어』의 등장인물인 크라이슬러가 행정직을 거부하고 예술과 음악을, 그리고 결국 광기를 기꺼이 받아들이는 길을 택하는 것은 우연이 아니다. 『수고양이 무어』의 작가인 호프만이 낮에는 베를린에서 근면한 관료로 일하다가 밤에는 퇴폐적인 오락을 즐긴 것도 우연이 아닐지 모른다. 그는 1822년 마흔여섯 살의 나이에 알코올 중독과 매독으로 세상을 떠났다. 괴테의 파우스트처럼, 호프만의 가슴속에는 2개의 영혼이 들썩이고 있었다.

낭만주의자들과 에른스트 아우구스트 사이의 대립은 직접적이었고, 악명도 높았다. 괴팅겐 대학교의 교수들은 공무원이기도 했다. 하노버의 1846년 편람에는 그들의 명단뿐 아니라 그들이 관직을 통해서 얻은 위엄있는 칭호(궁정 고문관, 추밀 고문관, 성직 고문관, 왕립 구엘프 기사단 기사 등)와 훈장도 실려 있다. 1837년에 왕위에 오른 에른스트 아우구스트는 교수들이 국가 공무원으로서 자신에게 충성을 맹세해야 한다고 주장했다. 야코프 그림과 빌헬름 그림 형제를 비롯한 교수 7명은 국왕이 그 얼마 전에 단행한 헌법 폐지 조치가 불법이라는 이유로 충성 맹세를 거부했다. 그러자 에른스트 아우구스트는 즉시 그들을 해임하고 추방했다. 이의가 제기되자 그는 교수들이 좀처럼 충성스럽지 않다며 불만을 일축했다. "그들은 매춘부와 무희처럼 돈을 좇는다."[12]

훗날 드러났듯이, 괴팅겐 7인방은 정말로 모두 돈을 좇아 금세 다른 대학교에 채용되었다. 베를린 대학교는 그림 형제를, 라이프치히 대학교는 나머지 교수 대부분을 채용했다. 하지만 괴팅겐 7인방의 해임 사건은 독일 연방뿐 아니라 외국에서도 큰 소란을 불러일으켰다. 멀리 떨어진 트란실바니아에서조차 괴팅겐 7인방의 대의명분은 입헌주의와 왕의 반발 간의 투쟁이라는 관점에서 알려지고 규정되었다. 프로이센의 언론은 더 신중했다. 「주간 베를린 정치*Berliner Politisches Wochenblatt*」는 해임된 교수들의 학문적 공로를 인정하면서도, 독자들에게 모든 질서정연함과 효과적인 왕정의 토대인 공무원의 책무를 상기시켰다. 그 주간지가 신중한 태도를 보인 데에는 충분한 이유가 있었다. 사실, 프로이센 왕도 이미 문제를 일으키는 학자들을 해임하거나 정직시킨 적이 있었던 것이다.[13]

야코프 그림과 빌헬름 그림 형제는 동화로 가장 유명하지만, 『그림 동화*Kinder- und Hausmärchen*』(1812년의 초판 이후 여러 번 증보판이 나왔다)는 심오한 학문적 저작이었다. 두 번째 판본인 1819년 증보판의 제3권은 각주와 부록에만 지면을 할애했다. 어린이를 위해 썼는데 어른이 읽었던 『해리 포터』 시리즈와는 반대로, 그림 형제의 이야기는 학구적인 독자를 겨냥했는데 비교적 어린 독자들에게 인기가 있었다. 대중의 요구에 부응한 그림 형제는 줄거리를 수정하고 성적인 색채를 줄여 "청소년" 판을 출간했다. 따라서 라푼젤은 왕자님 때문에 임신하는 것이 아니게 되었고, 왕은 딸과 결혼하지 않는 쪽으로, 남녀가 결혼하기 전까지는 침대가 등장하지 않는 쪽으로 바뀌었다. 그러나 아이들이 소름 끼치는 이야기를 좋아한다는 사실을 알고 있었던 그림 형제는 사악한 여왕이 시뻘겋게 단 쇠 나막신을 신은 채 춤추다 죽고, 비둘기가 눈을 쪼아대고, 아기들이 저녁상에 오르는 장면은 그대로 두었다.[14]

그림 형제는 공동의 언어와 문화가 민족의 기본적인 요소라는 헤르더의 견해를 바탕으로 삼았다. 그들은 민간설화가 한 민족의 정신 구조를 구체적으로 나타내고, 여러 세대에 걸쳐 전해진 집단적 사고방식을 드러낸다고 믿었다. 이에 더해 이전의 민간설화 수집가들이 들은 내용을 다시 말하는 데 만족한 반면, 그림 형제는 더 깊이 파고들어 오래된 신화에 원전 비평, 각주 첨가, 상호 참조 같은 최신 연구 방법을 적용했다(그림 형제는 신화를 독일의 문화와 정체성을 떠받치는 기반으로 여겼다). 그것은 독일인에게 독일인이 어떤 사람들인지 가르치고 독일의 통합과 주권국 지위를 증진하려는 목적의 정치적 사업이었다. 따라서 야코프 그림(빌헬름 그림보다 더 많은 저작을 남겼다)은 민간설화 외에 중세의 법전도 연구하고 출간했고, 중세의 운문과 음유시인의 노래를 수집했으며, 숲이 독일인의 감수성에 미친 영향을 조사해서 3권짜리 책으로 엮었다.

오래 전인 1780년에 프리드리히 대왕은 독일어를 "다소 야만적"이고, "품위 없으며", "섬세하지 않은" 언어라고 비난했다. 요한 볼프강 폰 괴테는 독일어가 문학 매체로도, 과학적 연구 내용을 전달하는 수단으로도 쓰일 수 있다는 사실을 입증해 독일어의 오명을 씻어줬다. 철학자 이마누엘 칸트도 형이상학을 표현하는 부분에서 독일어가 지닌 능력을 입증했다. 야코프 그림과 빌헬름 그림은 한 걸음 더 나아가 독일어의 뿌리를 파헤쳤다. 그림 형제의 『독일어 사전Deutsche Wörterbuch』은 『옥스퍼드 영어 사전Oxford English Dictionary』과 마찬가지로 단어의 뜻을 설명할 뿐 아니라 단어의 유래, 역사, 과거 용법까지 파고들었는데, 일례로 "정신"이라는 뜻의 단어 Geist 하나에만 무려 100쪽을 할애하기도 했다. 그림 형제는 6권짜리 사전을 만드는 데 10년이 걸리리라고 예상했다. 그러나 나중에 밝혀진바, 사전의 제1권을 완성하는 데에만 16년이 걸렸다. "편백나무의 어린 가지"라는 뜻의 단어 Zypressenzweig로 끝나는 제32권은 빌헬름과 야코프가 세상을 떠난 지 1세기가 흐른 1961년에야 출판되었다. 32만 개의 표제어가 있는 사전 전질全帙의 무게는 84킬로그램에 이른다.

 중앙유럽에서 언어는 낭만주의 운동의 중심에 있었다. 언어는 정서가 전달되는 수단일 뿐 아니라 개인이 타인과 함께 사회에서 생활할 방법으로 평가되기도 했다. 단어의 유래, 그리고 단어의 수용과 변용 방식을 조사함으로써 해당 사회의 구성 요소를 드러낼 수 있었다. 사회는 사회에서 쓰이는 언어로 정의되었고, 언어 공동체는 민족이었다. 민족은 발화라는 근원적인 행위를 토대로 삼고 있었기 때문에 낭만주의자들은 민족을 가장 자연스러운 결사체로 바라보았다. 언어는 오랜 세월에 걸쳐 진화해왔고, 따라서 언어가 일군 민족은 언어 공동체일 뿐 아니라 역사 공동체이기도 했다. 동사와 명사처럼, 유적과 오래된 숲도 민족이 비롯된 문화적 배경의 일부분이었다. 이런 맥락에서 카스파르 다비트 프리드리히(1774–1840) 같은 낭만주의 화가가 말라죽은 떡갈나무, 부서진 교회, 으스스한 언덕 비탈에 세워진 십자가 등을 그렸을 때에는 장면을 기록하거나 심지어 정서를 전달하고자 했을 뿐 아니라 민족의 영혼을 엿보려고 한 것이기도 했다.

수고양이 무어는 그런 사실을 조금 알고 있었다. 무어는 주인의 숙소의 난로 뒤쪽 높은 곳에서 언어들 간의 관계를 숙고하며 Cattish("고양이 같은")와 Doggish("개 같은")가 "한 나무의 가지들이므로 수고양이와 푸들은, 더 고귀한 정신에 고무될 때, 서로를 이해한다"라는 사실을 증명하려고 했다. 공통어가 있다는 점을 증명하기 위해서 무어는 "멍멍, 야옹, 컹컹, 캥캥, 으르릉, 가르랑, 헉헉, 쉬쉬" 같은 동물 소리의 언어적 속성을 조사했다. 하지만 활기 없는 지크하르트바일러의 수고양이 무어의 세계는 오래 버틸 수 없었다. 언어 공동체와 언어 민족의 논리적 귀결은 동일한 언어의 모든 사용자를 결집하는, 그 무엇보다 중요한 국가였다. 독일 연방의 소규모 제후국들은 통일된 독일에 자리를 내주어야 했고, 상상 속 지크하르트바일러의 나머지 영토뿐 아니라 에른스트 아우구스트가 세운 하노버의 국가도 사라지게 되었다. 1848년 혁명은 중앙유럽 역사의 다음 국면을 위한 총연습이었다.

제25장
1848년과 혁명의 도래

1848년 혁명은, 과거에는 서로 동떨어진 채 점점 커졌던 여러 개의 가닥(낭만주의와 민족주의, 시민권과 입헌주의, 토지 현황, 폴란드 분할의 아물지 않은 상처)이 뒤얽히며 생겨난 중앙유럽 역사의 매듭 중 하나였다. 1848년의 사건들을 빚어내는 과정에서는 개인의 성격 또한 심층적 구조와 되풀이되는 양식만큼 중요했기 때문에 어리석음과 비범한 재능도 일정한 역할을 했다고 볼 수 있다. 여기에 소문도 한몫했다. 믿을 만한 언론과 교양 있는 일반 독자층이 없는 상황을 소문이 재빠르게 파고든 것이다. 신문에 실린 소문(종종 "진실성은 없지만"이라는 단서가 달렸다)을 통해서 근거 없는 흥미 위주의 기사와 오래된 악담과 오해의 소지가 있는 위험한 해석이 유포되었다.

혁명은 1846년 오스트리아령 갈리치아에서 폭동이 일어나면서 시작되었다. 혁명의 기획자들은 프로이센령 폴란드와 러시아령 폴란드에서도 봉기가 일어나도록 계획했다. 그러나 갈리치아에서 민주사회당의 크라코프 지부가 일으킨 반란은 처절하게 실패했다. 그들의 속셈은 일단 애국심 있는 여인들이 축제의 무도회에 잠입해 오스트리아 군 장교들을 안심시켜 쉽게 무장을 해제하고 제압하는 것이었다. 흔히 그렇듯이, 그 바보 같은 음모의 배후 조종자에는 몇 명의 대학 교수가 포함되어 있었지만, 그들은 마지못해 가담한 처지였기 때문에 작전은 시도조차 되지 않았다. 프로이센에서의 봉기 계획은 시작하기도 전에 경찰에 누설되었다. 러시아에서 일으킬 예정이었던 봉기는 지원이 없어 흐지부지되었다.[1]

그럼에도 크라쿠프의 주모자들은 1846년 2월 18일에 애초의 일정을 무시하고 황급히 폴란드의 민족 봉기를 선언했다. 몇 시간 만에 농민 무리가 무장봉기에 나섰지만, 농민들의 표적은 크라쿠프의 주모자들과 귀족계급 전체였다. 농민들은 주모자들과 귀족들을 모조리 적으로 간주했다. 이미 빈의 "좋은 황제"가 농민들의 충성심을 확인하기를 바라며, 반역자들의 목을 베면 보상금을 준다는 헛소문이 퍼져 있었다. 농민들은 불과 사흘 만에 200명의 귀족을 죽였다. 몇 주일 동안, 마차들이 끔찍한 짐을 싣고 오스트리아령 갈리치아의 관청 앞을 지나갔다. 때마침 오스트리아 장교들이 반역자의 목을 벤 사람들에게 "현상금"을 지급했고, 따라서 황제가 학살을 지시했다는 소문이 사실로 굳어졌다.[2]

그러나 소문은 정반대의 결과를 낳기도 했다. 주모자들을 지지하는 군대가 대거 집결하고 있다는 보고를 믿은 오스트리아 장교들은 갈리치아의 여러 도시에 군대를 계속 주둔시켰고, 시골 지역은 농민들에게 맡겼다. 통틀어 약 1,000명의 귀족이 살해되었고, 400채 이상의 영주 저택이 불탔으며, 수십 명의 귀족 여성이 겁탈을 당했다. 훗날 중편소설 『모피를 입은 비너스 Venus im Pelz』를 쓴 작가이자 당시 동부 갈리치아의 도시인 르비우의 경찰서장의 아들이었던 레오폴트 폰 자허마-조흐는 반란의 비통한 실패를 목격했다.

잔뜩 흐린 2월의 어느 날, 죽거나 다친 반란자들이 도착했다. 무장한 농민들이 그들을 호송했다. 반란자들은 변변찮고 조그마한 수레 위에 누워 있었는데, 짚에서 피가 흐르자 개들이 핥아 먹었다.

그렇게 질서는 회복되었다. 하지만 갈리치아의 많은 농민들은 더 이상 영주에게 노역을 바치지 않으려고 했다. 그들은 반란이 벌어지는 동안 영주에게 충성을 다한 대가로 노역이 곧 폐지되리라고 판단했다. 메테르니히가 날카롭게 관찰했듯이, 폴란드의 민주 정체를 만들려고 시도한 반란자들의 목표는 현실의 사람들을 간과하고 있었다. 봉기 이후 그는 군대를 파견해 쿠라쿠프 자유시를 병합했고, 그 결과 빈 당국이 반란 전체를 계획했다는 통념에 힘이 더 실렸다.[3]

"갈리치아 참사"는 헝가리를 공황으로 몰아넣었다. 헝가리의 많은 귀족들이 갈리치아의 귀족과 똑같은 운명을 맞이할까 봐 두려워했다. 1831년, 콜레라가 유행하는 동안 헝가리 북부 지방의 귀족들이 유대인들과 함께 상수도를 오염시키려는 음모를 꾸미고 있다는 소문이 돌자 농민들이 그 귀족들을 살해했다. 갈리치아 학살을 계기로 헝가리의 정치는 급진화될 수밖에 없었다. 보수파는 이제 개혁파와 경쟁하며 더 자유주의적인 강령을 제시했다. 귀족의 정치 권력, 헝가리 왕국의 소집의회에서 차지하는 귀족의 거의 배타적인 대표권, 농노제, 귀족계급의 면세 혜택 같은 모든 진부한 표어가 표적이 되었다. 급진적 언론인이자 정치인인 코슈트 러요시는 이 상황을 신랄하게 꼬집었다. "우리는 재앙에 직면했다……대처를 미루면 죽음을 맞이할 수밖에 없을 것이다."[4]

그러나 1848년에 중앙유럽을 집어삼킨 일련의 혁명을 촉발한 것은 프랑스에서 일어난 사건들이었다. 파리의 거리에서 밀려드는 압력에 못 이긴 루이-필리프 왕은 1848년 2월에 퇴위하고 파리를 떠난 뒤, "스미스 씨"라는 가명을 쓴 채 런던으로 탈출했다. 당시 오스트리아인들은 메테르니히가 프랑스로 군대를 보낼 가능성이 얼마든지 있다고 생각했다. 불과 몇 달 전, 그는 자유주의적 중앙집권화 지지자들과 가톨릭교 성향의 연방주의자들 사이의 입헌적 불화가 내전으로 번진 스위스에 개입하겠다고 으름장을 놓은 바 있었다. 프랑스에서의 전쟁 가능성은 빈의 채권 가격 폭락을 초래했다. 군사 개입은 신규 채권 발행으로만 충당할 수 있는 일이었는데, 채권을 새로 발행하면 기존 투자 대상의 가치가 하락할 것이었기 때문이다. 초조한 채권 보유자들이 증권을 현금으로 바꾸자 은행들에 자금이 부족해지기 시작했다. 빈 주재 작센 대사는 그때의 공황 상태를 직접 목격했다.

> 중산계급이 들끓고 있다. 믿기 힘든 소문이 돈다. 나라가 파산할 것처럼 보인다. 어제 은행에 대한 통화 압력이 너무 심했다. 은행이 수요를 맞추기 위해서 2명 대신 10명의 출납원을 투입할 정도였다. 커피점은 최신 소식으로 가득하다. 파리 소식이 담긴 신문 기사를 20-30명씩 모인 사람들에게 읽어준다. 조만간 우리는 피의 급류를 헤쳐나가게 될 것이다. (1848년 3월 5일)[5]

중산계급이 은행 예금을 우려했다면 노동계급은 식량과 고용을 걱정하고 있었다. 1845년에 강우에 따른 토지 침수로 병충해에 취약한 럼퍼 감자의 농사가 망했다. 이듬해의 수확은 형편없었고, 곡물 가격이 2

배로 뛰고 기근이 더 가까워졌다. 식품 가격의 상승으로 완제품 구매에 써야 할 돈이 없어지자 제조업의 상황이 어려워졌고, 해고가 흔해졌다. 1847년, 곤궁해진 노동자 무리가 걸핏하면 자루와 바구니를 들고 중앙 유럽 곳곳의 농촌을 찾아다니며 들판을 습격했다. 더 과감한 자들은 곡식 창고를 약탈했고, 그러지 않아도 모자라는 곡물을 다른 용도로 쓰고 있는 증류주 양조장을 망가트렸다.[6]

지리적으로 프랑스와 가까운 바덴 대공국은 혁명의 영향을 가장 먼저 느꼈다. 음악과 불꽃놀이와 열기구가 등장하는 흥겨운 가족 행사인 일련의 "민중 축제"의 분위기가 급진적인 연설과 정치개혁에 찬성하는 청원으로 점점 뒤숭숭해지기 시작했다. 프랑스의 거지 패거리들이 국경을 넘는다는, 숲에서 무엇인가 분주히 움직인다는, 멀리서 알 수 없는 북소리가 들린다는 소문 때문에 긴장감이 더 커졌다. 1848년 3월 초, 만하임과 카를스루에에서 군중이 모여 잡다한 요구를 내놓았다. 그러자 바덴 대공은 즉시 새로운 개혁 내각을 수립했고, 바덴에 거의 남아 있지 않은 검열마저 완화했으며, 헌법 제정을 약속했다. 그렇게 바덴은 모범을 보였다.[7]

독일 연방 곳곳의 통치자들은 바덴을 본받았다. 외국의 사례를 모방한 시위가 벌어지자 통치자들은 독자적인 개혁 성향의 정부를 구성하고 헌법 개정과 검열 철폐에 전념했다. 대다수 지역에서, 전제정치에서 입헌통치로 전환하는 과정은 유혈 사태가 거의 없이 손쉽게 진행되었다. 하노버가 가장 평온했을 것이다. 아무도 에른스트 왕의 퇴위를 원하지 않았기 때문에 그가 퇴위하겠다고 위협하기만 해도 신민들의 질서를 회복할 수 있었다. 베를린은 예외였다. 베를린의 동물원에서 진을 치고 있던 시위대는 군대가 대거 진격해 온다는 소문을 듣자 바리

케이드를 쳤고, 베를린 수비대를 자극해 백병전을 벌인 끝에 양쪽을 합쳐 수백 명이 숨졌다. 프리드리히 빌헬름 4세(재위 1840–1861)는 때에 맞추어 보수적인 장관들을 내치면서 한발 물러났다. 그는 희생자들의 추모식을 주재했고, 프로이센의 모든 지방을 대표하는, 그리고 참정권이 폭넓게 인정된 선거로 구성된 국민의회를 소집했다.

그러나 가장 두드러진 변화는 검열이 종식되면서 출판물이 봇물처럼 쏟아져 나온 것이었다. 이전에는 오스트리아 제국에서 정치 소식을 전달하는 신문이 19개에 불과했지만, 1848년에는 300개 이상으로 급증했다. 프로이센과 하노버와 뷔르템베르크에서는 그 수가 약 50퍼센트 늘었다. 신문 외의 다른 매체도 있었다. 협회와 압력단체와 즉흥적인 모임에서 성명서, 선언문, 탄원서 등의 초안을 작성한 것이다. 통틀어 "연설문$_{Adressen}$"으로 알려진 이 문서들은 1848년 3월 이후 독일 연방 도처에서 약 4만 건 작성되었다. 이에 더해 화가와 삽화가들은 그때까지 거의 알려지지 않았던 정치 풍자 만화를 중앙유럽에 소개했다. 그들은 샴페인 병으로 표현된 프리드리히 빌헬름 4세의 알코올 의존증, 죽음의 천사로 묘사된 프로이센 장군, 승마용 채찍을 쥔 왕의 애인 등 다양한 인물을 풍자의 대상으로 삼았다.[8]

개혁가들은 헌법적, 법률적 개선을 선호하는 자유주의자들과 급진적 사회변혁에 열중하는 이른바 민주주의자들로 나뉘었다. 자유주의자들인 온건파는 "시민$_{Bürger-}$"이라는 접두사가 붙은 협회와 압력단체를 결성했고, 민주주의자들은 "인민$_{Volks-}$"이라는 어구를 좋아했다. 시끄럽기는 민주주의자들이 더 시끄러웠지만, 온건파에 속한 사람들이 더 많았다. 독일 연방의 남부 지방에서는 대체로 보수적인 성격의 가톨릭교 단체들이 득세했다. 바덴 한 곳에만 당시의 교황인 비오 9세의 이름을 딴 "비오회" 수백 개가 새로 결성되었다. 회원은 수만 명에 이르렀고, 그들이 의지할 수 있는 교구, 사제, 학교 조직이 이미 완비되어 있었다. 퇴역군인회도 보수파에 대한 공감을 명확히 표현하면서 광범위한 대중적 지지를 얻었다.[9]

농촌의 사정도 마찬가지였다. 1848년 봄, 중앙유럽 여러 지역에서 폭력의 불꽃이 타올랐다. 폭력 사태를 주로 부채질한 것은 높은 지대地代, 식량 부족, 공유지의 사유화, 임금 하락 등에 따른 지방 현지의 원한이었다. 시위자들은 대부분 권력 붕괴를 틈타 정치적 의제를 장악하려고 하면서 기회주의적인 태도를 보였다. 지방 사람들이 1848년 여름에 열린 프로이센의 소집의회에 보낸 수천 건의 청원―옥수수 제분과 증류주 판매에 부과되는 세금을 감면할 것, 사냥에 대한 모든 통제 조치를 해제할 것, 교회가 교육 분야를 지속적으로 감독할 것(청원서에는 이런 내용이 매우 많았다), "공무원, 특히 행정 관리자 집단"의 규모와 그들의 과도한 연금 수급권을 축소할 것 등―에는 그들이 요구한 내용의 보수적인 성격이 명확히 드러나 있다. 지주와 정부가 그런 불만 사항에 주의를 기울이겠다고 약속하자 농민들과 농장 노동자들은 일터로 돌아갔다. 그들은 혁명에 관심이 없었다. 그저 구체제가 제대로 작동하기를, 본인들이 정당한 기대라고 여기는 수준에 부응하기를 바랐을 뿐이다.[10]

중앙유럽의 통치자들은 온건파와 타협하고 급진파와 거리를 두며 권좌를 지켰다. 애인인 엘리자 길버트의 명예를 지켜준 바이에른의 루트비히 1세(재위 1825-1848)는 예외였다. 엘리자 길버트는 롤라 몬테즈라는 이국풍의 가명으로도 알려진 아일랜드 가수이자 무용수였는데, 루트비히는 그녀 때문에 권좌에서 내려왔다. 뮌헨의 어느 거리에서 시위자들과 대치한 롤라 몬테즈가 권총을 꺼내 든 사건이 벌어진 후, 경찰이 그녀의 무기를 찾기 위해서 왕궁에 들어갈 수 있도록 해달라고 요청했다. 개헌 요구에 시달리는 도중에 맞이한 그 치욕적인 상황은 성격이 불같은 루트비히에게 참기 힘든 일이었다. 그는 곧바로 아들인 막시밀리안 2세에게 왕위를 물려주고 퇴위했다. 애인인 루트비히가 더는 왕실 칭호를 내려줄 수 없게 되자 몬테즈는 늙은 애인을 저버리고 오스트레일리아 오지에서 살기 위해 떠났다.

3월 13일, 빈에 혁명이 몰아쳤다. 빈에서 열린 니더외스터라이히 주 소집의회의 회합에서 미리 계획된 시위가 일어났다. 군대가 군중을 향해서 총을 쏘자, 빈 곳곳이 혼란에 휩싸였다. 그날 저녁, 불한당 무리가 상점을 약탈하고, 부자들의 저택에 침입하고, 가로등을 뜯어낸 뒤 인도에서 가스등에 불을 붙여 어둠 속으로 화염을 뿜어냈다. 어느덧 일흔넷에 이른 메테르니히의 재상으로서의 영향력은 이미 시들고 있었다. 1848년 2월, 작센 대사는 메테르니히의 쇠약해진 몸 상태에 충격을 느꼈다.

> 병들고 귀먹은 그는 자기 옛 모습의 그림자로 쪼그라들었고, 고유의 상투적 문구와 수사학적 재주에 사로잡혀 있는 유치한 노인이 되었다. 그의 지력知力은 지금의 폭풍을 이겨낼 만큼 강하지 않다.[11]

그로부터 몇 달 전에 이미 메테르니히는 실패를 인정하고 체념한 듯했다. 그는 자신을 찾아온 어느 외교관에게 다음과 같이 말했다. "나는 경험 많은 의사라서 일시적인 질병과 치명적인 질병을 구별할 수 있소. 우리는 지금 치명적인 질병 중 하나를 맞이하고 있는데, 최대한 버티겠지만 결과는 장담하지 못하겠소." 빈의 거리가 혼란에 휩싸이자 메테르니히의 정적인 황실 인사들에게 기회가 찾아왔다. 그들은 페르디난트 황제(재위 1835-1848)의 제수인 조피 대공비를 필두로 메테르니히의 사임을 요구하며 한데 뭉쳤다. 메테르니히는 자신이 50년간 쌓은 업적을 나열하는 장황한 연설을 마친 뒤에야 사임했다. 이후 그는 세탁물을 실은 수레를 타고(일부 역사가들의 주장과 달리 세탁부로 변장하지는 않았다) 빈의 호프부르크 궁전을 빠져나와 빈의 노르트반호프 역에서 런던으로 향하는 기차를 탔다. 약탈자들은 이미 빈 외곽에 있는 메테르니히의 여름 관저에 불을 질렀고, 그가 런던으로 향하는 동안 관저는 활활 타고 있었다.[12]

페르디난트 황제는 합스부르크 왕가의 수수께끼 같은 인물이다. 그는 열렬한 식물학자였고, 말년에는 주식과 부동산 분야의 영리한 투기꾼으로서 막대한 개인 재산을 모았다. 그러나 당시에는 잘못 이해되었던 질병인 뇌전증을 앓았고, 두개골은 참혹할 정도로 기형이었으며, 지루하고 멍청한 사람 같은 분위기를 풍겼다(마치 머리가 너무 나빠서 만사를 어렵고 성가시게 여기는 것 같았다). "통치는 쉽지만, 서명은 어렵다"라는 말을 다른 통치자가 했다면 심오한 재치처럼 보였겠지만, 페르디난트의 경우에는 군주로서의 부적합성을 보여주는 증거로 보였다(사실 "통치는 쉽지만, 서명은 어렵다"라는 표현은 그가 날마다 서명해야 하는 산더미 같은 서류를 두고 한 말이었을 것이다).[13]

민간인 고위 인사들과 근심이 많은 교수들과 패기만만한 급진주의자들이 연이어 대표단을 보내고 청원을 전달했을 때 페르디난트는 이렇게 답변했다. "짐이 모두 동의한다고 사람들에게 전하라." 실제로 그렇게 되었다. 밝은색의 관복을 입은 궁정 의전관과 수수한 외투 차림의 장관들이 며칠에 걸쳐 헌법 제정, 의회 소집, 검열 종식 같은 여러 조치를 발표했다. 서점들은 그때까지 금지되었던 책을 벽장에서 꺼내 진열창으로 옮겼다. 3월 15일 저녁, 페르디난트는 마차를 타고 빈 시내를 돌며 뜨거운 박수갈채를 받았다. 군중이 몰려들자 황제는 눈물을 머금고 왜 원하는 것을 더 일찍 말하지 않았는지 물었다. 그날 저녁, 빈의 호프부르크 궁전 발코니에 모습을 드러낸 황제에게는 또다시 기쁨에 넘친 박수가 쏟아졌다.[14]

그러나 혁명이라는 요정을 다시 병에 넣는 것은 다른 문제였다. 오스트리아 제국 곳곳에서, 마을 평의회, 독서회, 심지어 정신병원까지 온갖 단체와 기관이 헌법을 만들고 선언서를 배포하기 시작했다. 개인들도 요구 사항을 담은 전단과 포스터를 인쇄했다. 어떤 청원에는 무려 2만 명이 서명했고, 수천 명이 참석한 회합에서 시작된 청원도 있었다. 언론의 부추김에 속은 폭도들은 전기분해법 기술자이자 정치적으로 보수주의자인 진짜 프랑켄슈타인 백작을 괴롭혔다. 폭도들은 슈타이어마르크의 그라츠에 있는 그의 자택 밖에서 카첸무지크Katzenmusik(말 그대로 옮기면 "고양이 울음소리 내기"라는 뜻이다. 흔히 조율이 잘못된 피들을 켜서 날카로운 소리를 내는 방식을 따랐다)를 시도해 결국 그를 죽음으로 몰아갔다. 그의 죽음과 관련해서는 스스로 목숨을 끊었다는 설과 심장마비로 숨졌다는 설이 있다.[15]

빈은 무정부 상태에 빠졌다. 게으름뱅이들과 실업자들이 급조된 빈민 구제 및 공공사업 계획의 일환인 프라터 공원에 진을 치고 있었다. 그들은 낮에는 빈둥거리다가 밤에는 약탈을 저질렀다. 내무장관은 4월에 오스트리아 제국의 영토 중에서 헝가리 이외의 지역에 적용되는 헌법을 발표했다가 금세 헌법 내용을 정정했다. 새로운 제국의회의 상원은 영주들로 구성되고, 하원은 부자들에 의해서만 선출될 것이라는 소식이 퍼지자 빈의 거리에서 격렬한 반발이 일어났기 때문이다. 내각이 잇따라 무너졌고, 신임 내각은 전임 내각보다 사태를 수습할 능력이 모자랐다. 1848년 5월, 페르디난트는 안전상의 이유로 잠시 수도인 빈을 떠나 티롤의 인스브루크로 향했다. 빈의 권력은 혁명위원회의 손에 넘어갔는데, 혁명위원회는 대학교를 과격한 발언과 폭력 시위와 요란한 연설의 본거지로 탈바꿈시킨 대학생, 대학교 졸업생, 교수 등으로 구성된 "학도 군단"이 이끌고 있었다.

1848년 4월, 페르디난트는 양보 정책의 일환으로 헝가리 소집의회의 요구에 응했고, 이른바 "4월법"을 받아들였다. 헝가리의 처지에서 볼 때 4월법은 새로운 헌법적 타협이었다(바로 이 점 때문에 오스트리아 제국 내무장관이 발표한 헌법에서는 헝가리가 제외되었던 것이다). 농민들이 대거 페스트로 들이닥친다는 소문이 돌자 4월법이 서둘러 통과되었다(하지만 실제로 농민들은 그저 장날이라서 몰려들었을 뿐이었다). 4월법에 힘입어 헝가리는 자치를 이룰 수 있었지만, 여전히 통치자라고 하는 인물을 통해서 합스부르크 왕가의 나머지 영지와 결합한 상태였다. 4월법은 언론의 자유, 농노제 폐지, 트란실바니아와의 합병, 법적 평등을 규정함으로써 귀족계급의 특권을 없애고 시민이라는 하나의 계급을 만들기도 했다. 헝가리에는 개혁적 보수주의자인 세체니 이슈트반, 카리스마 있는 언론인인 코슈트 러요시, 명석한 변호사인 데아크 페렌츠 같은 인재들로 이루어진 새 내각이 들어섰다. 오늘날까지 헝가리의 모든 도시와 마을의 거리 이름에는 그 인재들에 대한 기억이 담겨 있다.

세체니 이슈트반은 헝가리에서 가장 부유한 귀족이었고, 당대의 표현에 따르면 열렬한 "친영파"였다. 영국을 방문한 뒤, 그는 헝가리를 영국처럼 만들기로 마음먹었다. 그는 과학과 예술을 육성하기 위해서 헝가리 학술원을 설립했고, 페스트에 런던의 피카딜리 거리의 클럽 같은 국립 카지노를 개설했다. 말 사육을 장려하기 위해서 경마 클럽도 창설했고, 영국 소도시인 말로의 템스 강 다리를 본떠 두너 강(도나우 강/역주)에 페스트와 부다를 연결하는 최초의 상설 교량을 건설했다. 헝가리의 경제적 후진성을 예민하게 느끼고 있던 그는 농업에 대한 투자를 단념시키는 한편, 인구의 대부분을 예속 상태에 묶어놓는 구시대적 토지 소유권이 경제적 후진성의 뿌리라고 진단했다. 예속 관계를 폐지하면 근대적인 헝가리를 탄생시킬 수 있을 듯했다. 4월법도 그런 낙관적 전망에 기대고 있었다. 중앙집권적 단일 국가에 의회 주권을 확고히 못 박아두는 헌법이 있으면 국민이 공민적 존재로서 활동하는 공론장이 생기리라고 전망했던 것이다(여기서 "공민적"을 뜻하는 헝가리어 polgári는 독일어인 bürgerlich처럼 번창하는 부르주아의 모습뿐 아니라 예절 바름, 관용, 공공정신 등의 이미지도 연상시킨다).

그러나 헝가리는 준비가 되어 있지 않았다. 브라티슬라바, 페스트-부다(페스트와 부다는 1873년에야 부다페스트로 통합되었다), 트란실바니아의 클루지를 방문한 외국인들은 커피점, 극장, 우아한 사교계를 긍정적으로 언급했다. 그러나 헝가리 인구 1,300만 명 중 대부분이 거주하는 농촌은 물질적, 지적 빈곤에 빠져 있었다. 농촌에서는 귀족들도 "시골뜨기들"도 유리창이 없는 목조 오두막, 녹슨 식기, 가정용 도기, 얼마 되지 않는 세간 등 기본적인 형태의 숙식 설비를 썼다. 두 집단의 유일한 차이는 귀족이 자택 벽에 고풍스러운 문장을 걸어 우월한 지위를 자랑할 수 있다는 것뿐이었다. 농촌에서는 문맹이 흔했다. 일례로 헝가리 서부에서는 농촌 인구의 약 5퍼센트만이 본인의 이름을 쓸 수 있었다.

주민들이 모두 헝가리어를 쓰기 마련이라는 원칙론에서 보면 헝가리는 헝가리답지가 않았다. 헝가리 전체 인구의 40퍼센트 미만이 헝가리어를 모국어로 사용했다. 나머지 인구는 루마니아어, 독일어, 그리고 여러 가지 슬라브어 방언을 썼다(그 다양한 슬라브어 방언은 처음에는 서로 부딪히며 어긋나다가 세월이 흐르면서 크로아티아어, 세르비아어, 슬로바키아어, 슬로베니아어, 우크라이나어 등으로 안정화되었다). 4월법에는, 부다를 중심으로 운영하는 단일 국가와 주로 헝가리어를 쓰고 비교적 삶이 풍족한 사람들에게 유리한 참정권을 바탕으로 선출되는 의회가 구상되어 있었다. 공용어 역시 헝가리어여야 했다. 1840년대 초까지 헝가리의 공용어는 라틴어였다. 라틴어를 유창하게 구사할 수 있는 사람은 드물었음에도 보편적으로 쓰인 것이다(라틴어는 단일 언어 공동체를 거느린 언어가 아니라 특권적인 교육의 산물이었다). 4월법이 시행되자 새로운 헝가리 의회의 크로아티아계 대의원들이 특히 불만을 표했다. 점잖은 라틴어 사용자였던 그들은 이제 목소리를 낼 수 없게 되었기 때문이다. 그러나 그들의 불만을 들은 헝가리의 정치인 코슈트는 지도에서 크로아티아를 찾아볼 수 없다고 선언하며 화만 더 돋웠다.[16]

  헝가리 거주민들에게 언어와 정체성은 아직 일치하지 않았지만, 종교와 정체성은 서로 일치하는 경우가 대부분이었다. 세르비아인과 루마니아인은 대부분 정교회나 동방귀일교회 신자였다(제17장에서 설명했듯이 동방귀일교회는 정교회 전례를 따르지만, 교황의 권위를 인정한다). 그들은 본인들이 가톨릭교도인 헝가리인이나 루터파인 헝가리인과는 다르다는 점을 알고 있었다. 크로아티아인들도 그들의 왕국이 12세기에 헝가리의 일부분으로 전락하기 전에 누렸던 주권국 지위와 고유의 역사를 기억하고 있었다. 트란실바니아의 경우 헝가리 정치인들은 트란실바니아가 헝가리와 계속 분리되어 있는 상태를 빈의 권력자들이 구사하는 "분할통치"의 일환으로 바라보면서 오랫동안 "모국"과의 합병을 요구해왔다. 그러나 트란실바니아는 인구의 3분의 1만이 헝가리인이었고, 나머지는 독일인, 루마니아인, 우크라이나인 등이었다. 그리고 헝가리인을 제외한 나머지 인구는 통일에 반대하기 위해서 조직적으로 대응하기 시작했다.[17]

헝가리에서는 집단 정체성이 사람들을 구분했다. 독일 연방에서는 집단 정체성이 사람들을 결속했다. 프로이센이 앞장섰다. 프로이센의 프리드리히 빌헬름 4세는 이미 1848년 3월에 공개적으로 독일의 통합을 상징하는 붉은색, 검은색, 황금색 옷차림을 했고, "지금부터 프로이센은 독일과 합쳐진다"라고 선포했다. 나머지 독일 국가들도 프로이센과 함께 프랑크푸르트에서 열릴 "예비 의회"의 대의원을 임명했다. 예비 의회의 역할은 독일 연방 전체의 선거를 체계적으로 준비하는 것이었다. 문제는 모든 성인 남성을 유권자로 인정하기로 한 결정이 잘못 전달되었다는 점이었다. 그런 와중에 기존의 정부만 선거를 체계적으로 준비할 역량이 있었기 때문에 선거 관리 임무는 각국 정부에 맡길 수밖에 없었다. 그 결과 "독자적 수단"(적당하게 모호한 표현이다)이 부족한 사람들이 배제되어 참정권이 축소되었고, 지역 의회가 대표자들을 임명하고 그들이 다시 대의원을 선출하는 2단계 방식이 확립되었다.

투표는 대체로 폭력 없이 실시되었지만, 결코 비밀리에 이루어지지는 않았다. 1848년 4월과 5월 초까지 몇 주일에 걸쳐, 유권자들은 탁자 앞에 줄지어 서서 누구를 대표자로 선택했는지 밝혀야 했다. 한편, 막후에서는 지역의 유지와 사제, 관리들이 적합한 대의원의 명단을 결정했다. 그것은 독일의 첫 선거였고, 아마 통일된 민족 국가로 발전하는 과정에서의 이정표였겠지만, 낭패이기도 했다. 참정권이 유린되고 조작되었기 때문만이 아니었다. 행정구마다 공인된 유권자의 약 4분의 1만 투표 장소에 나오는 바람에 무관심과 무책임에 대한 언론의 진지한 질책이 쏟아진 것이다. 그러나 오늘날의 정치인들도 금세 알게 되듯이, 노동자들은 종종 선언과 선거보다 더 급한 일을 걱정하기 마련이다.[18]

1848년 5월, 선출된 대의원들은 새로운 독일 국민의회에 가장 적합하다고 여겨진 프랑크푸르트의 성 바울 교회에 모였다. 설교단은 의장의 연단으로 대체되었고, 대형 2층석은 개방되었다. 일반인들은 2층에서 대의원들에게 야유를 보내고 조롱과 환호로 의사진행을 방해했다. 830명의 대의원(사망, 사임, 불참 등의 이유로 대의원의 수는 수시로 바뀌었다) 가운데 압도적 다수가 행정 관리자, 장관 소속 관원, 교수, 법관, 검사 같은 공무원이었다. 거기에는 야코프 그림을 비롯한 최초의 "괴팅겐 7인방" 중 4명도 있었다. 프로이센의 대의원으로 선출된 그림은 나중에 의회에서 자유가 왜 평등보다 우위에 있는지, 그리고 발의안이 개정안과 어떻게 다른지 설명했다.[19]

그해 6월에 대의원들은 즉시 업무를 시작했고, 종신 주권자와 새로운 헌정 질서가 확정될 때까지 직무를 수행할 섭정의 이름뿐인 감독을 받으며 정부를 구성했다. 대의원들은 요한 대공을 섭정으로 선택함으로써 변화와 군주제의 전통을 교묘하게 조화시켰다. 요한은 합스부르크 가문 출신이었지만 귀족적인 가식 없이 처신했고, 그의 부인은 우체국장의 딸이었기 때문이다. 의회의 대의원들은 이제 가맹국들의 헌법과 어떤 식으로든 일치하기를 바라며 새로운 독일의 헌법 초안을 만들기 시작했다. 그러나 여름이 점점 깊어가는 동안, 낙담한 급진주의자들은 공화국에 대한 요구를 관철하기 위해서 폭도들을 동원했고,

그 결과 프로이센과 헤센의 군대는 의회가 습격을 당하지 않게 보호해야 했다.

독일 연방에는 주로 보헤미아, 모라바, 크라인, 프로이센 등지에 사는 수백만 명의 슬라브어 사용자들이 있었지만, 그들은 선거에 불참했다. 프랑크푸르트 국민의회를 준비하는 데 힘을 보태달라며 초청받은 체코의 역사가 프란티셰크 팔라츠키는 "여러분 의회의 목적은 독일 민족을 진정한 통합으로 인도하기 위해 현재의 제후 연맹 대신 독일 민족의 연맹을 설립하는 것입니다……그러나 나는 독일인이 아닙니다. 슬라브 혈통의 보헤미아인입니다"라는 유명한 말로 거부의 뜻을 전해왔다. 그후 팔라츠키는 프라하에서 프랑크푸르트 국민의회에 대항하는 범슬라브 회의를 조직하는 작업에 나섰는데, 범슬라브 회의에는 보헤미아, 모라바, 헝가리 북부, 크로아티아, 세르비아 등지의 자천 대표자 300여 명뿐 아니라 폴란드와 우크라이나 사람들, 그리고 러시아의 무정부주의자 미하일 바쿠닌과 슬로베니아의 시인 스탄코 브라즈도 모였다. 범슬라브 회의는 공통의 언어가 없어 독일어로 업무를 수행했지만, 중앙유럽의 슬라브 민족들이 형제애와 연합을 통해서 하나로 융화될 위대한 역사적 순간의 도래를 과감하게 선언했다.[20]

독일 연방 도처의 정부와 통치자, 그리고 새로 소집된 의회는 "독일의 통합"을 촉구했다. 그러나 독일의 통합은 중앙유럽의 분열이라는 대가를 치를 수밖에 없었다. 독일어 사용자들을 위한 새로운 독일은 독일인 인구가 우위를 차지하는 오스트리아 영지를 포함해야 했다. 따라서 오스트리아 제국을 해체해야 하고, 이미 완전한 독립의 길로 나아가고 있던 헝가리는 남겨둬야 했다. 한편, 새로운 슬라브인의 국가는 범슬라브 회의에 대표단을 파견한 체코인과 폴란드인과 우크라이나인이 새로운 슬라브 연맹에 모여들도록 함으로써 오스트리아 제국의 남아 있는 영토를 채울 것처럼 보였다. 아울러 범슬라브 회의에 참석한 남슬라브인들도 평등한 주권국 지위보다 낮은 지위를 감수할 듯하지 않았다. 이미 자그레브에서 크로아티아의 총독은 전쟁을 거론하고 있었다.

1848년 6월에 이르러 중앙유럽은 포괄적인 재편을 앞둔 것 같았다. 민족이 모든 정치적 삶의 기초가 될 것이라는 미래상은 곧 실현될 듯했다. 그러나 아직은 아니었다. 시위와 청원, 그리고 진지한 토론 같은 극적인 사건에도 불구하고, 이것들은 중앙유럽의 통치자들이 군대를 막사로 철수시키고 거리는 군중에게, 토론장은 정치 초보들에게 맡기는 결과만 낳았을 뿐이었다. 통치자들과 휘하의 장군들은 자신감을 되찾자 다시 군대를 출동시키고 옛 정치 질서를 강요했다. "1848년은 근대사가 전환에 실패한 전환점이었다"라는 격언은 훗날 그 어느 곳보다 중앙유럽에 어울리는 말로 드러났다.[21]

제26장
장군들의 복수와 민족의 형성

대세는 오스트리아 제국에서 가장 먼저 바뀌었다. 오스트리아 장군들은 이전의 상태를 회복하는 데 몰두했다. 그들은 빈의 황제와 장관들을 무시하고 1848년 6월에 프라하를 공격해 범슬라브 회의를 해산했다. 10월에는 빈의 혁명위원회로 총구를 돌려 포격을 가하며 빈에 맹공격을 퍼부었다. 군대가 빈을 공격하는 동안 혁명을 지원하기 위해서 빈에 머물고 있던 독일 국민의회의 좌파 대의원 로베르트 블룸이 체포되었다. 군사 법원은 약식 재판을 통해 국민의회 대의원의 면책 특권을 무시한 채 선동죄 혐의로 블룸에게 교수형을 선고했다.

오스트리아 장군들은 빈에서 열리고 있던 제국의회도 경멸했다. 자체 소집의회가 있는 헝가리를 제외하고 오스트리아 제국 도처에서 선출된 약 380명의 대표자로 구성된 제국의회는 7월부터 열리고 있었는데, 그때까지 이렇다 할 성과가 없었다. 제국의회는 농노제 폐지를 선언했지만, 지대와 노역과 관련한 손실을 지주들에게 어떻게 보상할 것인가라는 까다로운 문제는 미처 해결하지 못했다. 대의원들은 민족별로 연합했고, 다른 대의원과 언쟁을 벌였으며(체코인과 독일인 사이의 갈등이 특히 팽팽했다), 꼴사납게도 길거리에서 서로 치고받기도 했다. 현존하는 제국의회 의사록을 살펴보면 모든 회기가 절차상의 지적 사항, 고함이나 감탄사, 발언 내용을 둘러싼 트집 잡기 등에 낭비되었음을 알 수 있다.[1]

수도인 빈에서 전투가 벌어지자 장군들에게는 제국의회를 모라바의 중요하지 않은 도시인 크로메르지시(크렘지어)로 옮길 구실이 생겼다. 그곳에서도 제국의회는 헛된 논쟁을 이어갔다. 오스트리아 장군들을 본보기로 삼은 프로이센의 프리드리히 빌헬름 4세는 군대에 베를린의 프로이센 국민의회를 진압할 권한을 부여했다. 1848년 11월, 프로이센의 브랑겔 장군은 의회가 열린 극장 앞에 앉아 대의원들에게 해산을 명령했고, 그들이 자기 앞을 일렬종대로 지나가는 모습을 조용히 지켜보았다. 다음 달인 12월, 프리드리히 빌헬름 왕은 의회가 초안을 만들고 있었던 헌법을 무시하고 독자적인 프로이센의 헌법을 발표했다. 그리고 그 즉시 오스트리아 제국의회와 프로이센 국민의회는 발언권을 박탈당했다. 1848년 혁명으로 급히 생겨난 4대 대의기관 중 프랑크푸르트의 독일 국민의회와 헝가리 의회만이 살아남았다.

프리드리히 빌헬름의 새로운 프로이센 헌법은 프랑크푸르트의 대의원들이 희망을 품을 만큼 개혁적이었다. 의회는 독일의 헌법 제정 작업을 힘겹게 완수한 뒤 그를 황제로 선출했다. 대의원들은 추락하는 자신들의 위신을 강화하는 데에 프리드리히 빌헬름의 권위를 이용하고 싶어했지만, 프리드리히 왕은 "흙과 진흙으로 된 왕관"과 "나를 1848년 혁명에 묶어두려는 개 목걸이"를 거부했다. 끝은 금세 찾아왔다. 1849년 5월, 프리드리히는 프랑크푸르트의 프로이센 대의원들에게 부여된 권한을 철회했다. 오스트리아, 작센, 하노버 등에도 같은 조치가 취해졌고, 의회는 해산할 수밖에 없었다. 드레스덴, 라인란트팔츠, 바덴 등지에서 의회를 지지하는 봉기가 일어났으나 프로이센 군대와 작센 군대에게 무자비하게 진압되었다. 바덴에서는 지금도 "자장자장 우리 아가! 프로이센 사람이 걸어다닌다"라는 자장가가 불린다.[2]

오스트리아 제국에서는 장군들이 페르디난트 황제에게 퇴위하라고 설득했다. 페르디난트 황제는 헝가리의 4월법을 수용함으로써 헝가리가 독립할 길을 열어준 바 있었으니, 장군들이 볼 때 페르디난트는 물러나야 했다. 페르디난트는 1848년 12월에 기꺼이 물러났다. 온실에서 해야 할 더 좋은 일이 있었기 때문이다. 페르디난트의 후계자는 그의 동생인 프란츠 카를이었지만, 온화하고 겸손한 인물이었기 때문에 장군들의 안중에 없었고, 남편에게 계승권을 포기하도록 재촉한 조피 여대공도 그를 황제감으로 생각하지 않았던 것 같다. 결국, 장군들은 페르디난트의 조카이자 프란츠 카를과 조피의 아들인 프란츠 요제프(1세)를 통치자 자리에 앉혔다. 젊고, 감수성이 예민하며, 군복과 열병식에 관심이 많은 프란츠 요제프는 허수아비나 다름없는 인물이었다. 훗날 프란츠 요제프 덕분에 장군들은 그들의 염원대로 헝가리에서 전쟁을 치르게 된다.

1848년 여름부터 헝가리는 내전을 치르고 있었다. 헝가리 왕국의 여러 민족은 헝가리인이 주장하는 정치적 패권에 저항할 수밖에 없었다. 세르비아인, 루마니아인, 크로아티아인, 트란실바니아의 독일인, 슬로바키아인 등이 헝가리인의 지배에 맞서 무기를 들었다. 1848년 9월에 크로아티아 총독이 헝가리를 침공하자, 오스트리아 장군들은 그에게 돈과 물자를 지원하면서 각 민족의 지도자들을 부추겼다. 헝가리 정부는 코슈트 러요시의 능숙한 지휘에 힘입어 침공을 버텨냈다. 재무장관인 코슈트는 금金에 의해 뒷받침되지 않아도 가치가 유지되는 새 지폐를 발행함으로써 불가능한 일을 해냈다. 군대를 소집하는 임무를 맡은 코슈트는 금세 20만 명의 신병을 모으고, 군복과 군수품을 대량생산하는 공장과 부상자를 돌보기 위한 야전병원과 요양소를 척척 만들어내며 다시 사람들을 놀라게 했다.

코슈트는 장장 3시간이 넘는 연설로 정치인과 농민 모두를 사로잡는 매력적인 웅변가였다. 그는 자기선전의 명수이기도 했다. 헝가리의 새 지폐에는 그의 서명이 커다랗게 새겨졌고, 그가 창간한 신문은 과감하게도 「코슈트 뉴스Kossuth Hirlapja」로 불렸다. 그는 점진적으로 헝가리와 빈 사이의 간격을 벌려 타협이 불가능하도록 만들었다. 코슈트는 늘 페르디난트 황제가 1848년 4월법을 통해 헝가리에 부여했던 권리를 지지하고 있다고 주장했다. 그러나 4월법은 코슈트가 요구하는 완전한 정치적 독립이 아니라 제한적 자치권을 헝가리에 부여했을 뿐이었다. 1848년 9월에 크로아티아의 총독이 헝가리를 침공했을 때 소집의회는 정책을 조율할 국방위원회를 구성하고 코슈트를 위원장에 임명했다. 이후 코슈트는 헝가리를 재난의 늪에 빠트렸다.[3]

1848년, 헝가리 소집의회는 브라티슬라바에서 페스트-부다로 천도하기로 합의했고, 그 시점부터 페스트-부다는 헝가리 왕국의 수도로 여겨졌다. 페스트-부다에는 중심 왕궁뿐 아니라 법원도 있었으니, 이는 당연한 결정이었다. 12월에 오스트리아 제국군이 헝가리에 진입하면서 페스트-부다가 표적이 되자 코슈트는 새 수도를 포기하고 동쪽의 데브레첸으로 정부 소재지를 옮길 수밖에 없었다. 데브레첸을 근거지로 삼은 코슈트 휘하의 장군들은 수도를 되찾고자 전선을 서쪽으로 밀어붙였지만, 페스트-부다는 1849년 봄에 적의 수중으로 넘어갔고 7월에는 결국 오스트리아 제국군에게 완전히 함락되었다. 전투가 격렬해지자 헝가리 정부는 무자비해졌고, 폭넓은 반역 범위에 속한 모든 행위에 사형을 부과하는, 소급력 있는 법령을 제정했다.[4]

전쟁 기간 거의 내내 헝가리 지도자들은 1848년에 페르디난트가 부여한 4월법을 유지하고자 할 뿐이며, 자신들이 일으킨 혁명은 완전히 합법적인 혁명이라고 주장했다. 1849년 4월에야 데브레첸에서 열린 소집의회에서 헝가리의 독립이 공식 선언되었고, "위증죄를 범한 합스부르크 가문"을 물러나게 하고 코슈트를 총독으로 임명했다. 헝가리의 대의명분에 대한 지지를 이끌어낼 수 있으리라는 기대 속에서, 코슈트가 초안을 쓴 선언문이 유럽 각국의 수도로 전달되었다. 그러나 그 선언문은 헝가리를 다스린 합스부르크 가문의 통치자들이 300년 이상 헝가리인들에게 자행한 범죄를 다채롭게 열거하는, 애처롭고 설득력 없는 문서였다. 그 선언문에는 헝가리 내부의 다양한 민족의 열망에 대한 공감이 없었고, 그 여러 민족은 "반란자", "반역자", "도적 떼" 등으로 치부되었다. 훗날 어느 헝가리 장군이 말했듯이, 다름 아니라 코슈트 정부가 헝가리에 거주하는 다른 민족 집단의 요구를 받아들이지 않았기 때문에 결국 그 모든 민족 집단이 합스부르크 왕가의 편에 서게 되었다.[5]

훈련과 장비 측면에서는 오스트리아 군대가 우위에 있었지만, 수적으로는 오스트리아 군대와 헝가리 군대가 우열을 가리기 어려웠다. 군사적 균형이 한쪽으로 기울어진 것은 러시아 때문이었다. 젊은 오스트리아 황제 프란츠 요제프는 헝가리의 패배를 앞당기기 위해 차르 니콜라이 1세에게 손을 벌렸다. 그는 직접 도움을 요청하기 위해서 바르샤바로 향했다. 바르샤바행 기차여행은 편안했고, 차르는 호의적이었다.

니콜라이 1세는 폴란드인 수천 명이 의용병으로 헝가리 군에 입대했다는 사실과 이전에 폴란드에서 러시아의 지배에 항거해 반란을 일으켰던 지도자들이 헝가리 군의 장군과 참모 장교가 되었다는 사실에 깜짝 놀랐다. 두 황제의 만남을 알리는 성명서에서, 헝가리인의 봉기는 무법 상태를 일으켜 유럽의 평화를 위협하는 행위이자 국제적인 대응이 필요한 사태로 표현되었다. 러시아의 공세는 6월에 시작되었다. 헝가리 장군들은 8월에 항복했다.[6]

헝가리는 괴멸되었다. 장군들은 교수형을 당했고, 헝가리인 수천 명이 사형이나 마찬가지인 중노동형을 선고받았다. 코슈트는 망명했다. 군정이 실시되었고, 이후 프란츠 요제프가 헝가리의 광범위한 지역을 오스트리아 제국에 통합하도록 명령했다. 그는 헝가리의 군 단위를 빈에서 직접 관리하는 행정구 단위로 대체했고, 심지어 몇 년 동안 독일어를 공용어로 지정하기도 했다. 중앙집권화는 근대화와 짝을 이루었다. 프란츠 요제프는 대체로 16세기에 멈춰 있는 헝가리의 구시대적 법률을 최신의 오스트리아 민법으로 바꾸도록 지시했다. 그리고 모든 시민에게 귀속된 고귀한 존엄성을 외치면서 농노제 문제는 피상적으로만 다룬 헝가리 의회와 달리, 농민을 실제로 해방하는 구체적인 변화를 관철함으로써 매우 관대한 조건으로 농민에게 토지의 자유 보유 기간을 부여했다. 지금껏 헝가리인들은 여러 세대에 걸쳐 코슈트를 농민의 해방자로 칭송해왔지만, 진정한 시혜자는 젊은 프란츠 요제프였다.

중앙유럽에 펼쳐진 합스부르크 제국의 다른 지역들은 헝가리만큼 강력하게 주권자에게 저항하지 않았다(물론 합스부르크 제국이 지배한 이탈리아 북부에서 폭동이 벌어지고, 갈리치아에서도 단기간의 반란이 일어나기는 했다). 그럼에도 불구하고 프란츠 요제프는 제국의 나머지 부분도 헝가리처럼 만들었다. 헝가리식 모형이 오스트리아 제국 곳곳에서 점진적으로 도입되었다. 프란츠 요제프는 주 의회의 폐지를 명령했고, 아직 크로메르지시에서 열리는 보잘것없는 의회를 해산했으며, 엄격한 검열 체제를 구축했다. 자신을 비판하는 자들을 체포하거나 추방했고, 독일어를 행정과 중등 교육의 언어로 삼았으며, 종교 출판물의 검열권을 비롯한 가톨릭 교회의 특권을 복원했다. 당시 유행한 경구에 따르면, 제국은 이제 "군인들의 서 있는 군대, 관료들의 앉아 있는 군대, 사제들의 무릎 꿇은 군대, 정보원들의 몰래 다가가는 군대"라는 네 가지 군대가 통치했다.[7]

1850년대 초, 중앙유럽은 10년 전으로 되돌아온 듯 보였다. 구체제가 다시 권력을 잡았고, 결국 중앙유럽의 지도는 새로 그려지지 않았다. 하지만 어떤 일이 벌어지기는 했다. 민족 개념이 일반인들의 의식에 심어진 것이다. 그때까지는 주로 시인, 학자, 교사, 골동품 수집가 등의 구심점이었던 민족주의가 이제 대중적인 현상으로 바뀌고 있었다. 1848년의 사건들은 사람들에게 어느 한쪽 편을 들도록 요구했을 뿐 아니라 새로운 영웅들도 탄생시켰다. 남자들은 영웅들의 턱수염을 흉내 내어 길렀고, 여자들은 자수 견본 작품에 영웅들의 명언을 수놓았으며, 아이들은 영웅들을 기리는 운문을 지었다.

1848년의 여러 투쟁은 새로운 공동체들에 기운을 불어넣었고, 소속의 새로운 증표를 만들었다. 옷은 개인이 어느 민족 집단에 속해 있는지를 보여주는 한 가지 방법이었다. 이제 체코인들은 공들여 단추를 단 양복 상의로, 슬로베니아인들은 겨울잠쥐 모피로 특색을 드러냈다. 독일인들은 망토와 넓은 모자를 선호했고, 청원자가 통치자를 만날 때 입어야 하는 옷이라서 정치적 복종의 상징으로 여겨진 프락Frack, 즉

연미복은 좋아하지 않았다. 옷은 비쌌기 때문에 헝가리에서는 얼굴에 난 수염, 특히 콧수염이 옷의 대안으로 떠올랐다. 어느 부지런한 관찰자는 콧수염의 종류가 무려 23개라고 언급하면서, "슬라브 메기" 모양을 포함해 각각의 콧수염 모양이 서로 다른 민족을 상징한다고 설명했다. 용감한 애국자들은 체포와 투옥이라는 대가를 치르더라도 자기 민족의 상징색이 들어간 모표帽標를 뽐내기도 했다.[8]

민족주의는 정치적 태도인 동시에 일상의 사건이었다. 19세기 프랑스의 역사가인 에르네스트 르낭의 유명한 말에 의하면, 민족주의는 "나날의 국민 투표"였고, 공동체에서 살고 싶다는 소망의 지속적인 확인이었다. 민족주의는 살아 있는 사람들 사이의 대화일 뿐 아니라 과거와의 교감이기도 했다. 따라서 애국자들은 민속 의상을 통해서 역사를 상기시켰다. 그들이 선택한 복장은 대부분 발명된 것이었고, 참된 전통과는 거의 무관했다. 헝가리에서 수를 놓은 셔츠와 블라우스에 쓰이는 현란한 컬로쳐 무늬(지금도 부다페스트에서 관광객들을 상대로 판매된다)는 원래 헝가리 남부의 세르비아인 거주 마을에서 쓰였던 도안에서 따온 것이었다. 바이에른에서는 사진사들과 예술가들이 역사적인 양식으로 추정되는 옷을 꾸몄고, 현지의 행정구에서 옷을 가장 잘 입은 남녀를 뽑는 대회에 여자 재봉사들이 출품한 수제품을 홍보하기도 했다. 독일인의 복장에 대해서는 거의 합의가 이루어지지 않았지만, "의상 협회"가 다양한 양식을 선전하는 와중에 사냥복 상의와 슈바르츠발트의 의복 양식이 가장 진정한 민족적인 양식으로 평가되었다.[9]

민족 정체성은 개인이 어떤 사람인지, 어떤 집단에 속하는지, 어떻게 분류되는지를 나타내는 일상적 기호 체계에 새겨져 있었다. 그 체계 안에서 술은 유사성과 차이점의 표지로서 중요한 위치를 차지했다. 헝가리인들은 특히 헝가리 포도주의 장점을 확신했을 뿐 아니라 좋은 포도주가 귀족계급과 헝가리인다움의 표시라고도 확신했다. 헝가리 포도주의 이른바 "고대의 영광"을 되찾고자 했던 세체니는 페스트의 국립 카지노의 지하 저장실에 "44종의 헝가리 포도주와 12종의 외국 포도주"를 비축하도록 지시했다. 아울러 그는 유언장 중 하나에서(세체니는 유언장을 여러 개 작성했다) 자신이 죽으면 심장을 잘라 헝가리 포도주의 증류액에 넣은 뒤 국립 박물관에 전시해야 한다고 명기했다.

헝가리인 이외의 민족들은 다른 술을 마셨다. 헝가리 평론가들에 따르면 독일인은 맥주를 선호하고, 슬로바키아인은 감자나 자두로 만든 증류주를 마셨다. 독주만 좋아하는 슬로바키아인의 태도는 민족적 특성일 뿐 아니라 헝가리인들이 슬로바키아의 시골생활의 후진성과 빈곤함을 설명하는 방식 중 하나이기도 했다(영국의 저술가들도 아일랜드의 밀조 위스키와 지독한 가난을 결부시켰다). 각 민족은 술에 취했을 때에도 고유의 특성을 드러내기 마련이라고 여겨졌다. 가령 헝가리인은 취하면 눈물이 많아지고 제 자랑을 늘어놓았다. 슬로바키아인은 현명한 체했다. 독일인은 수다를 떨고 물건을 넘어뜨렸다. 루마니아인은 투덜대고 난폭했다. 우크라이나인은 혼잣말을 하고, 복수심에 불탔다.[10]

구별은 성적 특성에까지 확대되었다. 애국자들은 자기 민족의 여성이 가장 깨끗하고 아름답다고 판명되는 여자다움의 분류법을 고안했다. 헝가리에서 자란 세르비아인 소설가 야코브 이그냐토비치가 볼 때, 세르비아 여성은 "옥수수 이삭 사이에 피어난 양귀비처럼" 다른 모든 민족의 여성들 사이에서 두드러졌다. 그에 따르면, 세르비아 여자를 독일 여자 옆에 두는 것은 마치 새끼 양 옆에 호랑이를 두는 것 같았다. 슬로바키아 저술가들은 헝가리 여자들이 너무 살쪘다고 비난하며 슬로바키아 여성에 대한 자부심을 드러냈다. "헝가리인은 식탁에 구운 빵이 잔뜩 있는 모습을 좋아하듯이 풍풍한 여자들을 흠모한다." 어느 저술가의 설명에 의하면, 슬로바키아 여자들에게는 입맞춤도 다르게 해야 했다. "이마에서 턱까지, 그다음에는 얼굴을 가로질러 귀에서 귀까지, 그렇게 두 번 모두 입술과 입술이, 영혼과 영혼이 만난다."[11]

선술집은 소속을 나타내는 또다른 기호였다. 여러 민족이 섞인 공동체의 각 민족 집단은 서로 다른 술집을 고수했고, 그중 일부 술집은 민족 영웅의 이름을 딴 요리나 민족 상징색을 쓴 요리를 내놓기도 했다. 아담 미츠키에비치의 민족 서사시 『판 타데우시*Pan Tadeusz*』(1834)에는 비트 뿌리 수프, 숲 버섯, 흰 치즈, 소금에 절인 양배추와 비고스bigos로 알려진 돼지고기 요리 같은 폴란드 요리가 나열되어 있다. 한편 헝가리에서는 퍼프리카시 치르케와, 후추를 뿌린 묽은 스튜 구야시(오늘날의 굴라쉬라는 말은 여기서 나왔다)와 더불어, 1840년대까지 철저히 민족 고유의 식재료로 여겨진 고추를 칭송했다. 지역적 차이가 컸지만, 독일 요리는 독일인의 기질을 보편적으로 구현한다고 여겨졌기 때문에 다른 모든 민족이 자기 민족 요리의 우수성을 판단하는 기준이 되었다. 당대의 어느 표현에 따르면, 독일인은 "천박하고, 상스럽고, 유들유들하고, 체격이 크고, 앞뒤가 맞지 않았다."[12]

19세기 중앙유럽 곳곳에 급속히 전파된 커피점은 친화성의 표시이기도 했다. 커피점은 남성적인 환경이라는 점에서 볼 때 성적 고정관념이 작동하는 공간이었다. 반면 여자들은 야외 "정원" 카페나 "커피와 케이크"를 선전하는 장소를 고수하는 경향이 있었다. 그러나 커피점은 세체니가 페스트에 도입한 형태의 카지노와 더불어 점점 민족별로 구분되었다. 트란실바니아의 시비우에는 헝가리인, 독일인, 루마니아인을 위한 카지노가 따로 있었다. 유대인 소비자들이 압도적으로 많은 부코비나의 체르니우치에서는 커피점들이 흑독수리, 카페 합스부르크, 카이저 카페 같은 중립적인 느낌의 "제국"이나 "황제"와 연관된 이름을 채택함으로써 분열적인 민족 정체성 정치와 거리를 두는 모습을 선전의 수단으로 삼았다.[13]

민족 정체성은 옷, 술, 음식, 커피점, 여성관, 입맞춤 예절 등에서 드러났다. 하지만 민족 정체성은 귀로 들을 수도 있었다. 클래식 음악은 중앙유럽에서 출발했다. 통치자들의 궁정과 귀족들의 대저택에서는 음악가들을 둘러싼 치열한 경쟁이 벌어졌고, 18세기 말부터는 작곡가들을 두고 경쟁이 일어났다. 모차르트가 활동한 빈과 하이든이 활동한 헝가리의 궁전 에스테르하지에서는 4악장의 교향곡과 협주곡이 인기를 끌었다. 이는 대화와 카드놀이를 배경으로 연주되는, 그리고 주로 이탈리아 오페라에서 뽑은 외우기 쉬운 곡이 유행했던 당시의 추세를 뛰어넘는 것이었다. 음악은 더 이상 벽지 같은 대상이 아니라 조용히 주의를 기울여야 하는 작품이었다. 음악에 귀를 기울이기 위해서 프로이센의 근위척탄병들이 베를린의 연주회장에서 객석을 순찰할 정도였다. 그리고 J. S. 바흐의 「성 요한 수난곡」이 거의 1세기 동안 그랬던 것과 달리, 이제 음악 작품은 몇 차례만 연주되고 잊히는 임시적인 것이 아니었다. 작곡가들은 역사적인 공연목록의 일부분이 되기를, 요컨대 "클래식"이 되기를 희망하며 오래 남을 작품을 만들었다.

작곡가들은 이제 더 이상 하인들과 함께 저녁을 먹어야 하는 장사치로 취급되지 않았다. 19세기 초에 이르자 작곡가들은 유명 인기인이 되었다. 소설가이자 프레데리크 쇼팽의 애인인 조르주 상드는 "2시간 동안 몇 번의 손놀림으로 그는 6,000프랑 이상을 챙기고, 박수와 재연주 요청과 파리에서 가장 아름다운 여인들의 감격이 이어진다. 악당 같은 사람"이라며 작곡가인 쇼팽의 명성에 대해서 즐겁게 불평했다. 다른 작곡가들은 의도적으로 본인의 명성을 키웠다. 프란츠 리스트는 피아노 독주 중에 기절한 척하고 무대 밖으로 실려 나갔다가 비틀거리며 돌아와 다시 연주하기도 했다. 그는 사람들의 관심을 끌기 위해서 무용가인 롤라 몬테즈(이때는 그녀가 바이에른의 루트비히 1세에게 가버리기 전이었다), 유부녀인 작센 공작 부인, 엽궐련을 피우는 카롤리네 추 자인-비트겐슈타인 등을 애인으로 삼기도 했다.[14]

음악을 듣는 사람들은 오래 전부터 음악을 민족적 차이와 결부시켰다. 실제로 프랑스에는 다음과 같은 옛 속담이 있었다. "스페인은 흐느끼고, 이탈리아는 통곡하고, 독일은 울부짖고, 플랑드르는 청승맞게 울어댄다." 그러나 이제 음악은 자의식적, 민족적 성격을 띠게 되었고, 작곡가들은 본인 작품의 곡조와 선율을 해당 민족의 고유한 것으로 선전했다. 폴란드 시골의 대중적인 민속 선율을 마주르카, 폴카, 소나타 등에 담아낸 쇼팽은 그렇게 선전한 최초의 작곡가 중 한 사람이었다. 쇼팽은 어릴 적에 그 선율을 배웠다고 주장했지만, 그 민속 선율은 폴란드 민요 모음집에서 발췌한 것으로 추정된다. 그래도 쇼팽이 활용한 폴란드 고유의 선율은, 음악을 제외하고는 문화적 정체성을 표현하는 행위가 금지되었던 프로이센과 러시아 점령 시기에 폴란드 민족주의를 진작하는 수단이 되었다. 당시 독일 작곡가 로베르트 슈만이 지적했듯이, 그 민속 선율은 "꽃 사이에 감춰진 대포"였다.[15]

음악과 민족의 연관성은 리하르트 바그너와 체코 작곡가 베드르지흐 스메타나의 작품들에서 훨씬 더 명백하게 드러났다. 두 사람 모두 스스로 민속적이라고 주장한 선율을 작품 속에 집어넣었지만, 그것은 그들의 고향보다 더 광범위한 지역에서 유래한 선율이었다. 프라하의 블타바 강을 칭송하는 스메타나의 유명한 가곡 「나의 조국」 속 선율은 이스라엘의 국가國歌에서도 엿보이는데, 둘 모두 16세기 이탈리아의 다성가곡에서 유래한 것으로 보인다. 스메타나와 바그너가 음악과 전설을 융합했다는 점도 중요하다. 스메타나는 중세 초기의 체코 연대기에서 감동적인 찬가의 주제를 차용했고, 바그너는 중앙유럽과 스칸디나비아 신화 전체를 장장 17시간짜리의 서사 악극곡인 「니벨룽의 반지」로 만들었다. 두 작곡가 모두 오페라 작품에서 첨탑이 있는 성, 산에 우뚝 솟은 험한 바위, 원시림, 유쾌한 중세 장인들의 행렬 같은 상상 속의 민족적 과거가 떠오르게 하는 배경을 선택하기도 했다.

관현악곡, 피아노 협주곡, 오페라 줄거리 등이 전혀 민족적인 것이 아니라(쇼팽의 마주르카 속 지속저음은 폴란드 음악 고유의 요소가 아니었다), 여러 요소가 섞인 것, 조작되었거나 더 폭넓은 유럽 음악의 기준에 속한 것이라는 점은 중요하지 않았다. 작곡가들의 목표는 청중에게 "그들의 진정한 본질적 이미지"를 제시하는 것이었고, 그 이미지에서 민족을 미화하는 새로운 예술적 정체성이 생길 수 있었다. 바그너의 바이로이트 축제극장과 스메타나가 감독으로 재직한 이른바 프라하 임시극장은 훗날 독일인과 체코인을 육성하고 새로운 민족 감수성으로 그들을 개조하는 음악 공장이 되었다.[16]

오페라, 교향곡, 독주곡 등은 비교적 유복한 사람들을 위한 작품이었다. 하지만 그런 작품들의 선율은 선술집에서 울려퍼지고 공원, 노천 카페, 강당 등에서 연주되며 사회적 계서제를 따라 내려갔다. 그 선율은 19세기 초에 갑자기 등장한 무도회장들의 공연목록에도 포함되었다. 새로운 무도회장 중에는 수천 명의 유료 관객을 수용할 수 있는 곳도 많았는데, 심지어 1845년에 설립된 (원래의) 빈 공연예술극장은 한꺼번에 최대 8,000명을 수용했다. 인기 있는 무도회장의 공연목록은 보통 민요와 왈츠와 행진곡이 뒤섞인 메들리였다. 그러나 1848-1849년에 헝가리를 위해 싸운 장군들에게 헌정된 리스트의 「산속에서」, 추방된 코슈트를 회고하는 코르넬 어브라니의 「조국이여, 울지 마오」, 폴란드의 독립 투쟁을 기리는 쇼팽의 「폴로네즈」 같은 명백히 정치적이고 민족주의적인 내용의 작품들을 포함한 공연목록도 많았다.[17]

합창단은 음악을 대중화하고 민족적 선율과 가사를 보급하는 훌륭한 수단이었다. 합창단은 악보 인쇄에 석판술이 활용되고(석판술 덕분에 처음으로 악보를 저렴하게 구할 수 있게 되었다), 때때로 모든 합창단이 1등상을 받아야 할 만큼 치열한 경쟁이 벌어지면서 널리 퍼져나갔다. 서로 다른 민족이 섞여 있는 보헤미아의 여러 지역에서는 독일인 민족 공동체와 체코인 민족 공동체에 별개의 합창단이 있었는데, 그 합창단들은 대기 중인 민병대로 부르는 편이 더 나은 현지의 체육회와 연계되어 있었다. 중앙유럽 도처에서, 합창단의 공연목록은 뻔뻔할 만큼 민족적이고 애국적이었다. 독일인 합창단은 「라인 강의 파수꾼」을, 체코인 합창단은 요세프 틸의 「나의 조국은 어디에」를, 헝가리인 합창단은 페퇴피 샨도르의 「국가國歌」를 불렀다. 관련된 최신 정보는 "종소리", "음악의 잎", 체코인의 경우 "애국하고 헌신하는 소녀들을 위해 엮은 애국 가요 화환" 등의 제목이 붙은 새로운 음악 선집들과 여러 월간지, 주간지에 게재되었다.[18]

어느 민족에 속할지는 사실의 문제가 아니라 결정의 문제였다. 코슈트는 어머니가 독일인이었지만 헝가리인이기를 선택했다. 그의 삼촌은 슬로바키아의 유명한 애국자가 되었다. 그러나 단 하나의 민족에만 속한다고 여길 만한 뚜렷한 근거가 없는 사람들이 많았다. 20세기 초에 어느 군인은 일기장에서 군대 문제를 거론할 때에는 독일어를, 여자친구를 생각할 때에는 슬로베니아어를, 노래를 떠올릴 때에는 세르비아어를, 성적 환상에 펼칠 때에는 헝가리어를 썼다. 어떤 사람들은 당장의 상황과 금전적 이익에 따라서 정체성을 바꿨고, 혹은 몇 가지 언어로 대화하거나 특정 집단의 은어를 섞어 쓰는 등 본인의 정체성에 무심한 태도를 보였다. 교양 있는 도시민조차(예를 들면 슈타이어마르크 사람들) 급하게 글을 적을 때(예를 들면 엽서에) 독일어와 슬로베니아어 단어나 문법을 뒤섞어 썼다.[19]

  사람들이 정체성을 느끼는 방식은 이웃과 부모, 친구와 직장에서 영향을 받았다. 거기에는 정부와 관료제도 관여했다. 오스트리아 제국에서는 1849년에 사람들이 속해 있다고 판단할 수 있는 언어 공동체를 항목별로 열거하는 작업이 첫걸음을 떼었다. 독일어, 헝가리어, 이탈리아어, 루마니아어, 폴란드어, 체코어, 우크라이나어, 슬로베니아어, 크로아티아어(크로아티아어는 세르비아인들의 편의를 위해서 라틴어와 키릴 문자로 표기되기도 했다) 등 9개 언어가 학교에서 가르치고 제국의 법률을 공표할 때 쓰일 수 있는 공용어가 되었다. 하지만 그 9개 언어는 실제로 뒤섞여 사용된 언어나 방언들과는 거의 무관했다. 가장 명백한 사실은 슬로바키아어가 포함되지 않았다는 점이었다. 슬로바키아어는 체코어와 무척 가까워서 독자적인 범주를 부여할 만하지 않다고 생각되었다. 하지만 이디시어, 프리울리어, 달마티아어, 후출어, 윈드어(빈트어), 렘코어, 실롱스크의 폴란드어, 아르메니아어, 집시 롬어, 그리고 고지 실롱스크어도 제외되어 있기는 마찬가지였다.[20]

  오스트리아 최초의 인구 조사는 기본적으로 누가 군대에 징집될 수 있는지, 그리고 얼마나 많은 말을 소유하고 있는지를 확인하는 데 관심이 있었다. 그러나 1880년부터 오스트리아의 인구 조사에는 책임 있는 가장이 본인의 가족과 하인들을 대표해 "일상 대화에서 보통 쓰는 말"이 무엇인지 적어야 하는 공란도 생겼다. 9개 언어 중 하나를 적는 방식은 똑같았으나 이번에는 체코어가 슬로바키아어나 모라바어와 하이픈으로 연결되어 표시되어 있었다. 1881년에 따로 실시된 헝가리 인구 조사는 롬어 사용자, 아르메니아인, 언어 장애인 등에 해당하는 범주가 추가되는 등 수용 범위가 넓어졌다. 이후의 헝가리 인구 조사에서는 응답자에게 8개의 보기를 제시했지만, 보조 목록에서 어떤 일상어를 쓰는지 작성할 수 있도록 허용했다. 인구 조사를 수행하는 관리들은 자신이 사용하는 언어를 작센어나 슈바벤어나 이디시어나 란들러어나 그냥 "우리 말"이라고 대답하는 사람들에게 그 각각의 언어를 "독일어"라고 부르도록 일렀다.[21]

합스부르크령 중앙유럽에서는 인구 조사가 사람들을 미리 결정된 언어 범주에 강제로 집어넣는 데 이용되었다. 그 결과 다양한 민족 정체성의 경계가 더 강화되었다. 미국의 클리블랜드에서 일부분 촬영한 마이클 치미노의 영화 「디어헌터」(1978)에 후줄어가 조금 등장하기는 하지만, 프리울리어, 렘코어, 후줄어 등은 오늘날 거의 살아남지 못했다. 크라인 출신의 이민자들과 함께 미국의 오하이오로 건너간 윈드어(빈트어)를 둘러싼 기억은 지금도 남아 있다(오늘날 그 이민자 공동체의 회보는 영어로 발행되고 있지만 말이다). 달마티아어의 마지막 사용자는 1898년에 세상을 떠났다. 정부가 승인한 목록에 실리지 않는 언어와 소속 증표는 종종 그런 운명을 겪기 마련이다.

합스부르크 제국의 영토 밖에서 실시된 대부분의 인구 조사는 그저 주민들이 독일인이라고 가정하거나 그들이 사용하는 언어는 중요하지 않다고 여기는 등 민족 정체성에 관심이 없었다(1905년에야 슐레스비히-홀슈타인에서 프리슬란트어와 덴마크어를 쓰는 인구가 별도로 확인되었다). 프로이센은 수집한 정보의 규모뿐 아니라 "모국어"를 기준으로 인구를 분류하는 방식도 달랐다. 1858년과 1861년의 인구 조사부터 프로이센의 행정 관리자들은 독일어 외에 체코어, 모라바어, 벤트어, 폴란드어, 카슈브어, 마주르어, 리투아니아어, 프리슬란트어 등의 다른 여러 언어도 포함했다. 그러나 최종 집계에서는 원래의 개별 결과가 합산되어 벤트인, 카슈브인, 마주르인을 비롯한 모든 슬라브어 사용자들이 폴란드인으로 묶였고, 프리슬란트어, 네덜란드어, 이디시어 사용자들은 독일인으로 분류되었으며, 어차피 곧 독일인이 될 것이라는 인구통계학자들의 확신이 있었기 때문에 일부 집계에서는 리투아니아인도 독일인으로 분류되었다.[22]

프로이센이 실시한 인구 조사의 목적은 프로이센 왕국의 언어 구성을 제시하는 것이 아니었다. 정책으로 추진된 인구 조사의 목적은 비非독일인이 우위에 있는 지역이 어디인지, 학교 교육, 추방, 강제 이주를 통한 주민들의 독일화 작업을 강화해야 하는 지역이 어디인지 보여주기 위한 것이었다. 하지만 그런 목적의 인구 조사는 "1861년 인구 조사에 근거한 프로이센인의 국가의 언어 지도"라는, 매우 특이한 시각적 결과물을 탄생시켰다. 이 지도에서 프로이센의 중심부에는 베이지색으로 표시된 독일어 사용자들의 권역이 단단히 자리 잡고 있지만, 동쪽 측면에는 온통 빨간색으로 표시된 폴란드어 사용자들의 권역이 위협을 가하고 있다. 그럼에도 불구하고, 덧붙여진 다른 지도는 프로이센뿐 아니라 플랑드르와 네덜란드, 그리고 스위스의 대부분을 포함한 중앙유럽 곳곳에서 독일인이 압도적인 다수였음을 보여준다. 스칸디나비아, 덴마크, 영국 등은 확실히 "게르만 민족"의 나라들이라는 이유로 조금 더 연한 색을 띠고 있다.[23]

"1861년 인구 조사에 근거한 프로이센인의 국가의 언어 지도"는 에른스트 모리츠 아른트가 작사한 노래 「독일인의 조국은 어디인가?」에서 이미 명백히 드러난 난제를 보여준다.

프로이센인가, 슈바벤인가?
라인 강변의 포도꽃이 피는 곳인가?
갈매기가 날아다니는 유틀란트 해안인가?
아, 아니다! 아니다! 아니다!
독일인의 조국은 더 클 것이다!
[추가로 8개의 절이 이어진다.]

그런데 독일인의 조국은 얼마나 넓어야 할까? 독일인의 조국은 프로이센과 독일 연방의 작은 주들로 구성된 "소小독일"이어야 할까, 아니면 오스트리아의 독일어 사용 지역까지 끌어모으는 "대大독일"이어야 할까? 독일 연방과 오스트리아 제국 전체를 합친 새로운 초超국가의 일부일까? 새로운 초국가는 확실히 1850년대 초에 프란츠 요제프가 품은 야심이었을 것이다. 당시 프란츠 요제프는 그런 "7,000만 명의 제국"에서 자신이 주도적인 역할을 맡을 수밖에 없으리라고 생각했기 때문이다. 혹은 동쪽의 "황야"로 독일의 변경을 확장하는, 일찍이 자신들의 역사적 운명으로 여긴 목표를 달성하지 못할 수도 있을까? 훗날 비스마르크는 아직 답을 얻지 못한 아른트의 질문에 답 하나를 내놓는다.

제27장
비스마르크의 독일과 쿠엔-헤데르바리의 크로아티아

오토 폰 비스마르크의 삶은, 10대 자녀가 한동안이 아니라 평생을 시행착오만 겪으며 보낼까 싶어 걱정하는 부모들이 좋아할 만한 사례일 것이다. 흔히 생각하는 것과 달리 프로이센이 아니라 프로이센령 포메른에서 자란 비스마르크는 대학교 공부를 등한시하고 여러 직업을 전전하며 불안한 청년기를 보냈다. 술에 취해서 소동을 부리고 산탄총으로 무모한 행동을 하며 이웃들을 위협하기도 했고, 걸핏하면 여자들의 침실에 다람쥐를 풀어놓는 짓 같은 몹쓸 장난을 쳤다. 젊은 시절 비스마르크는 주로 부잣집 딸들과 연애했고, 애인들이 자기 빚을 갚아주기를 바랐다.

비스마르크는 30대 초반이 되어서야 결혼했다. 부인인 요하나 폰 푸트카머는 내성적인 사람이었다. 그녀는 남편에게 진지한 태도를 가르쳤고, 공직에서 경력을 쌓는 방향을 고려하도록 설득했다. 부인의 인도에 따라서 비스마르크는 루터주의의 한 형태인 경건주의를 받아들였다. 경건주의는 의식 절차라는 불필요한 요소가 제거된, 기도와 내면적인 신앙의 빛을 강조하는 사상이었다. 비스마르크가 요하나에게 보낸 편지는 무척 감동적이다.

> 나는 남들에게 보이기 위한 사교계 부인과 살려고 당신과 결혼한 것이 아니라, 하느님 안에서, 그리고 내 마음이 요구하는 대로 당신을 사랑하기 위해, 이 생경한 세상에서 그 어떤 척박한 바람도 식힐 수 없는 곳, 내 벽난로로 따뜻하게 할 수 있는 곳, 밖에 폭풍이 몰아치고 강추위가 와도 내가 곁으로 다가갈 수 있는 곳을 가지기 위해 결혼했소.[1]

요하나와 주고받은 편지에 등장하는 비스마르크라는 인물은 한때 그를 기리기 위해 서 있었던 수백 개의 엄숙한 청동상과 석조 "비스마르크 탑"과 어울리지 않는다(제2차 세계대전 도중에 녹여버렸거나 최근에 철거되었기 때문에 지금은 대부분 남아 있지 않다). 토머스 에디슨의 밀랍관 축음기에 우연히 녹음된 내용에 비춰보면, 감동적인 웅변가로 추정된 그의 목소리는 사실 빽빽거리고 중얼거리는 목소리였다는 당대인들의 기억과 일치한다.[2]

요하나가 미친 영향에도 불구하고 비스마르크는 세상을 떠날 때까지 폭식과 과음에 빠져 살았다. 주치의조차 더는 그를 치료할 수 없다며 차라리 수의사에게 가보라고 권유할 정도였다. 열차 승무원들은 비스마르크가 기차여행 중 바닥에 버려 굴러다니는 맥주병을 모두 수거하느라 고생했다. 오늘날 런던을 방문하는 사람들은 웨스트민스터 다리의 동쪽 템스 강 제방에 서 있는 벤치를 보고 감탄할지도 모르겠다. 그 벤치 중 하나는 1885년에 비스마르크가 영국 외무부로 향하던 중 술을 깨기 위해서 잠을 청했던 자리이다.

조상 대대로 내려온 비스마르크의 집은 외풍이 들어오고 쥐가 들끓는 허름한 농가였고, 마구간은 금방이라도 허물어질 것 같았다. 하지만 비스마르크는 귀족으로 여겨졌다. 따라서 일단 공직에 투신하기로 마음먹은 뒤에는 제방 감독관이라는 지방 공무원부터 프로이센의 주 단위 소집의회의 의원까지 이어지는 정치적 사다리를 쉽게 올라탈 수 있었다. 1848년 혁명에서 보수적 대의명분을 지지했으니, 시기도 잘 만났고 정치적 동맹도 적절히 맺었다고 볼 수 있다. 비스마르크는 열성 왕당파로 이름을 떨친 뒤 1851년에 프리드리히 빌헬름 4세의 선택으로 독일 연방 위원회의 회합에 참석할 프로이센 대표가 되었다. 비스마르크는 간절한 마음으로 그 직책을 맡았다. 훗날 그가 친구이자 미국의 역사가인 존 모틀리에게 말한 바에 따르면, 프로이센의 소집의회는 "사람들이 허튼소리를 하는", "이상하리만치 유치하고 흥분한 정치인들"로 가득한 "빈말의 집"이었다.[3]

1815년에 빈 회의에서 합의한 협정에 따라 오스트리아 대표가 위원장을 맡은 독일 연방 위원회는 프랑크푸르트에서 열렸다. 회의에서는 우월한 지위의 표시로 오스트리아 대표만 담배를 피울 수 있었는데, 비스마르크는 위원회에 참석하자마자 오스트리아 대표의 성냥으로 엽궐련에 불을 붙였다. 당시에는 예의에 어긋나는 것으로 잘못 해석되었던 비스마르크의 그 행동은 정치 질서에 대한 노골적인 도전이었다. 그때까지 독일 연방은 오스트리아와 프로이센 사이에서 균형을 유지하고 있었다. 그때부터 비스마르크는 프로이센에 유리한 쪽으로 저울눈을 기울여 연방 내의 소국가들 사이에서 오스트리아의 영향력을 줄이고 오스트리아를 외교적으로 고립시키고자 애썼다. 아울러 1859년에 간교한 프랑스의 황제 루이 나폴레옹 3세가 젊은 프란츠 요제프를 승산 없는 전쟁으로 끌어들였을 때에는 프로이센의 중립을 촉구하기도 했다(결국 그 전쟁에서 합스부르크 왕가는 이탈리아의 신생 왕국에 롬바르디아와 밀라노를 빼앗기고 말았다).

프로이센이 발흥해 마침내 독일 제국으로 탈바꿈하는 과정은 결코 필연적이지 않았다. 프로이센은 나폴레옹 1세에게 군사적 치욕을 겪었고, 빈 회의에서 작센을 병합하는 데 실패했으며, 이웃의 러시아를 늘 긴장의 눈길로 주시하며 온건한 외교 정책을 고수했다. 프로이센이 1834년 이후 독일 연방의 대부분 지역에 구축한 자유 무역 지대, 즉 관세 동맹은 역사가들이 흔히 말하는 바와 달리 중앙유럽의 패권을 차지하려는 은밀한 노력이 아니었다. 프로이센은 영토가 여러 곳에 흩어져 있었기 때문에 왕국 내의 한 지역에서 다른 지역으로 넘어갈 때에도 국경을 넘을 때처럼 매우 높은 관세를 내야 했다. 게다가, 관세 동맹은 프로이센보다 약한 주변국들에게 이익이 되기도 했다. 주변국들이 관세 동맹의 외부에서 유입되는 상품으로 불균형적인 이익을 얻었고, 그 결과 프로이센의 지배력에 시달릴 가능성이 줄어들었기 때문이다.

그러나 프로이센의 경제적 발흥은 부정할 수 없는 사실이었다. 1815년에 프로이센은 작센에 대한 보상으로 루르 지방의 대부분을 얻었는데, 뜻밖에도 그 루르 지방이 석탄 및 철강 산업의 중심지로 발전했다. 철도에 힘입어 기회와 부가 크게 증대했고, 초창기의 어느 기업가가 설레는 마음으로 표현했듯이, 철도는 "기술적 진보의 개선 행진차"를 "연기를 뿜어내는 거인들"과 연결했다. 그러나 프로이센의 첫 번째 기관차 제작 시도는 실망스러웠다. 기관차의 개스킷이 파괴되거나 기관차가 내리막 선로에서만 움직였기 때문이다. 따라서 프로이센은 뉴캐슬의 스티븐슨 조차장에서 기술을 들여와야 했다. 그러나 프로이센은 (영국과 벨기에보다 10년) 늦게 철도 경쟁에 뛰어들었음에도 더 가파른 경사에 더 잘 대처하기 때문에 산을 뚫거나 우회하는 선로가 필요 없는 6륜 2-2-2형 기관차까지 개발할 수 있었다. 대부분 국유 재산이었던 프로이센의 철도망은 1850년부터 1870년까지 10배 확대되어 총 5,000킬로미터 이상이 되었다.[4]

비스마르크는 역사가들이 그의 모순된 사고를 발견할 만큼 많은 발언을 남겼다. 그는 이 정책 저 정책 사이를 오갔고, 그가 밝힌 유일한 개인적인 욕심은 평생 샴페인 1만 병을 마시는 것이었다. 그러나 적어도 1860년대 초가 되자 그는 모종의 계획에 이르렀다. 프로이센의 신임 국왕 빌헬름 1세(재위 1861-1888)가 조만간 자신을 새 내각의 수장에 임명할 것으로 예상한 비스마르크는 1861년 여름에 국제 여론을 파악하고자 런던을 방문했다. 런던에서 그는 영국의 보수당 정치인인 벤저민 디즈레일리를 만났고, 대학교에서 배웠던 유창한 영어로 다음과 같이 설명했다.

> 어쩔 수 없이 조만간 프로이센 정부를 이끌어야 할 것 같습니다……군대가 존경심을 불러일으킬 만한 상태에 이르자마자 나에게는 오스트리아에 전쟁을 선포하고, 연방을 해산하고, 소국들을 정복하고, 프로이센의 주도로 독일에 국가적 통일성을 부여할 수 있는 처음이자 가장 좋은 구실이 생길 것입니다. 나는 귀국 여왕의 장관들에게 이 말을 하려고 왔습니다.

이때 비스마르크는 디즈레일리에게만 이 말을 한 것이 아니었다. 그 방에는 오스트리아 대사도 있었다.[5]

회합 자리를 떠나면서 디즈레일리는 오스트리아 대사에게 "저 사람을 주목하시오. 한다면 하는 사람이니까"라고 말했다. 그러나 빈의 프란츠 요제프 황제는 비스마르크의 말을 허풍으로 여기며 디즈레일리의 조언을 무시했다. 그로부터 5년도 지나지 않아 프란츠 요제프는 프로이센과의 전쟁에 휘말려 완패하고 말았다. 오스트리아인들은 자신들이 보헤미아에 군대를 숨겨두고 있다고 생각했다. 그러나 비스마르크의 재산을 관리하던 은행가 게르존 폰 블라이히뢰더가 사료 구매 가격을 확인하기 위해서 그곳의 금융업자들에게 전보를 보낸 결과, 구매 비용이 가장 높은 곳은 다름 아니라 오스트리아 군대가 있는 곳이었다. 프로이센 군대가 오스트리아의 훨씬 더 불편한 전장식 머스킷총이 아니라 후장식 머스킷총으로 무장한 점도 유리하게 작용했다. 책략과 무기 측면에서 밀린 오스트리아 군대는 1866년 여름, 고작 7주일 만에 무너졌다.

비스마르크는 독일 연방을 해체하고 마인 강 북쪽의 영토 대부분을 프로이센에 합병했다. 하노버 왕국은 1866년에 없어졌고, 마지막 왕이자 에른스트 아우구스트의 아들인 게오르크 5세(1819–1878)는 망명했다. 독일 연방 가맹국이었던 리히텐슈타인은 독립과 중립을 선언했다. 오스트리아와 스위스 사이에 끼어 있는 리히텐슈타인은 너무 멀리 떨어져 있었기 때문에 비스마르크가 굳이 신경을 쓸 필요가 없었다. 룩셈부르크도 가까스로 독립의 길을 걸었다. 적의 수중으로 넘어갈 경우, 룩셈부르크의 거대한 요새(북쪽의 지브롤터로 불렸다)는 모든 주변국에 위협이 되었다. 결국 국제 협정에 따라서 룩셈부르크 공국은 요새를 해체하는 조건 아래 중립국으로 선포되었다. 요새를 철거하기까지는 16년이 걸렸다.

프란츠 요제프를 이기고 5년 뒤, 비스마르크는 "소小독일주의" 해결책을 실행하는 데 성공했다. 머지않아 몸집이 불어난 프로이센인의 국가에 맞서 프랑스가 전쟁을 일으킬 것으로 예상한 비스마르크는 일단 프랑스 황제 루이 나폴레옹 3세를 외교적으로 고립시킨 다음 싸움을 걸기로 마음먹었다. 1870년 여름, 폰 몰트케 장군이 이끄는 프로이센 군대는 메스와 스당에서 적군을 격파했고, 루이 나폴레옹을 사로잡았다. 비스마르크, 프로이센의 빌헬름 1세, 몰트케, 그리고 패배한 프랑스 황제는 스당 인근에 있는 어느 직공織工의 오두막에서 만났다. 서로 악수한 뒤 나폴레옹은 포로가 되었고, 나머지 세 사람은 파리로 진군했다. 4개월 뒤인 1871년 1월, 비스마르크는 베르사유 궁전의 거울의 방에서 빌헬름 1세를 독일 황제로 선포하는 행사를 연출했다. 프로이센의 총리인 비스마르크는 이제 새로운 독일 제국의 재상이 되었다.

그러나 비스마르크가 만들어낸 새로운 제국은 오스트리아 땅의 독일인, 즉 약 1,000만 명의 독일인이 빠진 제국이었다. 이런 맥락에서 비스마르크는 독일의 민족 정체성에 대한 해답이 아니라 정치적 해결책을 제시했을 뿐이었다. 일찍이 19세기 초에 아른트는 독일인의 조국이 어디에 있는지 물었다.

그렇다면 그 위대한 땅의 이름을 대 봐!
물론, 오스트리아일 거야,
승리와 영광이 넘치는 곳.

오스트리아를 빼면 비스마르크의 독일은 아른트가 상상한 독일인의 조국보다 눈에 띄게 작았다. 오스트리아가 빠진 상태는 1918년 이후 20

년 만에 찾아온 복수의 기회를 위해서 당분간 그대로 유지되었다.

　독일인은, 최소한 대부분의 독일인은 프로이센 아래 하나가 되었다. 한편 오스트리아 제국은 둘로 쪼개졌다. 1860년대에 프란츠 요제프의 절대주의적 통치는 군사적 실패와 막대한 부채에 짓눌려 무너지고 말았다. 은행가들은 아무에게도 책임지지 않는 주권자에게 돈을 빌려주지 않았다. 안셀름 로스차일드는 "헌법이 없으면 돈도 없다"라고 퉁명스럽게 말했다. 프란츠 요제프는 입헌통치를 점진적으로 받아들일 수밖에 없었다. 애초에 프란츠 요제프가 제정하고자 했던 가짜 헌법의 중심에는 그의 귀족 친구들로 구성된, 선출되지 않은 의회가 자리 잡고 있었다. 1861년, 그는 가짜 헌법으로 은행가들을 설득하지 못하자 오스트리아 제국 전체의 선출된 의회인 제국 평의회를 설립했다. 오스트리아 제국 평의회는 주와 소규모 지역의 여러 소집의회에서 파견한 대표자들로 구성되었다.[6]

　헝가리 정치인들은 여기에 협조하지 않았다. 1861년에 헝가리 의회가 열렸지만, 의원들은 "분개"를 뜻하는 라틴어를 헝가리어로 가장 잘 번역하는 방법을 논의하는 데 대부분의 시간을 보냈다. 그들은 오스트리아 의회에 대표자들을 보내는 방안에 전적으로 반대했다. 대다수 헝가리인들은 1848년의 4월법으로 헝가리는 독립했고, 그 법은 여전히 유효하다고 생각했다. 따라서 그들은 빈에 중앙 의회를 갖춘 거대 국가에 헝가리를 합병하려는 그 어떤 시도에도 반대했다. 그런데 막후에서 소수의 인사들이 비스마르크와 공모했다. 1866년 8월, 헝가리 장군 출신의 죄르지 클랍커가 조직한 1,500명의 망명자로 구성된 군대가 프로이센인들을 지원하기 위해서 헝가리를 일시적으로 침공한 것이다.[7]

　이처럼 불안정한 헝가리의 정국에서 프란츠 요제프는 자신의 영향력이 약화되는 상황을 우려했다. 그는 협상에 필사적이었다. 헝가리를 계속 합스부르크 왕가의 세력권에 두는 한편, 이전에 4월법에서 보장한 자유를 부여하는 해법을 찾아야 했다. 헝가리의 유능한 법률가인 데아크 페렌츠가 해답을 내놓았다. 그가 찾아낸 해법은 헝가리에 완전한 자치권을 부여하되 헝가리가 군사 문제와 외교 정책을 제국의 나머지 구성국들과 공동으로 처리하는 방식이었다. 이 방식은 1867년에 프란츠 요제프가 동의한 합의를 통해서 실현되었다. 헝가리는 페스트–부다(1873년 이후 부다페스트로 불렸다)에 의회와 정부를 두면서 자치국이 되었다. 헝가리는 통치자라는 개인을 통해, 그리고 외교와 전쟁 문제를 담당하는 "공동 내각"과 그 2개의 부처에 자금을 제공하는 제3의 부처인 재무부를 통해 오스트리아 제국의 나머지 구성국과 계속 연결된 상태로 남았다.

1867년의 합의(또는 대타협)는 절묘한 해결책이었다. 제국을 하나로 유지하는 동시에 절반으로 나누었기 때문이다. 헝가리가 한 부분이고, 보헤미아, 폴란드령 갈리치아, 티롤, 부코비나 등의 나머지 모두가 다른 부분을 이루었다. 헝가리를 제외한 부분은 명확한 이름이 없었기 때문에 "제국 평의회에서 대표되는 영토들과 왕국들"이라는 기괴한 공식 명칭으로 불렸다. 아무도 그런 장황한 명칭을 쓰려고 하지 않았기 때문에 비공식적으로는 "라이타 강 이쪽의 땅"이라는 뜻의 "시스라이타니아"라고 불렸는데, 라이타 강은 당시 헝가리와 오스트리아의 경계를 이루는 강이었다. 헝가리의 새로운 지위를 고려해, 제국의 명칭도 "오스트리아–헝가리 제국"(약칭은 오스트리아–헝가리)으로 바뀌었다. 프란츠 요제프는 1867년에 정식으로 헝가리의 왕으로 대관했고, 헝가리의 신임 내각을 임명했다.

독일, 시스라이타니아, 헝가리 등은 헌법이 공적 생활을 좌우하고 시민에 귀속된 권리를 다양한 수준에서 열거한다는 의미에서 입헌 국가였다. 독일, 시스라이타니아, 헝가리 모두 인정된 의회가 있었다. 헝가리에서는 투표권을 지닌 성인 남성이 10퍼센트 미만이었지만, 독일에서는 1871년 이후, 오스트리아에서는 1907년부터 모든 성인 남성이 동등한 투표권을 가졌다. 독일과 시스라이타니아는 연방제가 시행되는 곳이었다. 새로운 독일 제국에서는 독립국이었던 12개 독일 국가들의 옛 소집의회가 유지되었고, 시스라이타니아는 계속 독자적 정부와 소집의회를 지닌 여러 개의 주로 나뉘어 있었다. 부다페스트에 중앙 정부와 의회가 있는 헝가리에서는 단일 국가 원칙이 지배적이었다. 그럼에도 불구하고 크로아티아는 자그레브에서 열리는 의회인 사보르를 유지했다. 그러나 다들 의회가 있기는 했어도 독일과 시스라이타니아와 헝가리의 체제는 의회제가 아니었다. 중앙유럽에서 권력은 늘 있었던 곳에, 즉 군주와 국가 관료 사회에 그대로 남아 있었다.

　공무원들이 기준을 정했다. 중앙유럽 각국에서 정부의 장관들은 대부분 관료였다. 행정부에서 출세한 그들은 자신들이 통치자에게 책임질 뿐 의회에는 책임지지 않는다고 생각했다. 시스라이타니아와 헝가리에서는 군주가 의회를 중단하거나 완전히 무시한 채 관료들로 구성된 정부로 통치하는 것이 전적으로 가능했다. 의회는 정부에 대한 책무와 소속 정당 및 유권자에 대한 의무 사이에서 균형을 잡는 법률가와 국가 행정 관리자(그 두 직종은 서로 겹쳤다)가 지배했다. 1890년대에 이르러서야 비로소 독일의 공무원들이 제국의회의 의원으로 선출될 경우 관직에서 물러나게 되었다(그전까지 의원들은 일반적으로 정부의 입법안을 지지하며 정부의 명령을 따라야 했다). 헝가리에서는 1880년대에 대의

원을 맡은 사람의 절반 정도가 현직이나 전직 공무원과 지방 정부 관리였다.[8]

헌법은 통치자와 그의 부하들을 견제해야 했지만, 통치자와 그 부하들에게는 헌법을 우회하는 방법이 많았다. 베를린과 부다페스트와 빈의 정부들은 갖가지 긴급권을 보유했고, 따라서 의회의 감시나 승인 없이 예산을 집행할 수 있었다. 게다가 정부의 업무 전체가 헌법적 견제 없이 운영되었고, 특히 군사 및 외교 정책은 주권자의 특권에 속하는 것으로 여겨졌다. 1910년에 프로이센의 어느 대의원이 독일 제국의회에서 찬성의 뜻으로 설명했듯이, 황제의 지휘권은 "황제가 언제나 아무 부관에게 '대원 10명을 데리고 의회를 폐쇄하라!'라고 말할 수 있어야 한다"라는 것을 의미했다. 그의 조언은 우레와 같은 박수를 받았다.[9]

헌법 역사가들이 "법률상 추정"으로 부르는 것보다 행정부 공무원과 일반 공무원의 권력을 더 구체적으로 보여주는 것은 없다. 19세기의 영국과 프랑스와 미국에서는 법률상 추정이 시민에게 적용되었다. 법이 침묵하는 경우 시민은 자유로웠다. 1789년 프랑스 인권선언에 따르면 "법으로 금지되지 않은 것은 아무것도 막을 수 없고, 누구도 법에 규정되지 않은 일을 하도록 강요될 수 없었다." 그러나 중앙유럽 곳곳에서는 정반대의 원칙이 적용되었다. 법이 침묵하는 경우에는 "행정 재량", 또는 자유 행정freie Verwaltung이 만연했다. 따라서 정부와 관료는 의회를 완전히 우회하는 법령으로 공백을 채울 수 있었다. 실제로 입법 과정에서 행정 재량이 포함되는 경우가 많았다. 그 결과, 시간이 지나면 장관의 법령으로 구체화될 것이라는 태도에 따라서 법률은 모호하고 틀이 잘못된 상태로 남겨졌다.[10]

법의 공백을 채우는 과정에서 가장 적극적으로 자유를 해치는 지시를 정기적으로 발표한 것은 내무부였다. 단체와 회의체는 법에서 자유로운 운영을 명확하게 허용하지 않았기 때문에 명백한 표적이 되었고, 관리들은 단체와 회의체의 구성원들이 모여서 회합을 진행하는 방식에 제한을 두었다. 길거리에서의 행동을 둘러싼 법 규정도 전혀 없었기 때문에 경찰서장들은 예절에 대한 지시를 내렸다. 실제로 헝가리에서는 양가良家 출신의 여인들을 희롱하는 행위를 금지하는 것 같은 터무니없는 지시가 내려졌다. 그런 규제 조치에는 국가기관의 제정 및 집행 권한 말고는 법적 근거가 없었기 때문에 사람들은 법원에서 그것에 대한 공정한 판결을 호소할 수도 없었다.[11]

  사회주의자들에 대한 시스라이타니아의 법률은 일부러 모호한 상태로 방치되었다. 사회주의 자체가 금지되지는 않았지만, 경찰청장이나 내무부가 "법에 저촉되거나" "선동적"이라고 간주하는 정치 결사는 금지되었다. 그러므로 정치 결사의 회원들은 자의적인 이유로 벌금을 내거나 투옥되기 십상이었다. 1870년 부랑자법은 시스라이타니아 지역의 관리들에게 생계수단을 입증하지 못하는 사람들을 해당 구역에서 추방할 수 있는 광범위한 재량권을 부여했는데, 현지의 관리들은 파업 참가자들이나 정치 선동가들에게 그 재량권을 행사했다. 정치 회합은 전반적으로 초대를 받은 경우에만 참가가 허용되었기 때문에 주최자들은 미리 회원들에게 편지를 보내고 참가자 명단을 작성하는 번거로운 일을 거쳐야 했다. 또다른 불편한 점으로는 회합 이틀 전에 미리 경찰에 회합이 예정되어 있다는 사실을 알릴 의무가 있다는 것이었는데, 덕분에 당국은 절차상의 이유를 들어 회합을 금지할 시간을 벌었다.[12]

  가끔은 정부의 법령이 비밀로 유지되는 바람에 "현 시점까지 전달되지 않은 법령"의 특별 모음집을 통해서 소급되어 발표될 때까지 시민들은 자신이 범죄를 저지르고 있다는 사실을 알지 못했다. 공시되지 않은 예외 조항이 법령에 포함되는 경우도 있었다. 바덴의 유명한 경찰 고시인 "이 도로의 이용을 허용한다"를 비롯해, 적어도 독일에서 게재된 대부분의 "경찰 고시"는 규제 내용과 경찰의 권한 범위를 거만한 느낌으로 전달했다(지금도 그렇다). 영국의 희극 소설가인 제롬 K. 제롬은 『자전거를 탄 세 남자Three Men on the Bummel』(1900)에서 독일의 경찰 고시가 나무에 번호를 매기는 독일인의 습관처럼 황당하다고 묘사했지만, 독일의 경찰 고시는 통제되지 않은 관료 권력의 바다에서 개인의 자유가 섬으로만 존재하는 현실을 드러냈다.

1860년에 인구가 200만 명을 살짝 넘은 크로아티아 왕국은 정치적 긴장, 민족 정체성을 둘러싼 모호성, 그리고 19세기 중앙유럽 도처에서 일어난 발전을 뒷받침했던 관료제적 관리라는 습속의 축소판이었다. 공식적으로 "크로아티아와 슬라보니아와 달마티아 왕국"으로 알려진 크로아티아는, 종속국으로서(크로아티아인들의 시각에서는 동등한 부분으로서) 더 큰 헝가리 왕국에 속해 있었기 때문에 인형 안의 인형인 셈이었다. 그리고 공식 명칭과 달리 달마티아는 시스라이타니아에 속해 있었고 1918년까지 빈의 통치를 받았기 때문에, 크로아티아의 일부분이 전혀 아니었다.

더구나 슬라보니아의 3분의 1과 크로아티아의 상당 부분이 1881년까지 오스트리아 군정 국경지대에 편입되어 빈의 전쟁부에 의해서 관리되었다. 크로아티아 정부는 반Ban이라는 역사적으로 유명한 칭호의 소유자인 총독이 이끌었다. 그러나 빈의 황제는 (헝가리 국왕의 자격으로) 크로아티아 의회의 의견을 고려하지 않은 채 헝가리 총리의 조언에 따라서 총독을 임명했다. 설상가상으로 자그레브에서는 크로아티아 왕의 대관식을 따로 치르지 않았고, 헝가리 왕으로 대관한 사람이 자동으로 크로아티아의 왕이 되었다.

크로아티아인들은 자신들의 운명이 어떻게 될지 확신하지 못했다. 독창적이지만 위험한 인물이었던 크로아티아의 주교 요시프 슈트로스마예르(1815-1905)를 추종하는 집단은 크로아티아인을 남슬라브인의 분파로 보았고, 크로아티아인 주도하에 이웃의 세르비아인과 통일하는 방안을 추진했다. 1866년에 슈트로스마예르가 자그레브에 유고슬라비아(남슬라브라는 뜻) 예술원을 설립하고 가톨릭 교회와 정교회의 화해를 촉구한 것은 바로 그런 목적을 이루기 위해서였다. 이른바 "권리당"에 모인 다른 사람들은 반대쪽을 바라보았다. 그들은 크로아티아를 달마티아와, 그리고 시스라이타니아의 슬로베니아 지역과, 그리고 나중에는 보스니아와 통합하는 방안을 모색했다. 그러나 1881년에 군정 국경지대가 철폐되자 약 30만 명의 세르비아인이 크로아티아의 시민이 되었다. 이제 크로아티아 정치인들은 세르비아인에 "압도되어" 결국 세르비아인이 지배하는 남슬라브 국가의 시민이 되는 상황을 점점 두려워하게 되었다.

헝가리와의 관계는 결코 긴장을 늦출 수 없었다. 1868년, 크로아티아와 헝가리의 정치인들은 나름의 헌법적 타협을 맺었다. 그 타협의 결과로 크로아티아는 자치국 수준에 다소 미치지 못하게 되었다. 자그레브의 공동 사무국에 상당한 권한이 부여되었지만, 공동 사무국이 헝가리 정부에 보고할 의무가 있었기 때문이다. 타협에서 도출된 재정적 조건은 인색하지 않았다. 대부분의 세수가 공동 사무국으로 흘러갔지만, 공동 사무국은 대규모의 경제 및 기반 시설 사업을 지원하기 위해 세수를 크로아티아의 몫으로 남겨두었다. 그럼에도 다수의 크로아티아인은 헝가리가 크로아티아인의 돈을 가지고 떠날 것이라고 확신했다. 1878년, 합스부르크 제국이 오스만 제국령 보스니아를 점령하면서 긴장은 더 고조되었다. 헝가리인들은 오스트리아-헝가리에 슬라브인이 새로 유입되면서 현지 민족 집단 간의 미묘한 균형을 깨뜨리는 상황을 염려했다. 반면 다수의 크로아티아인은 보스니아인을 자신들에게 유리한 쪽으로 인구통계학적 구성을 바꿔놓을 동포로 바라보았다.[13]

자그레브의 공동 사무국에서 크로아티아인들은 정규직으로, 헝가리인들은 임시파견직으로 일했다. 이런 와중에 크로아티아인에게 헝가리어를 배우도록 강요하자 격렬한 논쟁이 벌어졌다. 게다가 공동 사무국이 크로아티아 기관인지 헝가리 기관인지도 합의가 이루어지지 않았다. 물론 공동 사무국은 "**공동**"이라는 표현에서 짐작할 수 있듯이 크로아티아 기관이기도 하고 헝가리 기관이기도 했다. 하지만 1883년에 어느 중견 관리가 공동 사무국 청사 앞에 내걸린 문장紋章에 크로아티아어뿐 아니라 헝가리어로도 글귀를 적으려고 생각했을 때에는 큰 혼란이 벌어졌다. 자그레브에서 폭동이 발생했고, 총독은 사임했으며, 빈의 황제는 계엄령을 선포했다. 청사를 담당하는 장군이 언어에 상관없이 문장에 적힌 글귀를 모두 지우라고 명령한 뒤에야 질서가 회복되었다.[14]

그런 혼란 속에서 프란츠 요제프는 젊은 쿠엔-헤데르바리 카로이(1849-1918)를 낙하산식으로 크로아티아의 신임 총독에 임명했다. 쿠엔-헤데르바리는 모든 면에서 비스마르크와 정반대였다. 그는 자기 혈통의 뿌리를 12세기까지 거슬러 올라갈 수 있는 일류 귀족이었다. 심지어 본인의 사유지 중 한 곳에 1241년의 몽골-타타르족의 침략을 겪고도 살아남은 미루나무의 그루터기가 있다고 자랑할 수 있을 정도였다. 호리호리한 체격에 기품이 있으며 아주 멋진 수염을 기른 쿠엔-

헤데르바리는 트란실바니아 최고 귀족 중 한 사람의 놀랄 만큼 아름다운 딸과 결혼했고, 학회도 후원했으며, 열성적인 지질학자이자 문장학 연구자였고, 젊은 시절에는 법학 학위도 3개나 땄다. 슬라보니아에 사유지가 있었고, 크로아티아어를 완벽하게 구사했으며, 크로아티아인들과 어울릴 때에는 카로이가 아닌 드라구틴이라는 이름으로 불리기를 고집했다는 점도 중요하다. 쿠엔-헤데르바리는 자신이 헝가리인이자 크로아티아인이라고 자랑스럽게 선언했다.[15]

쿠엔-헤데르바리도 비스마르크처럼 한결같이 무자비했다. 크로아티아에는 독자적 의회인 사보르가 있었다. 사보르는 유대인과 개신교도에 대한 법적 제한을 철폐하고, 교사 양성의 질을 개선하고, 농민의 마지막 부담을 제거하는 법을 만들고, 법원의 업무가 투명하게 진행되도록 하려고 노력하는 등 임무를 잘 수행했다. 100명 정도의 대의원으로 구성된 소규모 단원제 의회인 사보르는 정부 정책의 시끄러운 비판자이기도 했다. 신문들은 대의원들의 연설 내용을 그대로 실었고, 연설자가 박수나 야유를 받을 때마다 그 사실을 알리기도 했다. 쿠엔-헤데르바리는 사보르를 장악하기로 마음먹었다.

사보르는 참정권이 비교적 제한된 선거를 통해서 구성되었다. 인구의 고작 2퍼센트에게만 투표권이 있고 투표가 공개적으로 실시되었기 때문에 누구나 투표 장면을 볼 수 있었다. 쿠엔-헤데르바리는 부자와 공무원에게만 투표권이 돌아가도록 투표 자격을 조작했다. 관영 신문은 투표소에서의 처신이 감시되는 공무원의 의무를 다음과 같이 명시했다.

정치적 사건에 영향을 끼치는 모든 고위 공무원에게 공식적 의견을 지지할 책임이 있고, 만일 정부가 잡고자 하는 방향에 동의하지 않으면 직위를 상실하거나 본인의 의견을 비밀로 간직해야 한다. 이것은 자신의 양심에 따라서 해결해야 할 사안이다.[16]

유권자의 절반쯤이 관료였고, 대의원의 약 절반도 공무원이었다. 이에 더해 쿠엔-헤데르바리는 총독으로서의 권력을 이용해 비선출직 공무원과 성직자를 입법부에 임명했는데, 그렇게 임명된 사람들이 입법부의 3분의 1을 차지했다. 크로아티아 의회는 정부를 견제하는 기관이 아니라 정부였다. 의회와 행정부가 명확하게 구분되지 않았기 때문에 법률과 정부 법령이 점점 동의어로 쓰이게 되었고, 후자가 더 많아졌다. 언론인들은 "법은 실종되고, 대신 온통 법령만 가득하다"라는 농담을 했다.[17]

반대파의 수를 줄이기 위해 쿠엔-헤데르바리는 경찰을 시켜서 문제 의원들을 괴롭혔고, 지역 관리들을 통해서 선거인 명부를 수정했다. 게다가 사보르에서 세르비아인 대의원들의 지지를 얻으려고 키릴 문자와 세르비아의 상징색을 공개적으로 사용하는 문제와 관련해 세르비아인들에게 이론의 여지가 있는 양보도 했다. 1884-1901년 동안 집권당은 5번의 선거에서 연속으로 승리했다. 그랬는데도 1898년 말, 쿠엔-헤데르바리는 하마터면 사보르에 대한 통제권을 잃을 뻔했다. 공동 내각에 배정된 예산 규모를 둘러싼 사보르 내의 불만이 팽배해 예산 편성이 진행되지 않을 상황에 처한 것이다. 그러자 대학 교수이자 쿠엔-헤데르바리가 사보르에 심어둔 공무원인 요시프 플리베리치가 법률상 추정을 직접 언급하면서 사보르의 무력함을 다음과 같이 상세히 설명했다.

법이 없을 때 정부가 법령을 공포할 권리가 있다는 것이 헝가리와 크로아티아의 공법과 모든 교과서에서 기본적인 사실입니다.

요컨대 예산안이 통과되지 않으면 정부는 법령을 통해서 억지로 예산안을 집행하겠다는 말이었다. 사보르는 끈질기게 반대하는 대신 시키는 대로 예산안에 찬성했다.[18]

쿠엔-헤데르바리는 크로아티아 역사가들에게 크로아티아의 민주주의 발전을 방해하고, 크로아티아를 헝가리의 총독령으로 만드는 식민지 정책을 추진한 원흉으로 꼽히는 인물이다. 하지만 근대의 자그레브는 그의 업적이다. 쿠엔-헤데르바리는 U자형 공원("푸른 편자"로 불렸다)이 가로지르는 격자형 구조에 따라 배치된 기념비적 건축을 통해, 그때까지 목초지였던 곳에 자그레브의 신시가지를 건설하는 작업을 20년 넘게 감독했다. 대부분의 힘든 일은 자그레브 시 의회에 맡겼지만, 자그레브의 특대형 기차역의 신고전주의 디자인은 그의 개입에 힘입은 바 컸다. 그는 헝가리 건축가들과 크로아티아 건축가들의 교류와 방문도 장려했다.[19]

헝가리인의 중앙유럽 진출 1,000주년을 기념하기 위해 부다페스트에서 열린 1896년의 축하 행사는 쿠엔-헤데르바리가 자신의 통치권과 오스트리아-헝가리에서 크로아티아가 차지하는 위치를 칭송하기 위한 무대였다. 전시장 중앙에는 크로아티아의 직물업, 산림 관리, 예술과 문화, 술 생산(소량의 포도주, 맥주, 브랜디가 판매되었다) 등의 현황을 보여주는 4개의 가설 건축물이 있었다. 그중 가장 웅장한 것은 런던의 수정궁을 본떠 유리 차양을 씌운, 철과 벽돌로 만든 미술관인 아트 파빌리온이었다. 축제가 끝나자 쿠엔-헤데르바리는 아트 파빌리온을 해체해 자그레브의 공원인 푸른 편자의 한 구획으로 이전하고 크로아티아의 예술적 성취를 보여주는 전시장이자 상설 미술관으로 쓰도록 지시했다. 넓이가 600제곱미터인 아트 파빌리온은 중앙유럽 대다수 국가의 기준에서 볼 때 소규모였지만, 도나우 강 이남에서는 같은 유형의 공간 중 최대 규모였고, 남슬라브인들 사이에서 크로아티아의 문화적 우월성을 선전했다.[20]

공동 사무국 청사 앞에 내걸린 문장의 비문을 둘러싸고 폭동이 일어나 시작된 쿠엔–헤데르바리의 총독 임기는 1903년에 새 기차역 사무소에 헝가리 국기를 게양하는 문제로 폭동이 발생하면서 끝났다. 하지만 그의 업적은 19세기 말에 중앙유럽을 지배했던 관료 체제의 전형적인 사례였다. 기념비적 건축을 후원하고, 도시를 설계하고, 늪지의 물을 빼고, 농민 해방의 세부 사항을 감독하고, 새로운 토지대장을 편찬하는 과정(농민에게 토지를 반환할 때 동시에 처리해야 하는 업무였다)에서, 관료 체제는 정부 행정의 범위와 이점을 드러냈다. 관료들은 일을 해냈다. 주간지인 『철도 잡지*Eisenbahn-Zeitung*』는 1895년 1월 사설에서 독자들에게, 헌법 분쟁이 벌어지고, 장관이 부임했다가 사임하고, 정당이 흥망을 거듭하지만, 철도 공무원들은 임무에 충실하면서 노선을 확장하고, 예산 범위 안에서 지출하고, 진정으로 조직적인 관계망을 만들었다는 사실을 강조했다. 요컨대, 관료제적 통치가 정치인과 정당의 다툼보다 우위에 있다는 말이었다.[21]

그러나 관료제적 관리로 거둔 성공은 올바른 의회와 정당이 겪는 운명보다 더 큰 대가를 치렀다. 관료제적 국가는 감시와 감독 없이 운영되었고, 자체적인 책임을 질 뿐이었다. 예컨대 오스트리아에서 행정은 10권짜리 공무원 교본의 내용만 따랐다. 관료제적 국가는 법률상 추정을 무기로 헌법이 보호해야 하는 개인의 자유를 파괴하며 사회 속으로 파고들었다. 제1차 세계대전 직후에 헝가리의 위대한 역사가 중 한 사람은 이렇게 개탄했다.

> 국가는 우리의 자랑거리가 되었고, 우리는 국가에 모든 자유와 높은 이상을 바치고 희생했다. 우리는 국가를 괴물로 만들었고, 국가는 모든 것을 먹어치우고 집어삼켰다……개인의 자유, 자유로운 선택, 원하는 대로 할 수 있는 것, 공개 경쟁 등의 오래된 자유주의 원칙 등은 국가 권력의 기괴한 성장과 완전한 모순을 이루었다.[22]

제28장
동화, 생물학, 그리고 두개골 측정자

1867년에 새로 출범한 헝가리 정부는 매우 자유주의적이었지만, 겨우 몇 년 만에 헝가리의 소수 민족을 겨냥한 무자비한 정책을 펼치기 시작했다. 당시에는 슬로바키아인, 루마니아인, 세르비아인, 독일인, 우크라이나인 등이 헝가리 인구의 절반 이상을 차지했다. 헝가리의 역대 정부는 소수 민족의 정치적 무력함을 유지하기 위해서 "마자르화" 전략을 채택했다. 소수 민족이 속한 문화 재단을 폐쇄했고, 소수 민족의 대표를 배제하기 위해서 참정권 범위를 조작했으며, 정치인들을 날조된 혐의로 체포했다. 그러나 마자르화는 단순한 차별의 문제가 아니었다. 마자르화는 소수 민족에게 독자적인 정체성을 포기하고 헝가리인이 되도록 강요하는 것이었다. 어느 열성분자는 이렇게 말했다. "슬로바키아인이 하나도 남지 않을 때까지 끈질기게 추진할 것이다."[1]

 교육은 마자르화의 열쇠였다. 공용어로 여겨진 헝가리어는 몇 군데를 제외한 모든 중등학교에서, 그리고 전체 초등학교의 3분의 2 이상에서 교육 언어가 되었다. 대학 교육은 헝가리어로만 시행되었다. 모든 전문직 경력은 졸업 증명서에 좌우되었는데, 졸업 증명서를 따려면 헝가리어로 시험을 쳐야 했다. 그런 조치들 때문에 신흥 중산계급은 거의 헝가리어만 쓰게 되었다. 비非헝가리인이 사회적으로 출세하려면 헝가리인이 되어야 했다. 내무부는 비헝가리인들이 새로운 정체성과 신분으로 넘어가는 과정의 편의성을 높이기 위해 저렴하고 간소한 절차를 통해서 헝가리어 이름을 선택할 수 있도록 했다.

헝가리인들은 1848-1849년에 벌어진 독립전쟁을 주권국 지위를 차지하기 위한 몇 세기에 걸친 투쟁의 정점으로 여겼다. 그들은 헝가리의 배외주의 때문에 온 나라가 소수 민족과의 유혈 내전에 휘말리는 바람에 독립전쟁이 실패하고 말았다는 사실을 깨닫지 못했다. 헝가리 정치인들은 그 교훈을 무시한 채 마자르화를 강행했다. 그들은 1918년 이후에 대가를 치르게 되었다. 헝가리는 붕괴해 분할되었고, 그들이 속박했던 민족들이 다스리는 국가들에 영토의 3분의 2 이상을 양도했다.

새로운 통일 독일에서도 소수 민족은 소수 민족의 동화同化를 목표로 삼은 정책에 직면했다. 슐레스비히-홀슈타인(1866년에 슐레스비히와 홀슈타인이 통합되었다)에서는 새로운 규정에 따라 덴마크인들이 학교에서 독일어를 배워야 했고, 군 복무를 하지 못하는 사람들은 덴마크로 추방당했다. 1871년에 프랑스로부터 빼앗은 로렌의 일부분과 알자스도 사정은 마찬가지였다. 몇몇 학교를 제외한 대다수 학교가 독일어로 수업하게 되었고, 관리들은 공공건물의 측면에 첨탑을 세워 독일식 건물처럼 보이도록 했으며, 경찰은 파란색과 흰색과 빨간색이 섞인 꽃다발 같은 친親프랑스적 표시를 단속했다. 대다수 주민은 알자스어라는 독일어 방언을 썼지만, 가혹한 독일화 정책 탓에 알자스인들은 오히려 독자적 정체성을 소중히 여기게 되었다. 알자스 여자들은 머리

쓰개를 소속의 증표로 착용하기 시작했다(이전에는 스트라스부르 주변 지역의 여자들만 그 머리쓰개의 커다란 나비 날개 장식을 착용했다).[2]

폴란드에 대한 프로이센(1871년 이후에는 독일)의 정책은 일관성이 없었지만, 동화를 지향하기는 했다. 수치가 중요했다. 폴란드인이 동쪽 지역에 집중적으로 거주하게 되면서 위협적인 존재로 떠오르자, 프로이센과 독일의 역대 정부는 주로 학교 교육을 통해서 폴란드인의 정체성 약화와 독일화를 추진했다. 1870년대에는 로마 가톨릭 교회가 새로운 독일에 미치는 영향력에 맞서 비스마르크가 "문화투쟁Kulturkampf"을 일으켰다. 비스마르크는 가톨릭 교회를 퇴영적인 교단, 새로운 독일이 아니라 로마의 교황에 충성하는 교단으로 간주했다. 그러나 폴란드인들이 볼 때 가톨릭 신앙은 민족 정체성의 핵심에 자리 잡고 있었다.

비스마르크의 반反가톨릭, 반反폴란드 정책은 1880년대에 느슨해졌다. 최소한, 그에게는 다루기 힘든 제국의회의 몇몇 대의원의 표가 필요했기 때문이다. 1890년, 비스마르크는 독일의 신임 황제 빌헬름 2세(재위 1888-1918)에 의해 재상직에서 축출되었지만, 그의 후임 재상도 온건한 노선을 이어갔다. 그러자 독일계 프로이센인들이 직접 나섰다. 독일계 프로이센인들의 가장 오래된 조직 동진협회Deutscher Ostmark Verein는 프로이센에서 자신들보다 폴란드인의 수가 많아지는 상황을 우려해 새로운 독일화 정책을 추진했고, 정부로부터 호응을 얻었다. 정부는 1890년대에 폴란드 소도시들의 이름을 독일어처럼 들리도록 바꿨고, 폴란드어로 진행하는 설교를 금지했다. 그리고 폴란드인의 농장이 독일인에게 넘어갈 수 있도록 자금을 풀었고, 주 단위 관료제에 독일인 전용 직책을 신설했다. 1900년, 포즈난(포젠)의 인구 1인당 공무원 수는 독일의 다른 어느 지역보다 많았다.

1905년, 4만 명에 이르는 폴란드의 어린 학생들이 교육 분야의 독일화에 반대하며 동맹휴업을 벌였다. 그 결과 학부모들은 벌금을 내야 했고, 주모자들은 국영 고아원으로 보내졌다. 그러나 대다수 폴란드인은 대립을 피했다. 그들은 은행을 설립해 농지를 사들였고, 1,000개 이상의 공공 도서관을 세워 문화유산을 보존했으며, 급성장세의 독일 경제를 틈타 상업과 산업 부문에 진출했다. 1900년 현재, 폴란드인의 양조장은 독일에서 가장 큰 규모였다. 그 모든 성과는 "조직 작업"이라는 개념으로 한데 묶을 수 있었는데, 이는 폴란드인들이 정체성을 보존하기 위해서 문화적, 경제적 자산을 양성했다는 의미였다. 폴란드인들은 야간 강좌에서 폴란드 문학을 배우고, 농업 협동조합을 설립해 자원을 나눠 쓰고, 최신의 산업적 혁신을 따랐다.

헝가리와 독일 제국은 국가와 민족을 일치시키는 정책을 추구했다. 그러나 합스부르크 제국의 나머지 절반인 시스라이타니아는 달랐다. 다민족 국가였던 시스라이타니아에서 개별 민족은 언어 사용과 문화 활동을 둘러싼 폭넓은 권리를 지니고 있었다. 언어 정책의 열쇠는 "지역에서 통상적으로 말하는 대로Landesübrig"였다. 그러나 "지역"과 "통상적으로"라는 단어는 부정확해서, 논쟁과 소송과 격렬한 충돌의 빌미를 줄 여지가 많았다. 아드리아 해 연안의 합스부르크 왕령지인 괴르츠-그라디스카(지금은 이탈리아와 슬로베니아에 의해 분할되어 있다)에서는 독일어, 이탈리아어, 슬로베니아어 중 어느 것이 "통상적으로 쓰이는" 언어인지, 그리고 현지의 기차역을 괴르츠역, 고리치아역, 고리차역 중 어느 이름으로 불러야 하는지, 그리고 그 3가지 이름을 모두 써야 한다면 어느 이름을 먼저 표기해야 하는지에 대한 합의가 없었다. 그리하여 그 기차역에는 이름이 없었다.[3]

시스라이타니아에는 각 민족 집단 구성원 간의 분쟁을 관리하는 고등 행정 법원이라는 기관이 있었다. 대강의 균형을 유지하기 위해 이 법원은 전반적으로 소수파에 속하는 사람들의 편에 섰지만, 다양한 민족 집단들이 지역의 패권을 두고 다투는 탓에 갈등과 경쟁이 서로의 관계를 좌우하게 되었다. 마을과 소도시와 도시의 각 민족 집단에는 자체적인 소방대(각 소방대는 불을 먼저 끄려고 경쟁했다), 재향군인회, 사냥 클럽, 체육회, 저축은행 등이 있었다. 교육 현장은 싸움터나 다름없었고, 어떤 언어로, 어디에서 가르쳐야 하는지를 둘러싼 격렬한 논쟁이 벌어졌다. 프라하에서는 대학교 강의가 독일어와 체코어로 양분되었다. 식물 이름이 라틴어로 표기되었기 때문에 식물원에서만 두 언어 모두 쓰일 뿐이었다.

가끔 경쟁이 폭력으로 번지기도 했는데, 특히 사람들이 시골에서 도시로 이주해 기존의 균형이 무너질 때 그런 현상이 두드러졌다. 대체로 각 민족 집단은 조각상, 기념물, 상점 간판 따위로 경계가 표시된 별개의 구역에 거주하면서 서로 떨어져 지냈다. 가령 프라하에서는 1850년에 중앙 광장과 대로를 아우르는 명칭이 말[馬] 시장에서 체코 최고의 성자의 이름을 딴 성 바츨라프 광장으로 바뀌었다. 1890년대에는 광장 위쪽에 더 크고 새로운 바츨라프 조각상이 세워졌고, 광장에는 인근의 궁전에서 이전한 국립 박물관이 들어섰다. 프라하의 독일인들은 블타바 강 서안의 구릉 지대인 말라 스트라나를 근거지로 삼았고, 나폴레옹 전쟁과 1848년 반혁명 투쟁의 영웅인 육군 원수 라데츠키의 조각상 주변에 모여들었다. 보헤미아의 농촌에는, 각각 체코인과 독일인이 이용하는 도보여행 도로가 따로 있었다.[4]

민족 간의 경쟁은 정치 분야에 깊이 파고들었다. 1867년에 설립된 시스라이타니아 의회(제국 평의회)는 불화로 분열했다. 보수파 정치인들은 오스트리아-헝가리의 한쪽인 시스라이타니아 지역의 참정권을 단계적으로 확대했고, 마침내 1907년에 모든 성인 남성에게 참정권이 주어졌다. 보수파 정치인들은 그렇게 함으로써 중산계급 표에 크게 의존하는 자유주의적 반대파의 허를 찌를 수 있기를 바랐다. 그러나 대중 민주주의와 더불어 대중 민족주의 정당도 생기면서 정치는 점점 더 격렬해졌다. 심지어 슈타이어마르크 지역의 학교에서 슬로베니아어 수업을 시행하도록 하는 조치 같은 사소한 문제들도 의원들이 항의의 뜻으로 잉크병을 던지는 등 떠들썩한 문제가 되었다. 민주주의에 힘입어 등장한 신생 사회주의 정당들은 민족주의를 머리 색만큼 부적절한 "허위의식"이라고 비웃었지만, 때가 되자 독일인 진영과 체코인 진영으로 분열했다. 사회주의 정당 동맹인 노동조합도 마찬가지였다. 그러나 막후에서는 훨씬 고약한 것이 움직이고 있었다. 바로 생물학이었다.

당시 중앙유럽은 과학 발전의 최전선에 있었다. 특히 유기 화학, 광학, 전기 분야에서 앞섰다. 그런 발전상은 중앙유럽 지역에 많은 대학교가 있었기 때문이기도 하지만, 과거 중앙유럽에 팽배했던 정치적 분열의 산물이자, 대학교를 설립함으로써 이름을 알리려는 군소 통치자들이 품었던 열의의 결과이기도 했다. 1900년 무렵 독일 제국에는 19개의 대학교가 있었고, 오스트리아-헝가리에는 10개의 대학교가 있었다. 중앙유럽의 과학 발전상은 연구와 출판을 학문의 핵심으로 삼는, 그리고 학생들이 강의에서 필기만 하는 대신 세미나에서 논문을 발표함으로써 스스로 생각하도록 독려하는 중앙유럽의 고등 교육 방식에도 힘입은 바 컸다. 기업들은 학문적 이론을 비료, 좀약, 발전기, 산업용 염료, 아스피린 같은 결과물로 바꿀 수 있는 대졸자로 가득한 연구소를 설립했고, 대학교는 연구의 상업적 가능성에 주목했다.

생물학은 후발주자였다. 18세기 말, 철학자 이마누엘 칸트는 물리학과 우주의 법칙은 바뀌었지만 "자연법칙에 따라서 풀잎이 생기는 현상까지 이해할 수 있도록 하는 뉴턴 같은 인물"은 상상할 수 없다고 말했다. 그로부터 1세기 뒤, 식물학과 동물학 연구는 탈바꿈했다. 모라바의 수도사 그레고어 멘델(1822-1884)은 수도원의 정원에서 완두콩의 발아 과정을 관찰해 유전법칙을 알아냈다. 멘델은 브르노와 빈의 대학교에서 물리학을 공부했기 때문에 관찰 결과를 수학 공식으로 바꿀 수 있었다. 한편 베를린과 뷔르츠부르크에서 과학자들은 세포가 모든 유기물질의 구성 단위라는 사실을 발견했고, 1870년대에 로베르트 코흐는 단세포 미생물을 질병의 주요 매개로 분리해냈다.[5]

찰스 다윈은 중앙유럽을 방문한 적이 없었다. 그가 몰랐던 독일 학자들이 이미 "종의 변화 가능성"이라는 것을 통해서 진화의 기본적인 원리를 제시하고 있었지만, 다윈은 그의 진화론이 인류의 진보와 물질적 향상을 둘러싼 당대의 관념과 맞아떨어진 데 힘입어 승승장구했다. 1859년에 『종의 기원*The Origin of Species*』이 처음 출간되고 불과 7개월 뒤, 독일의 어느 출판사가 재빨리 번역서를 내놓았다. 이후 예나에서 해면동물과 관해파리류(몸 전체가 동일한 세포로 이뤄진, 바다를 떠다니는 반투명 생물)에 대한 후속 연구가 실시되었고, 결국 다윈이 제시한 이론의 대략적인 개요가 입증되었다.[6]

다윈의 인기는 도서관과 실험실 밖으로 퍼져나갔다. 1899년에 독일 노동계급의 독서 습관을 조사한 결과에 따르면, 다윈주의에 관한 책이 10대 인기 출판물 중 4위를 차지했다. 다윈의 매력은 종이 서로 경쟁한다는 견해에 있었는데, 이는 민족 간의 싸움이 영원히 일어날 수밖에 없다는 신념과 잘 맞아떨어졌다. 다작으로 유명한 오스트리아의 어느 역사가는 "자연에서는 단 하나의 법칙만 지배한다. 그것은 법률이 아니라 바로 상대적 강자의 법칙, 즉 폭력의 법칙"이라고 설명했다. 그 역사가만큼 많은 독자를 거느린 어느 열성분자는 이러한 제로섬 방식의 경쟁에서 독일인에게 우위를 부여하기 위해, 억센 독일 남자들이 그만큼 튼튼한 독일 여자들과 짧은 기간의 일부다처제를 통해서 아이를 많이 낳도록 하는, 일종의 번식촌을 추천하기도 했다.[7]

다원주의를 적용하는 문제와 관련해서 헝가리인들은 비교적 복잡한 감정을 느꼈다. 계서제와 생존 같은 관념은 마자르화를 정당화했지만, 교육과 개명을 통한 슬라브인과 루마니아인의 마자르화에는 헝가리인의 고유성을 희석할 위험이 있었다. 헝가리 내 다양한 민족 집단의 문화와 성격과 생리학적 특성을 비교하는 작업은 소수 민족을 무시하는 느낌이 짙은 진지한 학문의 주제가 되었다. 가령 당대의 어느 기록에서 트란실바니아의 루마니아 여자들은 "뼈대가 약하고 날씬하며 얼굴이 또렷하고, 예쁘지만 금방 늙고, 무척 부지런한" 사람들로 묘사되었다. 슬로바키아인은 "수수하고 독실하고 점잖고 겸손하고 조용하지만, 종종 속임수를 쓰고 고집스럽고 흥분하면 다투기를 좋아했다." 반면, 전형적인 헝가리인은 다음과 같았다.

> 키는 중간, 두개골은 중간보다 크고, 머리는 짧으며, 날카로운 용모의 얼굴은 넓고 달걀형이다……목과 몸통은 길이와 너비가 중간 정도이고, 가슴은 앞이 넓고 옆은 양쪽으로 활처럼 굽었다. 배꼽의 위치가 높고, 골반의 우묵한 곳은 크고 높고 깊고 너비는 보통이다……기품 있는 자세로 차분하게 움직이고, 전체적으로 외모에서 힘과 활기가 드러난다.[8]

이 어처구니없는 평가는 1896년에 헝가리의 건국 1,000주년 축하 행사(애국심을 고취하기 위해서 1년간 진행된 화려한 겉치레)가 열렸을 때 새삼 중요해졌다. 수많은 고대 영웅들의 조각상과 초상화 제작이 예정된 상황에서, 언론인과 정치인들은 학자들에게 전형적인 헝가리인의 얼굴을 찾아내라고 요구했다. 학자들의 첫 번째 시도는 범죄자처럼 생긴 얼굴로 여겨져 실패로 돌아갔지만, 이후에 발간된 2권짜리 책(코와 미소 짓는 모습의 그림과 사진이 들어 있었다)은 더 만족스러운 헝가리인의 자아상을 제시했다. 비슷한 방식으로 인류학자들은 "진정한 헝가리인의 중간형"을 확정하기 위해서 해골을 수집했고, 헝가리 어린이 1만4,000명 이상의 피부, 눈, 머리 색깔의 목록을 작성했다. 그들은 입대한 신병의 키도 측정했는데, 헝가리인이 다른 민족보다 평균적으로 키가 작다는 사실을 발견하고는 화들짝 놀랐다.[9]

　민족에 대한 연구인 민족지학民族誌學은 박물관과 순회 박람회를 통해 대중화되었다. 순회 박람회에서는 종종 아프리카인, 마오리인, 푸에고인, 이누이트인 등이 복원된 거주 환경에서 얼룩말과 원숭이와 타조와 함께 전시되었고, 그 가여운 사람들은 곧 질병과 절망에 쓰러지고 말았다. 하지만 그런 행태는 단순히 교육을 가장한 오락이 아니었다. 독일의 과학자들은 1896년에 베를린 무역 식민지 박람회에 전시된 토고 출신의 아프리카인 무리를 대상으로 팔 길이, 귓볼의 크기, 어깨 너비 따위를 매우 세밀하게 기록하는 엄밀하고도 엉뚱한 측정 작업을 진행했다. 이후 그들은 측정 결과를 기존의 연구와 비교해 피실험자들이 전 세계의 종 분류법상 어디에 해당하는지 확인했다. 그 토고인들은 나중에 부다페스트 동물원으로 보내져 전시되었다.[10]

　헝가리에서도 신체적 특징에 대한 정밀한 조사가 펼쳐졌다. 헝가리인들은 중앙유럽 곳곳에서 수집된 두개골을 측정하는 데 중점을 뒀다. 두개골 측정, 즉 두개 계측법의 최전선에는 퇴뢰크 어우렐이 있었다. 그는 미세한 간격을 측정할 수 있는 특수 장비를 발명해 두개 계측법 분야를 개척했다. 600쪽이 넘는 저서에서 그는 5,371건의 측정 결과를 설명하고, 인간 두개골의 각 지점 사이에서 10만 개 이상의 잠재적 관계를 도출했지만, 결론을 내지는 못했다. 헝가리 외의 다른 곳에서 진행한 연구도 마찬가지였다. 막상 조사해보니, 장두형 두개골과 단두형 두개골의 가장 기본적인 차이조차 종족이나 민족과 거의 상관이 없는 것으로 밝혀진 것이다. 두개골 측정자들이 회귀 그래프, 로그, 평균 점수 등으로 얻어낸 최선의 성과는 통계학의 발전이었다. 두개 계측법은 막다른 길이었다.

다른 연구 방법도 실망스러운 결과로 귀결되었다. 혈액형과 항원을 연구해도 민족별 유형과 일치하는 점이 거의 도출되지 않았고, "민족 심리학"은 재채기, 침 뱉기, 동물 소리 흉내 내기 등과 관련한 민족별 방식에 대한 연구에서 설득력이 거의 없었다. 생물학에 새로운 생명을 불어넣은 것은 세균학이라는 신생 과학이었다. 1900년에 이르러, 결핵, 콜레라, 장티푸스, 디프테리아 등을 퍼뜨리는 과정에서 미생물이 차지하는 역할이 밝혀졌다. 그러나 발진 티푸스의 원인은, 비위생적 조건과의 연관성이 올바르게 추정되기는 했지만, 여전히 수수께끼였다. 통념과 관료제적 절차의 측면에서 볼 때, 발진 티푸스를 옮길 가능성이 특히 높은 것은 외부인이었다. 프로이센의 국경과 베를린행 철도에서는 이주민들이 엄격하게 관리되었다. 이주민들은 특정 인종용 객차에 집결한 뒤 인파로 가득한 소독 시설을 통과해야 했다.[11]

세균학은 미시적인 경쟁을 벌이는 유기체를 보여주고 작은 기생충

몇 마리에게 숙주가 얼마나 쉽게 정복될 수 있는지를 입증함으로써 진화의 원리를 뒷받침하는 것으로 오해받기도 했다. 인기를 끌었던 흡혈귀 소설에도 사회를 오염시키는 단 하나의 바이러스라는 똑같은 주제가 담겼다. 이제 특정 사회 집단 전체가 병원성을 지닌 것으로 정의되기 시작했다. 그 사회 집단들은 알코올 중독, 정신 질환, 도덕적 타락 등을 통해서 국민의 건강한 몸을 더럽힌다고 상상되었다. 매춘부들은 성병을 퍼프릴 뿐 아니라 당시 매춘과 연관된 것으로 생각된 신체적 기형(구개열, 고르지 않은 치열, 기형 생식기)과 타락한 성적 태도를 후손에게 물려준다고 여겨졌다. 1870년대부터 중앙유럽 도처의 경찰은 매춘부를 등록시키고, 건강 진단을 의무화하며, 무면허 매춘부를 단속하느라 바빴다.[12]

이는 흥망이 걸린 일이었다. 타락 현상에 대한 어느 유명한 설명에 따르면 그 결과는 "한 민족의 도덕적 붕괴, 심리적 위축, 그리고 가장 타락한 자인 진정한 바보는 번식할 수 없으니 최종적으로는 그 민족의 소멸이었다." 중앙유럽 도처의 과학자와 학회는 우생학을 "병리학적 유전"을 통제해서 민족 공동체를 유지하고 강화하는 방법으로 선전하면서, 우생학을 둘러싼 유럽과 북아메리카의 뜨거운 열기에 가담했다. 식물학자이자 훗날 프라하에서 유전학 교수로 활동한 아르투르 브로제크는 1912년에 다음과 같이 설명했다. "사회에 구성원을 죽여 처벌할 권리가 있다면, 확실히 사회의 병든 부위에 해당하는 구성원을 번식 기간에 격리할 권리도 있다." 하지만 체코와 슬로바키아의 의사들이 집시 민족에 대한 집단 불임 수술에 착수한 것은 1970년대의 일이었다.[13]

그 잡다한 과학적 동향은 인종을 매개로 통합되었다. 독일과 오스트리아-헝가리는 둘 다 식민지 강국이었다. 1850년대부터 독일의 선교사, 사업가, 언론인들은 해외에 식민지 전초기지를 설립하라고, 이미 태평양에서 독자적 영토를 개척하고 있던 독일인의 모험적 상업에 투자하라고 정부를 압박했다. 그러나 비스마르크가 많은 망설임 끝에 "아프리카 분할"에 뛰어들어 토고, 카메룬, 독일령 동아프리카(현재의 탄자니아, 부룬디, 르완다), 독일령 남서아프리카(현재의 나미비아) 등지에 독일 식민지를 건설한 것은 1880년대 중엽의 일이었다. 1900년, 독일의 해외 제국은 250만 제곱킬로미터 이상의 면적에 1,400만 명의 원주민과 약 3만 명의 정착민으로 이루어져 있었다.

오스트리아-헝가리의 식민지는 본국에서 더 가까웠다. 1878년, 프란츠 요제프는 서서히 무너지던 오스만 제국의 일부였던 보스니아-헤르체고비나를 점령했고, 1908년에 결국 합병했다. 그것은 보스니아-헤르체고비나가 러시아의 영향력 밑에 놓이는 상황을 막기 위한 조치였지만, 일단 오스트리아-헝가리 제국에 편입된 보스니아-헤르체고비나는 식민지화와 문명화라는 모험적 시도의 현장이 되었다. 「보스니아-헤르체고비나 사람들의 타락에 관해」라는 인상적인 제목의 논설에서 설명되었듯이, 발칸 반도 사회는 "몇 세기에 걸쳐 문명과 단절되어" 있었고, 그 결과 매독과 피부병이 만연해졌다. 발칸 반도에서 오스트리아-헝가리가 달성해야 할 사명이 가장 먼저 드러난 부분은 위생법, 위생 검사관 도입, 매춘부 일제 검거였다. 오스트리아의 의사들은 보스니아의 이슬람교도 주민들을 살펴본 결과 매독의 새로운 변종과 여성 이슬람교도들의 골반이 좁아지는 현상을 발견했다고 주장했고, 후자의 경우는 네 발로 움직이는 습관에서 비롯된 것 같다고 추정했다. 식민지화와 문명화를 추구하는 모험적 시도는 흔히 여성 간의 차

이점을 식별함으로써 시작된다.[14]

　인종을 가리키는 영어 race와 독일어 Rasse는 이전에는 주요 변종에 속하는 민족(백인, 몽골인, 아프리카인, 아메리카 원주민, 오스트레일리아 원주민)뿐 아니라 소와 개의 품종, 언어 집단, 그리고 심지어 종파에도 무차별적으로 쓰인 느슨한 용어였다. 유럽의 식민주의와 해외를 향한 독일의 야심은 인종을 생물학적 차이의 표지로서, 세계를 분류하는 방법으로서 전면에 나서게 만들었다. 게다가 19세기 말의 인종 과학은 종족을 구분할 뿐 아니라 종족을 등급에 따라, 진화 지도에서 각 종족이 차지한다고 간주되는 위치에 따라 배열하기도 했다. 여기에서 "머리카락이 꼬불꼬불한" 흑인은 가장 낮은 곳에, 직모인 인도-게르만인, 즉 아리아인(주로 백인 유럽인)은 가장 높은 곳에 배치되었다.

　인종은 독일의 식민지 지배 경험을 뒷받침했다. 인종적 계서제를 둘러싼 관념은 "열등한" 아프리카 민족들을 무자비하게 예속시키는 행위를 인종 사이에 벌어지는 다윈주의적 생존 투쟁의 일환으로 정당화했다. 1904년, 독일인 정착민들이 독일령 남서아프리카의 내륙으로 진출하자 헤레로족과 나마족이 반란을 일으켰다. 그 반란은 4년간 이어진 무자비한 전쟁으로 진압되었고, 무려 10만 명에 이르는 아프리카인의 목숨을 앗아갔다. 사망자들은 대부분 헤레로족을 물이 없는 나미브 사막 쪽으로 몰아넣는 의도적인 방책 때문에 희생되었다. 하지만 그것은 생물학적 이유로 일어난 전쟁이었다. 당시 어느 독일군 장교는 이렇게 말했다. "주님은 이 세상의 강자들만 존속할 권리를 가지는 반면, 약하고 무익한 사람들은 강자들을 위해서 소멸되는 자연법칙을 만드셨다." 베를린에서 임시로 파견된 어느 식민지 행정 관리자는 한층 더 솔직하게 말했다. "문화를 이룩할 능력이 전혀 없고 강탈에 열중하는 원주민 부족이 있는 상황에서 백인의 평화로운 정착을 보장하기 위해서는 바로 그 부족이 전멸해야 할지 모른다."[15]

헤레로족 집단학살은 고의적인 사건이었다. 그것은 "박멸"과 "최종적 해결" 같은 용어와 더불어 자행되었는데, 베를린에서는 독일 민족에게 "생활권生活圈"이 필요하다는 반복적인 언급으로 정당화되었다. 일각에서 군인과 정착민들, 그리고 아프리카 여성들 간의 관계가 오염으로 이어질지 모른다는 우려가 제기되자, 1905년 식민지에서 통과된 법에 따라서 혼혈혼이 "인종 치욕"으로 규정되어 불법화되었다. 이후 아프리카 여성과의 모든 성관계가 금지되었으며, 불법 성관계를 통해서 생긴 모든 자식은 별개의 인종으로 분류되었다. 두개골 측정자들도 시체의 목을 자른 뒤 아프리카인의 머리 약 300개를 베를린으로 보내 검사를 받도록 하면서 분주히 움직였다. 그 300개의 머리는 투옥된 아프리카 여자들이 일일이 살집을 발라낸 것들이었다. 독일령 남서아프리카에서 인종 과학은 인간 도살장으로 바뀌었다.[16]

인종, 계급, 생물학 같은 개념들은 반유대주의를 매개로 하나가 되었다. 18세기 말과 19세기 초, 많은 유대인 마스킬림maskilim(구약성서 해석법을 배운 젊은 학자들)이 유대 계몽주의 하스칼라Haskalah를 받아들였다. 하스칼라는 양면성이 있는 운동이었다. 한편으로, 하스칼라는 성서의 새로운 히브리어판과 독일어 번역판을 만들어 유대교를 소생시키고자 했다. 다른 한편으로는 유대인들이 고립된 상태에서 벗어나 더 큰 사회에 융화되도록 촉구했다. 영향력 있는 유대인 철학자 모제스 멘델스존(1729-1786)이 볼 때, 종교는 개인적 실천의 문제여야 했다. 개인의 믿음은 사회적 통합을 가로막아서도 안 되고, 국가가 개입할 문제도 아니어야 했다.

그러나 하스칼라 운동의 주창자들은 목소리를 높이고 있었다. 1780년대부터 중앙유럽의 각국 정부는 유대인의 전문직 진출을 막거나 유대인을 게토에 모여 살도록 했던 정책에서 벗어나기 시작했고, 그 일환으로 유대인에게 수염을 깎고 "……의 아들" 같은 단순한 성씨가 아닌 다른 성씨를 쓰라고 요구했다. 이런 조치 이면에 담긴 의도는 유대인의 재능을 착취하고, 그들을 징집하며, 유대인의 이름을 확실히 정해 세금을 더 쉽게 부과함으로써 그들을 (황제 요제프 2세가 설명했듯이) "쓸모 있는" 사람들로 만들기 위한 것이었다. 그러나 진척은 더뎠고, 아직은 유대인이 고위 공무원과 장교가 되지 못하도록 하는 장애물이 많이 남아 있었다. 완전한 해방은 1862년에야 바덴에서 이루어졌다. 그리고 1864년에는 뷔르템베르크에, 1867년에는 오스트리아-헝가리에, 1871년에는 독일에 완전한 해방이 찾아왔다. 반면, 러시아가 점령한 폴란드에서는 전혀 다른 방향의 정책이 시행되었다. 러시아 당국은 유대인을 상업 분야와 전문직에서 몰아내고, 이동과 거주지를 제한하며, 잔인무도한 대학살이 일어날 만한 상태를 조장하는 쪽으로 향했다.

새로운 건축은 유대인의 희망을 상징했다. 중앙유럽 도처에서 유대인들은 화려하게 장식한 돔, 밝은색의 타일, 편자 모양의 창문 따위를 갖춘 "무어" 양식으로 유대교 예배당을 개축했다. 그런 디자인은 아랍인들이 스페인을 지배한 중세, 즉 많은 유대인이 유대인 사회와 그 주변 사회가 조화를 이루었던 시기라고 상상하는 시기를 연상시켰다. 예배당 안에서는 독일어(혹은 헝가리어)로 기도를 드렸고, 랍비들은 마치 개신교 성직자 같은 옷차림을 했으며, 회중은 오르간 소리에 맞춰 노래를 불렀다. 오스트리아의 소설가 요제프 로트(1894-1939)의 표현에 따르면, "실수로 유대교 성전에 들어간 개신교 신자는 유대인과 기독교인의 차이가 그렇게까지 크지 않다는 사실을 인정해야 할 정도로" 유대교의 음악과 찬송가는 유대인이 이미 동화되었음을 드러냈다.[17]

통합이 이루어지는 듯했다. 19세기 후반기에 유대인들은 시골에서 도시로 점점 더 많이 이주했다. 1900년, 베를린 인구의 5퍼센트가 유대인이었다. 빈에서는 유대인이 전체 인구의 10퍼센트에 살짝 못 미쳤고, 부다페스트와 크라쿠프에서는 전체 인구의 약 4분의 1, 르비우에서는 3분의 1이나 그 이상이었다. 많은 유대인들이 전문직에서 성공적인 경력을 쌓았다. 20세기로 넘어갈 무렵, 빈과 부다페스트의 변호사와 의사 중 절반 이상이 유대인이었다. 중앙유럽 곳곳에서 유대인은 화랑과 신문사의 영향력 있는 소유주였고, 자선단체의 후원자, 은행가, 사업가이기도 했다. 빈에서는 유대인들이 문학과 음악, 과학 분야에서 두드러졌고, 베를린에서는 베를린 분리파의 표현주의 미술 분야에서 활약했다. 1896년에 개최된 제1회 올림픽에서 중앙유럽 출신의 유대인 선수들은 금메달 9개를 땄다. 그로부터 한 세대가 흐른 뒤, 유대인 여성들은 중앙유럽 최초로 열린 미인 대회에서 우승하기에 이르렀다.[18]

그러나 유대인 사회는 결코 동질적이지 않았다. 갈리치아의 농촌에서 하스칼라 운동은 변화에 저항하는 하시디즘의 내향적인 전통에 가로막혀 더디게 전개되었다. 하스칼라 운동의 신봉자들이 낡고 "알아들을 수 없는 말"이라고 비난한 이디시어는 활발히 사용되었고, 심지어 나름의 부흥을 거치며 실험적인 문학과 새로운 연극 제작의 매개가 되기도 했다. 또한 도시로 이주한 유대인 모두가 사회적 통합에 몰두한 것도 아니었다. 그들은 오히려 오래된 문화적 전통을 유지하는 데 열중했다. 턱수염을 기르고, 털모자를 쓰며, 카프탄을 입고, 이디시어나 폴란드어나 러시아어만 사용하는 그들은 빈의 레오폴트슈타트 변두리에서 흔했다(그들의 부인들은 가슴골 가리개용 가발인 샤이텔을 썼다). 독일계 유대인 작가 야코프 바서만은 1921년에 그들을 만났을 때 느낀 당혹감을 다음과 같이 회상했다.

> 폴란드나 갈리치아 출신의 유대인을 볼 때……확실히 형제애는커녕 연관도 느끼지 못했다……그런 유대인이 말하고 표현하는 모든 것에 비춰봤을 때, 그는 내게 전혀 낯선 사람이었고, 인간적으로, 개인적으로 서로 돕고 사는 관계가 아닐 때면 혐오스럽기까지 했다.[19]

반유대주의는 곧 들이닥칠 편견이었다. 오래 전부터 유대인들은 그들의 다른 종교, 복장, 식생활, 직업을 토대로 규정된 이질적인 타자였다. 이제 유대인들은 어엿한 중산계급으로 자리를 잡고 올림픽 시상대에 오르는 내부자가 되었지만, 농촌의 유대인들이 도시로 유입되면서 한두 세대 전까지 유대인이란 사회의 변방에서 살던 사람들이라는 점이 새삼 떠오르게 되었다. 적어도 카프탄을 입은 유대인들은 눈에 띄었다. 문제는 신사복과 새로운 성씨를 방패로 유대인이라는 사실을 숨길 것 같은 유대인, 즉 사회에 통합되어 눈에 띄지 않는 더 위험한 유대인이었다. "이중인격", "믿을 수 없는", "교활한", "이리저리 바뀌는" 등은 신분의 상승을 지향하는 중앙유럽의 유대인에게 가장 흔히 따라붙는 표현이었다.[20]

  19세기 거의 내내 유대인은 종교로 식별되었다. 그러나 인종이 소속의 표지로 등장하면서 유대인은 이제 세례나 부르주아 문화라는 장식으로 지워버릴 수 없는 특징을 지닌 인종 집단으로 평가되었다. 인종 계통도에서 유대인이 차지하는 위치는 논란의 대상이었다. 어떤 저자들은 유대인을 최상위 근처에 두었고, 다른 저자들은 "타락 종족" 목록에 넣었다. 그러나 새로운 이주자인 유대인들은 모두가 생물학적으로 의심스러운 존재였다. 의학 전문가들은 유대인이 체형 때문에 결핵에 취약하고, 성급한 생활방식 때문에 당뇨병의 전제 조건으로 판단되는 신경질이 심해진다고 선언했다. 그러나 가장 유대인다운 질병은 매독이었다. 이른바 "유대인 코"라는 표현에서, 반유대주의자들은 비중격鼻中隔을 손상시키는 매독 감염의 증거를 확인했고, 말기 매독에서 환자의 몸에서 나는 냄새는 "유대인의 악취"로 일컬어졌다.[21]

사실, 당시의 통계에 따르면 유대인은 결핵이나 매독에 걸릴 확률이 다른 집단보다 낮았고, 당뇨병 발생률도 특별히 높지는 않았다. 그랬는데도 유대인은 질병과 연결되었다. 질병의 매개체였던 유대인은 이제 질병 그 자체가 되었다. 반유대주의자들은 유대인이 부도덕성으로 사회를 오염시키거나 사회 내부에 유대인의 유전적 체질을 이식해 사회의 부패(반유대주의자들이 가장 좋아한 단어)를 촉진함으로써 사회 전체를 어떻게 더럽히는지 설명했다. 반유대주의자들이 상기시킨 이미지에는 조잡한 방식으로 성적 특질이 부여되었기 때문에 유대인은 이른바 아리아인 여성들을 인신매매하는 포주로 묘사되거나, 히브리 방식의 문명화를 목표로 삼아서 몰래 비非유대인 처녀들을 유혹하는 데 몰두하는 자들로 표현되었다.

역사적으로 반유대주의에는 그 표적만큼이나 다양한 측면이 있었다. 반유대주의는 유대인의 남다른 특성을 겨냥하기도 했고, 유대인의 문화변용 과정을 위협으로 인식하기도 했다. 중앙유럽에는 단일한 반유대주의라는 것이 없었고, 대신에 시간과 장소에 따라서 달리 표현되는 일단의 전제가 있었다. 러시아령 바르샤바에서 반유대주의는 주로 종교적, 경제적 현상이었는데, 그것은 일부분은 가톨릭 교회 때문에, 또 일부분은 유대인의 상업적 경쟁력에 대한 불안감 때문에 초래된 현상이었다. 베를린에서 반유대주의는 더 사회적인 현상이었고, 사교 모임에 초대하는 문제가 싸움의 주제였다. 우파 기독사회당이 유대인 사회주의자들을 유인하고 있던 빈에서는 반유대주의가 매우 정치적인 현상이었다. 헝가리에서 반대유주의는 대체로 갈리치아와 러시아령 폴란드 출신의 새로운 이주자들을 표적으로 삼았고, 이미 기득권 세력으로 자리 잡은 중산계급 유대인들의 지원을 받는 경우가 많았다. 그럼에도 반유대주의의 새로운 독성은 많은 유대인을 충격에 빠트렸다. 1897년, 헝가리계 유대인 언론인이자 정치인 테오도어 헤르츨은 그 새로운 독성이 보헤미아의 유대인들에게 미친 영향을 다음과 같이 설명했다.

> 그들은 독일 민족에 가까이 들러붙어 있었다. 겉으로는 너무 가까이 붙어 있었다. 그러다가 갑자기 떨어져나가기 시작했다. 갑자기 기생충으로 불렸다……별안간 더 이상 독일인이 아니라 유대인이었다. 그것은 마치 꿈에서 깨어난 상황처럼 갑작스러운, 아무런 과도기도 없는 변화였다.

시온주의와 팔레스타인의 유대인이 맞이할 새로운 운명에 대한 헤르츨의 미래상은 그가 프랑스에서 목격한 반유대주의 탓에 깊어진 절망에서 비롯되었다. 헤르츨은 다음과 같이 결론을 내렸다. 유대인은 "하나의 민족이다. 적들은 우리의 의지와 무관하게 우리를 하나로 만든다."[22]

    나중에 밝혀졌듯이, 오스만 제국의 일부분인 팔레스타인으로 건너간 유대인은 드물었다. 1914년까지 주로 러시아령 폴란드에서 박해를 피해 팔레스타인으로 이주한 중앙유럽 출신 유대인은 약 6만 명에 불과했다. 대다수 유대인은 미국으로 이주하기를 선호했다. 제1차 세계대전까지 미국에는 200만 명 이상의 유대인이 정착했는데, 이는 인류 역사상 가장 큰 이주의 물결 중 하나였다(1870년에서 1914년까지 600만 명 이상이 중앙유럽에서 북아메리카로 이주했다). 이주자들이 본국으로 보내는 돈과 귀국하는 이민자들은(전체 이주자의 무려 4분의 1이나 3분의 1이 중앙유럽으로 돌아왔을 것이다) 중앙유럽의 대부분 지역에 새로운 부를 형성했다. 대다수 이주자는 물질적 혜택을 누리려고, 그리고 가난에서 벗어나려고 미국으로 갔다. 오직 유대인만이 인종적 불관용을 피해서 떠났고, 미국에 그대로 머물렀다.[23]

논리적 일관성이 없었던 반유대주의는 인종 과학, 세균학, 성적 환상 등에서 차용한 용어와 관념에 쉽사리 정복되었다. 모든 인종적 편견 가운데 반유대주의는 다른 분야에서 관념을 도입해 새로운 맥락에 재배열하는 최고의 "폐기물 처리자 이념"이었다. 그러나 반유대주의의 정치적 영향력은 아직 미약했다. 반유대주의 성향을 띤 저질 신문의 독자층이 넓다고 해서 그것이 반유대주의를 표방하는 정당에 대한 표로 해석되기는 힘들었다. 러시아가 점령한 폴란드를 제외하면 중앙유럽에는 아직 반유대주의적 법률이 없었고, 전문직 할당 인원수도 없었으며, 유대인이 국회의원이 되지 못하도록 막는 걸림돌도 없었다. 유대인은 심지어 정부의 장관이 될 수도 있었다. 그러나 반유대주의를 포괄적인 차별의 원칙으로 통합하기 위한 토대가 마련되었고, 독일령 남서아프리카에서는 타자성에 대한 하나의 가능한 해법이 발견되었다.[24]

제29장

1914-1918년
대對중앙유럽 전쟁

중세 이래 중앙유럽은 후진성과 전쟁터를 상징했다. 중앙유럽은 제국들이 각축전을 벌이고 프랑스인과 스웨덴인, 러시아인과 오스만인이 짓밟은 곳이었다. 나폴레옹은 중앙유럽의 군대를 굴복시켰고, 1848년 혁명은 중앙유럽 체제의 취약성과 중앙유럽 국경의 불안정성을 드러냈다. 19세기 중엽에 중앙유럽을 방문한 사람들은 활기 없는 도시들, 상업을 지배하는 길드, 농촌 지역에 남아 있는 예속 관계, 곳곳에 보이는 통행료 징수소 등을 못마땅해하는 글을 남겼다. 빈은 극장과 박물관에 대한 탄복을 이끌어냈지만, 경찰의 불시검문에 시달리는 매음굴에 비유되기도 했다. 베를린은 거리 계획에 질서가 있었고, 훌륭한 궁전 몇 개를 보유했으며, 외곽의 농촌 지역도 쾌적했다. 그러나 방문객들은 여전히 베를린을 병영이라고 생각했다. 한편, 페스트는 진흙 바다 위에 새로운 건물이 서 있는, 말 시장에 불과한 곳으로 평가되었다.[1]

중앙유럽을 방문한 사람들의 머릿속에는 주로 두 가지 이미지가 떠올랐다. 첫 번째는 자신보다 지위가 높다고 생각하는 사람에게 빌붙는,

옷차림이 초라하고 행동이 우둔한 농민이었다. 두 번째는 항상 서류를 요구하는 관리였다. 여행자들은 라인 강을 관광하면서 중앙유럽의 느낌을 조금 맛볼 수 있었지만, (오늘날처럼) 뻔한 곳에 잠시 들르는, 편안한 소형 증기선과 함께할 수밖에 없었다. 티롤 지방의 알프스 산맥이나 뵈머발트로 향하려는 더 모험적인 여행자는 재난을 각오해야 했다. 도보여행자는 의심스러운 존재였고, 부랑자법에 따라서 체포될 우려가 있었기 때문이다. 동쪽으로 멀리 갈수록 방문객들은 벼룩이 들끓는 숙소와 끊어진 도로를 만났고, 헝가리에서는 짐을 잘 지키고 권총을 가지고 다니라는 권고를 들었다.[2]

독일이 통일되자 중앙유럽을 바라보는 시각이 바뀌었다. 별안간 유럽 대륙에 새로운 강국이 출현한 것이다. 서유럽의 각국 정부는 독일 경제의 놀라운 성장을 걱정스럽게 바라보았다. 1890년에서 1913년 사이 독일의 철강 생산량은 4배 이상 증가해 영국과 프랑스와 러시아의 생산량을 합친 것보다 많아졌다. 같은 기간에 독일이 세계의 제조업 생산에서 차지한 비율은 50퍼센트 증가해 미국에 이어 2위에 오른 반면, 유럽의 다른 모든 국가는 상대적으로 감소세를 보였다. 독일의 출생률도 1871년부터 1911년 사이에 60퍼센트 증가해 주변국들을 앞질렀다. 같은 기간에 프랑스의 출생률은 9퍼센트 미만이었다. 새로운 통일 독일은 유럽의 강국일 뿐 아니라 아프리카와 태평양에도 식민지가 있는 세계적 강국이었다. 식민지 경쟁에 뒤늦게 동참한 독일은 기존의 질서를 위협했다.

서유럽인들은 독일의 부상을 인정하고자 애썼지만, 최악의 상황을 떠올리고 말았다. 프랑스와 영국에서는 침공소설이라는 새로운 장르가 불안감을 대변했다. 침공소설의 정점을 찍은 작품은 대담한 영국인

1914년의 중앙유럽

들이 프리슬란트에서 독일인들이 꾸미고 있던 침략 음모를 발견한다는 내용인 어스킨 칠더스의 『모래의 수수께끼 Riddle of the Sands』(1903)였지만, 가장 인기 있는 작품은 윌리엄 르 쾨의 『1910년 침공 The Invasion of 1910』 (1906)이었다. 「데일리 메일 Daily Mail」(당시 100만 명 이상의 독자를 보유하고 있었다)에 연재된 그 소설에서 르 쾨는 셰필드와 포터스 바 주변에 독일군이 배치된 상황을 보여주는, 설득력 있는 지도를 독일의 기습 공격 이야기의 근거로 삼았다. 적어도 원래 르 쾨가 이끌어간 이야기에 따르면 독일군의 공격은 결국 격퇴된다. 그러나 독일어 해적판에서는 원작의 마지막 200쪽이 생략되면서 독일군이 런던을 점령한 것으로 마무리되었다.[3]

독일 해군연맹은 그런 상상에 어떤 현실감을 부여했다. 1897년에 베를린에서 제국 해군청이 설립한 해군연맹의 목표는 독일 의회가 군함에 더 많은 돈을 쓰는 데 찬성하도록 설득하는 것이었다. 외국의 관찰자들은 1910년에 해군연맹의 회원이 100만 명 이상까지 늘어나는 모습을 불안하게 지켜보았다. 언제나 그들은 실속 없는 민족주의자들이 해군연맹의 회합에 참석한다고 보고했지만, 실상은 전혀 달랐다. 3,000개의 지부를 통해서 전개된 해군연맹의 선전 활동은 주로 환등기 슬라이드에 비친 순양함과 아프리카에 관한 강연으로 구성되었는데, 강연에는 이따금 전함의 포탑이 전시되기도 했다. 게다가 해군연맹은 선구적인 방식으로 영화를 활용했다. 회합에서 고해상도의 68밀리미터 필름으로 종종 상영된 영화에는 해상의 선박들, 먼 나라들의 인상적인 모습, 북아메리카에서 들여온 희극이 등장했다. 영화를 보고 나서 들뜬 어린이들에게는 수병 제복을 최저 가격에 살 기회가 주어졌다. 독일 해군연맹의 영화는 테마 상품을 갖춘 중앙유럽 최초의 디즈니 영화였다.

그것은 세계 정복을 위한 음모가 아니었다.[4]

  독일 황제 빌헬름 2세에게도 똑같은 오해가 따라다녔다. 군주들이 과묵하고 심지어 입을 잘 열지도 않던 시절에, 빌헬름은 수다스러웠고 허풍을 떨었으며 마냥 즐거운 몽상에 빠져 있기도 했다. 1904년에 벨기에 왕 레오폴 2세와의 만찬에서, 빌헬름은 만약 벨기에가 앞으로 일어날 독일과 프랑스의 전쟁에서 독일 편을 들면 답례로 부르고뉴 왕 칭호를 주겠다고 제안했다. 이는 휘하 관리들과의 사전 논의를 거치지 않은 발언이었다. 레오폴은 너무 놀란 나머지 만찬을 마치고 떠날 때 투구를 거꾸로 쓰고 말았다. 사람들은 빌헬름의 허풍을 진지하게 받아들였고, 프랑스, 중국, 중앙아프리카, 브라질, 중동, 쿠바, 푸에르토리코, 혹은 최근에 펼친 상상에 따라 어디든 침략할 것이라는 그의 말을 믿었다. 어느 역사가가 말했듯이 빌헬름 2세는 마치 독일 국가의 심장부에 있는 투렛 증후군 환자 같았다.[5]

  분별 있는 학자들은 독일을 이해하기 위해서 역사에 주목했다. 그들은 새로운 독일 제국이 19세기 말로 불완전하게 전이했다고 선언했다. 그들이 가장 좋아하는 단어는 "**뒤떨어진**"이었다. 그들의 주장에 의하면 독일의 복종 전통은 반대의 목소리와 언론을 침묵시켰고, 막후에서는 여전히 오래된 귀족계급이 국가를 조종하고 있었다. 원래 프로이센인에게만 따라다니는 명칭이었던 융커Junker는 이제 모든 독일 귀족을 가리키는 욕설이 되었고, "융커 집단"은 독일의 보수주의와 세력 팽창을 나타내는 은어가 되었다. 비평가들의 주장에 따르면 융커들이 지속적으로 영향력을 행사하기 때문에 독일이 근대적인 입헌 국가로 발전하는 과정이 지체되고 있었다. 즉, 독일은 민주적 책임성이라는 겉치장만 갖춘 독재 제국일 뿐이었다.

중앙유럽의 패권을 우려하는 사람들은 헛다리를 짚고 있었다. 위협적인 존재는 독일이 아니라 독일의 동맹국이었다. 1879년에 독일과 오스트리아-헝가리는 동쪽을 위협하는 공동의 적인 러시아를 맞이한 상황에서 의견을 같이했다. 그러나 오스트리아-헝가리는 쇠락하는 강국이었다. 1912-1913년에, 발칸 반도의 신생 국가들이 남동부 유럽에 남아 있는 오스만 제국의 영토 대부분을 차지하고 나서 전리품을 두고 서로 싸웠다. 반면 오스트리아-헝가리는 발칸 반도가 자기들의 뒤뜰이나 다름없는데도 미적거렸다. 사실, 발칸 반도에서 오스트리아-헝가리는 지도력과 영향력을 보여줄 수도 있었다. 하지만 우유부단함은 오스트리아-헝가리를 유럽의 새로운 "병자"로 전락시킴으로써 전체적인 힘의 균형을 위협했다.[6]

더 심각한 사실은, 제국의 쇠락을 인식한 오스트리아의 정치가들이 무엇인가 행동에 나서야겠다는 결심을 점점 더 다지고 있었다는 것이다. 그들의 표적은 오스만 제국을 제물 삼아 불과 2년 만에 2배 넘게 커진 세르비아였다. 세르비아의 정치인들은 헝가리 남부의 세르비아인 거주 지역과 합스부르크령 보스니아에 군침을 흘리는 것으로 알려져 있었다. 오스트리아의 외교관들은 이제 슬라브인과 튜턴인의 최종 대결을 입에 담으며, 그들이 희망하는 "전혀 새로운 시대"로 이끌어줄, 발칸 반도에서의 다윈주의적 생존 투쟁을 들뜬 목소리로 거론하기 시작했다. 세르비아를 표적으로 선택함으로써 그들은 파멸로 이어질 일련의 군사적 사건을 일으키기 시작했고, 오스트리아-헝가리의 동맹국인 독일을 대참사에 빠트렸다.

1914년 6월에 세르비아의 테러 분자들이 보스니아의 수도인 사라예보에서 프란츠 요제프 황제의 조카이자 오스트리아-헝가리의 황위 계승자인 프란츠 페르디난트를 살해하면서 전쟁은 초읽기 상태가 되었다. 그 테러 분자들은 세르비아 보안군의 한 분파로부터 도움을 받아 무장했고, 세르비아 정부 일부 인사들의 암묵적 승인하에 활동했으며, 그들의 목적을 파악한 러시아 외교관들의 설득에도 아랑곳하지 않고 임무를 강행했다. 그리하여 빌헬름 2세가 오스트리아 정부에 대對세르비아 강경책에 대한 지원을 보장하고, 프랑스의 푸앵카레 대통령이 러시아의 차르에게 세르비아 방어전에 대한 무조건적 지원을 약속하면서 무제한의 재량을 부여하는 "백지 수표"의 순간이 찾아왔다.[7]

그 2개의 백지 수표가 쐐기를 박았다. 덕분에 오스트리아-헝가리와 러시아는 전쟁에 돌입할 자신감을 얻었고, 본래 국지적 분쟁이었던 사태는 유럽 전반의 전쟁으로 비화되었다. 영국에는 러시아와 프랑스의 편을 들어야 할 명백한 의무가 없었지만, 영국의 정치가들은 동맹국들을 지원하지 않으면 해외에서 영국의 명성이 타격을 입고 앞으로 세계 무대에서 영국의 영향력이 위태로워지리라는 점을 알고 있었다. 세계 육지의 5분의 1 이상을 차지하는 해외 제국을 보유한 영국이 참전을 결정하자, 그 싸움은 세계적인 싸움으로 번져나갔다. 1914년 8월의 첫째 주가 끝날 무렵, 유럽의 대다수 국가와 세계의 상당수 국가는 전쟁 중이었다.

전문적인 작전 연습과 이론에도 불구하고, 독일의 군사 기획자들은 과거에 묶여 있었다. 그들은 여전히 적의 뒤에서 움직여 적을 고립시킨 뒤 뒤에서 기습하는 포위 공격을 고수했고, 한니발부터 나폴레옹에 이르는 온갖 사례를 끌어와서 기존의 전략을 뒷받침했다. 그러나 프랑스 군을 포위해 격파하려는 독일군의 전략은 파리 동쪽의 마른 강에서 거의 한번에 저지당했다. 예상하지 못한 영국군과 프랑스 군의 진격에 막힌 독일군은 엔 강까지 80킬로미터 후퇴했고, 이후 4년 동안 거기서 머물렀다. 1914년 10월, 독일의 군사 입안자인 헬무트 폰 몰트케(소小몰트케)는 낙담해서 다음과 같이 일기에 적었다. "우리의 작전은 참으로 진전이 없고, 우리의 모든 희망은……물거품이 되었다. 결정타는 없을 것이다. 전역은 늪에 빠졌다."[8]

  서부 전선의 전쟁은 영국 해협 연안의 니우포르트에서 스위스 국경까지 750킬로미터에 걸쳐 벌어진 소모전으로 굳어졌다. 북쪽 구역에서는 수위가 너무 높아 참호에 물이 넘쳐흘렀기 때문에 서부 전선의 전쟁은 참호전이 아니었다. 독일 이론가들은 그 전쟁을 "진지전"으로 불렀지만, 그것은 포탄 구덩이와 콘크리트 요새, 전선 후방 8킬로미터까지 펼쳐진 철조망을 배경으로 곳곳에서 벌어진, 진창 전쟁이었다. 독일군의 사상자 규모는 막대했다. 1914년 말까지 총 400만 명의 병력 가운데 최소 24만 명이 전사하고 80만 명이 다쳤다. 사실, 독일군은 서부 전선에서 벨기에의 거의 모든 영토와 프랑스 영토의 10퍼센트(산업 지대의 4분의 1 정도가 포함되었다)를 점령하는 등 나름의 성과를 얻었다. 하지만 그 성과는 프랑스, 영국, 러시아, 그리고 (1915년부터는) 이탈리아가 결정적으로 패해야만 유지할 수 있는 것이었다.

  1914년 이후 독일의 서부 전선 전략은 적을 지치게 하는 데에 걸려 있었다. 연합군의 전략은 "돌파"를 둘러싼 기대에 좌우되었지만, 주로 "갉아먹기" 수준에 그쳤다. 독일군 지휘관들은 되도록 연합군을 매복 공격으로 유인했는데, 이는 항상 오래 지속되는 교전으로 이어져 아군과 적군 모두에 엄청난 규모의 사상자를 발생시켰다. 1916년에 베르됭 요새를 방어할 때 프랑스 군은 뫼즈 강에서 "혈액 펌프Blutpumpe"나 "뼈 분쇄기Knochenmühle"로 알려진 전투에서 약 40만 명을 잃은 반면, 독일군은 그보다 조금 적은 수의 병력을 잃었다. 독일군을 프랑스 군이 지키는 베르됭에서 끌어내기 위해, 영국군은 솜 전투라는 덫에 빠져들었다. 4개월 반 동안 이어진 솜 전투에서는 총 60만 명의 프랑스 군과 영국군이 죽거나 다쳤다. 그러나 40만 명의 사상자가 발생한 독일군의 손실도 막대했다. 서부 전선의 독일군은 더 이상 사상자를 감당할 수 없었고, 결국 대규모 전력으로 강화된 힌덴부르크 방어선으로 후퇴했다.

참호와 엄폐호에서의 진지전은 독일군 수뇌부에 적합한 방식의 전쟁이었다. 더 적은 병력으로 야전의 방어 시설을 유지할 수 있어 동쪽에 배치할 예비 병력이 생겼기 때문이다. 동부 전선은 길이가 서부 전선의 2배였기 때문에 기동성을 더 발휘할 수 있었고, 벨기에와 프랑스에서는 불가능했던 포위전이 가능했다. 독일군은 1914년 8월과 9월에 벌어진 두 차례의 교전(타넨베르크 전투와 마주리안 호수 전투)에서 러시아 군을 격파했고, 이후 러시아령 폴란드의 여러 지역을 짓밟았다. 그러나 독일군이 동쪽으로 더 진격해 바르샤바를 점령하기 전, 전장에서 독일군을 지휘한 장군들인 파울 폰 힌덴부르크와 에리히 루덴도르프는 몰락하는 동맹국 오스트리아-헝가리에 주의가 분산되었다(결국 바르샤바는 1915년 8월에야 점령되었다).

오스트리아-헝가리 군 수뇌부가 1914년 8월에 군대를 무질서하게 동원하고 배치했다는 것은 사실이 아니다. 당시 장군들은 항상 아군의 위치를 알고 있었다. 다만 잘못된 장소로 군대를 보냈을 뿐이다. 1914년 9월, 오스트리아-헝가리 군대의 일부 병력이 갈리치아에서 벌어진 어느 전투에서 적군이 없는데도 패하고 말았다. 르비우로 향하던 연대 병력이 러시아계 코사크인들에게 공격을 당할까 봐 두려운 나머지 경솔하게 총격을 가해 아군끼리 죽고 죽이는 어처구니없는 상황이 벌어진 것이다. 어느 소대장은 그 참상을 다음과 같이 기록했다.

> 겁 많고 비열한 병사들이 내버린 소총을 보고 우리 마음이 움츠러들었다……뒤집힌 백포도주……적포도주, 럼주, 슈납스 통, 같은 짐이 실린 수레, 건빵 상자, 땅바닥에 겹겹이 쌓인 수천 개의 빵……말 사체와 인간의 시체가 길 한쪽 도랑에 널브러져 있었다.[9]

장교들이 발에 걸려 넘어지게끔 하는 예복용 칼, 저격수의 표적이 되기 쉬운 장교들의 노란색 각반, 삽처럼 써야 하는 깡통 뚜껑, 전투용이 아니라 마장마술용으로 설계된 안장, 때로는 시속이 고작 5킬로미터인 기차 같은 군사적 역량 부족이 오스트리아-헝가리의 다른 모든 분야에서 되풀이되었다. 지난 수십 년간 오스트리아-헝가리는 군사비용을 축소했고, 평시에는 남성 20명당 1명만 군복무를 했다. 그리고 그간의 태만이 드러났다.

1914년 말, 러시아 군은 갈리치아 지방 대부분을 점령하고 크라쿠프를 공격할 수 있는 거리까지 진격했다. 이듬해인 1915년 5월에 이탈리아가 선전포고를 하면서 오스트리아-헝가리 군은 알프스 산맥으로 파견되었다. 1916년 여름, 러시아 군이 압도적인 공세를 펼치자 루마니아가 오스트리아-헝가리와의 전쟁에 뛰어들었다. 오스트리아-헝가리 군은 베르됭을 포위하고 있다가 동맹군을 지원하고자 급히 투입된 독일군에 기대 러시아 군의 공세를 막아야 했다. 독일군 지휘관들은 지원의 대가로 오스트리아-헝가리 군에 대한 통제권을 점점 틀어쥐었고, 자국 장교들을 채워 넣어 오스트리아-헝가리 군을 강화하고 오스트리아-헝가리 군이 독일군의 전략적 목표를 따르도록 했다.

독일군의 지원 덕택에 오스트리아-헝가리 군은 침착함을 되찾았다. 징병을 통해서 약 300만 명이 무장했고, 질병으로 인한 면제자까지 모두 징집되어 헝가리의 "장질환 대대" 같은 특별 부대에 배치되었다. 육군 사단들은 적절한 지원 수송대와 야전 포병대를 갖추었고, 보헤미아의 플젠에 있는 자동차 회사 슈코다의 공장에서는 초중량 곡사포인 "빅 베르타"를 생산했다. 오스트리아-헝가리의 과학자들은 오스트로-다임러의 페르디난트 포르셰와 협력해 6기통 항공 엔진과 4륜 구동 장갑차와 작동 가능한 최초의 헬리콥터를 설계했다. 오스트리아-헝가리 군에는 공중전의 명격추자가 상당수 있었다. 특히 외알 안경을 쓴 고드빈 폰 브루모프스키는 35회의 격추 전과가 확인된 인물이었다. 브루모프스키의 가장 놀라운 업적은 1916년에 호틴(오늘날의 우크라이나 도시) 인근에서 차르가 참석한 열병식 현장을 폭격한 일이었다. 당시 그는 자신을 요격하기 위해 출동한 러시아 군 전투기 몇 대를 격추하기도 했다. 놀랍게도 브루모프스키의 외알 안경은 과시용이 아니라 나쁜 시력을 교정하기 위한 것이었고, 그가 타던 비행기는 전쟁 이전의 구형인 알바트로스 B.1이었다.[10]

그러나 오스트리아-헝가리를 구한 것은 또 하나의 대단한 군인이었다. 독일 육군 원수 아우구스트 폰 마켄젠(1849-1945)의 사진에는 언제나 수염이 텁수룩한 그가 찡그린 표정을 지으며 커다란 해골 휘장이 달린 수달 가죽 모자를 자랑스레 쓰고 있는 모습이 담겨 있다. 마켄젠은 험상궂고 사나운 외모였으나 따뜻하고 서글서글한 성격이었고, 사병에서 장교가 되었기 때문에 부하들에게 인기가 많았다. 그의 이름에 붙은 "폰"은 세습적 칭호가 아니라 복무에 대한 상으로 수여된 것이었다. 마켄젠은 약 4년간 빌헬름 2세의 부관으로 근무하며 의례의 중요성과 윗사람의 화를 달래는 요령을 배웠다. 따라서 우쭐대는 헝가리 장군들과 "굴을 좋아하는" 참모 장교들의 마음을 사로잡을 수 있는 최적임자였던 그가 오스트리아-헝가리 군의 현황을 점검하는 임무를 맡은 것은 당연한 일이었다.[11]

1915년 봄, 마켄젠은 크라쿠프 동쪽을 근거지로 삼은 독일군 제11군을 지휘하는 동시에 오스트리아-헝가리 군 2개 군의 작전통제권도 행사했다. 마켄젠은 러시아가 점령한 갈리치아로 재빨리 쳐들어가 르비우와 전략적 보루인 프셰미실을 수복했다. 그다음 북쪽으로 방향을 돌려 독일군과 함께 러시아 중심부를 공격했고, 적군을 동쪽으로 400킬로미터까지 후퇴시켰다. 러시아는 막대한 피해를 입었다. 100만 명이 죽거나 다쳤고, 100만 명이 포로가 되었다. 후퇴하면서 러시아 군은 마을을 버리고 떠나며 불태웠고, 민간인 300만 명 이상을 내륙으로 강제 이송했으며, 길거리나 급조된 대피소에 방치된 채 굶주리는 피난민에게는 구호의 손길을 거의 내밀지 않았다. 현장의 독일군 지휘관들은 자국민에 대한 러시아 군의 비인간적 태도에 섬뜩함을 느꼈다.[12]

마켄젠은 사관학교를 다닌 적이 없었기 때문에 포위 공격이라는 대세에 순응하지 않았다. 그가 선호한 방법은 포위 공격의 반대로, 전력을 집중시켜 단 하나의 지점을 공격함으로써 병력 손실을 최소화하며 돌파구를 마련하는 것이었다. 마켄젠의 전술에서는 정찰기의 도움을 받는 포병대가 매우 중요했다. 포병대는 아군의 맹공격에 앞서 일단 중박격포로 사격을 퍼부은 다음, 엄폐호를 겨냥한 일제사격으로 적군을 지치게 했다. 어느 러시아 군 지휘관은 마켄젠과 마주하는 상황을 이렇게 묘사했다.

독일군은 빗발치는 금속 무기로 전쟁터를 헤집고, 우리 참호와 요새를 완전히 파괴한다. 포화는 종종 참호를 지키는 병사들을 그 안에 묻어버린다. 독일군은 금속 무기를 소모하고, 우리는 생명을 소모한다.[13]

마켄젠이 러시아령 폴란드에서 승리를 거둔 뒤, 독일군 수뇌부는 그를 발칸 반도로 파견해서 세르비아에 대한 독일군과 오스트리아-헝가리 군의 공세를 조율하도록 했다. 발칸 반도에서 그는 오스트리아-헝가리 군 지휘관들뿐 아니라 동맹국인 오스만 제국과 불가리아의 지휘관들과도 함께 일해야 했다. 그것은 군사적으로나 정치적으로 까다로운 임무였지만, 전략적 이득은 엄청났다. 걸림돌인 세르비아를 처리하면 오스트리아-헝가리와 독일의 동맹국인 오스만 제국이 오리엔트 특급 철도의 축을 따라서 육로로 직접 연결될 수 있었다.[14]

마켄젠이 지휘한 세르비아 침공 작전은 베오그라드 상륙을 기점으로 전광석화처럼 진행되었다. 영웅적인 저항에도 불구하고 베오그라드는 1915년 10월 11일에 함락되었다. 6주일 뒤, 심각한 타격을 입은 세르비아 군이 알바니아의 산악 지대로 후퇴하면서 전역은 막을 내렸다. 세르비아 군은 약 10만 명의 사상자를 냈고, 15만 명을 포로로 잡혔다. 포병창 전체와 기관차 42대도 버리고 떠났다. 독일군과 동맹군의 총 병력 손실은 6만7,000명이었다. 마켄젠은 2개월도 안 되는 기간에 적국의 영토와 낯선 지형에서 노련한 적군을 무찌르는 군사적 위업을 이룩했다. 그는 베오그라드에 "세르비아 영웅들"에게 기념비를 헌정하는 너그러움도 보여줬다.[15]

애초의 계획은 마켄젠이 남쪽으로 진군해 그리스의 항구 도시인 테살로니키를 빼앗는 것이었지만, 1916년 8월에 루마니아가 트란실바니아를 침공하자 최우선 사항이 바뀌었다. 독일군이 트란실바니아에서 루마니아 군을 소탕하는 동안 "마켄젠 집단군"은 불가리아를 거쳐 루마니아의 동부 해안을 유린하고 부쿠레슈티를 포위했다. 마켄젠은 1916년 12월 6일에 백마를 타고 루마니아의 수도 부쿠레슈티에 입성했다. 그날은 마켄젠의 67번째 생일이었다. 마켄젠이 루마니아 군에 승리를 거둔 데 힘입어 독일군과 오스트리아-헝가리 군은 발트 해 연안의 도시 리가에서 도나우 강 삼각주까지 중앙유럽의 가장자리를 따라 펼쳐진 50만 제곱미터가 넘는 적의 영토를 지배하게 되었다.

러시아령 폴란드에 진입한 독일군과 오스트리아-헝가리 군은 대부분 눈앞에 펼쳐진 한결같은 가난함에 질겁했다. 어느 군인에 따르면, "온통 잿빛, 더러운 잿빛"이었다. 군인들은 현지의 농민들이 모두 단순하고 교회에서 자주 예배를 올리며 우울한 노래를 부르는 버릇이 있지만, 손재주는 좋다고 생각했다. 한증막은 당혹스러운 시설이었는데, 특히 시골 사람들은 불결하고 몸에 해충이 많은 데다가 그곳은 발진 티푸스가 풍토병이었기 때문이다(러시아령 폴란드에서 복무한 독일 군의관의 5분의 1이 발진 티푸스로 사망했다). 그러나 대다수 관찰자의 시각에서 중요한 점은 도로와 교량과 위생과 교육의 부재였다. 그들이 떠올린 용어는 인정할 만한 문화가 전혀 없다는 의미의 비문화Unkultur였다.[16]

독일과 오스트리아-헝가리는 문명화를 점령 정책의 목표 중 하나로 삼았다. 문명화란 "독일의 일"을 통해서 동방을 20세기로 끌어들이는 작업이었다. 점령군이 400여 개의 다리를 건설하고, 강폭이 넓은 부크 강에 최초로 다리를 놓는 등 기반 시설 구축에 막대한 노력을 쏟았으니, 그것은 공허한 구호가 아니었다. 점령군은 학교와 극장을 세우고, 신문을 체계적으로 정리하고, 박물관을 설립하고, 농업용 비료를 도입하고, 매춘을 규제하고, 하수도를 설치했다. 동방에서 시행된 "독일의 일"에 헌정된 어느 사진첩에는 포괄적인 내용의 토지대장, 제대로 운영되는 사법기관, 신설된 41개의 병원과 5개의 정신병원, 문화적 성취 수준의 관점에서 점령국보다 "1세기 뒤진" 민족의 근대화 같은 업적이 항목별로 나열되어 있었다. 요점을 보여주기 위해 그 앨범에는 발진 티푸스와 가래톳 페스트의 예방 접종 횟수를 집계한 통계도 부록으로 실려 있었다.[17]

제복 차림의 학자들은 그 민족을 더 깊이 이해하고자 그들의 언어를 조사했고, 벨라루스어, 즉 "백러시아어"를 별개의 언어로 구별해냈다. 그들은 벨라루스인의 존재를 발견한 뒤 1915년에 최초의 벨라루스어 학교를 설립했고, 벨라루스어 신문을 후원했으며, 빌뉴스에 벨라루스 민속문화 상설 전시장을 세웠다. 오늘날 벨라루스인들은 그들의 정체성을 일깨워주고 초창기의 몇 가지 역사적 교훈을 남겨준 독일인 개척자들 덕분에 벨라루스인으로서의 소속감을 느끼게 되었다는 점을 일부 인정한다. 하지만 그것은 점령자들의 이타적인 노력이 아니었다. 점령정권은 벨라루스의 민족의식을 고취함으로써 당시 100만 명으로 추정되던 인구를 러시아로부터 떼어내려고 했다.[18]

문명화를 추진하려는 움직임과 함께 병참의 실질적 필요성도 제기되었다. 군 지휘관들은 점령지에서 자원을 약탈했고, 주민 전체를 대상으로 명부 작성과 사진 촬영과 신분증 발급을 명령했다. 그들은 가정집의 문을 잠그지 말고 방문자의 이름을 기록하도록 요구하는 등 모든 사회적 이동을 일상적으로 규제했다. 1916년부터 유럽 점령지의 모든 성인은 강제 노역에 시달렸고, 이를 거부하면 벌금과 장기 징역형을 감수해야 했다. 점령군이 직접 먹거나 독일이나 오스트리아-헝가리로 보내기 위해 수확물을 압류하면서 식량 부족과 영양실조가 만연했고, 곳곳에서 사망률이 2배 증가했다. 성냥, 개, 자전거, 소금, 그리고 계란을 비롯한 생필품 판매에 새로운 세금이 부과되고, 사적인 고기잡이와 식용 비둘기 사육(비둘기는 몰래 소식을 전달하는 데 쓰일 수도 있었다)이 금지되자 가난한 사람들의 주머니 사정은 더 팍팍해졌다.

점령된 곳이든 아니든 간에 군인 관료 집단의 통치가 중앙유럽 도처에서 큰 성과를 거두었다. 전쟁 직전에 오스트리아령 시스라이타니아 정부는 법령으로 통치권을 행사했다. 의회는 개회 중이 아니었고, 1917년까지 소집되지 않았다. 따라서 행정부는 이후 3년 동안 무려 154개의 비상조치법과 500개 이상의 장관령을 자유롭게 공표할 수 있었다. 계엄령이 시스라이타니아의 절반에 해당하는 지역에 즉각 선포되었고, 황제에 대한 비판 같은 여러 가지 범죄가 군사 법원의 관할권에 속하게 되었다. 법원과 마찬가지로 공무원 조직은 군 수뇌부의 도구가 되어서 군사적 수요를 채웠다. 생산 위기가 닥칠 때마다 공무원 조직의 촉수는 경제와 사회로 더 깊이 파고들었고, 전쟁부가 구성한 위원회와 중앙 본부가 감독할 수 있는 범위 안으로 점점 더 많은 것을 끌어당겼다.[19]

하향식 관리는 독일 전시 경제의 특징이기도 했다. 중앙 정부의 원자재 본부는 자원을 매점하고 징발해 주로 민간회사로 구성된 수백 개의 기업 연합에 할당한 다음, 명시된 가격에 완제품을 생산하도록 계약을 맺었다. 한편 전쟁부는 군수품 공급을 감독하면서 비교적 규모가 작은 공장을 폐쇄하고 생산을 집중화했다. 하지만 그런 조치만으로는 결코 충분하지 않았다. 전쟁 이전에도 급성장하는 독일의 경제를 유지하기에는 인력이 부족했다. 700만 명 이상의 남자들이 참전하는 바람에 노동력 부족 현상이 심각해졌다. 남자들을 60세까지 병역에 묶어두고, 여자들을 노동 인력으로 선발하고, 전쟁 포로를 공장과 농장에 강제로 투입해도 생산량과 식탁에 오르는 음식은 턱없이 부족했다.

독일군의 수장인 힌덴부르크 원수는 모든 성인이 직접 참여하는 경제 총력전을 추진했다. 그러나 1916년에 독일과 오스트리아-헝가리의 심장부에도 점령지와 같은 빈곤이 찾아오면서, 배급의 규모가 커지고 암시장이 급격히 성장했다. 1916년 오스트리아의 기본 배급량은 하루에 빵 200그램, 한 달에 커피와 첨채당恬菜糖 각각 200그램, 요리용 지방 100그램에 불과했다. 동물의 내장은 맛있는 식재료가 되었다. 공급이 불안정해지자 빵집과 정육점 밖에 긴 줄이 늘어섰다. 주말에는 도시 사람들이 시골로 가서 약탈과 습격을 일삼았고, 농장 노동자로 이루어진 자경단과 맞서 싸우기도 했다. 1918년 1월에는 독일의 노동자 100만 명이 격렬하게 파업하면서 식량 부족이 더 심해졌다.

독일과 오스트리아-헝가리의 관점에서 1918년은 잘못된 방향으로 틀어진 전환점이었다. 1년 전인 1917년에 러시아는 혁명과 내분에 빠졌다. 1918년 3월에 러시아의 볼셰비키 정권을 상대로 체결한 브레스트-리토프스크 조약에 따라, 독일과 오스트리아-헝가리는 현재의 벨라루스와 우크라이나 영토의 대부분을 차지했다. 힌덴부르크는 동부 전선에서 승리하면 거기서 끌어온 병력으로 서부 전선을 강화할 수 있고, 프랑스와 영국의 새로운 동맹인 미국이 서부 전선으로 병력을 보내기 전에 프랑스 군과 영국군을 일거에 괴멸할 수 있으리라고 생각했다. 하지만 1918년 3월에 감행한 독일군의 마지막 공세는 교착 상태에 빠지고 말았다. 거듭된 독일의 정면 공격은 실패로 돌아가거나 목표를 이루지 못했다. 1918년 8월, 연합군의 반격으로 힌덴부르크 방어선이 돌파되었다. 이제 독일 국경까지는 탁 트인 땅이 펼쳐져 있었다.

독일과 오스트리아-헝가리에서는 전방과 후방의 전선이 동시에 무너졌다. 제1차 세계대전은 우편 제도의 발전 덕분에 후방의 가족과 전선의 군인들이 연락을 주고받은 최초의 문해文解 전쟁이었다. "일간 다시 소식 전하겠습니다"라는 말과 더불어 후방의 가족이 보내온 편지에는 식량과 연료 부족, 긴 노동 시간, 질병 등을 둘러싼 불안감이 담겨 있었다. 복무 중인 군인들이 보내는 편지는 군사 작전의 세부 사항을 숨길 뿐 아니라 사기를 유지하고 소문을 가라앉히기 위해서도 군대와 경찰의 엄격한 검열을 받아야 했다. 그러므로 전방에서 싸우고 있다는 군인이 보낸 가장 충격적인 편지는 야전 우체국의 소인이 아닌 지방이나 도시의 우체국 소인이 찍힌 편지, 즉 발송인의 탈영 사실을 암시하는 편지였다.[20]

1918년의 공세가 시작되기 전에도 독일군의 서부 전선은 무너지고 있었다. 병사들은 아예 싸우기를 거부했고, 집으로 돌아가거나 포탄 구덩이나 숲이 우거진 곳에 숨거나 적군에 투항했다. 독일의 탈영 개념은 도주의 의도를 증명해야 했기 때문에 쓰기가 쉽지 않았다. 따라서 독일군 당국은 명령 거부, 자해, 은신뿐 아니라 장기간의 무단이탈도 해당하는 포괄적 표현 "기피"를 선호했다. 비교적 느슨한 이 기준에 따라서 독일군 당국은 전쟁이 끝날 무렵 서부 전선에 (360만 명의 야전군 가운데) 최대 100만 명의 기피자가 있다고 추정했다. 이에 더해 적에게 투항한 수십만 명이 있었다. 1918년 가을까지, 서부 전선에 배치된 독일군의 무려 3분의 1이 사라지거나 전투에서 손을 뗐다. 1918년 10월 중순에 바이에른 출신의 어느 사병이 부모에게 암호로 보낸 전언에는 당시의 절망적인 분위기가 다음과 같이 간추려져 있었다. "상황 나쁨. 모두 도망 중. 휴전 안 되면 되도록 현금 많이 가지고 있어야."[21]

오스트리아-헝가리도 마찬가지였다. (탈영의 정의에 따라서) 전쟁이 끝날 때까지 10만 명 내지 100만 명이 탈영했다. 오스트리아-헝가리의 농촌에서는 일부 탈영병과 징병 기피자들이 "녹색 간부단"을 결성해서 식량 운송 수단을 약탈하고, 열차를 탈선시키고, 헛간에서 마음껏 즐기고, 마을 전체를 장악하기도 했다. 모라바, 갈리치아, 헝가리 북부, 크로아티아 등지에 총 10만 명 규모의 이탈자가 있었다. 이들 중 다수는 일부러 깃털 장식이 달린 모자, 권총, 탄띠, 언월도 등을 뽐내며 옛 도적 차림을 했고, 부자들의 재산을 빼앗아 가난한 사람들에게 나눠주며 그 행동을 자랑스러워했다(확실히 그들은 본인이 가난한 사람에 속한다고 생각했다). 그 도적들에게 짓밟히는 농촌이 점점 늘어나면서 오스트리아-헝가리의 상당수 지역은 무법천지로 바뀌었다.[22]

독일의 위대한 사회학자인 막스 베버(1864-1920)는 전쟁 중에 집필한 책에서 관료제야말로 가장 완성도 높은 정부 형태라고 격찬했다. 기술적 측면에서 다른 모든 권력 형태보다 우월한 관료제는 가장 순수한 권력 유형이었다.

> 완전히 발전한 관료제 장치와 다른 조직의 관계는, 기계와 기계화되지 않은 생산 형태의 관계와 정확히 일치한다. 정밀성, 속도, 모호성, 서류에 대한 지식, 연속성, 재량, 단일성, 엄격한 복종, 마찰 감소과 물질적, 인적 비용의 절감 등의 요소가 엄격한 관료제적 행정에서 최적점으로 올라간다……숙련된 관료제는 이 모든 점에서 우월하다.[23]

베버는 이상적인 유형에 대해서 말하고 있었다. 그러나 어떤 기준을 들이대도 독일과 오스트리아-헝가리의 군사화된 관료주의 체제는 완전히 실패했다. 두 나라의 군사화된 관료주의 체제는 규제와 징발, 간섭과 강압을 통해서 경제와 사회가 국가에 복무하도록 했다. 그 체제들은 몇 세기에 걸친 관료주의와 개입의 전통을 발판으로 삼고 있었다. 하지만 전쟁에서 승리하지 못했고, 결국 국민을 먹여살릴 역량조차 보여주지 못했다. 전쟁을 계기로 관료제적 통치라는 중앙유럽의 전통은 힘을 얻었다. 그러나 관료제는 막스 베버가 상상했던 마찰 없는 능률을 선사하지 못했고, 오히려 붕괴와 혼돈만 초래했다. 최대의 시련이 닥쳤을 때, 관료제 국가는 실패했다.

이제 오스트리아-헝가리의 각 민족은 관료제 국가 대신에 새로운 민족 국가에 점점 더 희망을 걸게 되었고, 민족 개념은 충성과 희망을 이끌어내기 위한 초점이 되었다. 연합국의 선전에 고무된 오스트리아-헝가리의 민족주의 정치인들은 세르비아인과 크로아티아인과 슬로베니아인을 하나로 묶는 남슬라브 국가라는 대의명분을 강력히 주장했고, 체코인과 슬로바키아인의 화합을 외쳤다. 반면 독일에서는 사회주의가 해답인 듯싶었지만, 노동조합이 지지하는 독일사회당의 온건한 민주적 사회주의와, 1918년 1월에 파업을 이끌었고 러시아의 볼셰비키 정권에서 영감을 얻은 노동조합 간부들의 혁명적 사회주의를 비롯한 몇 가지 사회주의가 있었다. 패배할 수밖에 없다는 사실을 깨달은 독일의 루덴도르프 장군과 빌헬름 2세 정부의 남은 관리들은 평화를 빨리 회복해 혁명을 방지하기 위한 목적으로 온건파와의 협상을 모색했다. 하지만 1918년 11월 8일에 서구 연합국의 과도한 요구를 알게 되었을 때에는 이미 너무 늦은 시점이었다.

1918년 11월 9일, 독일 정부는 빌헬름 2세의 퇴위를 발표했다. 황제가 자신의 퇴위를 승인하기까지 3주일쯤 걸렸는데, 그 무렵 황제는 이미 네덜란드로 망명한 상태였다. 11월 11일, 프란츠 요제프의 후계자인 카를 황제(1916-1918)는 공적 생활에 참여할 기회를 포기했다(그는 대중의 요구에 따라서 결국 다시 황제가 되리라고 생각했기 때문에 공식적으로 퇴위하지는 않았다). 이튿날, 빈의 제국의회는 "독일-오스트리아"를 공화국으로 선포했고, 독일-오스트리아가 곧 독일과 합병하리라고 생각했다. 그 무렵, 옛 오스트리아-헝가리 제국의 흔적은 전혀 남아 있지 않았다. 프라하, 크라쿠프, 르비우 등지에서 스스로 천거한 지역 유지들로 구성된 전국위원회가 권력을 잡고 합법적 정부로 자처했다. 부다페스트에서는 "붉은 백작" 카로이 미하이가 이끄는 새 내각이 헝가리를 독립국으로 선포했다. 불과 1세기 만에 나폴레옹와 1815년의 빈 회의와 비스마르크에 의해서 중앙유럽의 국경선이 나뉘었다. 이제 그 국경선은 또다시 그어져야 했다.

제30장

폭력, 도시, 그리고 "푸른 천사"

패전국 대표들은 1918년 9월 29일부터 11월 13일 사이에 2주일에 걸쳐서 항복 문서에 서명했다. 불가리아가 가장 먼저 군사령부로 개조된 테살로니키의 어느 고아원 건물에서 휴전협정을 체결했다. 1주일 뒤, 오스만 제국은 에게 해의 영국군 전함에서 항복함으로써 전쟁을 마무리지었다. 11월 3일, 이탈리아에 주둔해 있던 오스트리아-헝가리 군은 파도바 외곽의 대저택에서 공식 항복했다. 11월 11일, 독일이 항복할 차례가 되었다. 독일 대표단은 콩피에뉴 인근의 어느 객차 안에서 굴욕적인 조건을 인정해야 했다. 독일의 협상가 발터 라테나우는 연합군의 목적이 "독일인의 삶을 당장, 그리고 영원히 파괴하는 것"이라고 확신했고, 조국인 독일이 결국 아시아의 오지 같은 곳으로 전락하리라고 내다보았다.[1]

헝가리가 마지막 차례였다. 자국을 독립 공화국으로 선포한 헝가리 정치인들은 별도의 평화조약을 맺어야 했다. 베오그라드에서 카로이 미하이 총리가 연합국 대표를 상대로 주도한 첫 번째 회담은 잘 풀리지 않았다. 카로이는 전쟁의 책임을 헝가리를 제외한 모든 당사국에 돌렸고, 회담용으로 징발한 건물에 설치된 등유 램프 불빛이 어른거려 메모를 제대로 읽을 수 없는 상황에서도 알맹이 없는 연설을 이어나갔다. 프랑스의 데스페레 장군은 카로이의 말을 끊으면서 "이 전쟁에서 당신들은 독일인 편에 섰으므로 당신들이 져야 할 책임도 그들과 같고, 당신들이 받아야 할 벌도 그들과 같을 것"이라고 말했다. 11월 13일 자정 직전 헝가리 정부는 적대 행위 종식에 합의했고, 나라의 운명을 연합국의 손에 맡겼다. 그것은 주권 공화국으로서 헝가리가 선보인 첫 국제적 행위였다.[2]

연합국은 중앙유럽 각국에 등장한 전국위원회를 정부로 인정함으로써 중앙유럽 신생국들의 대략적인 형태를 결정했다. 그러나 신생 정권들은 베르사유에서 열릴 예정인 평화회의에 앞서 국경선을 긋지 말라는 연합국의 요청을 무시했다. 그 정권들은 지상에서 확보한 군사적 이득이 국경선으로 전환되기를 바라며 전투를 이어나갔다. 1919년 내내 체코인과 폴란드인은 실롱스크를 두고 싸웠고, 헝가리인은 슬로바키아를 차지하려고 체코인과 슬로바키아인과 싸웠다. 루마니아 군은 헝가리를 침공해 부다페스트에 이르렀고, 폴란드 군은 폴란드의 옛 국경선을 회복하기 위해서 소련과 (일시적으로 독립국이었던) 우크라이나로 쳐들어갔다. 그 과감한 공격이 키이우 외곽에서 교착 상태에 빠지자, 폴란드의 실력자인 유제프 피우수트스키는 리투아니아를 침공해 그 신생 공화국의 수도인 빌뉴스를 빼앗았다.

1919년과 1920년 사이에 열린 베르사유 회의는 중앙유럽을 재편했다. 그러나 베르사유 회의는 원칙과 편의성의 균형을 맞추려고 하다가 지속적인 평화를 희생시키고 말았다. 한편으로, 베르사유 회의는 그 경계선이 해당 민족과 일치하는 국가들을 만들어내고자 했다. 다른 한편으로는, 훗날 그 국가들이 부활한 독일과 러시아에 의해서 제거되지 않을 만큼 경제적으로, 정치적으로 발전할 수 있는 나라가 되기를 바랐다. 그 두 가지 고려 사항의 절충안은 하나의 민족이 아니라 여러 민족으로 이루어진 중간 크기의 국가들이 일종의 차단선 역할을 맡는 것이었다. 그 명칭에서 짐작할 수 있듯이, 체코슬로바키아와 유고슬라비아는 서로 유대감을 거의 느끼지 못하는 여러 민족이 섞여 있는 나라들이었다. 그러나 각각의 전국위원회는 연합국을 상대로 자신들이 진정한 대중 조직이라고 설득했고, 베르사유 회의가 열릴 무렵에는 행정 관리자들과 군대를 갖추고 있었다.

패전국인 독일은 알자스와 로렌을 비롯해 유럽에 있는 영토의 10퍼센트 이상과 모든 해외 식민지와 해군 전체, 그리고 육군의 대부분을 빼앗기고, 결코 상환할 수 없는 규모의 막대한 전쟁 배상금까지 부과받았다. 미국 대통령 우드로 윌슨은 "정의로운 평화"를 약속했지만, 대부분의 독일인이 볼 때 콩피에뉴에서 부과되었고 베르사유에서 정교하게 다듬어진 조건은 철저하게 부당했고, 따라서 독일의 국경선을 결정하는 문제와 관련해 "자결권"과 각 민족이 자기 나라에서 살 수 있는 권리는 무시된 것이었다. 체코슬로바키아는 자국 영토의 서쪽 가장자리를 따라 형성된 독일인 정착 지역 수데테란트를 빼앗기지 않고 그대로 유지했다. 독일인의 땅이나 다름없었던 그단스크는 국제적 감독을 받고 폴란드와 관세 동맹을 맺은 "자유국"이 되었다(그단스크가 없으면 폴란드에는 항구가 없기 때문이었다). 게다가 연합국은 독일과 오스트리아가 결합해 초강대국이 될 수도 있다는 발상을 단호히 거부하며 독일의 몸집을 줄이는 데에 집중했다.

가장 많은 것을 잃은 나라는 민족 원칙이 불리하게 작용한 헝가리였다. 파리의 연합국 협상가들은 헝가리의 주변국들에게 이른바 혼합 인구 정착지(헝가리에 불리하게 쓰인 모호한 용어)를 할당했다. 1920년의 트리아농 조약에 따라서 트란실바니아와 그 서쪽의 길쭉한 모양의 영토는 루마니아로 넘어갔다. 헝가리 남부와 크로아티아는 유고슬라비아로, 헝가리 북부는 체코슬로바키아로, 헝가리 서부의 일부 국경지대는 오스트리아로 넘어갔다. 트리아농 조약으로 헝가리는 전쟁 이전의 인구와 영토의 3분의 2 이상을 잃었고, 헝가리인 300만 명 이상이 새로운 국경 밖에서 살게 되었다. 엄격한 국경 통제는 이산가족을 초래했을 뿐 아니라 서로 만날 수도 없게 만들었다.

베르사유에서 타협안을 도출한 정치가들은 그 한계를 알고 있었다. 중앙유럽 전체 인구의 약 3분의 1을 차지하는 소수 민족은 주류 민족이 지배하는 국가에 갇힌 채 살고 있었다. 따라서 평화 입안자들은 신생국들에 특별 조약의 필요성을 강조했고, 소수 민족에 대한 선처를 의무화했다. 그러나 신생국들의 정부는 특별 조약에 서명하고 나서 곧바로 조약 내용을 무시했고, 많은 소수 민족의 불만과 분노를 샀다. 1922년에 프라하 주재 영국 대사가 지적한 바에 따르면, 독일계 소수 민족에 대한 체코슬로바키아의 둔감한 정책의 결과는 "쓰라림을 더하고, 국력을 약화시키고, 암의 성장을 촉진할 뿐이어서 결국 국가를 파멸에 이르게 할 것"이었다. 그의 관측에는 선견지명이 담겨 있었다.[3]

항복 이후 독일은 내분에 휩싸였다. 베를린이 혁명적 공산주의자들인 "스파르타쿠스파"의 준동으로 위태로워지고 뮌헨의 정치가 모든 화폐의 폐지를 합리적인 조치로 판단하는 광신적 극좌파에 의해 운영되자, 독일의 정치인들은 일시적으로 의회의 소재지를 지방인 바이마르로 옮겼다(의회 소재지는 1919년 8월에 다시 베를린으로 이전했다). "바이마르"는 새 의회가 시작한 공화제 실험과 그 실험 때문에 독일인들이 감내해야 했던 손해와 치욕을 요약하는 명칭이 되었다. 오늘날에는 흥미진진한 문화적 혁신으로 명성이 높지만, 당시 바이마르 공화국은 하나의 민족의 자존심을 꺾으려는 서구 연합국의 사생아로 보였다. 바이마르 공화국은 탄생 당시의 오명을 씻지 못했다.

베르사유에서 이루어진 타협으로 평화가 도래했지만, 정치적 폭력의 경향은 바뀌지 않았다. 군인들은 물리적으로는 제대했지만, 정신의 측면, 심지어 복장의 측면에서도 제대하지 못한 사람들이 많았다. 저렴한 가격의 민간인 의복이 없는 상황에서 참전용사들은 제대 후에도 군복을 계속 입었고, 겨울에는 군용 방한 외투를 입었다. 독일의 화가들인 오토 딕스와 게오르게 그로스의 작품에서 그들의 누더기 같은 복장을 볼 수 있다. 그런 복장의 또다른 진원지는 준군사 조직이었다. 그중 가장 악명 높은 단체는 독일 자유군단이었다. 평화가 찾아오고 나서 몇 년 동안, 자유군단의 단원들은 폭력 청부업자로 활동하는 한편, 유대인, 사회주의자, 경쟁 폭력배 등에 대한 사투私鬪를 벌이기도 했다. 1921년부터 정치적 경쟁자들에 맞서서 악랄한 싸움을 벌인 초창기 나치의 갈색 셔츠단은, 낡은 군복을 입었기 때문에 황갈색 셔츠 차림이었다.

그러나 (흔히 묘사되는 바와 달리) 그 준군사 조직들이 정치 체제를 전복하는 데에만 몰두한 것은 아니었다. 중앙유럽 곳곳의 정당과 정치 조직은 흔히 자체 군사단을 보유했기 때문에 준군사 조직은 기존 질서의 일부인 경우가 많았다. 오스트리아에서는 사회주의자들과 보수적 가톨릭교도들과 파시스트들이 거리에서 다른 세력과의 차이를 무력으로 해결하는 사병 부대를 거느리고 있었다. 서로 싸움을 벌이지 않을 때 오스트리아의 준군사 조직들은 암살을 저질렀는데, 실제로 1930년대에는 800명 이상의 희생자를 내기도 했다. 헝가리의 사정도 마찬가지였다. 합스부르크 해군 제독 출신이자 새로운 "반反혁명" 정부의 수장인 호르티 미클로시는 1919년에 공산주의자들이 주도한 반란을 진압한 뒤 퇴역 군인들을 징집해 공산주의자들에 맞서 싸우도록 했다. 무려 2,000명의 좌파 분자를 살해한 것으로 추정되는 호르티는 공산주의 동조자 7만5,000명을 감옥에 가두었고, 10만 명을 국외로 추방했다. 1920년대와 1930년대를 거치며 헝가리에서 정치 폭력은 줄어들었지만, "국제 볼셰비즘", "국제 유대인", "국제 페미니즘"을 줄기차게 매도하는 민족주의 언론의 부채질 때문에 그 폭력성은 언제나 수면 아래에서 꿈틀대고 있었다.[4]

폴란드는 1918년에 독일 제국과 오스트리아-헝가리 제국의 폐허를 딛고 일어섰다. 연합국과 베르사유의 평화 입안자들은 폴란드를 국가로 인정했지만, 폴란드의 국경선은 불확실했다. 폴란드의 새로운 국경선을 확정하기까지 3년 동안 6차례의 전쟁이 일어났다. 18세기 말 분할 이전에 존재했던 폴란드인의 국가를 재건하는 과정에서 폴란드는 너무 많은 것을 집어삼킨 상태였다. 그중에는 오늘날의 벨라루스 서부와 우크라이나 서부의 상당 부분을 획득한 데 힘입어 3,000만 명을 살짝 웃도는 전체 인구의 상당수인 500만 명의 소수 민족이 포함되었다. 소수 민족 중에는 우크라이나인이 가장 많았는데, 소수 민족을 대표한다고 주장하는 우크라이나의 민족주의자들이 독립을 요구하면서 테러전을 일으켰다. 그들이 선호한 방법은 파괴, 폭파, 살인 등이었다. 1930년 하반기만 해도 우크라이나 반란군이 연루된 "사건"은 무려 2,000건이었다. 폴란드 경찰과 군대가 수행한 "진압" 작전은 폭력적이

고 무차별적이었고, 발끈한 우크라이나 분리주의자들은 또다시 무도한 행위를 저질렀다.[5]

중앙유럽 도처에서 민주주의가 무너졌다. 각국 정부는 정당을 완전히 폐지하거나 부정 선거를 자행해 정권을 지지하는 의원들만 의회로 복귀하도록 했다. 폴란드 의회에서는 1928년 이후 "친정부 초당파"가 우위를 차지했고, 오스트리아에서는 "조국 전선"이, 루마니아에서는 "국가 부흥 전선"이 의석을 독점하는 정당이 되어 거수기에 불과한 의회에서 정부의 의제를 이행했다. 권위주의 통치로 이행하는 과정은 1929년 이후 중앙유럽을 강타하고 1931년에 중앙유럽 최대의 금융기관인 크레디탄슈탈트 은행의 몰락으로 정점을 찍은 경제 불황 때문에 촉진되었다. 위기에 놓인 국가 재정을 보강하기 위해서 각국 정부는 의회의 절차를 우회하는 긴급 명령에 점점 기대게 되었다.

독일에서는 취약하고 싸우기 좋아하는 연립 정부가 의회의 붕괴를 재촉했다. 정부는 도시 폭동과 독일 노동 인구의 3분의 1인 600만 명이 실업자인 상황에서 법령에 의한 통치에 점점 의존했다. 1933년 초, 육군 원수 출신이자 현직 대통령인 파울 폰 힌덴부르크에게는 2가지 선택지밖에 없었다. 그는 대통령 독재정권을 출범시키거나, 의회에서 최대 의석을 거느린 사람에게 정권을 넘겨주어야 했다. 그는 두 번째 길을 선택했고, 아돌프 히틀러를 총리에 임명했다. 그로부터 3개월 만에 히틀러는 간신히 명맥을 잇고 있던 독일의 민주주의를 완전히 파괴했다.[6]

체코슬로바키아는 제1차 세계대전과 제2차 세계대전 사이에 대체로 민주적 성격을 유지한 점에서 예외적이었지만, 체코슬로바키아의 민주주의에는 결점이 있었다. 일찍이 1918년에 체코의 주요 정치인들은 "체코슬로바키아를 스위스 같은 나라로 만들겠다"라고 약속했고, 슬로바키아와 그 신생국의 동쪽 부분인 루테니아가 독자적인 정부를 보유하는 방안을 고려했다(1918년 이전에 루테니아는 헝가리의 일부분이었다). 우크라이나어를 쓰는 루테니아인들을 대상으로 연방 연합에 대한 투표가 실시되었지만, 기이하게도 그 투표에는 미국에 거주하는 루테니아인들만 참여했다. 카르파티아 산맥 지역에서 국민 투표를 조직적으로 실시하기란 너무 어려운 일이어서 미국 펜실베이니아 주에 거주하는 루테니아 출신 이민자들의 투표로 만족해야 했던 것이다. 그러나 체코의 신임 지도부는 처음부터 체코슬로바키아 인구의 약 4분의 1을 차지하는 독일계 소수 민족이 자신들에 대한 호의를 기대하지 말아야 한다는 점을 분명히 밝혔다. 체코슬로바키아 대통령 토마시 마사리크(재임 1918-1935)가 취임 직후 그 독일인들을 "이민자이자 식민주의자"로 업신여기며 언급했듯이, 신생 체코슬로바키아는 체코인과 슬로바키아인의 민족 국가, 마사리크가 선호한 표현에 따르면, 체코슬로바키아인의 민족 국가여야 했다.[7]

연방 국가가 될 것이라는 약속에도 불구하고, 체코슬로바키아의 권력은 프라하에 집중되어 있었고, 체코슬로바키아의 정치는 체코의 주요 정당 5개에 좌우되었다. 그 정당들은 내각뿐 아니라 병원과 교육 위원회를 비롯한 대다수의 지방 행정기관과 노동조합, 자선단체, 은행, 국가 계약에 의존하는 기업, 보험회사도 나눠 가지고 있었다. 전문직에서의 입신과 사회적 출세는 적합한 당원증을 가지고 있느냐에 달려 있었다. 당수들은 당의 노선에서 벗어난 의원을 더 고분고분한 의원으로 교체하면서 소속 의원들을 확고하게 통제했다. 주요 정당의 당수들은 입법 일정을 결정하고, 총리를 마음대로 해임하고 임명하는 등 체코슬로바키아의 실질적인 정부 역할을 맡은 "5인회Pětka"라는 비공식 내각회의에 참석했다. 5인회가 임명한 정부는 결코 질책을 당하지 않았고, 5인회가 발의한 법안은 통과되지 않은 것이 없었다.[8]

  5인회의 권력 독점은 상황의 변화를 꺼리는 태도와 무사안일주의로 이어졌다. 1930년대에 이르러 경제가 비틀거리고 독일계와 슬로바키아계 소수 민족의 요구가 더 격화되자, 정부도 점점 억압적인 대책을 내놓았다. 1920년대에 이미 시행되었던 검열이 이제는 일상이 되어버렸다. 내무부는 모든 지방 정부의 임명직(선출직 시장도 포함되었다)이 내무부의 승인을 받도록 요구함으로써 독일인의 공직 진출을 차단했고, 법령이 점점 더 의회의 입법을 대신하게 되었다. 1939년 3월에 독일이 침공하기 전에도 이미 체코슬로바키아는 대다수 정당의 활동이 금지되고 유대인이 전문직과 대학교에서 배제된, 권위주의적이고 반유대주의적인 국가였다.[9]

  전간기의 중앙유럽에서 민주주의가 무색해진 이유는 여러 측면에서 설명할 수 있을 것이다. 중앙유럽의 신생국들은 제국들에서 떼어낸 몇 개의 부분을 결합해 만들어진 나라들이었다. 한 국가를 만들기 위해서 몇 개의 부분을 결합하다 보니 화폐, 법률, 정당, 지방 정부기관 등이 서로 달랐고, 그 각각의 부분은 이미 서로 다른 경제적 연결망에 종속된 상태였다. 각 부분을 하나로 뭉치게 하려면 광범위하고도 섬세한 관리가 필요했지만, 그것은 신생 민주주의 국가들이나 경험이 일천한 정치인들에게 어려운 일이었다. 흔히 비례대표제로 선출된 의회는 여러 소규모 정당(폴란드에는 무려 36개의 소규모 정당이 있었다)으로 나뉘어 있었고, 지속적인 연립 정부를 구성하는 데 필요한 주고받기식 타협에 대한 이해가 거의 없었다. 그런 상황에서는 권위주의적 해결책에 기대기 쉬웠다. 게다가, 그 이질적인 부분들을 하나로 결합한 접착제는 오랫동안 공유해온 경험이 아니라 민족에 대한 환상이었다. 다른 접착제가 없는 상황에서 소속 민족만이 유일한 기준점이었기 때문에 국수주의와 배제의 정치가 표면화되는 상황이 조장되었다.

민족주의의 기초는 차이에 있다. 하지만 전간기 중앙유럽의 문화적 경험은 유난히 획일적이었다. 제1차 세계대전 이전의 생생한 긴장을 바탕으로 삼은 불안과 기대가 중앙유럽 도처에서 분명히 감지되었다. 역사가들은 그런 긴장을 묘사하기 위해서 "현대화"라는 약어를 쓰지만, 당시에 더 흔히 쓰인 표현은 "미국화"였다. 도시 설계, 공장 생산라인, 소비, 오락 등의 분야가 전통적인 경향과 규범을 뒤로한 채 더 미국적인 양식으로 바뀌었다고 여겨졌다. 셸락 78rpm 음반, 자동차, 일렬로 서서 다리를 높이 들어올리는 춤을 추는 무용단은 그런 변화를 상징했고, 시카고는 가장 많이 비교되는 도시였다.[10]

제1차 세계대전 이후 중앙유럽으로 건너간 재즈는 새로운 미국적 현대성을 구체적으로 표현했다. 이국적이고, 범세계적이며, 신랄한 재즈의 특성에는 그 음악이 흑인의 특성과 연관되어 있다는 점이 일부분 작용했다(1920년대 초 여러 재즈 악단이 그런 연관성을 활용하기 위해서 흑인 분장을 했다). 재즈의 속도는 도시생활과 어울렸다. 어느 비평가가 썼듯이 재즈 음악가는 "오늘날의 음유시인"이었고 "거리의 경향"은 "서양의 경향"이었다. 재즈 악단의 음악은 "손님들이 2시간 전에 남겨두고 간 타자기와 똑같은 박자에 맞춰 달그닥거리는 소리를 내고, 그 노래는 리듬감 있는 사장의 고함이며, 그 춤은 금송아지 주위를 에워싼다[금송아지는 「출애굽기」에 나오는 우상 숭배의 상징으로, 여기에서 금송아지를 에워싸는 춤은 물질적 풍요를 좇는 세태를 풍자하는 표현이다/역주]. 재즈 악단은 다른 방식으로 표현된 일터의 연장선이다." 체코의 시인이자 음악가인 에밀 프란티셰크 부리안은 1920년대의 프라하를 다음과 같이 열정적으로 묘사했다. "먼지와 소음으로 가득한 거리에서 여러 사람이 내 주위를 걷는다. 술집은 여인들의 인광燐光과 멋진 남자들의 담배 연기에 취해 있다……그렇다, 이 모든 것이 오늘이다. 아름답고, 현대적이고, 영원히 재즈풍을 띠는 오늘이다."[11]

빠르기가 중요했다. 20세기 도시에 대한 가장 영향력 있는 분석 중 하나에서, 독일의 사회학자 게오르크 지멜(1858-1918)은 도시의 리듬과 시골의 느린 속도를 대조했고, 대도시가 외부 감각과 내부 감각의 신속하고 지속적인 변화를 통해서 신경 자극의 정도를 높이는 방식을 강조했다. 지멜이 볼 때, 도시는 현란한 광고판, 교통 소음, 사람으로 북적대는 공동주택의 악취 같은 시각적, 청각적 자극과 코를 찌르는 후각적 자극으로 신경에 지나친 부담을 지우는 곳이었다. 감각에 대한 도시의 맹렬한 공격은, 감각적 차단과 지멜이 "심드렁한blasé" 태도라고 부른 염세적 세계관으로 이어지거나 인간의 개성에 대한 적극적인 모색으로 귀결될 수밖에 없었다(그런 모색 과정을 거쳐야만 인파로 붐비는 익명의 도시 공간에서 개인들이 극단적인 특질과 충동적 변덕을 계발함으로써 자아를 확립할 수 있었다). 독일의 수도에서, 지멜의 제자들은 감각 자극히기와 자기본위성 숭배라는 한 쌍의 주제를 탐구하면서 전간기의 2가지 최고의 수사 어구인 "바빌론 베를린"과 "보헤미안 베를린"을 만들어냈다. 전자는 도시의 관능성을, 후자는 개성의 과도한 연출을 상징한다.[12]

도시에 대한 지멜의 설명은 "책망하는 것도 용서하는 것도 아니고 이해하는 것"이 사회학자의 임무라는 말로 끝을 맺었다. 그것과 똑같은 초연함은 노이에 자흐리히카이트Neue Sachlichkeit라는 독일 예술 운동의 양식으로 구체화되었다. 노이에 자흐리히카이트는 통상적으로 "신즉물주의"로 번역되지만, (당시의 어느 표현을 빌리자면) 사물이 있는 그대로 보이는 "신객관주의"에 더 가깝다. "인상주의적인 느긋함도, 표현주의의 추상성도 없는……그러나 긍정적이고 명백한 현실에 확고히 충실한" 오토 딕스와 게오르게 그로스의 미술과 만화에서, 냉소적이고 잔인하게 묘사된 현실을 엿볼 수 있을 것이다. 제단화를 모방한 세 폭짜리 그림인 딕스의 「메트로폴리스」(1928)에는 손발을 잃은 상이군인들이 다리가 늘씬한 바람둥이 여자들에게 퇴짜를 맞는 장면이 나오고, 그로스는 베를린의 사회적 불평등과 그것을 뒷받침하는 물리적 폭력을 직접 겨냥한다. 신객관주의 예술가들은 치약과 비누, 계란과 화분에 심은 식물, 재봉틀, 늘어진 스타킹, 공장의 생산 라인 같은 대량소비의 일상적 증거를 작품에 접목하는 데에도 관심이 있었다. 그러나 신객관주의 예술가들이 명백하게 이념적으로 몰두하는 모습을 보이지 않자 좌파 분자들은 불쾌감을 느꼈고, 그들의 "마비된 정신"을 욕했다.[13]

신객관주의는 매체를 초월했다. 음악과 연극 분야에서, 신객관주의는 당대의 사회적 난제를 다루고, 대중가요와 재즈 선율이 공연목록의 주를 이루며, 때때로 무대 위에 놓인 축음기의 도움을 받는 "시사 오페라Zeitoper"를 만들어냈다. 베르톨트 브레히트의 「서푼짜리 오페라」(1928)에 나오는 지하세계의 세련된 느낌은, 화려한 매력과 거리의 선율, 노동계급의 생활에 대한 신랄한 묘사가 담긴 장르의 전형적인 사례이다. 건축 분야에서 신객관주의는 방과 좌석이나 침대 같은 설비가 정육면체 형태로 배열되고 매끈한 선과 판유리로 마감된 초밀집 주택단지의 강렬한 모더니즘을 선보였다. 신객관주의 건축가들은 거대 도시를 위해서 건축물을 지었지만, 오늘날 그들의 유산은 주로 1960년대의 학생 기숙사와 공동 침실의 디자인에서 찾아볼 수 있다.

삶을 있는 그대로 묘사하려는 포괄적 의도를 지닌 신객관주의는 다다이즘과 일부분 겹쳤다. 다다이즘, 즉 다다는 허무주의를 자처하는 예술 사조로서 모든 관습에 대한 거부도, "다다가 있기 전에 이미 다다가 있었다"라는 구호의 무의미함도 자랑스럽게 여겼다. 그럼에도 불구하고 신객관주의 예술가들은 세속적이고 평범한 대상을 눈에 띄게 표현하는 방법인 포토몽타주 기법과 콜라주 기법을 열정적으로 받아들였다. 그러나 신객관주의가 성공을 거둔 분야는 영화 촬영술이었다. 거리 풍경, 발전소, 기관차, 밤 문화 등을 담은 얼마 되지 않는 분량의 영상에서, 신객관주의는 렌즈가 바라보는 그대로의 삶을 보여주었다. 영화 분야에서 신객관주의의 가장 위대한 업적은 확실히 발터 루트만의 「베를린 : 대도시 교향곡」(1927)이었다. 「베를린」은 통근자들을 도심으로 태워 나르는 기관차와 우유를 병에 담는 작업이 이루어지는 생산 라인에서 시작해 신문 인쇄, 회사원들과 함께 빙빙 도는 문, 울리는 전화벨, 음식 찌꺼기를 두고 싸우는 개들, 축제의 롤러코스터 등으로 넘어가면서 도시생활의 24시간을 단 60분으로 압축한 작품이었다.

기계는 기술의 가능성을 구체화했고, 막스 브란트의 오페라 「기계공 홉킨스」(1929년 초연)는 기계화된 공장을 거의 종교적인 공간으로 표현했다. 브란트가 볼 때 생산 라인의 스위치는 성스러운 유물을 대신했고, 작업장의 종소리는 마치 교회 첨탑에서 울리는 소리 같았으며, 거대한 바퀴들은 어스름한 빛 속에서 회전하며 서로 대화를 나누었다. 브란트의 무대 지시는 명시적이었다.

> 야간의 공장 작업장……조용한 분위기에도 불구하고, 주 배전반의 배치와 구조는 제단을 닮은, 상징적인 대상으로 보여야 한다. 건물 안은

깜깜하다……유리 배경은 은은하게 빛나고, 주 스위치의 반짝이는 효과로 더 두드러진, 기계의 환상적인 윤곽은 공장 작업장과 사원이 하나로 합쳐졌음을 암시한다.[14]

그러나 도시와 현대식 기계는 불안을 일으키는 경우가 더 많았다. 루트만의 「베를린」과 같은 해에 개봉된 프리츠 랑의 「메트로폴리스」(1927)는 암울한 미래상을 표현했다. 지하에서는 엄격히 관리되는 노동자들이 지렛대를 당기다가 폭발 사고로 죽는 등 침울한 분위기에서 일하는 반면, 그 위에서는 자본가들의 돈 많은 자식들이 유람지에서 흥겹게 놀고 있다. 줄거리는 어색하고 억지스럽지만 노동자와 자본가가 악수하면서 화해를 암시하는 행복한 결말로 끝난다. 「메트로폴리스」는 입체파와 미래파의 제재, 고딕 양식의 배경, 연성 사회주의 등을 융합함으로써 과분한 명성을 얻었다. 하지만 도시를 익명성과 노예화와 불평등의 장소로 표현한 점은, 전간기 문학과 영화의 일반적인 특성이 되었다.

중앙유럽의 여러 저자들이 보기에 도시는 삶을 삼키고 감성을 더럽히는 괴물이었다. 부다페스트에 대한 가장 일반적인 당대의 묘사에 따르면 도시는 아마 유대인 포주들과 모리배들이 주도하는 듯한 금전적 음모가 팽배하고 사람이 물물교환의 대상이 되는 "사악한" 곳이었다. 빈차스 미콜라이티스-푸티나스의 소설 속 주인공 류다스 바사리스에 따르면, 전간기의 리투아니아 수도인 카우나스도 평판이 좋지 않은 곳이었다. 그는 카우나스를 "패인 구멍으로 가득한 중앙 광장과 땅속에 묻힌 듯한, 지붕이 새고 한쪽으로 기울어진 나무 오두막으로 가득한, 새우등 모양의 자갈길"이 있는 흙구덩이에 불과하다고 묘사했다. 바사리스는 전간기 리투아니아 문학에서 흔히 쓰인 수사 어구를 통해,

카우나스의 여자들을 공허한 오락, 색정적 경향, 반복적인 춤 따위로 손님들을 나른하게 하는 요부들로 묘사하기도 한다. 폴란드계 유대인 작가인 브루노 슐츠는 자신의 고향인 드로호비치(오늘날의 우크라이나 도시)도 불쾌하게 느꼈다. 드로호비치는 풍부한 석유 자원 덕택에 부유해졌지만, 슐츠는 꿈같이 이어지는 장면을 통해 저녁이 다가올 때 드로호비치에서 나타나는 저속함을 보여준다.

> 근심 없이 재잘거리는 행인들의 무리가 상점 창문 앞을 어슬렁거리며 지나간다. 볼품없는 물건과 커다란 밀랍 인형과 이발사의 인형으로 가득 찬, 지저분한 잿빛 광장들. 긴 끈이 달린 야회복을 번지르르하게 차려입은 매춘부들이 돌아다니기 시작했다……그들은 탐욕스러운 발걸음을 딛는다. 사악하게 타락한 얼굴에는 조그만 흠집이 있다. 음흉하고 비뚤어진 눈빛으로 곁눈질을 하기도 한다. 언청이도 있다. 코끝이 없는 여자도 있다.[15]

신객관주의 예술과 영화가 인간과 기술이 서로 조화롭게 결합한 듯 묘사한 반면, 대다수의 중앙유럽 작가와 예술가들은 기계를 노동인력과 일상에 부자연스러운 리듬을 강요하는, 실체 없는 인공물로 바라보았다. 제1차 세계대전의 기계화된 전투는 불안감이 고조되는 계기가 되었다. 기계화된 전투를 겪으면서 인간이 파괴의 원재료일 뿐 아니라 심리적으로 재구축되어 살인 기계가 될 수도 있다는 생각이 들었기 때문이다. 베르톨트 브레히트는 「남자는 남자다」(1926) 속에서 해설자가 관객들에게 "오늘 밤, 여러분은 자신의 모든 개별적 구성 요소를 그대로 둔 채 자동차처럼 재조립되는 남자를 보게 될 것"이라고 경고함으로써 그런 현상을 설명했다. 표현주의 작가들은 기술을 그들의 격앙된 산문의 손쉬운 표적으로 여기면서, 기술이 풍경에 남긴 상처, 기술이 내뱉는 높고 날카로운 소음, 기술의 빠르기에서 드러나는 광기 등을 묘사했고, 신낭만주의 작가들은 자연의 고요한 아름다움을 옹호하며 대량생산의 소음 및 평범함과 대비했다. 시인 릴케는 이렇게 썼다.

　보라, 기계가 움직이고,
　복수에 나서, 우리를 거칠게 다루고,
　일그러트리고, 비틀어버리는 모습을.[16]

기계는 인간을 일그러트리는 괴물일 뿐 아니라 인간의 특징을 띨 수도 있었다. 기계 인간은 중앙유럽의 작가들과 독자들이 늘 매력을 느끼던 소재였다. 그 매력은 낭만주의 저자들과 고딕소설 저자들의 공상소설을 통해서 더욱 커졌는데, 보나벤투라의 꼭두각시와 18세기에 유행한 태엽식 마네킹이 그 사례이다.

　1916년 헝가리의 작가 커린치 프리제시는 소설에 로봇을 등장시켰다. 이는 20세기 소설에서 로봇이 등장한 가장 초기의 사례였다. 『걸리버 여행기』의 속편 격으로 쓴 자신의 소설에서, 커린치는 수만 년에 걸쳐 스스로를 개량하고 음표를 통해서 소통하는 법을 배운 어느 먼 섬의 온순한 기계 종족을 묘사한다. 영상 자료(!)를 통해서 전쟁으로 인류 문명이 파괴되었다는 사실을 알게 된 우리 인간은 그들이 이 세상을 물려받을 것이라고 확신한다. 반면, 커린치의 친절한 로봇들에 뒤이어 영화에 등장한 후계자들은 살인 광선으로 세상을 위협하며 파괴에만 몰두하다가 결국 해리 피엘의 영화 「세상의 주인」(1934)에서 정비 기사의 역

할에 만족하고 만다.[17]

커린치와 피엘의 작품 속 상반된 로봇 사이에서 우리는 인간처럼 보이고 행동하는 한편 인간을 파괴하려는 데 열중하는 기계화된 복제 인간들과 마주하게 된다. 그중 가장 초기의 복제 인간은 생물학적 변종에 더 가깝기 때문에 엄밀히 말해 복제 인간의 자격이 없지만, 복제 인간의 실례로는 볼 수 있다. 1919년, 헝가리의 케르테스 미하이(훗날 「카사블랑카」와 「화이트 크리스마스」의 마이클 커티즈 감독)가 『알라우네 Alraune』를 영화화했다. 오늘날 그 영화의 필름은 분실되어 남아 있지 않지만, 줄거리의 밑바탕이 된 소설은 남아 있다. 영화 「알라우네」에서는 어느 미친 교수가 매춘부와 맨드레이크(가지과 식물의 일종/역주)의 물리적 결합을 이루는데, 그 결합을 통해 성적으로 집착하는 젊은 여자가 생겨나 교수를 자살로 몰아넣고 자신은 흡혈귀로 변신한다. 그 영화와 주제가 거의 비슷한 영화로는 정신병원 관리자이기도 한 어느 최면술사가 환자를 최면에 빠트려 그 환자를 살인자로 개조한다는 내용인 「칼리가리 박사의 밀실」(1920)이 있다.

카렐 차페크의 연극 「R.U.R.」의 자동인형들은 더 전통적인 방식으로 제작되었다. 1920년에 프라하에서 초연된 이 연극의 제목은 "Rossumovi Univerzální Roboti(로섬의 유니버설 로봇)"의 약자로, 차페크는 기계 생명체를 지칭하기 위해 "일"이라는 뜻의 체코어인 robota를 최초로 사용한 사람이다. 차페크의 로봇은 유기 조직으로 이루어져 있지만, 표정이 없고 기계적 정밀성에 따라서 움직인다. 로봇이 만들어지는 섬의 공장을 방문한 미인인 헬레나는 로봇들에게 인간과 동등한 권리가 부여되어야 한다고 다그친다. 그러나 그녀의 매력에 흠뻑 빠진 공장주가 로봇들에게 의식을 부여하자, 로봇들은 세계 곳곳에서 인간을 죽이며 난동을 부리기 시작한다. 때마침 헬레나도 복제되고, 헬레나의 감정도 그녀를 복제한 로봇에게 이식된다. 로봇 헬레나는 자신의 형상과 닮은 로봇들로 이 세상을 다시 채운다. 「블레이드 러너」에서 「웨스트월드」에 이르기까지, 차페크는 현대 공상과학 영화에 뚜렷한 영향을 미쳤다.

프리츠 랑의 「메트로폴리스」에서는 마리아가 헬레나와 비슷한 역할이다. 인간인 마리아는 노동자들에게 인내와 점진주의의 정치를 설교하지만, 어느 미친 과학자가 마리아를 완벽히 복제해서는 그 복제 인간에게 도시를 파괴하라고 지시한다. 바빌론의 대탕녀처럼 입고 춤을 추는 복제 인간은 그녀의 애정을 갈망하는 그 도시의 지도자들을 광란의 폭력으로 몰아넣는다. 이후 복제 인간은 노동자들을 선동해서 지하의 엔진을 망가트리고 홍수를 일으킨다. 물이 차올라 자식들이 죽었다고 생각하는 노동자들은 어느 순간 복제 인간인 마리아에게 화살을 돌리고, 그녀를 마녀로 몰아 불태워 죽인다. 그러고 나서 인간인 마리아가 자신이 구한 아이들과 함께 돌아오자 대혼란이 막을 내린다.

「알라우네」, 「R.U.R.」, 「메트로폴리스」는 세기말과 전간기 중앙유럽의 또다른 영화적, 문학적 수사 어구인 "파멸을 불러오는 여인"과 분명히 교차한다. 유혹자, 흡혈귀, 범죄자, 최면을 거는 춤꾼, 학문에 관심이 많은 여자, 첩자 같은 치명적인 여자들이 제1차 세계대전 이후 소설과 영화에 슬그머니 나타났고, 경제적 독립을 무기로 남성의 지배에 도전하는 "신여성"을 향한 남성들의 불안감을 자극했다. 감독들은 신여성 현상과 그것이 남성 심리에 미치는 영향을 설명하기 위해서 지그문트 프로이트와 정신분석학으로 눈을 돌려 여성이 떠오르는 현상을 노골적인 성적 용어로 묘사했고, 그것을 무력화와 발기 부전과 거세에 대한 남성들의 두려움과 연결했다.

중앙유럽에서 여성다움을 표현하는 작품에는 항상 몇 가지 유형의 위험한 여성이 있었다. 하나는 대학 교수나 버스 운전사 등 기존의 남성 직업에 진출해서 남자들의 일자리를 빼앗는 "간성間性"이었다. 간성의 머리카락은 항상 시종이나 소년 같은 단발이었다. 간성은 남자처럼 옷을 입었고, 당대의 어느 표현에 의하면 "골칫거리가 될 만큼" 지성이 "너무 뛰어났다." 간성인 여자와 대비되는 것은 요부형 여자였다. 이 유형으로는 매춘부로 변신해서 자기 몸을 과시하고 돈을 위해 공연하는 나이트클럽의 여가수와 여종업원이 있었다. 카바레는 요부형 여자가 활보하는 장소였다.[18]

중앙유럽의 카바레는 입장권을 파는 버라이어티 쇼부터 무대가 있거나 없는 술집에 이르기까지 다양했다. 카바레는 당시 "장황한 오락을 즐길 틈이 없는 우리의 초조하고 다급한 시대"를 그대로 반영하기 위해서 재빨리 펼쳐지는 공연목록을 특징으로 했다. 젊은 여자 무용수와 곡예사와 희극인의 공연 사이사이에는 노래와 촌극, 토막극이 배치되었다. 부다페스트의 카바레는 깊이 있는 문학성을, 바르샤바의 카바레는 흉내와 정치풍자를, 프라하의 카바레는 재즈를 내세웠다. 그러나 오늘날 가장 유명한 것은 베를린의 카바레로, 이는 범죄 행위와 아슬아슬하게 겹치던 어느 지점과 나체 춤, 베를린의 카바레를 향한 나치의 증오, 크리스토퍼 이셔우드(20세기 영국계 미국인 소설가/역주)가 만들어낸 가상 인물 샐리 보울스 때문이다.[19]

당시 가장 유명한 연예인은 베를린에서 제작된 「푸른 천사」(1930)의 여주인공 롤라 롤라였다. 마를레네 디트리히가 연기한 롤라는 "푸른 천사"라는 싸구려 주점의 가수로, 까다로운 중년의 남자 교사를 유혹해 배신하고는 결국 그를 죽음의 구렁텅이로 몰아넣는 인물이다. 그

교사가 무기력해지고 파멸을 맞이하는 과정은 영화가 결말에 다가면서 걸걸해지고 중성적으로 바뀌는 롤라의 목소리에 맞춰 엄격할 만큼 세밀하게 묘사된다. 프로이트의 이론에 대한 분명한 동의의 표시로, 이 영화에서는 그 교사가 롤라와 결혼할 때 받은 계란이 아내가 부정을 저지르는 순간 그의 머리에 부딪혀 깨진다.[20]

롤라는 남편인 교사의 파멸을 무심하게 지켜본다. 그녀의 창백한 얼굴과 깡마른 다리는 "백사병白死病"으로 불리는 결핵을 상기시킨다. 그러나 롤라는 도덕적 오염과 부패만 상징하는 인물이 아니다. 그녀는 주름 장식이 달린 속옷, 코르셋, 속이 비치는 치마, 스타킹 같은 진부하고 성적 감정을 일으키는 대상물들의 모음이기도 하다. 그런 점에서 볼 때, 롤라는 산업 공장의 파편으로 만들어진 노동자들의 다다 몽타주만큼 부자연스럽고 인위적이다. 롤라는 대표곡에서 자신이 사랑에 아인겐슈텔트eingestellt되어 있다고 자랑스레 말한다(아인겐슈텔트는 "맞춰진", "미리 조정된", 심지어 "프로그램화된"으로 번역될 수 있을 것이다). 그 노래의 영어판에서 롤라는 "나는 그렇게 만들어졌어, 어쩔 수 없지"라고 사과한다. 그렇게 자신의 타고난 욕망을 설명한 롤라는 자신의 성욕을 자동 피아노와 비슷한, 멈출 수 없는 기계 악기로 묘사한다.

나는 행실 나쁜 롤라로 불리지.
세상에서 제일 똑똑한 여자라네,
자동 피아노가 집에 있지.
본전 단단히 뽑았다네.
사내들은 모두 내 음악을 좋아해, 뿌리칠 수 없지,
그래서 조그만 자동 피아노는 밤낮으로 울리지.

「푸른 천사」는 우려와 불안을 충돌시키면서 전간기 중앙유럽 남성들의 비밀스러운 심리를 독특하게 폭로한다. 신여성과 여성의 성욕을, 남성의 무기력과 인간의 기계화를, 그리고 천박하고 매혹적인 유흥의 장소인 도시를 드러내는 것이다.

「푸른 천사」는 이후 전간기 베를린을 배경으로 하는 밥 포시의 「카바레」(1972) 때문에 대중의 상상 속에서 빛을 잃고 말았다. 「카바레」의 마지막 장면에서 영화가 여성과 복장 도착자의 팔다리가 뒤엉키는 모습으로 넘어갈 때, 영화 속 관객을 비추는 거울 벽은 나치의 상징인 갈고리 십자가 완장과 세게 휘두르는 주먹으로 가득하다. 그러나 나치 독일은 금지와 파괴만 저지르지는 않았다. 나치의 문화 정책은 현재의 추세를 수용하되, 민족 공동체 재건이라는 임무에 맞게 그 추세를 왜곡했다. 따라서 요제프 괴벨스의 선전부는 나긋나긋한 마리카 뢰크를 통해서 새롭고 건전한 여성상을 홍보했고, 재즈를 "스윙"으로 재규정했으며, 심지어 "북유럽적"인 것으로 보이는 한 일부 표현주의 예술의 명맥을 일시적으로 유지해주기도 했다. 여자들은 성별의 차이를 눈감아주는 민족 공동체에 대한 더 폭넓은 개념에 따라서 덜 위협적인 존재가 되었다. 나치는 기술을 물질적 진보의 주체이자 "독일인의 창의력"과 "독일인의 진취적 기상"의 상징으로 다시 선전했다.

카바레도 정화되어 미국식 연예 쇼와 더 비슷해졌다. 일렬로 선 소녀들의 발차기는 체력이나 군인다운 정확성을 보여주었고, 그 때문에 공연자들은 이따금 군복을 입기도 했다. 일부 나체 춤은 미학적 목적에 보탬이 되는 경우에는 명맥을 이어나갔다. 그러나 보행 장애를 암시하는 경우를 비롯한 모든 유형의 정치적 농담은 위험했다. 절름발이인 괴벨스의 걸음걸이를 겨냥한 것으로 여겨질 수 있었기 때문이다. 카바레는

1940년대까지 독일에서 존속했지만, 가장 생기 없는 오락으로 전락했다. 남아 있던 카바레들도 연합군의 폭격으로 모두 사라져 1944년에 베를린의 카바레 수는 단 2곳으로 줄어들었다.[21]

그러나 나치는 독일인을 위한 건전하고 집단적인 문화를 만드는 과정에서, 인종적으로 순수한 국가에 흠이 가지 않도록 독일계 유대인을 사악한 사람들로 몰아갔다. 길거리 싸움으로 번진 계급 간의 대립부터 전간기 카바레와 연관된 성적 모호성, 도덕적 병폐, 방탕함에 이르기까지, 바이마르 문화의 잘못된 모든 부분이 이제 유대인의 탓으로 돌려졌다. 독일 민족의 문화적, 도덕적 삶으로 여겨졌던 것에서 유대인을 삭제하고, 전간기의 퇴폐에 대한 책임을 유대인에게 뒤집어씌운 것은, 나치의 유대인 완전 박멸 계획을 예고하는 일이었다. 나치의 집권은 정치혁명일 뿐 아니라 삶의 모든 측면에 영향을 미친 문화혁명이었다. 1933년에 괴벨스는 이렇게 말했다. "이 혁명은 극단까지 이어질 것이다……무슨 일이든 서슴지 않을 것이다."[22]

제31장
제2차 세계대전, 평범한 중앙유럽인, 산업 살인

런던의 영국 외무부 청사에서 가장 호사스러운 방은 로카르노 스위트룸이다. 이 방의 이름은 1925년 유럽의 정치가들이 스위스의 로카르노에서 협상하고 런던에서 서명한 조약에서 딴 것이다. 그 정치가들은 "국가 간 긴장이 완화될 것"으로 기대했지만, 로카르노 조약은 긴장을 누그러트리기는커녕 오히려 부채질했다. 로카르노 조약에 따르면 서유럽의 기존 국경선은 보장되었지만, 중앙유럽의 지도는 논의 없이 변경하지 말아야 한다는 단서만 달고 불온하게도 새로 그려질 우려를 남겼다. 독일의 외무장관 구스타프 폰 슈트레제만은 기뻐했다. 그가 주 워싱턴 대사에게 보낸 서신에서 말했듯이, 로카르노 조약이 체결됨으로써 독일 영토의 일부분을 병합하려는 프랑스의 계획이 실패했고, 독일은 "동쪽에서의 새로운 가능성"을 모색할 수 있게 되었기 때문이다.[1]

로카르노 스위트룸은 실패의 기념비이다. 그곳에서 체결된 조약은 영국과 프랑스가 이제 중앙유럽에서 외교적으로 철수하고 중앙유럽 지역이 스스로 미래를 개척하도록 하겠다는 신호였다. 프랑스는 루마니아, 체코슬로바키아, 유고슬라비아 등과 맺은 "소협상"(1920-1921)을 통해서 일부 남아 있는 영향력을 유지하고자 했다. 그러나 이 협상은 동맹국들이 공격을 당하는 경우 프랑스 정부가 동맹국들과 "협의"만 하도록 한다는 점에서 책임이 모호했다. 프랑스 정치인들은 새로 결성된 국제연맹이 의견 차이를 해결하는 토론장 역할을 하리라고 믿었다. 그러나 1939년 9월에 독일이 폴란드를 침공하면서 위기가 찾아왔을 때, 국제연맹League of Nations이 논의하려고 생각해낼 수 있는 주제는 철도 건널목의 표준화뿐이었다.[2]

영리하게도, 영국은 조약을 피했다. 조약이 의미가 있으려면 거추장스러운 의무가 뒤따르기 때문이었다. 영국의 정치가들이 선호한 것은 19세기 이래 영국의 대유럽 외교를 이끌어온 일종의 주고받기와 시기적절한 양보였다. 당시에는 그것을 "유화책"으로 불렀는데, "유화책"이라는 말은 이후로 지금까지 "팔아먹기"의 대명사로 쓰인다. 히틀러는 1933년에 집권한 뒤에 영국의 정책에 거의 영향을 미치지 않았다. 훗날의 외무장관인 핼리팩스 경은 중앙유럽 국경선의 대대적인 재조정 전망을 기꺼이 제시했다. 1937년, 그는 영국의 사절 자격으로 히틀러에게 그단스크, 체코슬로바키아, 오스트리아 등을 재조정해야 할지 모르지만 "평화적 진전의 과정을 통해서만" 그렇게 해야 하고, "광범위한 혼란을 초래할 수 있는 방식은 피해야 한다"라고 언급했다.[3]

당시 영국의 외무장관 앤서니 이든이 매섭게 지적했고 실제로도 증명되었듯이, 핼리팩스의 "평화적 진전"은 히틀러에게 전혀 다른 것을 의미했다. 히틀러는 무리하게 서둘렀다. 그는 1936년에 비무장 지대인 라인란트에 파병하고 1938년에는 오스트리아를 합병했다. 두 경우 모두 프랑스나 영국의 개입 없이 벌어진 일이었다. 체코슬로바키아가 독일의 뒤를 이었다. 체코 정치인들은 그제야 수데테란트의 독일계 소수 민족에 관심을 쏟지 않음으로써 그들에게 공격의 빌미를 주었음을 깨달았다. 영국 외교관들에게는 체코 정치인들과 체코슬로바키아의 사정을 고려할 여유가 거의 없었다. 그들은 전자를 "돼지머리"와 "열등한 슬라브인"으로, 후자를 "과거에 실질적인 뿌리를 내리지 않은, 현대적이고 매우 인위적인 창작품"으로 여겼다. 영국 외교관들은 실질적인 불만을 품고 있고 "온건하고 합리적"으로 보이는, 수데테란트의 독일계 정치인이자 달변가인 콘라트 헨라인을 상대하는 쪽을 훨씬 선호했다.[4]

여러 국가 간의 벼랑끝 전술이 벌어진 뒤, 프랑스, 영국, 독일, 이탈리아의 지도자들은 1938년 9월에 뮌헨에 모여 수데테란트를 독일에 넘기는 협정을 맺었다. 영국의 총리 네빌 체임벌린은 귀국 후 버킹엄 궁의 발코니에서 열광적인 환영을 받았다. (그의 말에 따르면) 영국인들은 그가 "머나먼 나라에서 벌어지는 우리가 전혀 모르는 사람들 사이의 싸움"을 해결함으로써 독일과 평화로운 관계를 맺었다고 믿었다. 인구의 90퍼센트가 독일어를 쓰는 영토를 독일에 양도하는 것은, 국가의 경계선과 민족의 경계선이 똑같아야 한다는 원칙에 부합한다는 점에서 볼 때 공정한 것이었다. 그러나 서구 강대국들이 독일에 대항하지 않으리라고 히틀러가 확신했다는 점에서 보면, 그 방안은 재앙에 가까웠다. 훗날 히틀러는 이렇게 언급했다. "적들은 작은 벌레들이다. 나는 뮌헨에서 그것들을 보았다."[5]

독일어 사용자의 자결 원칙이 다민족 국가인 체코슬로바키아에 적용되자 그 나라는 산산조각이 날 수밖에 없었다. 폴란드와 헝가리는 각각 체코슬로바키아에 사는 폴란드계와 헝가리계 소수 민족의 일부를 차지했고, 슬로바키아는 독립을 선언했다. 1939년 3월의 사흘 동안, 독립된 극소 국가인 카르파티아 우크라이나Karpats'ka Ukrayina가 슬로바키아의 동쪽 끝을 통치했다. 그 나라의 지도자들은 새로운 우표와 지폐 도안을 둘러싸고 진지한 토론을 벌였지만, 이내 헝가리 군대가 그들을 해산시키고 카르파티아 우크라이나를 합병해버렸다. 그러나 체코슬로바키아 영토를 가장 많이 차지한 나라는 독일이었다. 만신창이로 전락한 그 나라의 영토를 더 빼앗지 않겠다고 약속했음에도 불구하고, 히틀러는 3월 15일에 보헤미아와 모라바의 남은 영토를 빼앗아 독일의 "보호령"으로 삼았다.

영국과 프랑스의 정책은 이제 180도 바뀌었다. 다혈질인 런던 주재 루마니아 대사 비오렐 틸레아는 1939년 3월 17일에 영국 외무장관 핼리팩스 경에게 루마니아가 독일로부터 최후통첩을 받았으며, "독일 정부가 당장 루마니아에 덤벼들 가능성을 결코 배제할 수 없다"라고 경고했다. 사실 그런 최후통첩은 없었지만, 히틀러가 실제로 보헤미아와 모라바를 점령하자 틸레아의 경고를 의식한 영국 정부는 행동에 나섰다. 이후 2주일 동안 영국은 프랑스와 함께 폴란드와 그리스와 루마니아에 독립을 유지할 수 있도록 해주겠다고 약속했다. 당시 윈스턴 처칠은 폴란드의 독립을 보장했다는 약속에 경악했다. 훗날 그는 다음과 같이 회고했다. "영국이 프랑스의 손을 잡아 이끌며 폴란드의, 고작 6개월 전에 하이에나 같은 욕심으로 체코슬로바키아인의 국가를 약탈하고 파괴하는 데 가담했던 바로 그 폴란드의 영토 보전을 보장하기 위해서 전진하다." 1939년 9월, 히틀러는 실제로 폴란드의 독립에 도전장을 내밀었고, 소련과 협력해 폴란드를 침략했다. 영국과 프랑스는 독일에 선전포고함으로써 폴란드의 독립을 보장한 약속을 고수했다.[6]

폴란드가 제2차 세계대전의 진원지인 것은 우연이 아니었다. "근대

유럽의 역사에 먹칠한 최대의 정치적 범죄"로 널리 인정된 18세기 폴란드의 분할과 해체 때문에 폴란드의 지위는 1918년에 독립을 되찾은 후에도 불안정했다. 영국과 프랑스의 정치인들은 폴란드를 독일과 소비에트 러시아를 저지하는 외교적 관문의 쐐기돌로 바라봤다. 그러나 베를린과 모스크바의 정치인들에게 폴란드는 18세기 말부터 러시아와 독일의 땅이었던 영토를 빼앗은, 1939년 기준으로 역사가 20년에 불과한 "임시 국가"일 뿐이었다. 슬라브인은 문명 수준이 낮다는 믿음에 오랫동안 사로잡혀 있던 독일인의 관점에서 폴란드에 영토를 빼앗긴다는 것은 분통이 터지는 일이었다. 1939년 9월 1일에 폴란드 국경을 넘은 최초의 독일인 중 한 사람이 말했듯이, 그때야말로 조국의 "손상된 명예"에 대한 복수에 나설 차례였다.[7]

폴란드의 군사적 저항은 거셌다. 침략자인 독일군에게는 한 달도 되지 않아서 5만 명의 사상자가 발생했다. 이는 이듬해의 프랑스 전투에서 독일군이 잃게 될 사상자보다 많은 수치였다. 그러나 폴란드 군은 수적으로 열세였고, 9월 17일부터는 동부 전선에서 소련군과도 싸워야 했다. 9월 하순, 독일과 소련의 정부는 분계선을 정해 폴란드를 다시 분할했고, 그 결과는 참혹했다. 폴란드 동부 지역은 이제 소련의 일부가 되었고, 스탈린은 공산주의 통치에 도전할 가능성이 있어 보이는 사람을 모조리 학살하기 시작했다. 나머지 지역은 독일에 직접 편입되거나 독일이 관할하는 총독부에 편입되었고, 선전부 장관 괴벨스가 묘사한 바에 따르면, "유대인, 병자, 게으름뱅이 같은 찌꺼기를 버리는 곳"으로 전락했다. 하지만 총독부는 임시로 설치된 기구에 불과했다. 핀란드 만과 크림 반도 사이의 공간 전체를 아늑한 농지에 기반한 독일인 정착지로 바꾸겠다는 "동방 총괄 계획Generalplan Ost"이 1940년부터 서서히 종합 계획의 면모를 갖추기 시작했다. 이 계획에 따르면 현지 인구의 3분의 2를 시베리아로 이주시키고, 멋지고 아름다운 중세 뷔르츠부르크처럼 보이도록 도시들을 재건할 예정이었다.[8]

물론, 동방 총괄 계획을 완수하려면 일단 소련을 제거해야 했다. 히틀러는 1941년 6월에 전쟁 역사상 최대 규모의 침공군을 동원해 3,000킬로미터에 이르는 소련 국경을 공격함으로써 소련이 제2차 세계대전에 뛰어들게 했다. 400만 명에 살짝 못 미치는 병력(주로 독일군이지만 동맹군인 핀란드 군, 헝가리 군, 루마니아 군, 슬로바키아 군도 포함되었다)이 동쪽으로 쳐들어갔다. 1941년 말까지 침공군은 모스크바와 레닌그라드(상트페테르부르크) 외곽의 시가 전차 노선까지 도달했다. 히틀러는 오랫동안 독일 민족주의의 환상이었던 동쪽의 생활권 대신, 그의 표현을 빌리자면 "거대 공간"을 확보했다. 그에게는 그것의 명확한 활용 방안이 있었다. 1941년 7월, 그는 고위 장군들과 관리들에게 다음과 같이 설명했다. "확실히 이 거대 공간을 되도록 빨리 평정해야 하오. 평정은 주변과 어울리지 않아 보이는 모든 사람을 총살할 때 가장 잘 이루어질 것이오."[9]

문제는 이미 중앙유럽에 독일의 통치에 맞서 조직적으로 저항할지 모를 공산주의자와 교사와 법률가, 피부가 덜 하얘서 인종적으로 모호한 슬라브인, 유대인, 동성애자, 알코올 중독자, 선천적 장애인 등 주변과 어울리지 않아 보이는 사람들이 많았다는 점이었다. 히틀러는 이미 독일 내부에서(그리고 나중에는 오스트리아, 체코슬로바키아, 폴란드 등에서) 그런 모든 집단을 말살하기 시작한 상태였다. 집시들이 가장 먼저 희생되었다. 그들은 1933년에 집단 수용소나 베를린-마르찬의 수용소로 옮겨졌고, 그곳에서 두개골 측정자들과 인종학 전문가들의 연구 대상이 되었다. 이후 12년간 나치는 독일과 오스트리아의 집시를 2만 명 이상 학살했다. 모두 합쳐 10만 명에서 30만 명에 이르는 중앙유럽의 집시들이 "멸종Porajmos", 즉 롬인 말살 정책으로 목숨을 잃었다.[10]

폴란드인에게도 똑같은 폭력이 자행되었다. 1939년 9월부터 6개월간 이어진 "반反지식인 행동"을 통해서 6만 명 이상의 육군 예비병, 법률가, 의사, 교사 등이 살해되었다. 아울러 폴란드인 300만 명이 영토가 확장된 독일에서 노역에 징발되었고, 독일인의 특징을 지녔다고 추정된 폴란드 어린이 25만 명이 부모와 헤어져 독일인 가정에 배정되었다. 총독부 관할 지역에서는 민간인에 대한 자의적 총격이 자행되었고, 각종 문화 및 교육 기관과 다수의 교회가 파괴되는 등 공포정치가 엄습했다. 폴란드의 산업 시설은 해체되어 서쪽으로 이송되었고, 광업과 약간의 농업만 살아남았다. 식량 공급이 줄어들면서 배급제가 무너지자, 폴란드인들은 광범위하게 형성된 암시장에 의존할 수밖에 없었다. 아직 일자리가 있는 사람들의 평균 월급으로는 암시장에서 버터 1킬로그램을 살 수 있을 뿐이었다. 그러나 폴란드인을 소모성 자원으로 여기는 독일 당국에게 그런 상황은 별로 중요하지 않았다. 1939년 12월, 한스 프랑크 총독은 총독부를 방문한 나치 실력자들에게 이렇게 설명했다.

> 이 지역 전부가 독일 제국의 전리품입니다……이 지역 전체가 경제적으로 활용되어야 하고, 이곳의 모든 경제적 가치가 독일 국민에게 이익이 되어야 합니다.[11]

그러나 한때 폴란드 땅이었던 곳에서 가장 뚜렷하게 어울리지 않는 집단은 유대인들이었다. 무력으로 점령한 중앙유럽에서 독일이 실시한 정책은 반유대주의와 접목되면서 무자비한 결과를 낳았다.

　1933년까지만 해도 독일의 반유대주의는 소수의 신념이었다. 히틀러가 집권하기 전 대부분의 평범한 나치 당원들은 반유대주의 성향이 강하지 않았고, 이는 독일 사회도 마찬가지였다. 1920년대 말과 1930년대 초의 나치 지도부가 반유대주의 선전을 줄이고 공산주의자들에게 악의를 드러낸 것과, 대부분의 정치적 여론을 폭넓게 담고자 이념의 그물을 넓게 던진 것은 바로 그런 이유 때문이었다. 나치 지도부의 광신적 반유대주의가 명백해진 것은 1933년에 히틀러가 총리에 임명된 이후의 일이었다. 독일인들은 반유대주의자가 되는 법을 배운 셈이었다.[12]

　그러나 어쨌든 반유대주의는 독일에서 먼저 시작되었다. 많은 독일인이 유대인에게 관대했지만, 그들은 유대인을 국가 공동체의 일원이 아니라 인종적으로 본인들과 다른 외부인으로 바라보았다. 인종 생물학이라는 독약은 그렇게 먹혀들었다. 여하튼 유대인은 다르다는 인식 때문에 독일인들은 나치 지도부의 점점 포악해지는 행동을 눈감아주고 그런 행동에 적응하게 되었다. 자기가 아는 사람이나 심지어 친구나 이웃이 유대인이라는 이유로 희생되어도 상황은 달라지지 않았다. 일상적 만남을 둘러싼 모호함은 호르스트 크뤼거의 체험기에 깔끔하게 요약되어 있다. 히틀러가 집권할 때 소년이었던 그는 어릴 적 베를린 교외에서 알고 지낸 유대인 가족들을 다음과 같이 회고했다.

> 카첸슈타인 가족과 슐리크 가족, 비트코프스키 가족이 이사했다. 사실, 아무도 눈치채지 못했다. 그들은 좋은 유대인이었다……루트비히 마르쿠제는 세 집 떨어진 곳에 살았는데, 그도 1933년에 떠났다. 아무도 몰랐다.[13]

독일을 제외한 중앙유럽의 다른 지역에서는 사회적 갈등 때문에 반유대주의가 촉발되었다. 동쪽으로 갈수록 농업 경제에서 산업 및 제조업 경제로 전환하는 과정이 뒤늦게 진행되었다. 유대인들은 농사를 지으며 살지 않았다. 대신에 그들은 새로운 사업 분야에 가장 먼저 뛰어들어서 공장을 세우고, 기업에 투자하고, 전문직의 대부분을 차지했다. 헝가리에서, 슬로바키아와 폴란드와 트란실바니아의 여러 지역에서, 그리고 오스트리아의 일부 지역에서 유대인과 중산계급은 동일한 의미였다. 반유대주의는 침입자인 유대인 때문에 사회 진출이 막혔다고 생각하는 비非유대인들이 좌절감을 표출하는 방식이었다. 물론 소도시와 시골에서, 혹은 도시의 변두리에서 위태롭게 사는 가난한 유대인들도 많았지만, 반유대주의는 섬세한 차이를 고려하지 않는 법이다.[14]

"할당 인원수"는 고등 교육을 받을 수 있는 유대인의 수를 전체 인구에서 차지하는 유대인 인구와 똑같은 비율에 맞춰 축소함으로써 유대인을 전문직에서 쫓아내기 위해서 반유대주의자들이 꺼내든 칼이었다. 헝가리는 1920년에 대학교의 유대인 입학 할당제를 최초로 도입한 나라였다. 그 제도는 8년 뒤 폐지되었지만, 1938년에 재시행되었다. 트란실바니아에서는 학생들이 자체 할당 인원수를 설정해 유대인 학생의 수강을 물리적으로 차단했다. 대부분의 폴란드 대학교는 1930년대에 자체 할당 인원수를 도입했다. 아울러 유대인 의대생이 비유대인의 시체를 해부하는 행위를 금지했고, 유대인은 강의실에서 "유대인 걸상"에 따로 앉도록 의무화했다. 1939년 3월에 독일에 점령되기 전에도 체코슬로바키아 정부는 모든 유대인의 대학교 출석을 금지했다.[15]

반유대주의를 표방한 나라는 독일뿐만이 아니었다. 반유대주의는 중앙유럽의 대다수 지역에 만연했고, 특히 중앙유럽의 동쪽 지역에 가장 광신적인 주창자들이 있었다. 다수의 폴란드인, 헝가리인, 리투아니아인, 우크라이나인, 루마니아인, 체코인, 슬로바키아인이 중앙유럽의 유대인을 박멸하는 데 열렬하게 공모했다. 그들은 유대인을 체포하고, 살인을 위한 물자와 이동수단을 지원하고, 직접 비인간적 만행을 저질렀다. 그중 가장 악명 높은 사례는 오늘날의 폴란드 북동부에 있는 도시 예드바브네에서 자행되었다. 1941년 7월, 예드바브네 현지의 폴란드인들은 온종일 이어진 난동의 와중에 유대인의 목을 베고, 유대인 아기를 짓밟고, 헛간에 불을 질러 생존자들을 살해하는 등 약 400명의 유대인을 죽였다. 폭도들의 공격으로부터 몇몇 유대인의 목숨을 구한 것은 뜻밖에도 인근에 주둔해 있던 독일군이었다.[16]

예드바브네 학살은 1939년 이후 중앙유럽 도처에서 사형 집행인을 자처한 현지인들이 저지른 여러 만행 중 하나에 불과했다. 한때 폴란드 땅이었던 지역의 약 250곳에서 폴란드인과 우크라이나인으로 이루어진 집단이 유대인의 집과 사업체를 약탈하고 거기서 살거나 일하는 유대인을 살해하는 데 가담했다. 여러 소도시와 마을에 반유대인 폭력의 역사가 있었고, 독일의 침략을 틈타, 종종 과거의 사례에서 소환된 안무를 바탕으로 폭력의 공연이 다시 열렸다. 중산계급 유대인들이 거리를 청소하게 하고 랍비들의 수염에 불을 지르는 죽음의 사육제가 펼쳐졌다. 유대인 여성에게는 특별한 폭력이 자행되었다. 사로잡힌 유대인 여자들은 종종 나체로 행진했고, 공공연하게 강간을 당했다. 훗날 여자들이 공공연하게 성적 학대를 당하기도 한 집단 처형장에서 벌어진 참사는, 여성의 성욕에 대한 남성의 불안감이 반유대주의적 폭력을 유발했다는 점을 암시한다.[17]

총독부 관할 지역에는 약 200만 명의 유대인이 있었다. 나치의 경찰

수장인 라인하르트 하이드리히가 제안한 애초의 계획은 유대인들이 "추가 조치"를 받을 수 있도록 철로 근처의 "집결 지점"까지 유대인을 이동시키는 것이었다. 그러나 유대인의 수는 너무 많고 "추가 조치"가 명시되지 않았기 때문에, 총독 한스 프랑크는 도시와 소도시 일부 구역에 말 그대로 유대인을 가둬두는 수백 개의 게토를 건설하도록 명령했다. 베를린에 있는 나치의 입안자들은 게토에 갇힌 유대인들이 굶어 죽을 것으로, 혹은 다른 곳으로 이송해야 하는 경우에는 국경 너머의 소련 점령지나 해외 영토(기후가 혹독한 곳이면 금상첨화였다)로 보내지리라고 생각했다.

독일은 소련을 침공함으로써 유대인 250만 명을 추가로 감당해야 했다. 점령 초기부터 독일 당국은 주로 현지인을 징집한 부대의 도움을 받아 유대인을 전멸시키는 "특수 작전 집단Einsatzgruppen"을 전선 후방에 배치했다. 1941년 말까지 특수 작전 집단은 소련의 유대인 약 100만 명을 학살하는 작업을 감독했는데, 가장 악명 높은 학살 장소인 키이우의 바빈 야르에서는 1941년 9월의 이틀 동안에만 3만 4,000명의 유대인이 살해되었다. 이제 소련 영토뿐 아니라 독일이 점령한 중앙유럽 곳곳에서 살인이 해결책이 되었다. 1941년 말 베를린을 방문한 독일령 폴란드 총독이 깨달았듯이, 유대인을 더 멀리 동쪽이나 새로운 정착지로 이동시킨다는 생각은 환상에 불과했다. 그는 다음과 같은 지시를 들었다. "그러니, 당신이 직접 없애버리시오."[18]

그러나 최초의 절멸 수용소로 이어진 사건들은 현지에서 주도적으로 이루어졌다. 옛 폴란드 영토에 설치된 우치 게토는 이미 초만원 상태였는데도 독일과 보헤미아 출신의 유대인들을 더 수용할 예정이었다. 1941년 가을, 우치 지역의 총독인 아르투어 그라이저는 나치 친위대 테러 조직의 수장인 하인리히 힘러의 동의하에 우치와 인근의 유대인들을 "철수시켜" 새로운 유대인들을 수용하기로 했다. 정신 장애인들에게 배기가스를 주입하고 있던 "특별특공대Sonderkommando"가 근처에 있었다. 그라이저는 1941년 12월부터 우치 게토의 수용자들을 완전히 없애고자 특별특공대를 헤움노의 외딴 곳에 있는 어느 영주의 저택으로 이동시켰고, 작전 규모를 확대했다. 이후 특별특공대는 6개월 만에 거의 10만 명을 살해했는데, 희생자들은 대부분 이동식 사형 트럭에서 일산화탄소 중독으로 사망했다.

가스의 주입방식은 바뀌었지만, 헤움노의 사례는 청사진을 제시한 셈이었다. 나치는 1942년 1월 반제 회담에서 공식화된 그 청사진을 정책적으로 뒷받침했다. 이제 유대인은 굶주림이나 총격으로 죽는 대신 전용 작업장으로 이송되어 마치 생산 라인을 거치는 것처럼 처리된 뒤 전용 가스 시설에서 살해되었다. 힘러가 이끄는 나치 관리들은 1942년에 여러 개의 게토가 하나의 절멸 수용소에 인간을 공급하는 방사형 구조를 고안했다. 나치가 점점 더 광적으로 집단학살에 열중하면서 절멸 수용소는 결국 더 먼 곳 출신의 유대인을 처리하게 되었다. 규모가 가장 큰 아우슈비츠−비르케나우 절멸 수용소에서는 독일의 유럽 점령지 곳곳에서 잡혀온 유대인이 살해되었다. 이송이 어려운 경우에는 현장에서 계속 살해되었다. 1942년 가을만 해도, 나치가 점령한 우크라이나에서 약 30만 명의 유대인이 총살되었다.

중앙유럽의 여러 지역에서 느끼기에, 제2차 세계대전 초반은 마치 다른 곳에서 벌어지는 "가짜 전쟁" 같았다. 1941년에 이르러서야 루마니아와 슬로바키아와 헝가리가 나치 독일 편에 서서 선전포고를 했다. 1941년 4월에 독일이 침공한 뒤 유고슬라비아가 붕괴하면서 나치의 괴뢰 국가인 크로아티아도 교전국에 포함되었다. 독일의 새로운 동맹국들은 병력을 지원했고, 동부 전선과 대對게릴라 작전을 펼친 발칸반도에서 상당한 손실을 겪었다. 하지만 제2차 세계대전 초기 몇 년 동안 중앙유럽의 많은 민간인에게 전쟁은 그저 다른 세상의 이야기일 뿐이었다. 실제로 1943년에 독일의 출판업자인 베데커는 총독부 관할 지역의 정보를 담은 빨간색 양장본 안내서를 냈는데, 그 안내서의 내용에 따르면 총독부 관할 지역의 시골에는 숲과 대저택, 야외 음악회가 열리는 공원, "유대인이 없는Judenrein" 깨끗한 마을이 있어서 "수없이 많은 멋진 유람"이 가능했다.[19]

폴란드는 그런 가짜 평화의 명백한 예외였다. 폴란드의 민간인들은 일부 지역에서는 5년 넘게 이어진 독일의 무자비한 점령기를 견뎠다. 독일군은 폴란드의 유대인 300만 명을 살해했을 뿐 아니라 굶주림과 질병을 방치하고 동조자로 의심되는 자들을 체포하는 보복 행동을 통해 비非유대계 폴란드인 300만 명을 죽이기도 했다. 1944년 8월, 독일 나치 친위대는 바르샤바에서 저지른 마지막 학살을 통해 최소 3만 명의 민간인을 죽였다. 한편 농촌에서는 수많은 폴란드 국내군이 파괴 공작, 열차 탈선, 게릴라전, 정보 수집 같은 방법으로 전쟁을 벌였다. 소련군에 맞선 동부 전선에서 독일군을 지원할 예정인 열차 8량 중 1량이 폴란드 국내군의 작전으로 파괴되거나 운행에 상당한 어려움을 겪었다. 독일의 유럽 점령지로부터 영국으로 전해진 고급 정보 가운데 약 절반은 폴란드 정보원들에게서 나온 것이었다.[20]

국내군은 "유기적 노동"이라는 19세기 전통을 되살린 폴란드의 대규모 지하 저항조직의 한 부분이었을 뿐이다. 1940년, 힘러는 앞으로 폴란드인은 숫자를 500까지 세는 법, 서명하는 법, 독일인에게 복종하는 법 이외의 교육을 받지 말아야 한다고 주장했다. 그러자 폴란드인들은 한꺼번에 무려 100만 명의 아이들을 가르칠 수 있는 비밀 학교 여러 개를 설립했고, 폐쇄된 대학교를 복원해 강의를 진행할 뿐 아니라 시험을 실시하고 학위를 수여하기도 했다. 카페와 개인 아파트에서는 비밀 극장과 음악 공연장이 운영되었다. 믿을 수 없는 사실이지만, 1940년부터 1942년까지도 바르샤바의 주요 공립 도서관은 350만 권의 책과 200만 명 이상의 이용자를 보유하고 있었다. 아울러 많은 비유대계 폴란드인들은 항상 심각한 개인적 위험을 감수한 채 신분증을 위조해주고 은신처와 게토에서 빠져나올 탈출로를 제공하는 등 유대인을 구출함으로써 저항에 힘을 보탰다. 홀로코스트가 벌어졌을 당시 유대인을 도와준 비유대인에게 이스라엘이 수여하는 상인 "열방의 의인"의 최대 수상자 배출국은 폴란드이다. 용기도 차이를 두지 않는 법이다.[21]

히틀러는 열정이 지나쳐 대對소련 전쟁을 망칠 수도 있는 열성분자들보다 보수적인 실력자들을 상대하는 편을 선호했다. 따라서 그는 헝가리의 섭정인 호르티 미클로시 제독과 슬로바키아의 가톨릭 사제인 요제프 티소를 권좌에 계속 앉혀두었다(평범한 성직자와 거리가 멀었던 티소는 1947년에 전쟁 범죄로 교수형을 당했다). 루마니아의 경우, 힘러와 나치 친위대는 철위대鐵衛隊를 더 좋아했지만, 히틀러는 광신적인 철위대가 아니라 안토네스쿠 장군을 후원했다. 한편 크로아티아는 나치가 지향하는 계획의 측면에서 볼 때 고삐 풀린 망아지 같은 존재였다. 크로아티아의 권력은 세르비아인과 유대인과 집시를 죽여 크로아티아를 정화하려고 했던 "크로아티아 혁명 운동Ustaša"이라는 조직과 대학살을 이끈 그 조직의 지도자 안테 파벨리치의 손으로 넘어갔다. 노련한 독일군 장교들조차 파벨리치의 흉악성과 그의 정부가 저지른 잔인한 실책에 경악했다.

　1944년, 독일군은 스탈린그라드와 쿠르스크에서 잇달아 공격에 실패하고 동부 전선에서 퇴각하고 있었다. 그해 여름, 소련군은 바르샤바 외곽에 도달했고 슬로바키아의 최동단 지역을 점령했다. 8월, 스물두 살인 루마니아의 왕 미하이 1세는 안토네스쿠 정권에 쿠데타를 일으키고 연합국의 편에 섰다. 그에 앞서 헝가리의 섭정인 호르티 미클로시도 편을 바꿔 연합국에 가담하려고 했지만, 어설프게 시도하는 바람에 수포로 돌아간 바 있었다. 이스탄불에서 호르티의 대리인들과 협상에 임했던 영국 외교관들은 독일군 첩자들이었고, 연합국과 비밀리에 연결된 무선 설비는 불안정했다. 그가 연합국과 연락할 때마다 독일군 항공기가 왕궁 상공을 저공 비행했다. 1944년 3월에 독일군이 헝가리를 점령했고, 10월에 섭정인 호르티가 편을 바꾸려고 하자 히틀러는 그를 체포하고 친나치 정부를 세웠다. 슬로바키아도 슬로바키아 군의 일부 세력이 반란을 일으킨 뒤 1944년 8월에 독일군에 점령되었다.

　이제 중앙유럽은 본격적으로 전쟁의 참화에 휩싸였다. 1944년까지 헝가리 정부는 서구 연합국과 암묵의 양해가 이루어져 있었다. 헝가리 공군은 독일군 표적을 향해 날아가는 연합군 폭격기에 덤벼들지 않았고, 그 대가로 헝가리는 연합군의 공습을 피할 수 있었다. 그러나 1944년 3월에 독일군이 헝가리를 점령함에 따라 헝가리를 향한 폭격이 개시되었고, 한번의 작전에 600대나 그 이상의 항공기가 투입되는 경우도 있었다. 헝가리계 미군 조종사들은 공중 통신과 대공포 포대에 혼선을 유발하기 위해 헝가리어를 유창하게 구사하며 헝가리어 명령을 취소하거나 교란해버렸다.

　1942년 말, 중앙유럽에서 대량 학살의 속도가 느려졌다. 450만 명의 유대인이 살해된 시점에 나치는 점령지에서 유대인 희생자의 수를 늘리기가 점점 어려워지리라고 판단했다. 독일의 위성국 정부들은 유대인을 노동력으로 쓰기를 원했고, 어떤 경우에는 살인 행위에 대한 국내 여론의 뒤늦은 저항에 부딪혀 추가 이송에 반대했다. 1944년에 독일군이 슬로바키아와 헝가리를 점령함에 따라서 슬로바키아와 헝가리의 유대인들이 대거 검거되어 옛 폴란드의 살인 공장으로, 대부분 아우슈비츠로 보내지면서 최후의 광란이 벌어졌다. 40만 명 이상의 헝가리계 유대인과 1만 명의 슬로바키아계 유대인이 살해되었는데, 당시 슬로바키아에 남아 있던 유대인 인구의 총합이 1만 명이었다.

유대인 검거 작전은 정보원, 경찰, 군 지원 인력, 자원자 등 현지 일부 주민의 적극적인 참여 없이는 성공하지 못했을 것이다. 옛 폴란드 영토에서는 이웃들의 고발과 폴란드인 "청색 경찰대"의 협조로 무려 20만 명의 유대인이 목숨을 잃은 것으로 보인다. 다른 곳들에서는 리투아니아인과 우크라이나인으로 구성된 보조군 여단이 유대인을 살해 현장으로 호송하거나 현지의 교전을 통해서 유대인을 죽였다. 자체 정부가 있는 헝가리와 슬로바키아에서는 국가 헌병대가 유대인 강제 이송에 가담했다. 실제로 헝가리에서는 2만 명의 헝가리 경찰과 내무부와 지방 군청 직원들이 유대인의 신원을 확인해 집결시키고 열차에 태워 아우슈비츠로 보내는 작업을 감독했는데, 그 2만 명을 관리하는 것은 고작 200명의 독일 관리들이었다. 베레호베에서는 주로 헝가리 헌병들이 유대인을 체포해서 지역 벽돌 공장에 가둔 뒤 곧이어 아우슈비츠로 보냈는데, 그들은 유대인 포로들을 자주 약탈하고 구타했다. 화살십자당 운동에 소속된 헝가리인 나치 당원들도 살인의 속도를 높이기 위해서 1944년의 마지막 몇 달 동안 무려 9,000명의 유대인을 죽였다.[22]

중앙유럽의 유대인 대량 학살은 현지의 가담자들에 의존했지만, 대량 학살 작업을 관리하기 위해서는 관료 조직이 필요했다. 독일에서는 한쪽은 공무원으로, 다른 한쪽은 당직자로 구성된 이중 관료 조직이 권력을 두고 경쟁했는데, 그 수는 모두 합쳐 수백만 명에 이르렀다(그중 많은 당직자들이 시간제로 근무했지만 말이다). 집단 처형장은 지나치게 검소하게 관리되었기 때문에 도살에 직접 관여하는 사람은 거의 없었다. 수용소 경비원을 제외하면, 베우제츠의 살인 공장은 고작 20-30명의 공무원에 의해서 운영되었다. 그러나 모두가 잔인한 인종 국가에 살면서 같은 사무실 하급자들의 가계도를 점검하고, 포로를 대상으로 한 의학 실험 논문의 목록을 작성하고, 망자의 재산을 처리하는 경험에서 악영향을 받았다. 1945년 이후, 관료들은 이전에 그런 척했던 것과 달리 무의미한 자동인형에 불과한 존재가 아니었다. 많은 관료들이 적극적으로 문제의 해결책을 찾고 요구 사항을 예측하고자 했고, 기대치를 뛰어넘으려고 힘을 쏟았다.

공무원들은 유대인에 대한 법적 개념 정의나 소유주가 살해된 유대인 사업체의 폐업 같은 일련의 실질적인 문제를 해결해야 했다. 관료들의 고착화된 업무 절차와 억지스러운 용어는 실제로 벌어지고 있는 참상을 무마했다. 살인과 학살은 결코 언급되지 않았고, "후송", "이주", "강제 이송"만 거론되었다. 공무원들은 아무 일도 없었다는 듯이 임무 수행의 대가로 새 제복과 소폭의 승진, 훈장 등의 보상을 받았다.

철도 행정은 학살이 가능하도록 하는 관료제의 기풍을 분명히 보여준다. 독일국영철도에 소속된 약 2,000량의 열차가 약 300만 명의 유대인을 죽음의 길로 보냈다. 힘러의 부하들은 각 열차에 승객 수에 따라서 개별적으로 작업을 의뢰하고 비용을 지불했다. 요금은 (승객이 호송 열차에 가득 들어찬 상황인데도) 2등석 운임이 적용되었고, 킬로미터 거리에 따라서 산정되었다. 철도 당국은 10세 미만의 아동에게는 일반 운임의 절반을 책정해 힘러 휘하의 담당자들에 부과했고, 4세 미만의 아동은 운임이 무료였다. 400명 이상이 탑승한 열차는 휴일 유람으로 인정되어 추가 할인을 받을 수 있었다. 경비원들에게만 왕복 운임이 적용되었다.[23]

30여 년 뒤, 어느 영화 제작진이 게토에서 집단 처형장까지의 기차 시간표를 작성한 전직 독일국영철도 관리인 발터 슈티어를 인터뷰했다.

질문자 예를 들어 트레블링카 수용소가 살인……을 의미한다는 것을 알았습니까?
슈티어 거참. 몰랐습니다. 우리가 어떻게 알았겠어요? 나는 트레블링카에, 그런 곳에……가본 적 없습니다. 나는 크라쿠프에만 머물렀고, 바르샤바 출신입니다……늘 책상에 앉아 있었어요. 됐죠?[24]

1944년 헝가리 유대인들을 아우슈비츠로 추방하는 작업 역시 일상적으로 이루어졌다. 헝가리의 군 단위 행정기관에는 유대인들을 게토를 거쳐 집결지로 이동시킨 뒤 집단 처형장으로 향하는 열차에 태워 보내야 할 책임이 있었다. 유대인 사업체와 재산을 청산하는 임무를 맡은 지방 정부 관리들은 파산을 둘러싼 표준 절차에 따라서 소유물과 재고를 분류하고, 밀랍 딱지로 토지와 건물을 봉인했다. 많은 경우 그들은 전시에 후방을 지원하는 데에 보탬이 될 것으로 보이는 사업체에 관리자를 임명함으로써 해당 사업체가 계속 영업할 수 있도록 했다. 귀중품은 회사 금고에 보관되거나 군 단위 행정기관 소속의 재무 책임자에게 인계되어 목록화되었다. 경찰은 분실품을 추적했고, 박물관 직원들은 역사으로나 예술적으로 중요해 보이는 압수품을 조사했다. 회계사들은 일시적이기는 해도 게토 때문에 재산 피해를 본 소유주에게 보상하는 비용과 압류한 유대인 재산의 가치를 비교평가했다. 관리들이 광신적 반유대주의자인지 아닌지는 중요하지 않았고, 조직에는 일상적 업무 절차가 넘쳐났다.25

트레블링카 집단 처형장(오늘날 폴란드 북동부에 있다)에서 약 100만 명의 유대인이 목숨을 잃었다. 1971년, 트레블링카 집단 처형장의 사령관이었던 프란츠 슈탕글은 사망 직전의 인터뷰에서 자신의 과거 행적을 일에 대한 헌신이라는 관점에서 설명했다.

> 나는 되도록 임무를 잘 수행해야 했다……처형장에서 어떤 문제가 생기면 그게 무엇인지 반드시 알아내야 한다는 것이 내 직업 정신이었다. 그것은 직업이었다. 나는 직업이 좋았고, 직업에 만족했다.26

유럽의 유대인 학살 계획을 입안한 사람은 아돌프 아이히만이었다. 이스라엘 법원은 1962년 그를 전쟁 범죄 혐의로 재판해 사형을 선고했다. 아이히만은 시종일관 명령에 따랐을 뿐이라고 주장했고, 독일의 계몽주의 철학자인 이마누엘 칸트를 들먹이며 혐의를 해명하려고 했다. 아이히만은 자신이 평생 칸트가 정의한 의무 개념에 따라서 살았고, 자신의 의지는 자신이 봉사하는 국가의 법적 규범에 부합했다고 했다. 재판장은 칸트의 견해에 대한 아이히만의 잘못된 해석에 깜짝 놀랐다.27

아이히만이 아무리 칸트를 어설프게 이해했더라도, 그가 철학자 칸트의 권위에 호소한 점은 인상적이다. 홀로코스트는 (흔히 주장하는 것과 달리) 독일의 과거뿐 아니라 중앙유럽 역사에도 그 뿌리가 있는 지적 경향과 도덕적 성향에서 비롯된 것이었다. 국가는 인간 개량의 주체이고 전문 관료제는 개인을 무의미한 톱니바퀴나 익명의 숫자로 취급할 수도 있다는, 계몽주의에서 유래한 관념이 산업화 과정을 거치며 완벽한 형태로 구현되었다. 그런 관념에서 의도된 결과는 "해충, 이, 유대인"(당시 흔히 볼 수 있었던 세 가지)가 제거되어 고결해진 국가 안에서 인종과 민족이 통일된, 근본적으로 다르고 "더 나은" 사회였다. 그 새로운 사회를 달성하려는 충동 때문에 다수의 평범한 중앙유럽인들이 살인자로 전락했다.

  상상 속의 미래 사회는 19세기 민족 낭만주의에서 비롯되었는데, 이는 생물학적 차이와 인종학의 언어에 의해서 형성되었고, 죽음을 안락사적 정화수단으로 바라보는 관념에 오염되어 있었다. 그러나 변화를 향한 야심은 국가 건설에 실패하면서 강렬해졌고, 전쟁을 경험하면서 무자비해졌다. 영토와 역사에 어울리는 동질적인 국가 공동체의 환상적인 과거를 재현하려는 염원에도 불구하고, 그 새로운 사회는 공장의 생산 라인과 관료들의 일상적인 업무 절차를 전멸의 수단으로 선택한 점에서 매우 근대적이기도 했다. 나치의 중앙유럽 점령지에서, 신객관주의 운동의 우유병 채우기 시설과 회전하는 거대한 바퀴는 인간 살상용으로 용도가 바뀌었다. 철도 시간표, 일정과 인원 할당 작업으로 바쁜 공무원, 지렛대를 당기는 노동자, 화학 기구를 쓰는 과학자 등 중앙유럽에서 홀로코스트의 기계적 성분들은 홀로코스트를 일으킨 중앙유럽인들만큼 평범했다.

제32장
스탈린주의 중앙유럽과 들끓는 불만

젊은 시절 라코시 마차시(1892-1971)는 런던을 좋아했다. 헝가리 남부 지방의 유대인 상점 주인의 아들로 태어난 그는 1913년 함부르크를 거쳐 런던으로 건너갔다. 이미 사회주의자였던 라코시는 런던에 도착하자마자 피츠로비아에서 활동하는 공산주의자 모임에 가입했고, 그 모임의 헝가리인 회원들은 그에게 숙소와 선적 사무원 일자리를 마련해주었다. 라코시는 짬이 나면 제과점을 돌아다니고, 참정권 시위에 가담하고(경찰과 충돌해 머리를 얻어맞기도 했다), 미술관을 둘러보고, 대영박물관의 대형 도서관에서 책을 읽었다. 얼마 지나지 않아서 그는 아일랜드인 여자친구와 더 가까이 지내려고 런던 교외의 이슬링턴으로 이사했다. 전쟁이 다가오자 라코시는 오스트리아-헝가리 군대에 입대하기 위해서 서둘러 헝가리로 귀국했다. 이후 그는 1946년 6월에 헝가리 부총리 겸 헝가리 공산당 당수 자격으로 방문할 때까지 런던에 다시 가지 못했다.[1]

라코시의 제1차 세계대전 군 복무 기간은 짧았다. 러시아에 배치된 그는 1915년에 생포되어 포로가 되었다. 3년 뒤에는 러시아에서 일어난 혁명을 지켜보면서 열성 공산주의자가 되었다. 1919년 3월 헝가리에서 공산 정부가 집권하자, 그는 인민위원장 자격으로 귀국했다. 헝가리의 공산주의 통치는 혼란스럽고 무자비했다. 공산주의 지도자인 쿤 벨러가 신경쇠약으로 공산주의 통치기 거의 내내 병상에 있었던 점도 부정적으로 작용했다. 라코시는 처음에는 무역 정책을 맡았고, 나중에는 공산당 보안기관의 책임자가 되었다. 얼마 지나지 않아서 그는 살인 방법을 터득했고, 40건 이상의 정치적 살해에 연루되었다.

헝가리 역사상 최초의 공산주의 실험은 5개월도 이어지지 못했다. 1919년 8월, 라코시는 빈을 거쳐 모스크바로 달아났다. 그는 소련에서 5년 동안 살면서 "코민테른"으로 불린 국제 공산주의 조직에서 일했다. 1924년에는 가명을 쓴 채 헝가리로 돌아와서 신생 공산당을 이끌었다. 하지만 당원 대다수가 경찰에게 고용된 상태였기 때문에, 곧바로 배신을 당해 체포되었다. 그에게는 8년 형이 선고되었다. 1934년에 형기가 만료되었으나 재심을 거쳐 종신형이 선고되었다. 감옥생활은 그리 나쁘지 않았다. 라코시는 책을 읽도록 허용되었고, 함께 수감된 동료 공산주의자들과 당 모임을 열 수 있었으며, 모스크바에서 흔히 먹던 것보다 감옥의 음식이 더 낫다고 생각했다.

1940년 10월 30일, 간수들이 그에게 정장을 입으라고 지시했다. 라코시는 처형될 줄 알았지만, 외교관 번호판이 달린 검은색 리무진으로 끌려갔다. 리무진은 그가 갇혀 있던 세게드의 감옥에서 출발해 헝가리와 소련의 국경까지 달렸다. 라코시 본인이 모르는 사이에, 헝가리 정부와 러시아 당국은 헝가리 독립전쟁의 막바지인 1849년에 러시아 군에 빼앗겼던 전기戰旗와 교환하는 조건으로 라코시를 석방하기로 거래한 상태였다. 소련으로 건너간 직후, 라코시의 눈에는 환영 깃발을 든 농장 노동자들과 직공들(아마 강제로 동원되었을 것이다)이 보였다. 1주일 뒤, 그는 모스크바의 붉은 광장에서 소련 지도자 이오시프 스탈린 옆에서 1917년 러시아 혁명을 기념하는 대규모 군사 행진을 사열했다. 그러나 그가 모스크바에서 옛 친구들을 찾기 시작했을 때 사람들은 어깨를 으쓱하며 모른 척했다. 스탈린이 경쟁자와 반역자로 여긴 자들을 숙청하는 과정에서 그의 옛 친구들이 대부분 살해되었고, 이름도 지워진 것이었다.

  1941년, 소련은 제2차 세계대전에 뛰어들어 연합군과 함께 나치 독일을 물리치기 위해서 싸웠다. 라코시는 전선에서 복무하는 대신 모스크바에 남아 망명 중인 헝가리 공산당을 이끌며 소련과 공산주의 선전물을 헝가리에 방송하는 "코슈트" 라디오 방송국을 운영했다. 1942년, 그는 시베리아 동부 야쿠츠크 출신의 법률가이자 동료 공산주의자인 페오도로브나 코르닐로바와 결혼했다. 결혼생활 내내 코르닐로바는 남편에 대한 정보를 비밀경찰, 즉 내무인민위원부NKVD(훗날의 국가보안위원회KGB)에 보고했다. 코르닐로바는 소련의 대법관이었으니, 라코시는 틀림없이 아내에게 입은 은혜를 갚았을 것이다(코르닐로바는 1980년에 모스크바의 어느 작은 아파트에서 미망인 연금으로 생활하다가 세상을 떠났다). 헝가리 상황이 안전해지자 라코시는 소련 당국의 보호를 받으며 헝가리로 귀국했고, 자신의 아버지와 형제자매가 모두 나치의 집단 수용소에서 살해되었다는 사실을 알게 되었다.

  1945년 5월에 독일이 항복할 무렵, 소련은 함부르크에서 동쪽으로 50킬로미터 떨어진 엘베 강부터 오스트리아와 유고슬라비아의 국경까지 펼쳐진 중앙유럽의 드넓은 지역을 점령하고 있었다. 그 경계선 동쪽의 모든 땅은 스탈린의 수중에 있었다. 그러나 스탈린은 중앙유럽 지역과 관련한 사안을 일관성 없이 처리했다. 때때로 그는 공장을 통째로 징발하거나 피점령국이 투자 자본을 제공하고 소련이 모든 생산물을 차지하는 방식의 합작 법인을 설립하는 등 중앙유럽 지역을 전리품처럼 다루었다. 반면 또다른 때에는, 중앙유럽의 나라들이 이른바 인민민주주의 국가가 되어서 시장 자본주의와 공산주의 사이의 중도적 위치에 있도록 하는 등 약간의 정치적, 경제적 독립을 허용할 의사가 있는 듯 굴기도 했다. 그러나 1946년에 헝가리 출신의 소비에트 경제학자 버르가 예브게니가 혼성 경제가 실제로 어떻게 작동하는지 설명하는 이론서를 출간한 직후, 스탈린은 그의 연구소를 폐쇄하고 연구소 회보도 없애버렸다.[2]

  라코시는 그런 변화를 주의 깊게 지켜보고 있었다. 그는 스탈린으로부터 헝가리의 공산당을 이끌 인물로 선택되었고, 스탈린과 흑해에서 함께 휴가를 보내기도 하면서 긴밀한 관계를 유지했다. 라코시가 1946년 초까지 완수한 첫 번째 일은, 공산당이 내무부를 장악하게 하고 경찰과 보안기관을 이용해서 정적들을 위협하는 것이었다. 그다음, 라코시는 특정 정당의 강령을 도용한 가짜 정당을 설립해 선거 기반을 무너뜨리거나 해산을 강요하면서 다른 정당들을 차근차근 파괴했다. 라코시는 그것을 "살라미 전술", 즉 반대당을 조금씩 잘라 없애는 전술로 불렀다. 1947년, 그는 허위 고발로 지도부를 협박하고 소련군을 동원해 서기장을 납치함으로써 헝가리 최대 정당인 소농당을 없애버렸다. 이듬해인 1948년, 사회민주당은 공산당과 합치기로 결의하는 굴욕 끝에 문을 닫았다.[3]

  1945년 선거와 1947년 선거에서 공산주의자들은 전체 득표수의 5분의 1만 얻는 저조한 성과를 거두었다. 하지만 1949년 5월에 라코시는 경쟁 정당들이 모두 배제된 상태에서 공산당이 승인한 후보만 출마할 수 있는 선거를 실시했다. 10만 명의 비밀경찰이 관리하는 공포정치가 엄습했고, 무려 20만 명이 강제노동 수용소에 구금되고 2,000명이 살해되었다. 스탈린이 다그치자 라코시는 헝가리를 서구에 넘기려는 공산당 내부 음모도 "폭로했다." 1949년 가을, 그는 다소 자의적인 방식으로 공산당 인사들을 숙청했고, 이전의 충성스러운 공산주의자들을 형무소의 마당이나 교수대로 보냈다.

변화의 속도는 서로 달랐지만, 헝가리가 겪은 일은 중앙유럽 각국의 전형적인 경험이었다. 크로아티아와 슬로베니아에서는 소련군과 자생적인 공산주의 단체가 경쟁 세력에 침묵을 강요함으로써 권력을 더 빨리 빼앗았다. 루마니아에서는 1946년 말에 공산주의자들이 정권을 잡았지만, 반공 성향의 반란군이 1970년대까지 트란실바니아의 산악 지대에서 싸움을 이어갔다. 폴란드에서는 국내군의 잔존 세력이 소련군과 지배권을 놓고 싸우다가 공산주의자들이 1945년부터 1947년 사이에 단계적으로 정권을 잡았다. 한편 체코슬로바키아에서는 공산주의자들이 진정으로 자유로운 선거를 통해서 집권하기를 바랐기 때문에 속도가 느렸다. 제2차 세계대전 이후 첫 선거에서 공산당이 거의 40퍼센트의 득표율을 기록했으니, 터무니없는 꿈은 아니었다. 그러나 공산당의 집권이 지체되는 상황을 견디지 못한 스탈린은 1948년 초에 체코슬로바키아의 공산주의자들에게 "권력 문제를 해결하도록" 명령했다. 그러자 공산당은 내각을 위기로 몰아넣은 뒤 지지자들을 거리에 집결시켜서 공산 정부를 요구하도록 했다. "행동위원회"가 내각을 장악했고, 경찰과 무장 자경단원들이 반대자들을 검거하기 시작했다. 그리하

여 결국 1948년 5월에 실시된 부정 선거를 통해서 공산당의 승리가 확정되었다.[4]

서유럽 정치인들과 언론인들은 중앙유럽의 민주주의가 무너지는 모습을 안타까워했다. 그러나 전간기에 중앙유럽 각국은 민주주의의 일부분만 경험했고, 그마저도 대체로 짧은 기간이었다. 더구나 중앙유럽은 독일과 나치의 점령과 통치를, 그리고 소련군의 침공으로 정점을 찍은 6년간의 전쟁을 겪은 지 얼마 되지도 않은 상태였다. 제2차 세계대전 기간에 중앙유럽(독일과 오스트리아, 체코슬로바키아, 헝가리, 폴란드)의 총 사망자 수는 1,500만 명으로 전체 인구의 8분의 1에 이르렀다. 1,500만이라는 숫자 뒤에는 광범위하게 파괴된 도시(바르샤바의 80퍼센트가 초토화되었다), 고아가 된 아이들, 집단 강간을 당한 여성 같은 전쟁의 상처가 있었다. 중앙유럽 대부분 지역의 중산계급은 나치와 소련의 정복자들에게 체계적으로 제거되었다. 폴란드에서는 전체 교사의 4분의 1에서 3분의 1과 전체 의사의 2분의 1이 살해되었다. 다수의 의사가 유대인이었던 헝가리의 경우, 부다페스트에서 일하는 의사의 수가 1939년 4,800명에서 1944년에는 2,200명으로 감소했다. 인구 절멸은 민주주의로 전환하는 과정의 좋은 출발점이 아니다.

폭력은 1945년 4월에 히틀러가 비열하게 자살해도, 이후 독일이 항복해도 끝나지 않았다. 소련 점령군은 야만스러운 행동을 흔히 저질렀고, 폴란드에서는 반유대인 성향의 대학살이 재개되었다. 1946년 5월, 폴란드 남부의 도시 키엘체에서는 폭도들이 홀로코스트 생존자인 유대인 40명을 살해하고, 또다른 40명에게 상처를 입혔다. 그 사건은 1945년부터 1946년까지 폴란드 전국에서 기승을 부리며 500-1,500명의 유대계 폴란드인의 목숨을 빼앗은, 유대인을 겨냥한 여러 폭력 행위 중 하나에 불과했다. 유대인 소유주나 소유주의 최근친자에게 재산과 사업체를 돌려주려는 정부 조치 때문에 폭력 사태가 발생한 곳도 있었다. 중앙유럽 곳곳에서 유대인들이 기독교 가정의 어린이를 살해하고 있다는 비난이 되살아났고, 때로는 비밀 의학 실험용으로 납치하고 있다는 섬뜩한 낭설도 떠돌았다.[5]

연합국 간의 전시협정에 따라서 중앙유럽의 지도가 다시 그려졌다. 그것은 지난 30년 동안의 세 번째 사례였다. 폴란드는 서쪽으로 밀려났다. 소련은 1939년에 차지한 영토를 그대로 챙겼고, 폴란드는 동프로이센과 실롱스크를, 포메른의 대부분을 보상으로 받았다. 루마니아는 1940년에 히틀러가 헝가리에 내주었던 트란실바니아 북부를 되찾았다. 소련은 프로이센의 도시 쾨니히스베르크(칼리닌그라드로 명칭이 바뀌었다), 소련령 우크라이나에 흡수된 부코비나 북부, 발트 3국, 체코슬로바키아 최동단 지역 등을 추가로 얻었다. 독일과 오스트리아의 영토 일부도 소련 점령지에 편입되었다. 18세기 말과 19세기에 중앙유럽의 가장자리에서 주춤거렸던 러시아의 힘은 이제 중앙유럽의 심장부에서 확고히 자리를 잡았다. 서독과 폴란드 사이에 끼어 있는 동독의 소련 점령지에만 무려 50만 명 이상의 소련군이 주둔했다. 1952년, 신생 공산 국가인 동독에 대한 소련의 지배력은 말 그대로 방비가 강화된 서독과의 새로운 국경선으로 굳어졌다. 9년 뒤 소련은 베를린까지 분계선을 확장했고, 장벽을 쌓아서 그 도시를 절반으로 나누었다.

1945년 7월에 포츠담에서 열린 회담에서 연합국 지도자들은 당시 중앙유럽 각국에 흩어져 있던 모든 독일계 소수 민족이 고국인 독일로 강제 이송되어야 한다고 합의했다. 사실, 대다수 독일인은 어떻게든 소련군의 진격을 피해 서쪽으로 탈출했고, 폴란드와 체코슬로바키아 정

1945년의 중앙유럽

부는 이미 "추방 조치"라는 작업을 시작하고 있었다. 모두 합쳐 1,250만 명의 독일인이 자발적으로 떠나거나 강제로 쫓겨났는데, 대부분 열악한 환경에서 대형 화물차 적재함이나 난방이 되지 않는 가축 운반차를 타고 이동했다. 그 와중에 50만 명을 훌쩍 넘는 독일인이 죽었다. 트란실바니아와 루마니아의 바나트에서는, 성별을 불문하고 약 8만 명의 독일인이 나치 협력자로 검거되어 소련의 강제 수용소로 보내진 뒤 그중 4분의 1이 질병과 수용소 당국의 방치로 목숨을 잃었다.[6]

그러나 독일인만 이동하지는 않았다. 체코슬로바키아, 유고슬라비아, 트란실바니아, 바나트 등지에서 헝가리인이 추방되었다. 헝가리에서는 슬로바키아인이, 우크라이나와 리투아니아와 벨라루스 같은 신생 소비에트 공화국들에서는 폴란드인이, 그리고 폴란드에서는 우크라이나인과 벨라루스인과 리투아니아인이 추방되었다. 독일인을 제외하고도 약 700만 명이 중앙유럽 도처에서 자기 삶의 잔해를 수레나 자전거에 실은 채 쫓겨나거나 여행가방만 든 채 대형 화물차 적재함에 내던져졌다. 어떤 소수 민족은 그 매서운 바람에도 살아남았다. 루마니아에는 약 160만 명의 헝가리인이, 체코슬로바키아와 유고슬라비아에는 각각 약 50만 명의 헝가리인이 남아 있었다. 하지만 그런 대규모 인구 이동을 계기로 중앙유럽에는 이전에는 없었던 국가와 민족 간의 일치감이 생겼다. 이제 국가와 민족은 어느 정도 일치했고, 오랫동안 정부와 국민의 관계에 혼선을 유발하고 중앙유럽의 정치 불안정을 초래했던 마찰의 원인 중 하나가 제거되었다.[7]

중앙유럽은 10여 년 동안 무차별적 대학살, 특정 집단을 겨냥한 집단학살, 침략, 반유대주의, 강제 이송 같은 참사에 시달렸다. 목숨은 값싸거나 무가치한 것으로 여겨졌고, 인간의 육체는 교환되는 상품으로 취급되었으며, 잔학 행위가 일상적이었다. 1946년에 독일의 난민 수용소를 방문한 미국의 전 영부인 엘리너 루스벨트는 다음과 같이 말했다.

> 도시의 피해 정도는 평가할 수 있고, 상수도와 가스와 전기도 복구할 수 있고, 군사 정부를 세우는 데 필요한 건물도 다시 지을 수 있다. 그러나 사람들이 무슨 일을 당했는지는 헤아릴 수 없다.[8]

그처럼 극도로 열악한 상황에서 정치가 타협과 조정의 통로로 작동할 가능성은 낮았다. 오히려 정치는 중앙유럽인 대다수의 개인적 경험만큼 폭력적이고 흉악해졌다. 제2차 세계대전 이후 중앙유럽에서 권력을 잡은 라코시와 공산당의 우두머리들은 소련의 지원에도 힘입었지만 무엇보다 가장 무자비한 정치인이었기 때문에 남들보다 뛰어날 수 있었다.

중앙유럽 각국의 공산주의 정권은 집권하자마자 소련의 경제 모델을 본떠 야심만만한 5개년 계획을 시작하고, 대개 구식 설계법과 기계를 사용하는 거대한 산업 공장을 세웠다. 공산 정권의 당면 목표는 "사회주의"였는데, 공산 정권이 말하는 사회주의란 노동자들의 천국인 공산주의에 이르는 문턱을 의미했다. 그러나 1950년대에 중앙유럽 인구의 대다수는 여전히 농촌에서 살았다. 공산주의자들은 항상 노동계급을 대표해 통치한다고 주장했으니, 노동계급을 만들어내야 했다. 그렇게 시골 출신의 노동자들은 새로운 산업 프롤레타리아가 되었고, 처음에는 숙사에서 혼자 묵으며 주말에만 잠시 가족을 만나러 갔다(보통 주 6일 10시간 근무였다). 한편 농촌에서는 정부가 농업의 집단화를 강행하면서 농민들의 땅이 서로 합쳐지고 가축과 장비가 공동 소유물이 되었다. 그러자 격렬한 저항이 일어났고, 1950년대 말 폴란드에서는 지나친 사회적 혼란을 일으킨다는 이유로 집단화를 포기해야 했다.

그 모든 시도는 경제적 성과와 소득의 급증으로 이어져야 했다. 그러나 (1948년에 라코시가 자랑했던 것과 달리) 소득이 2배 늘기는커녕 고작 3년 만에 5분의 1 이상이 줄어들었다. 시장경제의 결함에도 불구하고, 공무원들이 목표를 설정하는 방식의 명령경제는 시장경제의 대안이 될 수 없었다. 기본적인 농산물조차 부족한 것이 일상이었고, 제품은 조악하기 짝이 없었다. 내각의 관료들은 각종 사업에 가장 초보적인 회계 기준만 적용해 투입과 산출을 비교하고, (당대의 어느 비판에 따르면) 가격을 "단순한 부기 단위"로 취급했다. 게다가 공장 책임자들이 제공하는 낙관적 수치에만 의존했기 때문에 전반적인 경제 성과를 파악할 수도 없었다. 정부의 통계학자들은 5개년 계획에 맞춰서 합계를 냈지만, 1960년대 이후로 내내 런던의 시사 경제 주간지인 「이코노미스트 인텔리전스 유닛*Economist Intelligence Unit*」을 보고 더 정확한 사실을 추측하게 되었다.[9]

공산주의 체제의 관료 사회는 관료 사회의 당위적인 모습과 정반대였다. 공산주의 체제의 관료들에게는 지식이 없었고, 그들이 내리는 결정은 이념을 따랐다. 승진은 실력이 아니라 편애에 따라서 이루어졌다. 공산당의 중앙 조직부터 지방 행정기관에 이르기까지 모든 단계에서, 공산당 우두머리들은 내각과 지방 정부에서 공직을 맡거나 병원, 경찰, 국영 기업, 공장 생산고 따위를 감독할 자격이 있는 자들(주로 당 충성파)의 명단을 보관했다. 1950년대 중엽 폴란드에는 16만 명 이상의 "명사들"이 있었는데, 그들은 해당 분야의 기술이나 지식이 없는데도 전문가로 행세하며 급료가 후한 직책을 맡는 경우가 많았다. 당의 엘리트인 명사들(러시아 용어로는 노멘클라투라nomenklatura)은 서구의 상품을 판매하는 상점을, 다른 곳에서는 거의 쓸모없는 자국 통화로 이용하는 특권을 누렸다. 그들은 크롬으로 잔뜩 도금한 뷰익을 빼닮은 고급 승용차인 볼가를 몰았고, 그 부인들은 모피를 입었다.[10]

각국 정부가 이전의 민간기업의 자산을 몰수하고 국영 저축은행과 보험회사를 약탈해 자금을 마련했기 때문에 공산주의 중앙유럽의 경제도 초창기 몇 년 동안은 그럭저럭 버텼다. 이후 각국 정부는 처음에는 소련 정부에게, 나중에는 서구 정부와 은행가에게 받은 차관에 점점 더 기대게 되었다. 1950년대 중엽, 라코시 치하의 헝가리는 5억 달러에 가까운 부채를 떠안고 있었다. 빌린 자금의 대부분은 기존 부채의 이자를 상환하는 데 쓰이거나 자본이 많이 들어가지만 실적이 낮은 국영기업에 투입되었다. 물론, 그런 채무는 대풍작과 지속적인 산업 성장을 열거하는 5개년 계획의 보고서에 거의 포함되지 않았다.[11]

공산주의자들의 자화자찬이 가장 극명하게 드러난 부분은 소련의 스탈린 사례를 모방한 지도자 숭배였다. 공산당 당수는 노동계급에 대한 이타적 헌신으로 번영과 평화를 이루어준 선각자이자 영감의 원천으로 칭송되었다. 시인들은 당수의 위대함을 찬양했고, 공장, 학교, 거리, 집단 농장에도 그의 이름이 붙었다. 노동절을 비롯한 공산주의 축제일에는 행렬을 이룬 사람들이 지도자의 초상화를 높이 들고 도시의 거리를 누볐다. 상점에는 스탈린의 사진 옆에 자국 공산당 당수의 사진이 전시된 "공산주의 매대"가 설치되어 있었고, 거기에는 이따금 당수의 연설문 선집이 놓여 있기도 했다. 아마 장난이었겠지만, 헝가리의 상점 점원들은 여성 속옷 더미 위에 라코시의 사진을 올려두기도 했고, 부다페스트의 어느 정육업자는 돼지기름으로 라코시의 흉상을 만들기도 했다. 극장에서는 라코시를 찬양하는 작품을 연습했다. 새 주택 단지로 이사한 가족의 이야기를 다룬, 역겨운 영화 「약속」(1952)에서 어린 딸은 라코시의 초상화를 벽에 걸고 나서 어머니에게 "라코시 동지도 우리랑 함께 살고 있죠. 그렇죠?"라고 묻는다.[12]

그 모든 것을 믿고, 자신의 아기를 라코시에게 보여주며, 그에게 감탄의 마음을 담은 편지를 쓰고, 체제 비판을 비행이나 범죄로 여겨 어김없이 신고하는 사람들이 있었다. 일반적으로 그런 사람들은 공산당이 대변한다고 주장한 노동계급의 구성원이 아니었다. 공산당 당원들은 전문직이나 관리직인 경우가 압도적으로 많았다. 헝가리와 폴란드의 "명사들" 중 85-95퍼센트는 대학 학위나 대학 학위에 상응하는 직업별 자격을 갖추고 있었다. 일반 당원들 사이에서도 그런 불균형이 분명했다. 1950년대와 1960년대에 폴란드의 중산계급은 전체 인구의 4분의 1에 불과했는데, 공산당 당원의 절반 정도가 사무직 종사원이었다. 달리 말하자면, 1968년에 폴란드에서는 산업 노동자와 농민 중 공산당 당원이 차지하는 비율은 13퍼센트 미만인 반면, 기술자와 교사 중 당원이 차지하는 비율은 각각 40퍼센트와 41퍼센트였다.[13]

예민한 관찰자들은 1940년대 말부터 관료와 지식인을 비롯한 몇 집단을 "새로운 계급", "새로운 엘리트", 심지어 "새로운 귀족"으로 묶는 새로운 공산주의 권력 귀족계급의 출현을 알아차렸다. 그 새로운 엘리트는 적합성을 기준으로 신진들에게 특권과 직분을 부여하면서 현재의 위치를 유지하고 있었다. 적합성은 몇 가지 형태를 띠었다. 첫째는 공산주의의 사명에 대한 교조적 헌신이라는 의미에서의 정치적 적합성이었다. 둘째는 역사가나 철학자나 저술가 등 종래의 학자에 속하거나 새로운 기술자나 관리자에 속하는 데 따른 지적 적합성이었다. 끝으로, 발레리나와 배우, 그리고 수상쩍은 부자 같은 "멋쟁이들", 즉 사회적 적합성을 갖춘 자들이 있었다.[14]

대부분의 평범한 중앙유럽인들은 그 번드르르한 세계의 바깥에 있었다. 그들은 공산주의에 빠져 있지 않았고, 그 허세 가득한 확실성을 의심했으며, 순응하는 대신 충성심의 공허한 의례를 기계적으로 수행했다. 체코의 극작가 바츨라프 하벨은 1978년에 다음과 같은 유명한 말을 남겼다.

> 청과물 가게의 관리자가 진열창의 양파와 당근 사이에 이런 구호를 붙여둔다. "만국의 노동자여 단결하라!" 그는 왜 그렇게 할까? 세상에 무슨 뜻을 전하려고 하는 것일까?……본사로부터 양파와 당근과 함께 포스터가 그 청과물 상인에게 배달되었다. 그는 포스터를 진열창에 모두 붙였다. 몇 년 동안 그렇게 했기 때문이고, 다들 그렇게 하기 때문이고, 그렇게 해야 하기 때문이다……무탈하게 살기 위해서는 반드시 그래야 하기 때문이다.[15]

공산당의 비위를 맞출 필요가 없을 때 중앙유럽인들은 가정생활로 물러나 정원을 가꾸며 지냈다. 도시 변두리에 여름 별장과 농장을 가지고 싶어하는 사람들이 많았기 때문이다. 대부분은 젊을 때 결혼해 일찍 가정을 꾸렸고, 마흔 살쯤 이혼했다. 공산당은 서구의 사치품인 패션 잡지, 세제, 오렌지 따위를 선물로 주며 사람들을 길들였다.

무사안일의 분위기는 오래가지 못했다. 임금 삭감과 식량 부족으로 파업이, 때로는 폭동이 발생했다. 공산당은 대체로 주모자를 체포하고 일반 종업원들에게 조금 양보하는 식으로 대응했다. 그보다 더 큰 위험은 엘리트 사이의 균열이 공산당의 권력 체계 전체를 뒤흔드는 위기로 이어질 때 찾아왔다. 그런 위험의 가장 극적인 사례는 1956년에 헝가리 공산당 내부의 개혁파와 더 교조적인 당원 사이의 분열, 즉 1953년 스탈린이 사망한 뒤 벌어진 소련의 정치적 위기가 반영된 분열이었다. 개혁파는 노련한 공산주의자 너지 임레에게, 보수파는 라코시에게 기대를 걸었다. 라코시는 지저분한 수단을 써서 경쟁자인 너지 임레의 명예를 더럽히고 그를 당에서 축출했다.

그러나 1956년 2월, 소련의 지도자 니키타 흐루쇼프가 모스크바에서 열린 소련 공산당 대회에서 스탈린의 범죄와 배신 행위를 간추려 언급하는 "비밀 연설"을 했다. 그 연설은 소련과 중앙유럽 곳곳의 지역 당 조직에서 요약본을 통해 회람되었기 때문에 비밀이 아니었다. 스탈린에 대한 충성심이 누구 못지않았고 그를 둘러싼 기억에 충실했던 라코시는 주인인 스탈린과 똑같은 못된 짓을 저질렀다는 암시 때문에 유죄로 추정되었다. 그것은 올바른 판단이었다. 모스크바의 압력을 받은 헝가리 공산당 우두머리들은 1956년 6월에 라코시를 강제로 물러나게 했다. 라코시는 예상대로 소련으로 건너갔고, 결국 중앙아시아의 키르기스스탄에서 벽지 공장을 경영하게 되었다. 1971년에 세상을 떠날 때까지, 그는 자신이 곧 헝가리로 돌아가 다시 집권하리라고 믿었다.

체제가 무너지고 있었다. 학생들은 무리하게 서둘렀다. 새로운 엘리트의 잠재적 구성원인 그들의 기득권은 체제를 작동시키는 데에, 그리고 체제 개선에 필요하다고 생각하는 변화를 추진하는 데에 걸려 있었다. 학생들은 라코시가 축출했던 전직 정치인들과 몇몇 배우, 그리고 헝가리 작가 연합(하청 작가들의 정예 조직)의 지원을 받았다. 10월 23일에 시작된 학생 시위는 대규모 시위와 총격으로 이어졌다. 공산당 내부의 개혁파는 새 정부를 이끌어달라고 너지 임레를 설득했지만, 그는 고조되는 혼란을 막을 수 없었다. 도시에서는 폭도들이 공산당 당원과 비밀경찰을 살해했고, 농촌에서는 각 지역위원회가 식량 보급품의 이동을 차단했다. 공장에서는 새로 선출된 노동자 평의회가 관리자들을 파면했다.

1956년 10월 28일에 열린 너지 정부의 첫 내각회의에서는 현실과 단절된 신기한 모습이 엿보였다. 회의에 참석한 정치인들은 현명하게도 일단 식량 부족에 대해서 논의하다가 금세 개별 열차의 이동과 철도 차량기지의 규모라는 주제에만 매달렸다. 그다음 주제는 상점의 영업 시간, 학교 교과서 개정(교과서의 일부분을 찢어버리는 것만으로 충분할까?), 파손된 창문의 수리, 국가 공휴일 날짜 등이었다. 헝가리의 군사적 대비 태세에 관한 평가나 소련의 전략적 난제에 관한 비평은 전무했다. 불과 1년 전, 소련은 중앙유럽의 위성국들을 바르샤바 조약기구라는 군사 동맹으로 공식 통합한 바 있었다. 헝가리에서 빚어진 혼란은 소련의 안보와 새로운 동맹의 무결성을 위태롭게 했다. 소련의 지도부가 볼 때 그것은 과도한 시험이었다.[16]

흐루쇼프는 1956년 10월 31일 크렘린에서 열린 소련 공산당 수뇌부 회의에 참석해서 상황을 솔직하게 설명했다.

> 헝가리의 질서 회복 과정에서 주도권을 잡아야 합니다. 우리가 헝가리를 떠나버리면 미국인과 영국인과 프랑스인 같은 제국주의자들은 용기백배할 것입니다. 그들은 그것을 우리의 약점으로 인지하고 공세를 취할 것입니다……그러면 당이 용납하지 않을 것입니다.[17]

11월 4일, 소련군 탱크가 혁명을 진압하려고 부다페스트에 진입했다. 그들은 부다페스트의 노동계급 구역에서 일시적이지만 대규모인 민중 저항에 부딪혔다. 약 1만5,000명의 시민군이 무기를 들거나 화염병을 던지며 소련군 탱크에 맞섰다. 같은 날, 소련 지도부는 라코시가 이전에 단행했던 숙청의 희생자 중 한 사람인 카다르 야노시를 수반으로 하는 새로운 꼭두각시 정부를 선언했다. 11월 하순, 소련의 무력을 등에 업은 카다르가 패배한 국민 위에 군림하게 되었다. 이후 그는 30년 이상 헝가리를 통치했다. 카다르는 첫 번째 조치 중 하나로 너지 임레를 체포한 뒤 반역 혐의로 교수형에 처했다.[18]

 중앙유럽 각국의 공산 정부는 창고에 다량의 외설물을 쌓아두다가 위기가 닥치면 중간 상인들에게 배급해 길거리에서 판매하도록 했다. 헝가리 정부도 사람들이 외설 잡지를 훑어볼 때가 가장 고분고분하게 열중하는 때라는 냉소적 판단에 따라서 그렇게 했다. 하지만 그것도 교훈이라면 교훈이었다. 공산주의자들이 권력을 계속 유지하기 위해서는 국민의 더 기본적인 욕구를 채워줘야 했다. 고결한 선전은 물이 새지 않는 주택, 청바지, 텔레비전 따위를 대신할 수 없었다. 카다르는 당시 "새로운 진로"를 가장 먼저 수용해 경제를 개방하고 무분별한 해외 차입으로 서구의 고급 제품을 수입한 지도자 중 한 사람이었다. 당시 그런 정책은 "굴라쉬 공산주의gulyas Communism"(개혁적인 공산주의인 카다르주의를 헝가리의 전통 스튜나 수프인 굴라쉬에 빗댄 용어/역주)라고 불렸는데, 이는 소비주의가 가미된 공산주의라는 뜻이었다. 대중의 기대가 커지면서 굴라쉬 사회주의는 이후 30년에 걸쳐 "냉장고 사회주의", "자동차 사회주의"로, 심지어 "주말 별장 사회주의"로 불리기도 했다.[19]

그래도 엘리트와 권력의 문제는 해결되지 않았다. 제대로 작동하는 민주주의는 세대 간 혼합을 허용함으로써 서로 다른 집단이 교대로 집권하고 비교적 젊은 신인을 위한 공간을 마련해준다. 공산주의 중앙유럽에서는, 권력과 관료제와 특권이 서로 뒤엉켜 있어 승진이나 진급이 막히고, 관리직 엘리트가 고령화되며, 지식인들이 체제에 순응하는 결과를 낳았다. 체제의 전리품을 차지한 관리자들과 당직자들은 전리품을 포기하지 않으려고 했다. 1965년 루마니아의 니콜라에 차우셰스쿠처럼 정력적인 새 지도자가 불쑥 나타나기도 했지만, 그는 일시적으로 공산주의 통치방식에 활력을 다시 불어넣었을 뿐 결국 루마니아 공산당이 과거의 방식으로 돌아가도록 방치했다. 차우셰스쿠는 적어도 검열과 비밀경찰을 유지한 점에서는 실용적이었고, 시간이 갈수록 검열과 비밀경찰의 기능을 더 강화했다. 1960년대 말의 체코슬로바키아에서는, 새로운 지도자가 검열과 비밀경찰을 포기함으로써 중앙유럽 공산주의에 큰 위기를 유발했다.

제33장

공산주의 중앙유럽과 그 붕괴

헝가리의 카다르와 달리 체코슬로바키아의 공산당 지도자들은 개혁을 외면했다. 정치적으로는 충성스럽지만 무능한 관료들이 운영하는 대형 산업체를 기반으로 한 경제는 정체되고 경직되어 있었다. 체코슬로바키아 공산당 자체도 거대한 공룡 같았다. 1950년대 초의 숙청을 통해서 새로운 충성파 엘리트들이 유입되었지만, 그들이 고위직과 중견 간부직을 모조리 차지하면서 젊은이들의 출셋길이 막히고 말았다. 대학 졸업자들은 원하는 일자리를 찾지 못했고, 중년의 관리자들은 더 젊고 더 뛰어난 능력을 갖춘 동료들을 열외로 취급하면서 결정을 내렸다.[1]

젊은이들 사이에서 불만이 들끓었다. 1965년, 체코슬로바키아 공산당 청년 조직은 특유의 딱딱한 어투로 다음과 같이 지적했다.

> 처음부터 사회주의를 이상으로 삼았던 전후 1세대 젊은이들과 달리……오늘날의 젊은 세대는 사회주의를, 환상에서 벗어나 객관적이고 모순적인 현실로 바라본다.[2]

즉, 젊은이들은 이제 공산주의를 있는 그대로 직시하고 있었다. 환멸을 느낀 노동계급 젊은이들은 비틀스 스타일의 머리 모양을 널리 받아들이고 로큰롤 음악을 통해서 거리감을 드러냈다. 1965년, 체코슬로바키아에는 롤링스톤스와 버즈의 커버곡을 쏟아내는 아마추어 밴드가 1,000개 있었다. 1960년대 중엽에 오픈릴 테이프 녹음기의 가격이 저렴해질 때까지, 애호가들은 버려진 X선 감광판을 둥글게 자르고 홈을 파서 녹음이 가능한 음반으로 만들었다. 담배꽁초로 정중앙에 구멍이 뚫린 X선 감광판은 회전반 위에서 빙글빙글 돌며 흉곽, 두개골, 부러진 대퇴골 같은 으스스한 이미지를 보여주었다.

체코슬로바키아의 공산당 당국은 "장발족"을 불량배로 비하했고, 종종 경찰을 시켜서 장발족의 머리를 강제로 자르거나 장발족을 감방에 하룻밤 구금했다. 공산당의 선전에서는 장발을 허무주의와 동일시했고, 많은 젊은이들이 "천박하고 혐오스러운 외모로 표현되는, 사회적 사건에 대한 관심 부족……그리고 과도한 양의 알코올을 소비하는 경향"을 보인다며 한탄했다. 그러나 공산당의 문화 전사들은 잡지의 기고자들을 통제할 수 없었고, 심지어 라디오와 텔레비전 제작자도 제대로 단속할 수 없었다. 편집자들과 기자들은 서구의 밴드 이야기, 짧은 영화 장면이 나오는 프로그램, 더벅머리일 뿐 아니라 머리카락이 어깨까지 닿는 음악가들의 얼굴 사진, 최신 유행의 동향을 다룬 기사 등으로 젊은이들의 욕구를 자극했다. 그것은 머지않아 공산당이 정치 영역에서도 대중 매체에 대한 통제권을 잃게 되리라는 징후였다.[3]

공산주의 정권의 검열은 더 지적인 젊은이들이 선호하는 비판의 주요 배출구인 연극과 영화에 대처할 수 없었다. 검열관들은 초현실주의 영화와 부조리극은 물론이고 반어적 표현도 이해하지 못했다. 따라서 그들은 두 소녀가 물건을 부수고 술에 취하고 나이 든 남자들을 속이며 야단법석을 떠는 장면이 담긴 베라 치틸로바의 영화 「데이지즈」(1966)가 음식을 낭비하는 태도를 보여준다는 이유로 상영을 금지함으로써 그 영화 특유의 재미를 무시했다(「데이지즈」는 "짓밟힌 상추 때문에 속상해하는 사람들에게 바치는 헌사"로 끝난다). 반면 밀로시 포르만의 「소방관의 무도회」(1967)는 아무것도 제대로 작동하지 않고, 계획은 비참하게 실패하고, 복권 당첨금은 모두 도둑맞는 공산 체코슬로바키아에 대한 우화를 간신히 숨기고 있는데도 상영이 허용되었다.

체코의 연극은 전간기의 전위 예술을 바탕으로 삼았고, 줄거리가 없거나 서로 무관한 촌극이나 독백을 엮어 만든 연극 작품들이 무대와 객석 사이의 경계가 분명하지 않을 정도로 붐비는 공연장에서 자주 상연되었다. 그 작품들이 체제에 직접 맞서는 경우는 좀처럼 없었지만, 관객들은 그것을 동시대를 비판하는 작품으로 이해했다. 관료주의적 어법을 탐구한 바츨라프 하벨의 희곡 「가든 파티」(1963)와 「비망록」(1965)은 둘 다 체코의 오래된 문학적 전통에 속했고 중산계급의 상투어를 가혹하게 묘사했음에도 불구하고, 공산 정권의 부자연스러운 관청 용어에 익숙한 관객들의 공감을 얻었다. 부조리극은 체제에 도전하지 않았지만, 관객들은 오히려 부조리극이 그렇게 함으로써 정치적 이견을 표한다고 이해했다.[4]

1968년, 체코슬로바키아에서 공산주의 통치는 거의 하룻밤 만에 무너졌다. 체코슬로바키아 공산당의 슬로바키아 지부는 광범위한 개혁 의제에 대한 자율성 확대를 요구하는 목소리에 응답함으로써 프라하 지도부의 경직된 통제를 타파했다. 1968년 1월, 슬로바키아 출신의 알렉산드르 둡체크는 소련의 새로운 지도자인 레오니트 브레즈네프의 승인하에 체코슬로바키아 공산당 당수로서 권력을 잡았다. 둡체크는 당 내부의 원로 보수파를 숙청하기 시작했지만, 그의 집권으로 활개를 치는 세력을 통제할 수는 없었다. 둡체크의 젊은 지지자들은 내각과 당 조직을 장악했고, 철저한 사회 재건과 정책 결정 과정에서의 대중적 참여를 추진하기 시작했다.

물론, 아무도 공개적으로 자본주의를 복원하거나 당의 권력 독점을 끝내는 문제를 거론하지는 않았다. 그러나 막후에서는 이미 경제학자들이 실업이 관리되고 명령경제를 시장경제로 전환할 방법을 이론적으로 강구하기 시작하고 있었다. 한편 강의실에서는 서유럽에서 온 급진 좌파들이 레온 트로츠키와 안토니오 그람시, 허버트 마르쿠제에 대한 의견을 피력했다. 세 이론가는 소련 및 중앙유럽 공산주의의 거의 모든 기본적 교의에 어긋나는 마르크스주의 글을 쓴 사람들이었다. 서유럽의 급진주의자들은 심지어 따로 시간을 내서 베트남 전쟁에 항의하는 뜻으로 프라하 주재 미국 대사관 앞에서 피켓을 들고 시위를 벌이기도 했다. 체코슬로바키아에서 일어나고 있던 일은 북아메리카와 서유럽의 학생 시위와 맞물리면서 국제적 중요성이 커졌다.[5]

1968년 봄, 체코슬로바키아 정부는 거의 모든 검열을 완화하고, 수석 검열관 사무실을 어느 문학 잡지사가 본사로 쓰도록 넘겼다. 동독 정부가 체코슬로바키아 신문의 수입을 금지하자 검열은 이제 정반대 방향으로 실시되었다. 텔레비전 프로그램들은 변화를 모색하기 위해서 실제 수치를 제시하며 심각한 경제 상황을 강조했고, 이전 세대의 체코슬로바키아 공산주의자들의 잘못을 폭로했다. 소련 지도부는 프라하에서 이른바 "반당 분자들"의 영향력이 커지는 현실에 대해 우려를 담아 충고했고, 체코슬로바키아 언론이 급진적인 강령과 선언문을 발표하는 모습을 놀라운 시선으로 지켜보았다. 1968년 7월, 소련과 중앙유럽의 공산당 지도자들의 회합에서 체코슬로바키아의 지도자들은 사실상의 최후통첩을 받았다. 그 최후통첩의 첫 단락에는 묵직한 경고가 담겨 있었다.

> 귀국에서 전개되는 사건의 양상에 깊은 염려를 표합니다. 제국주의의 지원을 받고, 귀하들의 당과 체코슬로바키아 사회주의 공화국 체제의 토대를 겨냥한 반동 세력의 공세는 귀국을 사회주의의 길에서 이탈시킬 우려가 있고, 따라서 사회주의 체제 전체의 이익을 해칩니다.[6]

둡체크는 기대와 거리가 먼 답변을 내놓았다. 그는 검열의 폐지가 대중의 지지를 받고 있고, 체코슬로바키아 공산당은 새롭고 다른 방식의 정치 지도력을 시험하는 중이며, 당과 당이 수행하는 주도적 역할의 평판을 떨어뜨리려는 사람들이 있기는 하지만 그런 자들이 국제 공산주의 체제에 도전장을 내밀었다고 볼 수는 없다고 대답했다. 결과는 자명했다. 1968년 8월, 소련이 이끄는 바르샤바 조약기구의 군대가 50만 명 이상의 병력과 6,000대의 탱크를 동원해 체코슬로바키아를 침공했다. 일찍이 카다르가 소련 지도부의 냉혹함을 경고했지만("지금 어떤 자들을 상대하고 있는지 정말 모릅니까?"), 둡체크는 충격에 빠져 심한 불만을 터트렸다. "평생을 바쳐 소련에 협력한 내게 이렇게 하다니." 공직에서 해임된 둡체크는 이후 20년 동안 삼림 관리인으로 일했다.[7]

"프라하의 봄"으로 알려진 자유화 시기는 1968년 1월부터 8월까지 8개월만 이어졌지만, 공산주의 복원 작업을 가리키는 "정상화"는 20년 동안 지속되었다. 정상화는 일부분 협상의 결과였다. 체코슬로바키아 대통령이 1970년 신년 연설에서 설명했듯이, "정상 상태"는 공산당의 주도적 역할과 소련과의 동맹을 수용하는 대가로 체코슬로바키아 국민에게 "더 나은 내일"을 보장하는 것이었다. 그러나 이미 바람이 불어오는 방향을 알아차린 당원들이 많았다. 한때 열렬한 개혁론자였던 그들은 이제 강경파의 편에 섰다. 1970년의 공산당 숙청 작업을 계기로 그들에게는 특권을 얻고 승진을 청탁할 기회가 생겼다. 일단 권력을 잡자, 그들은 변화의 수사적 표현을 떠들어대면서 체코슬로바키아를 공산주의 이념의 엄격한 통제하의 관료제적 중앙집권 통치의 길로 되돌려놓았다.[8]

복원된 공산주의 통치는 문화 분야에 즉각적인 파장을 일으켰다. 바르샤바 조약기구의 침공 이후 다시 문을 연 극장들에서는 부담스럽지 않은, 안전한 작품만 상연되었다. 공산주의 정권은 1968년 8월 이전에 체코슬로바키아에서 책을 출간한 400여 명의 작가 가운데 170명에게만 활동을 허용했다. 대학교에서는 학자들을 해고했고, 학회지를 폐간했으며, 이제 더는 허용할 수 없는 저자들의 글이 수록된 참고 도서도 없애버렸다. 특별 명단에는 고용될 수 있는 사람과 고용될 수 없는 사람들의 이름이 열거되어 있었고, "부적합자"는 임시직으로만 일할 수 있었다. 체코슬로바키아는 "정상"이 되었다. 바츨라프 하벨의 표현을 빌리자면 "시체 안치실이나 무덤처럼 고요해졌다." 무거운 록 음악은 금지되었고, 달콤하고 "부드러운 대중 음악"만 허용되었다. 하벨의 지적은 여러모로 옳았다.[9]

체코슬로바키아인들은 탱크 앞에서 온순해졌고, 헝가리인들은 거리에서 살해되는 일을 겪은 뒤 굴라쉬 공산주의에 넘어갔다. 그러나 여러 독재정권이 대가를 치르고 깨달았듯이, 폴란드는 사실상 통치가 불가능한 국가였다. 1950년대 중엽부터 1980년대까지 폴란드 정치는 개혁론자가 집권해 경제에 활력을 불어넣겠다고 약속하지만 실패하고, 이후 불법 파업이 일어나 기존의 집권자가 또다른 개혁론자로 교체되는 익숙한 경로를 밟았다. 공산당은 여전히 수백만 명의 당원을 거느리며 그럭저럭 명맥을 유지했다. 그러나 대다수 당원은 본인의 일자리가 당의 후원 여부에 달려 있어서 당적을 가지고 있을 뿐이었다. 1958년과 1978년과 1983년에 학생들을 대상으로 자신이 마르크스주의자라고 생각하는지 묻자, 각각 2퍼센트와 3퍼센트와 2퍼센트만이 그렇다고 응답했다.10

설령 200만 명의 정식 당원이 진정한 공산주의자였다고 해도, 그들은 전체 인구 3,500만 명 중 3,000만 명의 독실한 신자를 거느린 가톨릭 교회에 비하면 수적으로 미미했다. 가톨릭 교회는 실질적인 영향력을 지니고 있었다. 1976년, 폴란드 가톨릭 교회의 지도자인 비신스키 추기경은 폴란드 가톨릭 교도들에게 해가 될지 모르는 헌법 개정을 막는 데 성공했고, 경찰의 폭력 행위를 공개적으로 규탄했으며, 정치범을 위해서 개입했다. 아울러 그는 300만 명에 이르는 폴란드의 소농과 힘을 합쳐 국가에 복지와 연금 제공을 요구하기도 했다. 당시 폴란드 식량 공급의 75퍼센트를 생산했던 소농은 교회의 든든한 정치 동맹이었다. 공산당과 무관한 조직의 활동이 금지되었던 1950년대와 1960년에도 가톨릭교의 토론 모임은 꾸준히 활동하면서 지적 저항의 전통을 유지했다.

1978년, 로마의 추기경단은 비신스키의 절친한 동료이자 크라쿠프의 주교인 카롤 보이티와를 교황으로 선출했다. 요한 바오로 2세의 이름을 선택한 신임 교황은 1979년에 폴란드를 순방했고, 무려 1,300만 명의 폴란드인이 황홀한 눈빛으로 그를 바라보았다. 화물차 적재함에서 설교에 나서기도 했던 요한 바오로 2세는 교황답게 화해, 자선, 영적 회복을 촉구했을 뿐 아니라, 폴란드인이 독자적인 대안 사회를 건설해야 할 필요성을 분명히 밝히기도 했다. 그 과정에서 교황 요한 바오로 2세는 과거 정치적 억압 시기에 폴란드인들이 국가와 무관한 독자적인 교육, 문화, 정치기관을 세우면서 했던 "유기적 노동"을 의도적으로 상기시켰다. 그것은 공산주의 통치를 겨냥한 명백한 도전이었다.

사실 1979년에는 이미 많은 폴란드인들이 교황 요한 바오로 2세가 촉구하는 점을 실천하고 있었다. 그로부터 3년 전, 폴란드 전역에서 벌어진 파업과 시위로 수십 명이 체포되고 수백 명이 해고되었다. 폴란드에는 실업이 공식적으로 존재하지 않았기 때문에, 해고 노동자들은 공적 기금의 지원을 받을 수 없었다. 이에 활동가들은 해고 노동자들에게 물질적 도움과 법적 조언을 제공하기 위해서 행동위원회를 조직했다. 여기에 더해 그들은 자신들의 활동 내용을 출판물로 발표했고, 소송에 관한 최신 정보를 인쇄물에 담아서 제공했다. 대담하게도 그들이 발표한 성명서에는 작성자의 이름과 주소가 적혀 있었다. 당황한 비밀경찰은 자신들이 덫에 걸린 것이 아닌가 의심했다. 기분이 상한 어느 관리는 친노동자 단체 중 가장 유명한 단체인 노동자 보호위원회를 명예훼손으로 고소했다. 재판관은 그 공무원의 손을 들어주었지만, 노동자 보호위원회가 차후 소송의 최신 정보를 올릴 때 사과문을 게재하도록 명령함으로써 결과적으로 노동자 보호위원회의 선전 활동을 법적으로 인정해주었다.

노동자 보호위원회의 수장인 야체크 쿠론은 다음과 같이 솔직하게 자신의 전략을 설명했다. "당 위원회 사무실에 불을 지르지 말고 직접 위원회를 결성하라." 많은 사람들이 그렇게 했다. 아마 무려 200만 명의 폴란드인이 전단을 뿌리고, 성금을 모으고, 회의에 참석하고, 직장에서 불만 사항을 이야기하는 등 어떤 식으로든 노동자 보호위원회와 그 자매단체의 활동에 참여했을 것이다. 그러나 무엇보다 그들은 노동자 보호위원회의 인쇄물과 점점 영향력이 커지는 폴란드 지하 신문의 독자들이었다. 그 숫자는 충격적이다. 1977년부터 1980년까지 약 30개의 비밀 출판사가 약 160종의 책과 80종의 잡지뿐 아니라 바르샤바, 크라쿠프, 그단스크, 브로츠와프 등지에서 학위 수준의 비밀 강의와 수업을 제공하는 "임시 대학교" 교과서도 출판했다. 지하 신문은 노동 계급을 겨냥해 격주 간행물인 「노동자$_{Robotnik}$」를 발행하면서 독자들에게 법적 권리를 알리고, 최신 뉴스를 전달하고, 노동조합 설립 방법을 소개하기도 했다. 「노동자」의 발행 부수는 2만 부였고, 독자 수는 발행 부수의 5배로 추정되었다.[11]

주로 개인의 가옥에서 이루어진 인쇄 작업에는 등사판과 스텐실이 사용되었다. 그러나 종이를 보관하고 사본을 배포하다 보면 사람들의 눈에 띌 가능성이 높았다. 1976년부터 1979년까지 경찰이 44만 건을 압수했다는 것은, 경찰이 열심히 단속했다기보다 지하 인쇄물의 양이 그만큼 많았음을 의미한다. 그 독립 신문들은 앙갚음에 나섰다. 1977년 2월, 크라쿠프 검열 사무소의 검열관 C-36은 폴란드의 검열 실태를 폭로하는 700쪽 분량의 비밀 지시 문서를 스웨덴으로 빼돌렸다. 그 비밀 지시의 내용을 예를 들면 대對소련 육류 수출 사실이 절대 언급되지 말아야 한다는 것, 소련에는 제2차 세계대전 당시 폴란드인 대학살 사건에 책임이 없다는 것, 폴란드에 알코올 중독도 검열도 없다는 것을 꼽을 수 있었고, 그와 함께 결코 그 존재를 인정할 수 없는 작가와 책의 목록이 포함되어 있었다. 원본과 요약본 모두 수천 부씩 비밀리에 발간된 『폴란드 검열 명부*Wielka księga cenzury PRL w dokumentach*』는 대다수 폴란드인이 늘 의심했던 사실, 즉 공산 권력이라는 건물 전체가 거짓말과 발뺌과 어리석음이라는 토대 위에 세워졌음을 폭로했다.[12]

1970년, 폴란드의 공산당 지도자 에드바르트 기에레크는 서구에서 빌려온 차관으로 자금을 조달해 새로운 기술과 산업에 투자함으로써 경제를 활성화하겠다는 계획을 가지고 집권했다. 기에레크는 서구에서 빌려온 자금이 생산성 향상과 수출 증가라는 결과로 이어지리라고 생각했다. 이후 10년도 지나지 않아 폴란드의 외채는 1971년 10억 달러에서 1979년에 250억 달러 이상으로 급증한 반면, 초기의 벼락 경기 이후에는 산업 성장이 지연되었다. 1970년대 말이 되자 폴란드의 총수출대금이 부채 상환에 쓰이면서 추가로 투자하거나 노동계급을 달래기 위한 소비재를 사들일 여력이 없어졌다. 폴란드 경제학자들은 서구에서 유입된 자본의 양이 폴란드 경제의 흡수 능력을 초과했다고 무미건조하게 보고한 반면, 국가 회계감사원은 관리자들이 투자에 쓰여야 할 현금을 해외 휴가와 금시계, 자동차, 예술품 따위를 구매하는 데 사용하면서 자금을 횡령하고 있다고 설명했다.[13]

기에레크는 익숙한 방식으로 통치했다. 그는 회계 장부상의 숫자를 맞추려고 물가를 올렸고, 1980년 여름 내내 이어진 파업을 초래했다. 그러나 파업 참가자들은 폭동을 일으키거나 공산당 당사를 공격하지 않았다. 노동자 보호위원회 지도부의 격려에 고무된 그들은 공장을 점거했고, 요구를 관철하고자 파업위원회를 조직했다. "연대*Solidarność*"라는 이름의 새로운 노동조합 단체가 앞장섰다. 전기 기술자 레흐 바웬사가 그단스크의 조선소에서 설립한 노동조합 단체인 "연대"는 기에레크에게 물가와 관련해서 양보를 하고, 노동조합 설립 및 가입의 권리를 인정하고, 토요일을 휴업일로 지정하고, 가톨릭교 주일 미사를 국영 라디오로 방송하도록 강요했다. 가톨릭 교회와의 연계가 더없이 중요했다. 노동조합 회의를 주재하는 교황 요한 바오로 2세의 얼굴 사진을 통해, "연대"는 작업장에서의 주도권뿐 아니라 국민의 도덕적 삶에 대한 주도권도 주장했다. 1980년 말에 이르러, "연대"는 800만 명 이상의 조합원을 자랑했다.

공산당 강경파는 말 그대로 쿠데타를 은밀하게 계획하고 있었다. 그들은 기에레크를 온건하고 힘없는 인물로 교체했고, 1981년 초에는 국방장관인 보이치에흐 야루젤스키 장군을 총리 자리에 앉혔다. 야루젤스키는 10년 전 파업 참가자들을 향해 발포 명령을 내린 전력이 있는 인물이었다. 소련군과 바르샤바 조약기구의 군대가 폴란드 국경에 집결하는 동안, 야루젤스키는 장군들을 몇몇 주요 부처의 민간인 장관과 각 도시의 시장으로 임명하는 등 지방 정부와 중앙 정부를 군인 일색으로 채웠다. 1981년 10월, 야루젤스키는 국방장관과 총리를 겸임하는 도중에 공산당 당수직을 맡았다. 2개월 뒤, 강경파가 공격에 나섰다. 군대가 권력을 잡았고, 계엄령이 선포되었으며, 야루젤스키가 이끄는 구국군사위원회가 폴란드의 새 정부가 되었다. 12월 13일의 이른 시간에 폴란드인들은 거리의 탱크, 군 검문소, 끊어진 전화선, 그리고 정복 차림의 긴장한 육군 대위가 국영 텔레비전에서 뉴스를 전하는 모습(아마 가장 충격적이었을 것이다)을 보고 정신이 번쩍 들었다.

1970년대에 폴란드인들이 보여준 대담한 저항은 당시 서독에서 벌어지고 있던 일에서 기인한 바가 컸다. 폴란드 공산당은 소련과 확고부동한 관계를 맺고 있었고, 소련은 폴란드의 영토 보전을 담보해주는 역할을 자처했다. 공산주의와 국가의 이익은 그만큼 밀접하게 맞닿아 있었다. 1970년대 초까지 서독은 소련에도 신생 폴란드에도 공격적인 태도를 취했다. 서독 정부는 동쪽의 새로운 국경을 인정하기를 거부했고, 신생 폴란드 영토에 포함된 전쟁 이전의 독일 땅을 "폴란드의 일시적인 관리하에 있는 곳"으로 불렀다. 서독의 정치인들은 그 잃어버린 땅을 미래에 확장될 독일 영토에 재통합하기 위해서 요란한 운동을 이끌었다. 서독인의 5분의 1이 동쪽에서 건너온 난민이었는데, 이들은 강력한 유권자층이었다. 1958년, 서독 총리 콘라트 아데나워는 엉뚱하면서도 위협적인 한 편의 연극을 통해 튜턴 기사단의 명예 기사로 엄숙히 서임되면서 독일의 새로운 동방 정복전쟁에 대한 폴란드인들의 두려움을 부채질했다.[14]

　게다가 서독의 탈나치화는 피상적인 수준에 그쳤다. 1966년부터 1969년까지 독일 총리였던 쿠르트 키징거는 고위 나치당원 출신이었고, 1955년에 공식 창설된 서독 군대는 공직에 재임명된 제2차 세계대전 참전자들이 이끌었다(서독 군대는 공식 창설 수년 전부터 경찰과 국경 수비대의 일부로 존재했다). 1940년대 말과 1950년대에 정부가 주도한 선전운동에서는 공산주의자들과 슬라브인들이 대부분 훈족을 필두로 동쪽에서 잇달아 쇄도한 아시아의 침략자들 가운데 가장 최근의 사례에 불과하다고 묘사되었다. 그 모든 내용이 나치의 선전처럼 들린다면 아마 실제로 그랬기 때문일 것이다. 1945년 이전에 요제프 괴벨스의 선전 작전을 이끌었던 무리와 흡사한 무리가 입안해서 지휘했으니 말이다. 서독 정부는 진심으로 서구를 방어하고 있다는 사실을 보여주기 위해서 수천 명의 공산주의자를 날조된 혐의나 분명하지 않은 혐의로 체포하고 투옥했고, 결국 1956년에는 독일 공산당의 활동을 금지했다.[15]

　많은 폴란드인에게(그리고 일부 서독인에게도) 서독 정부는 독일의 이전 정권과 완전히 다르지 않아 보였다. 그러나 1970년대에 두 가지 일이 일어났다. 20년간 이어진 보수 성향의 기독교민주연합의 통치가 막을 내리고 1969년에 빌리 브란트가 이끄는 경쟁당인 사회민주당이 집권했다. 브란트는 소련과 공산 중앙유럽에 대한 기독교민주연합의 호전적인 정책을 파기하고 협상과 정치적, 경제적 유대 강화를 추진했다. 1970년, 브란트는 서독의 "신동방 정책"의 첫 단계로 서독과 별개인 공산 국가 동독의 존재와 신생 폴란드의 국경선을 인정했다. 이후 무역이 활발해지고 차관이 제공되면서 서독과 폴란드의 관계가 굳건해졌고, 더 중요하게는 입국 통제가 완화되면서 점점 더 많은 폴란드인들이 계절 일자리를 구하려고 서독으로 향했다. 1980년대에는 서독에서 일하는 폴란드인이 무려 100만 명이었을 것으로 추정된다.

둘째로 서독은 공동 시장(훗날의 유럽경제공동체EEC와 유럽연합EU)의 원동력이 되었다. 서독은 공동 시장 안에서 경제 규모가 가장 컸고, 서독의 경제 관리 모형은 공동 시장의 미래 발전 청사진을 제공했다. "질서 자유주의"라는 어색한 명칭으로 알려진 독일식 모형은 빡빡한 규제의 틀 속에서 작동하는 자유시장, 넉넉한 복지, 인플레이션 및 정부의 과다 지출을 억제하는 탄탄한 금융 제도를 기반으로 삼고 있었다. 1970년대에 이르러 서독은 폴란드에 제기한 유구한 권리 주장을 포기했을 뿐 아니라 당시 유럽의 전도유망하고 강력한 국제 경제기구의 견인차 역할도 맡은 것처럼 보였다. 이제 폴란드인들에게 서독은 더 이상 위협이 아니라 번영과 민주주의와 선량하고 친절한 이웃을 나타내는 등불이었다.

공산 정부에 대항할 수 있다는 폴란드인들의 자신감은 중앙유럽 각국으로 번져나갔다. 정통성의 보루인 동독에서조차 1970년대와 1980년대에 산업화에 따른 환경 파괴와 인권 침해에 항의하고, 주택난 때문에 젊은이들이 버려진 건물에서 무단으로 거주해야 하는 현실에 반대하는 시위가 조직되었다(여기에는 당시 스물네 살이었던 앙겔라 메르켈도 포함되었다). 게다가 특이하게도 동독에서는 스탈린주의를 노골적으로 표방하며 동독 지도부의 이념적 연약함을 비난하는 반대 세력이 출현했다. 폴란드의 반정부 인사들처럼 등사판과 스텐실로 인쇄물을 찍어낸 동독의 스탈린주의 지하 신문은 공장 노동자들에게 진정으로 본인들의 이익을 챙기는 노동조합을 설립하라고 촉구하고, 물가 인상에 반대하고, 소련 지도부를 단호히 거부했으며, 초강경 스탈린주의 성향인 알바니아의 방송국인 라디오 티라나의 주파수를 알려주기도 했다. 1981년, 동독 정부는 스탈린주의자 검거 명령을 내렸고, 지도급 인사 10여 명에게 징역형을 선고했다.[16]

흥미로운 의미론적 변화가 일어났다. 냉전으로 유럽이 절반으로 나뉘었다. 1945년부터 서유럽과 동유럽은 따로 존재했다. 그 2개의 유럽은 철조망이 세워진 경계선에서 만났다. 하지만 1970년대 말부터 저술가들과 학자들은 그 사이의 중간 지대를 중앙유럽Mitteleuropa이라고 부르기 시작했다. 사실 중앙유럽은 지난 40년을 거치며 잘 쓰이지 않게 된 명칭으로, 그리니치 표준시보다 1시간 빠른 "중앙유럽 표준시"(이탈리아와 스페인에도 적용된다)라는 맥락과 동독 철도의 놀랍도록 편안한 "미트로파"의 침대차 객실 서비스라는 맥락에서만 살아남은 이름이었다. 그러나 새로 부활한 "중앙유럽"은, 막연하기는 해도 거의 어김없이 독일을 포함하는 광범위하고 확장 가능한 국경선을 지닌, 폭넓은 용어인 역사상의 중앙유럽과는 무관했다. 이제 중앙유럽은 서독과 소련 사이에 있는, 중앙유럽의 일부분만 포함하는 훨씬 더 좁은 지역을 가리키는 이름이었다.

그 중앙유럽이라는 명칭은 널리 쓰였지만, 중앙유럽의 단일한 특성을 설명하려는 시도는 파행을 겪었다. 몇몇 저자들이 보기에 중앙유럽은 우체통의 모양에서, 포도주보다 증류주를 선호하는 대중적 기호에서, 아니면 "삶은 양배추, 김빠진 맥주, 너무 익은 수박의 비누 같은 냄새"에서 드러났다. 다른 저자들은 "성령의 왕국", "작은 나라들"(사실 폴란드는 작은 나라가 아닌데도)의 문제들, 그리고 중앙유럽의 "늘어나는 다양성"을 막연하게 거론하거나, 고통에서 비롯된 일종의 도덕적 우위를 제시했는데, 그들이 보기에 중앙유럽은 서유럽이 추구한다고 주장하는 이상의 진정한 보고寶庫였다. 또는 1968년 프라하의 규제 완화에 따른 문학적 활기를 중앙유럽 지역의 지적 중요성의 증거로 내세우며 체코의 소설가 밀란 쿤데라가 "만찬회에서 평론이 아니라 텔레비전 프로그램을 주제로 토론하는 곳"으로 언급한 프랑스 파리보다 좋게 평가하기도 했다.[17]

문화적 경계선이 열려 있는 데다가 새로운 중앙유럽이라는 개념이 현재의 정치 상황에 근거하기 때문에 중앙유럽의 의미를 규정하기란 쉽지 않았다. 중앙유럽은 폴란드와 체코슬로바키아와 헝가리가, 소련군 탱크가 개입할 위험 없이 독자적인 길을 걷도록 방치되는 상태를 가리키는 암호명이었다. 중앙유럽은 예외주의와 은유의 언어로 치장된 행동 계획이었다. 중앙유럽은 이후에도 꾸준히 그런 역할을 맡았고, 1990년대에는 번영하는 공동 시장과 EU의 회원국이 되기 직전의 단계를 상징하는 수사 어구가 되었다.

1980년대 중엽에 이르러 공산 중앙유럽은 난국에 빠졌다. 각국의 공산 정권은 평판이 나빠졌고, 경제는 망했고, 민심은 차가워졌다. 공산

정권을 지탱해주는 유일한 요소는 소련의 개입 가능성이었다. 1968년 이후 소련의 지도자 레오니트 브레즈네프는 필요한 경우 소련이 군사적 수단으로 공산권의 위성국들을 유지할 권리가 있다는 교의를 주창했다. 소련은 1979년 말에 아프가니스탄을 침공하고, 1981년에는 폴란드 국경에 집결함으로써 그것이 공허한 위협이 아님을 보여주었다. 그러나 소련에서는 1982년부터 1985년까지 불과 3년 사이에 네 번째 지도자가 집권했다. 1985년 3월 어느 날의 눅눅한 아침, 소련 공산당 신임 서기장으로 취임한 미하일 고르바초프는 모스크바에서 열린 전임 서기장의 장례식에 참석한 중앙유럽 공산국의 수장들을 만났다. 그리고 바로 그 자리에서 브레즈네프 독트린은 폐기되었으니 이제 독자적으로 행동하라고 말했다.[18]

  그의 의도를 이해하기까지는 시간이 걸렸다. 그러다가 1989년에 폴란드와 헝가리의 정권이 황급히 물러서기 시작했다. 정부와 야당 지도자 간의 교섭이 공산주의자들의 과거 범죄에 대한 기소 면제와 연금 수급권 보장 같은 핵심 사안으로 귀결될 때까지 정권의 양보 조치는 더 많은 양보 요구로 이어졌다. 폴란드는 가장 먼저 공산주의를 떨쳐버린 나라였다. 파업의 거센 물결에 떠밀린 야루젤스키 장군은 1989년 6월에 부분적인 자유 선거를 실시할 수밖에 없었다. 불리한 투표방식 때문에 의회에서 과반수 의석을 차지하지는 못했지만, "연대" 소속 후보들이 압승을 거두었다. 그해 8월, 야루젤스키는 폴란드의 신임 총리로 "연대" 소속 의원인 타데우시 마조비에츠키를 임명했고, 그에게 새 정부를 구성할 책임을 맡겼다. 고르바초프는 이전 세대의 소련 지도자들과 달리, 탱크 대신 마조비에츠키에게 축전을 보냈다.

  이후 4개월 동안 중앙유럽 각국의 공산 정부가 도미노처럼 무너졌다.

1989년 6월 헝가리의 부다페스트에서는 1956년 혁명을 이끌었다가 처형된 공산당 지도자 너지 임레의 시신이 엄숙한 이장 의식을 통해서 재안장되었다. 그 의식에는 10만 명이 넘게 참석했으며, 그 광경을 수백만 명이 국영 텔레비전으로 지켜보았다. 너지와 함께 공산주의도 묻힌다는 사실을 다들 알고 있었다. 그해 여름 헝가리 공산당은 다당제 선거를 시행하는 데 동의했고, 당명을 헝가리 사회당으로 바꿨다. 이전의 공산당원들은 1990년에 실시될 선거에서 기회가 찾아오리라고 보고 민주주의와 관련한 그들의 자격과 자유에 대한 헌신적 태도를 분주히 선전했다. 하지만 결과는 실망스러웠다.[19]

동독과 체코슬로바키아와 루마니아는 추세를 거슬렀다. 그 무렵, 평론가들은 중앙유럽이 새로운 민주 국가와 강경 공산 정권으로 양분되어 각기 다른 속도로 변화할 것으로 예상했다. 그러나 사실 공산당원들에게는 투쟁할 마음이 없었다. 1989년 10월, 동독 주민들이 마침내 개방된 헝가리 국경을 통해서 대거 탈출하고 라이프치히와 동베를린에서 시위가 일어나자, 동독의 노화한 공산당 지도자 에리히 호네커는 무너질 수밖에 없었다. 아무도 그의 후계자가 오래 버틸 것이라고 내다보지 않았다. 11월 9일 오후 7시쯤, 동독의 내무장관은 텔레비전으로 중계된 기자회견에서 브리핑 내용을 오해한 채 對서독 국경을 즉시 개방한다고 선언해버렸다. 바로 그날, 동독 국경 수비대에는 다음과 같은 새로운 명령이 떨어졌다. "월경자를 체포하고 필요시 제거하라." 베를린 장벽의 보른홀머 거리 검문소에서 하랄트 예거 대령은 서독으로 갈 수 있도록 허용하라고 요구하는 수천 명의 동독 주민들과 대치했다. 그는 자신의 권총과 실탄 12발을 침울한 표정으로 내려다봤다. 밤 11시 30분, 그는 개문 명령을 내렸다.[20]

체코슬로바키아 공산당원들은 난관을 이겨내고자 애썼다. 그러나 11월 17일에 학생 시위대를 물리친 프라하 경찰은 그날 저녁에 더 이상 정권이 시키는 더러운 일을 할 생각이 없다고 발표했다. 5일 뒤, 군대의 최고 책임자도 같은 말을 했다. 그 말을 들은 수십만 명의 인파가 술집의 폐점 시간을 알리는 전통적인 방식처럼 열쇠를 짤랑거리며 걸림돌이 사라진 시위에 참여했다. 11월 24일, 체코슬로바키아 정부 전체가 물러났고, 야당이 정권을 잡았다. 한편 루마니아 바나트 지방의 티미쇼아라에서 일어난 혁명이 트란실바니아로 퍼져나갔고, 12월 21일에는 부쿠레슈티의 거리로 번졌다. 군대는 시위대를 진압하기는커녕 오히려 반란을 일으켰다. 성탄절에, 루마니아의 독재자 니콜라에 차우셰스쿠가 서둘러 소집된 총살 집행대에 의해서 처형되었다. 나흘 뒤, 체코슬로바키아 의회는 바츨라프 하벨을 대통령으로 선출했다.

1990년대 초 헝가리의 선거 포스터에는 풍자적으로 묘사된 소련군 장교의 두꺼운 목덜미와 함께 "동지들, 이제 끝났소"라는 말이 달려 있었다. 1970년대와 1980년대에 공산주의 선전원들은 중앙유럽 각국 정권의 결함을 지적하는 목소리에 "그렇다. 단점도 있지만, 성과도 있다"라는 주문呪文을 되풀이하고는 했다. 하지만 그때도 성과가 무엇인지는 전혀 확실하지 않았다. 공산주의 통치하에서 중앙유럽은 녹슬어가는 공장, 파괴된 환경, 기름진 땅 위의 메마른 농장이 펼쳐진 황무지로 전락했다. 주민들은 정치 폭력의 희생자가 되었고, 생존에 필요한 도덕적 타협으로 망가졌다. 공산주의의 유산을 지우려면 벽에 포스터를 붙이는 것 이상의 노력이 필요했다.

제34장

탈공산주의
슬라보예 지젝, 그리고 라이바흐의 교훈

윌리엄 워즈워스는 1789년 프랑스 혁명을 지켜보면서 "그 새벽에 살아 있다는 것은 더없는 기쁨이었다. 그러나 젊다는 것은 더없는 행복이었다"라고 썼지만, 1989년에는 그해에 걸맞은 시인들이 없었다. 베를린 장벽을 무너트리며 느낀 행복감은 금세 사라졌고, 공산 정권에 종말을 고하기 위해 프라하에서 짤랑거리던 열쇠들은 다시 주머니 속으로 들어갔다. 모든 위대한 사건이 그렇듯이, 곧이어 동경하지만 살 수 없을 것 같은 서구 사치품의 유입, 작고 값싼 도색물(부인과 여자친구에게 들키지 않고 숨기기가 더 쉬웠다), 전직 공산당 우두머리들의 잘못에 대한 새로운 타블로이드판 신문의 선정적인 폭로 기사 따위에서 드러나는 공허함이 만연해졌다.

1989년과 관련해서는 그해의 근본적인 의미를 둘러싼 토론도 부족하다. 중앙유럽인들은 대체로 1989년을 일종의 거부 행위로 바라보았다. 그것은 외세의 강압이 종식되었다는 의미, 그리고 소련의 지배를 받았던 국가들이 과거에 공산주의 때문에 중단되었던 독자적 노선으로 돌아갈 수 있게 되었다는 의미였다. 아울러 중앙유럽인들은 물질적 측면에서 삶이 나아지고 곧 서구의 생활 수준을 누리게 되리라고 기대하기도 했다. 철학자 조지 스타이너는 "밀, 드 토크빌, 솔제니친의 책이 아니라 비디오 테이프, 포르노 테이프, 미국식 화장품, 즉석식품 따위가 해방된 사람들이 서베를린의 모든 선반에서 낚아챈 상품이었다. 자유에 바치는 새로운 신전(1789년의 꿈)은 맥도날드와 켄터키 프라이드 치킨이 될 것"이라고 비꼬았다.[1]

중앙유럽이 정치 측면에서, 야심만만하게 서쪽을 지향하자 서유럽의 관찰자들은 서유럽 체제의 이념적 타당성을 확인했다. 국가 사회주의는 실패했다. 그리고 이제 막 자유 시장경제와 민주정치에 힘입어 사람들이 더 부유하고 더 행복해지고 보람을 더 느낀다는 자명한 진리가 증명되려는 참이었다. 해방된 중앙유럽의 여러 민족은 서구 자본주의의 규범을 받아들임으로써 자본주의의 우월성과 도덕적 가치를 확인했을 것이다. 그에 대한 명백한 증거로, 늘 소련식 공산주의와 거리가 멀다고 말했던 서유럽 좌파는 자기 회의와 상호 비난에 매몰되었다. 영국 공산당은 1991년에 자진 해산했고, 이탈리아 공산당은 최근에 민주주의로 방향을 전환한 점을 선전하고자 당명을 바꿨다. 서유럽의 다른 곳에서는 "세계 평화"에 헌신하던 공산주의 전선 조직들이 붕괴했다.

시인들은 그런 변화를 좀처럼 반기지 않겠지만, 음악가들은 달랐다. 공산 중앙유럽은 매우 다양한 음악 장르를 허용했고, 서구의 밴드를 환영했으며, 서구의 음악가들과 비슷한 중앙유럽 음악가들을 후원했다. "딘 리드를 좋아하십니까?"라는 질문은 1970년대 공산 중앙유럽을 방문한 서구의 방문객들이 종종 받는 난감한 질문이었다. 동독으로 망명한 미국인이었던 리드는 미국에서는 이름을 알리지 못했지만, 공산주의가 엘비스 프레슬리에 대해 내놓은 대항마로서 매진을 기록하며 공연을 펼친 가수였다(리드는 1985년에 스스로 목숨을 끊었다). 하지만 구체제들은 공산주의와 소련에 비판적이거나 논란을 초래할 수 있는 생활방식과 연관된 가사를 허용하지 않았다. 펑크 음악이 퇴출되었고, 가사를 통해서 방랑자의 자유와 모닥불 주변에서 보내는 밤을 찬미하는 체코의 "떠돌이 음악"도 마찬가지였다.²

  1989년 이후로 펑크, 힙합, 갱스터 랩 같은 음악이 중앙유럽 곳곳에서 들리게 되었다. 그러나 가장 눈에 띄는 장르는 민속 음악이었다. 공산당 당국은 1980년대에 민속 음악 합주단을 해롭지 않은 오락으로 장려했고, 참가자들이 주로 행사용으로 디자인된 전통 민속 의상 차림으로 행진하는 마을 대항 경연대회를 기획했다. 이제 그런 행사들은 황금 시간대의 텔레비전으로 생방송되었고, 나중에는 전용 텔레비전 채널까지 생겼다. 하지만 그 행사들은 더 이상 순박함을 홍보하는 데 머물지 않고 음악과 의상과 관련한 유산을 드러냄으로써 국가에 정통성을 부여하는 것을 목적으로 삼았다.

  1993년, 체코슬로바키아는 경제개혁의 속도를 둘러싼 정치인 간의 다툼 끝에 평화적으로 분리되었다. 유고슬라비아의 분열은 1991년부터 1999년까지 이어진 일련의 내전 때문에 더 길고 참혹한 과정을 겪어야 했다. 주로 슬로베니아와 크로아티아와 보스니아에서 세르비아의 준군사 조직들이 전쟁을 벌이고 1999년에 세르비아가 자멸하고 코소보 주를 잃는 과정에서 30만 명이 죽고 대규모 난민이 발생했다. 인종이나 소속 민족이 다르다는 이유로 민간인을 영토에서 강제 추방하는 행위를 의미하는 "인종 청소"라는 새로운 단어가 사전에 등재되었다. 그 위태로운 상황에서 터보포크Turbofolk라는 음악 장르가 탄생했다.

1990년경 세르비아에서 시작된 터보포크는 금세 이웃 국가인 크로아티아로 퍼져나갔다. 지금도 인기 있는 터보포크는 전통적인 민속 리듬과 합성 음악을, 그리고 정교회 전례의 멜리스마 성가(하나의 음절이 여러 음을 통해서 전달된다)에서 비롯된 가창 방식(떨리는 목소리로 노래하는 트릴링)을 결합했다. 덧붙여 터보포크는 튀르키예적 요소와 알바니아적 요소와 집시 민족의 요소를 바탕으로 삼기도 했는데, 종종 호른과 아코디언 반주가 곁들여졌다. 터보포크의 가사는 사랑이나 물질적 소망 같은 진부한 내용이 주를 이루었다.

코카콜라, 말보로, 스즈키,
디스코텍, 기타, 부주키.
광고가 아니라 삶이야.
그게 바로 우리고, 우리가 기뻐하는 이유야.

그러나 메시지는 매체에 있었다. 가슴에 실리콘을 넣은 인기 여가수들이 소리쳐 부른 터보포크는, 아내는 순종하고 여자친구는 흐느끼는 식의 공격적인 남성성을 조장했고, 무법과 약탈의 부족문화를 미화했다. 이는 세르비아의 가장 유명한 터보포크 여성 가수인 체차가 1990년대 초에 몇몇 악명 높은 전쟁 범죄에 책임이 있는 직업 범죄자인 아르칸과 결혼한 점도 터보포크의 인기와 영향력에 도움이 되었다. 1991년, 체차는 크로아티아에서 싸우고 있는 세르비아 민병대를 선동하기 위해서 야전복 차림으로 나타났다. 터보포크는 인종 청소의 찬가였다.[3]

그러나 터보포크는 1990년대에 발칸 반도와 중앙유럽을 휩쓸었고 민속 음악에 뿌리를 둔 대중 음악의 물결 가운데 한 가지 변종일 뿐이었다. 헝가리에서는 민속 음악 합주단이 관객 앞에서 연주하는 장소인 "무도회장táncházak"(종종 개인 주택에 마련되었다)이 1970년대까지 거슬러 올라가는 유래를 자랑했고, 대체로 터보포크의 과도함에서 벗어나 있었다. 하지만 루마니아와 폴란드에서는 결혼식과 사치스러운 파티에서 요란하게 울려퍼지는 합성 음악이 새로운 민속 음악 장르의 기반이 되었다. 루마니아의 마넬레manele는 리듬 앤 블루스를 집시 리듬과 전통 가요에 뒤섞은 장르였는데, 종종 구어적인 방식으로 불리거나 더 오래된 춤과 함께 연주되었다. 폴란드의 음악 장르인 디스코 폴로Disco Polo는 민속 음악의 리듬과 이탈리아의 디스코 박자를 혼합해 "폴란드 양식의 새로운 나이트클럽 음악"을 만들어냈다. 터보포크와 마넬레는 복잡한 메시지를 회피한 반면, 디스코 폴로의 가사는 관대함과 넉넉한 환대, 그리고 역사적으로 유명한 "황금의 자유"라는 폴란드 전통을 떠오르게 하는 경우가 많았다. 물론 지금 그 황금의 자유라는 전통은 대부분 술에 취할 권리쯤으로 받아들여지고 있기는 하지만 말이다.

민족적 전통으로 이해되는 요소들에 뿌리를 둔 포크 음악은 더 세계적이고 종종 국경을 초월해 영어로 가사를 전달하는 경우가 많은 록 음악과 거리를 두었다. 중앙유럽의 여러 록 그룹은 공산 통치를 비판하는 데에 앞장섰고, 특히 프라하의 밴드인 "플라스틱 피플 오브 더 유니버스"와 폴란드의 친親 "연대" 성향의 밴드인 "퍼펙트" 같은 유명 록 그룹들의 음악은 반체제 지하 운동의 정의를 내리는 데에 도움이 되었다. 록 밴드는 1989년 이후에도 꾸준히 공개적 사회 비판에서 중요한 역할을 맡았는데, 특히 옛 유고슬라비아에서 그랬다. 그중에서 가장 중요할 뿐 아니라 비평가들의 호평도 가장 많이 받은 밴드는 슬로베니아의 그룹 "라이바흐"였다.

라이바흐는 1980년에 유고슬라비아의 세르비아 공화국에서 결성되었고, 곧바로 공연을 금지당했다. 우선, 라이바흐의 포스터에 불쾌감을 유발하는 내용이 담겨 있었다. 어떤 포스터에는 예민한 유고슬라비아 정치인들이 보기에 갈고리 십자가와 닮은 듯한 검은 십자가가 원 안에 묘사되어 있었고, 다른 포스터에는 칼을 휘두르는 가해자가 피해자의 눈을 도려내는 장면이 있었다. 게다가 그 밴드의 이름은 슬로베니아의 수도인 류블랴나의 합스부르크 제국 시절과 나치 점령기의 독일어 이름을 떠올리게 했다. 국내 공연장 사용이 금지된 라이바흐는 해외 순회 공연을 다니며 국제적 명성을 쌓았다. 그러자 결국 유고슬라비아뿐 아니라 공산 중앙유럽의 다른 지역에서도 공산당 당국이 양보할 수밖에 없었다. 라이바흐가 1983년부터 1985년까지 진행한 "점령된 유럽"이라는 도발적인 이름의 순회 공연은 류블랴나와 베오그라드뿐 아니라 부다페스트, 브로츠와프, 바르샤바, 크라쿠프 등지에서도 열렸고, 런던과 암스테르담과 브뤼셀과 함부르크에서도 추가로 공연되었다.

  라이바흐는 프레디 머큐리와 레니 리펜슈탈의 나치 선전 영화가 만난 것으로 묘사될 수도 있겠다. 콧수염을 기르고 맨가슴을 자주 드러낸 리드 보컬은 독일어와 영어 가사를, 그리고 (요즘은 덜하지만) 슬로베니아어 가사를 으르렁거리며 읊어댄다. 반주는 흔히 정치인의 연설과 개 짖는 소리와 군가를 뒤섞은 사운드 콜라주, 쨍쨍 울리는 드럼, 크게 울리는 트럼펫 소리, 전통 악기 소리 등으로 구성된다. 밴드 구성원들은 제3제국이 연상되는 제복을 입거나 사냥꾼 차림으로 행진한다. 멀티미디어 세트장은 검은 십자가, 군용기, 해골 등의 영상을 통해서 파시스트 건축을 흉내 낸다.

  라이바흐는 지금도 공연을 이어가고 있으며, 2015년에는 당황한 북한 관객들 앞에서 뮤지컬 「사운드 오브 뮤직」을 재구성한 충격적인 공연을 선보였다. 포스트펑크, 전위파, 다다이스트, 인더스트리얼 록, 아트 록 등 어떻게 평가되든 간에 라이바흐는 공산주의를, 유고슬라비아의 폭력적 붕괴를, 공산주의의 몰락 이후의 수십 년 세월을 견뎌냈다. 슬로베니아의 저명한 철학자인 슬라보예 지젝은 라이바흐의 비공식 대변인인 셈이고, 라이바흐의 작업에 대한 그의 해석에 힘입어 라이바흐는 세련된 명성과 지적 영향력을 얻게 되었다. 라이바흐에 관한 지젝의 발언이 항상 옳지는 않겠지만, 그는 정신분석학, 독일의 고전 형이상학, 부드러운 마르크스주의 등이 뒤섞인 슬로베니아 말기의 공산주의라는 철학적 배경을 라이바흐와 공유하고 있다.

라이바흐의 음악과 작품 활동은 다음과 같은 2가지 원칙을 따른다. 첫째, 예술가는 반어적 모방이 아니라 압제자의 정체성을 띤 채 압제자의 권력을 긍정함으로써 그 권력을 전복하는 방식으로 비판해야 한다는 것이다. 그러므로 라이바흐가 파시즘의 제재를 수용한 것은 절대적 지배를 향한 전체주의의 야심을 제거하기 위한 것이었다. 라이바흐의 음악은 귀에 거슬리는 과도함을 통해서 "체제 소음"을 재생산하는 청각적 폭력을 행사함으로써 "전복의 회복자"가 되어 전체주의 선전 활동의 감각 독점을 타개한다. 라이바흐는 1982년의 선언문에서 이렇게 말했다. "정치적 조작의 언어를 쓰는 예술을 제외하면, 모든 예술은 정치적 조작의 대상이다."[4]

둘째, 라이바흐는 전체주의적 문화의 잠재력을 경계한다. 라이바흐가 폭넓게 규정한 바에 의하면 전체주의적 문화의 잠재력에는 경영 과학, 나치의 저속한 미학, 공장 소음, 대중 음악의 리듬 따위가 포함된다. 그러므로 라이바흐는 "피와 흙"("국민의 감정은 국토의 감정이다")이라는 파시스트적 주제가 떠오르는 가사로 오스트리아의 밴드 "오퍼스"의 대중 가요인 「인생은 인생」을 재해석함으로써 진부한 원작도 호전적이고 전시동원 체제를 연상시키는 음악으로 탈바꿈할 수 있다는 점을 보여주었다. 1988년에 라이바흐가 비틀스의 앨범인 『렛 잇 비』의 수록곡을 다시 불러 발매한 노래들은 "있던 곳으로 돌아가요"라는 가사의 맥락을 바꿔 유고슬라비아 국내 정치의 사악한 변화를 따져 물었다.

라이바흐는 공산주의의 붕괴로 중앙유럽에서 일어난 변화에 환호하지 않았다. 1992년 앨범인 『자본』은 반복적으로 끼어드는 굉음과 비명으로 세계 자본주의 체제하의 직장에서 나타나는 획일성과 소비문화의 사회적 소외와 가치관 붕괴를 암시하며 그 변화의 결과를 표현한다. 국가 사회주의의 몰락과 시장의 미덕이 찬미되고 있던 시기에 라이바흐는 "경제는 죽음"이라고 주장했고, 앨범의 첫 번째 수록곡 제목을 "공허한 10년"으로 지었다. 라이바흐가 사용한 반복적인 테크노 리듬에는 자유주의적인 소비국가가 비호하는 새로운 전체주의를 지목하는 의미가 담겨 있었는데, 라이바흐의 설명에 따르면, 그 이유는 "디스코 리듬이 전체주의의 모형에 따라서 의식의 산업화를 조직하고 자동화 기제를 자극하기 때문"이었다.[5]

라이바흐와 지젝은 이해하기 어려운 인물들이다. 그들의 불명료함은 숙성이 덜 된 사상을 감추기 위한 의도적 모호함처럼 보이고는 한다. 그러나 그 둘의 중요성과 꾸준한 매력은 그들이 표방하는 철학의 세부 사항이 아니라 1990년대에 출연한 새로운 시장체제를 거부한 데에 있다. 라이바흐와 지젝의 관점에서 1989년 이후의 변화는 해방이 아니라 위에서 부과된 새로운 문화적, 경제적 질서였다. 세계 자본주의에 자리를 내준 세계 공산주의가 그랬듯이, 세계 자본주의도 그 우월성을 유지하려면 스스로에 대한 환상이 필요했다. 서구 모형은 부자유를 그 이상의 부자유로 대체했고, 라이바흐의 설명을 빌리자면, "선진 전체주의의 정중한 표현"일 뿐이었다.[6]

라이바흐와 지젝의 분석은, 최소한 세계 자본주의를 대변하기 위한 터무니없는 약속이 지켜지지 않았다는 점에서는 옳았다. 1990년대에는 중앙유럽을 거의 모든 곳의 생활 수준이 하락했을 뿐 아니라 서독이 번영과 평온을 구가하도록 했던 합의적 정책도 폐기되었다. 독일의 질서 자유주의를 떠받치는 복지는 자유시장 신자유주의를 위해서 포기된 반면, 소수 엘리트 집단에게 권력을 맡기는 정치적 합의는 유지되었다. 그런 다음, 독일의 새로운 질서는 EU를 통해서 과거에 공산주의 통치 하에 있었던 회원국들에게로 옮겨갔다.

사태가 그런 식으로 전개되지는 않아야 했지만, 이는 서독 정치인들의 부주의한 경제 정책이 불러온 거의 필연적인 결과였다. 1990년 7월, 보수적인 기독교민주연합이 이끈 정부는 동독 마르크화를 폐지하고 그것을 서독 마르크화로 대체했다. 옛 동독 주민들의 저축과 임금은 대부분 등가로 태환되었다. 더 높은 봉급을 찾아서 동독에서 서독으로 이주하는 현상을 막으려는 목적의 후한 환율은 헬무트 콜 총리의 기독교민주연합이 독일의 "새로운 5개 주_{Länder}"로 알려진 곳에서도 표를 얻는 데 보탬이 되었다. 공산주의 국가였던 중앙유럽의 다른 나라들에서는 정부가 시장개혁을 수용하면서 자국의 통화 가치를 평가절하한 반면, 옛 동독은 통화 가치를 효과적으로 평가절상했다. 결과는 예측할 수 있었다. 다수의 노동자가 해당 임금을 받을 만한 가치를 인정받지 못해서 해고되었다. 1990년대 중엽, 옛 동독 노동 인구의 15퍼센트가 공식적으로 실업 상태였고, 그보다 더 큰 비율이 단시간 근무하거나 재교육 프로그램에 참여하거나 조기 퇴직했다. 통틀어 제조업 분야 일자리의 90퍼센트가 사라졌다.[7]

서구 정치인들과 경제학자들도 동독의 산업에 대해서 너무 낙관적이었다. 그들은 동독의 강점에 대한 옛 공산주의자들의 선전을 어느 정도 믿었다. 그러나 1990년에 마거릿 대처에게 서독은 동독과 통일해 "12개의 거대한 리버풀"(당시 망한 산업의 대명사였다)을 물려받을 뿐이라고 조언한 영국의 역사가 노먼 스톤이 더 정확했다. 수도 본의 정치인들은 동독의 국가 자산인 총 1만2,000개에 이르는 개별 기업의 민영화에 대한 책임을 정부가 설립한 신탁기관인 신탁관리청에 부여했다. 신탁관리청은 애초 그 자산의 가치가 서독 마르크화로 6,000억 마르크에 해당한다고 평가했다. 하지만 신탁관리청이 기업들의 구조를 재조정하고 몸집을 줄여 상업성을 키웠는데도, 막상 매각 수익은 700억 마르크를 살짝 넘는 수준이었다. 인수된 기업의 약 4분의 3이 서독 회사나 외국인에게 넘어갔다. 노동 인력의 협동조합은 집단 농장을 대신하기 위한 수단으로 농업 분야에서만 도입되었다.[8]

신탁관리청은 국가 자산을 헐값으로 매각하는 일을 막기 위해서 설립되었지만, 결국 팔리지 않으면 불태워 없앤다는 식의 정책을 추진했다. 제조업 부문과 서비스 부문이 광범위한 타격을 입는 바람에 옛 동독 경제 활동의 80퍼센트가 서독에서 유입된 자본에 의존하는 지속 불가능한 상황이 조성되었다. 결과적으로 동독에 사회적 시장이라는 조건을 도입하려는 시도는 거의 이루어지지 않았다. 임금 협상 과정에서 새로운 고용주들은 노동조합을 배제했고, 노동자들에게 덜 유리한 지역 차원의 타협을 선호하면서 국가 차원의 합의를 무시했다. 새 일자리는 흔히 사회보험 없이 제공되었고, 보험대리점은 그런 사각지대를 파고들어 보험 혜택을 축소했다. 동독은 유연근무제와 "저임금 일자리"의 선구자, 그리고 호출형 근로계약까지는 아니어도 몇 시간의 근무만 보장되는 계약(해당 노동자는 실업 통계에서 제외된다)의 선구자가 되었다. 그 대가로 동독인들은 재교육과 동기 부여 강습을 받았는데, 그 2가지 조치는 무엇보다 주먹구구식의 근무 습관을, 그리고 여성의 경우 부족한 화장 솜씨를 개선하기 위한 것이었다.[9]

그러나 독일 정치인들이 경제에 대한 신자유주의적이고 자유방임적인 접근법을 동독에서만 주창한 것은 아니었다. 서독에서도 2000년대 초에 연금, 실업 수당, 의료보험 등이 삭감되면서 종래의 안전망이 흔들렸다. 국내의 임금 수준을 결정하는 과정에서 노동조합에 발언권을 부여했던, 정부와 노동조합의 합의도 무시되는 바람에 독일의 대다수 노동자가 고용주와 직접 교섭하게 되었다. 동독에서 도입된 민영화도 우편과 원격통신 분야, 국가 전력망의 일부분, 그리고 병원의 비국영화를 통해서 서독으로 확산되었다.[10]

1990년에 이르러, 독일은 EEC(1993년 이후에는 EU)에서 영향력이 큰 나라가 되었다. 독일의 처방은 중앙유럽의 옛 공산국들에 대한 유럽의 정책을 좌우했고, 그 처방도 노동 유연성과 시장화와 국가의 역할 축소를 강조하는 신자유주의적 의제라는 특징이 있었다. 2004년에 EU에 가입하기 전에 이미 중앙유럽의 옛 공산국들은 EU의 마스트리흐트 조약(1992)과 안정과 성장에 관한 협약(1996)에 포함된 "수렴 기준"에 따라서 국영 산업을 대부분 민영화하고, 복지 제도를 축소하며, 균형 예산과 재정 긴축 계획을 수용해야 했다. 공산국 정부들은 흔쾌히 그렇게 했고, 심지어 연금 민영화, 법인세 삭감, 정액 소득세 도입을 통해서 신자유주의 정책을 강화하기도 했다.[11]

그로 인한 이득은 곧바로 문서에 나타났다. 개방시장 지수, 국제경쟁력 지수, 기업환경 지수 등의 새로운 평가 지표를 통해서 중앙유럽 경제의 성과가 확인되었다. 공산주의의 종말 이후 10년간 1인당 GDP는 2배 증가했고, 해외 직접 투자는 체코와 헝가리에서 1년에 약 200억 달러, 폴란드에서는 300억 달러 이상으로 급증했다. 하지만 그렇게 얻은 부는 대부분 도시로, 그리고 새로운 사업가 계급 비즈네스메니$_{biznesmeni}$의 계좌로 흘러들어가는 등 불균등하게 분배되었다. 교외의 고층 건물 구역과 농촌 지역의 생활 수준은 거의 개선되지 않았다. 1990년대의 불평등 심화 현상은, 고속도로에서 저속용 차선을 벗어나지 못하는 후방 엔진 자동차인 피아트 126과 그 많은 피아트 126을 휙휙 지나가는 신흥 엘리트의 아우디와 BMW가 분리되는 양상을 가리키는 "2가지 속도의 폴란드"라는 표현으로 요약되었다.[12]

신자유주의적 개혁의 비판자들은 변화의 어려움 탓에 개혁이 중단되리라고 예측했다. 그러나 힘겨운 10년이 지나자 결실이 보이기 시작했다. 부는 슬그머니 사라지는 대신 아래로 흘러내렸고, 그 결과 2000년부터 2007년까지 중앙유럽 각국의 평균 임금은 무려 50퍼센트 올랐다. 드럼 세탁기가 대야를, 중고 폭스바겐 골프가 피아트 126을 대신했고, 번화가의 여행사가 급증했다. 그중 일부분은 제조업의 도약에 따른 결과였다. 독일의 거대 자동차 회사들은 값싼 숙련 노동력을 활용하기 위해서 중앙유럽의 공산국으로 생산 시설을 옮겼다. 2000년대 초, 슬로바키아는 세계 어느 곳보다 1인당 자동차 생산량이 많았다. 체코의 오래된 슈코다 공장은 폭스바겐에 의해서 세계 최고의 옥타비아 모델을 제조하는 기지로 탈바꿈했다. 그러나 도자기, 화장품, 조립식 가구, 가정용 조명 등을 수출하는 국내 기업의 역할도 컸는데, 그중 몇몇 품목은 원산지를 숨기기 위해서 재포장되었다. 아울러 도심 재생 사업 덕택에 관광업도 번창했다.

2000년대의 소비지출 급증은 그 기반이 취약했다. 1990년대에 서구의 회사들은 자본을 이용해서 기업을 사들이고 되살렸다. 2000년대에는 주택담보대출의 형태로, 이후에는 신용카드와 개인 대출의 형태로 개인 부채를 사들였다. 세상 물정을 모르는 중앙유럽인들은 종종 외화로 돈을 빌렸고, 금융기관은 고객들의 상환 능력에 좀처럼 유의하지 않았다. 중앙유럽의 대출자들은 서브프라임 모기지 시장의 전형적인 "중, 저신용 및 금융이력부족 고객", 즉 신용 실적이 없고 몇 가지 급여 및 지출 명세만 있는 사람들이었다. 2007년에 헝가리 텔레비전에 나온 악명 높은 주택담보대출 광고에서, 어느 젊은 부부가 여자 중개인에게 본인들의 소득이 적다고 설명한다. 그러자 중개인은 귀를 막고 라라라거린다. 그런 다음, 라이파이젠 은행은 신청자의 소득이 아니라 부동산의 가치에 따라서 주택담보대출을 제공하고, 열흘 만에 구매 승인이 떨어진다는 목소리가 나온다.[13]

2007-2008년의 세계 금융 위기가 없었어도 중앙유럽 경제는 터지기 일보 직전의 거품이었다. 금융 위기의 여파로 준비금이 없는 기업은 망했고, 통화 가치 등락으로 스위스 프랑화나 유로화 대출금 상환이 어려워지자 주택담보대출자들은 파산을 앞두게 되었다. 헝가리는 100만 명이 액면 단위가 외화로 표시된 대출을 받은 데다가 대출 할부금이 3분의 1 오르는 바람에 가장 큰 손해를 입었다. 2011년, 헝가리 정부는 은행의 대출 원장을 인수한 뒤 대출자에게 유리한 환율로 대출금을 헝가리 통화인 포린트로 태환했지만, 대출자가 체납액을 한꺼번에 갚는 조건에서만 그렇게 했다. 이는 주택담보대출을 받은 가구의 3

분의 2에게 불가능한 조건이었다.

　국제기구, 특히 국제통화기금IMF과 EU는 더 큰 경제적 붕괴를 막을 수 있는 재정적 무게감과 명성을 갖춘 조직이었다. IMF와 EU는 각국 정부에 비상 대출과 신용 공여를 확대함으로써 은행의 자본 재구성 작업을 도왔고, 해외 투자의 유입이 감소하는 현상을 상쇄했다. 2010년, EU는 유럽재정안정기금을 통해 단독으로 1조 유로를 배정해 유럽에서 경제적으로 가장 문제가 많은 나라들을 구제했다. 그러나 대가는 컸다. 긴축 정책이 재개되자 정부는 예산의 수지 균형을 맞추고, 복지 제도를 축소하고, 공공 부문의 고용과 급여를 삭감하고, 여러 가지 단체 교섭 협정을 폐지해야 했다. 임금은 또다시 급락했고, 실업률이 증가했다. 폴란드와 헝가리는 노동 인구의 10퍼센트가, 슬로바키아는 15퍼센트가 실업 상태였다.

　2007년과 2009년 사이에 급격히 떨어졌던 성장률은 2010년 이후 회복되었지만, 중앙유럽 경제가 EU에 기대고 있다는 사실은 분명했다. 문제는 EU가 나눠주는 자금이 조건부일 뿐 아니라 일상적으로 낭비되고 있다는 점이었다.

　중앙유럽의 옛 공산국들에서 EU의 주요 자금원은 농업 보조금과 수렴 기준을 충족시키는 데 필요한 자금이었고(현재도 그렇다), 두 가지 중 후자는 주로 대규모 기반 시설 사업에 쓰였다. EU는 국가 주권을 침해하거나 보조성 원칙(문제 해결과 가장 가까운 당사자 수준에서 문제를 해결한다는 원칙)을 훼손한다는 비난을 받지 않기 위해서 적절한 지출 여부를 확인하지 않은 채 자금을 할당했다. EU의 농업 보조금 정책이 비교적 규모가 큰 기업에 편중되어 있었기 때문에, 정치인의 도움을 받은 사업가들은 소규모 생산업체를 몰아내거나 공산 집단 농장 시절의 유

산인 국유지의 경매 과정을 조작함으로써, 보조금을 많이 받는 다량의 농지를 긁어모았다.[14]

EU 각국에서 대규모 건설 사업에 쓰일 기반 시설 기금이 횡령되었다. 2013년, 세실리아 말름스트룀 EU 집행위원은 매년 부패 때문에 허비되는 EU 자금의 규모가 1,200억 유로라고 정확히 밝혔고, 공공 계약 금액의 20-25퍼센트가 사기로 허비된다고 추정했다. 이탈리아에 상당한 책임이 있었지만, 체코, 헝가리, 루마니아, 슬로바키아 등의 정치인들과 사업가들도 연루되어 있었다. 통상적인 수법은 부풀려진 입찰가가 리베이트의 대가로 수락되도록 하기 위해서 입찰 및 조달 절차를 조작하는 것이었다. 이따금 사업 자체가 EU의 자금을 요청하려는 목적의 허위 사업인 경우도 있었다. 계약 입찰이나 기반 시설 보조금 입찰 업무를 맡은 민간 컨설팅 회사들은 입찰서나 신청서를 작성하고 관련 문제를 척척 처리하는 대가로 수익금의 일부를 기대했다.[15]

2010년대에 이르러 중앙유럽의 부패 규모는 정치평론가들이 "국가 포획"(정부기관이 기업의 이익에, 심지어 조직범죄에 장악된 현실을 가리키는 용어)을 언급하기 시작할 정도로 막대했다. 그들의 주장은 어느 정도 진실이었다. 조달 사기를 통해서 착복한 돈은 대부분 명품과 근사한 외국 별장을 사는 데 쓰였지만, 일부는 범죄 활동에 재투입되었다. 아울러 몇몇 정당이 권력을 유지하는 데에도 쓰였다. 정당 당수들은 부정한 거래를 통해서 자기들 조직에 대한 재정적 지원을 챙겼고, 상부상조의 관계망을 구축한 뒤 그 관계망을 정적들과 야당 언론사를 겨냥하는 데에 동원했다. 그런 수법의 개척자는 러시아의 푸틴이었고, 중앙유럽의 푸틴 추종자들이 그것을 모방해 EU의 자금을 낭비했다.

오늘날 중앙유럽의 나라들은 민주주의 국가이고, 그 나라들에서 실시되는 선거는 부정 선거가 아니다. 각국의 집권 정부는 언론을 조작하고(여러 언론사가 국영이고, 정당과 연관된 기업에 광고 수익을 의존하는 언론사도 많다), 선거 목적으로 국가 자원을 악용하지만, 조직적인 부정 투표로 득표수를 늘리는 짓을 자행하지는 않는다. 서유럽 기준으로 보면 투표율이 낮은 경향이 있지만(일반적으로 50−60퍼센트), 중앙유럽인들은 정치적 동향에 예민하고 권력 남용, 부패, 환경 파괴 등에 반대하는 시위를 주저하지 않으며, 종종 몇 달 동안 시위를 벌이기도 한다. 하지만 반대 시위는 거리에서 싸우는 준군사 조직이 아니라 투표함을 통해, 그리고 평화적으로 진행된다.

중앙유럽 각국에서 선거는 비교적 자유롭고 공정하게 치러진다. 여당이 패배할 뿐만 아니라 여러 지역에서 정당 제도가 상당한 변동성을 보인다. 중앙유럽 정당들의 평균 수명은 10−15년인데, 유권자들이 경제 침체와 추문을 용서하지 않고, 어느 평론가의 표현에 따르면, 정당에 "과도한 책임"을 지우기 때문이다. "썩었으나 노련한" 정당과 "부패하지는 않았어도 경험 없는" 정당이 표를 얻고자 경쟁하고 신진 정치인들이 또 순수성을 잃는 과정에서 정당들은 종종 당혹스러운 속도로 흥하고 망하고 사라진다. 정부의 보호를 받지 못하는, 쇠락하는 정당의 정치인들은 이전의 직권 남용에 대한 기소와 투옥의 가능성을 맞이하게 된다. 적어도, 세무 경찰이 들이닥칠 상황은 예상해야 한다.[16]

중앙유럽의 정치인들이 권력을 유지하려는 데에는 충분한 동기가 있다. 여러 정치인들이 특정 유권자층을 겨냥한 복지 수당을 통해서 의존계층 연합을 구축함으로써, 그리고 국가의 후원에 의존하는 기업과 기관의 수를 확대함으로써 권력을 유지하려고 애쓴다. 그러나 지금까지 중앙유럽의 정치인들은 대중의 지지를 동원하기 위해서 과거에 대한 수사 어구와 은유에 기대는 것을 마다하지 않았다. 소수의 정치인들은 "전 세계적 요소", "국제금융 자본주의", "숨겨진 전 지구적 세력" 등의 낯익은 반유대주의적 암호어를 쓰면서, 찌꺼기에 불과하지만 끈질기게 버티고 있는 반유대주의를 활용하기도 한다. 어떤 정치인들은 중동 사태가 유발한 이주 위기를 틈타서 자국이 기독교 문명을 수호하고 동쪽 이방인들의 침략을 방파제처럼 막아야 한다는 역사적 역할에 호소했고, 애국자 자격을 증명하고자 국경에 철조망을 설치하기도 했다. 중앙유럽 일부 국가의 여당들이 옹호하는 반反동성애 성향의 수사적 표현은 문화적 측면에서 보수적인 태도를 보이는 편인 유권자 사이에서 지지를 얻는 또다른 방법이다. 폴란드 한 곳에서만 2022년 현재 약 100개의 도시와 마을이 이른바 성소수자 금지구역으로 지정되었는데, 성소수자 금지구역에 포함된 곳의 당국은 동성애자와 이분법적 성별 구분에 해당하지 않는 사람들의 모든 공적 활동이 "달갑지 않다"라고 공식 선언했다. 여론 조사에 따르면 대중은 그런 식의 조치를 지지하는 것으로 드러났다.[17]

  2012년, 라이바흐는 런던 테이트 모던 미술관의 터빈 홀에서 공연했다. 그 거대한 공간에는 데이미언 허스트 전시회의 일환으로 진열된 조각품인, 다이아몬드로 뒤덮인 백금 해골 「신의 사랑을 위하여」도 전시되어 있었다. 라이바흐가 오른 무대 중앙에는 그 밴드의 상징인 뿔 달린 사슴의 머리가 있었다. 백금 해골과 뿔 달린 사슴의 머리가 나란히 배치된 것은 우연의 일치이지만, 오늘날의 중앙유럽 상황에 대한 은유적 표현이기도 하다. 한쪽에는 지젝이 "부유 자본주의"라고 불렀던 현란하지만 본질적으로 공허한 약속이 있다. 다른 쪽에는 본능과 종족을 상징하는 토템이 있다. 라이바흐와 지젝은 오랫동안 세계

자본주의의 횡포에 반대해왔지만, 무엇이 어떻게 세계 자본주의를 대체해야 하는지 말하지는 않았다. 그러나 당분간 중앙유럽인들은 세계 자본주의의 대리석 쇼핑센터에서 분주히 움직이는 손님으로 남을 것처럼 보인다. 모쪼록 오랫동안 그렇게 할 수 있기를 바란다. 앞으로 중앙유럽인에게 펼쳐진 다른 선택지는 토크빌과 솔제니친의 저작을 읽기 시작하는 것이 아니라, 물건을 싸게 사려고 하는 순진한 행위보다 더 음험하고 원초적인 힘에 굴복하는 것일 듯하기 때문이다.

결론

지역에도 출생 증명서가 있다면, 중앙유럽은 로마, 프랑스, 게르만인의 땅, 슬라브인의 땅이라는 가톨릭 기독교 세계의 선물을 받은 황제의 모습이 담긴 1000년경의 오토 3세의 복음서일 것이다. 아직 게르만 족장들과 슬라브 족장들이 지배하는 공간이었던 당시의 중앙유럽은 가톨릭 교회의 품에 안겼고, 로마 황제의 세력권으로 들어와 이탈리아나 프랑스 왕국과 만나게 되었다. 오토 3세의 복음서는 기독교의 확장과 지상의 수장 자리에 앉은 황제의 위엄을 찬미하고, 복원된 로마 제국에 속하고 가톨릭 신앙을 따르는 민족들의 광범위한 공동체에 중앙유럽이 포함되었다는 사실을 기리고 있다(제4장 참조).

이후 몇 세기에 걸쳐 벤트인, 헝가리인, 고 프로이센인, 리투아니아인, 심지어 유목민인 쿠만인까지 새로운 중앙유럽에 통합되었다. 그들의 지도자들은 로마 황제가 주장하는 권위에 반대하며 그의 명령에 도전할 수도 있었지만, 모두가 똑같이 가톨릭 신앙에 복종했다. 1274년, 리옹에서 열린 공의회에서 설교자이자 도미니코회 탁발수도사인 욍베르 드 로망(1190?-1277)은 가톨릭 기독교의 역사적 성취를 살펴보았다. 그는 가톨릭교가 박해와 이단을, 그리고 이교도의 공격을 압도했다고 설명했다. 폴란드인들이나 헝가리인들과 더불어 우상 숭배자들도 신앙에 귀의했기 때문에 이제 기독교 세계를 위협하는 야만인은 몽골-타타르족뿐이었다.[1]

그러나 욍베르는 종교적 변화에만 주목하지는 않았다. 사회적 조직화와 문화적 표현의 측면에서 중앙유럽은 서유럽의 대다수 지역에서 전형적으로 나타나는 양식에 적응해왔다. 13세기에 이르러 중앙유럽에는 문장을 지닌 귀족과 기사, 법적 권리를 지닌 도시민, 점점 더 자율성을 띠는 마을, 기독교를 믿지 않는 불신자들과의 전쟁에 열광하는 십자군 전사들이 있었다. 새로운 석성과 성곽 도시가 생기면서 중앙유럽의 물리적 풍경도 바뀌었다. 중세 후기, 대학교, 의회, 소집의회, 최초의 상업은행과 거래소, 적그리스도의 정체성 문제에 대한 신학자들의 활발한 참여 같은 서유럽 문명 고유의 또다른 특징들이 중앙유럽에 이식되었다.

1500년 이후에도 마찬가지였다. 서유럽 문명의 특징적인 추세 가운데 중앙유럽에 없는 것은 하나도 없었다. 르네상스와 종교개혁, 가톨릭교의 복원이나 반종교개혁, 계몽주의, 낭만주의, 산업화, 근대 민족주의 등이 서유럽의 그 어느 곳과 비교해도 무방한 활력을 띠며 중앙유럽에도 나타났다. 중앙유럽도 개신교의 진군으로 촉발된 종교 갈등, 루이 14세와 나폴레옹이 초래한 국제적 혼란, 프랑스 혁명 이후의 자유의 억압, 1848년 혁명, 전간기의 권위주의, 양차 세계대전 등 서유럽의 나라들과 똑같은 기복을 경험했다. 18세기에는 근대 국가를, 19세기에는 민족을, 20세기에는 민족 국가를 발견하는 과정을 거쳤다. 근대 국가와 민족을 형성하는 과정에서 아마 영국과 프랑스가 시간적 우위를 차지했겠지만, 중앙유럽은 꾸물대지 않고 따라잡았다.

20세기 후반기에 중앙유럽의 대부분은 소련에 점령되면서 처음으로 완전히 새로운 세력권에 포함되었다. 중앙유럽은 공산주의라는 환경에서 결코 안식하지 못했다. 1956년부터 중앙유럽의 괴뢰 정부들은 순응과 양보를 강요당했고, 그 결과 정부의 권력이 약해지고 국가 경제가 파산했다. 1989년에 각국의 괴뢰 정부들이 순순히 백기를 들었고, 중앙유럽은 서유럽으로 돌아갈 길을 모색해야 했다. 하지만 복귀는 쉽지 않았고, 경제학자들과 정치학자들이 애초에 몇 년만 걸리리라고 예상한 "전환"의 과정은 지금까지 30년 넘게 이어지고 있다. 나중에 드러났듯이, 공산주의는 대다수 전문가가 상상했던 것보다 경제에, 그리고 정치 윤리와 기업 윤리에 훨씬 더 파괴적인 영향을 미쳤다.

그러나 중앙유럽은 서유럽의 그림자도 아니었고, 서유럽의 추세를 무비판적으로 모방하는 부속물도 아니었다. 때때로 중앙유럽은 마르틴 루터에서 시작해 서유럽과 중앙유럽 곳곳에 거점을 마련할 만큼 오랫동안 독일 군주들의 보호를 받으며 종교개혁을 비롯한 대사건을 일으켰다. 그리고 서유럽에서 유입되는 풍조를 포용해 독자적인 방식으로 변형하거나 거기에 새로운 강렬함을 불어넣기도 했다. 르네상스 시대의 예술과 건축 분야에서 중앙유럽은 깊은 영성을 바탕으로 이탈리아 양식과 알프스 산맥 이북의 고딕 양식을 조화시켰다. 종교를 둘러싼 정치 분야에서는 유럽 역사상 가장 파괴적이고 가장 오래 이어진 종교전쟁의 현장이었지만, 한동안은 종교적 차이에 대한 관용이라는 특징을 띠기도 했다. 농촌 지역의 경제적 착취의 측면에서는, 중앙유럽의 여러 지역, 즉 홀슈타인 동쪽에 펼쳐진 지역들은 서유럽에서는 대체로 눈에 띄지 않는 다양한 형태의 농노제를 경험했다. 중앙유럽이 도시, 기계화, 여성 권익 강화라는 형태를 띤 근대성과 대립하는 과정에서 전간기의 중앙유럽 문화는 독특한 긴장과 동요를 겪고 나름의 독창성을 갖추게 되었다.

종합적으로 볼 때, 이와 같은 추세들 가운데 몇 가지는 중앙유럽 지역의 특이성을 드러낸다. 첫 번째 추세는 중세에 중앙유럽의 발전을 이끈 소집의회, 의회, 자치 공동체, 지방 자치체 등이 크게 늘어난 현상이다. 그런 추세를 유발한 환경으로는, 정착과 식민지화의 양상, 중앙유럽 도처에서 나타나는 봉건적 피라미드 구조의 수평성, 강력하고, 대개의 경우 그 수가 많았던 귀족계급의 출현 등 다양한 요인을 꼽을 수 있다. 외부 침략과 본인들의 권위에 대한 도전을 저지하기 위해서 통치자들은 귀족의 권리를 확대하고 대화를 통치 관행에 포함하는 등 귀족계급을 품어야 했다. 서유럽에서도 유사한 과정이 진행되었지만, 중앙유럽에서는 그런 과정이 더 깊이 이루어졌기 때문에 통치자와 동등한 위치에서 협상하는 강력한 소집의회와, 군주 개인에게 권한을 집중하려는 시도에 맞서는 귀족들의 지방 의회가 형성되었다. 도시와 촌락은 똑같이 자유를 의식하면서 독자적인 제도를 유지하고 고유의 법률을 준수하고 시행했다.

16세기부터 중앙유럽 곳곳에서 대중적인 제도들은 쇠퇴했고, 폴란드와 리투아니아, 헝가리, 스위스에서, 그리고 우크라이나의 코사크 자치 지역에서만 17세기 중엽을 훌쩍 넘어서까지 건재했다. 대신에 권력은 아래에서 위로, 즉 통치자와 정부로 옮겨갔다. 그 권력 이동의 토대는 로마법에, 그리고 신민의 종교와 도덕을 두루 살펴볼 수 있는 주권자의 권리였다. 그런 식의 권력 이동은 관방학의 가르침과 처방, 자연법 철학에 힘입어 강화되었고, 한때 시끄러웠던 소집의회를 유순한 위원회로 탈바꿈시키고 귀족계급을 흡수한 관료제에 의해서 뒷받침되었다. 그런 추진력을 통해서 탄생한 근대 국가는 강한 규제와 간섭이라는 특징을 띠었고, 법령을 통해서 입법할 권리가 있다는 가정을 원동력으로 삼았다. 근대 국가가 흔히 그렇듯이, 중앙유럽 국가들은 효과적으로 집행할 수 없는 권력을 축적했다.

중앙유럽은 16세기부터 제국의 중심지였다. 그중 가장 장기간 존속한 제국은 합스부르크 제국이었다. 합스부르크 제국의 통치자들은 1438년 이후 신성 로마 제국의 주권자였고, 따라서 합스부르크 왕가는 오스트리아의 예외주의라는 더 유서 깊은 꿈에 녹아드는 세계 제국에 대한 야심을 품게 되었다. 합스부르크 왕가는 중앙유럽의 변방에 길게 펼쳐진 군정 국경지대에서 건너편의 오스만 제국과 대치했다. 18세기 말, 합스부르크 왕가, 러시아의 차르, 프로이센의 호엔촐레른 가문의 왕들, 그리고 훗날의 독일 황제들이 폴란드와 리투아니아의 동군연합을 분할하면서 러시아의 유럽 국경이 서쪽으로 이동했다. 나폴레옹의 프랑스 제국보다 오래 존속한 그 3개의 제국은 이후 중앙유럽의 나머지 지역도 분할했다.

서유럽에서는 국가가 민족보다 우선했다. 국경은 민족이 어디에 있는지를 구별했고, 정부는 군대, 관료제, 교육 등에 통제권을 행사해서 민족을 소속 국가라는 공간 속에 강제로 배치했다. 중앙유럽은 사정이 달랐다. 중앙유럽에서는 민족의 개념을 정의할 국가가 없는 상태에서 민족이 구체화되었다. 낭만주의 저술가들은 언어와 역사와 민간전승으로 민족을 구별했고, 여러 민족들이 그런 민족 정체성의 표시를 활용했다. 그러나 중앙유럽에는 서로 다른 민족이 부분적인 공통점만을 지닌 채 하나의 공간을 공유하는 곳이 많았다. 이처럼 국가와 민족이 일치하지 않는 현실은 중앙유럽 내부 국경을 급격하게 재편했다. 나폴레옹 때문에 갈기갈기 찢어진 중앙유럽은 1848년에 새로운 변화에 노출되었고, 비스마르크 덕분에 재건되었다가 양차 세계대전 이후 철저하게 해체되고 재편되었다. 그 모든 일은 민족 관념을 위한 것이었다. 20세기의 새로운 지배자들은 해당 국가에 어울리지 않는 사람들이 있으면 그들을 죽이거나 가축 운반차에 실었다. 1946년경, 스탈린은 중앙유럽 국가들에서 빠져나오지 못하는 헝가리계 소수 민족을 언급하면서 다음과 같이 간단하게 말했다. "헝가리 문제는 가축 운반차의 문제일 뿐이다."[2]

중앙유럽에서 민족은 언어와 전설에 대한 낭만주의자들의 상상을 통해서 자세하게 기술되었을 뿐 아니라 생물학적 단위로 생각되기도 했다. 19세기 말, 질병과 실험실의 어휘가 민족 정체성을 둘러싼 담론을 오염시켰다. 그것은 두개골 측정, 번식촌 계획, 인종적 계서제를 나타내는 도식 같은 터무니없는 결과로 이어졌다. 1900년, 인종학은 독일이 아프리카 식민지에서 자행한 대량 학살에 스며들었고, 전쟁을 정당화하는 자연스러운 생존 투쟁이라는 관념으로 번져갔다. 반유대주의자들은 유대인을 생물학적, 인종적 측면에서 이질적인 존재로 구별하고, 전간기에 중앙유럽이 겪은 부도덕과 실패를 점점 더 유대인의 탓으로 돌렸다. 홀로코스트 과정에서는 관료제의 조직과 기풍이, 기술과 자동화가, 그리고 배타주의적 인종 국가라는 관념이 중앙유럽을 살인 공장으로 전락시켰다.

제2차 세계대전 이후 강제 추방이 진행되고 국경이 다시 확정되면서 이전의 중앙유럽에는 없었던 국가와 민족 간의 일치가 이루어졌다. 냉전의 확고한 장악력은 민족 간의 경쟁을 억제하고 국경의 영속성이라는 환상을 낳았다. 1991년에 옛 유고슬라비아에서 세르비아가 지원하는 세력이 세르비아인이 다수를 이루는 보스니아와 크로아티아의 일부 지역을 세르비아로 통합하려고 시도한 뒤, 영토의 현재 상태는 참혹한 방식으로 뒤집히고 말았다. 세르비아인들은 성공하지 못했다. 1995년에 체결된 평화조약에서는 서로 합의하는 경우를 제외하면 국경을 변경할 수 없다는 원칙이 재확인되었다. 그것은 옛 유고슬라비아의 사례처럼 국가가 해체되는 경우, 이전의 내부 경계가 새로운 국경이 되어야 한다는 점을 이해한 결과였다.[3]

옛 유고슬라비아에서 벌어진 전쟁의 여파로, 중앙유럽 국가들이 너나없이 EU와 북대서양조약기구NATO의 가입 절차를 밟았고, 회원국들은 또다시 민족주의적 경쟁으로 중앙유럽이 분열되는 일이 없도록 할 것처럼 보이는 국제 조약과 경제적 관계와 법적 의무로 묶이게 되었다. 게다가 신규 회원국들은 모두 민주 국가였다(사실, EU 가입의 전제 조건이 민주 국가여야 한다는 것이었다). EU에 가입한 뒤, 몇몇 국가는 약속했던 의무를 저버렸다. 그런 국가에서 민주주의는 정치적 부패, 정부의 언론 통제, 위험한 선전 문구 따위로 종종 결함을 드러냈고, 지금도 그렇다. 하지만 그런 국가의 정부들은 예외 없이 주변국과의 우호적인 관계와 평화적인 분쟁 해결에 매진해왔다. 여기에는 서로 다툴 일이 많이 남아 있지 않은 점도 긍정적으로 작용하고 있다.

새로운 중앙유럽의 도전 과제는 그 변방에 놓여 있다. 중앙유럽의 변방에서는 국가 건설 과정이 불완전하게 이루어졌고, 결국 폴란드와 리투아니아 사이에 끼어 있으면서도 러시아에 속한 고립 지역인 칼리닌그라드, 그리고 1992년에 러시아가 지원한 분리주의자들이 몰도바 공화국으로부터 빼앗은 길쭉한 모양의 영토이자 미승인 극소국가인 트란스니스트리아 같은 정치적 변칙에 해당하는 사례로 귀결되고 말았다. 칼리닌그라드와 트란스니스트리아는 둘 다 모스크바 당국에 고용된 범죄자들이 관리하고 있다. 더 동쪽에 있는 벨라루스는 보안군을 권력 장악의 기반으로 삼고 있는 압제자가 이끄는 독재 국가이다. 발칸 반도에서는 보스니아가 여전히 서로 갈등하는 소국가로 분열되어 있고, 세르비아의 정치인들은 1999년에 코소보 주를 잃은 것을 받아들이지 못하고 있다(코소보는 현재 알바니아계 주민이 거주하는 독립국이다). 칼리닌그라드, 트란스니스트리아, 벨라루스, 보스니아, 세르비아는 중앙유럽의 동쪽 경계를 따라 뻗어 있는, 활 모양의 불안정한 지대를 이루고 있다.

그러나 주된 위협의 진원지는 러시아이다. 18세기부터 러시아는 폴란드와 리투아니아를 분할하고, 서쪽으로 군대를 보내서 나폴레옹을 물리치고, 1849년에 헝가리를 침공하고, 양차 세계대전에서 독일에 맞서 싸우고, 1945년 이후 중앙유럽의 대부분을 점령하는 등 중앙유럽의 정치적 역학 관계에서 늘 하나의 변수로 작용했다. 1991년에 소련이 붕괴하고 나서 수십 년 동안 러시아는 값싼 가스의 공급자이자 부정한 돈의 원천이라는 점을 빼고는 중앙유럽의 문제나 사건에서 밀려난 듯 보였다. 그러다가 2022년에 우크라이나를 침공함으로써 1945년 이래 유럽에서 가장 큰 규모의 전쟁을 일으켰다. 하르키우, 드니프로, 마리우폴, 오데사 등 제2차 세계대전 때는 격전지였다가 그 뒤로는 거의 기억에서 사라졌던 도시들이 또다시 미사일의 표적과 공동묘지로서 악명을 떨치게 되었다. 1991년의 소련 붕괴 이후 확정된 경계를 뒤집으려는 러시아의 시도는, 중앙유럽의 지도가 다시는 지울 수 없을 만큼 확고부동하게 그려져 있다는 관념을 향한 도전장이었다. 이 같은 점에서 볼 때, 이론의 여지가 있는 2014년 러시아의 우크라이나 크림 반도 합병은 향후의 더 잔인한 강탈의 전조일지 모른다.

중앙유럽에는 항상 모든 방향에서 위협이 닥쳤지만, 역사적으로 볼 때 동쪽에서 엄습하는 위협이 가장 끔찍했다. 훈족, 고트족, 아바르족, 헝가리인, 몽골–타타르족, 오스만인, 코사크인과 크림 반도의 침입자들은 모두 중앙유럽의 동쪽 측면으로 쳐들어와 살인과 약탈을 저질렀다. 중세 필경사들은 침입자들을 개 인간으로 불렀다. 개 인간이란 옛날에 알렉산드로스 대왕이 가둬놓은 캅카스 산맥에서 도망친 자들이었다. 오늘날의 개 인간들에게는 그들의 조상들에게 있었다는 주둥이와 꼬리는 없을 것이다. 하지만 로켓 발사기와 탱크와 드론을 갖춘 그들은 조상들만큼 무서운 자들이고, 오토 3세의 복음서가 표방하는 이상을 조상들 못지않게 파괴하는 자들이다.

감사의 말

사실 20여 년 전에 펭귄북스의 사이먼 윈더로부터 중앙유럽을 주제로 책을 쓰면 어떻겠냐는 제안을 받은 적이 있지만, 당시에는 자신이 없었다. 여전히 자신이 없지만, 30년 넘게 "중앙유럽"이라는 말을 학문적 정체성으로 삼아온 데다가 은퇴까지 했으니 더는 도전을 미룰 수 없게 되었다. 이 책은 대부분 팬데믹으로 인한 봉쇄 기간에 썼고, 러시아가 우크라이나를 침공했을 때 탈고했다. 우리가 봉쇄를 통해서 배운 교훈이 있다면, 온라인으로 구할 수 없는 책이나 비싼 유료구독 서비스를 이용해야만 읽을 수 있는 책은 결국 존재하지 않는다는 사실이다. 내가 이 책을 집필하는 동안 읽은 책의 목록에서 생긴 공백은, 다름 아니라 특정 장을 쓰고 있을 때 런던의 모든 도서관이 문을 닫은 탓이다. 우크라이나 전쟁도 이 책의 내용에 영향을 미쳤는데, 무엇보다 본문에서 우크라이나를 중앙유럽의 일부분으로 여기면서 더 강조하기로 결정하는 데 영향을 끼쳤다. 그 바람에 최종 원고가 초안보다 더 비관적인 느낌을 풍기게 되었다.

팬데믹 기간 내내 대다수 학술지와 일부 서적을 집에서 읽을 수 있도록 서버를 계속 가동해준 유니버시티 칼리지 런던의 사서들에게 가장 깊은 감사의 뜻을 전하고 싶다. 편집자인 베이직북스의 브라이언 디스텔버그와 펭귄북스의 사이먼 윈더는 내 원고를 검토하면서 누락 사항, 부적절한 표현, 내용이 뒤죽박죽인 문단을 지적해주었다. 펭귄북스의 에바 호지킨은 문법 오류를 교정하고 개선점을 제안하면서 원문을 면밀하게 평가해주었다. 덕분에 이 책의 완성도가 크게 향상되었다.

이 책의 최종 편집과 제작 과정은 뉴욕의 아셰트 사에서 주관했다. 제작 업무를 관리해준 멀리사 베로네시와 가장 철저하고 사려 깊은 교열 작업을 맡아준 크리스티나 팔라이아에게 가장 깊은 감사의 마음을 전하고 싶다.

피터스, 프레이저 앤 던롭의 애덤 건틀릿은 출판 제안서를 읽고 책의 구체적인 내용에 의견을 주었고, 이따금 내게 눈치를 주는 한편 항상 격려와 지원을 아끼지 않으며 대리인으로서 할 일을 했다. 그가 대리인이라서 다행이다.

유니버시티 칼리지 런던 슬라브 동유럽학 대학의 레베카 헤인즈는 초고를 통독해주었고, 슬라브 동유럽학 대학의 토머스 로먼은 수정본을 검토해주었다. 중앙유럽 역사에 해박한 전문가인 두 사람은 내가 저지른 오류와 어이없는 실수를 신속하게 지적해주었다. 슬라브 동유럽학 대학의 리처드 버터릭-파블리코프스키는 내가 폴란드와 리투아니아에 관해서 서술한 내용이 대략 사실에 부합하도록 해주었고, 유니버시티 칼리지 런던의 팀 비즐리-머리는 슬라보예 지젝에 대한 내용이 완전히 틀린 것은 아님을 확인해주었다. 그래도 남아 있는 명백한 오류와 오해는 모두 내 불찰이다.

사망 원인은 코비드-19가 아니었어도 팬데믹 기간에 3명의 친구와 동료가 세상을 떠났다. 나는 그 세 사람과 함께 중앙유럽 역사의 문제들과 중앙유럽 역사가 특별하게 평가되도록 하는 주요 내용을 종종 토론의 주제로 삼았다. 수십 년 동안 슬라브 동유럽 대학에서 합스부르크 왕가의 역사를 가르친 트레버 토머스, 중앙유럽 대학교 부다페스트 캠퍼스의 야노시 버크, 그리고 슬라브 동유럽 대학 교수 출신으로 헝가리 시민동맹 소속 유럽의회 의원이었던 쇠플린 죄르지가 바로 그들이다. 그들과 나누었던 대화와 우정, 그들이 보여준 통찰력이 그리워질 듯싶다.

이 책을 쓰는 동안 기분이 언짢은 적이 많았다. 팬데믹 탓에 집에 갇혀 있다 보니 답답했고, 너무 버거운 일을 떠맡은 듯한 걱정도 들었다. 이 작업의 처음부터 끝까지, 앤은 인내와 사랑으로 든든한 버팀목이 되어주었다. 이 책을 앤에게 바친다.

2023년 2월
켄트 주 람즈게이트에서

더 읽어볼 만한 책

중앙유럽에 관한 대부분의 역사책은 국가의 역사이다. 그중에서 가장 접근하기 쉬운 책은 아마도 케임브리지에서 출간된 "간단한 역사" 시리즈일 것이다. for Austria (Steven Beller), the Baltic States (Andrejs Plakans), Germany (Mary Fulbrook), Hungary (Miklós Molnár), Poland (Jerzy Lukowski and Hubert Zawadzki), and Romania (Keith Hitchens). For Czech history, see Derek Sayer, *The Coasts of Bohemia: A Czech History*(Princeton, 1998), and for Ukraine, Serhii Plokhy, *The Gates of Europe: A History of Ukraine* (London, 2016). For Slovenia, see Oto Luthar, *The Land Between: A History of Slovenia* (Frankfurt a/M and Oxford, 2008).

국가의 역사를 다루는 책들 중 최근에 출판된 것들은 특별히 언급할 가치가 있다. Robert Frost, *The Oxford History of Poland-Lithuania, 1385–1569* (Oxford, 2015) and Richard Butterwick, *The Polish-Lithuanian Commonwealth: Light and Flame* (New Haven and London, 2020). 마치 버스처럼, 신성 로마 제국과 관련되어서는 기다리다 보면 세 권이 연달아 도착하기도 한다. Joachim Whaley, *Germany and the Holy Roman Empire*, 2 vols. (Oxford, 2012); Peter H. Wilson, *The Holy Roman Empire: A Tousand Years of Europe's History* (London, 2016); and Barbara Stollberg-Rilinger, *The Holy Roman Empire: A Short History* (Princeton, 2018). For the Habsburgs, see Steven Beller, *The Habsburg Monarchy, 1815–1918* (Cambridge, 2018), and Pieter M. Judson, *The Habsburg Empire: A New History* (Cambridge, MA, and London, 2016). 두 작품은 19세기와 20세기 초를 다루고 있다. 그것보다 이전 시기로는 다음을 참조하라. R. J. W. Evans, *The Making of the Habsburg Monarchy, 1550–1700* (Oxford, 1979), and Martyn Rady, *The Habsburgs: The Rise and Fall of a World Power* (London, 2020).

중앙유럽이라는 지역을 다루는 역사책은 거의 없다. 워싱턴 대학교 출판사의 "중동유럽 시리즈"가 그 시작이며, 특히 다음과 같은 책이 있다. Jean W. Sedlar, *East

Central Europe in the Middle Ages, 1000–1500 (Seattle, WA, and London, 1993); Joseph Rothschild, *East Central Europe Between the Two World Wars* (Seattle, WA, and London, 1974), and Paul Robert Magocsi, *Historical Atlas of East Central Europe* (Seattle, WA, and London, 1993).

각 장과 관련한 구체적인 도서 목록은 아래를 참조하라.

서론

Andrew Runni Anderson, *Alexander's Gate, Gog and Magog, and the Inclosed Nations* (Cambridge, MA, 1932).

Asghar Seyed-Gohrab, Faustina Dou kar-Aerts, and Sen McGlinn, eds., *Embodiments of Evil: Gog and Magog* (Leiden, 2011).

Hugo Gryn, with Naomi Gryn, *Chasing Shadows* (London, 2000).

David Gordon White, *Myths of the Dog-Man* (Chicago and London, 1991).

제1장 로마 제국, 훈족, 니벨룽의 노래

Walter Goffart, *Barbarian Tides: The Migration Age and the Later Roman Empire* (Philadelphia, 2006).

Peter Heather, *Empires and Barbarians* (London, 2009).

The Nibelungenlied, trans. A. T. Hatto, rev. ed. (London, 1969).

E. A. Thompson, *The Huns*, rev. ed. (Oxford, 1996).

Herwig Wolfram, *The Roman Empire and Its Germanic Peoples* (Berkeley, Los Angeles, and London, 1997).

제2장 프랑크족과 카롤루스 마그누스

Johannes Fried, *Charlemagne* (Cambridge, MA, 2016).

Patrick J. Geary, *Before France and Germany: The Creation and Transformation of the Merovingian World* (New York and Oxford, 1988).

Janet L. Nelson, *King and Emperor: A New Life of Charlemagne* (London, 2019).

W. Vogler and J. C. King, eds., *The Culture of the Abbey of St Gall: An Overview* (Stuttgart and Zurich, 1991).

J. M. Wallace-Hadrill, *The Long-Haired Kings* (Toronto, Buffalo, and London, 1982).

제3장 아바르족과 슬라브족

Averil Cameron, *Byzantine Matters* (Princeton, 2014).

Florin Curta, *Southeastern Europe in the Middle Ages, 500–1250* (Cambridge, 2006).

Walter Pohl, *The Avars: A Steppe Empire in Central Europe, 567–822* (Ithaca, NY, 2018).

Martyn Rady, 'The Slavs, Avars, and Hungarians', in *The Cambridge History of War*, vol. 2, ed. D. A. Graff and A. Curry (Cambridge, 2020), 133–150.

A. P. Vlasto, *The Entry of the Slavs into Christendom: An Introduction to the Medieval History of the Slavs* (Cambridge, 1970).

제4장 훈족의 귀환, 노예 국가, 중앙유럽의 형성

Nora Berend, Przemysław Urbanczyk, and Przemysław Wiszewski, *Central Europe in the High Middle Ages: Bohemia, Hungary and Poland c. 900–c. 1300* (Cambridge, 2013).

C. A. Macartney, *The Magyars in the Ninth Century* (Cambridge, 1930).

Henry Mayr-Harting, *Ottonian Book Illumination: An Historical Study*, 2nd ed. (London, 1999).

Michael McCormick, *Origins of the European Economy: Communications and Commerce, A.D. 300–900* (Cambridge, 2001).

Timothy Reuter, *Germany in the Early Middle Ages, c. 800–1056* (London and New York, 1991).

제5장 신성 로마 제국의 성립과 중앙유럽의 동쪽 황무지

Robert Bartlett, *The Making of Europe: Conquest, Colonization, and Cultural Change, 950–1350* (London, 1993).

Eric Christiansen, *The Northern Crusades: The Baltic and the Catholic Frontier 1100–1525* (London and Basingstoke, 1980).

John B. Freed, *Frederick Barbarossa: The Prince and the Myth* (New Haven and London, 2016).

Helmold of Bosau, *The Chronicle of the Slavs*, ed. F. J. Tschan (New York, 1966). (Written c. 1170.)

Len Scales, *The Shaping of German Identity: Authority and Crisis, 1245–1414* (Cambridge, 2012).

제6장 몽골-타타르족, 새로운 도시들, 새로운 기사들

Pál Engel, *The Realm of St Stephen: A History of Medieval Hungary, 895–1526* (London, 2001).

Erik Fügedi, *Castle and Society in Medieval Hungary, 1000–1437* (Budapest, 1986).

Piotr Górecki, *A Local Society in Transition: The Henryków Book and Related Documents* (Toronto, 2007).

Martyn Rady, *Nobility, Land and Service in Medieval Hungary* (Basingstoke and New York, 2000).

Martyn Rady, János M. Bak, and László Veszprémy, eds., *Anonymus and Master Roger* (Budapest and New York, 2010).

제7장 보헤미아의 카를 4세와 적그리스도의 예언자들

Barbara Drake Boehm and Jiří Fajt, eds., *Prague: The Crown of Bohemia, 1347–1437* (New Haven, 2005).

Thomas A. Fudge, *The Magnificent Ride: The First Reformation in Hussite Bohemia* (Aldershot, 1998).

Stephen E. Lahey, *The Hussites* (Leeds, 2019).

Balázs Nagy and Frank Schaer, eds., *Autobiography of Emperor Charles IV; and, His Biography of St Wenceslas* (Budapest, 2001).

František Šmahel, *The Paris Summit, 1377–1378: Emperor Charles IV and King Charles V of France* (Prague, 2015).

제8장 평의회, 소집의회, 법의 혼란

Julia Burkhardt, 'Procedure, Rules and Meaning of Political Assemblies in Late Medieval Central Europe', *Parliaments, Estates and Representation* 35, no. 2 (2015): 153–170.

F. L. Carsten, *Princes and Parliaments in Germany: From the Fifteenth to the Eighteenth Centuries* (Oxford, 1959).

Kenneth J. Dillon, *King and Estates in the Bohemian Lands 1526–1564* (Brussels, 1976).

Antonio Marongiu, *Medieval Parliaments: A Comparative Study* (London, 1968).

Stephen Werboczy, *The Customary Law of the Renowned Kingdom of Hungary*, ed. János M. Bak, Péter Banyó, and Martyn Rady (Budapest and Idyllwild, CA, 2005).

제9장 도시, 촌락, 자유

T. H. Aston and C. H. E. Philpin, eds., *The Brenner Debate: Agrarian Class Structure and Economic Development in Pre-Industrial Europe* (Cambridge, 1985).

Clive H. Church and Randolph C. Head, *A Concise History of Switzerland* (Cambridge, 2013).

Béla Köpeczi and B. Kovrig, eds., *History of Transylvania*, 3 vols. (Boulder, 2001–2002).

Horst Haider Munske, Nils Århammar, Volker F. Faltings, Oebele Vries, Jarich F. Hoekstra, Alastair G. H. Walker, and Ommo Wilts, eds., *Handbook of Frisian Studies* (Tübingen, 2001).

Ioan-Aurel Pop and Thomas Nägler, eds., *The History of Transylvania*, 2nd ed., 3 vols. (Cluj, 2018).

제10장 고프로이센, 헨리 볼링브로크의 모험, 폴란드-리투아니아 연방

Darius Baronas and S. C. Rowell, *The Conversion of Lithuania: From Pagan Barbarians to Late Medieval Christians* (Vilnius, 2015).

Liliya Berezhnaya and Heidi Hein-Kircher, eds., *Rampart Nations: Bulwark Myths of East European Multiconfessional Societies in the Age of Nationalism* (New York, 2019).

F. L. Carsten, *The Origins of Prussia* (Oxford, 1954).

Eric Christiansen, *The Northern Crusades: The Baltic and the Catholic Frontier, 1100–1525* (London, 1980).

Desmond Seward, *The Monks of War: The Military Religious Orders* (London, 1972).

제11장 상인들, 한자 동맹, 푸거 가문

Philippe Dollinger, *The German Hansa* (London and Basingstoke, 1970).

Richard Ehrenberg, *Capital and Finance in the Age of the Renaissance: A Study of the Fuggers and Their Connections* (New York, 1928).

Donald J. Harreld, ed., *A Companion to the Hanseatic League* (Leiden and Boston, 2015).

József Laszlovszky, Balázs Nagy, Péter Szabó and András Vadas, eds., *The Economy of Medieval Hungary* (Leiden and Boston, 2018).

Greg Steinmetz, *The Richest Man Who Ever Lived: The Life and Times of Jacob Fugger* (New York, 2015).

제12장 도자기 가게 안의 용과 합스부르크 가문의 상상력

Gerhard Benecke, *Maximilian I, 1459–1519: An Analytical Biography* (London, 1982).

Imre Takács, Zsombor Jékely, Szilárd Papp, and Györgyi Poszler, eds., *Sigismund Rex et Imperator: art et culture au temps de Sigismond de Luxembourg. Catalogue d'exposition* (Mainz, 2006).

Marie Tanner, *The Last Descendants of Aeneas: The Hapsburgs and the Mythic Image of the Emperor* (New Haven, 1992).

Pierre Terjanian, ed., *The Last Knight: The Art, Armor, and Ambition of Maximilian I* (New York, 2019).

Mark Whelan, *Sigismund of Luxemburg and the Imperial Response to the Ottoman Turkish Threat, c. 1410–1437* (PhD thesis, University of London, 2014).

제13장 까마귀 왕의 도서관과 중앙유럽의 르네상스

Thomas DaCosta Kaufmann, *Court, Cloister and City: The Art and Culture of Central Europe 1450–1800* (London, 1995).

Erwin Panofsky, *The Life and Art of Albrecht Dürer*, 5th ed. (Princeton, 2005).

Gerald Strauss, *Law, Resistance, and the State: The Opposition to Roman Law in Reformation Germany* (Princeton, 1986).

Marcus Tanner, *The Raven King: Matthias Corvinus and the Fate of His Lost Library* (New Haven and London, 2009).

Malcolm Vale, *A Short History of the Renaissance in Northern Europe* (London and New York, 2020).

제14장 루터의 종교개혁과 작센의 궁정화가

Alister E. McGrath, *Luther's Theology of the Cross: Martin Luther's Theological Breakthrough*, 2nd ed. (Malden, MA, 2011).

Natalia Nowakowska, *King Sigismund and Martin Luther: The Reformation Before Confessionalization* (Oxford, 2018).

Steven Ozment, *The Serpent and the Lamb: Cranach, Luther, and the Making of the Reformation* (New Haven and London, 2011).
Geoffrey Parker, *Emperor: A New Life of Charles V* (New Haven and London, 2019).
Martyn Rady, *The Emperor Charles V* (London and New York, 1988).

제15장 오스만인들과 중앙유럽의 긴 변경
Paul Robert Magocsi, *A History of Ukraine* (Seattle, 1996).
William H. McNeill, *Europe's Steppe Frontier, 1500–1800* (Chicago and London, 1964).
Stanko Guldescu, *The Croatian-Slavonian Kingdom 1526–1792* (The Hague and Paris, 1970).
Serhii Plokhy, *The Cossacks and Religion in Early Modern Ukraine* (Oxford, 2001).
Gunther E. Rothenberg, *The Austrian Military Border in Croatia, 1522–1747* (Urbana, 1960).

제16장 관용, 마술사, 그리고 연금술에 빠진 황제
R. J. W. Evans, *Rudolf II and His World: A Study in Intellectual History* (Oxford, 1984).
E. Fucíková, ed., *Rudolf II and Prague: The Court and the City* (Prague, London, and New York, 1997).
Howard Louthan, *The Quest for Compromise: Peacemakers in Counter-Reformation Vienna* (Cambridge, 1997).
Peter Marshall, *The Mercurial Emperor: The Magic Circle of Rudolf II in Prague* (London, 2007).
Regina Pörtner, *The Counter-Reformation in Central Europe: Styria 1580–1630* (Oxford, 2001).

제17장 가톨릭교의 복원과 중앙유럽의 30년전쟁
Olaf Asbach and Peter Schröder, eds., *The Ashgate Research Companion to the thirty Years' War* (London and New York, 2014).
Robert Bireley, *Ferdinand II, Counter-Reformation Emperor, 1578–1637* (Cambridge, 2014).
Paul Shore, *Narratives of Adversity: Jesuits on the Eastern Peripheries of the Habsburg Realms (1640–1773)* (Budapest and New York, 2012).
Janusz Tazbir, *A State Without Stakes: Polish Religious Toleration in the Sixteenth and Seventeenth Centuries* (New York, 1973).
Peter Wilson, *Europe's Tragedy: A New History of the Thirty Years' War* (London, 2010).

제18장 농촌의 상태
Viorel Achim, *The Roma in Romanian History* (Budapest and New York, 2004).
Markus Cerman, *Villagers and Lords in Eastern Europe, 1300–1800* (Basingstoke and New York, 2012).
Gershon David Hundert, *Jews in Poland-Lithuania in the Eighteenth Century* (Berkeley and Los Angeles, 2004).

Lech Mróz, *Roma-Gypsy Presence in the Polish-Lithuanian Commonwealth* (Budapest and New York, 2015).

Antony Polonsky, *The Jews of Poland and Russia, 1350–1881* (Liverpool, 2019).

제19장 관방학자들의 인간 실험실

Michael Hochedlinger, *Austria's Wars of Emergence: War, State and Society in the Habsburg Monarchy 1683–1797* (London, 2003).

Irina Marin, *Contested Frontiers in the Balkans: Habsburg and Ottoman Rivalries in Eastern Europe* (London and New York, 2013).

Derek McKay, *Prince Eugene of Savoy* (London, 1977).

Marten Seppel and Keith Tribe, eds., *Cameralism in Practice: State Administration and Economy in Early Modern Europe* (Woodbridge, 2017).

Andre Wakefield, *The Disordered Police State: German Cameralism as Science and Practice* (Chicago and London, 2009).

제20장 큰 국가의 등장과 발바소르 시대의 황혼

W. H. Bruford, *Germany in the Eighteenth Century: The Social Background of the Literary Revival* (Cambridge, 1935).

Jerzy Lukowski, *Disorderly Liberty: The Political Culture of the Polish-Lithuanian Commonwealth in the Eighteenth Century* (London and New York, 2010).

Oto Luthar, *The Land Between: A History of Slovenia* (Frankfurt and Oxford, 2008).

Henry Marczali, *Hungary in the Eighteenth Century* (Cambridge, 1910).

Felicia Roşu, *Elective Monarchy in Transylvania and Poland-Lithuania* (Oxford, 2017).

제21장 프로이센 방식

Derek Beales, *Joseph II*, 2 vols. (Cambridge, 1987–2009).

Christopher Clark, *Iron Kingdom: The Rise and Downfall of Prussia, 1600–1947* (London, 2006).

James Van Horn Melton, *The Rise of the Public in Enlightenment Europe* (Cambridge, 2001).

Robert A. Minder, *In the Footsteps of the Freemasons in Vienna: A City Guide* (Vienna, 2021).

Barbara Stollberg-Rilinger, *Maria Theresa: The Habsburg Empress in Her Time* (Princeton and Oxford, 2022).

제22장 절단된 유럽의 오랑우탄

Richard Butterwick, *The Constitution of 3 May 1791: Testament of the Polish-Lithuanian Commonwealth* (Warsaw, 2021).

Richard Butterwick, *The Polish-Lithuanian Commonwealth 1733–1795: Light and Flame* (New Haven and London, 2020).

Jerzy Lukowski, *Liberty's Folly: The Polish-Lithuanian Commonwealth in the Eighteenth Century, 1697–1795* (London, 1991).

Jerzy Lukowski, *The Partitions of Poland 1772, 1793, 1795* (London, 1999).

Adam Zamoyski, *The Last King of Poland* (London, 1997).

제23장 나폴레옹과 중앙유럽의 지도

F. M. Barnard, *Herder's Social and Political Thought: From Enlightenment to Nationalism* (Oxford, 1965).

Jaroslav Czubaty, *The Duchy of Warsaw, 1807–1815: A Napoleonic Outpost in Central Europe* (London and New York, 2016).

Joep Leerssen, *National Thought in Europe: A Cultural History*, 3rd ed. (Amsterdam, 2014).

Sam A. Mustafa, *Napoleon's Paper Kingdom: The Life and Death of Westphalia, 1807–1813* (Lanham, MD, 2017).

Adam Zamoyski, *Phantom Terror: The Threat of Revolution and the Repression of Liberty, 1789–1848* (London, 2014).

제24장 수고양이 무어의 화려한 세상

Tim Blanning, *The Romantic Revolution* (London, 2010).

E. T. A. Hoffmann, *The Life and Opinions of the Tomcat Murr*, trans. Jeremy Adler (London, 1999).

Ruth Michaelis-Jena, *The Brothers Grimm* (London, 1970).

Wolfram Siemann, *Metternich: Strategist and Visionary* (Cambridge, MA, 2019).

John Wardroper, *Wicked Ernest: The Truth About the Man Who Was Almost Britain's King* (London, 2002).

제25장 1848년과 혁명의 도래

George Barany, *Stephen Széchenyi and the Awakening of Hungarian Nationalism, 1791–1841* (Princeton, 1968).

Sir Lewis Namier, *1848: The Revolution of the Intellectuals*, rev. ed. (Oxford, 1992)

Thomas Nipperdey, *Germany from Napoleon to Bismarck, 1800–1866* (Princeton, 1996).

Mike Rapport, *1848: The Year of Revolution* (London, 2009).

R. John Rath, *The Viennese Revolution of 1848* (New York, 1969).

제26장 장군들의 복수와 민족의 형성

Istvan Deak, *The Lawful Revolution: Louis Kossuth and the Hungarians, 1848–1849* (New York, 1979).

Jason D. Hansen, *Mapping the Germans: Statistical Science, Cartography, and the Visualization of the German Nation, 1848–1914* (Oxford, 2015).

Alexander Maxwell, *Patriots Against Fashion: Clothing and Nationalism in Europe's Age of Revolutions* (Basingstoke and New York, 2014).

Tara Zahra, 'Imagined Noncommunities: National Indifference as a Category of Analysis', *Slavic Review* 69, no. 1 (2010): 93–119.

Adam Zamoyski, *Chopin: Prince of the Romantics* (London, 2010).

제27장 비스마르크의 독일과 쿠엔-헤데르바리의 크로아티아

Ágnes Deák, *From Habsburg Neo-Absolutism to the Compromise, 1849–1867* (Boulder and Highland Lakes, 2009).

Celia Hawkesworth, *Zagreb: A Cultural and Literary History* (Oxford, 2007).

László Péter, *Hungary's Long Nineteenth Century: Constitutional and Democratic Traditions in a European Perspective*, ed. M. Lojkó (Leiden and Boston, 2012).

Jonathan Steinberg, *Bismarck: A Life* (Oxford, 2011).

A. J. P. Taylor, *Bismarck: The Man and the Statesman* (London, 1955).

제28장 동화, 생물학, 그리고 두개골 측정자

David Olusoga and Casper W. Erichsen, *The Kaiser's Holocaust: Germany's Forgotten Genocide and the Colonial Roots of Nazism* (London, 2011).

Peter Pulzer, *The Rise of Political Anti-Semitism in Germany and Austria* (Cambridge, MA, 1988).

Marius Turda, *Eugenics and Nation in Early 20th Century Hungary* (Basingstoke and New York, 2014).

Peter Watson, *The German Genius: Europe's Third Renaissance, the Second Scientific Revolution and the Twentieth Century* (London, 2010).

Paul Weindling, *Epidemics and Genocide in Eastern Europe, 1890–1945* (Oxford, 2010).

제29장 1914-1918년

Maureen Healy, *Vienna and the Fall of the Habsburg Empire: Total War and Everyday Life in World War I* (Cambridge, 2004).

John Horne, ed., *A Companion to World War One* (Chichester and Malden, MA, 2010).

Vejas Gabriel Liulevicius, *The German Myth of the East: 1800 to the Present* (Oxford, 2009).

Manfred Rauchensteiner, *The First World War and the End of the Habsburg Monarchy, 1914–1918* (Vienna, Cologne, and Weimar, 2014).

Alexander Watson, *Ring of Steel: Germany and Austria-Hungary at War, 1914–1918* (London, 2014).

제30장 폭력, 도시, 그리고 "푸른 천사"

Peter Gay, *Weimar Culture: The Outsider as Insider* (London, 1969).

Robert Gerwarth, *The Vanquished: Why the First World War Failed to End* (London, 2016).

Peter Jelavich, *Berlin Cabaret* (Cambridge, MA, and London, 1993).

Michael H. Kater, *Culture in Nazi Germany* (New Haven and London, 2019).

Siegfried Kracauer, *From Caligari to Hitler: A Psychological History of the German Film*, rev. ed. (Princeton and Oxford, 2004).

제31장 제2차 세계대전, 평범한 중앙유럽인, 산업 살인

Zygmunt Baumann, *Modernity and the Holocaust* (Cambridge, 1989).

David Cesarani, *Final Solution: The Fate of the Jews 1933–1949* (London, 2017).

Norman Davies, *Europe at War, 1939–1945* (London, 2006).

Jan T. Gross, *Neighbours: The Destruction of the Jewish Community in Jedwabne*, Poland (Princeton, 2001).

Halik Kochanski, *The Eagle Unbowed: Poland and the Poles in the Second World War* (London, 2012).

제32장 스탈린주의 중앙유럽과 들끓는 불만

Anne Applebaum, *Iron Curtain: The Crushing of Eastern Europe 1944–1956* (London, 2012).

Csaba Békés, János Rainer, and Malcolm Byrne, eds., *The 1956 Hungarian Revolution: A History in Documents* (Budapest and New York, 2002).

Martin Mevius, *Agents of Moscow: The Hungarian Communist Party and the Origins of Socialist Patriotism, 1941–1953* (Oxford, 2005).

László Péter and Martyn Rady, eds., *Resistance, Rebellion and Revolution in Hungary and Central Europe: Commemorating 1956* (London, 2008).

Hugo Service, *Germans to Poles: Communism, Nationalism and Ethnic Cleansing After the Second World War* (Cambridge, 2013).

제33장 공산주의 중앙유럽과 그 붕괴

Siobhan Doucette, *Books Are Weapons: The Polish Opposition Press and the Overthrow of Communism* (Pittsburgh, 2017).

Timothy Garton Ash, *The Uses of Adversity: Essays on the Fate of Central Europe* (Cambridge, 1989).

Joseph Rothschild and Nancy M. Wingfield, *Return to Diversity: A Political History of East Central Europe Since World War II*, 4th ed. (Oxford, 2008).

Bernard Wheaton and Zdenek Kavan, *The Velvet Revolution: Czechoslovakia, 1988–1991* (Boulder, 1991).

Kieran Williams, *The Prague Spring and Its Aftermath: Czechoslovak Politics, 1968–1970* (Cambridge, 1997).

제34장 탈공산주의

Daphne Berdahl, *On the Social Life of Postsocialism: Memory, Consumption, Germany* (Bloomington, 2010).

Ivan Krastev and Stephen Holmes, *The Light That Failed: A Reckoning* (London, 2019).

Bálint Magyar, *Post-Communist Ma a State: The Case of Hungary* (Budapest and New York, 2016).

Alexei Monroe, *Interrogation Machine: Laibach and NSK* (Cambridge, MA, and London, 2005).

약어

DRMH	Decreta Regni Mediaevalis Hungariae
MGH	Monumenta Germaniae Historica
MGH Auct. Ant.	Auctores Antiquissimi
MGH Capit.	Capitularia Regum Francorum
MGH Const.	Constitutiones et acta publica imperatorum et regum
MGH Fontes iuris	Fontes iuris Germanici antiqui in usum scholarum separatim editi
MGH Ldl.	Libelli de lite imperatorum et ponti cum
MGH LL	Leges (in folio)
MGH Poetae	Poetae Latini medii aevi
MGH SS	MGH Scriptores (in folio)
MGH SS rer. Germ.	MGH Scriptores rerum Germanicarum in usum scholarum
MGH SS rer. Germ. N.S.	MGH Scriptores rerum Germanicarum, Nova series
OeSta/HHStA	Austrian State Archive, Haus-, Hof- und Staatsarchiv, Vienna
RI	*Regesta Imperii*
RTA	*Deutsche Reichstagsakten*
SEER	*Slavonic and East European Review*

주

서론

1. E. Ann Matter, 'The Soul of the Dog-Man: Ratramnus of Corbie Between Theology and Philosophy', *Rivista di Storia della Filosofia* 86 (2006): 43–53; MGH SS 11, 9.
2. 프랑스인의 목격담에 대해서는 *The Book of Ser Marco Polo, the Venetian*, ed. H. Yule, vol. 1 (Cambridge, 1871), 276. 또한 *The Greek Alexander Romance*, ed. Richard Stoneman (London, 1991), 186–187.
3. Eizo Matsuki, 'The Crimean Tatars and Their Russian-Captive Slaves', *Mediterranean World* 18 (2006): 171–182; Dagmar Klímová-Rychnová, 'Kulturní zázemí epiteta "Tataré-Psohlavci"', *Ceský lid* 55, nos. 2–3 (1968): 109–120.
4. Dana Rehn, 'Going to the Dogs: The Foreign and Renaissance Other in German Renaissance Prints', *Otherness: Essays and Studies* 5, no. 2 (2016): 111–150.
5. 라틴어 원문은 다음을 참조했다. Tibor Neumann, *Bereg megye hatóságának oklevelei* (Nyíregyháza, 2006), no. 223 (1476).

제1장 로마 제국, 훈족, 니벨룽의 노래

1. "라테르쿨루스 베로넨시스"로 알려진 라틴어 목록은 다음을 참조했다. Theodor Mommsen, *Verzeichniss der Römischen Provinzen* (Berlin, 1863), 491–493.
2. Tilmann Bechert, 'Bevölkerung und Gesellschaft der römischen Provinz Germania Inferior', *Antike Welt* 14, no. 1 (1983): 46–57; J. J. Wilkes, 'The Roman Danube: An Archaeological Survey', *Journal of Roman Studies* 95 (2005): 124–225; Anett Firnigl and Miklós Nagy, 'Using Colors at the Roman Villas of Balaton Upland', *Óbuda University e-Bulletin* 8, no. 2 (2018): 39–46.
3. 헝가리 대평원과 관련해서는 다음을 참조하라. János Tokai, 'Római császárkori

erodrendszer a Barbaricumban', *Tisicum*. A Jász-Nagykun-Szolnok Megyei Múzeumok Évkönyve 15 (2006): 69–75; László Selmeczi, 'Ördögárok mondái Biharban', *A Debreceni Déri Múzeum Évkönyve 2000–2001*, Debrecen 2001, 183–190.
4 Tacitus, *Germania*, 33, trans. H. Mattingly and J. B. Rives (London, 2009), 50.
5 Tacitus, *Histories*, 1.79, trans. C. H. Moore, *Histories*, vol. 2 (London and New York, 1925), 133; "도적 떼……"는 K. W. Arafat, *Pausanias' Greece: Ancient Artists and Roman Rulers* (Cambridge, 1996), 190.
6 Pliny the Elder, *Natural History*, 16.6, trans. J. Healey (London, 1991), 207; Zoë M. Tan, 'Subversive Geography in Tacitus' Germania', *Journal of Roman Studies* 104 (2014): 181–204.
7 초기 게르만족의 언어에 대해서는 다음을 참조하라. Peter von Polenz, *Geschichte der deutschen Sprache*, 10th ed. (Berlin and New York, 2009), 1–30.
8 K. S. Painter, 'Booty from a Roman Villa Found in the Rhine', *Minerva* 5, no. 1 (1994): 22–27.
9 E. A. Thompson, *The Huns* (Oxford, 1948), 24–29.
10 Jan den Boeft et al., eds., *Philological and Historical Commentary on Ammianus Marcellinus XXXI* (Leiden and Boston, 2018), 11–29.
11 Herwig Wolfram, *The Roman Empire and Its Germanic Peoples* (Berkeley, Los Angeles, and London, 1997), 88–89.
12 MGH Auct. Ant. 9, 475.
13 *The Gothic History of Jordanes*, trans. C. C. Mierow (Princeton, 1915), 102; Leopold Kretzenbacher, *Kynokephale Dämonen sudosteuropäischer Volksdichtung* (Munich, 1968), 21, 34. 그리고 Monika Kropej, *Supernatural Beings from Slovenian Myth and Folk Tales* (Ljubljana, 2012), 202.
14 E. A. Thompson, *The Huns* (Oxford, 1948), 148–149.
15 훈족의 제국에 대해서는 다음을 참조하라 Hyun Jin Kim, *The Huns, Rome and the Birth of Europe* (Cambridge, 2013), 특히 17–42.
16 "양 떼가 사라졌고……"는 다음을 참조하라. Michael P. McHugh, *The Carmen de Providentia Dei Attributed to Prosper of Aquitaine* (Washington, DC, 1964), 261. 또한, Helmut Bender, 'Archaeological Perspectives on Rural Settlement in Late Antiquity in the Rhine and Danube', in *Urban Centers and Rural Contexts in Late Antiquity*, ed. Thomas S. Burns and J. W. Eadie (East Lansing, 2001), 185–198.
17 Martyn Rady, 'Recollecting Attila: Some Medieval Hungarian Images and Their Antecedents', *Central Europe* 1, no. 1 (2003): 5–17; Martyn Rady, 'Attila and the Hun Tradition in Hungarian Medieval Texts', in *Studies on the Illuminated Chronicle*, ed. J. M. Bak and L. Veszprémy (Budapest, 2018), 127–138; "발터 전설"과 그 폴란드 판본에 대해서는 다음을 참조하라. Marion Dexter Learned, 'Origin and Development of the Walther Saga', *Proceedings of the Modern Languages Association* 7, no. 1 (1892): 131–195.

제2장 프랑크족과 카롤루스 마그누스

1 아리우스주의에 관한 가장 좋은 설명은 다음에서 찾을 수 있다. John Henry Cardinal Newman, *The Arians of the Fourth Century* (London, 1908), 201–235 (first published in 1833). 인용은 P. Schaff, ed., *Nicene and Post-Nicene Fathers*, 1st series, vol. 3 (New York, 2007), 97.
2 초기 아리우스주의가 중앙유럽에 미친 영향에 대해서는 다음을 참조하라. Herwig Wolfram, 'Vulfila, Bishop and Secular Leader', in *Arianism: Roman Heresy and Barbarian Creed*, ed. G. M. Berndt and R. Steinacher (London and New York, 2016), 131–144 (143); Edit B. Thomas, 'Arius-Darstellung. Eine römerzeitliche Ziegelritzeichnung aus Kisdorog in Pannonien', *A Szekszárdi Béri Balogh Ádám Múzeum Évkönyve*, nos. 4–5 (1975): 77–116.
3 J. M. Wallace-Hadrill, *The Frankish Church* (Oxford, 1983), 17–36.
4 Wolfgang H. Fritze, 'Universalis gentium confessio. Formeln, Träger und Wege universalmissionarischen Denkens im 7. Jahrhundert', *Frühmittelalterliche Studien* 3 (1969): 78–130 (96); Kuno Meyer, *Selections from Ancient Irish Poetry*, 2nd ed. (London, 1913), 51.
5 "예배도 전혀 올리지 않았으며……"는 Ferdinand Lot, *The End of the Ancient World and the Beginning of the Middle Ages* (New York, 1961), 354–356; J. M. Wallace-Hadrill, *The Long-Haired Kings* (Toronto, Buffalo, and London, 1982), 195, 209 참조.
6 MGH SS 1, 64.
7 'Royal Frankish Annals', sub 749, given in *Carolingian Chronicles*, trans. B. W. Scholz (Ann Arbor, 1972), 39; Florence Close, 'Le sacre de Pépin de 751? Coulisses d'un coup d'État', *Revue belge de philologie et d'histoire* 85, nos. 3–4 (2007): 835–852.
8 MGH SS 1, 11.
9 *Urkundenbuch der Abtei Sanct Gallen*, ed. H. Wartmann, vol. 1 (Zurich, 1863), 2–10, 37, 42, 47, 69, etc.
10 카롤루스 마그누스의 이름이 어디에서 비롯되었는지와 관련해서는 다음을 참조하라. Alessandro Barbero, *Charlemagne: Father of a Continent* (Berkeley, Los Angeles, and London, 2004), 413; 군사적인 측면에 대해서는 Bernard S. Bachrach, *Charlemagne's Early Campaigns (768–777)* (Leiden, 2013), 99를 참조하라.
11 인용문은 MGH SS 30, 2, 794; 노예화에 대해서는 다음을 참조하라. MGH SS 1, 37. 또한 Richard Hodges, 'Charlemagne's Elephant', *History Today*, December 2000, 21–27.
12 MGH Capit. 1, 145–146; Janet L. Nelson, *King and Emperor: A New Life of Charlemagne* (London, 2019), 291; Thomas Haye, *Päpste und Poeten. Die mittelalterliche Kurie als Objekt und Förderer panegyrisher Dichtung* (Berlin and New York, 2009), 120.
13 MGH SS 1, 45.
14 Walter Ullmann, *The Carolingian Renaissance and the Idea of Kingship* (London, 1969), 7, 22.

15 Henry Mayr-Harting, 'Charlemagne, the Saxons, and the Imperial Coronation of 800', *English Historical Review* 111, no. 444 (1996): 1113–1133.
16 Ernst Tremp et al., *The Abbey Library of St Gall* (St Gallen, 2020), 15.
17 음부를 갉아 먹히는 환영은 MGH Poetae 2, 271; 또한 Jennifer M. Feltman, 'Charlemagne's Sin, the Last Judgment, and the New Theology of Penance at Chartres', *Studies in Iconography* 35 (2014): 121–164; Janet L. Nelson, 'Women at the Court of Charlemagne: A Case of Monstrous Regiment?', in Nelson, *The Frankish World, 750–900* (London, 1992), 223–242; Johannes Fried, *Charlemagne* (Cambridge, MA, and London, 2016), 515.

제3장 아바르족과 슬라브족

1 프랑코코리온에 대해서는 György Györffy, 'Das Güterverzeichnis des griechischen Klosters Szávaszentdemeter (Sremska Mitrovica) aus dem 12. Jahrhundert', *Studia Slavica* 5 (1959): 9–74 (10–14); Gyula Moravcsik, *Az Árpád-kori magyar történet bizánci forrásai*, 2nd ed. (Budapest, 1988), 168.
2 C. Mierow, ed., *The Gothic History of Jordanes* (Princeton, 1915), 59.
3 M. Mielnik-Sikorska et al., 'The History of Slavs Inferred from Complete Mitochondrial Genome Sequences', *PLoS ONE* 8, no. 1 (January 2013): 1–11.
4 Angus Maddison, *Contours of the World Economy, 1–2030 AD* (Oxford, 2007), 232.
5 Martyn Rady, 'The Slavs, Avars and Hungarians', in *The Cambridge History of War*, ed. D. A. Graff and A. Curry, vol. 2 (Cambridge, 2020), 133–150 (139–140).
6 *The Fourth Book of the Chronicle of Fredegar*, ed. J. M. Wallace-Hadrill (London and Edinburgh, 1960), 39–40.
7 *Einhard and Notker the Stammerer: Two Lives of Charlemagne*, trans. D. Ganz (London, 2008), 27, 87; *The Russian Primary Chronicle*, ed. and trans. S. H. Cross (Cambridge, MA, 1930), 141.
8 아바르족에 대해서는 Arnold J. Toynbee, *A Study of History*, vol. 3 (Oxford, 1934), 22; Helen D. Donoghue et al., 'A Migration-Driven Model for the Historical Spread of Leprosy in Medieval Eastern and Central Europe', *Infection, Genetics and Evolution* 31 (2015): 250–256; Jesper L. Boldsen, 'Leprosy in the Early Medieval Lauchheim Community', *American Journal of Physical Anthropology* 135 (2008): 301–310.
9 아바르족의 예술품에 대해서는 다음을 참조하라. Falko Daim et al., eds., *Der Goldschatz von Sânnicolau Mare* (Mainz, 2015).
10 *Carolingian Chronicles*, trans. Bernhard Walter Scholz (Ann Arbor, 1972), 111–122; György Dénes, 'A bolgárok hódításai és telepítései a Kárpát-medencében a magyar honfoglalás elott', in *Néprajz—Muzeológia*, ed. A. Tóth (Miskolc, 2012), 52–64 (57–58).
11 Erwin Herrmann, *Slawisch-germanische Beziehungen im südostdeutschen Raum* (Munich, 1965), 219–221.

12 Marvin Kantor, *Medieval Slavic Lives of Saints and Princes* (Ann Arbor, 1983), 65, 111.
13 Kantor, *Medieval Slavic Lives of Saints and Princes*, 65.
14 Eric J. Goldberg, *Struggle for Empire: Kingship and Conflict Under Louis the German, 817–876* (Ithaca and London, 2006), 286–288.
15 크로아티아의 글라골 문자는 다음을 참조하라. Julia Verkholantsev, *The Slavic Letters of St. Jerome* (DeKalb, IL, 2014), 34–62.
16 "다른 언어를 쓰는 사람"에 대해서는 Anthony Kaldellis, *Hellenism in Byzantium: The Transformations of Greek Identity and the Reception of the Classical Tradition* (Cambridge and New York: 2007), 357 참조.

제4장 훈족의 귀환, 노예 국가, 중앙유럽의 형성

1 Norbert Kersken, 'Nationale Geschichtsschreibung im östlichen Mitteleuropa', *Mediaevalia Historica Bohemica* 4 (1995): 148–170.
2 'Nithard's Histories', 3 (830), in *Carolingian Chronicles*, ed. Bernhard Walter Scholz (Ann Arbor, 1972), 131.
3 Rudolf Schieffer, 'Ludwig der Fromme. Zur Entstehung eines karolingischen Herrscherbeinamens', *Frühmittelalterliche Studien* 16, no. 1 (1982): 58–73; Courtney M. Booker, *Past Convictions: The Penance of Louis the Pious and the Decline of the Carolingians* (Philadelphia, 2009), 50.
4 Latin text in Courtney M. Booker, 'The Public Penance of Louis the Pious', *Viator* 39, no. 2 (2008): 1–20 (18).
5 프랑크 제국의 분할에 대해서는 다음을 참조하라. 'Nithard's Histories', 7 (839), in Scholz, *Carolingian Chronicles*, 139.
6 C. A. Macartney, *The Magyars in the Ninth Century* (Cambridge, 1930), 71.
7 Peter B. Golden, *An Introduction to the History of the Uralic Peoples* (Wiesbaden, 1992), 258–260.
8 Péter Király, 'A magyarok népneve a történeti forrásokban és a szomszédos népek névhasználatában', *Életünk* 35, no. 1 (1997): 94–127 (114–115).
9 S. MacLean, ed., *History and Politics in Late Carolingian and Ottonian Europe: The Chronicle of Regino of Prüm and Adalbert of Magdeburg* (Manchester and New York, 2009), 232.
10 Archdeacon Thomas of Split, *History of the Bishops of Salona and Split*, ed. D. Karbic et al. (Budapest and New York, 2006), 63; MGH SS 1, 54, 77. 또한 Timothy Reuter, *Germany in the Early Middle Ages c. 800–1056* (London and New York, 1991), 128.
11 하인리히의 성격에 대해서는 다음을 참조하라. Widukind of Corvey, *Deeds of the Saxons*, ed. B. S. Bachrach and D. Bachrach (Washington, DC, 2014), 57–58 (1.39).
12 Liudprand of Cremona, *The Embassy to Constantinople*, 10 (1.5); Márton Tosér, 'Az arkadiopolisi csata—az utolsó kalandozó hadjárat, 970', *Hadtörténelmi Közlemények*

117, no. 2 (2004): 595–611.
13 Andrzej Buko, *The Archaeology of Early Medieval Poland* (Leiden and Boston, 2008), 195–196.
14 Michael McCormick, 'New Light on the "Dark Ages": How the Slave Trade Fuelled the Carolingian Economy', *Past and Present* 177 (2002): 17–54 (44).
15 *Quellen zur deutschen Volkskunde*, ed. V. von Geramb and L. Mackensen, vol. 1 (Berlin and Leipzig, 1927), 12. 폴란드 자료는 다음을 참조하라. Marek Jankowiak, 'Dirhams for Slaves. Investigating the Slavic Slave Trade in the Tenth Century' (paper delivered to the Medieval Seminar, All Souls College, 27 February 2012).
16 Michael McCormick, *Origins of the European Economy: Communications and Commerce, A.D. 300–900* (Cambridge, 2001), 763; Alice Rio, *Slavery After Rome, 500–1100* (Oxford, 2017), 105n100.
17 Undine Ott, 'Europas Sklavinnen und Sklaven im Mittelalter', *WerkstattGeschichte*, nos. 66–67 (2014): 31–53 (49); Mateusz Bogucki, 'Forged Coins in Early Medieval Poland', *Polish Numismatic News* 8 (2009): 209–236.
18 Adelbert Davids, ed., *The Empress Theophano: Byzantium and the West at the Turn of the First Millennium* (Cambridge, 1995), 54–55.
19 Andreas Ranft, ed., *Der Hoftag in Quedlinburg 973. Von den historischen Wurzeln zum Neuen Europa* (Berlin, 2006), 4–5, 21, 24.
20 Gerd Althoff, *Otto III* (University Park, PA, 2003), 105, 125.
21 György Györffy, *István király és muve* (Budapest, 1977), 137; 정교회가 헝가리에 미친 영향은 다음을 참조하라. Gyula Moravcsik, 'The Role of the Byzantine Church in Medieval Hungary', *American Slavic and East European Review* 6, nos. 3–4 (1947): 134–151; 정적을 산 채로 매장했다는 내용은 Martyn Rady, 'The *Gesta Hungarorum* of Anonymus, the Anonymous Notary of King Béla: A Translation', *SEER* 87, no. 4 (2009): 681–727 (727)에서 "1200년경 익명의 연대기에 등장하는 의문스러운 결론"을 참조하라.

제5장 신성 로마 제국의 성립과 중앙유럽의 동쪽 황무지

1 David Bachrach, 'Toward an Appraisal of the Wealth of the Ottonian Kings of Germany, 919–1024', *Viator* 44, no. 2 (2013): 1–28.
2 MGH Const. 1, 632–633; MGH SS 16, 347.
3 Claudia Moddelmog, 'Stiftung oder Eigenkirche? Der Umgang mit Forschungskonzepten und die sächsischen Frauenklöster im 9. und 10. Jahrhundert', in *Gestiftete Zukunft im mittelalterlichen Europa*, ed. W. Huschner and F. Rexroth (Berlin, 2008), 215–243.
4 "살인, 위증, 신성 모독"은 MGH Ldl. 1, 584; 교회를 자기 소유로 생각했다는 점은 Susan Wood, *The Proprietary Church in the West* (Oxford, 2006), 855를 참조하라.
5 Hans Delbrück, *Ueber die Glaubwürdigkeit Lamberts von Hersfeld* (Cologne, 1873).

6 Anon., 'Life of the Emperor Henry IV', 7, given in *Imperial Lives and Letters of the Eleventh Century*, ed. Theodore E. Mommsen and Karl F. Morrison (New York, 2000), 117; I. S. Robinson, *Henry IV of Germany, 1056–1106* (Cambridge, 2000), 230–231.
7 Eike von Repgow, *The Saxon Mirror*, ed. Maria Dobozy (Philadelphia, 1999), 133 (III. 65).
8 Wilhelm Kohl, *Das Bistum Münster* (Germania Sacra 37, no. 1) (Berlin and New York, 1999), 394–395.
9 John B. Freed, 'The Origins of the European Nobility: The Problem of the Ministerials', *Viator* 7 (1976): 211–241.
10 John B. Freed, *Frederick Barbarossa: The Prince and the Myth* (New Haven and London, 2016), 100.
11 Len Scales, *The Shaping of German Identity: Authority and Crisis, 1245–1414* (Cambridge, 2012), 234.
12 EBIDAT의 웹사이트를 참조하라. Die Burgendatenbank (www.ebidat.de/ebidat.html).
13 MGH SS rer. Germ. 33, 60; Eric Christiansen, *The Northern Crusades: The Baltic and the Catholic Frontier 1100–1525* (London and Basingstoke, 1980), 17.
14 Helmold of Bosau, *The Chronicle of the Slavs*, ed. F. J. Tschan (New York, 1966), 45–49; Dmitrij Mishin, 'Ibrahim Ibn-Ya'qub At-Turtushi's Account of the Slavs from the Middle of the Tenth Century', *Annual of Medieval Studies at CEU* 25 (2019): 184–199. 포메라니안 품종 개에 대해서는 Hans Räber, *Enzyklopädie der Rassenhunde*, vol. 1 (Stuttgart, 2001), 514–515 참조.
15 P. F. Kehr, *Urkundenbuch des Hochstifts Merseburg*, vol. 1 (Halle, 1899), 75–77. 또한 Mihai Dragnea, 'Crusade and Colonization in the Wendish Territories in the Early Twelfth Century: An Analysis of the So-Called Magdeburg Letter of 1108', *Mediaevalia* 42 (2021): 41–61.
16 MGH SS 12, 850; Robert Bartlett, 'The Conversion of a Pagan Society in the Middle Ages', *History* 70, no. 229 (1985): 185–201.
17 Wincenty Kadłubek, *De origine et rebus gestis Polonorum*, ed. A. Mułkowski (Cracow, 1864), 208.
18 알브레히트의 칭호와 관련해서는 다음을 참조하라. Lutz Partenheimer, *Albrecht der Bär. Gründer der Mark Brandenburg und des Fürstentums Anhalt*, 2nd ed. (Potsdam, 2016), 130, 307. 알브레히트를 섬긴 귀족들에 대해서는 O. Von Heinemann, *Albrecht der Bär. Eine quellenmassige Darstellung seines Lebens* (Darmstadt, 1864), 224–226; 인구수에 대한 정보는 Charles Higounet, *Les Allemands en Europe centrale et orientale au Moyen Age* (Paris, 1989), 105–106를 참조하라.
19 Helmold of Bosau, *Chronicle of the Slavs*, 236.
20 Kyra T. Inachin, *Die Geschichte Pommerns* (Rostock, 2008), 17–18.

제6장 몽골-타타르족, 새로운 도시들, 새로운 기사들

1 Cosmas of Prague, *The Chronicle of the Czechs*, ed. János M. Bak and Pavlína Rychterová (Budapest and New York, 2020), 181–183 (bk. 2, chap. 10); D. Kuncer, ed., *Anonymi Descriptio Europae Orientalis* (Belgrade, 2013), 133–148.

2 Kuncer, *Anonymi Descriptio Europae Orientalis*, 139, 146, 148; C. C. Mierow, ed., *The Deeds of Frederick Barbarossa by Otto of Freising* (New York, 1953), 66, 175; G. W. Leibnitz, *Alberici monachi Trium fontium Chronicon* (Leipzig, 1698), 556.

3 Balázs Nagy, 'The Towns of Medieval Hungary in the Reports of Foreign Travellers', in *Segregation—Integration—Assimilation: Religious and Ethnic Groups in the Medieval Towns of Central and Eastern Europe*, ed. D. Keene et al. (Farnham and Burlington, VT, 2009), 169–178.

4 C. C. Mierow, ed., *The Deeds of Frederick Barbarossa by Otto of Freising* (New York, 1953), 67. 또한 MGH Ldl. 3, 463.

5 Cosmas of Prague, *Chronicle of the Czechs*, 27 (bk. 1, chap. 5); Eduard Mühle, *Die Piasten. Polen im Mittelalter* (Munich, 2011), 59.

6 Christian Lübke, *Arbeit und Wirtschaft im östlichen Mitteleuropa. Die Spezialisierung menschlicher Tätigkeit im Spiegel der hochmittelalterlichen Toponomie in den Herrschaftsgebieten von Piasten, Premysliden und Arpaden* (Stuttgart, 1991), 9. 독일인의 땅에 대해서는 다음을 참조하라. Bruno Krüger, *Die Kietzsiedlungen im nördlichen Mitteleuropa* (Berlin 1962).

7 S. A. M. Adshead, *Central Asia in World History* (Basingstoke and New York, 1993), 61.

8 잉글랜드 모험가에 대해서는 Gabriel Ronay, *The Tartar Khan's Englishman* (London, 1978)을 참조하라.

9 Martyn Rady, 'The Mongol Invasion of Hungary', *Medieval World*, November/December 1991, 39–46.

10 MGH SS 17, 394. 몽골-타타르족의 헝가리 점령에 대한 최근의 설명은 다음을 참조하라. *Anonymus and Master Roger*, ed. J. M. Bak, M. Rady, and L. Veszprémy (Budapest and New York, 2010), 132–228. 기근의 증거에 대해서는 Mária Vargha, 'Traces of Destruction: The Archaeological Remains of the Mongol Invasion of Hungary', *Acta Archaeologica Carpathica* 52 (2017): 235–258; József Laszlovszky et al., 'Contextualizing the Mongol Invasion of Hungary in 1241–42', *Hungarian Historical Review* 7, no. 3 (2018): 419–450.

11 Martyn Rady, *Nobility, Land and Service in Medieval Hungary* (Basingstoke and New York, 2000), 28.

12 Martyn Rady, 'The Title of New Donation in Medieval Hungarian Law', *SEER* 79, no. 4 (2001): 638–652.

13 J. F. Willems, ed., *Oude Vlaemsche Liederen* (Ghent, 1848), 35–37.

14 폴란드와 흑사병에 대해서는 Ole J. Benedictow, *The Complete History of the Black*

    Death (Woodbridge, 2021), 585–603를 참조하라.
15 Martyn Rady, 'The German Settlement in Central and Eastern Europe During the High Middle Ages', in *The German Lands and Eastern Europe*, ed. Roger Bartlett and Karen Schönwälder (Basingstoke and New York, 1999), 11–47.
16 Karl Lachmann, *Die Gedichte Walthers von der Vogelweide*, 8th ed. (Berlin, 1923), 37. 또한 Edwin H. Zeydel, *Ruodlieb: The Earliest Courtly Novel* (Chapel Hill, 1959), 27.
17 Benedykt Zientara, 'Die deutschen Einwanderer in Polen vom 12. bis zum 14. Jahrhundert', *Vorträge und Forschungen* 18 (1975): 333–348.
18 Zoltán Tóth, 'La boucle de Kigyóspuszta', *Archaeológiai Értesíto* 71 (1943): 174–184, and plate 32.

제7장 보헤미아의 카를 4세와 적그리스도의 예언자들

1 왕조의 멸망에 관해서는 다음을 참조하라. Martyn Rady, 'Foreword', in *Social and Political Elites in Eastern and Central Europe* (15th–18th Centuries), ed. C. Luca et al. (London, 2015), ix–xv (xi).
2 MGH SS 25, 350; H. Pabst, *Annalen und Chronik von Kolmar* (Berlin, 1867), x.
3 Armin Wolf, *Die Entstehung des Kurfürstenkollegs 1198–1298* (Idstein, 1998), 50–54.
4 Barbara Reynolds, *Dante: The Poet, the Thinker, the Man* (London and New York, 2006), 234–242.
5 Dante, *Paradiso*, 30.137, in *The Divine Comedy*, ed. R. Kirkpatrick (London, 2012), 467에서 인용.
6 Jürgen Dendorfer, 'Der König von Böhmen als Vasall des Reiches?', in *Friedrich Barbarossa in den Nationalgeschichten Deutschlands und Ostmitteleuropas*, ed. K. Görich and M. Wihoda (Cologne, Weimar, and Vienna, 2017), 229–284 (232–246); Volker Press, 'Böhmen und das Reich in der frühen Neuzeit', *Bohemia* 35, no. 1 (1994): 63–74.
7 Jean Froissart, *Chronicles*, ed. G. Brereton (London, 1978), 89–90; *Fontes rerum Bohemicarum*, J. Emler, vol. 4 (Prague, 1884), 514 (Beneš of Weitmil).
8 David Charles Mengel, 'Bones, Stones, and Brothels: Religion and Topography in Prague Under Emperor Charles IV (1346–78)' (PhD thesis, Notre Dame, IN, 2003), 267–324.
9 Julia Verkholantsev, *The Slavic Letters of St Jerome: The History of the Legend and Its Legacy* (DeKalb, IL, 2014), 78–79.
10 G. Dobner, ed., *Monumenta Historica Boemiae*, vol. 2 (Prague, 1768), 79–282.
11 1356년의 금인칙서의 영어 번역문은 *A Source Book for Mediaeval History*, ed. O. J. Thatcher and E. H. McNeal (New York, 1905), 284–298를 참조했다.
12 Hans Hubert Hofmann, 'Karl IV. und die politische Landbrücke von Prag nach Frankfurt am Main', in *Zwischen Frankfurt und Prag* (Munich, 1963), 51–74. 카를 4세의 일정에 대해서는 Eberhard von Holtz, *Itinerar Kaiser Karls IV (1346–1378)* (Berlin,

2013), http://www.regesta-imperii.de/leadmin/user_upload/downloads/ri_viii_itinerar. pdf.를 참조하라.

13 Len Scales, 'Wenceslas Looks Out: Monarchy, Locality, and the Symbolism of Power in Fourteenth-Century Bavaria', *Central European History* 52 (2019): 179–210.

14 Paul Crossley and Zoë Opacic, 'Prague as a New Capital', in *Prague: The Crown of Bohemia, 1347–1437*, ed. B. Boehm and J. Fajt (New Haven and London, 2005), 59–73.

15 Eleanor Janega, 'Jan Milíc of Kromeríž and Emperor Charles IV: Preaching, Power, and the Church of Prague' (PhD thesis, University College London, 2015), 71–72.

16 I. Hlavácek and Z. Hledíková, eds., *Protocollum visitationis archidiaconatus Pragensisannis 1379–1382* (Prague, 1973), discussed in Eleanor Janega, 'Suspect Women: Prostitution, Reputation, and Gossip in Fourteenth-century Prague', in *Same Bodies, Different Women: 'Other' Women in the Middle Ages and the Early Modern Period*, ed. C. Mielke and A. Znorovszky (Budapest,2018), 40–69.

17 Mengel, 'Bones, Stones, and Brothels', 211–262.

18 Eleanor Janega, 'Jan Milíc of Kromeríž and Emperor Charles IV: Preaching, Power, and the Church of Prague' (PhD thesis, University College London, 2015), 8–63.

19 흑사병 희생자 공동묘지에 대해서는 Mark Whelan, 'From Chronicles to Plague Columns: The Black Death in Bohemia', *The Friends of Czech Heritage Newsletter* 23 (2020): 7–9.

20 Jan Hus, *De Ecclesia.The Church*, ed. D. S. Schaff (New York, 1915), 140–141; Pavlína Cermanová, 'Constructing the Apocalypse: Connections Between English and Bohemian Apocalyptic Thinking', in *Europe After Wyclif*, ed. J. P. Hornbeck and M. Van Dussen (New York, 2017), 66–88.

21 *RTA*, 3 (Munich, 1877), 255–264 (in German and Latin versions); Maria E. Dorninger, 'Liebe und Erotik in mittelalterlichen Handschriften. Geschichten und Bilder (in) der Bibel', in *Liebe und Erotik im Mittelalter*, ed.Ulrich Müller (Salzburg, 2006), 4–27, online resource.

22 David Short, 'The Broader Czech (and Slovak) Contribution to the English Lexicon', *Central Europe* 1, no. 1 (2003): 19–39 (20); Thomas A. Fudge, 'Žižka's Drum: The Political Uses of Popular Religion', *Central European History* 36, no. 4 (2003): 546–569.

23 Franz Machilek, 'Hus und die Hussiten in Franken', *Jahrbuch für fränkische Landesforschung* 51 (1991): 15–37; Ferdinand Seibt, 'Hus und wir Deutschen', *Kirche im Osten* 13 (1970): 74–103 (79–82); Martyn Rady, 'Jiskra, Hussitism and Slovakia', in *Confession and Nation in the Era of Reformations*, ed. E. Doležalová and J. Pánek (Prague, 2011), 77–90 (87–89); Rebecca Haynes, *Moldova: A History* (London, 2020), 24–25.

24 Alexandra Kaar, 'Embargoing "Heretics" in Fifteenth-Century Central Europe: The Case of Hussite Bohemia', *Journal of Medieval History* 46, no. 4 (2020): 478–497.

제8장 평의회, 소집의회, 법의 혼란

1 *Monumenta Medii Aevi Historica res gestas Polonias illustrantia*, vol. 1 (Cracow, 1874), 56, 73, 61, 86, 107, etc.

2 Cosmas of Prague, *The Chronicle of the Czechs*, ed. J. M. Bak and P. Rychterová (Budapest and New York, 2020), 179 (2.8).

3 *Urkunden-Buch des Landes ob der Enns*, vol. 2 (Vienna, 1856), 399–401.

4 인용은 MGH Const. 2, 609; 보헤미아에 관해서는 H. Jirecek, *Svod Zákonuv Slovanských* (Prague, 1880), 488–492를 참조하라; 헝가리 자료는 DRMH, 1, 158–171; 바이에른 정보는 Karl Bosl, 'Aus den Anfängen der Landständischen Bewegung und Verfassung. Der Vilshofener Vertrag von 1293', in *Wirtschaft, Geschichte und Wirtschaftsgeschichte*, ed. Wilhelm Abel et al. (Stuttgart, 1966), 8–27; 티롤 자료는 Hannes Obermaier, 'Tiroler Landrecht', in *Eines Fürsten Traum. Meinhard II.—Das Werden Tirols* (Dorf Tirol and Innsbruck, 1995), 131–133. 제후들을 위한 법규에 관해서는 MGH Const. 2, 211–213, 418–420를 참조하라.

5 MGH Const. 2, 420; *The Liber Augustalis or Constitutions of Melfi*, ed. J. M. Powell (New York, 1971), 11.

6 MGH Const. 3, 50; MGH LL 2, 341.

7 *RTA*, 1, 34에서 인용.

8 Martyn Rady, 'Hungary and the Golden Bull of 1222', *Banatica* 24, no. 2 (2014): 87–108.

9 폴란드 자료는 Maurice Michael, ed., *The Annals of Jan Długosz* (Chichester, 1997), 510–511 (1452); 헝가리에서 일어난 폭력에 대해서는 *Codex epistolaris saeculi decimi quinti*, ed. Anatol Lewicki, vol. 3 (Cracow, 1894), 158; 주교에 관한 정보는 Heinrich Schoppmeyer, 'Die Entstehung der Landstände im Hochstift Paderborn', *Westfälische Zeitschrift* 136 (1986): 249–310 (266)를 참조하라.

10 소작농들의 소집의회 참여는 F. L. Carsten, *Princes and Parliaments in Germany: From the Fifteenth to the Eighteenth Centuries* (Oxford, 1959), 424–425를 참조하라. 도시의 참여에 관한 정보는 Gabriele Annas, *Hoftag, Gemeiner Tag, Reichstag. Studien zur strukturellen Entwicklung deutscher Reichsversammlungen des späten Mittelalters*, vol. 1 (Göttingen, 2004), 93–94를 보아라.

11 Peter Štih, *The Middle Ages Between the Eastern Alps and the Northern Adriatic* (Leiden and Boston, 2010), 380–407.

12 Christopher Nicholson, 'The Bohemian Diet in the Jagiellonian Period (1471–1526)', in *Between Worlds: The Age of the Jagiellonians*, ed. Florin Ardelean et al. (Frankfurt, 2013), 140–156; Martyn Rady, 'Rethinking Jagiełło Hungary', *Central Europe* 3, no. 1 (2005): 3–18; Michael, *Annals of Jan Długosz*, 529.

13 *RTA*, 2, 452; *RTA*, 9, 599–603; Annas, *Hoftag, Gemeiner Tag, Reichstag*, 1: 165–167.

14 1521년 제국의회의 참가자에 대한 정보는 다음을 참조하라. Karl Zeumer,

Quellensammlung zur Geschichte der deutschen Reichsverfassung in Mittelalter und Neuzeit, 2nd ed. (Tübingen, 1913), 313–317.

15 Eberhard Isenmann, *Die deutsche Stadt im Mittelalter 1150–1550*, 2nd ed. (Cologne, Weimar, and Vienna, 2014), 310–311; Beat Kümin, 'Rural Autonomy and Popular Politics in Imperial Villages', *German History* 33, no. 2 (2015): 194–213.

16 Anna Sucheni-Grabowska, 'The Origin and Development of the Polish Parliamentary System', in *Constitution and Reform in Eighteenth-Century Poland*, ed. Samuel Fiszman (Bloomington and Indianapolis, 1997), 13–50.

17 Kenneth J. Dillon, *King and Estates in the Bohemian Lands 1526–1564* (Brussels, 1976), 21.

18 Julia Burkhardt, 'Procedure, Rules and Meaning of Political Assemblies in Late Medieval Central Europe', *Parliaments, Estates and Representation* 35, no. 2 (2015): 153–170.

19 Stephen Werboczy, *Tripartitum* (1517), 1. 3. 6 (DRMH, 5, 51).

20 Jan Łaski, *Commune incliti Poloniae privilegium* (Cracow, 1506). 법의 혼란에 대해서는 다음을 참조하라. Jan Herburt de Fulstein, *Statuta Regni Poloniae in ordinem alphabeti digesta* (Zamosc, 1597), *praefatio* (unpaginated).

제9장 도시, 촌락, 자유

1 John Watts, *The Making of Polities: Europe, 1300–1500* (Cambridge, 2009).

2 Karl Mollay, ed., *Das Ofner Stadtrecht. Eine deutschsprachige Rechtssammlung des 15. Jahrhundert aus Ungarn* (Budapest, 1959), 67에서 인용.

3 Dagmer M. H. Hemmie, *Ungeordnete Unzucht. Prostitution im Hanseraum (12.–16. Jahrhundert)* (Cologne, Weimar, and Vienna, 2007), 157.

4 Eberhard Isenmann, *Die deutsche Stadt im Mittelalter 1150–1550*, 2nd ed. (Cologne, Weimar, and Vienna, 2014), 314–326. 수치는 Julius Weizsäcker, *Der Rheinische Bund 1254* (Tübingen, 1879), 139.

5 중앙유럽에서 마그데부르크 법이 확산된 과정과 관련된 정보는 웹사이트 Das Magdeburger Recht. Baustein des modernen Europa at Magdeburg-law.com에서 확인할 수 있다.

6 Ulrich Falk, 'Der Wald der Konsilien. Rechtsgutachten in der Gerichtspraxis der frühen Neuzeit', *Rechtshistorisches Journal* 20 (2001): 290–310.

7 Thomas Maissen, *Geschichte der Schweiz* (Baden/Schweiz, 2010), 30에서 인용.

8 *Sammlung Schweizerischer Rechtsquellen*, series 3: Luzern, vol. 2.2, *Vogtei Willisau*, ed. August Bickel (Basle, 2002), 73에서 인용.

9 George Cushing, 'Hungarian Cultural Traditions in Transylvania', in *Historians and the History of Transylvania*, ed. László Péter (Boulder and New York, 1992), 113–131.

10 정교회 신자들에 대해서는 Ioan-Aurel Pop, '*De manibus Vallacorum scismaticorum*': *Romanians and Power in the Mediaeval Kingdom of Hungary* (Frankfurt a/M, 2013),

389-391을 참조하라.
11 Ştefan Pascu, *Voievodatul Transilvaniei*, vol. 3 (Cluj-Napoca, 1986), 553.
12 György Székely, 'Huszitizmus és a magyar nép', *Századok* 90 (1956): 331-367 (332-335, 341-343).
13 Henrik Marczali, *A magyar történet kútfoinek kézikönyve* (Budapest,1902), 271.
14 Joseph Bedeus von Scharberg, *Die Verfassung des Grossfürstenthums Siebenbürgen* (Vienna, 1844), 21-26. 또한 Martyn Rady, 'Voivode and Regnum: Transylvania's Place in the Medieval Kingdom of Hungary', in *Historians and the History of Transylvania*, ed. László Péter (Boulder and New York, 1992), 87-101.
15 W. J. Buma and W. Ebel, eds., *Das Fivelgoer Recht* (Göttingen, 1972), 75-135; MGH Fontes iuris 12 (Lex Frisionum), 65-98; 미라화에 관해서는 Thomas de Cantimpré, *Bonum Universale de apibus* (Douai, 1627), 120.
16 Johannes A. Mol, 'Gallows in Late Medieval Frisia', *Amsterdamer Beiträge zur älteren Germanistik* 64, no. 1 (2007): 263-297.
17 Henry Koehn, *Sylt. Ein Führer durch die Inselwelt*, 5th ed. (Berlin and New York, 1975), 68; 제국에 대한 세금을 납부하지 않은 프리슬란트의 "불손"과 관련해서는 Rolf H. Bremmer, *An Introduction to Old Frisian* (Amsterdam and Philadelphia, PA, 2009), 143를 참조하라.
18 Oebele Vries, 'Das Friesische im Mittelalter', in *Handbook of Frisian Studies*, ed. H. H. Munske (Tübingen, 2001), 538-550.
19 Peter Blickle, *Kommunalismus. Skizzen einer gesellschaftlichen Organisationsform*, vol. 2 (Munich, 2000), 71-85.
20 Clemens Bergstedt et al., *Die Mark Brandenburg im späten Mittelalter* (Berlin, 2011), 293.
21 Adolf Stölzel, *Die Entwicklung der gelehrten Rechtsprechung*, vol. 1 (Berlin, 1901), 503; Fritz Kern, *Kingship and Law in the Middle Ages* (Clark, NJ, 2005), 179 (first published in 1956).
22 Walther Maas, 'Zur Entwicklung der polnischen Agrarstruktur vom 15. bis 18. Jahrhundert', *Vierteljahrschrift für Sozial- und Wirtschaftsgeschichte* 20, nos. 3-4 (1928): 490-498.
23 Ladislas Reymont, *The Peasants: Autumn* (New York, 1925), 58; Sheilagh Ogilvie, 'Communities and the "Second Serfdom" in Early Modern Bohemia', *Past and Present* 187 (2005): 69-119 (111-112).
24 '...ne muge a bethe ni a bedde, a uidse ni a ueine, a uueie ni a uuetere ni a glede ise, a huse ni a godeshuse, bi ure ni bi sinre wiuue wesa.' Rolf H. Bremmer, 'The Orality of Old Frisian Law Texts', *Amsterdamer Beiträge zur älteren Germanistik* 73, no. 1 (2014): 1-48 (12)에서 인용.
25 Thomas S. B. Johnston, 'The Old Frisian Law Manuscripts and Texts', in *Handbook of*

Frisian Studies, ed. Horst Haide Munske (Tübingen, 2001), 571–587.

26 Martyn Rady, 'Core and Periphery: Eastern Europe', in *National Histories and European History*, ed. Mary Fulbrook (London, 1993), 163–182 (168–170).

27 Hermann Wiessner, *Sachinhalt und wirtschaftliche Bedeutung der Weistümer im Deutschen Kulturgebiet* (Baden and Vienna, 1934), 45.

28 Edgar Melton, '*Gutsherrschaft* in East Elbian Germany and Livonia, 1500–1800', *Central European History* 21, no. 4 (1988): 315–349.

제10장 고프로이센, 헨리 볼링브로크의 모험, 폴란드-리투아니아 연방

1 체코어판의 삽화는 British Library (Add. MS 24189)와 www.bl.uk/manuscripts/에서 볼 수 있다.

2 Alan V. Murray, 'The Saracens of the Baltic: Pagan and Christian Lithuanians in the Perception of English and French Crusaders to Late Medieval Prussia', *Journal of Baltic Studies* 41, no. 4 (2010): 413–429.

3 Maciej Miechowita (Matthias de Mechow), *Tractatus de duabus Sarmatiis* (Cracow, 1518, unpaginated), 2. 1. 3; 식인 행위에 관해서는 K. Höhlbaum, ed., Die jüngere livländische Reimchronik (Leipzig, 1872), 1–2를 참조하라.

4 Jos Schaeken, 'Observations on the Old Prussian Basel Epigram', *International Journal of Slavic Linguistics and Poetics* 44–45 (2002–2003): 331–342.

5 M. Fischer, ed., *The Chronicle of Prussia by Nicolaus von Jeroschin* (London and New York, 2010), 63. 또한 Christopher Hartknoch, *Dissertationes Historicae de variis rebus Prussicis* (Frankfurt and Leipzig, 1679), 109–179.

6 J. A. Brundage, ed., *The Chronicle of Henry of Livonia* (New York, 2003), 91–92.

7 Andreas Lorck, *Hermann von Salza. Sein Itinerar* (Kiel, 1880).

8 Harald Zimmermann, *Der Deutsche Orden in Siebenbürgen*, 2nd ed. (Cologne, Weimar, and Vienna, 2011), 191.

9 *RI* V, 1, 1n1598.

10 Gregory Leighton, 'Did the Teutonic Order Create a Sacred Landscape in thirteenth-Century Prussia?', *Journal of Medieval History* 44, no. 4 (2018): 457–483.

11 Seweryn Szczepanski, 'Old Prussian "Baba" Stones: An Overview of the History of Research and Reception', *Analecta Archaeologica Ressoviensia* 10 (2015): 313–363; Anon., *Gottesidee und Cultus bei den alten Preussen* (Berlin, 1870), 71.

12 S. C. Rowell, 'Unexpected Contacts: Lithuanians at Western Courts, c. 1316–c. 1400', *English Historical Review* 111, no. 442 (1996): 557–577 (564).

13 Werner Paravicini, *Die Preussenreisen des europäischen Adels*, vol. 1 (Sigmaringen, 1989), 147–150.

14 Hartmut Kugler, 'Die Livländische Reimchronik des 13. Jahrhunderts', *Latvijas Zinâtòu Akadçmijas Vçstis* 9 (1993): 22–30 (25); Jürgen Wolf, 'König Artus in Preussenland', in

Neue Studien zur Literatur im Deutschen Orden, ed. A. Mentzel-Reuters and B. Jähnig (Stuttgart, 2014), 79–92.

15 Lucy Toulmin Smith, ed., *Expeditions to Prussia and the Holy Land Made by Henry Earl of Derby* (London, 1894). 또한 F. R. H. Du Boulay, 'Henry of Derby's Expeditions to Prussia', in *The Reign of Richard II*, ed. Du Boulay and C. M. Barron (London, 1971), 153–172.

16 *Scriptores rerum Prussicarum*, ed. T. Hirsch et al., vol. 2 (Leipzig, 1863), 643.

17 *Scriptores rerum Prussicarum*, ed. T. Hirsch et al., vol. 3 (Leipzig, 1866), 448.

18 튜턴 기사단이 저지른 범죄의 상세한 내용은 다음을 참조하라. *Lites ac res gestae inter Polonos Ordinemque Cruciferorum*, vol. 1, ed. T. Działynski (Poznan, 1855).

19 Maurice Michael, ed., *The Annals of Jan Długosz* (Chichester, 1997), 347.

20 Michael, *Annals of Jan Długosz*, 467.

21 Paul Srodecki, 'Der Traktatenstreit zwischen dem Deutschen Orden und dem Königreich Polen auf dem Konstanzer Konzil', *Schweizerische Zeitschrift fur Religions- und Kulturgeschichte* 109 (2015): 47–65 (60).

22 Nora Berend, *At the Gate of Christendom: Jews, Muslims and 'Pagans' in Medieval Hungary, c. 1000–c. 1300* (Cambridge, 2001), 163–171; Paul Srodecki, 'The Use of the "Christian Outpost": Propaganda to Legitimise the Conquest of Galicia-Volhynia Under the Two Last Piast Kings of Poland, 1323–1370', *Colloquia Russica* 2 (2012): 114–119.

23 Paul Srodecki, 'Der Traktatenstreit zwischen dem Deutschen Orden und dem Königreich Polen auf dem Konstanzer Konzil', *Schweizerische Zeitschrift fur Religions- und Kulturgeschichte* 109 (2015): 47–65 (54, 60).

24 Janusz Tazbir, 'From Antemurale to Przedmurze, the History of the Term', *Odrodzenie i reformacja w Polsce* 61, no. 2 (2017): 67–87.

25 *Joannis Długosz Senioris Opera Omnia*, ed. A Przezdziecki, vol. 14 (Cracow, 1878), 360 (Annales, 12:1462); *The Correspondence of Erasmus: Letters 1523 to 1524*, ed. R. A. B. Mynors and A. Dalzell (Toronto, Buffalo, and London, 1992), 104; Niccolò Machiavelli, *The Discourses*, 2. 8, ed. B. Crick (London, 2003), 297–298.

26 Andreas Angyal, *Die slawische Barockwelt* (Leipzig, 1961), 70; Stephen Werboczy, *Tripartitum*, Serenissimo principi (DRMH 5, 12–13).

제11장 상인들, 한자 동맹, 푸거 가문

1 Peter Spufford, *Handbook of Medieval Exchange* (London, 1986), xxxvi; Joseph A. Amato, *On Foot: A History of Walking* (New York, 2004), 42–71.

2 Marcus Pitcaithly, 'Piracy and Anglo-Hanseatic Relations, 1385–1420', in *Roles of the Sea in Medieval England*, ed. R. Gorski (Woodbridge, 2012), 125–145; David K. Bjork, 'Piracy in the Baltic, 1375–1398', *Speculum* 18, no. 1 (1943): 39–68.

3 Johannes Müller, 'Das spätmittelalterliche Strassen- und Transportwesen der Schweiz und

Tirols', *Geographische Zeitschrift* 11, no. 3 (1905): 145–162; Magdolna Szilágyi, 'Medieval Roads in Transdanubia', *Hungarian Archaeology*, Summer 2012, www.academia.edu/2489482/Medieval_Roads_in_Transdanubia._The_Methods_and_Potentials_of_their_Historical_and_Archaeological_Investigations.

4 Sándor Takáts, 'A magyar malom', *Századok* 41 (1907): 150.
5 Eberhard Isenmann, *Die deutsche Stadt im Mittelalter 1150–1550*, 2nd ed. (Cologne, Weimar, and Vienna, 2014), 774.
6 Aloys Schulte, *Geschichte der Grosser Ravensburger Handelsgesellschaft 1380–1530*, vol. 1 (Stuttgart and Berlin, 1923), 60; Paul Simson, *Der Artushof in Danzig* (Gdansk, 1900), 315–322.
7 Philippe Dollinger, *The German Hansa* (London and Basingstoke, 1970), 412.
8 Klaus Friedland, 'The Hanseatic League and Hanse Towns in the Early Penetration of the North', *Arctic* 37, no. 4 (1984): 539–543.
9 Edda Frankot, *'Of Laws of Ships and Shipmen': Medieval Maritime Law and Its Practice in Urban Northern Europe* (Edinburgh, 2012), 147–148.
10 Karl Koppmann, *Das Seebuch* (Bremen, 1876), 특히 52–54; Christian Peplow, 'Überlegungen zur alltäglichen Navigationspraxis der hansischen Seeschifffahrt im Ostseeraum des Spätmittelalters', *Jahrbuch der Deutschen Gesellschaft für Schiffahrts- und Marinegeschichte* 18 (2015): 10–30; Philippe Dollinger, *The German Hansa* (London and Basingstoke, 1970), 145.
11 Eliyahu Ashtor, *Levant Trade in the Middle Ages* (Princeton, 1983), 156.
12 다음을 참조하라. Martyn C. Rady, 'The Hungarian Copper Trade and Industry in the Later Middle Ages', in *Trade and Transport in Russia and Eastern Europe*, ed. M. McCauley and J. E. O. Screen (London, 1985), 18–44.
13 중앙유럽에서의 용리에 관한 초기 역사는 다음을 참조하라. Wolfgang von Stromer, *Oberdeutsche Hoch nanz* (*Vierteljahrschrift fur Sozial- und Wirtschaftsgeschichte*, Beihefte 55–57, 1970), 137–144.
14 Zoltán Batizi, 'Mining in Medieval Hungary', in *The Economy of Medieval Hungary*, ed. J. Laszlovszky et al. (Leiden and Boston, 2018), 166–181 (176).
15 Richard A. Goldthwaite, 'The Medici Bank and the World of Florentine Capitalism', *Past and Present* 114 (1987): 3–31; Raymond de Roover, *The Medici Bank: Its Organization, Management, Operations, and Decline* (New York and London, 1948), 59–62.
16 Andreas Hauptmann et al., 'The Shipwreck of Bom Jesus, AD 1533: Fugger Copper in Namibia', *Journal of African Archaeology* 14, no. 2 (2016): 181–207.
17 Ulinka Rublack and Maria Hayward, eds., *The First Book of Fashion: The Books of Clothes of Matthäus and Veit Konrad Schwarz of Augsburg* (London, 2015).
18 Österreichische Nationalbibliothek, MSS, HAN Cod. 10906 (*Was der Buchhalten sei, auch von Dreierlei Buchhalten*, 1555).

19 A. C. Littleton and B. S. Yamey, eds., *Studies in the History of Accountancy* (Homewood, IL, 1956), 224–225; Valentin Groebner, 'Inside Out: Clothes, Dissimulation, and the Arts of Accounting in the Autobiography of Matthäus Schwarz, 1496–1574', *Representations* 66 (1999): 100–121 (114).
20 울린 푸거가 연루되었던 범죄 사건은 Max Jansen, *Die Anfänge der Fugger* (Leipzig, 1907), 168–169 참조. 푸거 가문의 초기 역사는 Mark Häberlein, *The Fuggers of Augsburg: Pursuing Wealth and Honor in Renaissance Germany* (Charlottesville, VA, and London, 2012), 9–30 참조.
21 Greg Steinmetz, *The Richest Man Who Ever Lived: The Life and Times of Jacob Fugger* (New York, 2015), 18–19.
22 Jansen, *Die Anfänge der Fugger*, 57. 인용문은 Richard Ehrenberg, *Das Zeitalter der Fugger*, 3rd ed., vol. 1 (Jena, 1922), 89.
23 Christoph Bellot, 'Zur Augsburger Fuggerkapelle', in *Humanismus und Renaissance in Augsburg*, ed. G. M. Muller (Berlin, 2010), 445–490 (487–488); *Denkwürdigkeiten von Hans von Schweinichen*, ed. H. Osterley (Breslau, 1878), 77.
24 Steinmetz, *Richest Man Who Ever Lived*, 29.
25 Steinmetz, *Richest Man Who Ever Lived*, 45–46; Jacob Strieder, *Die Inventur der Firma Fugger aus dem Jahre 1527* (Tübingen, 1905), 44–45.
26 Ehrenberg, *Das Zeitalter der Fugger*, 145.
27 Ján Novak, 'Die Bedeutung der Wasserenergie für die Entwicklung des Bergbaus in Europa in die Epoche des Feudalismus', *Technikatörténeti Szemle* 8 (1975–1976): 237–42 (239); Rady, 'The Hungarian Copper Trade and Industry', 23–25. 뉴커먼 증기기관에 관해서는 Jacob Leupold, *Theatrum Machinarum Hydraulicarum*, vol. 2 (Leipzig, 1725), 94–96을 참조하라.
28 Irena Gieysztorowa, 'Research into the Demographic History of Poland', Acta Poloniae Historica 18 (1968): 5–17; J. C. Russell, 'Late Ancient and Medieval Population', *Transactions of the American Philosophical Society* 48, no. 3 (1958): 1–152 (123–129).
29 도시 인구에 관한 자료는 Isenmann, *Die deutsche Stadt im Mittelalter*, 62 참조.

제12장 도자기 가게 안의 용과 합스부르크 가문의 상상력
1 František Palacký, *Geschichte von Böhmen*, vol. 3, part 1 (Prague, 1845), 419–423.
2 *Die Klingenberger Chronik*, ed. A. Henne (Gotha, 1861), 208–209.
3 János Thuróczy, *Chronicle of the Hungarians*, ed. Frank Mantello (Bloomington, 1991), 43–52.
4 *Codex Diplomaticus Hungariae ecclesiasticus ac civilis*, ed. G. Fejér, vol. 10, part 4 (Buda, 1841), 682–694.
5 *RTA*, 8, 373: noted by Mark Whelan, 'Sigismund of Luxemburg and the Imperial Response to the Ottoman Turkish Threat, c. 1410–1437' (PhD thesis, University of

London, 2014), 42.
6 *Sopron szabad királyi város története*, ed. J. Házi, vol. 1, part 2 (Sopron, 1923), 54; Balázs Nagy, 'Ceremony and Diplomacy: The Royal Summit in Buda in 1412', in *The Jagiellonians in Europe: Dynastic Diplomacy and Foreign Relations*, ed A. Bárány (Debrecen, 2016), 9–18.
7 Klaus H. Feder, 'Die ritterliche ungarische Gesellschaft vom Drachen', *Zeitschrift der Österreichischen Gesellschaft für Ordenskunde* 36 (1999): 1–20.
8 Whelan, 'Sigismund of Luxemburg', 94.
9 Veronika Novák, 'Sárkány a porcelánboltban: Luxemburgi Zsigmond és a párizsi ceremóniák', in *Francia–magyar kapcsolatok a középkorban*, ed. A. Györkös and G. Kiss (Debrecen, 2016), 253–269.
10 Ferencz Toldy, *A magyar történeti költészet Zrínyi elott*, part 1 (Vienna, 1850), 21–22를 토대로 했다.
11 J. H. Wylie and W. T. Waugh, *The Reign of Henry V*, vol. 3 (Cambridge, 1929), 9–10.
12 Norman Simms, 'The Visit of King Sigismund to England, 1416', *Hungarian Studies Review* 17, no. 2 (1990): 21–29.
13 Whelan, 'Sigismund of Luxemburg', 53.
14 Theodor von Sickel, 'Zur Geschichte der Siegel Kaiser Sigismund's', *Anzeiger für Kunde der Deutschen Vorzeit* (new series) 19 (1872): 14; Bettina Pferschy-Maleczek, 'Der Nimbus des Doppeladlers: Mystik und Allegorie im Siegelbild Kaiser Sigmunds', *Zeitschrift für Historische Forschung* 23, no. 4 (1996): 433–471. 또한 Len Scales in *English Historical Review* 124 (2009): 944–946.
15 Karl-Friedrich Krieger, *Die Habsburger im Mittelalter* (Stuttgart, 2004), 171.
16 Heinrich Koller, *Kaiser Friedrich III* (Darmstadt, 2005), 81–82, 251–253; Oswald von Wolkenstein, *Songs from a Single Eye: Oswald von Wolkenstein*, trans. Richard Sieburth (New York, 2019), 19–20.
17 Ralf Mitsch, 'Die Gerichts- und Schlichtungs-Kommissionen Kaiser Friedrich III', in *Das Reichskammergericht. Der Weg zu seiner Gründung und die ersten Jahrzehnte seines Wirkens (1451–1527)*, ed. B. Diestelkamp (Cologne, Weimar, and Vienna, 2013), 7–77 (58); Ralf Mitsch, *Das Kommissionswesen unter Kaiser Friedrich III* (Mannheim, 2000), 640–680.
18 Peter Moraw, 'The Court of the German King and of the Emperor at the End of the Middle Ages, 1440–1519', in *Princes, Patronage and the Nobility: The Court at the Beginning of the Modern Age c. 1450–1650*, ed. R. G. Asch and A. M. Birke (Oxford, 1991), 103–137 (118).
19 문장의 필사본에 대해서는 OeSta/HHStA, HS W84를 보라.
20 『영주 95인의 연대기』의 필사본에 관련해서는 다음을 참조하라. Christoph J. Hagermann, *Geschichts ktion im Dienste territorialer Macht. Die Chronik von den 95*

Herrschaften des Leopold von Wien (Heidelberg, 2017), 9.
21 P. Terjanien, ed., *The Last Knight: The Art, Armor, and Ambition of Maximilian I* (New York, 2019), 17–37.
22 Duncan Hardy, *Associative Political Culture in the Holy Roman Empire: Upper Germany, 1346–1521* (Oxford, 2018), 247.
23 "관점에 따라 아무것도 아니거나……"는 Rebecca Boone, 'Empire and Medieval Simulacrum: A Political Project of Mercurino di Gattinara, Grand Chancellor of Charles V', *Sixteenth Century Journal* 42, no. 4 (2011): 1027–1049 (1032)를 참조하라.

제13장 까마귀 왕의 도서관과 중앙유럽의 르네상스

1 Antonio Bonfini, *Decades Rerum Hungaricarum*, 4. 3 (Leipzig, 1771), 577.
2 *Mátyás király levelei*, ed. Vilmos Fraknói, 2 vols. (Budapest, 1893–1895), 1:51, 1:124, 2:5, 2:56, 2:87, 2:105, 2:298.
3 András A. Deák, 'Az esztergomi reneszánsz vízgép históriája', *Hidrológiai Közlöny* 88, no. 3 (2008): 13–22 (15–16); László Zolnay, *A középkori Esztergom* (Budapest, 1983), 190.
4 Antonio Bonfini, *Decades Rerum Hungaricarum*, 4. 7 (Leipzig,1771), 646–647.
5 추가적인 내용은 Martyn Rady, 'The Corvina Library and the Lost Royal Hungarian Archive', in *Lost Libraries: The Destruction of Great Book Collections Since Antiquity*, ed. James Raven (Basingstoke and New York, 2004), 91–105를 참조하라.
6 M. G. Kovachich, *Scriptores rerum Hungaricarum minores*, vol. 1 (Buda, 1798), 347; József Teleki, *Hunyadiak kora Magyarországon*, vol. 5 (Pest, 1856), 511.
7 Csaba Csapodi, *The Corvinian Library: History and Stock* (Budapest, 1973), 57–61; Ireneo Affò, *Memorie di Taddeo Ugoleto* (Parma, 1781), 30–31.
8 László Kontler, *Millennium in Central Europe: A History of Hungary* (Budapest, 1999), 126에서 인용. 또한 Pál Engel, *Realm of St Stephen: A History of Medieval Hungary, 895–1526* (London and New York, 2001), 320. 헌도 죄르지에 대해서는 Dániel Pócs, 'The Codices of György Handó', *Hungarian Historical Review* 8, no. 3 (2019): 508–572 를 참조하라.
9 Ana Maria Gruia, 'Fashionable Stove Tiles in Slovakia and Slavonia During the Fifteenth Century' in *Slovakia and Croatia: Historical Parallels and Connections*, ed. Veronika Kucharská et al. (Zagreb and Bratislava, 2013), 316–328.
10 Jürgen Soenke, 'Die Wesererrenaissance', *Burgen und Schlösser* 10, no. 2 (1969): 33–37; Michael Baxandall, *The Limewood Sculptors of Renaissance Germany* (New Haven and London, 1980).
11 Jan Bialostocki, *The Art of the Renaissance in Central Europe* (Ithaca, NY, and Oxford, 1976), 85, cited in Thomas DaCosta Kaufmann, *Court, Cloister and City: The Art and Culture of Central Europe 1450–1800* (London, 1995), 48; Peter Burke, *Hybrid Renaissance: Culture, Language, Architecture* (Budapest and New York, 2016), 11–42에

서 인용.

12　Jan Piet Filedt Kok, 'Antwerp Mannerism', *Burlington Magazine* 148, no. 1237 (2006): 287–289.

13　Jeannie Łabno, 'Child Monuments in Renaissance Poland', *Sixteenth Century Journal* 37, no. 2 (2006): 351–374.

14　아이들의 얼굴에 관한 내용은 Michael Baxandall, *Painting and Experience in Fifteenth-Century Italy* (Oxford, 1972), 58–59를 참조하라.

15　Czesław Miłosz, *The History of Polish Literature*, 2nd ed. (Berkeley, 1983), 21–22. 또한 www.staropolska.pl 'Conversations of a Master with Death', translated by M. J. Mikos 도 참조하라. 뒤러의 그림에서 나타나는 죽음의 성별화에 관해서는 Christine Welch, 'Images of Death in Art and Literature', in *Death, Burial, and Remembrance in Late Medieval and Early Modern Europe, c. 1300–1700*, ed. P. Booth and E. C. Tingle (Leiden and Boston, 2021), 272–299 (283) 참조.

16　Seeta Chaganti, 'Danse Macabre and the Virtual Churchyard', *Postmedieval: A Journal of Medieval Cultural Studies* 3, no. 1 (2012): 7–26.

17　미켈란젤로에 관한 내용은 James Snyder, *The Renaissance in the North* (New York, 1987), 6. 형제단과 개혁 성향의 수도원에 대해서는 László Mezey, 'A Devotio moderna a dunai országokban', *Egyetemi könyvtár évkönyvei* 5 (1970): 223–237; G. Sarbak, 'Die ungarische Pauliner und die Devotio Moderna', in *Wessel Gansford (1419–1489) and Northern Humanism*, ed. F. Akkerman et al. (Leiden, New York, and Cologne, 1993), 170–179 참조.

18　James H. Over eld, *Humanism and Scholasticism in Late Medieval Germany* (Princeton, 1984), 4–9.

19　Rudolph Agricola (c. 1443–1485), given in Johannes Rivius, *Libellus, de ratione docendi* (Louvain, 1550), 77에서 인용.

20　Lewis W. Spitz, *The Religious Renaissance of the German Humanists* (Cambridge, MA, 1963), 81–109.

21　"학식의 심화와 더 나은 도덕적 삶"은 Spitz, *Religious Renaissance*, 32–33 참조.

22　Gulielmus Gnapheus, *Morosophus. Ein törichter Weise*, ed. Hans-Dieter Hoffmann (Frankfurt a/M, 2010), 9–24; 더 광범위한 내용은 Jacqueline Glomski, *Patronage and Humanist Literature in the Age of the Jagiellons* (Toronto, Buffalo, and London, 2007).

23　소시지에 관한 내용은 다음을 참조하라. H. Babucke, Wilhelm Gnapheus, *ein Lehrer aus dem Reformationszeitalter* (Emden, 1875).

24　J.-F. Poudret and Jeanne Gallone-Brack, eds., *Les Sources du droit du Canton de Vaud. A: Coutume. 1: Enquêtes* (Lausanne, 1972), 125.

25　Martyn Rady, *Customary Law in Hungary: Courts, Texts, and the Tripartitum* (Oxford, 2015), 152–156.

26　Georg Dahm, 'On the Reception of Roman and Italian Law in Germany', in *Pre-

Reformation Germany, ed. G. Strauss (London and Basingstoke, 1972), 282–315 (308–311).

제14장 루터의 종교개혁과 작센의 궁정화가

1 Dirk Syndram et al., eds., *Kurfürst Friedrich der Weise von Sachsen (1463–1525)* (Dresden, 2014).
2 Alister E. McGrath, *Luther's Theology of the Cross: Martin Luther's Theological Breakthrough*, 2nd ed. (Malden, MA, 2011), 22–27.
3 Alister E. McGrath, *Theology: The Basics*, 4th ed. (Chichester, 2017), 12.
4 Roland H. Bainton, 'Thomas Müntzer: Revolutionary Firebrand of the Reformation', *Sixteenth Century Journal* 13, no. 2 (1982): 3–16 (9)에서 인용.
5 카를슈타트의 아내의 초상화로 추정되는 그림에 관해서는 Alejandro Zorzin, 'Ein Cranach-Porträt des Andreas Bodenstein von Karlstadt', *Theologische Zeitschrift* 70 (2013): 4–24를 참조하라.
6 *The Essential Carlstadt*, ed. E. J. Furcha (Walden, NY, 2019), 122–123에서 인용.
7 Valentin von Tetleben, *Protokoll des Augsburger Reichstages 1530*, ed. H. Grundmann (Göttingen, 1958), 151.
8 Erwin Iserloh, Joseph Glazik, and Hubert Jedin, *Reformation and Counter-Reformation* (London, 1980), 76; Terry Lindvall, *God Mocks: A History of Religious Satire* (London and New York, 2015), 88–89.
9 Mark U. Edwards Jr., *Printing, Propaganda, and Martin Luther* (Berkeley, 1994), 14–39.
10 Ulinka Rublack, *Reformation Europe* (Cambridge, 2017), 78–83.
11 Bobbi Dykema, 'The Ass in the Seat of St Peter: Defamation of the Pope in Early Lutheran Flugschriften', in *Character Assassination Throughout the Ages*, ed. M. Icks and E. Shiraev (New York, 2014), 153–171.
12 Steven Ozment, *The Serpent and the Lamb: Cranach, Luther, and the Making of the Reformation* (New Haven and London, 2011), 107.
13 *Die Welt des Hans Sachs* (Exhibition Catalogue, Nuremberg, 1976), 4–6; Rosemarie Bergmann, 'Hans Sachs Illustrated: Pamphlets and Broadsheets in the Service of the Reformation', *RACAR: revue d'art canadienne / Canadian Art Review* 17, no. 1 (1990): 9–16, 89–91.
14 *Kozmogra a ceská* (Prague, 1554). Mirjam Bohatcová, 'The Book and the Reformation in Bohemia and Moravia', in *The Reformation and the Book*, ed. J.-F. Gilmont (Aldershot, 1998), 385–409.
15 Natalia Nowakowska, 'Forgetting Lutheranism: Historians and the Early Reformation in Poland', *Church History and Religious Culture* 92, nos. 2/3 (2012): 281–303.
16 Tobias Stich, *Buchdruck im Konfessionellen Zeitalter. Die Drucke der Offzin Osterberger in Königsberg* (Munich, 2014), 18–19.

17　Natalia Nowakowska, *King Sigismund and Martin Luther: The Reformation Before Confessionalization* (Oxford, 2018), 115.
18　Howard Louthan, *The Quest for Compromise: Peacemakers in Counter-Reformation Vienna* (Cambridge, 1997), 15.
19　James D. Tracy, *Emperor Charles V, Impresario of War: Campaign Strategy, International Finance, and Domestic Politics* (Cambridge, 2002), 213.
20　Martyn Rady, *The Emperor Charles V* (London and New York, 1988), 51.
21　Ute Lotz-Heumann and Matthias Pohlig, 'Confessionalization and Literature in the Empire, 1555–1700', *Central European History* 40, no. 1 (2007): 35–61 (46).

제15장 오스만인들과 중앙유럽의 긴 변경

1　T. M. Izbicki et al., eds., *Reject Aeneas, Accept Pius: Selected Letters of Aeneas Sylvius Piccolomini (Pope Pius II)* (Washington, DC, 2006), 315; Norman Housley, 'Christendom's Bulwark: Croatian Identity and the Response to the Ottoman Advance', *Transactions of the Royal Historical Society* (sixth series), 24 (2014): 149–164 (151).
2　모하치 전투 이전의 헝가리의 국력에 관해서는 Martyn Rady, 'Fiscal and Military Developments in Hungary During the Jagello Period', *Chronica* (Szeged), 11 (2011): 85–98 참조.
3　Géza Kathona, *Fejezetek a török hódoltsági reformáció történetébol* (Budapest, 1974), 50.
4　Catherine Wendy Bracewell, *The Uskoks of Senj: Piracy, Banditry, and Holy War in the Sixteenth-Century Adriatic* (Ithaca and London, 1992), 19–36; Wendy Bracewell, 'Ritual Brotherhood Across Frontiers in the Eastern Adriatic Hinterland, Sixteenth to Eighteenth Centuries', *History and Anthropology* 27, no. 3 (2016): 338–358.
5　István Kenyeres and Géza Pálffy, 'A Habsburg monarchia és a magyar királyság had- és pénzügyigazgatásának fejlodése a 16–17. században', *Századok* 152, no. 5 (2018): 1033–1076 (1038–1051).
6　Géza Pálffy, 'Ransom Slavery Along the Ottoman–Hungarian Frontier in the Sixteenth and Seventeenth Centuries', in *Ransom Slavery Along the Ottoman Borders*, ed. G. Dávid and P. Fodor (Leiden, Boston, and Cologne, 2007), 35–83; John Smith, *Travels and Works of Captain John Smith*, ed. E. Arber, vol. 2 (Edinburgh, 1910), 839.
7　Gustav Bayerle, 'One Hundred Fifty Years of Frontier Life in Hungary', in *From Hunyadi to Rákóczi: War and Society in Late Medieval and Early Modern Hungary*, ed. J. M. Bak and B. K. Király (New York, 1982), 227–242 (236).
8　Nataša Štefanec, 'Demographic Changes on the Habsburg-Ottoman Border in Slavonia (c. 1570–1640)', in *Das Osmanische Reich und die Habsburgermonarchie*, ed. M. Kurz et al. (Munich and Vienna, 2005), 551–578.
9　Gunther Erich Rothenberg, 'Antemurales Christianitatis: The Austrian Military Border in Croatia 1522–1749' (PhD thesis, University of Illinois at Urbana-Champaign,

1958), 41, 56. 합스부르크 장교의 보고는 *Stephan Gerlachs dess Aeltern Tage-Buch*, ed. David Ungnad (Frankfurt a/M, 1674), 305에서 인용. 평론가의 말은 Johann Weikhard von Valvasor, *Die Ehre dess Herzogthum Crains*, vol. 4 (Nuremberg, 1689), 75에서 인용.

10 경계구역의 초기 행정에 관해서는 다음을 참고하라. Rainer Egger, 'Hofkriegsrat und Kriegsministerium als zentrale Verwaltungsbehörden der Militärgrenze, *Mitteilungen des Österreichischen Staatsarchivs* 43 (1993): 74–93 (76–79).

11 Michael J. Polczynski, 'The Wild Fields: Power and Space in the Early Modern Polish–Lithuanian/Ottoman Frontier' (PhD thesis, Georgetown University, 2016), 74. 야생 평원에 관한 묘사는 Michalon Lituanus, *De moribus Tatarorum, Litvanorum et Moschorum* (Basle, 1615), 2를 보라.

12 리투아니아의 상서국에 관한 정보는 *The Lithuanian Metrica: History and Research*, ed. Artras Dubonis et al. (Boston, 2020)에서 찾을 수 있다.

13 루블린 연합 조약과 관련해서는 다음을 참조하라. Richard Butterwick, *The Polish-Lithuanian Commonwealth: Light and Flame* (New Haven and London, 2020), 14–15.

14 Dariusz Kołodziejczyk, 'Slave Hunting and Slave Redemption as a Business Enterprise: The Northern Black Sea Region in the Sixteenth to Seventeenth Centuries', *Oriente Moderno* (new series) 25, no. 1 (2006): 149–159; Brian L. Davies, *Warfare, State and Society on the Black Sea Steppe, 1500–1700* (Abingdon and New York, 2007), 24.

15 Serhii Plokhy, *The Gates of Europe: The History of Ukraine* (London, 2015), 77, citing Michalon Lituanus, *De moribus Tatarorum, Litvanorum et Moschorum*, 36.

16 Michalon Lituanus, *De moribus Tatarorum, Litvanorum et Moschorum*, 36.

17 Linda Gordon, *Cossack Rebellions: Social Turmoil in the Sixteenth-Century Ukraine* (Albany, NY, I983), 40.

18 코사크 전사들과 관련해서는 Robert I. Frost, *The Northern Wars: War, State and Society in Northeastern Europe, 1558–1721* (London and New York, 2000), 50을 참조하라.

19 Gordon, *Cossack Rebellions*, 87.

20 George H. Williams, 'Protestants in the Ukraine During the Period of the Polish–Lithuanian Commonwealth', *Harvard Ukrainian Studies* 2, nos. 1–2 (1978): 41–72, 184–210.

21 *The Complete Kobzar: The Poetry of Taras Shevchenko*, trans. Peter Fedynsky (London, 2013), 148–239; Andrew Wilson, *The Ukrainians: Unexpected Nation*, 3rd ed. (New Haven and London, 2009), 90–95.

제16장 관용, 마술사, 그리고 연금술에 빠진 황제

1 수치는 Arlette Jouana, *The St Bartholomew's Day Massacre: The Mysteries of a Crime of State* (Manchester, 2007), 135, 143; Robert Payne and Nikita Romanoff, *Ivan the Terrible* (New York, 1975), 354를 참조하라.

2   Eamon Duffy, *Fires of Faith: Catholic England Under Mary Tudor* (New Haven and London, 2009), 79.
3   *Die Reisen des Samuel Kiechel*, ed. K. D. Haszler (Stuttgart, 1866), 102, noted in David Frick, *Kith, Kin, and Neighbors: Communities and Confessions in Seventeenth-Century Wilno* (Ithaca and London, 2013), 1.
4   R. J. W. Evans, *The Making of the Habsburg Monarchy* (Oxford, 1979), 10; 종교 분파에 관한 최근의 연구는 J. G. Hering, *Compendieuses Kirchen- und Ketzer-Lexicon* (Schneeberg, 1731, and many later editions)을 참조하라.
5   P. D. Rosi da Porta, *Historia Reformationis Ecclesiarum Raeticarum*, vol. 1 (Chur, 1771), 146.
6   Randolph C. Head, 'The Swiss Reformations: Movements, Settlements, and Reimagination, 1520–1720', in *The Oxford Handbook of the Protestant Reformations*, ed. U. Rublack (Oxford, 2016), 167–185 (181); Thomas Maissen, 'Disputatio de Helvetiis, an Natura Consentiant. Frühneuzeitliche Annäherungen an die schweizer Konsensbereitschaft', *Traverse* 9, no. 3 (2001): 39–55 (42–43).
7   *Erdélyi országgyülési emlékek*, ed. S. Szilágyi, vol. 2 (Budapest, 1876), 231, 343, and vol. 3 (Budapest, 1877), 472.
8   Michael Doeberl, *Entwickelungsgeschichte Bayerns*, vol. 1 (Munich, 1908), 408–410.
9   David R. Holeton, 'Fynes Moryson's Itinerary: A Sixteenth Century English Traveller's Observations on Bohemia, Its Reformation, and Its Liturgy', in *The Bohemian Reformation and Religious Practice*, ed. Z. V. David and D. R. Holeton, vol. 5, part 2 (Prague, 2005), 379–411 (391); Peter J. Klassen, *Mennonites in Early Modern Poland and Prussia* (Baltimore, 2009), 15.
10 Lazarus von Schwendi, 'Bedencken an Kayser Maximilianum II', given in Johann Christian Lünig, *Europäische Staats-Consilia, oder curieuse Bedencken*, vol. 1 (Leipzig, 1715), 336–353 (347–349); Howard Louthan, *The Quest for Compromise: Peacemakers in Counter-Reformation Vienna* (Cambridge, 1997), 114–115. 폴란드 관용법의 내용은 Norman Davies, *God's Playground: A History of Poland*, rev. ed., vol. 1 (Oxford, 2005), 126.
11 Ross Dealy, *The Stoic Origins of Erasmus' Philosophy of Christ* (Toronto, 2017), 338–339; A. G. Dickens and Whitney R. D. Jones, *Erasmus the Reformer* (London, 2000), 118.
12 Horace, *The Complete Odes and Epodes*, 2. 10, trans. D. West (Oxford, 1997), 64; Howard Louthan, *The Quest for Compromise: Peacemakers in Counter-Reformation Vienna* (Cambridge, 1997), 23.
13 Michael Sendivogius, given in S. J. Linden, ed., T*he Alchemy Reader: From Hermes Trismegistus to Isaac Newton* (Cambridge, 2003), 176에서 인용.
14 King's College Library, Cambridge, Keynes MS 28, fol. 2 r–v (spelling adjusted).
15 천사를 조종하는 트리테미우스의 방법과 관련해서는 Francis Barrett, *The Magus or*

Celestial Intelligencer, book 2, part 4 (London, 1801), 131–140. 이 판본에는 독자를 향한 경고가 담겨 있다.

16 Thomas DaCosta Kaufmann, 'Arcimboldo's Imperial Allegories', *Zeitschrift für Kunstgeschichte* 39, no. 4 (1976): 275–296.

17 R. J. W. Evans, *Rudolf II and His World: A Study in Intellectual History* (Oxford, 1984), 45, 84.

18 Karl Vocelka and Lynne Heller, *Die Lebenswelt der Habsburger. Kultur und Mentalitätsgeschichte einer Familie* (Graz, Vienna, and Cologne, 1997), 98.

19 Stanisław Mossakowski, 'The Symbolic Meaning of Copernicus' Seal', *Journal of the History of Ideas* 34 (1973): 451–460 (459).

20 Antonín Švedja, 'Science and Instruments', in Fuciková et al., *Rudolf II and Prague*, 618–619.

21 Pavel Chadima and Martin Šolc, 'Astronomy and Musaeum Mathematicum at Clementinum College in Prague', *Acta Universitatis Carolinae. Mathematica et Physica* 46 (Suppl., 2005): 173–183.

22 프라하에서 보낸 루돌프의 말년에 관련해서는 Gertrude von Schwarzenfeld, *Rudolf II. Ein deutscher Kaiser am Vorabend des Dreissigjährigen Krieges*, 2nd ed. (Munich, 1979), 256–259를 참조하라.

제17장 가톨릭교의 복원과 중앙유럽의 30년전쟁

1 Roscoe Lamont, 'The Reform of the Julian Calendar', *Popular Astronomy* 28 (1920): 18–32.

2 Felix Stieve, *Der Kalenderstreit des sechzehnten Jahrhunderts in Deutschland* (Munich, 1880), 29; János Cikkei Herepei, *Adattár xvii. századi szellemi mozgalmaink történetéhez*, vol. 3 (Budapest and Szeged, 1971), 86.

3 Felix Maissen, 'Der Kalenderstreit in Graubünden (1582–1812)', *Bündner Monatsblatt*, nos. 9–10 (1960): 253–273.

4 Anthony Ruff, 'Catholic Reformation Hymnody', in *Hymns and Hymnody: Historical and Theological Introductions*, ed. M. A. Lamport et al., vol. 2 (Cambridge, 2019), 78–90.

5 중앙유럽의 예수회와 관련한 정보는 다음을 참조하라. Paul Shore, *Narratives of Adversity: Jesuits on the Eastern Peripheries of the Habsburg Realms (1640–1773)* (Budapest and New York, 2012). 폴란드에 관해서는 Janusz Tazbir, *A State Without Stakes: Polish Religious Toleration in the Sixteenth and Seventeenth Centuries* (New York, 1973)를 참조하라.

6 Mikhail Dmitriev, 'The Religious Programme of the Union of Brest in the Context of the Counter-Reformation in Eastern Europe', *Journal of Ukrainian Studies* 17, no. 1 (1992): 29–43.

7 Serhii Plokhy, *The Cossacks and Religion in Early Modern Ukraine* (Oxford, 2001), 129.

8   Liudmila V. Charipova, *Latin Books and the Eastern Orthodox Clerical Elite in Kiev, 1632–1780* (Manchester and New York, 2006), 158; Andrew Wilson, *Belarus: The Last European Dictatorship*, 2nd ed. (New Haven and London, 2021), 48–53.
9   Dieter Albrecht, *Maximilian I. von Bayern 1573–1651* (Munich, 1998), 37.
10 Michael Doeberl, *Entwickelungsgeschichte Bayerns*, vol. 1 (Munich, 1908), 414.
11 Maximilian Lanzinner, 'Der Landsberger Bund und seine Vorläufer', in *Alternativen zur Reichsverfassung in der Frühen Neuzeit?*, ed. V. Press (Munich 1995), 65–79.
12 Guilielmus Lamormaini, *Ferdinandi II. Romanorum Imperatoris Virtutes* (Antwerp, 1638), 189.
13 Robert Bireley, *Ferdinand II, Counter-Reformation Emperor, 1578–1637* (Cambridge, 2014), 33; August Dimitz, *Geschichte Krains*, vol. 3 (Ljubljana, 1875), 271.
14 마티아스의 협상과 관련해서는 Bernd Rill, *Kaiser Matthias. Bruderzwist und Glaubenskampf* (Graz, Vienna, and Cologne, 1999), 287를 참조하라.
15 갱신 헌법의 내용은 C. A. Macartney, *The Habsburg and Hohenzollern Dynasties in the Seventeenth and Eighteenth Centuries* (New York, 1970), 39–45를 보라.
16 Michael Frisch, *Das Restitutionsedikt Kaiser Ferdinands II. vom 6 März 1629* (Tübingen, 1993), 100–129.
17 Sigrun Haude, 'The Experience of War', in *The Ashgate Research Companion to the thirty Years' War*, ed. O. Asbach and P. Schröder (London and New York, 2014), 257–268 (262). "좀비 같은 살인 집단"은 Simon Winder, *Germania: A Personal History of Germans Ancient and Modern* (London, 2010), 175.
18 *Peter Hagendorf—Tagebuch eines Söldners aus dem Dreissigjährigen Krieg*, ed. J. Peters (Göttingen, 2012), 51–53.
19 Mark Hengerer, *Kaiser Ferdinand III (1608–1657). Eine Biographie* (Vienna, Cologne, and Weimar, 2012), 294–295.
20 Małgorzata Morawiec, 'Die schlesischen Friedenskirchen', in *Der Westfälishe Friede*, ed. H. Duchhardt (Munich, 1998), 741–756.

제18장 농촌의 상태

1   농민을 노예로 전락시키는 법과 관련해서는 David M. Luebke, *His Majesty's Rebels: Communities, Factions, and Rural Revolt in the Black Forest, 1725–1745* (Ithaca and London, 1997), 177 참조.
2   Jerzy Lukowski, 'The Peasantry of Poland-Lithuania on the Eve of the French Revolution', *History of European Ideas 12*, no. 3 (1990): 377–393.
3   Carsten Porskrog Rasmussen, 'Innovative Feudalism: The Development of Dairy Farming and *Koppelwirtschaft* on Manors in Schleswig-Holstein in the Seventeenth and Eighteenth Centuries', *Agricultural History Review* 58, no. 2 (2010): 172–190; Karin Friedrich, *Brandenburg-Prussia, 1466–1806* (Basingstoke and New York, 2012), 60.

4   John Paget, *Hungary and Transylvania*, vol. 1 (Philadelphia, 1850), 177.
5   *Corpus Constitutionum Nassovicarum*, ed. A. F. Rühle von Lilienstern, vol. 1 (Dillenburg, 1796), 509.
6   Péter Tóth, 'Kóborlás és letelepedés (A magyarországi cigányok feudális kori történetéhez)', *Levéltári Évkönyv* 7 (1994): 17–26.
7   Béla Kéri Nagy, 'A cigányok évezredes vándorútja a távoli keletrol a Kárpát-medencébe', *Gyökerek. A Dráva Múzeum tanulmánykötete*, ed A. Mészáros (Barcs, 2007), 11–37 (15–16); Balázs Szuk, 'Adalékok az erdélyi cigányságnak a 14. század végétol 1893-ig terjedo történetéhez', *Muvelodés* 65 (April 2012): 26–29.
8   Lech Mróz, *Roma-Gypsy Presence in the Polish-Lithuanian Commonwealth* (Budapest and New York, 2015), 281–283; Heinrich von Brandt, *Aus dem Leben des Generals der Infanterie*, vol. 1 (Berlin, 1863), 487.
9   István Szabó, *Ugocsa megye* (Budapest, 1937), 38, 48, 247–256, 286.
10 Waldemar Kowalski, *The Great Immigration: Scots in Cracow and Little Poland, Circa 1500–1660* (Leiden and Boston, 2016), 7–24; A. Francis Steuart, *Papers Relating to the Scots in Poland, 1576–1793* (Edinburgh, 1915).
11 Fabian Wittreck, 'The Old Armenian Lawcode of Lemberg', in *Diaspora, Law and Literature*, ed. K. Stierstorfer and D. Carpi (Berlin, 2017), 155–170.
12 Yuri Slezkine, *The Jewish Century* (Princeton and Oxford, 2004), 4–39.
13 J. Friedrich Battenberg, *Die Juden in Deutschland vom 16. bis zum Ende des 18. Jahrhunderts* (Munich, 2001), 10; Gyozo Ember, 'Magyarország lakossága a xviii. században', *Somogy megye múltjából. Levéltári évkönyv* 20 (1989): 33–68 (52–54); Stefan Plaggenborg, 'Maria Theresa und die böhmischen Juden', *Bohemia* 39, no. 1 (1998): 1–16; Gershon David Hundert, *Jews in Poland-Lithuania in the Eighteenth Century* (Berkeley and Los Angeles, 2004), 23–29.
14 Diethard Aschoff, 'Judenkennzeichnung und Judendiskriminierung in Westfalen bis zum Ende des Alten Reiches', *Aschkenas* 3, no. 1 (1993): 15–47.
15 F. L. Carsten, 'The Court Jews: A Prelude to Emancipation', *Leo Baeck Institute Yearbook* 3, no. 1 (1958): 140–156 (145).
16 Gershon David Hundert, *Jews in Poland-Lithuania in the Eighteenth Century* (Berkeley and Los Angeles, 2004), 7–8; Antony Polonsky, *The Jews in Poland and Russia: A Short History* (Oxford, 2013), 11.
17 Hillel Levine, 'Gentry, Jews, and Serfs: The Rise of Polish Vodka', *Review (Fernand Braudel Center)* 4, no. 2 (1980): 223–250에서 인용.
18 Ada Rapoport-Albert, 'A Reevaluation of the "Khmelnytsky Factor": The Case of the Seventeenth-Century Sabbatean Movement', in *Stories of Khmelnytsky: Competing Literary Legacies of the 1648 Ukrainian Cossack Uprising*, ed. A. M. Glaser (Stanford, 2015), 47–59 (49–50).

19 Anna Shternshis, 'Beggars and Begging', in *YIVO Encyclopedia of Jews in Eastern Europe*, https://yivoencyclopedia.org/article.aspx/Beggars_and_Begging; Christoph Kühn, *Jüdische Delinquenten in der frühen Neuzeit* (Potsdam, 2008), 35–37.
20 Günther Heinrich von Berg, *Handbuch des Teutschen Policeyrechts*, 2nd ed., vol. 1 (Hanover, 1802), 286.
21 Jonathan Karp, *The Politics of Jewish Commerce: Economic Thought and Emancipation in Europe, 1638–1848* (Cambridge, 2008), 102–103.

제19장 관방학자들의 인간 실험실

1 Martyn Rady, *The Habsburg Empire: A Very Short Introduction* (Oxford, 2017), 61.
2 Johann August Schlettwein, *Grundwahrheiten der gesellschatlichen Ordnung* (Giessen, 1777), 4; T. C. W. Blanning, *Joseph II and Enlightened Despotism* (London, 1970), 3.
3 "총체적 규제 계획"에 대해서는 Keith Tribe, *Strategies of Economic Order: German Economic Discourse, 1750–1950* (Cambridge, 1995), 21 참조.
4 *Memoirs of Prince Eugene of Savoy, written by himself* (London, 1811), 77.
5 John Stoye, *Marsigli's Europe 1680–1730: The Life and Times of Luigi Ferdinando Marsigli, Soldier and Virtuoso* (New Haven and London, 1994), 177–191.
6 Martyn Rady, 'Controverse istorico-istoriografice privind toponimul Banat', in *Identitate si Cultura. Studii privind istoria Banatului*, ed. Victor Neumann (Bucharest, 2009), 18–24.
7 "절대 영지"에 대해서는 Official Langer, *Serbien unter der kaiserlichen Regierung 1717–1739* (Vienna, 1889), 5를 참조하라.
8 János J. Varga, 'Die Notwendigkeit einer neuen Einrichtung Ungarns nach die Türkenzeit', in *Einrichtungswerk des Königreichs Hungarn (1688–1690)*, ed. J. Kálmár and J. J. Varga (Stuttgart, 2010), 9–83 (68).
9 Irina Marin, *Contested Frontiers in the Balkans: Habsburg and Ottoman Rivalries in Eastern Europe* (London and New York, 2013), 15; Matthias Bel, *Compendium Hungariae Geographicum* (Bratislava and Košice, 1779), 257.
10 William O'Reilly, 'Divide et impera: Race, Ethnicity and Administration in Early 18th-Century Habsburg Hungary', in *Minorities in Europe*, ed. G. Hálfdanarson and A. K. Isaacs (Florence, 2003), 77–103 (79); *Feldzüge des Prinzen Eugen von Savoyen*, vol. 16 (Vienna, 1891), 162; László Szita, 'A lutheránus németség bevándorlása és településtörténete Tolna megyében a xviii. században', *Tolna Megyei Levéltári Füzetek* 5 (1996): 5–23.
11 Franz Griselini, *Versuch einer politischen und natürlichen Geschichte des Temeswarer Banats*, vol. 1 (Vienna, 1780), 196.
12 Stephan Steiner, *Rückkehr Unerwünscht. Deportationen in der Habsburgermonarchie der Frühen Neuzeit und ihr europäischer Kontext* (Vienna, Cologne, and Weimar, 2014),

314. "독일인의 무덤"에 관해서는 Felix Milleker, *Die erste organisierte Kolonisation unter Mercy. 1722–1726* (Vršac, 1923), 7을 참조하라.
13 Timothy G. Anderson, 'Cameralism and the Production of Space in the Eighteenth-Century Romanian Banat: The Grid Villages of the Danube Swabians', *Journal of Historical Geography* 69 (2020): 55–67 (61), citing a decree of 1772.
14 Colin Thomas, 'The Anatomy of a Colonization Frontier: The Banat of Temesvar', *Austrian History Yearbook* 19, no. 2 (1984): 2–22 (12–13).
15 Robert Born, 'Bollwerk und merkantilistisches Laboratorium. Das Temeswarer Banat in der Planungen der Wiener Zentralstellen (1716–1778)', in *Grenzregionen der Habsburgermonarchie im 18. und 19. Jahrhundert*, ed. H.-C. Maner (Münster, 2005), 37–49 (45).
16 Ere Pertti Nokkala, 'The Machine of State in Germany—the Case of Johann Heinrich Gottlob von Justi (1717–1771)', *Contributions to the History of Concepts* 5, no. 1 (2009): 71–93 (82). 인간 실험실에 대해서는 Michael Hochedlinger, *Austria's Wars of Emergence: War, State and Society in the Habsburg Monarchy 1683–1797* (London, 2003), 228.
17 *Einrichtungswerk des Königreichs Hungarn (1688–1690)*, ed. J. Kálmár and J. J. Varga (Stuttgart, 2010), 131; Jeno Szentkláray, *Mercy kormányzata a temesi bánságban* (Budapest, 1909), 107.
18 Official Langer, *Serbien unter der kaiserlichen Regierung 1717–1739* (Vienna, 1889), 63.
19 Rodica Vârtaciu-Medele, *Barock im Banat. Eine europäische Kulturlandschaft* (Regensburg, 2012), 87–135.

제20장 큰 국가의 등장과 발바소르 시대의 황혼

1 Erik S. Reinert and Fernanda A. Reinert, 'Economic Bestsellers Published Before 1750', *European Journal of the History of Economic Thought* 25, no. 6 (2018): 1206–1263.
2 국가를 몸에 빗댄 비유는 V. L. von Seckendorff, *Teutsche Reden* (Leipzig, 1691), 321 참조.
3 *Dictionary of African Biography*, vol. 1 (Oxford, 2012), 493–494.
4 Friderich Rudolphi, *Gotha Diplomatica*, vol. 1 (Frankfurt a/M. and Leipzig, 1696), 103–105; Percy Stulz and Alfred Opitz, *Volksbewegungen in Kursachsen zur Zeit der Französischen Revolution* (Berlin, 1956), 153.
5 V. L. von Seckendorff, *Teutscher Fürsten-Staat* (Frankfurt and Leipzig, 1703), 63, 73; Ulrich Lange, 'Der ständestaatliche Dualismus—Bemerkungen zu einem Problem der deutschen Verfassungsgeschichte', *Blätter für deutsche Landesgeschichte* 117 (1981): 311–334.
6 Andreas Klinger, 'Veit Ludwig von Seckendorff's "Fürsten Stat" and the Duchy of Saxe-Gotha', *European Journal of Law and Economics* 19 (2005): 249–266.
7 A. J. P. Taylor, *English History 1914–1945* (Oxford, 1965), 1; Ronald G. Asch, 'Estates

and Princes After 1648: The Consequences of the Thirty Years' War', *German History* 6, no. 2 (1988): 113–132 (125).

8   Stefan Brakensiek, *Fürstendiener—Staatsbeamte—Bürger. Amtsführung und Lebenswelt der Ortsbeamten in niederrheinischen Kleinstädten* (1750–1830) (Göttingen, 1999), 132.

9   August Beck, *Ernst der Fromme*, vol. 1 (Weimar, 1865), 441.

10 Eduard Vehse, *Geschichte der Höfe des Hauses Sachsen*, vol. 2 (Hamburg 1854), 12–43; Jenny von der Osten, *Luise Dorothee. Herzogin von Sachsen-Gotha 1732–1767* (Leipzig, 1893), 13–14.

11 좀더 일반적인 내용으로는 다음을 참조하라. Christopher Storrs and H. M. Scott, 'The Military Revolution and the European Nobility, c. 1600–1800', *War in History* 3, no. 1 (1996): 1–41.

12 Ronald G. Asch, 'Staatsbildung und adlige Führungsschichten in der Frühen Neuzeit', *Geschichte und Gesellschaft* 33, no. 3 (2007): 375–397 (395–396).

13 Richard Brzezinski, *Polish Winged Hussar 1576–1795* (Oxford, 2006), 19–25; Jan K. Ostrowski et al., *Land of the Winged Horseman, 1572–1764* (New Haven and London, 1999), 208–209.

14 Felicia Roşu, *Elective Monarchy in Transylvania and Poland-Lithuania, 1569–1587* (Oxford, 2017), 76.

15 Jerzy Lukowski, *Disorderly Liberty: The Political Culture of the Polish-Lithuanian Commonwealth in the Eighteenth Century* (London and New York, 2010), 16.

16 Michael North, *Geschichte Mecklenburg-Vorpommerns* (Munich, 2015), 55.

17 Cathie Carmichael, 'The Fertility of Lake Cerknica', *Social History* 19, no. 3 (1994): 305–317; August Dimitz, *History of Carniola*, vol. 4 (Cleveland, 2013), 25–32.

제21장 프로이센 방식

1   Christopher Clark, 'When Culture Meets Power: The Prussian Coronation of 1701', in *Cultures of Power in Europe During the Long Eighteenth Century*, ed. H. Scott and B. Simms (Cambridge, 2007), 14–35.

2   '...mit dem stegrayf und den henden zu haufen gekrazt': Cordula Nolte, *Familie, Hof und Herrschaft. Das verwandtschaftliche Beziehungsund Kommunikationsnetz der Reichsfürsten am Beispiel der Markgrafen von Brandenburg-Ansbach (1440–1530)* (Ostfildern, 2005), 45.

3   Christopher Clark, *Iron Kingdom: The Rise and Downfall of Prussia, 1600–1947* (London, 2006), 73.

4   Matthew McCormack, 'Tall Histories: Height and Georgian Masculinities', *Transactions of the Royal Historical Society* 26 (2016): 79–101.

5   Peter H. Wilson, 'Social Militarization in Eighteenth-Century Germany', *German History* 18, no. 1 (2000): 1–39.

6　Clark, *Iron Kingdom*, 98–99.
7　Eckhart Hellmuth, 'Der Staat des 18. Jahrhunderts. England und Preußen im Vergleich', *Aufklärung* 9, no. 1 (1996): 5–24 (15–16).
8　T. C. W. Blanning, 'Frederick the Great and Enlightened Absolutism', in *Enlightened Absolutism: Reform and Reformers in Later Eighteenth-Century Europe*, ed. H. M. Scott (Basingstoke, 1990), 265–288 (266–267).
9　Peter H. Wilson, *German Armies: War and German Politics, 1648–1806* (London and Bristol, PA, 1998), 282.
10　P. G. M. Dickson, 'Monarchy and Bureaucracy in Late Eighteenth-Century Austria', *English Historical Review* 110, no. 436 (1995): 323–367 (337); 뷔르츠부르크에 대해서는 Würzburger Hof- und Staats-Kalender für das Jahr 1800 (Würzburg, 1800)를 참조하라.
11　Christian Thomasius, *Ausübung der Vernun t-Lehre* (Halle, 1705), 16에서 인용.
12　Eckhart Hellmuth, *Naturrechtsphilosophie und bürokratischer Werthorizont* (Göttingen, 1985), 35.
13　Kurt Bayertz and Thomas Gutmann, 'Happiness and Law', *Ratio Juris* 25, no. 2 (2012): 236–246.
14　Joseph von Sonnenfels, *Grundsätze der Policey, Handlung und Finanzwissenschaft, Abgekürzet vom Hofrathe Moshammer* (Munich, 1787), 13–14.
15　Heinz Duchhardt, *Barock und Aufklärung*, 4th ed. (Munich, 2007), 82–84.
16　Stefan Körner, *Nikolaus II. Esterházy (1765–1833) und die Kunst. Biografie eines manischen Sammlers* (Vienna, Cologne, and Weimar, 2013), 142.
17　Walter Endrei, 'A nyugat-európai ipari forradalom textilipari találmányainak elterjedése', *Technikatörténeti Szemle* 8 (1975–1976): 147–152.
18　'Jaquet Droz Corporate Movie', Jaquet Droz, YouTube video, 17:49, 5 December 2011, www.youtube.com/watch?v=Wof WNcMHcl0.
19　Julien Offray de la Mettrie, *Machine Man and Other Writings*, ed. A. Thomson (Cambridge, 1996), 7; Roger M. Michalski, 'Creon's Secretaries: Theories of Bureaucracy and Social Order in 18th and Early 19th Century Prussia' (PhD thesis, University of Michigan, 2009), 158–159.
20　Gerald Gillespie, ed., *The Nightwatches of Bonaventura* (Chicago and London, 2014), 15–16.
21　Ere Pertti Nokkala, 'The Machine of State in Germany—the Case of Johann Heinrich Gottlob von Justi (1717–1771)', *Contributions to the History of Concepts* 5, no. 1 (2009): 71–93 (72)에서 인용.
22　Johann Volkna, *Politisches deutsches Glossarium* (Utopia, 1757), 137–138; Barbara Stollberg-Rilinger, *Der Staat als Maschine. Zur politischen Metaphorik des absoluten Fürstenstaats* (Berlin, 1986), 62, 65.

23 Alan Patten, '"The Most Natural State": Herder and Nationalism', *History of Political Thought* 31, no. 4 (2010): 657–689; Henry Jacoby, *The Bureaucratization of the World* (Berkeley, Los Angeles, and London, 1973), 44–46.

24 Norbert Bachleitner, *Die literarische Zensur in Österreich von 1751 bis 1848* (Vienna, Cologne, and Weimar, 2017), 50; J. N. Fritz, *Catalogus verschiedener Bücher* (Munich, 1770); *Catalogus Librorum a Commissione Aulica Prohibitorum* (Vienna, 1762, with supplements)에서 인용; "망자들의 왕국"은 Johann Pezzl, *Skizze von Wien*, 4th ed., vol. 2 (Vienna, 1803), 5를 참조.

25 *Letters of Lady Mary Wortley Montagu*, vol. 1 (London, 1769), 96.

26 Immanual Kant, *Kant: Political Writings*, ed. Hans Reiss, 2nd ed. (Cambridge, 1991), 85–86; Klaus H. Kiefer, '*Die famose Hexen-Epoche*'. *Sichtbares und Unsichtbares in der Aufklärung* (Munich, 2004), 199.

27 Ludwig Abafi, *Geschichte der Freimaurerei in Österreich-Ungarn*, vol. 2 (Budapest, 1891), 238.

28 폴란드의 사례는 Norbert Wojtowicz, 'Freemasonry in Poland, Formerly and Today', *La Heroldo*, September 2003, 22–26 참조.

29 Thomas Şindilariu, 'Die Freimaurerloge St. Andreas zu den drei Seeblättern in Hermannstadt (1767–1790)', *Zeitschrift für Siebenbürgische Landeskunde* 25, no. 2 (2002): 218–227 (226). 프로이센의 지부와 그 구성원에 대해서는 Karlheinz Gerlach, *Die Freimaurer in Alten Preussen*, 2 vols. (Innsbruck, Vienna, and Bozen, 2009–2014)를 참조하라.

30 Margaret C. Jacob, *Living the Enlightenment: Freemasonry and Politics in Eighteenth-Century Europe* (New York and Oxford, 1991), 12, 20.

제22장 절단된 유럽의 오랑우탄

1 Mark Hulliung, *Montesquieu and the Old Regime* (Berkeley, Los Angeles, and London, 1976), 85–87.

2 Jerzy Lukowski, 'Machines of Government: Replacing the Liberum Veto in the Eighteenth-Century Polish-Lithuanian Commonwealth', *SEER* 90, no. 1 (2012): 65–97 (72).

3 Jerzy Lukowski, 'Political Ideas Among the Polish Nobility in the Eighteenth Century (to 1788)', *SEER* 82, no. 1 (2004): 1–26 (2).

4 *The Cambridge History of Poland*, ed. W. F. Reddaway et al., vol. 2 (Cambridge, 1941), 24.

5 'Un sujet... convenable à nos intérêts réciproques.' Cited in Frank Spencer, *The Fourth Earl of Sandwich: Diplomatic Correspondence, 1763–1765* (Manchester, 1961), 34.

6 Jerzy T. Lukowski, 'Towards Partition: Polish Magnates and Russian Intervention in Poland During the Early Reign of Stanislaw August Poniatowski', *Historical Journal* 28, no. 3 (1985): 557–574.

7 Richard Butterwick, *The Polish-Lithuanian Commonwealth 1733–1795: Light and*

Flame (New Haven and London, 2020), 109; Jean-Jacques Rousseau, *Considerations on the Government of Poland and on Its Proposed Reformation* (1772), chaps. 1 and 3.
8 Rebecca Haynes, *Moldova: A History* (London and New York, 2020), 72–73; "서로마의 여제"에 관해서는 Karl A. Roider, *Austria's Eastern Question 1700–1790* (Princeton, 1982), 137 참조.
9 Jerzy Lukowski, *The Partitions of Poland: 1772, 1793, 1795* (London and New York, 1999), 17.
10 *Politische Correspondenz Friedrich's des Grossen*, vol. 30 (Berlin, 1905), 467, 483; *Politische Correspondenz Friedrich's des Grossen*, vol. 31 (Berlin, 1906), 442.
11 Christoph Koch, *Table des Traités entre la France et les puissances étrangères*, vol. 2 (Basle, 1802), 316–317.
12 David M. Althoen, 'That Noble Quest: From True Nobility to Enlightened Society in the Polish-Lithuanian Commonwealth, 1550–1830' (PhD thesis, University of Michigan, 2000), 178.
13 Richard Butterwick, *The Constitution of 3 May 1791: Testament of the Polish-Lithuanian Commonwealth* (Warsaw, 2021), 119 (adjusted).
14 Butterwick, *Polish-Lithuanian Commonwealth 1733–1795*, 255; 예카테리나 대제가 품었던 두려움에 대해서는 Simon Dixon, *Catherine the Great* (London, 2009), 309를 참조하라.
15 Robert F. Arnold, *Geschichte der Polenlitterateur*, vol. 1 (Halle, 1900), 249–256; 또한 David Pickus, 'German Writers, Power and Collapse: The Emergence of Polenliteratur in Eighteenth-Century Germany', in *The Germans and the East*, ed. C. Ingrao and F. A. J. Szabo (West Lafayette, 2008), 78–88.
16 K. Morvand, *L'Orang-Outang d'Europe, ou le Polonais tel qu'il est* (1780); Anon., *Der Orang-Outang in Europe oder der Pohle nach seiner wahren Bescha enheit* (Berlin, 1780); Jacek Kordel, 'Zur Entstehung des Begriffs "polnische Wirtschaft"', *Przeglad Historyczny* 111, no. 4 (2020): 878–902 (882); *Georg Forster's sammtliche Schriften*, ed. G. Gervinus, vol. 7 (Leipzig, 1843), 306; 세귀르 백작에 대해서는 John Stanley, 'French Attitudes Toward Poland in the Napoleonic Period', *Canadian Slavonic Papers / Revue Canadienne des Slavistes* 49, nos. 3/4 (2007): 209–227 (212).
17 Anon., *Persia and A ghanistan: Analytical Narrative* (London, 1839), 68.
18 Jerzy Lukowski, *The Partitions of Poland: 1772, 1793, 1795* (London and New York, 1999), 83.

제23장 나폴레옹과 중앙유럽의 지도

1 Martyn Rady, *The Habsburg Empire: A Very Short Introduction* (Oxford, 2017), 69–70.
2 *Die Mainzer Republik II. Protokolle des Rheinisch-deutschen Nationalkonvents mit Quellen zu seiner Vorgeschichte*, ed. Heinrich Scheel (Berlin, 1981), 501; 목사의 아들 이야기는

Joachim Whaley, *Germany and the Holy Roman Empire*, vol. 2 (Oxford, 2012), 583을 참조하라.

3   J. Holland Rose, *William Pitt and the Great War* (London, 1911), 549–550.

4   Jaroslav Czubaty, *The Duchy of Warsaw, 1807–1815: A Napoleonic Outpost in Central Europe* (London and New York, 2016), 195; John D. Stanley, 'Napoleon's Last Allies: The Poles in 1814', *Polish Review* 61, no. 3 (2016): 3–31.

5   Beatrix Langner, *Jean Paul. Meister der zweiten Welt* (Munich, 2013), 402에서 인용.

6   Gabriel Hanotaux, 'L'Empire de recrutement: la terre contre la mer: 1806–1810', *Revue des Deux Mondes* 34, no. 4 (1926): 824–863 (852); Paul L. Dawson, *1812 Campaign Preparations and Logistics*, April 2013, www.napoleon-series.org/military-info/battles/1812/Russia/c_1812_logistics.pdf.

7   Dorothy Mackay Quynn, 'The Art Confiscations of the Napoleonic Wars', *American Historical Review* 50, no. 3 (1945): 437–460.

8   Jonathan Steinberg, *Why Switzerland?*, 2nd ed. (Cambridge, 1996), 9.

9   Sam A. Mustafa, *Napoleon's Paper Kingdom: The Life and Death of Westphalia, 1807–1813* (Lanham, MD, 2017), 4–5.

10   Mustafa, *Napoleon's Paper Kingdom*, 204; *La Correspondance Napoléon Ier, publiée par ordre de l'Empereur Napoléon III*, vol. 1 (Paris, 1858), 322.

11   J. H. Campe, *Wörterbuch zur Erklärung und Verdeutschung unserer Sprache aufgedrungenen fremden Ausdrücke* (Brunswick, 1813); *Hof- und Staats-Handbuch des Königreichs Westphalen* (Hanover, 1811).

12   Frank J. Bundy, 'The Administration of the Illyrian Provinces of the French Empire 1809–1813' (Master's thesis, University of Omaha, 1966), 87–88.

13   Michael Bennett, *War Against Smallpox: Edward Jenner and the Global Spread of Vaccination* (Cambridge, 2020), 168; Gunther E. Rothenberg, 'The Austrian Sanitary Cordon and the Control of the Bubonic Plague: 1710–1871', *Journal of the History of Medicine and Allied Sciences* 28, no. 1 (1973): 15–23.

14   Jelena Lakuš, 'Reading Societies and Their Social Exclusivity: Dalmatia in the First Half of the 19th Century', *Libellarium* 1, no. 1 (2008): 51–74. 4개 언어로 발행된 「텔레그라프 오피시엘」의 첫 판본은 1810년 7월 28일에 발행되었다. 더 볼 만한 자료로는 *Mémoires du Maréchal Marmont*, 3rd ed., vol. 3 (Paris, 1857), 435가 있다.

15   Isaiah Berlin, *Three Critics of the Enlightenment: Vico, Hamann, Herder*, 2nd ed. (Princeton, 2013), 208–300.

16   Darko Dolinar, 'Slovene Text Editions, Slavic Philology and Nation-Building', *European Studies* 26 (2008): 65–78.

17   Joep Leerssen, *National Thought in Europe: A Cultural History*, 3rd ed.(Amsterdam, 2014), 129.

18   Leerssen, *National Thought in Europe*, 80, 210.

19 Thomas Nipperdey, *Germany from Napoleon to Bismarck 1800–1866* (Princeton, 1996), 20.

제24장 수고양이 무어의 화려한 세상

1 Thomas Carlyle, *Wilhelm Meister's Apprenticeship and Travails*, vol. 1 (New York, 1882), 255에서 인용.
2 지휘위원회에 관해서는 다음을 참조하라. *Memoirs of Prince Metternich*, ed. R. Metternich, vol. 5 (London, 1882), 241; Alan Sked, *Metternich and Austria: An Evaluation* (Basingstoke and New York, 2008), 21–23.
3 Konrad H. Jarausch, 'The Sources of German Student Unrest 1815–1848', *Historical Social Research / Historische Sozialforschung*, no. 24 (Suppl., 2012): 80–114 (85–92).
4 *Memoirs of Prince Metternich*, ed. R. Metternich, vol. 3 (London, 1881), 287; Wolfram Siemann, *Metternich: Strategist and Visionary* (Cambridge, MA, and London, 2019), 597.
5 Alice M. Hanson, *Musical Life in Biedermeier Vienna* (Cambridge, 1985), 113; 영국 신문에 관한 내용은 C. Allix Wilkinson, *Reminiscences of the Court and Times of King Ernest of Hanover*, vol. 1 (London, 1886), 66 참조.
6 *The (London) Times*, 20 November 1851; *The Greville Memoirs*, ed. H. Reeve, 3rd ed., vol. 1 (London, 1875), 180.
7 Heide Barmeyer, 'Hof und Hofgesellschaft in Hannover im 18. und 19. Jahrhundert', in *Hof und Hofgesellschaft in den deutschen Staaten im 19. und beginnenden 20. Jahrhundert*, ed. K. Möckl (Boppard am Rhein, 1990), 239–273.
8 *The (London) Times*, 20 November 1851; Ernst August, *König von Hannover, und seine Zeit. Ein Gedenkbuch für jeden Hannoveraner* (Quedlinburg and Leipzig, 1852), 84–85.
9 C. Allix Wilkinson, *Reminiscences of the Court and Times of King Ernest of Hanover*, 2 vols. (London, 1886).
10 Georg Müller, *Dr. Phil. Johann Christian Zimmermann 1786–1853. Eine ungewöhnliche Karriere im Oberharzer Bergbau* (Clausthal-Zellerfeld, 2012).
11 K. Mlynek, ed., *Geschichte der Stadt Hannover*, vol. 2 (Hanover, 1994), 320–326.
12 Carl Ernst von Malortie, *König Ernst August* (Hanover, 1861), 119–120.
13 *Erdélyi Híradó*, 19 December 1837, 406–407; *Berliner Politisches Wochenblatt*, 30 December 1837, 302.
14 Maria Tatar, *The Hard Facts of the Grimms' Fairy Tales*, 2nd ed. (Princeton and Oxford, 2003), 3–38.

제25장 1848년과 혁명의 도래

1 Iryna Vushko, *The Politics of Cultural Retreat: Imperial Bureaucracy in Austrian Galicia, 1772–1867* (New Haven and London, 2015), 212.

2　Moritz von Sala, *Geschichte des polnischen Aufstandes vom Jahre 1846* (Vienna, 1867), 309.

3　반역자들의 수에 관한 소문은 Moritz von Sala, *Geschichte des polnischen Aufstandes vom Jahre 1846*, 221; for 레오폴트 폰 자허마-조흐에 대해서는 Larry Wolff, *The Idea of Galicia: History and Fantasy in Habsburg Political Culture* (Stanford, 2010), 143를 참조하라; 메테르니히의 "국민 없는 민주주의"에 대해서는 Heinrich von Srbik, *Metternich. Der Staatsman und der Mensch*, vol. 2 (Vienna, 1925), 151를 보라.

4　Gabor Pajkossy, 'Kossuth and the Emancipation of the Serfs', in *Lajos Kossuth Sent Word... Papers Delivered on the Occasion of the Bicentenary of Kossuth's Birth*, ed. L. Péter, M. Rady, and P. Sherwood (London, 2003), 71–80 (76).

5　C. F. Vitzthum von Eckstädt, *Berlin und Wien in den Jahren 1845–1852. Politische Privatbriefe*, 2nd ed. (Stuttgart, 1886), 75.

6　Manfred Gailus, 'Hungerunruhen in Preussen', in *Der Kampf um das tägliche Brot: Nahrungsmangel, Versorgungspolitik und Protest 1770–1990*, ed. M. Gailus and H. Volkmann (Opladen, 1994), 176–199.

7　Joachim Eibach, 'Gerüchte im Vormärz und März 1848 in Baden', *Historische Anthropologie* 2, no. 2 (1994): 245–264; Ralph C. Canevali, 'The "False French Alarm": Revolutionary Panic in Baden, 1848', *Central European History* 18, no. 2 (1985): 119–142.

8　W. A. Coupe, 'The German Cartoon and the Revolution of 1848', *Comparative Studies in Society and History* 9, no. 2 (1967): 137–167.

9　Thomas Nipperdey, *Germany from Napoleon to Bismarck, 1800–1866* (Princeton, 1996), 548–549.

10　James J. Sheehan, *German History, 1770–1866* (Oxford, 1989), 644. 농민들의 청원과 "공무원, 특히 행정 관리자 집단"에 대해서는 *Stenographische Berichtung über die Verhandlungen der zur Vereinbarung der preussischen Staats-Verfassung berufenen Versammlung*, vol. 1 (Berlin, 1848), 243을 참조하라. 더 일반적인 논의로는 James F. Harris, 'Rethinking the Categories of the German Revolution of 1848: The Emergence of Popular Conservatism in Bavaria', *Central European History* 25, no. 2 (1992): 123–148가 있다.

11　C. F. Vitzthum von Eckstädt, *Berlin und Wien in den Jahren 1845–1852. Politische Privatbriefe*, 2nd ed. (Stuttgart, 1886), Appendix ('Stimmen der Presse'), 29 February 1848.

12　"나는 경험 많은 의사라서……"는 James J. Sheehan, *German History, 1770–1866* (Oxford, 1989), 657; Friedrich Rückert, *Liedertagebuch 1848–1849* (Göttingen, 2002), 478을 참조하라.

13　Horace Rumbold, *The Austrian Court in the Nineteenth Century* (London, 1909), 111.

14　William H. Stiles, *Austria in 1848–49*, vol. 1 (New York, 1852), 110–111.

15　*Grazer Zeitung*, 7 July 1848.

16 László Péter, *Az Elbától keletre. Tanulmányok a magyar és kelet-európai történelembol* (Budapest, 1998), 75.
17 Heinrich Friedjung, *Österreich von 1848 bis 1860*, 4th ed., vol. 1 (Stuttgart and Berlin, 1918), 48.
18 Theodore S. Hamerow, 'The Elections to the Frankfurt Parliament', *Journal of Modern History* 33, no. 1 (1961): 15–32.
19 *Stenographische Berichte über die Verhandlungen der deutschen constituirenden Nationalverfassung*, ed. F. Wigard, vols. 1–2 (Frankfurt, 1848), 1:166, 1:737, 2:971, 2:1310.
20 B. Trencsényi et al., eds., *A History of Modern Political thought in East Central Europe*, vol. 1 (Oxford, 2016), 255; J. P. Jordan, *Aktenmässiger Bericht über die Verhandlungen des ersten Slavenkongresses in Prag* (Prague, 1848).
21 G. M. Trevelyan, *British History in the Nineteenth Century, 1782–1901* (London, 1922), 292.

제26장 장군들의 복수와 민족의 형성

1 *Verhandlungen des Österreichischen Reichstages nach der stenographische Aufnahme, 5 vols.* (Vienna, 1848–1849).
2 이 자장가는 1849년 12월에 슈투트가르트에서 처음으로 지면에 등장했다.
3 4월법에 대한 코슈트의 반응에 대해서는 László Péter, 'Introduction', in *Lajos Kossuth Sent Word . . . Papers Delivered on the Occasion of the Bicentenary of Kossuth's Birth*, ed. L. Péter, M. Rady, and P. Sherwood (London, 2003), 1–13 (9).
4 Tamás Katona, 'Csány László erdélyi fokormánybiztos', *Zalai Gyujtemény* 30 (1990): 221–254 (246–247).
5 General Klapka, *Memoirs of the War of Independence in Hungary*, vol. 1 (London, 1850), liv. 코슈트의 선언문에 대해서는 Lajos Kossuth, *Irások és beszédek 1848–1849-böl*, ed. T. Katona (Budapest, 1987), 378–398; in English translation in Henry W. De Puy, *Kossuth and his Generals* (Buffalo, 1852), 202–225.
6 *Wiener Zeitung*, 1 May 1849, 1235.
7 Viktor Bibl, *Von Revolution zu Revolution* (Vienna, 1924), 229.
8 Alexander Maxwell, 'The Handsome Man with Hungarian Moustache and Beard', *Cultural and Social History* 12 (2015): 51–76 (63, 73).
9 르낭에 대해서는 다음을 참조하라. Michael Billig, *Banal Nationalism* (London, 1995), 95; Bärbel Kleindorfer-Marx, 'Idee, mediale Vermittlung und Rezeption des Volkstrachten-Festzugs 1895 in München', *Bayerische Jahrbuch für Volkskunde 2017* (Munich, 2017), 117–139 (122–124); Alasdair Brooks and Natascha Mehler, 'Kilts and Lederhosen: The Historical Archaeology of Nationalism in Scotland and Bavaria', in *The Country Where My Heart Is: Historical Archaeologies of Nationalism and National Identity*, ed. A. Brooks and N. Mehler (Gainesville, 2017), 3–34.

10 Martyn Rady, 'Politics and the Nation: Coffee and Alcohol', 2019, https://www.academia.edu/40639207/POLITICS_AND_THE_NATION_COFFEE_AND_ALCOHOL. 또한 Alexander Maxwell, 'National Alcohol in Hungary's Reform Era: Wine, Spirits, and the Patriotic Imagination', *Central Europe* 12 (2014): 117–135.

11 Jakov Ignjatovic, *Der Serbe und seine Poesie* (Bautzen, 1866), 18–20; Alexander Maxwell, 'Nationalizing Sexuality: Sexual Stereotypes in the Habsburg Empire', *Journal of the History of Sexuality* 14, no. 3 (2005): 266–290.

12 아담 미츠키에비치에 대해서는 다음을 참조하라. *Pan Tadeusz or the Last Foray in Lithuania*, trans. G. P. Noyes (London and Toronto, 1917), 70, 116–117, 244, 306; 헝가리 음식에 대해서는 John Paget, *Hungary and Transylvania*, vol. 2 (Philadelphia, 1850), 261; 독일 음식은 W. Beatty-Kingston, *Music and Manners: Personal Reminiscences and Sketches of Character*, vol. 2 (London, 1887), 30을 참고하라.

13 H. Braun, ed., *Czernowitz. Die Geschichte einer untergangenen Kulturmetropole*, 2nd ed. (Berlin, 2005), 9.

14 조르주 상드와 프레데리크 쇼팽에 대해서는 Adam Zamoyski, *Chopin: The Prince of the Romantics* (London, 2010), 205를 참조하라.

15 Tad Szulc, *Chopin in Paris: The Life and Times of the Romantic Composer* (New York, 1998), 98. 프랑스의 옛 속담은 Tim Blanning, *The Triumph of Music: Composers, Musicians and Their Audiences, 1700 to the Present* (London, 2008), 236을 보라.

16 바그너에 대해서는 Benjamin Curtis, *Music Makes the Nation: Nationalist Composers and Nation Building in Nineteenth-Century Europe* (Amherst, NY, 2008), 57 참조.

17 Krisztina Lajosi, 'Hungarian Choral Societies and Sociability in the Nineteenth Century', in *Choral Societies and Nationalism in Europe*, ed. K. Lajosi and A. Stynen (Boston and Leiden, 2018), 206–224. 빈 공연예술극장에 대한 정보는 Derek B. Scott, *Sounds of the Metropolis: The Nineteenth-Century Popular Music Revolution in London, New York, Paris, and Vienna* (Oxford, 2008), 45 참조.

18 Karel Šima, T. Kavka, and H. Zimmerhaklová, 'Choral Societies and the Nationalist Mobilization of Czechs in the Nineteenth Century', in *Lajosi and Stynen, Choral Societies and Nationalism in Europe*, 187–205.

19 Oto Luthar, 'The Slice of Desire: Intercultural Practices Versus National Loyalties', in *Understanding Multiculturalism: The Habsburg Central European Experience*, ed. Johannes Feichtinger and Gary B. Cohen (New York and Oxford, 2014), 161–173 (166–167); Karin Almasy, 'Postkartengeschichte(n). Der unterschätzte Quellenwert von handschriftlichen Spuren auf Postkarten', in *Bildspuren—Sprachspuren. Postkarten als Quellen zur Mehrsprachigkeit in der späten Habsburger Monarchie*, ed. K. Almasy et al. (Bielefeld, 2020), 75–99.

20 Rok Stergar and Tamara Scheer, 'Ethnic Boxes: The Unintended Consequences of Habsburg Bureaucratic Classification', *Nationalities Papers* 46, no. 4 (2018): 575–591.

21 *Az 1881. évi elején végrehajtott népszámlalás*, vol. 1 (Budapest, 1882), 222–223; *Az 1891. évi elején végrehajtott népszámlalás*, vol. 1 (Budapest, 1893), 1. 115; Ágoston Berecz, *The Politics of Early Language Teaching: Hungarian in the Primary Schools of the Late Dual Monarchy* (Budapest, 2013), 25.
22 Statistisches Landesamt Schleswig-Holstein, *Die Bevölkerung der Gemeinden in Schleswig-Holstein 1867–1970* (Kiel, 1972), 259. Jason D. Hansen, *Mapping the Germans: Statistical Science, Cartography, and the Visualization of the German Nation, 1848–1914* (Oxford, 2015), 36.
23 Richard Boeckh, *Sprachkarte vom Preussischen Staat nach den Zählungs- Aufnahmen von 1861* (Berlin, 1864).

제27장 비스마르크의 독일과 쿠엔-헤데르바리의 크로아티아

1 Jonathan Steinberg, *Bismarck: A Life* (Oxford, 2011), 114.
2 'Otto von Bismarck's Voice in 4 Languages (1889)', Fadi Akil, YouTube video, 0:45, March 11, 2021, www.youtube.com/watch?v=8xTnZ0u3cG0. 이 영상에서 비스마르크는 영어, 라틴어, 독일어, 프랑스어로 우스운 구절을 소리내어 읽는다.
3 *Bismarck's Table-Talk*, ed. C. Lowe (London, 1895), 64–65.
4 Mike Clarke, 'The First Steam Locomotives on the European Mainland' (paper presented at First Early Railways Conference, Durham, 1998), www.mikeclarke.myzen.co.uk/Prussian%20Blenkinsop%20engine.pdf; Eric Dorn Brose, *The Politics of Technological Change in Prussia: Out of the Shadow of Antiquity, 1809–1848* (Princeton, 1993), 210.
5 Steinberg, *Bismarck*, 174.
6 로스차일드에 대해서는 Steven Beller, *The Habsburg Monarchy, 1815–1918* (Cambridge, 2018), 108를 참조하라.
7 "분개"에 대해서는 Martyn Rady, *Customary Law in Hungary: Courts, Texts, and the Tripartitum* (Oxford, 2015), 224를 보라.
8 Ákos Szendrei, 'Országgyulési képviselok párthovatartozása és társadalmi háttere a dualizmuskori Debrecenben, Nagyváradon és közös vonzáskörzeteikben', *Aetas* 31, no. 1 (2016): 76–94 (92).
9 László Péter, 'The Hungarian Diætalis Tractatus and the Imperial Constitutional Systems: A Comparison', *Central Europe* 6, no. 1 (2008): 47–64 (53)에서 인용.
10 Rady, *Customary Law in Hungary*, 235–236.
11 Martyn Rady, 'Nonnisi in sensu legum'? Decree and Rendelet in Hungary (1790–1914)', *Hungarian Historical Review* 5, no. 1 (2016): 5–21.
12 Jakub S. Beneš, *Workers and Nationalism: Czech and German Social Democracy in Habsburg Austria, 1890–1918* (Oxford, 2016), 25–26.
13 크로아티아 내부의 행정에 대해서는 *Hof- und Staats-Handbuch der Österreichisch-Ungarischen Monarchie für 1892* (Vienna, 1892), 960–982를 참조하라.

14 R. W. Seton-Watson, *The Southern Slav Question and the Habsburg Monarchy* (London, 1911), 98–99.

15 László Heka, 'Khuen-Héderváry Károly horvát bán és magyar miniszterelnök a horvátok szemében', *Forum. Acta Juridica et Politica* 6, no. 1 (2016): 45–58 (47).

16 Stjepan Matkovic, 'Parliamentary Elections at the Turn of the Nineteenth Century in Croatia', *Parliaments, Estates and Representation* 22, no. 1 (2002): 193–200 (197).

17 *Agramer Zeitung*, 22 July 1896, 1.

18 *Agramer Zeitung*, 19 December 1898, 2.

19 Dragan Damjanovic, 'In the Shadow of Budapest (and Vienna)—Architecture and Urban Development of Zagreb in the Late Nineteenth and Early Twentieth Centuries', *Zeitschrift für Osteuropa-Forschung* 67 (2018): 522–551. 쿠엔-헤데르바리에 대한 크로아티아의 재평가에 대해서는 Željko Holjevac, 'Mítosz és valóság között. Khuen-Héderváry Károly (1849–1918) horvát bán', in *Szorosadtól Rijekáig. Tanulmányok Bosze Sándor emlékére*, ed. L. Mayer and G. Tilcsik (Budapest, 2015), 177–184를 보라.

20 *Az ezeréves Magyarország és a milleniumi kiállítás*, ed. Gyula Laurencic (Budapest, 1896), 141–144.

21 *Eisenbahn-Zeitung. Organ des Club österreichischer Eisenbahn Beamten*, 6 January 1895, 1–2; 또한 Waltraud Heindl, *Josephinische Mandarine. Bürokratie und Beamte in Österreich*, vol. 2 (Vienna, Cologne, and Graz, 2013), 283.

22 Gyula Szekfu, *Három Nemzedék. Egy hanyatló kor története* (Budapest, 1920), 239, 259. 오스트리아의 행정 교본에 대해서는 Waltraud Heindl, *Josephinische Mandarine. Bürokratie und Beamte in Österreich*, vol. 2 (Vienna, Cologne, and Graz, 2013), 277–278을 참조하라.

제28장 동화, 생물학, 그리고 두개골 측정자

1 Hugh Seton-Watson and Christopher Seton-Watson, *The Making of a New Europe: R. W. Seton-Watson and the Last Years of Austria-Hungary* (London, 1981), 33.

2 Detmar Klein, 'Folklore as a Weapon: National Identity in German-Annexed Alsace, 1890–1914', in *Folklore and Nationalism in Europe During the Long Nineteenth Century*, ed. T. Baycroft and D. Hopkin (Leiden and Boston, 2012), 161–191.

3 Peter Haslinger, 'How to Run a Multilingual Society: Statehood Administration and Regional Dynamics in Austria-Hungary, 1867–1914', in *Region and State in Nineteenth-Century Europe*, ed. J. Augusteijn and E. Storm (London, 2012), 111–128 (123).

4 일반적으로 알려진 바와 달리, 광장의 이름은 1848년이 아니라 1850년 1월에 바뀌었다. *Die Geissel. Tagblatt aller Tagblätter*, 15 January 1850, 47을 보라.

5 칸트(『판단력 비판』[1790])에 관해서는 Thomas Teufel, 'The Impossibility of a "Newton of the Blade of Grass" in Kant's Teleology', in *The Life Sciences in Early Modern Philosophy*, ed. O. Nachtomy and J. E. H. Smith (Oxford, 2014), 47–61 (48)을 보라.

6   Robert J. Richards, 'The German Reception of Darwin's Theory, 1860–1945', in *The Darwin Encyclopedia*, ed. Michael Ruse (Cambridge, 2013), 235–242.
7   Peter Watson, *The German Genius: Europe's Third Renaissance, the Second Scientific Revolution and the Twentieth Century* (London, 2010), 428; "자연에서는……"은 Richard Weikart, 'Progress through Racial Extermination: Social Darwinism, Eugenics, and Pacism in Germany, 1860–1918', *German Studies Review* 26, no. 2 (2003): 273–294 (277); 번식촌에 대해서는 Willibald Hentschel, *Mittgart. Ein Weg zur Erneuerung der germanischen Rasse* (Leipzig, 1906)를 참조하라.
8   Antony Herrmann, 'The Ethnography of the Population', in *the Millennium of Hungary and Its People*, ed. J. Jekelfalussy (Budapest, 1897), 390–411 (402, 405, 408).
9   Emese Lafferton, 'The Magyar Moustache: The Faces of Hungarian State Formation, 1867–1918', *Studies in History and Philosophy of Biological and Biomedical Sciences* 38 (2007): 706–732.
10 *Deutschland und seine Kolonien im Jahre 1896*, ed. G. Meinecke (Berlin, 1897), 205–216; Vasárnapi Újság, 30 August 1896, 575.
11 Paul Weindling, *Epidemics and Genocide in Eastern Europe, 1890–1945* (Oxford, 2010), 67.
12 매춘부의 신체적인 특성에 관한 내용은 다음을 참조하라. Dóra Vargha, 'A bun medikalizálása', *Budapesti Negyed* 47–48 (2005): 166–198 (181).
13 "한 민족의 도덕적 붕괴"는 William Hirsch, *Genie und Entartung* (Berlin and Leipzig, 1894), 334–335; 브로제크에 대해서는 Michal Šimunek, 'Eugenics, Social Genetics and Racial Hygiene: Plans for the Scientific Regulation of Human Heredity in the Czech Lands, 1900–1925', in *Blood and Homeland: Eugenics and Racial Nationalism in Central and Southeast Europe, 1900–1940*, ed. M. Turda and P. J. Weindling (Budapest and New York, 2007), 145–166 (147); Sarah Marks, 'The Romani Minority, Coercive Sterilization, and Languages of Denial in the Czech Lands', *History Workshop Journal* 84 (2017): 128–148을 참조하라.
14 Emil Mattauschek, 'Einiges über die Degeneration des bosnischherzegowinischen Volkes', *Jahrbücher für Psychiatrie und Neurologie* 29 (1908): 134–148; Brigitte Fuchs, 'Orientalizing Disease: Austro-Hungarian Policies of "Race", Gender, and Hygiene in Bosnia and Herzegovina, 1874–1914', in *Health, Hygiene and Eugenics in Southeastern Europe to 1945*, ed. Christian Promitzer et al. (Budapest and New York, 2011), 57–85.
15 "주님은 이 세상의 강자들만……"은 Benjamin Madley, 'From Africa to Auschwitz: How German South West Africa Incubated Ideas and Methods Adopted and Developed by the Nazis in Eastern Europe', *European History Quarterly* 35, no. 3 (2005): 429–464 (436); "문화를 이룩할 능력이……"는 Paul Rohrbach, *Deutsche Kolonialwirtschaft. Südwest-Afrika* (Berlin-Schöneberg, 1907), 352에서 인용
16 헤레로족 집단학살에 대해서는 Jeremy Sarkin, *Germany's Genocide of the Herero:*

Kaiser Wilhelm II, His General, His Settlers, His Soldiers (Cape Town, 2011), 102; "최종적 해결"에 대해서는 Georg Hartmann, *Die Zukunft Deutsch Südwestafrikas* (Berlin, 1904), 21 참조.
17 Joseph Roth, *The Wandering Jews* (London, 2001), 22; Michael Brenner, A Short History of the Jews (Princeton and Oxford, 2010), 201–205에서 인용.
18 Louise O. Vasvári, 'Böske Simon, Miss Hungaria and Miss Europa (1929): Beauty Pageants and Packaging Gender, Race, and National Identity in Interwar Hungary', *Hungarian Cultural Studies* 12 (2019): 193–238.
19 Brigitte Hamann, *Hitler's Vienna: A Dictator's Apprenticeship* (New York and Oxford, 1999), 338.
20 Roth, *Wandering Jews*, 122.
21 Jay Geller, *The Other Jewish Question: Identifying the Jew and Making Sense of Modernity* (New York, 2011), 99–112.
22 Menaghem Z. Rosensaft, 'Jews and Antisemites in Austria at the End of the Nineteenth Century', *Leo Baeck Institute Yearbook* 21, no. 1 (1976): 57–86 (68).
23 이 수치는 미국 국토안보부의 2008년 이민 통계(Washington, DC, 2009)에서 법적 영주권을 가진 사람들의 수이다. 재이주에 대해서는 Mark Wyman, *Round-Trip to America: The Immigrants Return to Europe, 1880–1930* (Ithaca and London, 1993)을 참조하라.
24 "폐기물 처리자 이념"은 George L. Mosse, *Toward the Final Solution: A History of European Racism* (Madison, 2020), 210 (first published in 1978)을 참조하라.

제29장 1914-1918년

1 중앙유럽에 관한 영국의 시각은 다음을 참조하라. William F. Bertolette, 'British Identity and the German Other' (PhD thesis, Louisiana State University, 2012), 143–183; Dimitrios Kassis, *Descriptions of Germany in British Travel Literature* (Newcastle upon Tyne, 2020).
2 티롤과 보헤미아의 도보여행은 P*rovinzial-Gesetzsammlung von Tyrol und Vorarlberg für das Jahr 1816*, vol. 3, part 2 (Innsbruck, 1823), 359–360; *Sammlung der im Landesgesetz- und Regierungsblatte nicht erhaltenen Normalien* (Prague, 1855), 315를 참조하라. 권총을 들고 다니라는 조언과 관련한 자료는 John Murray and Sons, *Handbook for Travellers in Southern Germany* (London, 1837), 353를 보라.
3 Mark Hewitson, *Germany and the Modern World, 1880–1914* (Cambridge, 2018), 298.
4 Marco Althaus, 'Die Flottenlobby mit dem Propaganda-Kino', *Politikakommunikation*, May 2012, 36–37.
5 John C. G. Röhl, *Wilhelm II: Into the Abyss of War and Exile, 1900–1941* (Cambridge, 2014), 309; 빌헬름 2세의 "투렛 증후군"과 관련된 자료는 Christopher Clark, *Prisoners of Time: Prussians, Germans and Other Humans* (London, 2021), 115 참조.

6   Alma Hannig, 'Austria–Hungary, Germany and the Balkan Wars: A Diplomatic Struggle for Peace, Inuence and Supremacy', in *The Wars of Yesterday: The Balkan Wars and the Emergence of Modern Military Conflict, 1912–13*, ed. K. Boeckh and S. Rutar (New York and Oxford, 2018) 113–136 (123–124).

7   Sean McMeekin, *The Russian Origins of the First World War* (Cambridge, MA, and London, 2011), 42–57.

8   Helmut von Moltke, *Erinnerungen Briefe Dokumenten 1877–1916* (Stuttgart, 1922), 389.

9   Alexander Watson, *The Fortress: The Great Siege of Przemysl* (London, 2019), 37.

10 Christopher Chant, *Austro-Hungarian Aces of World War I* (Oxford, 2002), 50–54. 흥미롭게도, 니콜라이 2세는 이 사건을 일기에서 잠깐 언급할 뿐이다. *Dnevniki imperatora Nikolaya II, 1894–1918*, vol. 2, ed. S. V. Mironenko (Moscow, 2013), 220. 로버트 서비스의 친절 덕분에 참조할 수 있었다.

11 "굴을 좋아하는"에 대해서는 Manfred Rauchensteiner, *The First World War and the End of the Habsburg Monarchy, 1914–1918* (Vienna, Cologne, and Weimar, 2014), 759.

12 Peter Gatrell, *A Whole Empire Walking: Refugees in Russia During World War One* (Bloomington and Indianapolis, 1999), 19–32.

13 Robert T. Foley, *German Strategy and the Path to Verdun: Erich von Falkenhayn and the Development of Attrition, 1870–1916* (Cambridge, 2005), 149.

14 Sean McMeekin, *Berlin–Baghdad Express: The Ottoman Empire and Germany's Bid for World Power* (Cambridge, MA, 2010), 288.

15 Richard L. DiNardo, 'Modern Soldier in a Busby: August von Mackensen, 1914–1916', in *Arms and the Man: Military History Essays in Honor of Dennis Showalter*, ed. M. S. Neiberg (Leiden and Boston, 2011), 131–167 (151).

16 Vejas Gabriel Liulevicius, *The German Myth of the East: 1800 to the Present* (Oxford, 2009), 135–137; *Erinnerungsblätter deutscher Regimenter: 3. Kgl. Sächs. Husaren-Regiment Nr. 20* (Dresden, 1932), 110–129.

17 *Der Land Ober Ost. Deutsche Arbeit in den Verwaltungsgebieten Kurland, Litauen und Bialystok-Grodno* (Stuttgart and Berlin, 1917).

18 Hermann Bieder, 'Weissrussland unter deutscher Militärverwaltung im Ersten Weltkrieg', *Studia Białorutenistyczne* 9 (2015): 217–235; *Führer durch die Ausstellung Wilnaer Arbeitsstuben* (Vilnius, 1916), 9–12.

19 Joseph Redlich, *Österreichische Regierung und Verwaltung im Weltkriege* (Vienna, 1925), 120–241.

20 Maureen Healy, *Vienna and the Fall of the Habsburg Empire: Total War and Everyday Life in World War I* (Cambridge, 2004), 135–141. 문해 전쟁과 관련해서는 Jiří Hutecka, '"There Is Nothing New Out Here!" A Case Study of Communication Strategies and Gender Dynamics in the First World War Family Correspondence', *Theatrum Historiae* 21 (2007): 167–193 (168–169) 참조.

21 Alexander Watson, *Ring of Steel: Germany and Austria-Hungary at War, 1914–1918* (London, 2014), 537 (adjusted). Benjamin Ziemann, *Violence and the German Soldier in the Great War: Killing, Dying, Surviving* (London, 2013), 93–156.
22 수치와 관련된 자료는 Li Gerhalter and Ina Markova, 'Geschlechterspezifische Un_Ordnungen in Österreich 1914–1920', *zeitgeschichte* 48, no. 4 (2021): 481–504 (492); Rauchensteiner, *First World War*, 981; Hannes Leidinger and Verena Moritz, *Der Erste Weltkrieg* (Vienna, Cologne, and Weimar, 2011), 64. 또한 Jakub S. Beneš, 'The Green Cadres and the Collapse of Austria-Hungary in 1918', *Past and Present* 236 (2017): 207–241.
23 Max Weber, *Economy and Society*, ed. G. Roth and C. Wittich, vol. 2 (Berkeley, Los Angeles, and London, 1978), 971–972.

제30장 폭력, 도시, 그리고 "푸른 천사"

1 Fritz Klein, 'Between Compiègne and Versailles: The Germans on the Way from a Misunderstood Defeat to an Unwanted Peace', in *The Treaty of Versailles: A Reassessment After 75 Years*, ed. M. F. Boemeke et al. (Cambridge, 1998), 203–220 (203).
2 Bogdan Krizman, 'The Belgrade Armistice of 13 November 1918', *Slavonic and East European Review* 48, no. 110 (1970): 67–87 (78–79).
3 Mark Cornwall, 'National Reparation? The Czech Land Reform and the Sudeten Germans 1918–38', *Slavonic and East European Review* 75, no. 2 (1997): 259–280 (272).
4 Robert Gerwarth, 'Fighting the Red Beast: Counter-Revolutionary Violence in the Defeated States of Central Europe', in *War in Peace: Paramilitary Violence in Europe After the Great War*, ed. J. Horne and R. Gerwarth (Oxford, 2012), 52–71.
5 Alexander J. Motyl, 'Ukrainian Nationalist Political Violence in Inter-War Poland, 1921–1939', *East European Quarterly* 19, no. 1 (1985): 45–55.
6 Eberhard Kolb, *Deutschland 1918–1933. Eine Geschichte der Weimarer Republik* (Munich, 2010), 187.
7 Joseph Rothschild, *East Central Europe Between the Two World Wars* (Seattle and London, 1977), 80.
8 Peter Heumos, 'Konfliktregelung und soziale Integration. Zur Struktur der Ersten Tschechoslowakischen Republik', *Bohemia* 30 (1989): 53–70.
9 Peter Bugge, 'Czech Democracy 1918–1938—Paragon or Parody?', *Bohemia* 47 (2006–2007): 3–28.
10 Egbert Klautke, 'The Urban Jungle: Americanism and the Jazz Age in Weimar Germany', in *Constructing America / Defining Europe*, ed. J. Verheul et al. (Leiden and Boston, 2020); 무용단에 대해서는 다음을 참조하라. Egbert Klautke, *Unbegrenzte Möglichkeiten. Amerikanisierung in Deutschland und Frankreich (1900–1933)* (Wiesbaden, 2003), 264–266.

11 "오늘날의 음유시인"에 대해서는 Michael J. Schmidt, 'Visual Music: Jazz, Synaesthesia and the History of the Senses in the Weimar Republic', *German History* 32, no. 2 (2014): 201–223; 부리안에 대해서는 Brian Locke, '"The Periphery Is Singing Hit Songs": The Globalization of American Jazz and Interwar Czech Avant-Garde', *American Music Research Center Journal* 12 (2002): 25–55 (28) 참조.

12 Simmel's 'The Metropolis and the Life of Spirit' (Die Grossstädte und das Geistesleben) 의 새로운 번역은 *Journal of Classical Sociology* 21, no. 2 (2021): 188–202 참조. 또한 Dietmar Jazbinsek, 'The Metropolis and the Mental Life of Georg Simmel', *Journal of Urban History* 30, no. 1 (2003): 102–125 참조.

13 Siegfried Kracauer, *From Caligari to Hitler: A Psychological History of the German Film*, rev. ed. (Princeton and Oxford, 2004), 166.

14 Frank Mehring, 'Welcome to the Machine! The Representation of Technology in Zeitopern', *Cambridge Opera Journal* 11, no. 2 (1999): 159–177 (163)에서 인용.

15 Bruno Schulz 'The Street of Crocodiles', in *The Fictions of Bruno Schulz*, trans. C. Wieniewska (Basingstoke and Oxford, 2012), 75.

16 Rainer Maria Rilke, *Selected Poems*, trans. S. Ransom and M. Sutherland (Oxford, 2011), 203.

17 Frigyes Karinthy, *Utazás Faremidóba* (Budapest, 1916).

18 Lynne Frame, 'Gretchen, Girl, Garçonne? Weimar Science and Popular Culture in Search of the Ideal New Woman', in *Women in the Metropolis: Gender and Modernity in Weimar Culture*, ed. K. von Ankum (Berkeley, Los Angeles, and London, 1997), 12–40.

19 Peter Jelavich, *Berlin Cabaret* (Cambridge, MA, and London, 1993), 24.

20 Erika Hughes, 'Art and Illegality on the Weimar Stage: The Dances of Celly de Rheydt, Anita Berber and Valeska Gert', *Journal of European Studies* 39, no. 3 (2009): 320–335.

21 Jelavich, *Berlin Cabaret*, 228–257.

22 Jelavich, *Berlin Cabaret*, 243.

제31장 제2차 세계대전, 평범한 중앙유럽인, 산업 살인

1 Jonathan Wright, 'Locarno: A Democratic Peace?', *Review of International Studies* 36, no. 2 (2010): 391–411.

2 철도 건널목에 대해서는 Norman Stone, *World War One: A Short History* (London, 2007), 187.

3 Elisabeth Barker, *Austria 1918–1972* (London and Basingstoke, 1973), 106에서 인용.

4 Vit Smetana, *In the Shadow of Munich: British Policy Towards Czechoslovakia from the Endorsement to the Renunciation of the Munich Agreement(1938–1942)* (Prague and Chicago, 2008), 44–45; Mark Cornwall, 'The Czechoslovak Sphinx: "Moderate and Reasonable" Konrad Henlein', in *In the Shadow of Hitler: Personalities of the Right in Central and Eastern Europe*, ed. R. Haynes and M. Rady (London and New York,

2011), 206–226.
5 "적들은 작은 벌레들이다……"에 대해서는 Richard Overy, *The Origins of the Second World War*, 3rd ed. (Abingdon and New York, 2008), 122.
6 Paul D. Quinlan, 'The Tilea Affair: A Further Inquiry', *Balkan Studies* 19 (1978): 147–157; Winston S. Churchill, *The Second World War*, vol. 1 (Boston, 1948), 311.
7 Leo Leixner, *Von Lemberg* (Munich, 1942), 10. "최대의 정치적 범죄"는 Lord Macaulay, *History of England*, vol. 8 (New York, 1876), 141 참조.
8 Czesław Madajczyk, 'Einleitung', in *Vom Generalplan Ost zum Generalsiedlungsplan*, ed. C. Madajczyk (Munich, 1994), v–xxi (v–vii); 괴벨스의 묘사는 *Die Tagebücher von Joseph Goebbels*, ed. E. Fröhlich, vol. 8 (Munich, 1998), 406 (5 November 1940).
9 Saul Friedländer, *Das Dritte Reich und die Juden*, 2nd ed. (Munich, 2006), 582.
10 Sybil H. Milton, '"Gypsies" as Social Outsiders in Nazi Germany', in *Social Outsiders in Nazi Germany*, ed. R. Gellately and N. Stoltzfus (Princeton and Oxford, 2001), 212–232.
11 'Extracts from Journal and Office Records of Hans Frank, Governor General of Poland, 1939–1944', Office of US Chief of Counsel, PS-2233, Harvard Law School Library, Nuremberg Trials Project.
12 Oded Heilbronner, 'German or Nazi Antisemitism?', in *The Historiography of the Holocaust*, ed. D. Stone (Basingstoke and New York, 2004), 9–23.
13 Horst Krüger, *The Broken House: Growing Up Under Hitler*, trans. S. Whiteside (London, 2021), 6–7.
14 Peter G. J. Pulzer, *The Rise of Political Anti-Semitism in Germany and Austria* (New York, London, and Sydney, 1964), 293–294.
15 Yehuda Slutsky et al., 'Numerus Clausus', in *Encyclopaedia Judaica*, ed. M. Berenbaum and F. Skolnik, 2nd ed., vol. 15 (Chicago, 2007), 339–343; Natalia Aleksiun, 'Jewish Students and Christian Corpses in Interwar Poland: Playing with the Language of Blood Libel', *Jewish History* 26, nos. 3–4 (2012): 327–342.
16 Jan T. Gross, *Neighbours: The Destruction of the Jewish Community in Jedwabne, Poland* (Princeton, 2001). 예드바브네에서 살해된 유대인의 수에 대해서는 논쟁이 있다.
17 John-Paul Himka, 'The Lviv Pogrom of 1941: The Germans, Ukrainian Nationalists, and the Carnival Crowd', *Canadian Slavonic Papers/Revue canadienne des slavistes* 53, nos. 2–4 (2011): 209–243.
18 Frank's cabinet report, 16 December 1941, given in 'Extracts from journal and office records of Hans Frank, Governor General of Poland, 1939–1944', Office of US Chief of Counsel, PS-2233, Harvard Law School Library, Nuremberg Trials Project.
19 Jane Caplan, *'Jetzt judenfrei.' Writing Tourism in Nazi-Occupied Poland* (London, 2012).
20 Halik Kochanski, *The Eagle Unbowed: Poland and the Poles in the Second World War* (London, 2012), 234–236.
21 힘러에 대해서는 Helmut Krausnick, 'Denkschrift Himmlers über die Behandlung

der Fremdvölkischen im Osten (Mai 1940)', *Vierteljahrshefte für Zeitgeschichte* 5, no. 2 (1957): 194–198을 참조하라.
22 Jan Grabowski, *Hunt for the Jews: Betrayal and Murder in German-Occupied Poland* (Bloomington, 2013), 3; Martyn Rady, 'Ferenc Szálasi, "Hungarism" and the Arrow Cross', in *In the Shadow of Hitler: Personalities of the Right in Central and Eastern Europe*, ed. R. Haynes and M. Rady (London and New York, 2011), 261–277; Regina Fritz and Catherine Novak-Rainer, 'Inside the Ghetto: Everyday Life in Hungarian Ghettos', *Hungarian Historical Review* 4, no. 3 (2015): 606–640.
23 Ronald J. Berger, 'The "Banality of Evil" Reframed: The Social Construction of the "Final Solution" to the "Jewish Problem"', *Sociological Quarterly* 34, no. 4 (1993): 597–618.
24 Walter Stier, transcript of the Shoah interview by Claude Lanzmann, 1978–1981, United States Holocaust Memorial Museum, https://collections.ushmm.org/film_findingaids/RG-60.5064_01_trl_en.pdf.
25 Gyula Sáfár, 'A Békés megyei zsidó vagyon sorsa 1944-ben', in *A holokauszt Békés megyei történeteibol*, ed. A. Erdész and T. Kovács (Gyula, 2014), 87–99.
26 Gitta Sereny, *Into That Darkness: An Examination of Conscience* (New York, 1983), 162, 229.
27 Hannah Arendt, *Eichmann in Jerusalem: A Report on the Banality of Evil* (London, 1977), 135–137.

제32장 스탈린주의 중앙유럽과 들끓는 불만

1 Tom Lorman, 'Rákosi in London', *Journal of the Islington Archaeology and History Society* 3, no. 3 (2013): 14–15; *Délmagyarország*, 22 June 1946, 1.
2 버르가에 대해서는 Kyung Deok Roh, 'Rethinking the Varga Controversy, 1941–1953', *Europe-Asia Studies* 63, no. 5 (2011): 833–855 참조.
3 Paul Lendvai, *One Day at Shook the World: The 1956 Hungarian Uprising and Its Legacy* (Princeton, 2008), 30–34.
4 트란실바니아의 반공 반란군에 대한 정보는 Dorin Dobrincu, 'Rezistena armata anticomunista din Munii Făgăraș—versantul nordic', *Anuarul Institutului de Istorie George Bariiu: Series Historica* 46 (2007): 433–502 참조.
5 Hugo Service, *Germans to Poles: Communism, Nationalism and Ethnic Cleansing After the Second World War* (Cambridge, 2013), 215–221; Levente Orosz, 'Antiszemitizmus Erdélyben a holokauszt után', *Tanulmányok a Holokausztról*, ed. R. Braham (Budapest, 2019), 237–256.
6 Gwénola Sebaux, '(Spät-) Aussiedler aus Rumänien', in *(Spät-) Aussiedler in der Migrationsgesellschaft* (Bundeszentrale für politische Bildung, Informationen zur politische Bildung, 340, 2019), online resource.
7 강제 추방자들의 수는 Joseph B. Schechtman, 'Postwar Population Transfers in

Europe: A Survey', *Review of Politics* 15, no. 2 (1953): 151–178 참조.
8 *The Eleanor Roosevelt Papers*, vol. 1, part 1 (Charlottesville and London, 2010), 254.
9 "단순한 부기 단위"는 Ota Šik, *Plan and Market Under Socialism* (Abingdon and Oxford, 2018), 32 (First published in 1967). 「이코노미스트 인텔리전스 유닛」과 관련된 정보를 얻는 과정에서 이제는 고인이 된 앨런 스미스에게서 도움을 받았다.
10 Maciej Tyminski, 'Local Nomenklatura in Communist Poland: The Case of the Warsaw Voivodship (1956–1970)', *Europe-Asia Studies* 69, no. 5 (2017): 709–727.
11 Étienne Forestier-Peyrat and Kristy Ironside, 'The Communist World of Public Debt (1917–1991): The Failure of a Countermodel?', in *A World of Public Debts: A Political History*, ed. N. Barreyre and N. Delalande (Cham,2020), 317–345 (325).
12 Balázs Apor, *The Invisible Shining: The Cult of Mátyás Rákosi in Stalinist Hungary, 1945–1956* (Budapest and New York, 2017), 166.
13 David S. Mason, 'Membership of the Polish United Workers Party', *Polish Review* 27, nos. 3–4 (1982): 138–153; Gil Eyal and Eleanor Townsley, 'The Social Composition of the Communist Nomenklatura: A Comparison of Russia, Poland, and Hungary', *Theory and Society* 24, no. 5 (1995): 723–750.
14 Ivan Volgyes, 'Social Change in Communist Eastern Europe: Hungary in a Comparative Perspective', *Comparative Southeast European Studies* 32, no. 6 (1983): 334–343; 새로운 귀족과 관련된 내용은 George Konrad and Ivan Szelenyi, *The Intellectuals on the Road to Class Power* (New York and London, 1979), 190 참조.
15 Václav Havel et al., *The Power of the Powerless: Citizens Against the State in Central-Eastern Europe*, ed. John Keane (London and New York, 2015), 27–28.
16 1956년 10월 28일 내각회의와 관련해서는 다음을 참조하라. C. Békés et al., eds., *The 1956 Hungarian Revolution: A History in Documents* (Budapest and New York, 2002), 273–283.
17 C. Békés et al., *1956 Hungarian Revolution*, 307.
18 Zsuzsanna Vajda and László Eörsi, 'Saints of the Streets: The Participants in 1956', in *Resistance, Rebellion and Revolution in Hungary and Central Europe: Commemorating 1956*, ed. L. Péter and M. Rady (London, 2008), 227–237.
19 Joseph Rothschild and Nancy M. Wingfield, *Return to Diversity: A Political History of East Central Europe Since World War II*, 4th ed. (New York and Oxford, 2008), 164.

제33장 공산주의 중앙유럽과 그 붕괴

1 Kieran Williams, *The Prague Spring and Its Aftermath: Czechoslovak Politics, 1968–1970* (Cambridge, 1997), 6.
2 Filip Pospíšil, 'Youth Cultures and the Disciplining of Czechoslovak Youth in the 1960s', *Social History* 37, no. 4 (2012): 477–500 (479).
3 Pospíšil, 'Youth Cultures', 477–500 (493)에서 인용.

4   Robert B. Pynsent, 'Václav Havel: A Heart in the Right Place', *East European Politics and Societies and Cultures* 32, no. 2 (2018): 334–352.
5   Jan Kavan, 'Czechoslovakia 1968: Revolt or Reform'? 1968—a Year of Hope and Non-Understanding', *Critique* 36, no. 2 (2008): 289–301.
6   Richard Lowenthal, 'The Sparrow in the Cage', *Problems of Communism* 17, no. 6 (1968): 2–28 (16–17).
7   Fred H. Eidlin, *The Logic of 'Normalization': The Soviet Intervention in Czechoslovakia* (Boulder and New York, 1980), 72.
8   Williams, *Prague Spring*, 40–41.
9   Barbara Day, *Trial by Theatre: Reports on Czech Drama* (Prague, 2019), 204–205.
10 Janina Frentzel-Zagorska, 'The Dominant Political Culture in Poland', *Politics* 20, no. 1 (1985): 82–98 (97).
11 Siobhan Doucette, *Books Are Weapons: The Polish Opposition Press and the Overthrow of Communism* (Pittsburgh, 2017), 34–51.
12 J. L. Curry, ed., *The Black Book of Polish Censorship* (New York, 1984).
13 Krzysztof Lesiakowski, 'Professional Negligence, Mismanagement and Malpractice: Polish Companies in the Light of Supreme Audit Office Materials in the Years 1976–1980', *Studiae Historiae Oeconomicae* 34 (2016): 149–165.
14 Jost Hermand, *Kultur im Wiederaufbau. Die Bundesrepublik Deutschland 1945–1965* (Munich, 1986), 242.
15 Patrick Major, *The Death of the KPD: Communism and Anti-Communism in West Germany, 1945–1956* (Oxford, 1998), 262–292.
16 *Der Spiegel*, no. 35 (1981), online resource; *Der Rote Stachel—Sammelflugblatt der KPD/Marxisten-Leninisten, Sektion DDR*, October 1979.
17 Norman Davies and Roger Moorhouse, *Microcosm: Portrait of a Central European City* (London, 2003), 6; Milan Kundera, 'The Tragedy of Central Europe', *New York Review of Books* 31, no. 7 (26 April 1984), https://www.nybooks.com/articles/1984/04/26/the-tragedy-of-central-europe/.
18 Matthew J. Ouimet, 'National Interest and the Question of Soviet Intervention in Poland, 1980–1981: Interpreting the Collapse of the Brezhnev Doctrine', *SEER* 78, no. 4 (2008): 710–734 (734).
19 전 헝가리 인적자원부 장관 포즈거이 임레와 저자의 사적인 대화, 1989년 10월.
20 Hans-Hermann Hertle, *Der Fall der Mauer. Die unbeabsichtigte Selbstauflösung des SED-Staates* (Opladen, 1996), 182–183.

제34장 탈공산주의

1   'The State of Europe: Christmas Eve 1989', *Granta 30: The New Europe*, 2 February 1990, https://granta.com/the-state-of-europe-christmas-eve-1989/.

2   Tom Dickins, 'Folk-Spectrum Music as an Expression of Alterity in "Normalization" Czechoslovakia (1969–89): Context, Constraints and Characteristics', *SEER* 95 (2017): 648–690. 리드와 관련된 정보는 Reggie Nadelson, *Comrade Rockstar: The Story of the Search for Dean Reed* (London, 2004) 참조.

3   Robert Hudson, 'Songs of Seduction: Popular Music and Serbian Nationalism', *Patterns of Prejudice* 37 (2003): 157–176; Robert Rigney, 'The Resurgence of Turbofolk', *New Presence*, no. 2 (2011): 111–123; Rory Archer, 'Assessing Turbofolk Controversies: Popular Music Between the Nation and the Balkans', *Southeastern Europe* 36 (2012): 178–207.

4   Alexei Monroe, *Interrogation Machine: Laibach and NSK* (Cambridge, MA, and London, 2005), 69, 235.

5   Monroe, *Interrogation Machine*, 239.

6   Marc De Kesel, 'Act Without Denial: Slavoj Žižek on Totalitarianism, Revolution and Political Act', *Studies in East European Thought* 56 (2004): 299–334; Simon Paul Bell, 'Laibach and the NSK: An East-West Nexus in Posttotalitarian Eastern Europe' (PhD thesis, Anglia Ruskin University, 2014), 190.

7   Daphne Berdahl, *On the Social Life of Postsocialism: Memory, Consumption, Germany* (Bloomington, 2010), 93.

8   M. Kaser, 'Post-Communist Privatization: Flaws in the Treuhand Model', *Acta Oeconomica* 48 (1996): 59–76. 노먼 스톤의 조언에 관해서는 Adam Burgess, *Divided Europe: The New Domination of the East* (London, 1997), 28 참조.

9   Daphne Berdahl, *On the Social Life of Postsocialism: Memory, Consumption, Germany* (Bloomington, 2010), 96–98.

10   Ben Gook, 'Backdating German Neoliberalism: Ordoliberalism, the German Model and Economic Experiments in Eastern Germany After 1989', *Journal of Sociology* 54 (2018): 33–48.

11   Ada Madariaga, 'The Politics of Neoliberalism (in Europe's Periphery)', *Comparative European Politics* 17 (2019): 797–811.

12   Philipp Ther, *Europe Since 1989: A History* (Princeton and Oxford, 2016), 113, 143.

13   이 광고는 다음 링크에서 볼 수 있다. www.youtube.com/watch?v=OjXl61uKq8c ('Raiffeisen Bank TV-Ad: Easy [Sub-prime] Loans in Hungary, 2007', Dominik Schnitzer, YouTube video, 0:34).

14   Matt Apuzzo, 'Populist Politicians Exploit EU Aid, Reaping Millions', *New York Times* (New York edition), 3 November 2019, A1.

15   말름스트룀의 추산에 관해서는 '€120 Billion Lost to Corruption in EU Each Year', *EUobserver* (online edition), 6 March 2013 참조.

16   Tim Haughton and Kevin Deegan-Krause, 'Hurricane Season: Systems of Instability in Central and East European Party Politics', *East European Politics and Societies and*

Cultures 29 (2015): 61–80.

17 Council of Europe Commissioner for Human Rights, *Memorandum on the Stigmatisation of LGBTI People in Poland* (CommDH2020/27) (Strasbourg, 2020).

결론

1 J. D. Mansi, *Sacrorum Conciliorum Nova*, vol. 24 (Venice, 1780), cols. 110–112.
2 US Department of State, *Foreign Relations of the United States, 1955–1957*, vol. 25: Eastern Europe (Washington DC, 1990), 494.
3 Martyn Rady, 'Self-Determination and the Dissolution of Yugoslavia', *Ethnic and Racial Studies* 19, no. 2 (1996): 379–390.

인명 색인

게오르크 5세 Georg V 499
고르고리오스 Gorgoryos, Abba 367
고르바초프 Gorbachyov, Mikhail 630
괴벨스 Goebbels, Joseph 575−576, 581, 626
괴테 Goethe, Johann Wolfgang von 399, 429, 440, 454, 456
그라이저 Greiser, Arthur 587−588
그레고리오 7세 Gregorio VII 93
그레고리오 13세 Gregorio XIII 310
그레빌 Greville, Charles 449
그로스 Grosz, George 559, 566
(빌헬름)그림 Grimm, Wilhelm 441, 454−457
(야코프)그림 Grimm, Jakob 173, 429, 441, 454−457, 473
기에레크 Gierek, Edward 624
길버트(롤라 몬테즈) Gilbert, Eliza 465−466, 487

나폴레옹 1세 Napoléon I 16, 191, 420−439, 441−442, 446, 450, 497, 534, 554, 652, 655−656, 658
나폴레옹 3세 Napoléon III 496, 500
너지 Nagy Imre 611−613, 631

넵스키 Nevsky, Alexander 183
니콜라이 1세 Nikolai I 480−481

다비드 Dávid Ferenc 296
단테 Dante, Alighieri 127
단티스쿠스 Dantiscus 298
데스페레 d'Espèrey, Louis 556
데아크 Deák Ferenc 469, 502
도로테아 Dorothea, Luise 372−373
둡체크 Dubček, Alexandr 617−619
뒤러 Dürer, Albrecht 208, 227, 240−241, 243
드 로망 de Romans, Humbert 652
디 Dee, John 303
디즈레일리 Disraeli, Benjamin 498−499
디트리히 Dietrich, Marlene 573
딕스 Dix, Otto 559, 566

라메트리 Lamettrie, Julien Offroy de 394−395
라스티슬라프 Rastislav 64−66
라코치 Rákóczi Ferenc 354
라테나우 Rathenau, Walther 555
랑 Lang, Fritz 568, 572
러요시 1세 I. Lajos 189, 214

러요시 2세 II. Lajos 230, 273-275
레슈친스키 Leszczynski, Stanisław 407-408
레오폴 2세 Leopold II 538
레오폴트 1세 Leopold I 353-356
로스차일드 Rothschild, Anselm 501
로타리우스 1세 Lotarius I 73
로타리우스 2세 Lotarius II 73
로트 Roth, Joseph 528
루길라 Rugila 32
루덴도르프 Ludendorff, Erich 542
루도비쿠스(경건왕) Ludowicus Pius 51, 62, 71-72
루도비쿠스 2세(독일왕) Ludovicus II Germanicus 73
루돌프 1세 Rudolf I 125-126, 145
루돌프 2세 Rudolf II 279, 303-308, 311, 320
루소 Rouseau, Jean Jacques 398, 409, 416
루스벨트 Roosevelt, Eleanor 606
루이 14세 Louis XVI 352-353, 370, 384, 438, 652
루이-필리프 1세 Louis-Philippe I 450, 462
루터 Luther, Martin 14, 252-271, 299, 365, 653
루트만 Ruttmann, Walther 567
루트비히 1세 Ludwig I 465-466, 487
르낭 Renan, Ernest 483
리스고 Lithgow, Willie 340
(콘월의)리처드 Richard of Cornwall 124
릴케 Rilke, Rainer Maria 570

마르몽 Marmont, Auguste de 434
마르텔루스 Martellus, Carolus 43-45
마리뇰리 Marignolli, Giovanni de 131-132
마리아 테레지아 Maria Theresia 364, 387-389, 392, 398, 400-401, 410-411, 413, 443
(앙주의)마리어 Anjou Mária 214-215
마조비에츠키 Mazowiecki, Tadeusz 630
마켄젠 Mackensen, August von 544-547
마키아벨리 Machiavelli, Niccoló 194
마티아스 Matthias 308, 320-321
마티아스 코르비누스 Matthias Corvinus 164, 232-239
(바이에른의)막시밀리안 Maximilian von Bayern 322
막시밀리안 1세 Maximilian I 222, 227-231
막시밀리안 2세 Maximilian II 279, 296, 303, 377
말름스트룀 Malmström, Cecilia 647
맥퍼슨 Macpherson, James 436
메테르니히 Metternich, Klemens von 443, 445-448, 466-467
메토디오스 Methódios 65-67, 130
멘델스존 Mendelssohn, Moses 527
멜랑크톤 Melanchthon, Philip 262
모리슨 Moryson, Fynes 296, 340
모이미르 Mojmír 64
모틀리 Motley, John 496
몬테 Monte, Herkus 182
몰트케 Moltke, Helmuth 500, 541
몽테스키외 Montesquieu, Charles Louis de Secondat 403, 415-416
뮐러 Müller, Johannes von 429
미라보 Mirabeau, Comte de 396
미에슈코 Mieszko 80-83, 86, 123-124
미츠키에비치 Mickiewicz, Adam 483
미켈란젤로 Michelangelo, Buonarroti 244
미하이 1세 Mihai I 591
미하일 3세 Michael III 65

바그너 Wagner, Richard 436, 487-488
바디안 Vadian, Joachim 294
바르님 6세 Barnim VI 197
(칠리의)바르바라 Barbara von Cilli 215
바르티슬라프 1세 Wartislaw I 104, 107
바서만 Wassermann, Jakob 530
바실리 3세 Vasily III 283
바웬사 Wałęsa, Lech 624
바츨라프 4세 Václav IV 139-140, 213
바쿠닌 Bakunin, Mikhail 474
바토리 Báthori Istvan 377
바투 칸 Batu Khan 112-113
발둥 Baldung, Hans 241
발렌스 Valens, Flavius Julius 31-32
발렌티아누스 3세 Valentinianus III 33
발바소르 Valvasor, Janez Vajkard 379-381, 434
버르가 Varga, Evgeny 600
버코츠 Bakócz Tamás 238
버크 Burke, Edmund 420
번스 Burns, Robert 418
베데커 Baedeker 589
베렌가리우스 1세 포로이울리엔시스 Berengarius I Foroiuliensis 74
베버 Weber, Max 552-553
베이던 Weyden, Rogier van der 240
벨러 4세 Béla IV 113-118, 192
벵크하임 Wenckheim, Burckhardt von 253
보구스와프 1세 Bogusław I 107
보나벤투라 Bonaventura 395, 397, 570
보나파르트 Bonaparte, Jerome 427
보드니크 Vodnik, Valentin 434-435
보스 Bosch, Hieronymus 167, 305
보이티와 Wojtyła, Karol 621
보치커이 Bocskai István 307-308
본피니 Bonfini, Antonio 233, 235

볼레스와프 1세 흐로브리 Bolesław I Chrobry 80, 86
볼레스와프 3세(입비뚤이) Bolesław III Krzywousty 104
볼켄슈타인 Wolkenstein, Oswald von 223
볼프 Wolff, Christian 390-391
부르크마이어 Burgkmair, Hans 208-209
부리안 Burian, Emil František 565
브라헤 Brahe, Tycho 306-307
(막스)브란트 Brand, Max 567
(빌리)브란트 Brandt, Willy 627
브레즈네프 Brezhnev, Leonid 617, 630
브레히트 Brecht, Bertolt 566, 569
브로제크 Brožek, Artur 524
브루모프스키 Brumowski, Godwin von 544
브뤼헐 Brueghel, Pieter 167
브와디스와프 1세 Władysław I 152, 188
브와디스와프 2세 Władysław II 153, 233
브와디스와프 4세 Władysław IV 288
블라이히뢰더 Bleichröder, Gerson von 499
블룸 Blum, Robert 476
비스마르크 Bismarck, Otto von 15, 494-501, 508-509, 518, 525, 554, 656
비신스키 Wyszynski 621
비오 2세(에네아실비오 피콜로미니) Pio II 272
비오 9세 Pio IX 464
비테즈 Vitéz János 234-236
빌헬름 1세 Wilhelm I 344, 498, 500
빌헬름 2세 Wilhelm II 516, 538, 540, 544, 553

사모 Samo 58, 60
(사부아의)외젠 Eugene de Savoy 354-359

상드 Sand, George 486
서포여이(야노시) Szapolyai János 274-275
서포여이(야노시 지그몬드)Szapolyai János Zsigmond 275
성 갈루스 St Gallus 41, 129
성 보니파티우스 St Bonifatius 46
성 콜룸바누스 St Columbanus 41
성 키릴로스 St Kýrillos 65-67, 74, 130
세체니 Széchenyi István 469, 484
셰우첸코 Shevchenko, Taras 289-290
소비에스키 Sobieski, Jan 406-407
쇼팽 Chopin, Frédéric 444, 486-489
술레이만 1세 Suleiman I 273
슈만 Schumann, Robert 487
슈바르츠 Schwarz, Matthäus 206-210
슈벤디 Schwendi, Lazarus von 298-299
슈탕글 Stangl, Franz 595
슈트레제만 Stresemann, Gustav 577
슈트로스마예르 Štrosmajer, Josip 507
슈티어 Stier, Walter 594
슐츠 Schulz, Bruno 569
스메타나 Smetana, Bedřich 487-488
스미스 Smith, John 278
스바토플루크 Svatopluk 66-67
스타이너 Steiner, George 634
스탈린 Stalin, Iosif 581, 599-601, 608, 611, 545
스톤 Stone, Norman 642
슬레즈킨 Slezkine, Yuri 341

아데나워 Adenauer, Konrad 626
(케임브리지의)아돌푸스 Adolphus of Cambridge 450
(나사우의)아돌프 Adolf von Nassau 126
아르침볼도 Arcimboldo, Giuseppe 303
아르파드 대공 Árpád 76, 82, 123

아른트 Arndt, Ernst Moritz 437-438, 493, 500
아에티우스 Aetius, Flavius 32-33
아우구스트 2세 August II 407
아우구스트 3세 August III 408
아이히만 Eichmann, Adolf 595
아틸라 Attila 32-37, 76, 163, 436
안토네스쿠 Antonescu, Ion 590-591
알브레히트(곰 백작) Albrecht der Bär 105-107, 124, 170
(프로이센의)알브레히트 Albrecht von Preussen 383
(호엔촐레른의)알브레히트 Albrecht von Hohenzollern 264-265
알브레히트 1세(애꾸눈) Albrecht I 126
알브레히트 2세 Albrecht II 221, 231-232
(작센 공작)알브레히트 3세 AlbrechtIII Herzog von Sachsen 169
(바이에른의)알브레히트 5세 Albrecht V von Bayern 317-319, 383
알트도르퍼 Altdorfer, Albrecht 227, 241
알폰소 10세 Alfonso X 124
앙리 3세(발루아의 앙리) Henry III 377
야드비가 Jadwiga 189-191, 214
야루젤스키 Jaruzelski, Wojciech 625, 630
(크로메르지시의)얀 밀리치 Jan Milíčz Kroměříž 136-138
얀 카지미에시 Jan II Kazimierz 383
어퍼피 미하이 2세 II. Mihály Apafi 354
언드라시 2세 II. András 146, 180-181
에라스뮈스 Erasmus, Desiderius 194, 299
(작센-고타의)에른스트 Ernst von Sachsen-Gotha 366-370, 372-373
에른스트 아우구스트 Ernst August 448-458, 463, 499
에우제니오 3세 Eugenio III 105

에이크 Eyck, Jan van 240
예거 Jäger, Harald 631
예카테리나 2세 Yekaterina II 408-409, 413-414, 417-418
오고타이 칸 Ogotai Khan 112
오무르타크 Omurtag 62
오비디우스 Ovidius, Publius Naso 23, 28, 53, 246
오타카르 2세 Otakar II 125
오타카르 4세 Otakar IV 144
(밤베르크의)오토 Otto von Bamberg 104, 109
(프라이징의)오토 Otto von Freising 110-111
오토 1세 Otto I 78-79, 82-84, 87
오토 2세 Otto II 84, 90
오토 3세 Otto III 84-85, 89, 651, 659
외콜람파디우스 Oecolampadius, Johannes 294
(리투아니아 대공)요가일라(브와디스와프 2세 야기에우워) Lithuanian Grand Duke Jogaila 190-193
요제프 2세 Joseph II 392, 400-401, 528
(보헤미아의)요한 Johann vu Béimen 127-128, 185
(작센의 선제후)요한 Johann, Kurfürst von Sachsen 254, 256
(외스터라이히의)요한 대공 Erzherzog Johann von Österreich 473
요한 바오로 2세 Saint John Paul II 621-622, 625
울필라스 Ulfilas 39
워즈워스 Wordsworth, William 440, 633
월폴 Walpole, Horace 418
위클리프 Wyclif, John 138
윌슨 Wilson, Woodrow 557
(바이에른의)유디트 Judith von Bayern 72

유스티 Justi, J. H. G. 396
율리우스 Caesar, Julius 28, 97, 108, 224, 310
이든 Eden, Anthony 578
이반 3세 Ivan III 283
이반 4세 Ivan IV 283, 291
이븐-야쿱 Ibn-Yaqub 103
이슈트반 1세 István I 82, 86, 123-124, 146
인노첸시오 3세 Innocenzo III 177

자케-드로 Jaquet-Droz, Pierre 394
자허-마조흐 Sacher-Masoch, Leopold von 460
작스 Sachs, Hans 263
잘차 Salza, Hermann von 181
제롬 Jerome, Jerome K. 506
제켄도르프 Seckendorff, Veit Ludwig von 365-375, 381
조지 1세 Georg I 450
죄르지 György Klapka 501
지그문트 1세 Zygmunt I 283, 377
지그문트 2세 Zygmunt II 283, 377
지그문트 3세 Zygmunt III 315
(룩셈부르크의)지기스문트 Sigismund vu Lëtzebuerg 140, 213-221, 231-232, 234-235
(티롤의)지기스문트 Sigismund von Tyrol 208
지멜 Simmel, Georg 565
지슈카 Žižka, Jan 139
지젝 Žižek, Slavoj 639-641, 649

(아담)차르토리스키 Czartoryski, Adam 427, 444-445
(유제프)차르토리스키 Czartoryski, Józef 346

차우셰스쿠 Ceaușescu, Nicolae 614, 632
차페크 Čapek, Karel 571-572
처칠 Churchill, Winston 580
체임벌린 Chamberlain, Neville 579
체차 Ceca 636
첼레스티노 3세 Celestino III 177
첼티스 Celtis, Conrad 246
치머만 Zimmermann, Johann Christian 452-453
치틸로바 Chytilová, Vera 617
칭기즈 칸 Chingiz Khan 112-113

카다르 Kádár János 613, 615, 619
카라 무스타파 Kara Mustafa 353
카로이 Károlyi Mihály 554-556
카롤루스 2세(대머리왕) Carolus II Calvus 73
카롤루스 마그누스 Karolus Magnus 44-55, 59-60, 62, 71
(슈타이어마르크의)카를 대공 Karl II. Franz von Innerösterreich 296, 318-319
카를 4세(보헤미아) Karel IV 128-140, 153, 213, 214, 222, 329
카를 5세 Karl V 252, 256, 258-259, 264, 266-267, 269-270, 274
카를 6세 Karl VI 387
카를로만 Carloman 43-44
카를슈타트 Karlstadt, Andreas 257
(팔츠의)카를 테오도어 Karl Theodor von Pfalz 392
카지미에시 3세 Kazimierz III 152, 188-189, 193
카지미에시 4세 Kazimierz IV 233
칸트 Kant, Immanuel 391, 399, 456, 520
커린치 Karinthy, Frigyes 570-571
케르테스 Kertész Mihály 571

케플러 Kepler, Johannes 306-307
코르닐로바 Kornilova, Feodorovna 599
코르빈 Corvin János 237
코르사코프 Kórsakov, Aleksandr 430
코슈트 Kossuth Lajos 447, 461, 469, 471, 479-481
코스치우슈코 Kosciuszko, Tadeusz 417
코흐 Koch, Robert 520
콘라트 1세 Konrad I 78
(마조프셰의)콘라트 1세 Konrad I mazowiecki 180-181
콜 Kohl, Helmut 641
콩트 드 메르시 Comte de Mercy, Claude Florimund 356
쿠론 Kuron, Jacek 622
쿠엔-헤데르바리 Khuen-Héderváry, Károly 508-511
쿤 Kun, Béla 598
크라나흐 Cranach, Lucas 242, 257, 261-262
크레브스 Krebs, Thomas 209
크뤼거 Krüger, Horst 584
클레멘스 3세(대립교황) Clemens III 93
클로도베쿠스 1세 Chlodovechus I 39-40, 42
키징거 Kiesinger, Kurt 626
킬데리쿠스 1세 Childericus I 39

타키투스 Tacitus, Publius Cornelius 27-28, 53
테오도시우스 1세 Theodosius I 32
토마시 Tomáš Masaryk 562
토미슬라브 Tomislav 79
퇴뢰크 Török Aurél 523
투르조 Thurzó János 209-211
티소 Tiso, Jozef 590
틸레아 Tilea, Viorel 580

파머스턴 경 Lord Palmerston 419-420
파벨리치 Pavelić, Ante 590
파울 Paul, Jean 395
팔라츠키 Palacký, František 474
페르디난트 1세(신성 로마 제국) Ferdinand I 258, 264, 269, 274-275, 279, 293, 296
페르디난트 1세(오스트리아) Ferdinand I 467-469, 478-480
페르디난트 2세 Ferdinand II 319-323, 325-328
페르디난트 3세 Ferdinand III 328-329, 353
(티롤의)페르디난트 Ferdinand von Tyrol 318
페퇴피 Petőfi, Sándor 489
펠리페 3세 Felipe III 322
포겔바이데 Vogelweide, Walther von der 120
포니아토프스키 Poniatowski, Stanisław 400, 408-409, 414
포르만 Forman, Miloš 617
포르스터 Forster, Georg 419
푸거 Fugger, Jacob 208-210
푸앵카레 Poincaré, Raymond 540
프란츠 2세(오스트리아의 프란츠 1세) Franz II 421-422, 430
프란츠 요제프 1세 Franz Joseph I 478, 480-482, 493, 496, 499-502, 508, 525
(로트링겐의)프란츠 슈테판 Franz Stephan von Lothringen 410
프랑크 Frank, Hans 587
프리드리히(현명공) Friedrich der Weise 253-254, 256, 261-262
(카스파르 다비트)프리드리히 Friedrich, Caspar David 457
프리드리히 1세(붉은수염) Friedrich I Barbarossa 98-99

(프로이센의)프리드리히 1세 Friedrich I 382, 384
(호엔슈타우펜)프리드리히 2세 Friedrich II 99-100, 128, 144, 181
(프로이센의)프리드리히 2세 Friedrich II 15, 382, 387-388, 391, 394-396, 400, 408, 410-411, 413, 456
프리드리히 3세 Friedlich III 221-223, 234-237, 231, 233, 269
(팔츠의)프리드리히 5세 Friedrich V von Pfalz 321-322
프리드리히 빌헬름 1세 Friedrich Wilhelm I 344, 384-385, 387-388
프리드리히 빌헬름 3세 Friedrich Wilhelm III 422-423, 447
프리드리히 빌헬름 4세 Friedrich Wilhelm IV 464, 472, 477
프리비나 Pribina 64
프리비슬라브 Pribislaw 105
플리베리치 Pliverić, Josip 510
피오렌티노 Fiorentino, Francesco 239
피우수트스키 Piłsudski, Józef 556
피트 Pitt, William 426
피피누스 3세 Pippinus III 43-44, 46

하드리아누스 2세 Hadrianus II 66
하르덴베르크 Hardenberg, Karl August von 438
하벨 Havel, Václav 610, 617, 620, 632
하셀 Hassel, Georg 16
하이드리히 Heydrich, Reinhard 587
하인리히(사자공) Heinrich der Löwe 98-100
하인리히 1세(하인리히 공작) Heinrich I 78, 83
하인리히 2세 Heinrich II 89
하인리히 3세 Heinrich III 91-92, 143

하인리히 4세 Heinrich IV 92-94, 97
하인리히 5세 Heinrich V 94
하인리히 6세 Heinrich VI 99-100
하인리히 7세 Heinrich VII 126-127, 144-145
한카 Hanka, Václav 436
핼리팩스 경 Lord Halifax 578, 580
헌도 Handó György 238
헤르더 Herder, Johann Gottfried 397, 435, 456
헤르츨 Herzl, Theodor 532
헨라인 Henlein, Konrad 579
헨리 4세(헨리 볼링브로크) Henry IV 185-188, 192
헨리 5세 Henry V 219
호네커 Honecker, Erich 631

호노리아 Honoria 33
호르티 Horthy Miklós 560, 590-591
호프만 Hoffmann, E. T. A 440-441, 454
홀바인 Holbein, Hans 242-243
회르니크 Hörnigk, Philipp von 350
후녀디 Hunyadi János 232
후스 Hus, Jan 138-139, 254, 264
흄 Hume, David 418
흐루쇼프 Khrushchyov, Nikita 611-612
흐멜니츠키 Khmelnytsky, Bohdan 288, 290, 347-348, 405
히틀러 Hitler, Adolf 561, 578-580, 582, 584, 590-591, 602-603
힌덴부르크 Hindenburg, Paul von 542, 550, 561
힘러 Himmler, Heinrich 588-590